중국 투자법 강의

지은이 함대영

서울대학교 법과대학(법학사)
사법시험 합격(제38회)
사법연수원 수료(제28기)
중국 칭화대학교 법학원(상법 석사)
법무법인(유) 광장 변호사
법무법인(유) 광장 북경대표처 대표, 수석대표
중국 로펌 King&Wood, Mallesons 상해 사무소 외국변호사
(현재) 변호사, 연세대학교 법무대학원 겸임교수

중국 투자법 강의

초판 1쇄 인쇄 2021년 4월 1일
초판 1쇄 발행 2021년 4월 15일

–

지은이 함대영
펴낸이 이방원
편 집 김명희 · 안효희 · 정조연 · 정우경 · 송원빈 · 최선희 · 조상희
디자인 박혜옥 · 손경화 · 양혜진
영 업 최성수

–

펴낸곳 세창출판사
신고번호 제300-1990-63호 **주소** 03736 서울특별시 서대문구 경기대로 58 경기빌딩 602호
전화 02-723-8660 **팩스** 02-720-4579 **이메일** edit@sechangpub.co.kr **홈페이지** http://www.sechangpub.co.kr
블로그 blog.naver.com/scpc1992 **페이스북** fb.me/Sechangofficial **인스타그램** @sechang_official

–

ISBN 979-11-6684-022-7 93360

중국 투자법 강의

함대영 지음

세창출판사

머리말

이 책은 중국 투자 전반에 관하여 한국의 사업 실무가와 법률가들이 보는 용도로 쓴 법률 교과서이다. 오랜 중국 생활을 마치고 한국에 돌아와 보니, 여전히 한국의 많은 기업들은 중국 투자 시 법적 위험(legal risk)을 어디서부터 어떻게 다루어야 할지 몰라 애를 먹고 있었다. 그리고 그들에게 법률자문을 제공하는 한국과 중국의 변호사들도 중국 투자 법규제의 큰 얼개는 잘 모르거나, 알아도 그걸 이해하는 데 필요 이상으로 많은 시간과 노력을 들이고 있었다. 이에 처음에는 100 페이지 내외로 「중국투자법률 Checklist」라는 소책자를 만들어 주변의 고객들에게 제공하려 하였다. 중국 투자를 할 때 내가 각 시점과 단계별로 무엇을 어떻게 확인해야 하는지 정도만 알아도 큰 실수는 피할 수 있기 때문이다. 그런데 이 소책자 초고를 만들어 가까운 고객에게 보여 주었더니, 예상과 달리 다음과 같은 피드백을 받았다. "시중의 서점에 가면 민법 강의, 상법 강의, 공정거래법 강의, 세법 강의처럼 각 분야별로 교과서가 있어서, 우리가 기본적인 사항은 숙지를 하고 변호사를 찾아갑니다. 그런데 왜 중국 투자에는 그런 교과서가 없는지요? 기본적인 사항을 잘 모르니, Checklist를 보아도 여전히 갈피를 못 잡겠습니다". 조금 뼈 아픈 지적도 있었다. "국내에는 이미 중국법 전문가들이 차고 넘칩니다. 한국 변호사도 있고, 한국어에 능한 중국 변호사도 있지요. 한데 정작 그분들에게서 중국 투자에 관한 법률자문을 받아 보면, 미국이나 서유럽에 투자할 때처럼 설명이 체계적이지 못합니다. 중국의 법령이 아직 제대로 정비되지 않아서 그렇다고 그분들은 말합니다. 하지만 명색이 G2인 국가인데, 그래도 법체계의 큰 틀은 잡혀 있지 않나요? 기본적인 틀도 잡혀 있지 않은데, 그 많은 외국 투자자들이 중국에 막대한 투자를 한다는 게 이해가 안됩니다." 그래서 Checklist는 잠시 접어 두고, 우선 중국 투자에 관하여 기본적인 사항들을 빠트리지 않고 간단하게라도 언급하되 한국의 기업가와 법률가들의 사고방식에 맞추어 설명한 교과서를 쓰기로 하였다. 때마침 연세대학교 법무대학원과 저자가 최근까지 근무했던 법무법인의 배려로 사업 실무가들을 대상으로 중국 투자 관련 법제를 강의할 기회가 생겼다. 이 책은 그 강의안을 기초로 중간중간에 부족한 내용들을 덧붙여 완성하였다.

이 책은 기존의 법학 교과서와는 전혀 다른 체계를 취하고 있다. 국내의 법학 교재는 거의 예외 없이 하나의 법률을 중심으로 삼은 후 그 조문의 순서에 따라서 해석론을 전개하는 방식을 취한다. 하지만 실무에서는 특정한 하나의 법률상 조문 순서에 따라서 법률 이슈가 발생하는 게 아니다. 그리고 실무가들은 지금 문제되는 법률 이슈가 어느 법과 관련되는지도 따지지 않는다. 이 책은 실무가들을 위한다는 목적에 최대한 부응하기 위하여, 한국 투자자가 중국 투자를 검토하는 시점부터 확인하여야 할 법률적 쟁점들을 시간순으로 설명하는 방식을 취하였다. 그리고 그 쟁점들이 중국의 회사법에 속하는지, 민법에 속하는지, 세법에 속하는지, 행정법에 속하는지, 아니면 중국이 다른 국가와 체결한 조약에 관련되는지, 더 나아가 중국이 아닌 다른 국가의 법과 관련되는지도 따지지 않고 모두 다루고자 노력하였다. 다만, 국내는 물론 중국을 비롯한 해외에도 이러한 편제를 취하는 책은 찾기 어려워서, 저자 스스로 설명의 틀을 잡을 수밖에 없었다. 그래서 아직은 구성의 연결에 매끄럽지 못한 부분이 있는데, 이는 앞으로 개정판을 내면서 계속 보완할 생각이다.

이 책은 보는 사람에 따라서 그 용도가 조금씩 다를 것이다.

- ■중국 투자를 실제로 하여야 하는 기업 실무가들은 먼저 이 책의 큰 목차와 사항색인에서 관련되는 부분을 뽑아서 읽어 본 후에, 중국법 전문가를 찾아가 문의해 보기 바란다. 업무에 소요되는 시간과 외부 자문비용을 많이 절약할 수 있을 것이다.
- ■중국 투자 관련 업무를 하는 한국 변호사들은 먼저 제2장부터 읽어 보기 바란다. 한국 회사법과 비교하면서 설명하고 있어서, 빠른 시간 내에 중국 기업들의 법적 특징을 파악할 수 있을 것이다. 이후에는 역시 이 책의 큰 목차와 사항색인에서 필요한 부분을 뽑아서 읽어 나가면, 중국 변호사들의 설명을 듣고 이

해하는 데 큰 도움이 될 것이다. 이 책은 시종일관 한국법과 비교하는 방식으로 중국법을 설명하고 있어서, 한국 변호사들이 보기에 여러 모로 편리하다.

- 한국어를 읽을 수 있는 중국 변호사가 중국투자 업무를 시작하는 단계라면 이 책을 처음부터 순서대로 정독할 것을 권한다(저자가 아는 한 중국 서점에서도 이러한 책은 찾을 수 없다). 이후 관련되는 중국 법령 원문과 중국어 교재·논문을 읽어 나가면 매우 빠른 속도로 업무 기초를 닦을 수 있을 것이다. 업무 경험이 5년 이상인 중국 변호사라면, 그동안 실무를 하면서 익힌 내용을 체계적으로 정리하고 일부 생소한 내용은 새로 익힌다는 기분으로 통독해 볼 것을 권한다.
- 중국법을 연구하는 학자들에게는 중국 투자에 관하여 실무가들이 어떤 부분들을 고민하는지 이해하는 데 도움이 될 것이다. 예를 들어, 왜 한국 투자자들이 중국 안에 펀드를 설립하려고 하지 않는지(지난 10여 년간 중국의 부동산 가격이 폭등하였음에도 중국 부동산에 직접 투자하는 한국계 펀드를 찾아보기 어려운 데에는 이유가 있다), 중국의 저당권(중국법 용어: 抵押权[저압권])이나 질권이 한국의 저당권·질권보다 채권자에게 덜 매력적인 이유가 무엇인지에 관해서 이 책은 설명하고 있는데, 중국의 법조문만 읽어서는 이를 알아차리기 어렵다.
- 중국의 대학에서 법학을 전공하고 있는 유학생이라면 이 책을 처음부터 찬찬히 읽어 볼 것을 권한다. 중국 내 법학 서적과는 전혀 다르면서도 새로운 시각을 제공해 줄 것이다. 그리고 가능하다면 이 책 옆에 한국의 민법강의와 상법강의 교과서를 함께 두고 볼 것을 권한다. 중국법과 한국법을 비교할 수 있는 능력은 장래 업무를 할 때 많은 도움을 줄 것이다. 중국법에 관심을 가지는 한국의 법학 전공 학생들은 먼저 물권법과 채권법, 그리고 회사법을 일독한 후에 이 책을 읽어 볼 것을 권한다. 우선 한국법의 기초부터 튼튼히 다져 놓으면, 나중에 이 책을 읽어도 쉽고 빠르게 이해가 될 것이다.

독자들에게 두 가지 사항을 더 부연하고 싶다. 이 책에서는 중국 관련 법령의 명칭이나 조문을 간략하게만 언급하였다. 중국어 규정을 읽을 수 있는 독자라면 중국의 인터넷 사이트를 통하여 어렵지 않게 원문을 찾을 수 있을 것이다. 또한 중국은 법 규제의 천라지망을 펼치고 있는 국가이다. 더욱이 그 규제의 변화 속도도 매우 빠르다(중국의 한 증권법 교수는 자신이 쓴 교과서에서 중국 정부가 반포한 증권법 관련 규정들을 자신도 아직 다 읽지 못하였다고 스스로 고백하기도 하였다). 이러한 사정 때문에 이 책에서도 역시 중국 법제의 변화를 미처 쫓아가지 못한 부분이 있을 수 있다. 한 가지 예로, 이 책의 초고를 완성한 시점으로부터 3개월이 지난 2021. 1. 1.부터 중국의 민법 체계가 복수의 단행법들에서 하나의 통합법으로 변경되는 큰 변화가 생겼는데, 출판 시점에 맞추다 보니 이를 반영하지 못하였다. 이로 인하여 발생한 부정확한 서술은 발견하는 대로 계속 보완할 것인데, 그 과정에서 독자 여러분께 불편을 드릴 수 있음에 양해도 함께 구한다(사실 중국 법제의 급속한 변화와 내용의 모호함은 외국 투자자에게 상상 이상으로 큰 장애물이다).

지금은 중국 투자에 관하여 많은 한국 투자자들이 신중하게 접근하고 있는 것이 사실이다. 그래서 중국 투자 관련 업무도 예전에 비하면 많이 줄어들었다. 하지만, 지금이든 장래 어느 시점이든 젊고 열정에 찬 후배 법률가들이 이 책의 도움을 받아 저자가 시행착오를 겪으며 스스로 이해하고 정리하는 데 걸린 오랜 시간을 단축하고 더 앞으로 더 멀리 뻗어 나가 준다면, 큰 보람을 느낄 것 같다. 이렇듯 중국 투자에 관심이 많이 식은 현 상황에서도 출판을 결정해 주신 세창출판사와 임길남 상무님께 이 자리를 빌려 깊이 감사 드린다.

이 책의 원고를 써 내려가면서 어느 분야에 관한 책을 쓴다는 것은 자신이 그 분야에 얼마나 무지한지 스스로 깨달아 가는 과정임을 깨달았다. 지금이라도 알았으니, 앞으로 시간 나는 대로 그리고 힘 닿는 대로 이 책의 내용을 수정·보완해 나갈 것을 독자 여러분께 약속 드린다. 그리고 누구보다도, 주말에 그리고 평일 밤에 집중적으로 원고 작업을 하느라 함께 하는 시간이 많이 줄었음에도 이해해 주었던 사랑하는 아내 芳芳, 그리고 아빠가 되는 행복이 얼마나 큰지 뒤늦게 가르쳐 준 딸아이 윤서에게 미안함과 동시에 사랑의 마음을 전한다.

2021년 2월

함 대 영

차 례

참고문헌 및 약어표

광장신탁법연구회, 『주석 신탁법』, 2013→광장(신)
권기범, 『현대회사법론』 제7판, 2017→권기범
김건식·노혁준 등, 『회사법의 해부』, 2014→김건식, 노혁준(역)
김건식·정영진, 『중국 회사법』, 2018→김/정
김병연·권재열·양기진, 『자본시장법』 제3판, 2017→김병연
김준석·한인철·김태경, 『국제조세실무』 제12판, 2019→김준석
김홍엽, 『민사소송법』 제7판, 2018→김홍엽(소)
국세청, 『홍콩진출기업을 위한 세무안내』, 2015→홍콩세무(국)
국세청, 『싱가포르진출기업을 위한 세무안내』, 2015→싱가포르세무(국)
노정환 등, 『중국 민법』, 2007→노정환
나승성, 『금융지주회사법』, 2007→나승성
박삼철·차태진·송상우·김건, 『사모펀드 해설』, 2015→박삼철
박정우·정래용, 『M&A와 자본거래의 세무』 제4판, 2011→박정우, 정래용
박제현, 『중국경쟁법』, 2020→박제현
법무법인 한결, 『중국기업 활동과 부동산투자』, 2009→한결
법무부, 『신탁법 해설』, 2012→법무부(신)
법무부 금융위원회, 『전자증권제도 및 법령 주요내용』, 2019. 1.→법/금(전자증권)
손한기, 『중국 민사소송법의 원리와 해석』, 2014→손한기
송덕수, 『민법총칙』
송덕수, 『물권법』
송덕수, 『신민법강의』 제11판, 2018→송덕수(강)
송덕수, 『채권총론』
송덕수, 『채권각론』
송옥렬, 『상법강의』 제9판, 2019→송옥렬
신창선·윤남순, 『신국제사법』 제2판, 2016→신창선
안춘수, 『국제사법』, 2017→안춘수

윤상직, 『외국인투자법제 해설』 개정판, 2009→윤상직

이정표, 『중국 회사법』, 2008→이정표

이창희, 『세법강의』 제14판, 2016→이창희

이창희, 『국제조세법』 증판, 2018→이창희(국)

이철송, 『회사법강의 』제25판, 2017→이철송(회)

이택곤·안완진, 『중국철수전략』, 2017→이/안

임영철·조성국, 『공정거래법(이론과 실무)』, 2018→임영철, 조성국

임재연, 『미국기업법』, 2009→임재연(미기)

임재연, 『자본시장법』, 2017→임재연(자)

장덕조, 『회사법』 제3판, 2017→장덕조(회)

장덕조, 『상법강의』 제3판, 2019→장덕조(상)

장철혁, 『중국기업의 설립과 M&A 및 투자회사』, 2009→장철혁

정찬형, 『상법강의(상)』 제22판, 2019→정찬형(상)

전대규, 『중국민법(상)』, 2009→전대규(상)

전대규, 『중국민법(하)』, 2009→전대규(하)

주중국대한민국대사관, 『알기쉬운 중국 세법』, 2019→대사관(세)

지원림, 『민법원론』, 2017→지원림(원)

지원림, 『민법강의』 제16판, 2019→지원림(강)

최준선 외, 『로스쿨 국제거래법 이론과 사례』, 2011→박훤일

한종술, 『미국계약법』, 2009→한종술

회계법인 대광, 『최신 중국세법 실무』, 2012→회계법인 대광

KOTRA, 『홍콩투자 실무가이드』, 2008→홍콩투자(코)

김동훈, 「민법상 위약벌 제도의 운용방향」, 인권과 정의 Vol. 465, 2017년 5월→김동훈

오 윤, 「국제적 조세회피의 현황과 쟁점」, 한중국제심포지엄(2013. 11. 한국조세재정연구원 주최)→오윤

지원림, 「위약금에 관한 약간의 고찰-위약금의 법적 성질 및 위약벌의 감액을 중심으로」, 인권과 정의 Vol. 430, 2012년 12월→지원림(위)

한 민, 「신디케이티드 대출에 관한 법적 검토」, 이화여자대학교 법학논집 제16권 제4호, 2012년 6월→한민

함대영, 「신탁형 자산유동화에서의 진정양도 판단−민법과 신탁법의 교차영역에 대한 고찰의 일환」, BFL(제44호), 2010. 11.→함대영

Allen & Overy, *New Regime on Cross Border Financing in China*, May 2016

Hamilton, Robert W., *The Law of Corporations*, 5th ed., 2000→Hamilton

Hixson, Tiffany A., "The Revised Uniform Partnership Act-Breaking UP(or Breaking Off) Is Hard To Do: Why The Right To "Liquidation" Does Not Guarantee A Forced Sale Upon Dissolution Of The Partnership", 31 *Western New England Law Review*, 2009→Hixson

Kleinberger, Daniel S., *Agency, Partnerships, and LLCs*, 4th ed., 2012→Kleinberger

Layton, Richards & Finger, P.A., *Delaware Laws & Programs Affecting Business*, 2005→Delaware Guide

Palmiter, Alan R., *Corporations*, 6th ed., 2009→Palmiter

Roach, Lee, *Company Law Impression 1*, 2019→Roach

Slorach, J. Scott & Jason Ellis, *Business Law*, 7th ed., 2009→Slorach

Sue, Wright, *The Handbook of International Loan Documentation*, 2nd ed., 2014→Wright

Wight, Richard, *The LSTA's Complete Credit Agreement Guide*, 2009→Wight

沈德咏,『《中华人民共和国民法总则》条纹理解与适用(下)』, 2017→沈德咏

赵旭东,『公司法学』第二版, 2007→赵旭东

魏振瀛 主编,『民法』第四版, 2010→魏振瀛

崔建远 主编,『合同法』第四版, 2007→崔建远

韩世远,『合同法总论』第二版, 2008→韩世远

甘培忠,『企业与公司法学』第五版, 2007→甘培忠

刘俊海,『现代公司法』, 2008→刘俊海

施天涛,『公司法论』第二版, 2006→施天涛

德勤(Deloitte),『中国房地产投资手册』, 2012→德勤

奚晓明,『最高人民法院关于公司法解释(三)、清算纪要理解与适用』, 2011→奚晓明

주요 참고 중국 법령

中华人民共和国中外合资经营企业法

中华人民共和国中外合资经营企业法实施条例

中华人民共和国中外合作经营企业法

中华人民共和国中外合作经营企业法实施细则

中华人民共和国外资企业法

中华人民共和国外资企业法实施细则

关于设立外商投资股份有限公司若干问题的暂行规定

外国企业或者个人在中国境内设立合伙企业管理办法

外商投资合伙企业登记管理规定

外商投资创业投资企业管理规定

关于外商投资举办投资性公司的规定

中华人民共和国公司法

中华人民共和国合伙企业法

企业信息公示暂行条例

中华人民共和国物权法

中华人民共和国公司法

中华人民共和国担保法

中华人民共和国合同法

中华人民共和国侵权责任法

中华人民共和国反垄断法

最高人民法院关于适用《中华人民共和国公司法》若干问题的规定(三)

最高人民法院关于适用《中华人民共和国合同法》若干问题的解释(二)

最高人民法院关于审理技术合同纠纷案件适用法律若干问题的解释

中华人民共和国外汇管理暂行条例

中华人民共和国民法通则

对外投资备案(核准)报告暂行办法

들어가며

보통 법서들은 하나의 실정법을 중심에 놓고 그 조문 순서대로 설명하는 방식을 취한다. 그러나 이 책은 한국 기업이 중국에 투자할 때 관련되는 법 이슈들을 체계적으로 설명하는 것을 목표로 하기 때문에, 이러한 방식을 취할 수 없었다. 우리와 마찬가지로 중국 역시 "외국인이 자국에 투자할 때 관련되는 다양한 법 이슈들을 하나로 모아서 제정한 단일법"은 없기 때문이다. 사실 이러한 사정은 어느 국가나 마찬가지이어서, 어느 나라 서점을 가든 외국인투자(Foreign Direct Investment. 약칭 FDI)에 관하여 체계적으로 정리된 법률서적은 찾기 어렵다. 이렇듯 참고할 만한 선례가 없어서 이 책을 쓸 때 가장 고심한 부분이 설명의 순서와 체계였는데, 일단 아래와 같이 틀을 잡았다.

1) 어느 분야에서든 **실무가에게 필요한 대답은 언제나 하나, "내가 지금 이 순간 이 상황에서 무엇을 어떻게 해야 하는가?(그것을 알기 어려우면 최소한 하지 말아야 할 행위들은 무엇인가?)"라는 질문에 대한 답이다.** 사실 저자와 같은 법률가들이 과거 학교에서 힘주어 공부했던 다양한 학설들과 입법례, 심지어는 법원의 판결들도 그들의 직접적인 관심사는 아니다. 이러한 실무가의 요청에 최대한 부응하기 위하여, 이 책에서는 **한국 기업이 중국에 투자할 때 시간 순서에 따라 각 상황별로 무엇을 체크하고 어떠한 조치를 취해야 하는지(혹은 어떠한 행위들은 하지 말아야 하는지)**에 초점을 맞추어 설명하였다. 그리고 그 설명 과정에서 "중국을 포함하여 다른 나라에 투자할 때 법적 위험(legal risk)을 어떻게 분석하고 다루어야 하는지"에 관하여 모델로 삼을 만한 매뉴얼을 실무가에게 제시하는 것도 염두에 두었다.

2) 중국뿐 아니라 어느 외국에 투자하든 투자의 형태는 크게 4가지로 나누어 볼 수 있다. 제1장 첫머리에서 이 4가지를 설명한 후, 먼저 그중에서 가장 기본이 되는 **기업형 투자**에 관하여 다음과 같은 순서로 설명하였다.

1 한국 투자자가 중국에 기업형 투자를 하려고 할 때, 가장 먼저 체크해야 할 사항은 의외로 단순하다. 기업형 투자란 중국에 새로운 기업을 설립하거나 이미 있는 중국 내 기업을 제3자로부터 인수한 후 그 기업을 통하여 특정한 사업(business)을 하는 것인데, **우선 그 의도하는 사업을 외국인이 중국에서 할 수 있는지부터 체크**해 보아야 한다(제1장). 이에 관한 법 규제가 우리보다 복잡하다.

2 만일 하고자 하는 사업이 허용된다면, 그다음으로 한국 투자자가 결정해야 할 것은 중국 법제가 규정하고 있는 다양한 형태의 기업 중 하나를 선택하는 것이다(제2장). 그런데, 중국에서는 이 작업이 한국에서와 비교가 안될 만큼 복잡하고 혼란스럽다. 뒤에서 자세히 설명하겠지만, 중국에서는 이에 관하여 그때그때 필요에 따라 단편적인 사항만을 규율한 법들을 제정해 와서 그들 상호 간의 조화와 균형이 많이 부족하기 때문이다. 해서 중국 법률가들도 이 부분에 관하여 통일된 체계를 갖추어 정돈된 설명을 하는 데 큰 어려움을 느끼고 있다. 이 책에서는 **중국 기업 중 한국 투자자가 관심을 가질 만한 유형들에 한정하여, 저자 나름의 기준에 따라서 한국법(그리고 필요한 한도 내에서는 미국법과 영국법)의 시각을 동원하여 그 법적 특징을 일관성 있게 설명하고 있다. 중국 투자 관련 업무에 관심을 가지고 있는 한국 변호사라면 우선 이 부분부터 정독해 볼 것을 권한다. 이 부분만 이해하여도 중국 투자에 관한 기초의 반 이상은 파악하였다고 보아도 무방하다**.

3 중국에 설립할 기업의 법적 형태를 결정하고 난 후에는, 다시 **한국의 본사가 직접 중국 내 기업에 출자할 것인지(직접적 기업형 투자), 아니면 홍콩이나 싱가포르에 paper company를 설립한 후 이를 통하여 출자할 것인지(간접적 기업형 투자)를 결정**하여야 한다(제3장). 이 부분에서는 중국법, 홍콩규정, 싱가포르법, 한국법 외에 각 국가/지역 간의 조세조약도 두루 살펴보면서, 실무에서 따져 보는 법 쟁점(legal issue)들을 원론적인 수준에서 정리하였다. 실제 업무에서 이 문제를 다룰 때에는 국제조세 전문가의 조언을 받아 볼 필요가 있다.

4 이 검토를 마친 후에는, 다시 중국 내 기업을 새로이 설립할 것인지, 아니면 기존의 중국 내 기업을 제3자로부터 인수할 것인지를 결정하여야 한다. **중국**

내 기업을 신설하는 경우에 관해서는 **실무에서 거치는 시간적 순서에 따라 각 단계별로 점검해야 하는 법 이슈들을 법 영역을 묻지 않고 한꺼번에 모아서 설명하였다**(제4장). 그러다 보니 일반적인 회사법 교재에서는 설립과는 별도의 편에서 설명하는 **지배구조**나 **자금조달방안**에 관해서도 이 책에서는 설립 편에서 함께 설명하게 되었다. 실무에서는 회사 설립단계(출자자 간 계약서와 정관 작성 단계)에서부터 지배구조를 어떻게 설정하고 자금조달 방안(funding option)은 어떻게 짤 것인지 결정해야 하기 때문이다. 또한 회사법 외의 민법, 공정거래법, 등기 관련 법규, 외환 관련 법규 등도 모아서 설명하였지만, 실무가들 입장에서는 혼란스럽기보다 오히려 일할 때 참고하기 편할 것이다. 특히 **중국 내 사모펀드 및 그 운용사의 설립**과 관련한 부분, 그리고 **중국 합화기업의 특징**을 설명한 부분은 국내에서 잘 정리된 문헌을 찾기 어려우니, 관심 있는 독자들에게는 많은 도움이 될 것이다.

5 그다음으로 **기존의 중국 내 기업의 지분을 양수받는 경우**에 관하여 설명하였다(제5장). 이는 **중국 내 기업을 대상으로 하는 M&A 거래 유형의 대부분을 차지하고, 나아가 장래 중국에서 전면적 철수를 할 때에도 가장 먼저 고려되는 방식이어서, 그 중요성이 크다**. 특히 중국 내 기업의 지분을 매수하고자 할 경우 **그 거래구조의 설계 시 중국법상 많은 제약들을 고려하여야** 하기 때문에, 그 부분들도 종합적으로 정리하였다. 다만, 자산양수도 거래나 합병, 분할에 관해서는 구체적으로 소개하지 않았다(참고로, 중국에는 주식의 포괄적 교환이나 이전에 관한 법제가 없고, 대신 지분/주식의 현물출자를 이용하여야 한다). 실무에서 사용되는 경우가 많지 않고, 이를 하게 될 경우 원칙적인 절차는 한국에서와 유사하다고 생각하고 중국 현지 법률사무소의 자문을 받아도 큰 문제가 없기 때문이다(다만 한국과 비교할 때 세무와 노무 관련 이슈가 더 많고 기간이 상당히 오래 소요된다는 점만 기억하자).

3) 기업형 투자 다음으로, 주로 한국의 은행들이 관심을 가지고 있는 **담보부 대출형 투자**를 설명하였다(제6장). 담보부 대출거래를 법적인 관점에서 개략적으로 파악해 보면 크게 대출계약과 담보권 설정계약(인적 담보인 보증계약 포함)의 2가지로

구성된다. 그런데 중국 계약법은 금전대차계약과 보증계약을, 중국 물권법은 약정 담보물권으로서 저당권과 질권을 규정하고 있고, 각 계약을 규율하는 법 규정의 문구도 우리와 큰 차이가 없어 보인다. 이 때문에 **한국의 은행들은 중국 내 기업을 채무자로 하는 담보부 대출거래의 법 규율이 한국에서와 큰 차이가 없을 것이라 막연히 생각하는 경향이 있다. 그러나 중국법상 담보부 대출거래에 대한 규제는 우리와 비교할 때 미묘하지만 뚜렷한 차이가 있어서, 이 부분을 사전에 명확히 정리해 두고 실무에 임할 필요가 있다**. 그런데 이 부분은 양 국가의 법 내용을 모두 파악하고 있지 않으면 발견하기가 쉽지 않아서, **지금도 한국의 은행들이 흔히 간과하고 지나가는 법 쟁점들이 제법 있다**. 이는 한국 법률사무소와 중국 법률사무소 모두 양 국가의 법을 정확하게 비교하면서 자문을 해 줄 수 있는 곳이 많지 않다는 사정에서 비롯되는 문제인데, 이 책에서는 그러한 문제들 중 몇 가지를 소개하였다.

4) 그다음으로 **계약형 투자**를 설명하였다(제7장). 다만, 한국 투자자가 중국 투자자와 체결하는 수많은 유형의 계약들에 관해서 일일이 설명하는 것은 저자 능력의 범위를 벗어나기 때문에, 우선 이 책 초판에서는 계약 유형을 불문하고 항상 들어가는(실무에서는 간혹 누락된 경우가 있는데, 이때는 "들어가야 마땅한"이라고 표현하는 게 맞을 것이다) 3가지 조항에 관하여 저자가 그동안 일하면서 개인적으로 정리하고 있는 내용을 소개하였다.

5) 중국 현지에 연락사무소를 설치하는 유형의 투자는, 그 실질이 투자라기보다는 그 준비작업이라고 볼 수 있고 그에 관한 법 쟁점도 많지 않아서, 짧게 소개하였다(제8장). 사실 최근 몇 년 동안에는 중국에의 투자보다 **기존의 투자를 중단하고 전면적으로 철수**하는 게 더 큰 화두였다. 그런데 저자의 경험상 실무에서 이때 **가장 선호되고 많이 사용되는 방식은 지분을 팔고 나가는 것이고, 이는 제3장과 제5장에서 설명**하였기 때문에, 투자철수에 관해서는 별도의 지면을 많이 할애하지 않고, 이익배당과 해산에 관해서만 간단히 다루었다(제9장).

용어정리

▶ 중국 법규에서 **"중국 내"**, **"경내(境内)"**는 홍콩, 마카오, 대만을 제외하는 의미로, **"중국 외"** 혹은 "**경외**(境外)"는 홍콩, 마카오, 대만을 포함하는 의미로 사용되고 있다. 이 책 역시 이 용례를 따른다.

▶ 우리의 "외국인투자기업"에 상응하는 용어로 중국의 관련 법규에서는 **"외상투자기업**(外商投资企业)**"**이라는 명칭을 사용하고, 그와 반대되는 개념 즉 외상투자기업이 아닌 중국 내 설립기업을 **"내자기업**(内资企业)**"**이라 칭하고 있다. 이 책 역시 이 표현을 따른다.

▶ 이 책에서는 한국에 거주하고 있는 한국 국적의 개인과 한국법에 따라서 한국 내에 회사 설립등기(대부분은 주식회사 내지 유한회사의 설립 등기일 것이다)를 하고 있는 회사를 "한국 투자자"라 칭한다. 또한 중국에 거주하고 있는 중국 국적의 개인과 내자기업을 "중국 투자자"라 칭한다.

제1장 기업형 투자의 첫 번째 확인사항: 금지·제한 여부

I. 중국 투자의 4가지 유형

1) 한국 투자자가 중국에 투자하여 사업 수익을 얻고자 할 경우, 그 방식으로는 아래 4가지를 생각해 볼 수 있다.

① **계약형:** 중국 내에 이미 설립되어 있는 기업(내자기업일 수도 있고, 외상투자기업일 수도 있다)과 수출계약, 라이선스계약, 공동연구계약, 동업계약 기타 각종 계약을 체결하는 방식.

② **연락사무소형:** 중국 내에 연락사무소(중국법상 명칭: "외국기업 상주 대표기구(外国企业常驻代表机构)")를 설립하는 방식.

③ **지점형:** 중국 내에 지점(중국법상 명칭: "분공사(分公司)")을 설립하는 방식.

④ **기업형:** 중국 내에 새로이 기업을 설립하거나 이미 설립되어 있는 기업을 인수합병하는 방식. 뒤에서 살펴보지만, 중국 내에 외국 투자자가 설립할 수 있는 기업은 중국 회사법 및 합화기업법상 5가지 유형에 한정된다. 반면 중국인이 설립할 수 있는 중국법상 "기업"의 범위는 이보다 넓다.

2) 위 ①의 방식은 중국 내에 어떠한 물적 시설(일응 국제조세법 문헌에서 말하는 "고정 사업장"의 의미로 이해해도 무방하다)을 설치하거나 상주 인원을 두지 않고, 단순히 중국 투자자와의 계약관계를 통하여 중국 내 수익을 추구하는 가장 기초적인 방식이다. 위 ②의 방식은, 상주 대표기구가 원칙적으로 중국 내에서 영업활동을 진행할 수 없고 단지 한국 본사를 위한 업무연락, 제품소개, 시장조사, 기술교류 등의 제한적 행위만을 수행할 수 있기 때문에, 현실에서 자주 고려되지는 않는다. 위 ③의 방식은, 중국법상 소수의 예외적인 업종 (예컨대 상업은행업)을 제외하고는 중국 내에 설립되어 있지 않은 기업이 중국 내에 자신의 분공사를 설립하는 것이 허용되

지 않으므로(따라서 대부분의 경우 중국 내에 분공사를 설립하려면 먼저 중국 내에 기업을 설립하거나 기존 기업을 인수한 후 그 지점의 형태로 분공사를 설립하여야 한다), 역시 예외적인 경우에만 고려되는 방식이다(참고로, 한국에서는 특별히 이런 제약이 없다. 따라서 외국 기업은 자유롭게 한국에 [물적 설비와 인적 조직을 갖춘] 지점을 설치할 수 있고, 이 경우 한국법상 자신과 가장 유사한 형태의 회사의 지점으로 등기하면 된다[이철송, 1201면]. 예컨대 미국의 corporation이 한국에 지점을 설치하면, 주식회사의 지점으로 설립등기한다[이창희, 682면]).

3) 요컨대, **단순히 계약 관계를 통하는 것이 아니라 중국 내에 어떠한 물적 시설을 직접 설치하고 상주인원을 두는 방식으로 중국 투자를 하고자 한다면, 가장 흔히 사용되는 것은 위 ④의 방식(기업형)이라고 할 수 있다.** 아래에서는 먼저, 위 ④의 방식(기업형)으로 중국 투자를 고려하고 있는 한국 투자자가 투자계획을 확정 짓기 전에 일종의 루틴으로서 체크하여야 할 사항부터 소개한다.

II. 중국 내 외국인 투자 금지·제한 사항의 확인

1. 개 론

1) 대부분의 나라에서는 외국인 투자를 제한 없이 자유롭게 허용해 주지는 않고 있다. 우리를 예로 들면 「외국인투자촉진법」에서 공공행정, 국방 등 분야의 업종에 대해서 외국인 투자를 금지하고, 일부 업종은 외국인 투자는 가능하나 투자비율을 제한하고 있다. 중국 역시 마찬가지인데, 그 내용은 아래와 같다. 아래 사항들은 위 I.에서 설명한 **기업형의 방식으로 중국에 투자하고자 할 경우, 투자의 종류를 불문하고 항상 1차적으로 그리고 기계적으로 확인해야 할 사항이다.**

1 중국에서 특정한 사업을 영위하는 기업을 설립하고자 하는 한국 투자자가 가장 먼저 확인하여야 할 사항은, **그 사업이 중국 내에서 외국인 투자가 허용되는 업종인지 여부를 확인하는 것이다.** 예컨대, 희토류 광물 탐사 및 채광, 중국 법률사무 자문(중국 법률환경영향 관련 정보의 제공은 제외), 도서나 잡지 출판, 방송

프로그램이나 영화 제작을 목적으로 하는 기업에는 외국인 투자가 일체 금지되고 있다.

[2] 만일 자신이 하고자 하는 사업이 중국 내에서 외국인 투자가 허용된다면, 추가로 아래 사항들을 확인하여야 한다.

① **그 기업을 중국 내에 설립할 경우, 자신이 당해 기업의 지분 100%를 보유할 수 있는지 아니면 반드시 중국 투자자와 공동으로 지분을 보유해야 하는지, 만일 중국 투자자와 공동으로 지분을 보유해야 한다면 자신이 그 지분을 몇 프로까지 보유할 수 있는지. 그리고 기타 어떠한 제약이 있는지**. 이는 경영권 획득 여부, 이익배당 수준 등과 관련하여 실무상 중요한 이슈가 될 수 있다.

② **그 기업의 설립 및 운영에 요구되는 인허가 기타 행정절차가 무엇인지, 이를 모두 밟는 데 소요되는 기간은 어느 정도인지**. 한국에 비하면 상당히 오랜 기간과 다액의 비용이 소요되는 경우가 흔하기 때문에, 이 부분에 관해서도 사전 확인을 해 두는 것이 필수적이다.

2) 위 1) [2] ②의 사항을 제외한 나머지를 확인하기 위해서는, 기본적으로 "외상투자진입 negative list" 등 각종 negative list, "장려형 외상투자 산업목록", "CEPA(the Closer Economic Partnership Arrangement and Supplemental Agreements, 이하 편의상 "중국과 홍콩, 마카오 간 경제협력약정"이라 약칭한다)" 등을 검토해 보아야 하는데, 아래에서 살펴본다(위 1) [2] ②의 사항에 관해서는 제3장 참조).

2. Negative List 및 장려형 외상투자 산업목록

1) 종래 중국에는 외국인 투자가 제한, 금지되거나 반대로 중국 정부에 의하여 장려되는 산업 업종을 열거한 "외상투자산업 지도목록(外商投资产业指导目录)"이 있었다. 여기에서, "외상투자(外商投资)"는 외국인 투자, "지도(指导)"는 가이드 내지 지침이라는 의미이므로, "외상투자산업 지도목록"은 외국인이 중국 내 특정 산업에 투자할 수 있는지에 관한 기본적인 지침을 규정한 리스트라 이해하면 된다(우리의

「외국인투자촉진법」 부속 "외국인투자에 관한 규정" 별표 1.의 도표와 유사하다).

2) 이 지도목록은 2015년 제6차 개정 때까지 중국 내 산업 업종을 "**장려형 업종**"(외상투자기업의 설립이 허용될 뿐더러, 관세 및 수입부가가치세와 관련하여 인센티브를 부여받는 업종), "**제한형 업종**"(설립이 허용되나, 지분율, 회사 통제권에 관하여 일정한 제한을 받는 업종), "**금지형 업종**"(설립 자체가 금지되는 업종)으로 구분하고 있었다. 그리고 이들 3가지의 어디에도 해당하지 않는 산업 업종은 "**허용형 업종**"이라 불렀다. 이후 중국 정부는 다음과 같이 법제를 정비하였다.

[1] 2017년 제한형 업종과 금지형 업종, 그리고 장려형 업종 중 지분비율 제한이 있는 업종을 묶어서 "**외상투자진입 negative list**"라는 명칭으로 따로 공포하기 시작하였다.

[2] 2019년 외상투자산업 지도목록과는 별도로 공포되어 있던 "중서부지역 외상투자 우세산업목록"과 "외상투자산업 지도목록(2017년판)"에 있던 "장려형 업종" list를 통합하여 "**장려형 외상투자 산업목록**"을 공포하였다.

[3] 한편, [1], [2], [4]의 목록과는 별도로, 중국 내 특정 지역에 대한 외상투자에 추가적인 혜택을 부여하는 "**자유무역시험구 외상투자진입 negative list**"도 공포하고 있다.

[4] 또한, 중국의 국가발전과 개혁위원회에서도 "**시장진입 negative list**"를 따로 공포하고 있다.

3) **한국 투자자는 우선 자신이 투자하고자 하는 업종이 "외상투자진입 negative list"와 "자유무역 시험구 외상투자진입 negative list"에 열거되어 있는지 확인하여야 한다. 열거되어 있지 않다면** 중국이 외국인 투자에 관하여 취하고 있는 negative system(금지하거나 제한한다고 명시하지 않은 업종은 원칙적으로 모두 허용해 주는 방식)에 따라서 **일응 자신이 100% 지분을 보유하는 형태로도 중국 내에 해당 업종을 영위하는 기업을 설립할 수 있다고 볼 수 있다**(다만, 내자기업에 적용되는 제한은 당연히 동일한 잣대로 적용받는다. 또한 그 설립을 위한 인허가·등기·신고 단계에서 어떠한 장애물이 있는지는 별개로 살펴볼 문제이다).

4) 위에서 살펴본 각종 규정들은 매년 개정되므로, 중국 투자계획을 수립할

때마다 매번 관련 규정을 확인해 보아야 한다. 위 2) [1], [2], [3]의 목록은 중국한국상회의 홈페이지(http://www.korcham-china.net/html/main.asp)에서 신속하게 개정 상황과 규정을 공시해 주므로, 이를 이용하면 도움이 된다.

- http://www.korcham-china.net/html/newsflash/law_list.asp?flag=READ&Seq=24899 (외상투자진입 negative list 2020년판)
- http://www.korcham-china.net/html/newsflash/law_list.asp?flag=READ&Seq=21292 (장려형 외상투자 산업목록 2019년판)
- http://www.korcham-china.net/html/newsflash/law_list.asp?flag=READ&Seq=21044 (자유무역시험구 외상투자진입 negative list 2019년판. 자유무역시험구는 상해직할시, 천진직할시, 광주시 등인데, 수시로 그 지역이 확대되고 있어서, 그때그때 확인이 필요하다)

"**시장진입 negative list**"는 그 내용이 방대해서 아직 한글 번역문은 인터넷상에서 찾기 어려워 보인다(원문 파일은 http://www.ndrc.gov.cn/zcfb/zcfbtz/201812/W020181228564278445267.pdf 참조).

실무 Tip 법률 용어 해설

"외상투자진입 negative list"의 내용을 살펴보면, 일부 업종에 대하여, "합자, 합작에 한함", "중국 측이 지분을 지배할 것", "중국 측이 상대적으로 지분을 지배할 것", "중국 측이 주도할 것"이라는 제한을 붙이고 있다. 하위 규정들에서 그 의미를 찾아보면 다음과 같다.

① **"합자, 합작에 한함"**은 외국인 투자로 설립되는 기업은 반드시 중국 투자자도 함께 출자한 중외합자기업 혹은 중외합작기업의 형태이어야 하며, 외국 투자자가 100% 지분을 가지는 외자기업은 설립할 수 없다는 의미이다(중외합자기업 및 중외합작기업의 구체적인 내용에 관해서는 뒤에서 따로 살펴본다). 다만 2020년부터는 중외합자기업과 중외합작기업을 설립할 수 없고, 중국 회사법상 원론적인 형태의 유한책임공사를 외국투자자와 중국 투자자가 공동출자 형태로 설립하여야 한다(이 배경에 관해서는 뒤에서 따로 설명한다).

② **"중국 측이 지분을 지배할 것"**은 위 ①의 제한에 더하여, 중국 투자자들의 지분을 모두 합쳤을 때 당해 기업 총지분의 51% 이상이어야 한다는 의미이다.

③ **"중국 측이 상대적으로 지분을 지배할 것"**은 위 ①의 제한에 더하여, 중국 투자자들의 지분을 모두 합쳤을 때 외국 투자자 중 지분비율이 가장 큰 자보다 많아야 한다는 의미이다.

④ **"중국 측이 주도할 것"**은 위 ①의 제한에 더하여, 예컨대 CEO가 중국 국적이고, 이사회 구성원의 1/2 이상을 중국투자자가 선임해야 한다(즉 사업적인 측면에서 회사 경영의 통제권을 중국 투자자 측이 가져야 한다)는 의미이다.

보다시피 **이 제한들은 외국 투자자가 중국에 설립한 기업의 경영이나 수익분배에 관여하는 것을 심각하게 제한할 수 있으므로, 한국 투자자로서는 자신이 계획하는 중국 투자 업종이 이러한 제한을 받는지 반드시 확인하여야 한다.**

3. 기타 투자 인센티브 지역의 확인

1) 위 2.항에서 살펴본 내용과는 별개로, 중국 내 어느 지역은 특정한 업종에 대한 외국인 투자 유치를 촉진하기 위하여 각종 인센티브를 부여하고 있는 경우가 있기 때문에, 이에 대한 사전검토도 필요하다. 이러한 지역을 보통 "경제특구(Special Economic Zone)"라고 칭하는데, 1979년 중국 등소평 정부가 개혁개방 정책의 일환으로 중국 동남부 연해 4개 지역을 지정하면서 시작되었다. 사실 이렇게 한 국가에서 국내 다른 곳에는 적용되지 않는 특혜를 외국 투자자에게 베푸는 지역을 설정하는 제도는 우리를 포함하여 세계 여러 나라에서 가지고 있다(윤상직, 296-306면).

2) 중국에서 이러한 특혜를 주는 지역은 매우 복잡하고 수시로 변하기 때문에, 그때그때 실제 투자하고자 하는 지역을 관할하고 있는 상무부서 혹은 외상투자 초상중심(外商投资招商中心, 외국인투자유치센터)의 홈페이지를 검색하거나 전화 질의 혹은 현장 방문을 통하여 확인할 수밖에 없다. 중국 내 이러한 지역은 대표적으로 ① **자유무역구(보세구)**(해외에서 이 지역으로 수입되는 물품에 대해서는 관세와 수입부가가치세(중국법상 명칭: 증치세(增值税))가 면제된다. 단, 당해 물품이 보세구에서 중국 내 다른 지역으로 이송될

경우에는 관세와 수입부가가치세가 부과된다), ② **수출가공지구**(이 지역으로 수입되는 물품은 가공후 다시 수출됨을 전제로 수입과정에서 과세되지 않는다), ③ **경제특구**(심천, 하문, 주해, 산두, 해남도), ④ **고신기술산업개발구**(高新技术产业开发区. 특정 선진기술을 외국 투자자로부터 유치하는 것을 주된 목표로 한다) 등이 있다. 특히 ⑤ 지난 몇 년간에는 보세구의 역할만을 하던 기존의 자유무역구에 비하여 각종 경제 혜택을 확대한 곳으로서, 상해자유무역시범구(정식명칭: "중국(상해)자유무역시험구[中国(上海)自由贸易试验区]")를 필두로 한 여러 **자유무역시험구**들이 주목받고 있다. 그러나 **일부 지역에서는 중앙정부의 적법한 허가 없이 지방정부에서 임의로 이러한 특별구역을 설정하는 경우가 있으므로, 사전에 반드시 그 인센티브 부여가 적법한지 여부를 확인하여야 한다. 이를 제대로 확인하지 않을 경우 애초 만료예정시점보다 조기에 그 인센티브가 중앙정부에 의하여 소멸될 우려가 있다.**

4. 중국과 홍콩, 마카오 간 경제협력약정(CEPA)

1) 중국과 홍콩 및 마카오 간에 체결된 경제협력약정(the Closer Economic Partnership Arrangement and Supplemental Agreements: CEPA)"에 따르면 일정한 요건을 갖춘 홍콩, 마카오 소재 투자자는 "외상투자진입 negative list"상 외국인 투자가 허용되지 않는 업종에 대해서도 투자가 허용된다. 따라서 한국 투자자로서는 홍콩, 마카오에 회사를 설립한 후 그 회사를 통하여 중국에 투자하는 방식도 고려해 볼 수 있다. **다만 이러한 투자 인센티브를 받기 위해서는 홍콩에서 설립 후 실질적인 사업수행을 일정기간 이상 지속할 것을 요구하므로 전체 투자일정이 길어지고, 그에 따라서 투자 비용이 상승할 수 있음을 염두에 두어야 한다. 이 경제협력약정 역시 지속적으로 보충협정이 체결되고 있으므로, 필요할 때마다 매번 확인해 보아야 한다.**

2) 참고로, **홍콩은 중국 대륙과는 별도로 영국법을 계수한 Hong Kong law의 적용을 받기 때문에, 홍콩에 회사를 설립할 경우 한국 및 중국과는 별개로 법률자문을 받아야 한다**. 한편, 중국에 회사를 설립할 때, ① 한국 본사(모회사)가 직접 설립할 것인지, ② 우선 홍콩에 중간지주회사(일종의 paper company)를 설립한 후, 중간

지주회사가 중국에 회사를 설립할 것인지 검토하는 것도 필요한데, 이에 관해서는 뒤에서 별도로 자세히 살펴본다(제3장 참조).

이 경제협력약정의 주요 특징에 관해서는 코트라의 소개자료를 참고하는 게 도움이 된다(https://news.kotra.or.kr/user/globalBbs/kotranews/5/globalBbsDataView.do?setIdx=244&dataIdx=156178).

실무 Tip **VIE 구조(계약통제 방식: SINA 모델)에 의한 중국투자 가능성**

1) 제한형 내지 금지형 업종의 제한을 회피하기 위하여, 종래 일부 외국 투자자들은 해당 업종을 영위하는 내자기업을 각종 계약을 통해 통제함으로써 실질적으로는 자신이 당해 업종을 영위하는 것과 동일한 결과를 얻는 거래구조를 이용해 왔다. 이러한 거래구조를 실무에서는 **VIE구조**(Variable Interest Entity Structure, 달리 **"계약통제방식"** 또는 **"SINA모델"**이라고도 칭한다)라고 칭하면서 10여 년간 관행적으로 사용해 왔고, 중국 정부 역시 그동안 이를 특별히 문제 삼지 않는 태도를 취해 왔다. VIE 구조의 일반적인 형태를 단순화하여 도표로 표시하면 아래와 같다.

2) 중국에서 외국 투자자의 사업 영위가 금지되는 업종을 하고 싶어 하는 한국 회사(A)가 있다고 하자. A 회사는 다음과 같은 VIE 구조를 생각해 볼 수 있다(사업가의 시각에서 보면, 한국 의료서비스 업계에서 사용되는 병원경영지원회사[MSO: Management Service Organization]의 사업구조와 많이 닮아 있다).

- A 회사는 중국 내에 100% 자회사로 컨설팅 회사(B)를 설립한다(컨설팅 업종은 중국 내에서 외국인 투자가 자유롭게 허용된다). 경우에 따라 A 회사는 B 회사에게 주주대출(shareholder loan)도 해 준다.
- B 회사는 중국 국적의 개인(갑)을 섭외하여 갑에게 인민폐 100만 위안을 빌려주고, 갑으로 하여금 중국에 자본금 100만 위안의 회사(C)를 설립하게 한다. C 회사는 중국인 개인이 설립한 소위 내자기업이므로, 외국 투자자의 사업 영위가 금지되는 업종을 자유롭게 수행한다.
- B 회사는 C 회사에게 경영 컨설팅, 기술 자문 등을 제공하는 명목으로 C 회사와 각종 계약을 체결하고 그 계약에 기하여 C 회사로부터 각종 수수료를 지급받는

▼ 통상적인 VIE 구조도

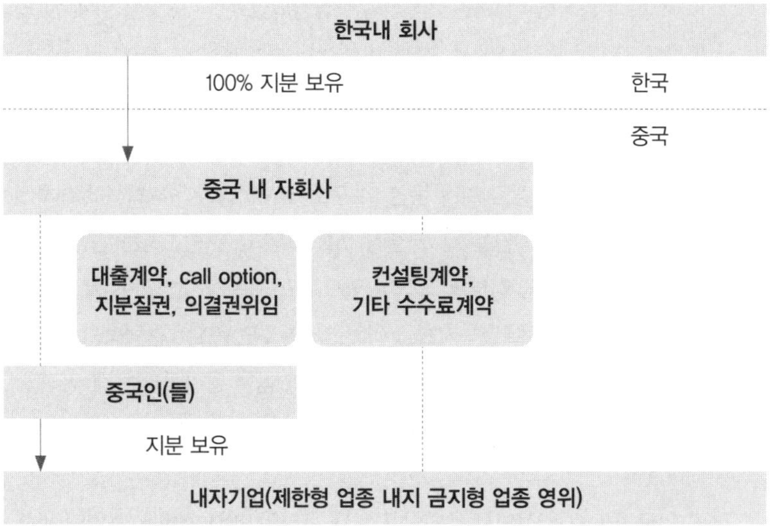

다. 이 과정에서 B 회사는 C 회사가 거두는 사업 수익의 대부분을 가져갈 수 있도록 계약 조건을 섬세하게 설정한다.

- B 회사는 C 회사로부터 받는 사업 수익을 다시 이익 배당이나 주주대출 원리금 상환 등의 방식으로 A 회사에게 송금한다.
- 한편, B 회사는 갑이 C 회사의 주주임을 기화로 C 회사로 하여금 B 회사와 체결한 각종 계약을 파기하지 못하도록 할 필요가 있다. 이를 위하여 B 회사는 갑이 보유하는 C 회사의 지분에 대하여 질권 및 call option을 취득하고, 의결권 위임장도 받아 둔다(**단 이러한 계약상 장치가 중국법하에서 유효, 적법하게 당사자들을 구속하여 강제집행이 가능한 것[legal, valid, binding and enforceable]으로 승인될지 여부가 모호한 것이 항상 문제된다**).

3) VIE 구조는 중국 정부가 전자통신 및 인터넷 영역에 대한 외국인 투자를 금지 내지 제한하자 이를 회피하기 위하여 고안된 구조인데, 연혁적으로 이 구조는 중국 기업인 "Sina.com"이 2000년에 처음 시도하였다. Sina.com은 해외에 외국 투자자와 함께 paper company를 설립하여 그 paper company가 본건 사업구조와 같은 방식으로 자신이 중국 내에서 영위하는 인터넷 사업을 통제하도록 한 후, 그 paper company를 미국 나스닥 증권거래소에 상장하였다. 이후 온라인 내지 홈쇼

핑 사업을 영위하는 다수의 중국 기업들(新东方, 中华网, 携程网, 财富网络, e龙, 阿里巴巴 등)이 이 방식을 이용하여 중국 외에 상장되었고, 이 구조를 알게 된 외국 투자자들은 자신이 중국 내에서 (중국법상 외국인 투자가 제한 내지 금지되는) 사업을 영위하는 방식으로 이 구조를 이용하기 시작하였다.

VIE 구조는 이처럼 애초 중국 기업의 해외 상장을 위하여 고안된 사업구조이기 때문에, 중국 정부는 상당 기간 동안 이 구조의 적법성이나 위법성에 대하여 명시적인 입장을 표명하지 않은 채, 사실상 이를 묵인 내지 방조하는 입장을 취해 왔다. 그러나 이러한 중국 정부의 입장이 앞으로도 지속될 것인지는 확신하기 어렵다. 사실 민법상 "탈법행위"의 개념을 이해한다면 VIE 구조는 구체적인 사실관계 하에서 적법과 불법의 경계선을 넘나들 위험이 있음을 알아차리는 데 어려움이 없고, 이 때문에 중국 법률가들 사이에서 VIE 구조는 지속적으로 관심과 논쟁의 대상이 되어 왔다.

4) 외국 투자자 입장에서 유의할 사항은 **온라인 게임 서비스 사업에 관해서는 실정법상 VIE 구조의 시도를 금지하는 명시적인 규정이 있고,** 나아가 **특정한 VIE 구조가 중국의 강행법규에 위반한다면 그 구조의 유효, 적법, 강제집행 가능성에 관하여 중국 내 법원으로부터 승인받기는 어렵다**는 원칙은 서 있다는 점이다. **다만, VIE 구조의 유효성에 대한 중국법상 판단은 인민법원의 사법심사보다 주무 관청의 행정심사의 영향을 많이 받고 있고(한국에서는 상상하기 어려운 일이나, 사법부의 독립이 인정되지 않는 중국에서는 최고인민법원이 이미 이를 판결문을 통하여 자발적으로 인정하고 있다), 주무 관청 입장에서는 중국 기업이 국익을 위하여 VIE 구조를 활용하는 것까지 금하고 싶어 하지는 않을 것이므로, 향후 판단의 방향을 섣불리 예측해서는 안 된다고 본다.**

그러나 **한국 투자자의 입장에서 보면, VIE 구조는 장래 중국 정부가 언제든지 규제를 가할 수 있고, 장래 그러한 상황이 발생할 경우 그동안 규제를 가하지 않았다는 사정을 들어 반박할 수는 없다.** 따라서 이 방식을 채택하고자 할 경우, 이전에도 그러하였지만 지금은 더욱 현지 법률전문가의 조언을 통해 법적위험(legal risk)을 정확히 분석할 필요가 있다(한때 중국 정부가 문제삼지 않고 있으므로 괜찮다는 식의 논지를 펴는 견해도 있었으나, 이는 법률가가 전개할 만한 논리는 아닐 것이다). VIE 구조에 관해서 보다 구체적인 내용은 뒤에서 다시 살펴본다(제4장 제5절 참조).

제2장 기업형 투자의 두 번째 확인사항: 외상투자기업 유형의 선택

제1장에서 보았듯이 **중국에 기업형 투자를 하고자 할 경우** 첫 번째 체크해야 할 사항은 "외상투자진입 negative list" 등을 살펴보는 것이고, **두 번째로 체크해야 할 사항은 중국법상 허용되는 외국인 투자기업(중국법상 명칭: 外商投资企业[외상투자기업])의 유형과 각 유형별 장단점을 비교, 분석하여 그중 하나를 선택하는 것이다.** 그런데 현실에서는 이 작업이 결코 간단하지 않으며, 그에 도움을 줄 수 있는 정리된 자료 역시 시중에서 찾기 어렵다(저자가 아는 범위 내에서는 한국은 물론 중국에서도 이에 관해 정리된 문헌은 찾기 어렵다). 이러한 사정을 고려하여, 아래에서는 우선 중국법상 외상투자기업의 유형별 특징을 파악하고 정리하는 것이 왜 어려운지 그 배경을 설명한 후, 각 유형별로 주요한 특징을 비교, 분석한다. 한 가지 미리 밝혀 둘 점은, **아래에서 설명할 외상투자기업들 중 외자기업, 중외합자기업, 중외합작기업은 2024년까지만 존속할 예정이고(현재 이 유형으로 설립되어 있는 외상투자기업들은 [비법인조직 형태를 제외하면] 2024. 12. 31.까지 기업조직을 중국 회사법상 원칙적인 형태의 유한책임공사로 변경하여야 한다), 2020. 1. 1.부터는 이 3가지 유형의 외상투자기업은 아예 설립할 수 없다**는 것이다. 이는 중국의 외국인 투자 법제 역사에서 한 획을 긋는 중대한 변화라고 볼 수 있다.

실무 Tip **외상투자기업의 유형별 비교, 분석이 필요한 이유**

뒤에서 다시 설명하겠지만, 2019년까지 한국 투자자를 비롯한 외국 투자자가 선택하는 외상투자기업의 절대 다수는 외자기업과 중외합자기업이었다. 이 때문에 사실 많은 외국 투자자들은 그동안 별다른 고민 없이 ① **100% 자회사를 설립하거나 다른 외국 투자자들과 함께 회사를 설립할 경우에는 외자기업, ② 중국 투자자와**

Joint Venture로 회사를 설립할 경우에는 중외합자기업을 선택하여 왔다. 하지만 이 2가지 유형을 포함한 모든 외상투자기업을 서로 비교 · 분석하는 과정을 통하여 각각의 외상투자기업이 가지는 장단점을 더 명료하게 이해할 수 있고, 간혹 중국 투자자들이 협상과정에서 자신들의 입장을 뒷받침하는 근거로 제시하는 중국 법상 근거에 오류는 없는지 double check해 볼 수 있다(중국의 외국인 투자 관련 법제는 변화가 잦고 복잡하기까지 해서, 생각보다 중국 투자자 스스로 잘못된 법적 근거를 제시하는 경우도 많다). 또한 이러한 비교 · 분석 과정을 통하여 외상투자기업이 한국의 회사와 어떠한 차이가 있는지 이해함과 동시에, 중국 내에 자신이 설립한 회사의 법적 위험(legal risk)을 보다 정확하게 확인해 볼 수 있기 때문에, 이는 소홀히 할 수 없는 작업이다. 사실, **이 작업은 중국뿐만 아니라 외국의 어느 나라에 투자하든 예비적으로 그리고 반드시 거쳐야 하는 작업**으로 이해하는 게 옳다.

제1절 외상투자기업의 유형별 파악이 어려운 배경

한국의 경우 상법에서 기업 유형에 관하여 통일되고 정리된 방식으로 합명회사, 합자회사, 유한책임회사, 유한회사, 주식회사 등을 규율하고 있고, 「외국인투자촉진법」을 비롯한 외국인투자 관련 법률 역시 이를 전제로 규정되어 있다. 따라서 한국에 기업을 설립하고자 하는 외국 투자자는 비교적 용이하게 한국 내에 설립할 수 있는 기업의 유형과 각 유형 간의 장단점과 득실을 비교할 수 있다. 실무에서도 한국법상 허용되는 기업의 유형 및 각 유형별 특징의 비교는 「상법」 회사편과 「자본시장과 금융투자업에 관한 법률」(혹은 회사법 및 자본시장법 교과서)만 살펴 보아도 충분하다(물론 현실에서는 동업의 경우에 사용되는 민법상 조합이나, 상법상 익명조합, 합자조합도 있지만, 외국 투자자가 한국에서 이러한 형태로 사업을 하는 경우는 많지 않다). 그러나 우리 기업이 중국 내에 외상투자기업을 설립하고자 하는 경우, 다음 두 가지 이유로 인하여 그 선택에 혼란을 겪을 수밖에 없다.

1. 중국의 기업 법률 체계의 특이성: 미국법과 대륙법의 혼합

1) 중국에서 외상투자기업은 기업의 일종이므로, 중국의 기업 법률 체계가 인정하는 법적 형태 중 하나를 선택해야 한다. 그런데 중국의 기업 법률 체계는 한국이나 일본과는 다르며, 미국의 기업 법률 체계를 많이 참고하여 제정되었다. 한국과 일본은 전통적으로 "기업법"이 아니라 "회사법"이라는 표현을 사용하면서, 회사의 형태를 합명회사, 합자회사, 유한회사(일본에는 없다), 주식회사, 유한책임회사(한국 회사법) 내지 합동회사(일본 회사법) 등으로 분류하고 있다. 반면, 미국은 전통적으로 회사(Corporation)의 상위 개념으로 기업(Business Organization)이라는 표현을 사용하면서, 기업의 유형 중 특히 중요한 두 가지로서 Partnership(국내에서 종종 "조합"이라고 번역되나, 우리 민법상 조합계약에 의하여 결성되는 조합과는 전혀 다른 사단조직이다)과 Corporation을 인정해 왔다. 또한 각 주별로 전자에 관해서는 Partnership Act, 후자에 관해서는 Corporation Act를 제정하여, 두 기업 유형에 대해서 별도의 법률로 규율해 왔다(Palmiter, 26-28면).

중국은 미국의 이러한 입장을 받아들여, 기업 관련 법률로 미국의 Partnership Act에 상응하는 합화기업법(合伙企业法)과 미국의 Corporation Act에 상응하는 회사법(公司法)을 별개로 제정하였다. 또한 미국의 Partnership은 과거에는 General Partnership(통칭 G.P.), Limited Partnership(통칭 L.P.), Limited Liability Partnership(통칭 L.L.P.)으로 크게 3가지로 분류되었는데, 중국 합화기업법도 이를 참조하여 General Partnership에 대응하는 **보통합화기업**(普通合伙企业), Limited Partnership에 대응하는 **유한합화기업**(有限合伙企业), Limited Liability Partnership에 대응하는 **특수한 보통합화기업**(特殊的普通合伙企业. 미국에서는 Limited Liability Partnership을 "special form of general partnership"이라고 설명하고 있는데[Kleinberger, 619-629면, Delaware Guide, 35-36면], 중국에서는 이 설명을 그대로 번역하여 명칭을 정하였다)을 인정하고 있다.

한편, 중국 회사법은 회사의 구체적인 유형으로 **유한책임공사**(有限责任公司)와 **고분유한공사**(股份有限公司)의 두 가지 법적 형태만을 인정하고 있는데, 그 구체적인 규율 내용을 살펴보면 전자에는 우리의 유한회사·유한책임회사·합자회사 그리고 미국의 Close Corporation(폐쇄 회사)의 성격이 혼재되어 있고(특히 "출자자가 부담하는 책임의 법적 성격"은 우리 합자회사의 유한책임사원과 동일하게 이해해 볼 수 있는데, 이에 관해서는 뒤에서 따로 살펴본다. Close Corporation과 유한책임공사의 유사점에 관해서는 Delaware Guide, 29-31면 참조), 후자에는 우리의 주식회사 내지 미국의 Public Corporation(공개회사)의 성격이 혼재되어 있다.

2) 따라서 단순히 한국 회사법의 시각만으로 중국 기업의 법적 형태를 이해하려고 들면, 필연적으로 혼란에 빠질 수밖에 없다. 가장 좋기는 먼저 미국의 Corporation Law와 Partnership Law를 충분히 이해한 후 중국 기업의 법적 형태들을 하나씩 살펴보는 것인데, 이는 한국 투자자 입장에서 효율적인 방법이 아니다(이러한 사정 때문에, 영미 투자자들이 오히려 한국 투자자들보다 쉽게 중국 기업 법제의 전체적인 틀을 이해한다). 이러한 상황을 고려할 때, 약간의 불편함은 있지만 전체적인 조감을 하는 측면에서는 중국에서 외상투자기업이 취할 수 있는 법적 형태들을 다음과 같이 우리 회사법에 대응시켜 이해해 볼 수 있을 것이다. 즉, ① **유한책임공사는 유한회사·유한책임회사 및 합자회사의 특성이 혼합된 형태의 회사로 이해하고, ② 고분유한공사는 주식회사, ③ 보통합화기업은 합명회사, ④ 유한합화기업은 합자회사와 기본 성격이 유사한 것으로 이해하며, ⑤ 특수한 보통합화기업은 한국 상법에서는 인정되지 않는 특수한 기업형태(단 변호사법상 "법무법인(유한)"이 이에 유사하다고 볼 수 있다)라고 이해해 볼 수도 있다. 다만 각론으로 들어가서 외상투자기업에 관한 구체적인 법률문제를 살펴볼 때에는, 우리 회사법과 전혀 다른 결론이 나올 수도 있으니 유의하여야 한다.**

이해의 편의를 위하여 미국, 한국, 중국의 기업의 법적 형태를 유사한 종류끼리 대응시켜보면, 아래 표와 같이 정리할 수 있다. **이들 중 외국 투자자가 가장 많이 접하는 법적 형태는 유한책임공사이고, 가끔 고분유한공사와 유한합화기업을 다루어야 하는 경우도 생긴다.** 참고로, 아래 도표에 없는 중국의 개인독자기업(个人独资企业)과 개체공상호(个体工商户)에 관해서는 아래 이론 Tip (2)항의 설명을, 비법인조직(非法人组织)에 관해서는 아래 외상투자기업의 법적 형태에 관한 설명 부분을 참조하기 바란다.

중국	한국	미국
보통합화기업	합명회사	General Partnership
유한합화기업	합자회사	Limited Partnership
특수한 보통합화기업	변호사법상 법무법인(유한)	Limited Liability Partnership
유한책임공사	유한회사/유한책임회사/ 합자회사의 성격이 혼재	Close Corporation
고분유한공사	주식회사	Public Corporation

이론 Tip

(1) 중국법상 "기업"의 개념

중국법상 "기업"은 우리의 "회사"보다 넓은 개념이다. 즉 중국에서 "기업"이라고 하면 그것은 법인격을 가진 회사는 물론 법인격이 없는 조직이나 일반 개인을 지칭할 수도 있다. 예컨대, 중국에서는 미국의 "Sole Proprietorship" 개념을 참고한 "개인독자기업법(个人独资企业法)"을 제정하여 법인이 아닌 "개인기업"이라는 개념도 인정하고 있다(두 개념의 상호 유사성은 관련 설명을 비교하면서 읽어 보면 알 수 있다. Hamilton, 6-7면; Palmiter, 27면과 赵旭东, 25면 참조). 요컨대 중국의 "기업"은 우리로 따지면 상법상 5가지 유형의 회사(합명회사, 합자회사, 유한책임회사, 유한회사, 주식회사) 외에, 동업을 하는 민법상 조합이나 익명조합, 합자조합, 그리고 부가가치세법이 규율하고 있는 개인 사업자도 포괄하는 의미로 받아들일 수 있을 것이다.

(2) 중국법상 사영기업의 6가지 유형

미국의 기업 관련 법제를 살펴보면 전통적으로는 세 가지 형태의 기업 즉 Sole Proprietorship, Partnership, Corporation을 인정해 왔는데, 중국은 이를 참고하여 개인독자기업법, 합화기업법, 회사법을 제정하였다. 개인독자기업법은 Sole Proprietorship에 유사한 개인독자기업(우리의 부가가치세법이 규율하고 있는 "사업장"을 가지고 있는 개인 사업자에 유사한 개념이다)을, 합화기업법은 General Partnership에 유사한 보통합화기업, Limited Partnership에 유사한 유한합화기업, 그리고 Limited Liability Partnership에 유사한 특수한 보통합화기업을 규정하고 있고, 회사법은 미국의 Close Corporation에 유사한 유한책임공사와 미국의 Public Corporation에 유사한 고분유한공사를 규정하고 있다.

요컨대, **중국에서** 국유 기업이나 집체소유제 기업(공산주의 경제 체제하에서의 특유한 개념인데, 다소 거칠게 이해하면 한 지역 내 구성원이 집합적으로 소유하는 기업이라고 이해할 수 있다. 甘培忠, 144-145면)을 제외하고 **사인이 설립할 수 있는 민영기업은 개인독자기업, 보통합화기업, 유한합화기업, 특수한 보통합화기업, 유한책임공사, 고분유한공사의 6가지가 있다. 이 중 개인독자기업은 중국법상 외국인이 설립할 수 없기 때문에(한국법의 시각에서 설명하면 외국인은 중국 내에서 개인사업자로서 사업을 할 수 없기 때문에), 한국 투자자가 중국 내에서 설립할 수 있는 기업형태는 나머지 5가지라고 볼 수 있다.** 다만, 아래에서 보듯이 이 5가지 기업형태에 관하여 적용되는 법령은 일반법인 합화기업법과 회사법 외에도 다양한 특별법들이 있어서, 외국 투자자에게 많은 혼란이 초래되고 있다.

참고로, 중국에는 개인독자기업과 유사하면서 조금 더 개인 자영업자로서의 영세성이 짙은 개체공상호(个体工商户)라는 법적 개념이 있으나, 개체공상호는 중국법상 기업의 범주에 들지 않고, 개인독자기업과 마찬가지로 외국 투자자는 개체공상호로서 등기를 할 수 없으므로(즉 개체공상호로서 사업을 할 수 없으므로), 이 책의 논의에서는 제외한다(개인독자기업과 개체공상호는 본질적인 차이가 있다고 보기 어려워 하나로 통합되어 규율하는 것도 나쁘지 않아 보인다(赵旭东, 25면).

(3) 중국 합화기업의 용어 번역

"합화기업"의 중국어 원문은 "合伙企业"으로서, 국내에서는 다양하게 번역되고 있다(공동출자기업, 합명회사, 조합기업 등). 이 책에서는 그 원어에 충실하게 합화기업이라고 번역하였다. 또한 합화기업의 실체에 관해서도 국내에서는 다양하면서도 다소 혼란스럽게 설명되고 있는데, 그 입법 연혁에 기초하여 살펴보면 합화기업에 대한 법 규율 방식은 기본적으로 미국의 Partnership과 동일하다고 볼 수 있다. 중국의 합화기업법의 내용을 살펴보면, 미국의 Partnership에 관한 모델법인 Revised Uniform Partnership Act를 많이 참고하였음을 알 수 있다. 참고로, 미국의 Limited Liability Company(L.L.C.)나 Limited Liability Limited Partnership(L.L.L.P.), Statutory Trust(미국에서는 주 단위의 실정법에서 회사와 동일한 기능을 수행하는 신탁을 별도로 규율한다. 이 규율을 받는 신탁을 Statutory Trust[법정신탁]라고 하는데, 국내에서는 아직 소개가 제대로 되지 않고 있다. 그 개략적인 특징을 살펴보려면, 함대영(신), 67면 참조)에 대응하는 기업 조직은 중국에서 입법화되지 않았다.

(4) 합화기업은 중국법상으로는 법인이 아니지만, 한국법상으로는 법인이다

1) 아래 내용은 실무가들 입장에서 굳이 알 필요는 없지만, 회사법을 연구하는 법률가 입장에서는 음미할 가치가 있어서 소개하기로 한다. 실무가라면, (4)항 제목만 읽고 넘어가도 충분할 것이다. 중국의 법률가로부터 합화기업의 법적 형태에 관한 설명을 듣게 될 경우 유의할 점이 있다. **한국법의 시각에서는 쉽게 받아들이기 어렵지만, 중국법하에서는 "법인이 아니지만 권리능력은 있는 기업조직"이 존재하는데, 그 대표적인 기업 유형이 합화기업이다. 한국법과 중국법에 이러한 차이가 발생한 이유는 미국의 Corporation과 자국법상 "법인"의 개념을 서로 연관 짓는 방식에 차이가 있기 때문이다.**

2) 한국의 많은 회사법 학자들은 회사의 법인성을 설명하면서 법인(이하 설명의 편의상, 회사법 학자들이 설명하고 있는 이 강학상 법인 개념을 한국 실정법상 법인 개념과 구분하여 "법인(A.)"라 한다)의 속성으로 5가지를 들고 있다: ① 법인 명의로 권리의무의 주체가 되고, ② 법인 명의로 소송당사자가 되며, ③ 법인의 재산에 대하여는 법인 자체에 대한 집행권원(채무명의)에 의해서만 강제집행할 수 있고, ④ 법인의 재산은 법인의 구성원에 대하여 채권을 가지는 채권자에 의하여 강제집행의 대상이 되지 않고, ⑤ 법인의 채권자에 대하여는 법인 자체의 재산만이 책임재산이 되고 법인의 구성원의 재산은 책임재산이 되지 않는다(정찬형(상), 463-464면).

그런데, 위 설명에서 열거하고 있는 5가지 속성은 미국의 Corporation에서 요구되는 속성이기도 하다(김건식, 노혁준(역), 28-36면. 특히 Corporation의 특성으로 위 ④항(법인격(legal personality)의 여러 속성 중 하나)과 ⑤항(유한책임(limited liability))을 들면서, ⑤항은 모든 "회사"에 인정되는 것은 아니라고 설명함에 주목할 것). 즉 미국에서 어떠한 기업조직이 Corporation Law의 적용을 받는 Corporation이 되기 위해서는 이 5가지 요건을 갖추어야 하는 것이다. 반면 한국법상 "법인"에 대하여는 위 5가지가 모두 요구되지 않고, 특히 위 ⑤항의 요건을 충족하지 못하고 반대로 회사 구성원들(의 전부 혹은 일부)에게 무한책임을 인정하는 합명회사, 합자회사도 상법에 의하여 "법인"으로 인정되고 있다. 또한 한국법하에서는 자연인 이외의 어떠한 사단조직이 권리능력을 가지면 법인격을 가지는 법인으로 취급받는다. 즉 한국 민법상 법인격은 권리능력과 동의어로 사용되고 있어서, 어떠한 기업조직이 한국에서 위 ①항의 요건을 충족한다면(한국법하에서는 ①항의 요건이 "권리능력 구비"라는 요건으로 이해되고, 나아가 ①항의 요건을 갖추면 ②, ③, ④항의 요건은 예외 없이 충족되는 것으로 보인다), 한국법상으로는 법인격이 인정되고 그 결과 법인으로 인정된다. 요컨대 **한국의 회사법 학자들이 설명하는 "법인(A.)"의 강학상 개념은 유한책임성까지 요구한다는 점에서, 이를 반드시 요구하지는 않는 한국 실정법상 법인의 개념보다 협소하다. 특히 이 강학상 "법인(A.)"의 개념을 끝까지 밀고 나갈 경우, 위 ⑤의 요건을 갖추지 못한 합명회사나 합자회사는 권리능력을 가지고 있음에도 법인은 아닌 회사가 된다.**

3) 그런데, 현재 중국의 많은 학자들은 민법상 "권리능력"에 관해서는 대륙법계의 견해(특히 한국 및 일본과 같은 견해)를 받아들이면서도 "법인"의 개념은 미국법상 "Corporation"의 개념으로 이해하여, "어떠한 사단 조직은 권리능력이 인정되는 외에 추가적인 몇 가지 요건들(특히 사단 조직 자체의 책임과 구성원의 개인책임의 완전한 분리라는 위 ④, ⑤의 요건)을 더 갖추어야만 법인으로 인정받을 수 있다"고 보고 있다(赵旭东, 5-6면; 魏振瀛, 75-76면, 江平, 87면). 즉 **우리 회사법 학자들의 강학상 "법인(A.)"의 개념이 중국 학자들 사이에서는 법인의 법적 개념으로 사용되고 있는 것이다. 그 결과 중국법하에서는 권리능력이 있어도 구성원의 유**

한책임성이 인정되지 않으면 비법인조직으로 분류된다(즉 우리의 합명회사나 합자회사는 중국법의 잣대로 보면 권리능력이 있지만 법인은 아니다). 이처럼 중국에는 권리능력은 있으나 법인은 아닌 기업조직이 존재할 수 있는데, 그 대표적인 예가 합화기업이다.

이에 관한 중국 학자들 간의 상세한 논의는 그 내용이 다소 혼란스러워서(중국 법학계에서는 우리와 달리 다른 학자들의 견해에 대한 평석 없이 자기 의견만을 개진하는 경우가 많아서 서로 비교·정리하기가 쉽지 않다), 여기에서는 소개하지 않는다. 다만 합화기업의 법적 성격에 관하여, 비록 중국법하에서는 "법인이 아니다"라고 설명되지만, 권리능력이 인정되는 사단조직은 모두 법인으로 인정된다고 보는 **한국법의 시각에서 보면 "중국의 합화기업은 입법정책의 고려 때문에 법인세 납부의무를 부담하지 않는 특수한 법인**"이라고 이해하는 것이 적절할 것이다. 즉 합화기업에 대하여 중국 법률가들은 법인격이 없다고 설명하지만, 한국법의 시각에서 보면 법인격이 있다는 결론이 도출됨에 유의할 필요가 있다.

4) 한편, 이와 관련하여 "중국의 합화기업은 미국의 Partnership 을 참조한 것이고 미국의 Partnership은 법인이 아닌데, 왜 중국에서는 미국에서와 달리 법인으로 인정하고 있지?"라는 의문이 들 수 있다. 현재 한국의 거의 모든 회사법 문헌에서는 미국의 Partnership은 법인이 아니라거나 법인격이 없다고 설명하고 있는 게 사실이다(일례로 임재연(미기), 4면. 다만 이창희 교수는 미국 개별 주의 Partnership이 한국 법인세법상 법인인지 여부를 설명하는 과정에서, 미국의 Partnership이 한국법 관점에서 볼 때 조합에 가까운지 인적회사에 가까운지 판단하는 게 쉽지 않다는 취지로 설명하고 있다[이창희, 676면]).

그러나 현재 미국 각 주에서 Partnership Act 제정 시 모범으로 삼고 있는 모델법인 **"Revised Uniform Partnership Act"에서는 Partnership을 그 구성원인 partner들과 구별되는 별개의 단체라고 규정하면서("partnership is an entity distinct from its partners."라고 section 201(a)에서 명시하고 있다)**, 이전과 달리 Partnership에 법인의 요소를 대폭 도입하고 있다(미국에서는 실정법의 이러한 변화를 Partnership의 법적 성격에 관하여 전통적인 Aggregate Theory에서 Entity Theory로 입장을 전환한 것, 혹은 Entity Theory의 입장을 대폭 받아들인 것이라고 이해한다[Tiffany A. Hixson, 797-799면. 보다 간단한 설명으로는 Kleinberger, 241-242면)]). **특히 이 모델법은 위 ①, ②항의 속성을 모든 유형의 Partnership에게 부여하고 있는데, 이는 한국법의 시각에서 보면 권리능력과 소송에서의 당사자능력을 부여한 것이라고 이해할 수 있다.** 이러한 사정 때문에, 미국에서는 "Revised Uniform Partnership Act" 하의 Partnership은 Legal Person(법[法]에 의하여 인정되는 인[人]. 일응 우리의 "법인"에 대응하는 용어로 이해할 수 있다)"이라고 설명한다(Tiffany A. Hixon, 798면). 권기범 교수도 이 점에 주목하여 "Revised Uniform Partnership Act" 하의 Partnership은 일반적인 권리능력을 가짐에 유의하여야 한다고 설명하고 있다(권기범, 298면).

실제로 "Revised Uniform Partnership Act"를 참조하여 제정된 델라웨어 주의 Partnership Act의 규정들을 면면히 살펴보면 최소한 델라웨어 주법하의 Partnership은 더 이상 권리능력이나 소송에서의 당사자능력이 없는 사단이라고 보기는 어렵다고 여겨진다(Delaware Guide, 35면에서는 델라웨어 주법에 따라서 설립된 General Partnership은 "separate legal entity"라고 못박고 있다). **요컨대, 국내에서는 미국의 Partnership들이 예외 없이 법인이 아니라고 보는 시각을 많이 접하게 되는데, 이는 한국법에 익숙한 독자들에게 착각을 불러일으키기 쉬운 표현이다. 한국법상 "법인격"의 잣대를 가지고 들여다보면 오히려 미국 개별 주의 Partnership들은 법인의 범주에 들어가는 경우가 더 많기 때문이다** (이와 관련하여 조금 더 깊은 고민을 원하는 독자는 김건식, 노혁준(역), 33면: 법인격[Legal Personality]을 "명찰"에 불과하다고 설명하는 부분과 각주 24.의 내용을 함께 음미해 보기 바란다). 그리고, 중국의 합화기업법은 미국의 Partnership Act에 관한 이러한 최신 동향까지 반영하여 제정된 것으로 보인다.

5) 중국법의 이러한 상황을 고려할 때, 만일 구체적인 거래나 상황하에서 중국 현지 법률가가 "이 기업은 법인격이 없다"라고 설명하더라도 곧바로 권리능력이(나아가 행위능력, 책임능력까지) 없다고, 즉 그 기업 자체의 명의로 권리를 취득하거나 의무나 책임을 부담할 수 없다고 단정하여서는 아니 된다. **앞서 본 바와 같이, 중국의 법 해석론하에서는, 특정한 기업조직이 법인격이 없**

더라도(즉 법인이 아니더라도) 민사주체로서의 자격(중국 민법에서도 '民事主体资格[민사주체자격]'이라고 한다) 즉 권리능력(중국 민법에서도 '权利能力[권리능력]'이라고 한다)이 있을 수 있기 때문이다. 현재 국내의 대다수 중국법 연구 문헌이나 소개자료에서는 중국법과 한국법이 가지는 이 차이를 간과하고 있으므로 주의를 요한다.

(5) 용어 설명: 지분 vs. 주식 vs. 합화지분

중국에서 외국 투자자가 설립할 수 있는 민영기업 즉 외상투자기업의 법적 형태는 크게 3가지로 나누어 볼 수 있는데, 각 형태별로 출자자의 권리를 지칭하는 법률용어가 다르다. ① 유한책임공사의 경우에는 股权(고권. 영어로는 흔히 Equity로 번역하고, 이 책에서는 "**지분**"으로 번역한다), ② 고분유한공사의 경우에는 股份(고분. 영어로는 흔히 Share로 번역하고, 이 책에서는 "**주식**"으로 번역한다), 그리고 ③ 합화기업의 경우에는 财产份额(재산분액. 영어로는 Ownership Interest라 번역한다. 이 책에서는 "**합화지분**"으로 번역한다)이다.

뒤에서 살펴보겠지만, 중국 내 전형적인 사모펀드는 "지분투자기업(股权投资企业)"인데, 용어 그대로 지분(股权)에 투자하는 기업 즉 지분을 발행하는 유한책임공사(有限责任公司)에 투자하는 기업이라는 의미를 가진다.

2. 회사에 관한 일반법과 특별법 간의 부조화

1) 외국 투자자의 시각에서 볼 때, 중국에서 비교적 정돈된 체계의 회사법이 시행된 것은 2005년 회사법(중국법상 명칭: 공사법[公司法])이 개정된 이후부터라고 볼 수 있다(이후 지엽적인 개정들이 있었지만 아직도 미비한 부분들이 많아서, 중국의 많은 회사법 학자들은 상당 폭의 개정이 시급하다고 보고 있다). 그런데 2019년까지 외상투자기업의 형태에 관한 가장 주요한 법령으로 인식되었던 3대 법규(소위 "외자3법(外资三法)")의 제정시기를 살펴보면, ①「중외합자경영기업법(中外合资经营企业法)」은 1979년 제정된 후 2001

년 수정되었고, ②「중외합작경영기업법(中外合作经营企业法)」은 1983년 제정된 후 2001년에 수정되었으며, ③「외자기업법(外资企业法)」은 1986년 제정된 후 2000년에 수정되었다. 또한 ④ 외상투자기업을 고분유한공사의 형태로 설립할 경우 적용되는「외상투자고분유한공사 설립의 약간 문제에 관한 잠행규정(关于设立外商投资股份有限公司若干问题的暂行规定)」도 1995년에 제정되었다.

위 각 법규의 제정시기를 비교해 보면, **중국은** 우리처럼 일반법인 회사법이 정비된 후 이를 기초로 특별법인 외국인투자기업 관련 법률을 제정한 것이 아니라, 역으로 **그때그때 필요에 따라서 특별법인 외국인투자 관련 법률을 제정하여 외상투자기업을 규율해 오다가 뒤늦게 일반법인 회사법을 정비하였음**을 알 수 있다. 중국은 1980년대 초 개혁개방 정책 시행 이후 외국인이 중국 내에 투자를 할 수 있는 법적 기반을 마련해 주는 것이 시급한 과제였기 때문에, 당시 회사법(내지 기업법)에 관한 기초적인 입법이 없는 상황임에도 불구하고 우선 외국인이 중국 내에 설립할 수 있는 기업에 관한 입법부터 시급히 제정해 가기 시작하였다. 문제는 그 당시 법리 적용의 대전제가 되어야 할 기업 관련 법규가 아직 통일성 있게 정비되어 있지 않았다는 것이다. 그 결과 부득이 현실적으로 발생할 수 있는 개개의 경우를 상정하여 단행법들을 그때그때 필요에 따라 제정해 왔고, 이후 뒤늦게 회사(기업)에 관한 일반법을 정비하였다.

2) 그 결과 중국의 외국인투자기업 관련 법률은 여러 개의 단행법들로 구성되어 있는데 상호 간에 체계적으로 규정되어 있다고 보기 어렵다(이는 외자3법이 폐지된 지금도 마찬가지이다). 특히 회사법과 기타 외국인투자기업 관련 법규 간 우열관계에 있어서 일부 모호한 부분이 있고, 이는 아직 입법적으로 완전히 해소되지 않고 있는 상태라고 볼 수 있다(이 때문에 중국의 대다수 회사법 학자들은 조속히 관련 입법을 정비할 것을 촉구하여 왔다). 따라서 외상투자기업의 법리를 검토하는 과정에서는 이러한 법규 간 모순 내지 법체계의 모호함으로부터 발생할 수 있는 법적 위험을 동시에 고려할 필요가 있다.

다행히,「외상투자법」에 따라서 2020. 1. 1.**부터 외자3법은 모두 폐지되었고, 동법 시행일로부터 5년 내에**(즉 2024. 12. 31.까지) **모든 외상투자기업은 일반법인 회사**

법에 따라서 조직형태와 조직기구를 변경하여야 한다. 따라서 중국 역시 우리와 마찬가지로 (외국 투자자들이 가장 선호하는) 외상투자기업에 관하여 일반법인 회사법이 적용되어서, 이러한 위험은 상당 부분 해소될 수 있을 것으로 기대된다. **다만 2024년까지는 위와 같은 사정으로 인하여, 실무에서 외상투자기업의 유형이 복잡하고 그 실체와 법적 규율을 명확하게 정리하는 것이 쉽지 않다는 문제가 존재한다. 따라서 외상투자기업을 설립·인수하는 방식으로 중국에 투자하기로 결정하거나 이미 설립되어 있는 외상투자기업을 상대방으로 삼아 거래하고자 하는 한국 투자자는 앞으로도 일정 기간 아래에서 소개하고 있는 외상투자기업의 유형별 특징과 장단점을 숙지할 필요가 있다(예컨대 2024년까지는 거래 상대방으로서 외자기업, 중외합자기업, 혹은 중외합작기업의 유형을 가진 기업이 등장할 수 있다).**

제2절 외상투자 기업의 법적 형태와 유형

아래에서 **"법적 형태"는 중국법에서 상정하고 있는 기업의 일반적인 법적 존재 형식을, "유형"은 외상투자기업에 관하여 중국의 특별법이 개별적으로 규정하고 있는 구체적인 종류를 지칭한다.** 이 구분은 앞에서 살펴본 중국 특유의 입법 방식 때문에 발생한 것으로, 한국이나 일본, 미국에서는 이런 식의 구분을 통해서 회사들을 분석할 필요가 없다.

1. 외상투자기업의 법적 형태

현재 중국에서 허용되고 있는 외상투자기업의 구체적인 유형으로는 중외합자기업, 중외합작기업, 외자기업, 외상투자고분유한공사, 외상투자성공사, 외상투자창업투자기업, 외상투자합화기업 등이 있다(이들 중 중외합자기업, 중외합작기업, 외자기업은 2024. 12. 31. 이 지나면 사라질 예정이다). 그런데 이 각 유형의 외상투자기업이 취할 수 있는 법적 형태가 동일하지는 않다. 따라서 먼저 외상투자기업이 취할 수 있는 법적 형태들부터 비교, 검토해 본다.

(1) **비법인조직**(非法人组织)

1) 외상투자기업 관련 법규에서 자주 등장하는 용어인데, 정작 이 용어가 구체적으로 어떠한 법적 형태를 지칭하는지(구성원들 사이의 내부관계, 구성원들과 해당 조직 사이의 관계, 해당 조직과 채권자 사이의 관계 등)에 관해서는 그동안 중국 법률가들도 명쾌하게 설명하지 못하고 있었다. 추측컨대, 법률에서 이 용어를 사용하기 시작할 당시에 중국 내에서 충분한 이론적 논의와 연구가 없었던 게 아닌가 한다. 이러한 사정 때문에, 실제로 외상투자기업이 이 형태를 취하는 경우는 흔하지 않았고, 때로는 아래에서 설명하는 합화기업을 지칭하는 것처럼 읽히는 경우도 있었다(중국에서 합화기업은 권리능력은 있으나 법인은 아닌 사단조직, 즉 비법인조직임은 앞에서 설명하였다).

2) 이후 2017년 제정·공포된 민법총칙(民法总则) 제102조에서 비로소 비법인조직의 개념을 "법인 자격은 없지만, 법에 따라 자기의 명의로 민사활동에 종사할 수 있는 조직"이 라고 규정하면서, 합화기업도 비법인조직에 해당한다고 명시하였다. 이 정의는 기존의 학설들이 비법인조직에 관하여 설명해 오던 개념을 명문화한 것인데, 법인격과 권리능력을 동일시하는 우리 민법의 시각에서 보면 앞뒤가 모순되는 설명처럼 보인다. "법인 자격이 없다"는 것은 법인격이 없다는 의미이고, "자기의 명의로 민사활동에 종사할 수 있다"는 것은 예컨대 자신의 이름으로 계약을 체결하여 그 권리를 취득하고 의무를 부담할 수 있다는 의미로서 권리능력을 가진다는 뜻으로 읽히는데, 우리 민법하에서는 법인격=권리능력이어서 둘 중 하나만 가지는 사단조직은 있을 수 없기 때문이다. 그러나, 앞에서 이미 설명한 바와 같이 법인의 범위를 권리능력 있는 사단조직보다 좁게 설정하고 있는 중국법하에서는 그 모순이 해결된다(앞의 이론 Tip. (4) 설명 참조). **민법총칙 제104조에서는 비법인조직은 권리능력을 가지지만 구성원이 비법인조직의 채무에 대하여 보충적으로 무한책임을 부담함을 규정**하여, 이 부분을 더 명확히 밝히고 있다(沈德咏, 707-708면).

참고로 한 가지 흥미로운 점이 있는데, 국내에서 중국법상 비법인조직의 정확한 개념에 관하여 (비법인이므로 권리능력이 없을 것이라는) 오해가 있듯이, 중국에서도 우리 민법상 권리능력 없는 사단의 정확한 개념에 관하여 오해가 있는 것으로 보인다. 예를 들면, 중국에서는 자국법상 비법인조직이 일본 민법상 비법인단체(우리 민법상 비법인단체, 즉 권리능력 없는 사단이나 재단과 동일한 개념이다)에 상응한다고 오해하는 학자들이 있다(沈德咏, 707면). 이는 양국에서 모두 법률용어의 표현(비법인조직과 비법인단체)의 유사성 때문에 그 실질도 동일할 것이라고 섣불리 추론한 데에서 비롯된 오해라고 보인다. 사실, 한국의 권리능력 없는 사단도 권리능력을 가지는 사단에 관한 민법 조항들의 대부분이 유추적용되기 때문에(송덕수(강), 277면) 현실에서는 양자 간의 구분이 어렵다. 그래서 한국의 권리능력 없는 사단과 (권리능력을 가지는) 중국의 비법인조직도 양자를 비교하면 겉으로 드러나는 어떠한 차이점을 발견하기는 쉽지 않다. 하지만 재산의 소유관계라는 관점에서 보면, 한국의 권리능력 없는 사단에서 **구성원들의 총유**에 속하는 재산이 중국의 비법인조직에서는 그 **조직 자체의 소유**에 속한다는 차이점이 있다.

3) 실무에서는 외국 투자자가 비법인조직 형태의 외상투자기업을 설립한다면, 합화기업 이외에는 달리 대안이 없다. 따라서 비록 법규정상으로는 외상투자기업의 형태로 (합화기업이라는 용어와는 별도로) 비법인조직을 언급하고 있지만, 현실에서 큰 의미는 없다고 본다.

(2) 합화기업(合伙企业)

원칙적으로 합화기업법에 의하여 규율되는 기업이다. 합화기업에는 보통합화기업, 유한합화기업, 특수한 보통합화기업의 3가지 유형이 있다. **특히 중국 내에 설립되는 사모펀드(Private Equity Fund)는 이 중 유한합화기업의 형태를 취하는 경우가 많다.** 유한합화기업이 미국의 Limited Partnership을 참조한 사단조직이고, Limited Partnership이 국제적으로 통용되는 투자 도관(Investment Vehicle)임을 고려할 때 이는 합리적인 선택이라고 보인다. 다만 외국 투자자가 중국 내에 사모펀드를 설립하고자 할 경우 상당한 혼란에 직면하게 되는데, 이에 관해서는 뒤에서 따로 설명한다(제4장).

⑶ **유한책임공사**(有限责任公司)

원칙적으로 중국 회사법에 의하여 규율되는 기업이다. 우리의 유한회사·유한책임회사 및 합자회사의 성격이 혼재되어 있는 기업이며, 외상투자기업의 절대 다수가 이 형태를 취하고 있다.

⑷ **고분유한공사**(股份有限公司)

역시 원칙적으로 중국 회사법에 의하여 규율되는 기업이다. 우리의 주식회사에 유사한 기업이다. 단 회사의 절대 다수가 주식회사로 설립되는 우리와 달리, **중국에서는 설립단계에서부터 장래 중국 내 증시 상장(IPO)을 계획하고 있는 경우가 아니면 이 형태를 취하는 경우가 거의 없다**.

⑸ **소 결**

1) 이 4가지 법적 형태 중, **외국 투자자가 가장 선호하는 형태는 유한책임공사이다**. 그 이유는 중국에서는 유한책임공사와 고분유한공사에 관한 법리가 합화기업보다 명확하게 정리되어 있는데, 유한책임공사가 고분유한공사보다 설립 인허가가 용이하고, 설립 및 운영 등에 있어서 시간과 비용을 더 절감할 수 있으며, 특히 대다수 외상투자기업은 다수의 출자자(주주)를 필요로 하지 않아서 굳이 고분유한공사를 설립하여 유한책임공사보다 복잡한 법적 규제를 받을 이유가 없기 때문이다.

2) 이처럼 중국에서는 대다수의 기업이 유한책임공사의 형태를 취하고 있고, **유한책임공사의 법리는 우리의 주식회사가 아니라 유한회사 내지 유한책임회사(구성원의 책임부분은 합자회사)와 유사하다**. 따라서 중국 외상투자기업을 설립하는 과정에서는 우리의 주식회사가 아니라 유한회사, 유한책임회사 그리고 합자회사와 비교하면서 그 구조를 이해하는 것이 더 효율적이다. 그럼에도 **우리 기업의 많은 실무자들은 한국의 주식회사의 법리를 염두에 두고 중국 외상투자기업의 실체를 파악하고자 하여 혼란을 느끼는 경우가 많으므로, 이러한 실수를 범하지 않도록 유의하여야 한다.** 예를 한 가지 들어 보면, 실무에서 흔히 받는 질문 중 하나가 유한

책임공사인 외상투자기업에 대하여 신주발행, 주식분할 및 병합, 전환상환우선주의 발행 등이 가능한지 여부인데, 이는 질문 자체가 성립하지 않는다. **유한책임공사는 우리의 유한책임회사(그리고 합명회사 및 합자회사)와 마찬가지로 지분단일주의(두수주의)를 취하고 있어서, 자본금을 균등하게 분할한 단위인 "주식"이라는 개념이 인정되지 않고, 각 사원은 오직 1개의 "지분"만을 가진다. 따라서 개개의 사원은 50주, 100주라는 형식의 주식을 보유하는 것이 아니라, 총자본금 대비 자신이 납입한(아직 납입하지 않은 부분이 있을 경우 그 부분도 포함한) 자본금이라는 비율로 표시되는 하나의 "지분"만을 가질 뿐이다.** 그 당연한 귀결로서, "주식"의 존재를 전제로 하는 각종 법제도는 적용될 여지가 없다.

2. 외상투자기업의 구체적 유형

위 I. 2.에서 설명한 바와 같이 중국은 과거 개혁개방 정책을 시작할 당시 회사법(내자 기업법)에 관한 정비된 입법이 없는 상황에서 일단 외국인이 중국 내에 설립할 수 있는 기업에 관한 입법부터 시급히 제정해 가기 시작하였다. 이러한 연혁적인 사정 때문에 중국에서는 외국 투자자가 설립할 수 있는 외상투자기업의 구체적인 유형에 관하여 별도의 개별 입법들이 그때그때 필요에 따라서 제정되어 아직도 유지되고 있다(사실 이것이 외국 투자자들이 중국 내 외상투자기업 설립 시 혼란스러움을 느끼는 가장 큰 이유이다). 현재까지 이러한 개별 입법에 의하여 허용되는 중국의 외상투자기업으로는 중외합자기업, 중외합작기업, 외자기업, 외상투자고분유한공사, 외상투자성공사, 외상투자창업투자기업, 외상투자합화기업, 외상투자부동산개발기업 등 다양하게 있다(이들 중 중외합자기업, 중외합작기업, 외자기업은 2024. 12. 31.이 지나면 사라질 예정이다). 이들 중 외상투자고분유한공사는 그 법적 형태가 고분유한공사이기 때문에 위 1.의 말미에서 살펴본 이유로 인하여 그다지 선호되지 않고 있다. 또한 외상투자성공사, 외상투자창업투자기업, 외상투자합화기업, 외상투자부동산개발기업 등은 뒤에서 살펴보겠지만 특수한 사업 목적을 수행하기 위한 용도로만 사용되고 있다. 따라서 실무상 통상적으로 거론되는 외상투자기업은 소위 "외자3법"에 따른 중외합자기업, 중외합작기업, 외자기업이다. 그런데 이 중에서도 중외합작경영기업은 실무상 현재까지는 그 유연성이라는 장점보다는 법적 불확실성이라는 단점이 더 부각되고 있다. 그 결과 **실무에서는 중외합자기업과 외자기업이 가장 선호되고 있고, 중국 상무부의 통계자료에 의하면 외자기업이 중외합자기업보다 더 선호되고 있다. 일반적으로, ① 외국 투자자가 중국 투자자에게 알리고 싶지 않은 지적재산권, 기술, 영업비밀 등을 가지고 있다면 외자기업을 더 선호하게 되고, ② 중국 내 사업을 하는 과정에서 유통망 확보나 중국 내 인허가 획득 등을 위하여 중국 투자자의 도움이 필수적이라고 판단되면 상대적으로 중외합자기업을 더 선호하게 된다.**

다만, 2020년부터는 중외합자기업과 외자기업을 더 이상 설립할 수 없게 되었으므로, 이 두 유형의 기업을 설립하기 원하는 외국 투자자는 중국 회사법에 따라서 유한책임공사를 설립하게 될 것이다. 즉 **그동안 외국 투자자가 중국 투자자와 공동출자하면 중외합자기업, 외국 투자자 단독으로 출자하면 외자기업의 형태로 설립하였는데, 2020년부터는 모두 회사법상 유한책임공사의 형태로 설립하게 되었다**.

3. 외상투자기업의 법적 형태와 유형의 조합

위 1., 2.에서 외상투자기업의 법적 형태와 구체적 유형을 살펴보았는데, 일응 그 구성에 통일성, 체계성이 없고 상호 간의 논리적인 연결이 전혀 없는 것처럼 보인다. 하지만 외국 투자자의 입장에서는 다음과 같은 방식으로 둘 사이의 연결 관계를 정리해 볼 수 있다.

(1) 외국 투자자가 중국 투자자와 Joint Venture 방식으로 중국 내에 투자하는 경우

1. Joint Venture 형식으로 계약관계를 형성하는 경우: 비법인형태로 설립되는 중외합작기업. 비법인형태로 설립되는 외상투자창업투자기업.
2. Joint Venture 형식으로 유한책임공사를 형성하는 경우: 모든 중외합자기업.

유한책임공사로 설립되는 중외합작기업. 중외합자기업의 일종인 외상투자창업투자기업. 중외합자기업의 일종인 외상투자성공사.

3 Joint Venture 형식으로 고분유한공사를 형성하는 경우: 외상투자고분유한공사.

4 Joint Venture 형식으로 합화기업을 형성하는 경우: 구성원 중 일부가 중국인인 외상투자합화기업.

(2) 외국 투자자(1인 혹은 2인 이상)가 중국 투자자의 협조 없이 중국 내에 투자하는 경우

1 외국인이 독자적으로 유한책임공사를 설립하는 경우: 유한책임공사로 설립되는 외자기업 즉 외상독자기업 및 외상합자기업. 유한책임공사로 설립되는 외자기업의 일종인 외상독자창업투자기업 및 외상합자창업투자기업. 유한책임공사로 설립되는 외자기업의 일종인 외상독자투자성공사 및 외상합자투자성공사

2 외국인이 독자적으로 합화기업을 설립하는 경우: 구성원 전원이 외국인인 외상투자합화기업

3 외국인이 독자적으로 합화기업이 아닌 비법인조직 형태의 외자기업을 설립하는 경우: 구성원 1인이 설립하는 외자기업

(3) 소 결

비록 위 (1), (2)와 같이 정리해 보더라도 여전히 비체계성, 비통일성을 지적하지 않을 수 없는데, 중국의 법률가들 역시 이 문제점을 꾸준히 지적해 왔다. 다만 2020. 1. 1.부터 외상투자법이 시행되면서 중외합자기업, 중외합작기업, 외자기업이 2024년까지는 모두 사라지므로, 위에서 지적한 현행 법체계의 문제점 중 많은 부분이 해소될 것이다.

제3절 외상투자기업의 비교(1): 비투자성 외상투자기업

I. 개 관

1) 앞에서 설명한 바와 같이 **실무상 외국 투자자들이 가장 선호하는 외상투자기업은 외자기업이고, 그다음은 중외합자기업이라고 할 수 있다. 그리고 흔하지는 않지만 외국 투자자들이 고분유한공사 형태로 외상투자기업을 설립하거나 그러한 외상투자기업을 거래 상대방으로 맞이하는 경우가 있다.** 이러한 사정을 고려하여, 아래에서는 외국 투자자들이 현실에서 많이 이용하거나 상대방으로 접하게 되는 중외합자기업, 외자기업, 외상투자고분유한공사와 현실에서는 거의 이용되지 않지만 외자3법의 하나로 함께 거론되는 중외합작기업법상 중외합작기업, 이렇게 4가지 외상투자기업의 특징과 장단점부터 비교한다.

2) 한편, 외국 투자자들이 중국의 여러 지역에 회사를 설립하고 사업을 행하다 보면 중국 내 사업을 총괄하는 콘트롤 타워를 중국 내에 두어야 할 필요성이 생길 수 있다. 이 경우 자연히 중국 내에 지주회사(해당 외국 투자자가 은행, 증권사, 보험사라면 금융지주회사)를 설립할 수 있는지 여부를 검토하게 된다. 또한 중국 내에서 자본투자를 통해 수익을 얻고자 하는 외국 금융기관들은 단순히 은행이나 증권사를 중국에 설립하는 것에 만족하지 않고, 중국 내에 Fund(한국의 「자본시장과 금융투자업에 관한 법률」[이하 "자본시장법"]에서는 "집합투자기구"라고 칭한다. Fund 중에서도 법인세법상 납세 의무를 부담하지 않는 Fund는 흔히 "투자도관(Investment Conduit)"이라 불리기도 한다)를 설립하여 다양한 구조화 금융거래(Structured Finance Transaction)를 수행하고 싶은 욕구를 가지게 된다. 그런데 이 절**에서 살펴보는 4가지 유형의 외상투자기업은 모두 관련 법규정이나 관할 정부부서의 행정실무에서 지주회사나 Fund의 역할을 할 수 없도록 그 통로를 막고 있다. 이 때문에, 외국 투자자가 지주회사나 Fund의 역할을 하는 외상투자기업을 설립하기 위해서는 별도의 유형을 선택하여야 했는데, 이는 뒤의 제4절에서 별도로 살펴본다**. 중국 관련 법령에서도 이 점에 착안하여 ① 이 절에서 다

루는 외상투자기업들을 "**비투자성 외상투자기업**(非投资性外商投资企业)"이라 칭하고 (자신의 자본금이나 차입금으로 중국 내 다른 기업의 지분에 투자하는 것이 금지된다는 의미이다), ② 제4절에서 다루는 외상투자기업들을 "**투자성 외상투자기업**(投资性外商投资企业)"이라 칭한다(반대로 그러한 투자가 허용된다는 의미이다).

3) 다만 이와 관련하여 미리 밝혀 둘 점이 있다.

외국 투자자가 중국에서 지주회사나 Fund를 설립하고자 할 경우 중국 투자자와는 비교가 안 될 정도로 심각한 제약과 많은 불투명성에 접하게 되는데, 이 부분은 중국 정부가 외국 투자자에게 가하는 대표적인 차별 조치들 중 하나라 볼 수 있다. 흥미로운 점은, 중국 정부나 중국의 법률전문가들 사이에서 이 부분을 지적하는 경우가 거의 없는 현상은 이해가 되지만(자신들과 직접적인 이해관계가 없으니 문제를 제기할 필요성을 느끼기 어려웠을 것이다), 국내에서도 많은 문헌들이 이 부분에 대한 언급을 전혀 하지 않아서, 결과적으로 실무가들이 중국 투자의 장점과 단점을 정확히 비교형량하는 데 혼란을 주고 있다는 것이다.

그런데 2020년 2**월부터 중국 국가외환관리국은 자신이 관할권을 가지는 규제 범위 내에서는 원칙적으로 외상투자기업 모두가 자유롭게 지주회사나 Fund의 역할을 수행할 수 있도록 그 제한을 풀어 주었다. 그러나 이 책의 원고를 완성한 시점에서는 여전히 다른 정부기관**(지방정부 내 시장감독관리국, 금융감독관리국, 혹은 증권감독관리국)**에서 자신의 심사허가를 받을 것을 요구하고 있어서, 현실에서는 아직 기존의 제한이 풀렸다고 보기 어렵다. 다만, 이에 관해서 아직 세부적인 시행규정들이 완비되지 않았고, 중국 내 다양한 지역별 관할 정부부서의 실무 처리 사례들이 충분하게 쌓이지 않아서, 구체적인 설명은 다음으로 미룬다.** 이 부분은 장래 이 책의 수정판에서 조금 더 자세히 다루도록 하겠다.

4) 참고로, **자국이 아닌 외국에서 기업을 설립하고자 할 경우, 당해 국가에서 허용되는 기업의 각 유형별 특징과 장단점을 비교 분석하는 것은 반드시 필요한 작업이다**(한데 한국의 실무가들은 이를 소홀히 하는 경향이 있다). 이 경우 통상 체크되는 사항들을 중심으로 중외합자기업, 중외합작기업, 외자기업, 외상투자고분유한공사를 비교하면 아래 도표와 같다.

비투자성 외상투자기업 특징 비교

	중외합자기업	중외합작기업	외자기업	외상투자 고분유한공사
투자자 (출자자) 구성	최소1인의 외국 투자자(사원)와 1인의 중국 투자자(사원)	좌동	외국 투자자(사원)	최소 2인 이상의 발기인 그중 1인은 반드시 외국 투자자(주주)
법적 형태	유한책임공사	유한책임공사 또는 비법인조직	유한책임공사 또는 비법인조직 단, 실무상 절대다수는 유한책임공사	고분유한공사 (최저자본금 3,000만 위안)
외국투자자 지분비율	100% 미만–일반적으로 25%이상(미달시 이익배당 세율상 불이익 등)	좌동	100%	중외합자기업과 동일
투자자의 책임부담 방식	투자자는 출자의무를 한도로 회사의 채무에 대하여 직접 책임 부담	• 유한책임공사형: 좌동 • 비법인조직: 투자자는 연대하여 직접책임 부담	• 유한책임공사형: 좌동 • 비법인조직: 투자자는 연대하여 직접책임 부담	중외합자기업과 동일
설립시 인허가절차	아래 3가지는 공통 • 시장감독관리부서에의 설립 등기, 영업집조 발급 • 상무부서에의 외상투자보고(시장감독관리부서를 경유하는 방식) • 각종 후속등기/등록(외환관리국, 세무국, 재정국, 통계국, 공안국, 세관 등) 다만, 특정산업영역이나 상대방 및 거래의 특성에 따라서는 발전과 개혁위원회의 심사허가, 경영자집중신고, 국가안전심사, 국유재산처분에 관한 심사허가, 환경영향평가 관련 심사허가, 기타 특정	좌동	좌동	좌동

	정부기관의 심사허가 등이 추가로 필요한데, 이는 case by case로 외부전문가의 자문을 받아야 함			
최장 존속기간	• 통상 30년 • 장려형 및 허용형 업종의 경우 50년도 가능	좌동	좌동	법규에 명시적인 최장 존속기간을 규정하고 있지 않음
투자금 회수방식	• 이익배당 • 지분매각 • 잔여재산분배 • 유상감자는 극히 제한적으로 허용 • 중국 내 IPO는 불가능	좌동 단, 외국 투자자는 잔여재산에 대한 권리포기를 전제로 중국 투자자에 우선하여 투자회수 가능(중외합작기업의 대표적인 장점으로 거론)	중외합자기업과 동일	• 이익배당 • 지분양도 • 잔여재산분배 • 감자는 극히 제한적으로 허용 • 중국 내 IPO (이 유형 선택하는 가장 큰 요인이나, 실제 성공사례는 극소수)
이익배당	회사법상 유한책임공사의 일반적 규율과 달리, 반드시 출자비율에 비례하여 배당	• 출자비율과 다른 비율로 이익배당 가능. • 현금 아닌 형태로도 이익배당 가능	회사법상 유한책임공사의 일반적 규율에 따라서, 출자비율과 다른 비율로 이익배당 가능	우리 주식회사와 달리, 중국 회사법상 고분유한공사의 일반법리에 따라서, 정관에 달리 규정하고 있으면 출자비율과 다른 비율로 이익배당 가능
지분양도 요건	• 양도인 및 양수인 간 지분양도계약 • 다른 사원들의 사전 서면 동의와 우선매수권, -이사회 결의 • 설립시 관여한 정부기관(상무부서, 시장감독관리부서 및 기타 관할 허가기관)이 다시 관여함	좌동	• 사원 간에는 자유로운 양도 가능 • 사원 외의 자에게 양도하고자 하는 경우, 기타 사원 과반수의 동의를 얻어야 하며, 동의를 얻은 경우라도 기타 사원에게 우선매수권이 있음 정부기관(상무부서, 시장감독관리부서 및 기타 관할 허가기관)이 다시 관여함 • 정관에 지분양도에 관해 별도로 규정한 경우, 그에 따름	• 발기인은 3년간 양도 불가 • 양도인 및 양수인 간 계약, 상무부 허가 필요 • 단 지역에 따라서 실무상 위 규제를 완화하고 있음(북경시 조양구 등)

청산시잔여 재산분배	합자계약서나 정관에 별도로 규정하지 않는 한, 출자비율에 따라 잔여재산 분배	좌동 단, 외국투자자가 잔여재산포기를 전제로 자신의 투자를 중국투자자에 우선하여 회수한 경우 전부 중국투자자에게 분배	중외합자기업과 동일	반드시 출자비율에 따라 잔여재산 분배
의결권 행사방식	• 사원총회 자체가 존재하지 않고, 이사회가 최고의 사결정기관의 역할을 수행함 • 이사회 구성비율을 출자비율과 다르게 할 수 있음(이를 통해 지분비율과 다르게 의결권 설정 가능) • 출석이사 만장일치사항: 정관변경, 해산 및 청산, 증자 혹은 감자, 합병 혹은 분할. • 기타사항에 관한 의결정족수는 정관에서 결정(통상 출석 이사의 과반수 의결) • 이사회 의사정족수: 이사전원의 2/3 출석 요구 • 이사회 대리 출석 가능.	• 의결권이 실질적으로 각 투자자의 출자비율에 비례하지 않도록 정할 수 있음. • 주주총회 자체가 존재하지 않고, 이사회가 최고의 사결정기관의 역할을 수행함 • 출석이사 만장일치사항: 좌동, 단 회사영업을 제3자에게 위탁하는 경우에도 만장일치 필요 • 이사회 의결정족수는 이사 전원의 과반수. • 이사회 대리출석 가능	• 회사법상 유한책임공사의 일반규율에 따라 사원총회, 이사회, 감사회 모두 설치. 단 소규모일 경우 1인의 집행이사만 두고 이사회는 두지 않을 수 있음 • 의결권이 각 투자자의 출자비율에 비례하지 않도록 정할 수 있음 • 이사회 대리출석 가능	• 의결권은 반드시 각 주주의 출자비율에 비례하여야 함 • 고분유한공사의 일반규율에 따름 • 정관변경은 주주총회 출석 주주의 2/3이상 결의 필요 • 이사회의결요건: 이사 전원의 과반수 • 이사회 대리출석 가능

II. 중외합자경영기업(중외합자기업)

중외합자경영기업(中外合资经营企业) 혹은 중외합자기업(中外合资企业)은 「중화인민공화국공사법(中华人民共和国公司法)」에 규정되어 있는 유한책임공사(有限责任公司)의 형태로 설립된다. 그 주요한 몇 가지 특징을 살펴보면 아래와 같다.

1) 최소 2인의 발기인 내지 출자자가 필요하다. 나아가, 그중 1인은 외국 투자자, 나머지 1인은 중국 투자자이어야 한다.

1 **종래에는 새로운 회사를 설립하는 방식으로 외상투자기업을 형성할 경우, 중국인 개인은 그 기업의 출자자(사원 내지 주주)로 참여할 수 없었다.** 다만 그 예외로서, 이미 설립되어 있는 내자 기업의 지분 일부를 외국 투자자가 매수하는 방식으로 외상투자기업을 형성할 경우, 이미 당해 내자 기업의 출자자로 존재하고 있던 중국인 개인은 관련 기관의 허가를 받아 외상투자기업의 출자자로 계속 존속할 수 있었다. 그러다가 이후 일부 지방(상해직할시 푸동신구, 호북성, 절강성, 중경직할시 등)에서 시범규정을 제정하여 중국인 개인이 외상투자기업(중외합자기업과 중외합작기업)에 참여하는 것을 허용하기 시작하였다. **그러나 이 제한은 2020년 외상투자법이 시행되면서 폐지되었다. 따라서 지금은 중국인 개인도 설립 단계에서부터 외상투자기업의 출자자가 되는 데 제약이 없다.**

2 **외국 투자자가 복수인 경우,** 외국 투자자 각각이 중외합자기업의 출자자로 참여하는 방식도 있지만, **그들이 우선 Joint Venture로 중국 외(예컨대 홍콩)에 지주회사를 설립하고, 그 중국 외의 지주회사(이하 "중간 지주회사")가 외국 투자자 모두를 대신한 1인의 출자자로서 중외합자기업에 출자하는 방식도 고려할 수 있다. 이렇게 중간 지주회사 설립방식을 취할 경우, 장래 투자회수 방식의 하나로서 그 중간 지주회사의 발행주식을 제3자에게 양도하거나 혹은 나아가 그 중간 지주회사를 중국 외 거래소(예컨대 홍콩 거래소)에 상장하는 방안을 고려해 볼 수 있다는 장점이 있다.** 이렇게 보면, 외국 투자자들이 중국에 투자할 경우 ① 자신이 직접 주주나 사원으로서 중국 내 회사에 자본금을 납입하는 방식(편의상 "**직접적 기업형 투자**"라 한다)과 ② 우선 (예컨대) 홍콩에 Paper Company로서 중간 지주회사를 설립한 후 그 중간 지주회사가 주주나 사원으로서 중국 내 회사에 자본금을 납입하는 방식(편의상 "**간접적 기업형 투자**"라 한다)을 놓고 어느 것을 취할지 고민할 여지가 생기게 된다. 실제로 실무에서는 중국뿐 아니라 어

느 외국에 해외투자를 하게 되든 이 두 방식을 놓고 각각의 장단점을 분석하는 것이 정석이다.

2) **해외로부터 차입하는 채무의 비율**(외채 비율)**이 일정 수준을 초과할 없다는 규제를 받는다**.

3) 최고 의사결정기구로서 **사원총회**(중국법상 명칭: "고동회(股东会)")**를 두지 않고, 이사회**(중국법 용어: "동사회(董事会)")**가 최고의사결정기구**의 역할을 하도록 규정하고 있다. 따라서 **사원이 사원총회에서의 의결권 행사를 통하여 회사운영에 관한 직접적인 의사결정을 할 수 있는 경우가 전혀 없고, 오로지 자신이 선임한 이사를 통해서만 간접적으로 의사결정에 참여할 수 있다.** 또한 **각 사원이 이사회의 구성원 즉 이사를 선출할 수 있는 권한은 반드시 각자의 지분비율에 비례할 필요는 없으며, 사원 간 협상을 통해 이와 달리 정할 수 있다.** 요컨대, 이사를 통해서 간접적인 방식으로만 회사의 의사결정에 참여할 수 있다는 점, 회사의 의사결정권을 각 출자자(사원)의 지분비율에 비례하지 않게 정할 수 있다는 점에 우리 회사법에서는 볼 수 없는 큰 특색이 있다고 볼 수 있다.

이론 Tip

⑴ 중국의 회사법 체계

우리는 상법 회사편에 회사에 관한 규정이 있는 반면, 중국은 「중화인민공화국공사법」이라는 별도의 단행법에서 유한책임공사와 고분유한공사에 관하여 규율하고 있다. 또한 중국은 이와 별도로 「중화인민공화국합화기업법」을 제정하여 보통합화기업, 유한합화기업, 특수한 보통합화기업을 규율하고 있다. 외국 투자자가 설립할 수 있는 중국의 기업에 관한 법 제도를 개괄하기 위해서는 1차적으로 이 두 실정법을 함께 살펴보아야 한다.

⑵ 용어 설명: 고동회, 고동대회, 동사회

중국 회사법에서는 유한책임공사의 사원총회는 "股东会(고동회)", 고분유한공사의 주주총회는 "股东大会(고동대회)"라고 한다. 우리의 이사회는 "동사회(董事会)"라 한다.

(3) 용어 관련 유의점: 주식 vs. 지분, 주주 vs. 사원

1) 국내 실무계에서는 유한책임공사의 출자단위에 대하여 "주식"이라는 표현을, 유한책임공사의 구성원에 대하여 "주주"라는 표현을 흔히 사용하고 있으나, 이는 오해를 불러일으킬 수 있는 표현이다. 유한책임공사는 우리의 주식회사가 아니라 유한회사, 유한책임회사와 (구성원의 책임이라는 측면에서는 합자회사의 유한책임사원과 유사하다는 점에서) 합자회사에 상응하는 성질을 복합적으로 가짐에 유의하여야 한다. 특히 유한책임공사에 대하여는 우리의 주식에 상응하는 개념(즉 일정한 단위로 분할되는 출자단위라는 개념) 자체가 인정되지 않는다.

2) 중국 회사법 역시 이를 고려하여 유한책임공사에 관하여는 "주식(股份[고분])"이라는 용어를 쓰지 않고, "지분(股权[고권])"이라는 용어를 사용하고 있는데, 그 권리의 구체적인 내용을 살펴보면 우리의 유한책임회사(내지는 합명회사, 합자회사)에서 사원이 가지는 "지분"에 상응함을 알 수 있다(권기범, 314-315면). 즉 유한책임공사의 "지분(고권)"은 ① 출자자가 유한책임공사에 대하여 가지는 구성원으로서의 법률상 지위(출자이행의무, 의결권, 이익배당청구권, 잔여재산분배청구권, 이사선임권 등 각종 권리의무의 총체)라는 측면과 함께, ② 출자자가 유한책임공사의 재산에 대하여 가지는 비율적 권리(회사가 청산, 파산하거나 출자자가 퇴사할 경우 다른 출자자와의 관계에서 상대적으로 가지는 회사재산에 대한 권리비율)라는 측면을 함께 가진다. 특히 ②항에서 언급되는 특징 때문에, **유한책임공사의 지분에는 우리의 주식회사에서 등장하는 "10주의 주식"이나 유한회사에서 등장하는 "10좌의 출자좌수"라는 식의 개념(이나 표현)이 없고,** 우리의 유한책임회사나 합명회사, 합자회사에서 보듯이 예컨대 **각 출자자의 지분에 대해서 "그 출자자의 지분은 지분비율이 20%다(그 출자자는 20%의 지분을 가진다)"라는 식으로 표현할 수 있을 뿐이다.** 이 지분비율은 기본적으로는 각 출자자가 납입한 출자가액을 기초로 산정되는데, 일응 "총 납입자본금에서 각 출자자가 납입한 자본금의 비율"로

이해할 수 있다. 이를 다른 관점에서는, **"중국의 유한책임공사는 우리의 유한책임회사, 합명회사, 합자회사와 같이 지분단수주의(두수주의)를 취하고 있다"** 라고 설명할 수 있다(지분단수주의[두수주의]와 지분복수주의에 관해서는 한국 회사법 교과서들의 관련 설명을 함께 참고하기 바란다[장덕조(상), 784면; 권기범, 314-315면]).

3) 이처럼 유한책임공사의 출자단위는 주식이 아니므로, 이를 보유하고 있는 구성원 역시 "주주"라고 표현하는 것은 적절하지 않은 용어 번역이라고 보인다. 이를 고려할 때, 유한책임공사의 출자단위는 "지분", 그 구성원은 "사원"이라고 표현하는 것이 한국법 관점에서 오해를 줄일 수 있는 번역일 것이다.

---

4) 중국 회사법에 따르면 **유한책임공사는 사원 전원의 동의로 각 사원의 지분비율과 다른 비율로 이익배당을 할 수 있다. 그러나, 중외합자기업의 경우, 유한책임공사의 형태를 취함에도 불구하고 특별법(중외합자경영기업법) 우선의 원칙에 따라서, 그 사원은 반드시 자신의 지분비율에 비례하여서만 이익배당을 받을 수 있다**. 2024년까지는 이 둘의 차이점이 실무에서 의미를 가지는데, **특히 2020년 1월 1일 이후 설립된 유한책임공사 형태의 외상투자기업은 언제나 전자의 규율을 받음(우리가 생각하는 통상적인 물적 회사의 특징과 달리 지분비율과 다른 비율로 이익배당이 가능함)**을 기억해 둘 필요가 있다.

5) **기존 사원 이외의 제3자에게 지분을 양도할 경우 다른 사원 전원의 동의가 필요하고**(이 면에서 우리의 유한책임회사와 유사하다), **다른 사원은 이때 우선매수권(Right of First Refusal)을 가진다**. 또한 양도 후에는 그에 따른 **사원변경등기를 관할 시장감독관리부서에 경료**하여야 하고, 그 양도에 관하여 **관할 상무부서에 보고**도 하여야 한다.

참고로 **우선매수권**(Right of First Refusal)과 **우선협상권**(Right of First Offer)은 구분된다. 지분 매각을 원하는 사원은 ① 다른 사원이 전자의 권리를 가지면, 먼저 사원 아닌 제3자와 매각조건을 협상할 수 있지만(이후 그 협상된 조건을 다른 사원에게 제시하고, 다른 사원은 같은 조건이면 제3자에 우선하여 매수할 권리를 가진다), ② 다른 사원이 후자의 권리를 가지면, 먼저 다른 사원과 매각조건을 협상하여야 한다(다른 사원과의 협상이 결렬

된 이후에야 제3자를 찾아가 협상을 시작할 수 있다). 유한책임공사에서 지분 매각을 원하는 사원 이외의 사원(들)이 가지는 권리는 전자이다.

6) 중외합자기업에서 **대외적 대표권을 가지는 자**(중국법 용어는 "法定代表人"인데 국내에서는 흔히 법정대표자라고 번역한다)**는 이사장**(이사 중 이사회를 주재하는 의장)이다. 다만, 실무에서는 **총경리가** 이사회의 위임을 받아 내부적으로 이사회의 결의사항 기타 일상적인 경영관리업무를 수행하는데, 그 한도 내에서는 대표권을 가지는 이사장으로부터 수권을 받아 대외적으로 회사를 대리할 권한(즉 **민법상 대리권**)도 가진다(중국 회사법 문헌들을 살펴보면 이렇게 대표권과 대리권을 정치하게 구분해서 설명하고 있지는 않다. 하지만 한국의 회사법상 대표권과 민법상 위임·대리권의 기본적인 법리는 중국에서도 차이가 없기 때문에, 일응 이렇게 이해해도 무리가 없다고 본다).

참고로, 중국의 회사에는 "董事长(동사장. 이 책에서는 **이사장**으로 번역한다)", "执行董事(집행동사. 이 책에서는 **집행이사**로 번역한다)", "总经理(**총경리**. 이 책에서는 이 용어 그대로 사용한다)", "副总经理(**부총경리**. 이 책에서는 이 용어 그대로 사용한다)", "董事会秘书(**동사회 비서**. 이 책에서는 이 용어 그대로 사용한다)", "财务总监(**재무총감**. 이 책에서는 이 용어 그대로 사용한다)", "技术总监(**기술총감**. 이 책에서는 이 용어 그래도 사용한다)" 등 우리에게 생소한 명칭의 직위가 존재하는데, 이는 기본적으로 미국 회사의 직제를 참조한 명칭으로 이해하여도 무방하다. 즉 동사장은 Chairperson, 집행동사는 Executive Director, 총경리는 President 내지 CEO(Chief Executive Officer), 부총경리는 Vice President, 동사회 비서는 Secretary of Board of Directors, 재무총감은 CFO(Chief Financial Officer), 기술총감은 CTO(Chief Technology Officer)에 상응한다고 볼 수 있다.

7) 유상감자의 경우 실무상 지역에 따라서는 그 허가를 받는 것이 상당히 까다로울 수 있다.

8) 「중화인민공화국증권법(中华人民共和国证券法)」에 따르면 우리의 주식회사에 상응하는 고분유한공사(股份有限公司)만이 중국 거래소 내 상장이 가능하다. 따라서, 유한책임공사인 중외합자기업은 먼저 회사형태를 고분유한공사(즉 외상투자고분유한공사)로 전환하지 않는 한 중국 내에서 상장을 할 수 없다. **실무에서는 이 부분을 간과하고 중외합자기업을 곧바로 중국 내에 상장할 수 있다고 오해하는 한국 투자자**

들이 간혹 있는데, 주의를 요한다.

III. 중외합작경영기업(중외합작기업)

1) 중외합작경영기업(中外合作经营企业) 혹은 중외합작기업(中外合作企业)은 법인격이 있는 형태로 설립할 수도 있고, 법인격이 없는 형태 즉 출자자 간의 단순한 계약관계로 형성할 수도 있다. 전자의 경우에는 유한책임공사의 형태로 설립되는 반면, 후자의 경우에는 그 구체적인 법적 성격에 관하여 중국 내에서도 의견이 갈리고 있다(합화기업법상 합화기업이라는 견해, 중국 민법통칙(民法通则) 제52조 소정의 "연합경영 (联营)"과 유사하다는 견해 등). 다만 후자의 형태는 자원개발회사 등 극소수의 경우를 제외하고는 실제로는 거의 사용되지 않고 있다. 따라서 아래에서는 유한책임공사의 형태로 설립되는 법인격 있는 중외합작기업(이하 "**유한책임공사형 중외합작기업**")만을 살펴본다.

2) 유한책임공사형 중외합작기업 역시 앞서 살펴본 중외합자기업과 기본적인 특징을 공유한다. 즉 위 II. 1), 2), 3), 5), 6), 7), 8)항의 설명은 유한책임공사형 중외합작기업에도 적용된다. 다만 4)항에서 설명한 내용은 아래와 같이 달라진다.

유한책임공사형 중외합작기업에서 각 사원은 중국 회사법상 일반적인 유한책임공사와 마찬가지로 자신의 지분비율에 비례하지 않게 이익배당을 받을 수 있다. 더 나아가, 특정한 요건을 충족하는 한도 내에서는 외국 투자자가 중국 투자자에 우선하여 자신의 투자금을 회수할 수 있는데, 실무상 흔히 취하는 방식은 배당가능이익을 중국 투자자에 우선하여 배당받는 것이다. 다만, 외국 투자자가 중국 투자자에 우선하여 투자금을 모두 회수할 경우, 합작기간 종료 후 중국 투자자는 중외합작기업이 소유하고 있는 모든 고정자산에 대한 소유권을 취득하며 이와 관련하여 외국 투자자에게 어떠한 보상도 해 줄 필요가 없다.

3) 중외합자기업과 비교할 때, 중외합작기업법은 **관련 규정이 그다지 세밀하지 못하여, 중국 투자자와 분쟁이 발생할 경우 그 법적 예측가능성이 상대적으로 많**

이 떨어진다는 단점이 있다. 이로 인하여 실무에서 중외합작기업의 형태로 외상투자기업을 설립하는 경우는 극히 드물다.

Ⅳ. 외자기업

외자기업의 주요한 몇 가지 특징을 살펴보면 아래와 같다.

1) 외자기업(外资企业)은 출자자 전원이 외국 투자자로 구성되며(단 50인을 초과할 수 없다), 비법인 형태로도 설립할 수 있지만(중외합작기업에서와 마찬가지로 비법인형태의 정확한 성격에 대해서는 명확한 설명이 어렵다), 절대 다수의 경우 **유한책임공사** 형태로 설립된다. 그러나 **고분유한공사의 형태로는 설립할 수 없다.**

한편, **외국 투자자들이 Joint Venture 로 중국 외(예컨대 홍콩)에 중간 지주회사를 설립하면서 원하는 회사지배구조를 형성하고, 그 중간 지주회사가 1인 유한책임공사(사원이 1인인 유한책임공사)의 형태로서 중국 내에 외자기업을 설립하는 방식**을 취하는 것을 고려할 수 있다. 이렇게 중간 지주회사 설립방식을 취할 경우, 장래 투자회수 방식의 하나로서 그 역외 지주회사의 발행주식을 제3자에게 양도하거나 혹은 나아가 그 역외 지주회사를 중국 외 거래소에 상장하는 방안을 고려해 볼 수 있다는 장점이 있다. 실제로 국내 대기업 중에는 몇 개의 계열사들을 묶어서 함께 중국에 진출하고자 할 경우 이러한 방식을 사용하기도 한다. 또한 실무에서는 **그 중간 지주회사를 외국 투자자와 중국 투자자가 Joint Venture로 설립하여, 실질적으로는 당해 외자기업이 중국 투자자와 외국 투자자 간의 Joint Venture적인 성격을 띠게 되는 경우도 있다**(단 이 경우 중국 투자자는 "**검은 머리 외국인 투자**[일명 **왕복투자**. 중국 법상 명칭: 返程投资[반정투자]. 영어로는 Round Trip Investment라 번역한다]"로서 상당히 강한 규제를 받게 되는데, 이에 관해서는 뒤에서 따로 설명한다).

이론 Tip

"중외합자기업(中外合资企业)"과 "외상합자기업(外商合资企业)"의 구분

외자기업의 출자자가 1인이면 "외상독자기업(外商独资企业)", 2인 이상이면 "외상합자기업(外商合资企业)"으로 호칭된다. 즉 "외상합자기업"은 외자기업으로서 "중외합자기업"과는 다른 개념임에 유의하여야 한다. 간혹 실무에서 "합자기업"이라는 명칭으로만 표시되는 경우가 있는데, 이는 통상 "중외합자기업"을 지칭한다.

2) 중외합자기업(법적 형태가 모두 유한책임공사이다)이나 유한책임공사형 중외합작기업과 달리 발기인 혹은 출자자가 1인인 형태로도 설립할 수 있다. 참고로, 중국 회사법은 우리와 달리 유한책임공사의 경우에 한하여 1인 회사의 설립을 허용하고, 고분유한공사(우리의 주식회사에 대응)의 경우에는 1인회사의 설립을 허용하지 않고 있다.

3) 외자기업법 및 그 실시세칙에 외자기업의 조직구조에 관한 별도 규정이 없어서, 종래 외자기업은 사원총회, 이사회, 감사회(중국법 용어도 동일하다) 등을 설립할 것을 요구받지 아니하였다. 그러나 2006년 1월 1일 개정된 중국 회사법이 시행되면서 그 이후에 설립된 외자기업에 대하여는 회사법에 따라서 사원총회, 이사회, 감사회 등 조직기구를 설치할 것을 요구하고 있다. 다만, 규모가 그리 크지 않을 경우 이사회를 두지 않고 1인의 집행이사만을 둘 수도 있다. 또한 유한책임공사 형태로 설립되는 외자기업의 경우, 중국 회사법상 유한책임공사의 일반원칙에 따라서 의결권 분배 및 이익배당의 비율이 각 사원의 출자비율에 비례하지 않아도 무방하다. 이처럼 **외자기업은 그 지배구조에 관하여 여러 가지 경우의 수가 있으므로, 지배구조의 설정 및 검토에 신중을 기하여야 한다**(외자기업의 지배구조에 관한 자세한 논의는 아래 VI. 2. 참조). 특히 **2006년 이전에 설립된 외자기업들 중에는 사원총회나 감사가 없는 경우도 있음**에 유의하여야 한다(만일 이러한 외자기업의 지분을 매수하거나 유상증

자에 참여하게 된다면, 그 선행조건으로 지배구조를 대대적으로 수정해 달라고 요구해야 할 수도 있다). 요컨대 **외자기업을 새로이 설립하는 것이 아니라, 기존의 외자기업에 투자를 하고자 할 경우에는 먼저 정관을 달라고 요청하여 그 지배구조를 검토하는 게 반드시 필요하다**.

4) 중국 증권법상 고분유한공사만이 상장이 가능하므로, **고분유한공사 형태로 설립 또는 전환될 수 없는 외자기업은 중국 내에서의 상장 자체가 고려 대상이 아니다.** 그러나, 이 경우에도 위 (1)에서 살펴본 바와 같이 외자기업을 설립하면서 중간 지주회사 설립방식을 사용한 경우, **당해 중간 지주회사를 해외에서 상장하는 구조를 고려해 볼 수는 있을 것이다.**

5) 중외합자기업 및 유한책임공사형 중외합작기업과 동일한 규제를 받는 면도 있다. 예를 들면,

1 해외로부터 차입하는 채무의 비율(외채 비율)이 일정수준을 초과할 수 없다는 규제를 받는다.

2 지분양도 시 관할 상무부서에 보고를 하여야 하고, 양도 후에는 반드시 그에 따른 변경등기를 관할 시장감독관리부서에 경료하여야 한다(다만, 지분양도 시 원칙적인 유한책임공사와 동일한 규제를 받는 면도 있다. 이에 관해서는 위 도표의 지분양도 부분을 참조하기 바란다. 그러나 현실에서 외자기업 대부분은 사원이 1인이어서 다른 사원의 동의 여부가 문제되지 않는다)

6) 유상감자의 경우 실무상 지역에 따라서는 그 허가를 받는 것이 상당히 까다로울 수 있다.

7) **외자기업은 외상투자기업의 설립, 운영에 관하여 외국 투자자가 중국 투자자와의 협상 과정을 거칠 필요가 없고, 자신의 기술이나 노하우를 중국 투자자에게 전수해 줄 필요가 없다는 장점이 있는 반면, 각종 인허가를 받는 과정이나 중국 내 유통망 개척 등에 있어서 중국 파트너의 도움을 받을 수 없다는 단점이 있다.**

V. 외상투자고분유한공사

외상투자고분유한공사의 주요한 몇 가지 특징은 아래와 같다.

1) 외상투자고분유한공사(外商投资股份有限公司)는 외국 투자자와 중국 투자자가 공동으로 고분유한공사의 형태로 설립한다. 외상투자고분유한공사는 중국 회사법상 고분유한공사이기 때문에, 당연히 유한책임공사 형태인 중외합자기업, 중외합작기업, 외자기업과는 다른 법적 규율을 받는다. 예컨대 합병, 분할, 해산 및 청산, 등록 자본금의 변경(증자 및 감자), 정관 변경을 하고자 하는 경우, 중외합자기업, 중외합작기업, 외자기업은 이사회에 출석한 이사 전원(비법인형 중외합작기업일 경우 연합관리위원회에 출석한 위원 전원)의 동의가 필요한 반면, 외상투자고분유한공사는 원칙적으로 주주총회에 출석한 주주 의결권 총수의 2/3이상의 동의를 요한다.

2) 외상투자고분유한공사는 중국 내 상장을 통한 투자회수가 가능하다는 이론상의 장점은 있다(유한책임공사 형태를 취하는 외상투자기업은 먼저 회사 형태를 고분유한공사로 변경하지 않는 한 이 방식을 취할 수 없다). 그러나 실무에서 중국 내 상장은 그다지 실현 가능한 옵션이라고 보기 어렵다.

반면, 한국에서 외국 투자자가 주식회사를 설립할 때에는 볼 수 없는 각종 법적 제약도 있다. 몇 가지를 살펴보면, ① 외상투자고분유한공사는 반드시 중국인 투자자와 공동으로 설립하여야 하고(외국 투자자가 주식 100%를 보유할 수는 없다), ② 등록 자본금은 최소 3,000만 위안(한화 약 50억 원)이어야 하며, ③ 발기인은 외상투자고분유한공사 설립 후 3년동안 자신이 보유하는 주식을 타인에게 양도할 수 없고, 발기인이든 아니든 불문하고 자신이 보유하는 주식을 양도하는 경우 상무부의 사전심사허가(중국법상 명칭: 批准비준)를 받아야 한다. 다만, ③항의 제약과 관련하여 유의할 점이 있다. 관련 규정의 문구상으로는 이러한 제약이 존재하나, 현재 실무에서는 일부 지역의 경우 그 제한을 완화하고 있다. 예컨대, 북경시에서도 외상투자기업이 가장 많이 설립되고 있는 조양구에서는, ① 발기인의 주식양도를 3년간 금지하는 규정을 적용하지 않고, ② 주식양도 시 사전심사허가 규정도 적용을 크게 완화하여, (해당 주식을 발행한) 외상투자고분유한공사가 영위하는 업종이 "외상투자 산업 지도목록"상 제한류나 금지류(지금은 제한류나 금지류 업종이 각종 negative list에 옮겨져 기재되어 있음은 앞에서 설명하였다. 제1장 II. 2. 참조)에 속하지 않으면 단순히 상무부서에의 신고만으로 족하다는 입장을 취하고 있다.

이 외에도 유한책임공사에는 적용되지 않는 다수의 복잡한 규제들이 있다. 몇 가지 살펴보면, ① 5인 이상 19인 이하로 구성된 이사회, 3인 이상으로 구성된 감사회를 두어야 하고, ② 발기인은 2인 이상(따라서 우리와 달리 1인 주식회사는 설립이 불가능하다) 200인 이하이어야 하는데, 그중 최소 1인은 외국 투자자여야 하고, 총발기인의 반 이상은 중국 내 주소를 두고 있어야 한다.

실무상으로는 이러한 단점이 더 강하게 부각되어 외국 투자자가 외상투자기업을 외상투자고분유한공사로 설립하는 경우는 많지 않다.

3) 참고로, 중국 회사법은 고분유한공사의 경우 **의결권은 주식 1주당 1의결권이라는 원칙을 고수하면서도, 이익배당에 관해서는 정관에 의하여 차별배당을 할 수 있다고** 규정하고 있다. 외상투자고분유한공사 역시 이 규정의 적용을 받아서 이익배당에 관해서는 각 주주의 출자비율과 달리 배당을 할 수 있다.

4) 이상의 내용을 종합하면, 사실 외상투자고분유한공사는 그 법적 형태가 고분유한공사라는 점 외에는 중외합자기업과 주요 특징 면에서 차이가 없다. **실무적으로는 외상투자고분유한공사를 "특별 규정으로 고분유한공사의 법적 형태를 취하도록 허용해 준 중외합자기업"이라 이해**해도 무방할 것이다.

VI. 지배구조의 비교

외국 투자자가 중국 기업과 JV(Joint Venture: 합작투자 형태)로 외상투자기업을 설립하는 경우는 물론 복수의 외국 투자자가 공동으로 출자하여 외자기업을 설립하는 경우에도, 실무상으로는 출자자들(주주 내지 사원들) 사이에 경영권을 어떻게 분배할 것인지를 협상하는 데에 많은 시간을 할애하게 된다. 그런데 한국에서와 달리 중국의 외상투자기업은 각 유형별로 회사 지배구조에 관한 규율이 제각각이고, 한국에 비하여 당사자에게 보다 광범위한 재량을 부여하고 있는 반면에 그 법리가 모호한 부분들 또한 많이 존재한다. 따라서 외국 투자자는 자신이 설립하고자 하는 외상투자기업의 회사지배구조(Corporate Governance)를 사전에 숙지하고, 이에 기초하여 중국 투자자와 협상에 임할 필요가 있다. 아래에서는 먼저 실무에서 자주 부딪치게 되는 중외합자기업(법적 형태는 유한책임공사), 외자기업(법적 형태는 유한책임공사), 외상투자고분유한공사(이름에 나오듯이 법적 형태는 고분유한공사)의 지배구조를 도표로 소개한다.

도표 1. 지배구조 비교표

회사 분류	의사결정기구				집행기구			법정 대표자
	투자자(주주/사원)총회	이사회	집행 이사	최고 의결기구	이사장	집행 이사	총 경리	
중외합자 경영기업 (유한책임공사)	×	○	×	이사회	○	×	○	이사장 (총경리는 대리권 보유)
외자기업 (유한 책임공사)	○	○	×	투자자총회	○	×	○	이사장 혹은 총경리
	○	×	○	투자자총회	×	○	○	집행이사 혹은 총경리
외상투자 고분 유한공사	○	○	×	주주총회	○	×	○	이사장 혹은 총경리

도표 2. 의사정족수 및 의결정족수 비교표

분류	이사회			투자자(주주/사원)총회			감사/감사위원회		
	인원	의사 정족수	의결정족수 (일반&특별)	인원수	의사 정족주	의결정족수 (일반&특별)	최소 인원	의사 정족수	의결 정족수
중외합자경영기업(유한책임공사)	3인 이상	2/3 이상의 이사 출석	출석이사 만장일치 사항: (1) 정관 수정 (2) 합자기업 중지, 해산	–	–	–	감사위원회: 3인 이상 혹은 감사: 1~2명	정관에서 약정	전체 과반수 찬성

			⑶ 등록자본금의 증가 또는 감소 4) 합병 또는 분할 기타 사항은 정관에서 규정한 의사규칙에 따름						
외자기업 (유한 책임공사)	3~13명 혹은 집행이사 1명	정관에서 약정	정관에서 약정	50명 이하	정관에서 약정	2/3이상 의결권을 가지는 투자자 찬성 사항: ⑴ 등록자본금의 증가 또는 감소 ⑵ 합병, 분할, 회사형태의 변경 ⑶ 회사 정관의 수정 기타 사항은 정관에서 규정한 의사규칙에 따름	감사위원회: 3인 이상 혹은 감사: 1~2명	정관에서 약정	전체 과반수 찬성
외상투자 고분유한공사	5~19명	과반수 출석	정관에서 약정 단, 최소한 전체 이사의 과반수 찬성으로 결의	2인 이상	정관에서 약정	주주총회에 출석한 주주의 2/3이상 의결권 찬성 사항: ⑴ 정관의 수정 ⑵ 등록자본금의 증가 또는 감소 ⑶ 합병, 분할, 해산 또는 회사형태의 변경 나머지 사항은 출석한 주주의 의결권의 과반수 찬성 필요	3인 이상	정관에서 약정	전체 과반수 찬성

1. 중외합자기업의 지배구조

(1) 지배구조의 틀

1) 한국 주식회사의 지배구조를 살펴볼 때에는 일반적으로 ① **주주총회**, ② **이사회**, ③ 이사회의 구성원인 **등기이사**(등기이사는 다시 "**사내이사**", "**사외이사**", "**그 밖에 상무에 종사하지 아니하는 이사**"로 삼분되며, 보통 수임인으로서의 지위와 근로자로서의 지위를 겸해서 가진다), ④ 등기이사가 아니고 부사장, 전무, 상무, 본부장 등의 직함을 가지는데 실제로는 등기이사와 동일한 수준 혹은 그 이상의 권한을 행사하는 **비등기이사**(비등기이사는 법령에 규정된 명칭이 아니라 실무상 명칭이며, "**비등기임원**", "**경영임원**" 등의 이름으로도 불린다. 법적으로는 상업사용인, 수임인, 근로자 중의 하나 혹은 둘 이상의 지위를 가진다), ⑤ **대표이사**(혹은 **집행임원**), ⑥ **감사** 혹은 **감사위원회**를 함께 놓고, 그들 상호간의 업무분장과 역학관계를 따져 본다. 이러한 사정 때문에, 한국 투자자들은 외국에 회사를 설립하면서 다른 투자자(다른 한국 투자자 혹은 외국 투자자)와 JVC(Joint Venture Company. 합작회사)를 설립할 때에도, 기본적으로 머릿속에서는 이러한 생각의 틀을 가지고 지배구조에 관한 협상을 하게 된다.

2) 중외합자기업의 지배구조에 관해서 위와 같은 생각의 틀을 가지고 접근해 보면, 다음과 같은 몇 가지 특징을 발견할 수 있다(사실 중외합자기업의 법적 형태는 유한책임공사이고 유한책임공사는 한국의 유한회사, 유한책임회사, 합자회사와 유사점이 많으므로, 중외합자기업의 지배구조를 한국 주식회사의 지배구조와 비교하면 설명의 명쾌함과 간결성이 떨어진다. 하지만 한국에서는 회사의 절대다수가 주식회사이어서 실무가들이나 법률가 모두 유한회사의 지배구조가 익숙하지 않기 때문에, 부득이 이 방식을 취한다). **중외합자기업에서는, 한국 주식회사에 관한 위 ①항 내지 ⑥항의 항목들 중 ①항을 제외한 5가지 항목들을 가지고 지배구조의 틀을 짜게 된다**. 중외합자기업의 지배구조를 짤 때 사용하게 되는 이 5가지 항목을 풀어서 설명하면 아래와 같다.

[1] **주주총회에 상응하는 기관은 없다.**

[2] 이사회는 있다. **이사회가 주주총회의 권한까지 함께 행사한다.** 한국 주식회사의 최고의사결정기관은 주주총회이다. 그런데 중외합자기업에는 한국의 주

주총회에 상응하는 회사의 기관이 존재하지 않고, 대신 이사회가 최고의사결정기관의 지위를 가진다. 즉, **중외합자기업의 최고의사결정기관은** 그 자본금을 납입한 출자자(사원)들로 구성된 회의체가 아니라, 그 **출자자들이 선임한 이사들로 구성되는 이사회이다. 이러한 사정 때문에, 한국 주식회사에서 주주총회와 이사회의 권한에 속하는 사항이 중외합자기업에서는 모두 이사회의 권한에 속한다고 보아도 무방하다.** 이 점만 놓고 보면, 주주총회와 이사회 사이의 권한 분배에 관하여 추가적인 논의가 필요한 한국의 주식회사보다 그 구조가 조금 더 간단하다고 볼 수 있다.

3 **3인 이상의 등기이사**를 두어야 한다. 단, **사외이사를 둘 수 있는 근거규정은 없어서**, 실무에서도 (굳이 정관에 별도의 근거규정을 넣으면서까지) 두는 사례는 찾기 어렵다.

4 대표이사의 대외적 **대표권은** 이사들 중에서 선출된 이사회 의장 즉 **이사장이 맡는다**.

5 **비등기이사를 "고급관리인원"이라는 범주에 넣어서 두고 있다. 특히 대표이사의 대내적 업무집행권은 고급관리인원 중 "총경리"가 맡는다**. 즉 **한국에서 대표이사가 가지는 권한이 이사장(대외적 대표권의 귀속자)과 총경리(대내적 업무집행권의 귀속자)라는 2가지 직위로 분산되어 있다.** 또한 고급관리인원에게는 등기이사 및 감사와 동일한 수준의 법적 책임이 부과된다(참고로, 한국 상법은 비등기 이사에게 이사와 동일한 책임을 지우기 위하여 "업무집행 지시자 등"이라는 규정을 두고 있다[구체적인 내용은 상법 제401조의 2 참조]).

6 **감사 혹은 감사위원회를 선택적으로 둘 수 있다.** 다만, 한국의 감사위원회가 이사회 내에 설치되는 것(즉 이사들이 감사위원회의 위원이 되는 것)과 달리, 중국의 감사위원회는 이사회와 대등한 지위에 서는 별개의 조직으로서 이사 아닌 자들로 구성되며, 출자자 혹은 (우리 상법에는 없는 제도인데) 종업원(중국법상 명칭: 职工[직공])들에 의하여 선출된다.

⑵ 기관들 사이의 권한 배분

1) **한국에서는 주식회사가 가지는 의사결정권한이 주주총회, 이사회, 대표이사 간에 어떻게 분배되는지**에 관하여 학자들 사이에 견해의 일치가 이루어져 있지는 않지만, 일응 아래와 같은 정도로 이해해 볼 수 있다(권기범, 제4장 "주식회사의 기관" 부분 참조).

1 **주주총회 결의사항: 중요한 내용으로서 아래에 해당하는 사항들.**

1] 법령상 요구되는 사항(**법령에서 주주총회 결의사항으로 명시하고 있는 사항, 원래 이사회 결의사항이지만 법령에서 정관에 근거규정을 두면 주주총회 결의사항으로 할 수 있다고 규정하고 있는 사항**).

2] **본래 이사회 결의사항이지만 법령의 근거 없이 정관에서 주주총회 결의사항으로 규정한 사항**(소수설은 이를 부정한다. 다수설은 긍정하지만, 이사회의 주주총회 소집권만은 주주총회 결의사항으로 할 수 없다고 본다).

3] 해석상 주주총회 결의가 필요하다고 인정되는 사항(**중요한 영업용 재산의 양도, 상장회사가 상장폐지하는 것, 상장회사의 상근감사를 비상근감사로 변경하는 것** 등).

4] 한편 이사회가 자신의 결의사항을 주주총회에 위임할 수 있다고 보는 견해가 있다(이 견해에 따르면 이사회의 결의사항들을 이사회가 주주총회 결의사항으로 변경할 수 있다).

5] 위 1]항 중 "법령에서 주주총회 결의사항으로 명시하고 있는 사항"과 3]항의 사항은 주주총회가 이사회나 대표이사에게 위임할 수 없다.

2 **주주총회 결의사항을 제외한 사항들이 이사회와 대표이사 간에 어떻게 배분되는지:**

1] 원칙1: 원칙적으로 이사회 결의사항이다. 단 일상업무는 대표이사가 결정권을 가지거나, 최소한 묵시적으로 대표이사에게 위임되었다고 볼 수 있다.

2] 원칙2: 이사회가 대표이사에게 자신이 결의해야 할 사항의 결정을 위임할 수 있으나, 일상업무에 속하지 않는 중요한 업무는 위임할 수 없다(반면 위 1 4]항에서 본 바와 같이, 이사회가 주주총회에게 위임하는 것은 언제나 가능하다는 견해는 있다).

3] 따라서,

(ⅰ) **법령, 정관, 이사회규칙, 이사회결의상 이사회-대표이사 중 누구에게 의사결정권한이 있는지 명시된 경우 그에 따르되(단 일상업무에 속하지 않는 중요한 업무를 대표이사에게 위임한 이사회규칙, 이사회 결의는 무효),**

(ⅱ) **명시되지 않은 사항에 관해서는 일상업무에 속하면 대표이사에게, 일상업무에 속하지 않는 중요한 것이면 이사회에 의사결정권한이 있다.**

2) **그런데, ① 한국에서의 위와 같은 논의를 중국 내 문헌에서는 찾아보기가 어렵다.** 또한 ② 한국 주식회사의 대표이사에 속하는 권한이 중국 중외합자기업(나아가 중국 회사법상 모든 유한책임공사와 고분유한공사)에서는 이사장과 총경리에 나뉘어 귀속되는데 그 분배기준에 관한 명확한 설명이 없고, ③ 이사회와 총경리의 권한분배 기준에 관해서도 한국에서만큼 충분한 논의가 없어서 모호한 부분이 있다. **이러한 사정 때문에 중외합자기업의 권한 배분 상황을 구체적으로 설명하기는 어렵지만, 일응 아래와 같이 이해해 볼 수 있을 것이다. 실무에서는 이렇게 불분명한 부분에 관해서 정관 기타 회사 내규에 충분한 지침을 기재하여 사전에 분쟁을 예방할 필요가 있다.**

1 이사장은 한국 주식회사의 대표이사의 권한 중 이사회 소집권, 이사회 주재권한, 대외적 대표권을 가지고, 총경리(总经理)는 대표이사의 대내적 업무집행권을 가진다(현실에서 총경리의 권한은 이러한 배경하에서 점점 확대되는 반면, 이사회 및 이사장의 권한은 축소 내지 형식화되는 경향이 보인다).

2 실제 협상을 해 보면, 중외합자기업이 중국 내에서 사업을 한다는 사정 때문에 대표이사의 자리 즉 총경리와 이사장을 중국 사정에 밝은 중국 투자자에게 맡기게 되는 경우가 많다. 대신 한국 투자자는 회사의 경영과 재무상태를 감독하기 위하여 CFO(중국법상 명칭: 재무총감(财务总监))나 감사, 그리고 사업에 중요한 기술을 제공한 경우 CTO(중국법상 명칭: 기술총감(技术总监))를 맡는 경우가 많다.

3 **이사회의 결의사항을 (그 범위가 넓든 좁든) 가급적 명확하게 정관에 규정할 필요가 있다.** 나중에 중국의 법령, 판례, 해석에 의하여 이사회 결의사항의 범위를 확정 짓고자 할 경우 중국투자자와 사이에 분쟁이 발생한 상황이면 그 합의

가 쉽지 않을 수 있기 때문이다. 현실에서 이사회를 수시로 개최할 수 없음을 고려하면 부득이하게 일상업무는 총경리에게 맡길 수밖에 없는데, 위 [2]에서 보았듯이 총경리는 중국 투자자가 선임하는 경우가 많다. 따라서 **총경리의 업무 중에서도 한국 투자자 입장에서 꼭 사전 확인이 필요한 사항들은 최소한 한국 투자자가 선임한 다른 고급관리인원(예컨대 부총경리[副总经理], 재무총감[财务总监: CFO], 기술총감[技术总监: CTO], 감사 등)의 사전확인을 받도록 하는 게 좋다(예컨대, 일정 금액 이상의 회사자산 처분, 출자자나 계열사들과의 거래)**.

한 가지 염두에 둘 점이 있다. 중외합자기업에서는 사원총회의 권한도 이사회가 행사하게 되는데, 이사회 구성원인 이사의 선출권한은 각 사원의 출자비율에 비례하지 않게 약정할 수 있다. 그 결과 한국 투자자들이 생각하기에 주주총회의 권한에 속하는 사항인데도 이사회에서 결정하게 되고, 한국 투자자가 1대주주임에도 이사 선출권한을 출자비율보다 적게 가지는 경우(예컨대 출자비율은 51%인데, 이사는 5명 중 2명의 선출권만 가지는 경우)에는 한국에서라면 소수 주주로서 주주총회에 참석하는 것과 같은 불리한 상황에 처할 수도 있게 된다. 중국 투자자와 지배구조에 관한 협상 시 회사 내 중요한 의사결정사항에 관하여 이러한 상황이 닥치지 않도록 사전에 simulation을 잘해 볼 필요가 있다.

[4] 이사장이 대표권을 가지나 실제 일상적인 업무집행은 총경리가 하기 때문에, 이사장이 총경리에게 총경리의 업무집행에 필요한 범위 내에서 광범위한 대리권을 수여할 필요가 있다(포괄적인 임의 대리권의 수여). 한데 실무에서는 많은 경우에, 총경리 스스로(어떻게 보면 이사장의 의사를 제대로 확인하지도 않고 자신의 판단하에) 회사가 아닌 제3자와 회사의 명의로 각종 권한을 행사한다. 아마도 실무계에서는 총경리가 회사법의 여러 규정들에 비추어 볼 때 이미 이사회 혹은 이사장으로부터 광범위한 법정 대리권 혹은 최소한 묵시적인 임의 대리권을 수여받았다고 생각하는 것으로 추측된다(중국의 회사법 문헌들을 보면, 미국 Corporation Law의 영향을 받아서인지 몰라도 "대표권"이라는 용어를 써야 할 자리에 "대리권"을 집어넣어 설명하거나 그 반대로 하는 경우가 있기 때문에, 실제 사업을 하는 사람들이 법적으로 정확한 논리의 틀 하에서 이사장과 총경리의 관계를 이해하기가 쉽지 않아 보인다).

5 2인 이하의 감사를 두거나 3인 이상으로 구성된 감사위원회를 설치할 수 있는데, 실무에서는 감사를 두는 경우가 대부분이다. 즉 한국 투자자가 추천한 감사 1인만 두거나, 한국 투자자가 추천한 1인 및 중국 투자자가 추천한 1인으로 구성된 2명의 감사를 두는 것이다. 중국 투자자들 혹은 한국 투자자들 내부에서 이견이 생기는 경우를 걱정하지 않는다면, 굳이 감사 업무에 3인 이상을 투입하면서(즉 감사위원회를 설치하면서) 추가적인 인건비를 지출할 필요는 없을 것이다.

6 **실무상 위 1과 4의 사정으로 인하여 생기는 불확실성을 해소하는 가장 간단한 방법은 한 사람이 이사장과 총경리를 겸임하는 것이다. 실제로 그렇게 하는 경우가 많다.**

7 이사회는 3인 이상의 이사로 구성되어야 한다. ① **의사정족수는 총원의 2/3 이상의 출석으로 법정되어 있는 반면,** ② **의결정족수는** (i) **특별정족수(출석이사 전원의 동의)만 규정되어 있고,** (ii) **일반정족수는 정관에서 정하도록 하고 있다**. 때문에 이와 관련하여 다양한 쟁점들(일반정족수의 최저선과 최고선은? 특별정족수를 가중할 수 있는지? 특별결의사항으로 변경할 수 있는 일반결의사항의 범위? 등등)이 있을 수 있는데, 한국에서와 마찬가지로 학자들 간에 견해의 일치가 이루어지지 않고 있다. 따라서, **실무에서는** 대부분 논란이 생기지 않도록 통상적인 방식으로 정하고 있다. 즉 **특별정족수 및 특별결의사항을 법규정에 있는 그대로 정하고, 일반결의 정족수는 출석 이사의 과반수로 한다**.

한편, 이사회 의사정족수가 2/3 이상이어서, 1/3 이상의 이사를 확보한 투자자는 매우 쉽게 이사회 결의사항에 관하여 (자신이 선임한 이사로 하여금 출석 자체를 거부하게 함으로써) Veto권을 행사할 수 있다. 따라서 한국 투자자가 이사의 과반을 선임했다고 해서 이사회 일반 결의사항을 모두 한국 투자자 임의로 통과시킬 수는 없음에 유의할 필요가 있다(예컨대, 한국 투자자가 이사 5인 중 3인을 선임했다고 하더라도, 중국 투자자는 의사정족수를 흠결시켜서 이사회 결의를 막을 수 있다). 그리고 한국 법률가들로서는 받아들이기 어려운 부분인데, 관련 법규정에서 **이사회의 대리출석을 허용하고 있다**. 즉 이사회에 참석이 곤란한 이사는 서면위임장을 타인에게 발급하여 대리출석을 시킬 수 있다. 실무에서는 중외합자기업을 운영하는 과정에서 중국 투자자들이 이를 악용하여, 한국 투자자들(및 한국에 거주하고 있는 한국 투자자들이 선임한 이사들)에게 알리지 않고 이사회를 개최한 후 한국 투자자들이 선임한 이사의 서면위임장을 위조하여 이사회를 자기 입맛대로 운영하는 사례가 발견되기도 한다. 참고로 한국에서는 이사 모두 직접 이사회에 출석하여 상호 토의하고 의견을 내야 하기 때문에 이사회의 대리출석은 허용되지 않는다고 본다(장덕조(회), 308면, 대법원도 대리출석이 이루어진 이사회 결의는 무효라고 본다[대법원 1982. 7. 13. 선고 80다2441 판결]).

8 결국 **실무에서는, 이사회**(이사들), **이사장, 총경리, 감사, 그리고 기타 고급관리인원**(부총경리, 재무총감, 기술총감, 기타 구체적인 사업의 성격에 따라서 필요한 고위 직책)**을 놓고, 투자자들 간에 ① 각 직책의 선출 권한을 누가 가지는지, ② 각 기관 내지 직책이 가지는 권한의 범위를 어떻게 할 것인지를 약정하는 과정에서 구체적인 지배구조가 결정**될 것이다.

이론 Tip

임의기관으로서의 사원총회의 설치·운영 가능성

중외합자기업의 관련 법령에서는 비록 사원총회의 설치근거 규정이 없지만, 그럼에도 사원들이 정관에 규정을 두거나 혹은 총사원의 동의를 사전에 얻는 방식으로 매년 정기 사원총회나 임시 사원총회를 열고 거기에서 중요한 사항을 결정하게 할 수는 없는 것인지 의문이 들 수 있다. 한국의 합명회사 역시 사원총회가 필수기관은 아니지만, 이러한 방식으로 사원총회를 개최할 수 있다고 보기 때문이다(권기범, 325면). 그러나 중국의 문헌들을 살펴보면 이러한 가능성에 대한 논의를 찾아보기 어렵고, 실무에서도 중외합자기업은 법령에 근거가 없어서 사원총회를 "설치, 운영할 수 없다"고 받아들이고 있는 것으로 이해된다.

2. 외자기업의 지배구조

(1) 지배구조의 틀

외자기업의 지배구조에 관해서도 한국 주식회사의 지배구조에 관한 생각의 틀을 가지고 분석해 보자(외자기업의 법적 형태 역시 유한책임공사이지만, 중외합자기업의 지배구조를 분석할 때와 마찬가지의 이유로 한국 주식회사의 지배구조를 비교 대상으로 삼았다). **외자기업에서는 한국 주식회사에 관하여 위 1. (1)에서 살펴본 ①항 내지 ⑥항의 항목들 모두를 가지고 지배구조의 틀을 짜게 된다. 그런데, 한국에서와 동일하지는 않지만, 중국에서도 이사회와 대표이사 대신 1명의 이사를 두는 대안이 존재한다. 그 결과 외자기업의 지배구조에는 2가지 옵션이 존재하게 된다.** 각 옵션을 살펴보면 아래와 같다.

1) **첫번째 옵션의 지배구조는 우리의 일반적인 주식회사와 유사**하다.

[1] **사원총회가 있다.**

[2] **이사회가 있다.** 중외합자기업과 달리 사원총회가 있기 때문에 이사회와 사원총회 사이의 권한 배분이 문제된다.

[3] **3인 이상 13인 이하의 이사**를 두어야 한다. 단, 중외합자기업과 마찬가지로 사외이사를 둘 수 있는 근거규정은 없다.

[4] **대표이사의 대외적 대표권을 가지는 자를 이사장 혹은 총경리 중에서 선택할 수 있다. 즉 해당 외자기업과 거래하는 제3자는 이들 중 누가 대표권을 가지는지 일일이 확인해야 하는 번거로움이 있다(해당 외자기업에게 가장 최근에 발급받은 영업집조[营业执照, Business License]를 보여 달라고 요청한 후 "법정대표인(法定代表人)"란을 확인하면 된다. 시장감독관리국의 인터넷 공시시스템(국가기업신용정보공시시스템[国家企业信用信息公示系统])에서 해당 외자기업의 공시자료를 찾아 함께 대조해 보기도 한다). 실무에서는 이러한 번거로움을 해결하기 위한 방편으로 이사장과 총경리를 한 사람이 맡는 경우가 많다.** 참고로, 중국에서는 이러한 사정 때문에 우리보다 표현대표이사의 문제가 발생할 여지가 크지만, 중국 회사법에는 표현대표이사에 관한

규정이 없고, 학계에서도 명확히 정리되어 있지 않은 것으로 이해된다. 실제로 중국의 일부 민법학자들은 표현대표이사를 표현대리의 문제 중 하나로 설명하는 등(미국 Corporation Law의 영향을 받아서인지 몰라도 회사법 문헌에서 "대표권"과 "대리권"이라는 두 용어를 혼용하는 경우가 자주 눈에 띈다), 그 논의 방향도 우리가 보기에는 다소 혼란스럽다.

5 비등기이사를 "고급관리인원"이라는 범주에 넣어서 두고 있다.

1] 대표이사의 대내적 업무집행권은 고급관리인원 중 "총경리"가 맡는다. 나아가, **총경리가 ① 대표권까지 가지는 경우에는 우리의 대표이사와 비슷한 권한(대외적 대표권 및 대내적 업무집행권)을 가지지만, ② 대표권이 이사장에게 부여되는 경우에는 중외합자기업에서의 총경리와 같은 지위에 놓이게 된다. 특히 후자의 경우, 한국에서 대표이사가 가지는 권한이 이사장과 총경리라는 두 가지 직위로 분산되고, 총경리는 대내적 업무집행권을 행사하는 데 필요한 한도 내에서 대외적인 대리권도 가지게 된다(임의 대리권 혹은 법정 대리권이라고 볼 수 있을 것인데, 중국법 문헌에서 이 부분에 관한 명쾌한 논의를 찾기는 어렵다).**

2] **고급관리인원에게는 등기이사 및 감사와 동일한 수준의 법적 책임이 부과됨**도 중외합자기업에서와 동일하다.

6 **감사 혹은 감사위원회를 선택적으로 둘 수 있다.** 중외합자기업에서와 마찬가지로, 한국의 감사위원회가 이사회 내에 설치되는 것(즉 이사들이 감사위원회의 위원이 되는 것)과 달리, 중국의 감사위원회는 이사회와 대등한 지위에 서는 별개의 조직으로서 이사 아닌 자들로 구성되며 출자자 혹은 종업원들에 의하여 선출된다.

2) 한국에서는 납입 자본금 10억 원 미만인 소규모 주식회사의 경우 지배구조에 관하여 특칙이 있다. 즉 주식회사는 원래 3인 이상의 이사를 두어야 하는데, 이러한 소규모 주식회사는 이사를 2인 이하로 두면서 이사회를 두지 않을 수 있고, 이사를 1인만 둔 경우 그 이사가 대표이사의 권한을 행사한다. 중국 외자기업은 우리처럼 자본금의 액수를 기준으로 하지는 않지만, 그 규모가 작을 경우 이사회와 이사장을 두지 않고 1인의 이사만을 두는 지배구조를 선택할 수 있다. 이러한 두번

째 옵션의 지배구조를 살펴보면 아래와 같다.

[1] **사원총회가 있다.**

[2] **이사회는 없다.**

[3] **이사는 1인만 둘 수 있는데, "집행이사**(중국법 용어: 집행동사[执行董事])**"라 칭한다.**

[4] **대표이사의 대외적 대표권을 가지는 자를 집행이사 혹은 총경리 중에서 선택할 수 있다. 즉 해당 외자기업과 거래하는 제3자는 이들 중 누가 대표권을 가지는지 일일이 확인해야 하는 번거로움이 있다**(위 1) [4]설명 참조).

[5] 비등기이사를 "고급관리인원"이라는 범주에 넣어서 두고 있다.

1] 대표이사의 대내적 업무집행권은 고급관리인원 중 "총경리"가 맡는다. 나아가, **총경리가 ① 대표권까지 가지는 경우에는 우리의 대표이사와 비슷한 권한**(대외적 대표권 및 대내적 업무집행권)**을 가지지만, ② 대표권이 집행이사에게 부여되는 경우에는 중외합자기업에서의 총경리와 같은 지위에 놓이게 된다. 특히 후자의 경우, 한국에서 대표이사가 가지는 권한이 집행이사와 총경리라는 두 가지 직위로 분산되고, 총경리는 대내적 업무집행권을 행사하는 데 필요한 한도 내에서 대외적 대리권도 가지게 된다.**

2] **고급관리인원에게는 등기이사 및 감사와 동일한 수준의 법적 책임이 부과된다.**

[6] **감사 혹은 감사위원회를 선택적으로 둘 수 있다**(위 1) [6] 설명 참조).

(2) 기관들 사이의 권한배분

중외합자기업에서와 마찬가지로 외자기업의 기관들 사이의 권한 배분에 대해서도 한국에서만큼 구체적인 결론이 정리되어 있지는 않다. 한국 투자자로서는 일응 아래와 같이 이해해 볼 수 있을 것이다.

1) 외자기업의 **최고의사결정기관은 사원총회**이다. 한 가지 유의할 점이 있는데, **한국법하에서와 달리, 각 사원의 의결권의 비율을 지분비율과 다르게 약정할 수 있다.**

2) **복수의 이사들**(3인~13인)**을 두고자 할 경우**

[1] 이사회를 설치하고, **이사회에서 전체 이사의 과반수 찬성으로 이사들 중 1인을 이사장으로 선출한다.**

[2] **이사장은 이사회 소집권, 이사회 주재권한, 총경리 기타 고급관리인원들의 업무집행을 감독하는 권한**을 가지고, **총경리는 이사회가 결정한 사항들을 대내적으로 집행하는 권한**을 가진다(현실에서 총경리의 권한은 이러한 배경하에서 점점 확대되는 반면, 이사회 및 이사장의 권한은 축소 내지 형식화되는 경향이 보인다). 이러한 사정 때문에 외자기업에 출자하는 한국 투자자가 복수인 경우, 협상 결과에 따라서는 이사장과 총경리를 서로 다른 투자자가 선임하도록 약정할 수도 있다(한쪽 투자자가 선임한 총경리가 외자기업의 일상적인 업무를 수행하고, 다른 쪽 투자자가 선임한 이사장이 그 업무를 감독하는 방식). 다만 아래 [3]에서 설명하는 사정 때문에 (거래 상대방이 누가 대표권을 가지는지 헷갈리는 데에서 오는 불편함을 제거하기 위하여) 이사장과 총경리를 1인이 겸하도록 하는 경우가 여전히 많은 것으로 보인다. 이 경우 이사장 및 총경리를 선임하지 못한 투자자 측은 재무총감(CFO)이나 감사를 선임하면서 이사장 겸 총경리가 일정한 사항은 사전에 재무총감 내지 감사와 협의하거나 사전승인을 받도록 약정하는 등의 방식으로 업무를 감독하게 된다.

[3] **대표권은 이사장이 가질 수도 있고 총경리가 가질 수도 있다.** 이사장이 대표권을 가질 경우 총경리는 포괄적인 (임의 혹은 법정) 대리권을 가진다고 볼 수 있음은 앞에서 설명하였다.

[4] 사원총회와 이사회의 결의사항은 한국에 JVC를 설립하는 경우에 준하여 사원(출자하는 한국 투자자)들 상호 간에 협의해 나가도 큰 무리가 없다(관련 규정의 문구만 보면, 중국의 사원총회가 우리 주식회사 주주총회보다 권한이 더 크기는 하다). 단 사원총회의 특별결의사항에 관한 강행규정은 잊지 말아야 한다(위 도표 참조). 또한 한국에서와 달리 의사정족수 및 의결정족수에 관하여 입법의 공백이 있으므로(이를 당사자에게 자치를 부여한 것이라고 선해하는 중국 법률가들도 보이나, Default Rule(당사자 간 약정이 없을 경우에 대비한 임의규정)을 제대로 정비해 놓지 않은 것이라고 보는 게 맞을 것이다), 이 부분은 반드시 체크하여 정관에 규정하는 게 훗날 분쟁의 여지를

없애기 위하여 필요하다(위 도표 및 아래 [6], [7] 참조).

[5] 2인 이하의 감사를 두거나 3인 이상으로 구성된 감사위원회를 설치할 수 있는데, 실무에서는 감사를 두는 경우가 대부분이다. 사원(한국 투자자)들 상호 간에 이견이 생기는 경우를 걱정하지 않는다면, 굳이 감사 업무에 3인 이상을 투입하면서(즉 감사위원회를 설치하면서) 추가적인 인건비를 지출할 필요는 없을 것이다. 참고로 **감사회의 경우, 의결정족수에 관해서만 규정이 있어서, 의사정족수는 정관에서 정하여야 한다**.

[6] **이사회의 의사정족수나 의결정족수(보통결의사항, 특별결의사항 및 그 의결정족수)에 관하여 아무런 법규정이 없기 때문에, 이를 정관에서 정하여야 한다.** 그러지 않을 경우 설립후 회사의 운영과정에서 규율의 공백이 발생하게 되므로, 실무상 유의하여야 할 것이다. **이사회의 대리출석이 가능하고, 이사회 구성비율을 지분비율과 다르게 약정할 수 있음은 중외합자기업에서와 같다(이로 인한 실무상 유의점 역시 중외합자기업의 해당 설명을 참조하기 바란다).**

[7] 외자기업의 사원(실무상 흔히 "투자자"라 칭한다)은 50인을 초과할 수 없다. **사원총회의 경우, 특별결의사항 및 그 의결정족수에 대해서만 규정이 있어서, 의사정족수와 일반결의사항에 관한 의결정족수는 정관에서 정하여야 한다.**

[8] 결국 **실무에서는, 사원총회, 이사회(이사들), 이사장, 총경리, 감사나 감사위원회, 그리고 기타 고급관리인원(부총경리, 재무총감, 기술총감, 기타 구체적인 사업의 성격에 따라서 필요한 고위 직책)을 놓고, 투자자들 간에 ① 각 직책의 선출 권한을 누가 가지는지, ② 각 기관 내지 직책이 가지는 권한의 범위를 어떻게 할 것인지를 약정하는 과정에서 지배구조가 결정**될 것이다.

3) **1인의 집행이사만을 두고자 할 경우(다만 이러한 경우 통상 사원도 1인이어서, 그 지배구조를 결정하는 데 굳이 복잡한 협상과정을 거칠 필요가 없는 경우가 많을 것이다)**

[1] **이사회 및 이사장이 존재하지 않는다**. 그 결과 사원총회, 집행이사, 총경리, 감사, 그리고 기타 고급관리인원(부총경리, 재무총감, 기술총감, 기타 구체적인 사업의 성격에 따라서 필요한 고위 직책)을 놓고 지배구조를 짜게 된다

[2] 집행이사는 이사회 및 이사장의 권한을 가진다. 예를 들면, 집행이사는 총경

리 기타 고급관리인원들의 업무집행을 감독하는 권한을 가지고, 총경리 대신에 대표권을 가질 수도 있다.

3 사원총회의 결의사항은 한국에 JVC를 설립하는 경우에 준하여 사원(출자하는 한국 투자자)들 상호 간에 협의해 나가도 큰 무리가 없다. 단 **사원총회의 특별결의사항 및 그 의결정족수에 대해서만 규정이 있어서, 의사정족수와 일반결의사항에 관한 의결정족수는 정관에서 반드시 정해 주어야 한다.** 집행이사를 두는 경우에도 외자기업의 사원은 50인을 초과할 수 없다.

4 2인 이하의 감사를 두거나 3인 이상으로 구성된 감사위원회를 설치할 수 있는데, 실무에서는 감사를 두는 경우가 대부분이다(위 2) 5 참조)

5 결국 **실무에서는, 사원총회, 집행이사, 총경리, 감사, 그리고 기타 고급관리인원(부총경리, 재무총감, 기술총감, 기타 구체적인 사업의 성격에 따라서 필요한 고위 직책)을 놓고, 투자자들 간에 ① 각 직책의 선출 권한을 누가 가지는지, ② 각 기관 내지 직책이 가지는 권한의 범위를 어떻게 할 것인지를 약정하는 과정에서 지배구조가 결정**될 것이다.

3. 외상투자고분유한공사의 지배구조

외상투자고분유한공사는 대체로 외자기업의 지배구조에 관한 첫 번째 옵션에 관한 설명이 적용된다. 즉 주주총회, 이사회(이사들), 이사장, 총경리, 감사, 그리고 기타 고급관리인원(부총경리, 재무총감, 기술총감, 기타 구체적인 사업의 성격에 따라서 필요한 고위 직책)을 놓고, 투자자들 간에 ① 각 직책의 선출 권한을 누가 가지는지, ② 각 기관 내지 직책이 가지는 권한의 범위를 어떻게 할 것인지를 약정하는 과정에서 지배구조가 결정될 것이다. 물론 구체적인 내용으로 들어가면 그 법적 규율에서 차이 나는 부분들이 있다(위 도표의 기재 내용만 보아도 다른 점들이 있다. 또한 예컨대 상장회사라면 사외이사를 선임하여야 한다). 다만, 실무에서 한국 투자자가 외상투자고분유한공사를 설립하거나 거래 상대방으로 만나는 경우는 흔치 않아서, 이 책에서는 이에 관한 자세한 논의는 생략한다.

Ⅶ. 외상투자법 시행후 변화 – 지주회사, 집합투자기구 제외

1. 개 관

중국 헌법상 국가최고권력기관인 전국인민대표대회는 2019. 3. 15. 「중화인민공화국외상투자법(中华人民共和国外商投资法)」을 표결로 통과시켰고, 이 법은 2020. 1. 1.부터 시행되었다. 이 법 제42조에 따르면, 유한책임공사의 형태로 설립되어 있는 외상투자기업은 본법 시행일인 2020. 1. 1.로부터 5년 이내에 중국 회사법의 관련 규정에 따라서 회사조직형태와 조직기구를 변경하여야 한다. 또한 이 법 시행과 동시에 그동안 외상투자기업을 규제해 온 가장 기본적인 법령, 즉 소위 "외자3법"인 「중외합자경영기업법」, 「외자기업법」, 「중외합작경영기업법」이 폐지되었다. 따라서 **현재 설립되어 있는 (정확하게는 2019. 12. 31.까지 설립된) 중외합자기업과 외자기업들 중 그 법적 형태가 유한책임공사인 기업들은, 2024. 12. 31.까지 중국 회사법상 유한책임공사에 관한 원칙적인 규율에 맞추어 내부 조직구조를 개편하여야 한다**. 또한 2020. 1. 1. **이후 중외합자기업이나 외자기업을 설립하고자 하는 외국투자자는 더 이상 이들 회사를 설립할 수 없고, (중외합자기업과 외자기업 모두 그 법적 형태는 유한책임공사이므로) 회사법상 원칙적인 형태로 유한책임공사를 설립하여야 한다**.

이러한 사정을 고려하여 여기에서는 중국 회사법에 규정되어 있는 원칙적인 형태의 유한책임공사와 고분유한공사의 특징을 살펴본다. 중국 회사법상 회사는 유한책임공사(有限责任公司)와 고분유한공사(股份有限公司) 2가지 종류밖에 없다. 또한 유한책임공사 중 출자자가 1인인 경우에 관하여 별도의 특칙을 두고 있다. 반면 고분유한공사는 주주가 1인인 경우(즉 1인 고분유한공사)를 허용하지 않는다(이는 주주가 1인인 1인주식회사를 허용하는 우리의 입법태도와 대비된다). 따라서 외국 투자자가 이용할 수 있는 중국 회사법상 회사는 유한책임공사(1인유한책임공사 제외), 1인 유한책임공사, 고분유한공사, 이 3가지이다. 이 세 회사의 주요 특징을 도표로 소개하면 아래와 같다.

중국 회사법상 회사의 특징

	유한책임공사	1인 유한책임공사	고분유한공사
투자자(출자자) 구성	설립시 50인 이하의 사원	1인의 자연인 사원 또는 1인의 법인 사원	설립시 2인 이상, 200인 이하의 발기인(그중 과반수는 중국 경내에 주소가 있어야 함)
법인격존부	유	좌동	좌동
책임부담 방식	사원은 출자의무를 한도로 책임 부담	좌동	주주는 인수한 주식을 한도로 책임 부담(우리와 달리 인수자본금의 분할납입이 가능)
설립시 인허가절차	• 시장감독관리부서에의 등기 및 영업집조 발급(다만, 법률, 행정법규에서 심사허가(批准)를 받아야 회사를 설립할 수 있다고 규정한 경우에는 등기 신청 전에 해당 심사허가를 받아야 함) • 상무부서에의 신고	좌동	• 시장감독관리부서에의 등기 및 영업집조 발급(다만, 법률, 행정법규에서 심사허가(批准)를 받아야 회사를 설립할 수 있다고 규정한 경우에는 등기 신청 전에 해당 심사허가를 받아야 하며, 모집방식으로 회사를 설립하면서 주식을 공모하는 경우에는 회사 등기기관에 국무원 증권감독관리기구의 허가[核准]서류를 제출하여야 함) • 상무부서에의 신고
최장 존속기간	법규정없음	좌동	좌동
투자금 회수방식	• 이익배당 • 지분매각 • 유상감자 • 잔여재산분배	좌동	• 좌동 • 추가로 중국 내 IPO도 고려 가능
지분양도 요건	• 사원 간에는 자유로운 양도 가능 • 사원 외의 자에게 양도하고자 하는 경우, 기타 사원 과반수의 동의를 얻어야 하며, 동의를 얻은 경우라도 기타 사원에게 우선매수권이 있음 • 시장감독관리부서에의 등기 및 변경 영업집조		• 주주는 자신의 주식을 법률에 따라 양도할 수 있음 • 기명식 주권은 배서방식 또는 법률, 행정법규에서 정한 기타 방식으로 양도하여야 하며, 양도 후에는 회사가 양수인의 성명 및 주소를 주주명부에 기재하여야 함(다만, 주주총 주주총회 개최 전 20일

	발급, 상무부서에의 신고. 기타 회사법상 명의개서, 출자증명서 교환발급도 요구(제5장 함께 참조) • 정관에 지분양도에 관해 별도로 규정한 경우, 그에 따름	좌동	또는 배당기준일 전 5일 이내에는 명의개서를 할 수 없음) • 무기명 주권은 양수인에게 주권을 교부하는 즉시 양도의 효력이 발생됨 • 발기인이 보유한 회사 주식은 회사 설립일로부터 1년 이내에 양도할 수 없음 • 상무부서에의 신고
이익배당	지분비율과 다른 비율로 이익배당 가능	좌동	좌동
청산시 잔여재산 분배	지분비율에 따라 잔여재산 분배	좌동	좌동
의결권 행사방식	• 의결권이 각 사원의 출자비율에 비례하지 않도록 정할 수 있음 • 2/3이상 의결권을 대표하는 사원 동의 사항: 정관 수정, 등록자본금의 증가 또는 감소, 합병, 분할, 해산 또는 회사 형태의 변경 • 기타 사항에 관한 의결정족수는 정관에서 정함	N/A (사원총회를 설치하지 아니함)	• 주주는 1주당 하나의 의결권을 가짐 • 주주총회에 출석한 주주의 의결권의 2/3이상 동의 사항: 정관 수정, 등록자본금의 증가 또는 감소, 합병, 분할, 해산 또는 회사 형태의 변경 • 기타 사항은 출석한 주주의 의결권의 과반수 찬성 필요
법인격 부인의 법리	회사법 제20조의 요건이 원칙적으로 적용됨	회사법 제20조가 적용되는외에, 회사법 제63조에 따라서 법인격 부인 요건이 완화됨	회사법 제20조의 요건이 원칙적으로 적용됨

2. 유한책임공사의 특징: 한국 유한회사와의 비교

1) 앞에서 설명한 바와 같이 중국에서 설립되는 대부분의 외상투자기업은 유한책임공사 형태이고, 유한책임공사는 우리 상법상 유한회사와 유사한 면이 많다. 그런데 우리는 대부분의 회사가 주식회사의 형태로 설립되어 주식회사에 관한 법리에 대해서만 익숙할 뿐 유한회사에 대해서는 상대적으로 그러하지 못하다(국내에서는 자산유동화 거래에서 유동화전문유한회사를 설립하는 경우 외에는, 실무상 유한회사의 법리가

문제되는 경우가 많지 않다). 이러한 사정 때문에, 중국의 유한책임공사에 대한 법리가 우리에게는 상당히 생소하게 느껴질 수 있다. 이를 고려하여 아래에서는 중국 회사법상 유한책임공사의 특징을 우리의 유한회사와 비교하면서 소개한다(설명의 편의를 위하여 유한책임공사에 관한 중국 법률용어를 우리 유한회사의 법률용어에 대응시켜 의역하였다). **중국 회사법상 유한책임공사의 특징은 유한책임공사 형태를 취하는 외자기업과 많이 유사하다(특히 지배구조 부분).**

1 **구성원(사원)의 수:** 유한책임공사는 1인 이상 50인 이하로서, 한국의 유한회사와 동일하다.

2 **유한책임·직접책임·보충책임:** 한국의 유한회사와 중국의 유한책임공사 모두 사원이 회사 채무에 대하여 유한책임을 부담한다. 그러나 그 구체적인 내용에는 차이가 있다. 그 이유는 양국의 자본금 제도의 차이에 기인한다(아래 9 참조). 한 가지 유의할 점은 **유한책임공사의 사원이 지는 유한책임은 한국의 유한회사나 유한책임회사에서처럼 간접책임이 아니라, 합자회사의 유한책임사원이 부담하는 것과 같은 직접책임**이라는 것이다. 요컨대 **"유한책임공사의 사원의 책임" 부분만 놓고 보면 우리 합자회사의 유한책임사원의 책임과 동일선상에 놓고 이해할 수 있다**(우리 합자회사 사원의 책임에 관해서는 송옥렬, 1306면; 장덕조(회), 615면 참조). 즉 **사원이 아직 실제로 납입하지 않은 자본금 부분이 있을 경우**(중국 회사는 우리와 달리 물적 회사도 자본금의 분할 납입이 가능하다는 큰 특징이 있다. 우리는 무한책임을 부담하는 출자자가 있는 인적회사 즉 합명회사와 합자회사에게만 이러한 특혜가 주어진다), 그 부분에 대해서는 **회사의 채권자에게 직접 변제할 책임을 부담함**에 유의할 필요가 있다(중국에서 이를 인정하는 근거규정으로는 최고인민법원 회사법규정(2) 제22조, 최고인민법원 회사법규정 (3) 제13조).

또한 유한책임공사의 사원은 회사의 재산으로 모든 채무를 변제할 수 없을 때에만 보충적으로 책임을 부담한다. 따라서 ① **사원은 회사가 채권자에 대하여 주장할 수 있는 모든 항변사유를 원용할 수 있고**(한국 민법 및 중국 민법상 **단순 보증인에게 인정되는 부종성**과 동일선상에 놓고 이해할 수 있다), ② **회사의 채권자는 회사 재산이 채무의 변제에 부족하거나 회사 재산에 대한 강제집행이 주효하지 않을

경우에만 보충적으로 사원에게 채무이행을 청구할 수 있다(역시 한국 민법 및 중국 민법상 **단순 보증인에게 인정되는 보충성**과 동일선상에 놓고 이해할 수 있다)

3 **지분의 개념:** 우리 상법하에서는, 주식회사의 경우 "주주는 주식회사에 대하여 주식(주주권)을 가지고, 주식을 표창하는 주권을 보유한다"고 설명하고, 유한회사의 경우 "사원은 유한회사에 대하여 지분(사원권)을 가지고, 지분의 존재를 증명하는 증거증권인 지분증권을 보유한다(즉 지분증권은 단순한 증거증권일 뿐 지분이 표창되어 있는 유가증권이 아니다)"고 설명하고 있다. 이 설명방식은 중국의 고분유한공사와 유한책임공사에 대해서도 동일하게 사용될 수 있다. 즉 중국 회사법하에서, 고분유한공사에 대하여는 "주주(股东[고동])는 고분유한공사에 대하여 주식(股份[고분])을 가지고, 주식을 표창하는 주권(股票[고표])을 보유한다" 고 설명되고, 유한책임공사에 대하여는 "사원(股东[고동])은 유한책임공사에 대하여 지분(股权[고권])을 가지고, 지분의 존재를 증명하는 출자증명서(出资证明书)를 보유한다(즉 출자증명서는 단순한 증거서면일 뿐 지분이 표창되어 있는 유가증권이 아니다)"고 설명된다.

이처럼 중국 유한책임공사와 한국 유한회사의 지분은 그 법적 성질이 매우 유사하나, 유한책임공사의 경우 한국의 유한회사와 달리 그 지분에 관하여 균일한 출자단위인 "좌수"의 개념이 인정되지 않는다는 차이가 있다. 그 결과 한국 유한회사의 정관에는 지분의 균일한 단위로서 출자 1좌의 금액을 정하고 각 사원이 몇 좌의 출자좌수를 가지고 있는지 기재하여야 하지만, 유한책임공사의 정관에는 단지 각 사원의 출자금액이 기재될 뿐이다(**중국의 유한책임공사가 이처럼 지분복수주의가 아니라 지분단수주의를 취하고, 나아가 지분의 양도도 자유롭지 않다는 점에서는 한국의 합명회사, 합자회사, 유한책임회사와 유사한 면이 있다**).

4 **투자금 회수방식:** 한국 유한회사와 마찬가지로 이익배당, 지분매각, 유상감자, 청산후 잔여재산 분배의 방식을 고려해 볼 수 있다. 단 유상감자는 중국 지역에 따라서 상당히 까다로울 수 있다. 그리고 중국 내 IPO 방식은 유한책임공사에서 불가능함은 이미 설명하였다.

5 **의결권의 분배:** 한국 유한회사와 마찬가지로, 중국 유한책임공사는 **정관에 특**

별히 정하는 방식으로 지분비율과는 다른 비율로 사원의 의결권을 분배할 수 있다.

6 **이익배당:** 중국 유한책임공사는 **사원 전원의 동의로 각 사원의 지분비율과는 다른 비율로 이익배당을 할 수 있다.** 한국 유한회사는 원시정관에 규정이 있거나, 총사원의 동의로 변경한 정관에 규정이 있는 경우에 가능하다.

7 **청산 시 잔여재산분배:** 중국 유한책임공사는 **청산 시 각 사원의 지분비율로 잔여재산을 분배하여야 한다**(한국 유한회사도 마찬가지인데, 정관에서 달리 정할 수는 있다는 점에서 중국 유한책임공사보다는 더 유연한 측면이 있다).

8 **지분 양도의 제한:** 한국 유한회사는 정관상 특별한 제한이 없는 한 자유롭게 양도할 수 있는 반면, 중국 유한책임공사는 **양수인이 기존의 다른 사원인 경우(정관에 특별한 제한이 없는 한 자유롭다)와 사원 이외의 자인 경우(정관에 특별한 규정이 없는 한 다른 사원 과반수의 동의가 필요하고, 다른 사원들은 우선매수권[Right of First Refusal]을 가진다)를 달리 규정하고 있다.** 즉 지분양도의 제한이 존재하는 측면에서는 한국의 유한회사가 아니라 합명회사, 합자회사, 유한책임회사와 유사한 면이 있다.

9 **자본금 제도의 특이성:** 중국의 자본금 제도는 우리와 상당히 큰 차이가 있다. 우리가 수권자본제를 취하는 것과 달리 중국 회사법은 **확정 자본제(중국법상 명칭: 法定资本制[법정자본제])를 취하여 회사 설립 시 정해진 자본금 전액을 발기인 및 주주(유한책임공사의 경우 발기설립만 허용되므로 발기인 전원이 곧 사원이 된다. 반면 고분유한공사의 경우 모집설립도 허용되기 때문에, 설립 시에 발기인 외에 추가로 발기인 아닌 주주가 존재할 수 있다)가 전액 인수할 것을 요구한다(이 자본금을 "등록자본금(注册资本金[주책자본금])"이라 칭한다). 다만 그 납입시기에 관해서는 원칙적으로 분할납입제를 취하여, 회사설립시에 전액을 납부할 의무는 없다**(우리는 무한책임을 지는 사원이 있는 인적 회사, 즉 합명회사와 합자회사에 대해서만 이러한 혜택이 주어진다).

중국 유한책임공사의 사원은 이처럼 회사 설립 후에도 추가적인 출자이행의무가 있기 때문에, 그 부분까지 포함한 한도 내에서 회사채무에 대한 유한책임을 부담한다. 따라서 **중국 유한책임공사의 사원에 관하여 "납입한 자본금을**

한도로 유한책임을 부담한다"는 표현을 사용하는 것은 경우에 따라 오류가 발생할 수 있으므로 주의를 요한다(특히 계약서 문구 작성 시 조심해야 한다). 예컨대 등록 자본금의 분할납입의무를 전부 이행하지 않은 시점에서 유한책임공사가 파산한 경우, 사원은 아직 납입하지 않은 자본금을 여전히 납입하여 회사 채무의 변제에 충당하도록 하여야 할 의무를 부담한다. 또한 유한책임공사의 사원이 자신의 자본금 납입의무를 전부 이행하지 않은 상태에서 자신의 지분을 제3자에게 양도할 경우 매매가격 산정 시 이 부분을 고려하지 않으면 매매당사자 간에 불필요한 분쟁이 발생할 것이다. 또한 이처럼 확정자본제를 취하고 있기 때문에, **증자 및 감자 시 반드시 그에 따른 자본금 변경등기를 하여야 한다.**

다만, 예외적으로 1인유한책임공사는 설립 시에 등기된 자본금 전액을 완납하여야 한다.

⑩ **발기설립의 강제:** 중국 유한책임공사도 한국의 유한회사와 마찬가지로 **모집설립은 불가능하고** 반드시 **발기설립의 방식을 취하여야 하며, 정관에는 사원 전원이 서명하여야 한다.**

⑪ **회사채 발행:** 우리 유한회사는 원칙적으로 회사채의 발행이 금지되지만(단 자산유동화 거래에서 특수목적기구로 사용되는 유한회사[유동화목적유한회사]는 회사채[자산유동화증권]의 발행이 가능하다), 중국 유한책임공사는 회사법 규정상 원칙적으로 회사채의 발행이 허용된다. 단 그 발행요건이 매우 엄격하여 **현실에서 한국 투자자가 중국 내 회사채 발행을 통한 자금조달(funding)을 고려하는 경우는 극히 드물다**(외상투자기업의 자금조달에 관한 보다 상세한 내용은 뒤에서 설명한다).

⑫ **외채차입 비율 제한, 중국 개인의 출자 참여 가능성, 중간 지주회사를 사용하는 대안 구조의 가능성, 우선매수권(ROFR)과 우선협상권(ROFO)의 차이**에 관해서는 앞서 중외합자기업의 특징을 설명한 부분을 참조하기 바란다.

⑬ **법인격 부인법리:** 법인격 부인이란 특정한 상황하에서 물적 회사의 주주·사원에게 원칙적으로 적용되는 유한책임의 법리(회사의 채무에 대하여 주주나 사원은 출자한 범위 내에서만 책임을 진다는 법리)를 부인하고, 그 결과 주주·사원이 회사의

채무에 대하여 연대하여 책임을 지도록 하는 것이다(장덕조(회), 11-18면). 중국 회사법은 특이하게 법인격 부인의 법리를 중국 회사법에 명문으로 규정하고 있고, 1인 유한책임공사의 경우에는 그 부인의 요건을 더 완화시켜 놓고 있다. 즉 1인 유한책임공사의 경우 회사의 자산이 사원의 자산과 별개임을 입증하지 못하는 것만으로도 회사 채권자에 의하여 법인격이 부인될 수 있다. 다만, 규정의 문언이 선언적이고 추상적이어서, 실제 사례에서 적용과 비적용의 경계선을 찾아내기란 쉽지 않다.

그러나 최소한 한국에서 문제되지 않을 정도의 주의를 기울인다면 중국에서도 법인격을 부인당할 우려는 없을 것으로 보인다. 특히 한국에서는 **법인격 부인을 피하기 위한 조치들 중의 하나로서 사원과 회사 사이에 각자의 재산과 업무, 그리고 대외적인 기업활동이 서로 명확하게 구분되도록 회계 장부, 내부 문서, 제3자와의 계약서 등을 작성해 두는 것이 필요하다**고 보는데(송옥렬, 711면), 중국에서도 마찬가지로 보고 있다. 따라서 이 조치만 제대로 해 두어도 중국에서 법인격이 부인될 위험은 대부분 해소되리라고 본다.

2) 한 가지 참고로 알아 둘 점이 있다. 2020. 1. 1.부터 중외합자기업이나 외자기업을 더 이상 설립할 수 없게 되었지만, 외국 투자자가 중국 회사법 규정에 따라서 유한책임공사를 설립할 경우, 외국 투자자가 출자자로 참여하는 특수성을 고려하여 중외합자기업이나 외자기업에 적용되었던 법 규제들 중 일부가 여전히 다른 방식이나 경로를 통하여 계속 적용될 여지는 있다. 한국의 경우를 보면, 외국 투자자가 한국에 주식회사를 설립하면서 10% 이상의 주식을 취득·보유하게 될 경우 외국인투자 신고 및 외국인투자기업 등록을 하도록 하고 있는데(윤상직, 180-191면), 중국 법제도도 이와 유사한 태도를 취하고 있다. **중국의 경우 2019년까지는 ① 관할 상무부서에 외국인투자 신고(중국법상 명칭: 비안(备案))를 하고 ② 시장감독관리부서에 출자자 중에 외국인이 있음을 등기(登记)하면서 인터넷상(국가기업신용정보공시시스템[国家企业信用信息公示系统])으로도 그 사실을 공시하도록 하고 있었는데, 2020년부터 ①항 소정의 상무부서에의 신고가 보고(报告)로 바뀐 것 외에 특별히 달라진 것은 없다**. 특정 기업에 외국 투자자가 지분투자를 하고 있음을 정부 차원에서 모니터

링하는 것은 합리적인 필요성이 있으므로, 향후에도 이런 부분들은 존치될 것으로 보인다. 참고로, **중국에서 외국 투자자가 대출의 방식으로 중국 내 기업에 투자하는 것은 "외채등기[外债登记]" 내지 관련 외국환신고라는 방식으로 모니터링되고** 있는데, 이 또한 뒤에서 별도로 설명한다.

3. 고분유한공사의 특징

중국 내 IPO를 염두에 두지 않는 한, 굳이 유한책임공사라는 보다 간편한 회사 형태를 마다하고 많은 비용과 노력을 들여서 고분유한공사를 설립, 운영할 필요는 없을 것이다. 간혹 거래 상대방으로 등장하는 중국 기업이 고분유한공사 형태를 취하거나(나아가 중국 내 상해 거래소나 심천 거래소에 상장되어 있거나) 고분유한공사의 주식을 일부 취득하여야 하는 경우가 있으나 이 역시 흔하지는 않다. 고분유한공사(특히 중국 내 상장회사)의 법리가 유한책임공사보다 복잡하고 까다로움을 고려할 때, 실무가 입장에서는 굳이 많은 시간을 들여서 사전에 그 내용을 자세히 파악할 필요는 없다고 본다. 고분유한공사에 관하여 더 구체적인 내용을 알기 원하면 국내에 이미 출간되어 있는 중국 회사법 서적들을 참고하고(김/정, 109-159면), 이 책에서는 위 도표와 함께 외상투자 고분유한공사의 설명 부분을 함께 참조하기 바란다.

4. 유한책임공사 및 고분유한공사의 지배구조

유한책임공사 및 고분유한공사의 지배구조에 관한 주요 특징을 도표로 정리하면 아래와 같다.

도표 1. 지배구조 비교표

회사 분류	의사결정기구				집행기구			법정 대표자
	투자자(주주/사원)총회	이사회	집행 이사	최고 의결기구	이사장	집행 이사	총 경리	
유한 책임공사	○	○	×	사원총회	○	×	○	이사장 혹은 총경리
	○	×	○	사원총회	×	○	○	집행이사 혹은 총경리
고분 유한공사	○	○	×	주주총회	○	×	○	이사장 혹은 총경리
1인 유한 책임공사	사원총회가 없고 사원총회의 권한을 1인 사원이 행사하는 점 외에는, 유한책임공사와 동일(즉 이사회 및 이사장-집행이사 중 선택 가능)							

도표 2. 의사정족수 및 의결정족수 비교표

분류	이사회			투자자(주주/사원)총회			감사/감사위원회		
	인원	의사 정족수	의결정족수 (일반&특별)	인원수	의사 정족주	의결정족수 (일반&특별)	최소 인원	의사 정족수	의결 정족수
유한 책임공사 (1인유한책임공사는 사원총회 가 없고, 사원총회 결의가 사원의 서면결정으로 대체되는 외에는 유한책임공사와 동일)	3~13명 혹은 집행이사 1명	정관에서 약정	정관에서 약정	50명 이하	정관에서 약정	2/3이상 의결권을 가지는 투자자 찬성 사항: (1) 등록자본금의 증가 또는 감소 (2) 합병, 분할, 회사형태의 변경 (3) 정관의 수정 기타 사항은 정관에서 규정한 의사규칙에 따름	감사위원회: 3인 이상 혹은 감사: 1~2명	정관에서 약정	전체 과반수 찬성
고분 유한공사	5~19명	과반수 출석	정관에서 약정 단, 적어도 전체 이사의	2인 이상	정관에서 약정	주주총회에 출석한 주주의 2/3이상 의결권 찬성	3인 이상	정관에서 약정	전체 과반수 찬성

						사항: ⑴ 정관의 수정 ⑵ 등록자본금의 증가 또는 감소 ⑶ 합병, 분할, 해산 또는 회사형태의 변경 나머지 사항은 출석한 주주의 의결권의 과반수 찬성 필요			

1) 위 2개의 도표를 살펴보면, **유한책임공사는 외자기업과, 고분유한공사는 외상투자고분유한공사와 도표의 내용이 동일함**을 알 수 있다(**다만 1인 유한책임공사는 사원총회가 없다는 점을 제외하고 외자기업과 도표의 내용이 동일**하다). 따라서 **유한책임공사 및 고분유한공사의 지배구조에 관한 설명은 앞서 살펴본 외자기업과 외상투자고분유한공사의 지배구조 부분을 참고하기 바란다. 다만 1인 유한책임공사는 사원총회가 없는 대신 그 사원이 사원총회의 권한을 행사한다(사원총회 의사록은 사원의 서면결정서로 대체된다)**.

2) 2019. 12. 31.**까지 설립된 중외합자기업과 외자기업은** 2024. 12. 31.**까지 그 조직형태를 중국 회사법상 유한책임공사로 변경하여야 하는데, 지배구조의 측면에서 보면** 2006. 1. 1. **이후에 설립된 외자기업은 (이미 유한책임공사와 차이가 뚜렷한 차이가 없으므로) 특별히 손을 댈 필요가 없을 것이다. 단 그전에 설립된 경우에는 큰 수정이 필요할 수도 있다.** 반면 **중외합자기업은 유한책임공사로 조직을 변경하는 과정에서 사원총회를 새로이 두고 기존에 이사회가 가지고 있던 권한의 일부를 사원총회로 넘기는 작업이 필요할 것이다**(이 작업을 할 때에는 제5장에 있는 지배구조에 관한 협상 부분을 미리 숙지해 두면 좋을 것이다).

3) 참고로, 한국 유한회사는 사원총회와 이사만이 법정기관이고 이사회와 감

사회는 법률상 그 설치가 강제되지 않는다. 그리고 한 가지 특이한 점이 있는데, **우리와 달리** 중국의 회사법 학자들은 유한책임공사의 경우 정관에서 규정하면 **이사회에 참석이 곤란한 이사는 서면위임장을 타인에게 발급하여 대리출석을 시킬 수 있다**고 본다. **즉** 한국의 회사법 학자들로서는 받아들이기 어려운 일인데, 중국에서는 **이사회의 대리출석이 허용된다.** 고분유한공사의 경우 아예 중국 회사법에서 명시적인 규정으로, 특정한 이사는 서면위임장을 통하여 다른 이사에게 이사회에서의 결의권을 위임할 수 있다고 규정하고 있다. 또한 중외합자기업과 중외합작기업의 경우에도 현재 시행중인 관련 법규에서 명시적으로 이를 허용하고 있다. 실무에서는 이로 인하여 중외합자기업을 운영하는 과정에서 중국 투자자들이 이를 악용하여 한국 투자자들(한국에 거주하고 있는 한국 투자자들이 선임한 이사들)에게 알리지 않고 이사회를 개최한 후 한국 투자자들이 선임한 이사의 서면위임장을 위조하여 이사회를 자기 입맛대로 운영하는 사례가 발견되기도 한다.

제4절 외상투자기업의 비교(2): 투자성 외상투자기업

I. 지주회사, 집합투자기구 설립 시 차별대우

아래 설명은 기존의 국내 문헌은 물론 중국에서도 잘 소개되어 있지 않은 부분이다. 그러나 중국에 기업을 설립하고자 하는 외국 투자자에게는 중요한 내용이므로, 잘 기억해 두기 바란다.

1) 지주회사(Holding Company)란 다른 회사의 주식이나 지분을 보유함으로써 그 회사를 지배, 관리하는 것을 주된 사업으로 하는 회사를 말한다(나승성, 14면). 우리는 「독점규제 및 공정거래에 관한 법률(이하 "공정거래법")」이 지주회사의 설립이나 전환을 금지하다가 1999년 제7차 개정 때부터 허용하기 시작하였고, 이후 일정한

요건을 갖추어 공정거래법의 적용대상이 된 지주회사에 대해서는 세제상 특별한 혜택(지주회사 설립·전환 시 발생하는 양도소득세와 법인세의 과세이연 인정. 이에 관한 설명은 이창희, 629-632면; 박정우, 정래용, 1268-1277면 참조)을 줌과 동시에 일정한 행위제한도 추가하였다(예컨대 공정거래법의 적용을 받는 지주회사는 부채비율이 200%를 초과할 수 없고, 자회사 발행주식의 40% 이상을 보유하여야 하며, 자회사가 아닌 국내 계열회사의 주식은 보유할 수 없는 등의 제약을 받는다[임영철, 조성국, 295-299면]). 또한 공정거래법상 지주회사는 금융 및 보험업을 영위하는 국내 회사의 주식은 보유할 수 없기 때문에, 금융 및 보험업 영역에서의 지주회사 즉 금융지주회사(Financial Holding Company)를 규율하기 위하여 2000년부터 「금융지주회사법」을 별도로 제정하여 시행하고 있다.

2) 그런데 **중국에는 우리와 달리 지주회사를 규제하는 별다른 법령이 없다. 그 결과 중국인들은 별다른 제약 없이 중국 내에 지주회사나 금융지주회사를 정점으로 그 밑에 자회사와 계열회사를 둔 기업집단을 만들어 사업을 수행하고 있다**. 간단한 형태의 예를 들어 본다. 중국인 갑이 자신의 부모로부터 2억 위안의 현금을 상속받았고(참고로, 중국에는 아직 상속세나 증여세가 없다), 을은 자신이 100% 지분을 보유하고 있는 회사 C를 가지고 있다고 하자. 이 경우,

1. 갑은 그 2억 위안을 자본금으로 납입하여 회사 A를 설립한 후, 회사 A로 하여금 자본금 2억 위안을 재원으로 A의 완전 자회사 B(자본금은 1억원)를 설립하도록 하고, 나머지 1억 원은 을로부터 회사 C의 지분 10%를 사는 대금으로 지불하도록 할 수 있다. 이렇게 갑은 회사 A를 순수지주회사로, 회사 B를 A의 완전 자회사로, 회사 C를 A의 계열회사(종속회사)로 만드는 데 법률상 특별한 제약을 받지 않는다.
2. 또한 중국 법인세(중국법상 명칭: 企业所得税[기업소득세]) 관련 법령에 따르면 법인인 주주(사원)가 지급받는 이익배당금은 익금 불산입되어 이중과세의 문제가 발생하지 않기 때문에(외세법인 내쌍, 137면), **갑은 자회사 B와 계열회사 C의 수입을 이익배당의 경로를 통해서 지주회사 A로 끌어 모은 후 최종적으로 자신이 이익배당 받는 과정에서, 한국에서보다 세금 유출**(tax leakage)**도 적다**(한국의 경우 법인 주주가 지급받은 이익배당금은 일정한 요건하에 제한적으로 익금 불산입된다. 이에 관한

설명은 이창희, 565-568면 참조).

3 나아가 지주회사나 기업집단에 대한 특별한 입법이 없는 귀결로서, 한국 공정거래법에서 볼 수 있는 대규모 기업집단에 대한 각종 규제(상호출자 금지, 신규 순환출자 금지, 채무보증 제한 등. 이에 관한 자세한 내용은 임영철, 조성국, 301-315면 참조) 역시 중국 반독점법에서는 찾아 볼 수 없다. 조금 자세히 설명하면, 중국에도 우리의 공정거래법에 대응하는 법률인 반독점법(反垄断法[반농단법])이 있으나, 그 법 규정 안에는 카르텔(부당공동행위), 시장지배적 지위의 남용, 기업결합에 관한 규율만 있고, 지주회사나 대규모기업집단 규제에 관한 내용은 찾기 어렵다. 참고로 계열사간 담보제공이나 거래에 관해서는 반독점법이 아니라 회사법과 상장회사 관련 규정 등에서 규율을 하고 있기는 하지만, 우리 공정거래법상 규제에 비하면, 단순하고 약하다.

3) 그렇다면 **외국 투자자도 중국에서 갑이 하는 것과 똑같은 방식으로 중국에 순수지주회사 A, 그 완전 자회사 B, 그 계열회사인 C로 구성되는 기업집단을 만들 수 있을까**? 중국의 관련 법령들만 놓고 보면, 못할 이유가 없다고 생각할 수 있다. 그러나 막상 현실에서 이를 시도해 보면 여러 가지 제약으로 인해서 결국 포기하게 되는 경우가 대부분이다. **중국 정부가 ① 과거에는 주로 외환관리 측면에서 제한하였고(외환자본금의 용도에서 중국 내 다른 회사의 지분·주식에 투자하는 것을 금지하는 방식), ② 그 이후 2020년 1월까지는 영업범위 허용 측면에서 제한하였으며, ③ 지금은 다시 금융감독부서(지방정부 내 금융감독관리국이나 증권감독관리국)의 사전 승인(중국법 용어: 批准[비준])을 받을 것을 요구하는 방식으로 제한하고 있다**(보다 구체적인 설명은 아래 이론 Tip 참조).

4) 한편, 앞에서 이야기하였듯이 지주회사는 다른 회사의 주식이나 지분을 보유하는 것이 주된 사업목적인데, 그 주식이나 지분 보유가 투자수익을 거두기 위한 것이면 해당 지주회사는 실질적으로 **집합투자기구**(Collective Investment Vehicle. 실무에서는 흔히 "Fund"라고 표현한다. 이 책에서는 두 용어를 혼용한다)라고 이해할 수 있다. 예를 들어 한국에서 개인 투자자 갑, 을, 병이 모여서 공동으로 여러 회사의 주식에 투자하고 그 투자수익을 나눠 가지기로 약정하였다고 하자. 이를 위하여 갑, 을, 병

각각 현금 3억 원을 출자하여 주식회사 A를 설립하고, A가 여러 회사의 주식에 투자(즉 법적으로는 A가 여러 회사의 주식을 매수하여 보유)한 후, 장래 그 주식을 매각하여 수익(capital gain)이 나오면 A는 법인세를 납부한 후 이익배당의 방식으로 갑, 을, 병에게 세후 수익을 1/3씩 나눠 줄 수 있다. 이 경우 주식회사 A는 갑, 을, 병이 투자를 위한 도구로서 이용한 집합투자기구라고 볼 수 있는데, 다른 회사의 주식이나 지분을 취득, 보유한다는 외형상 역할만 놓고 보면 지주회사와 차이가 없다. 따라서 **외국 투자자가 중국에서 지주회사를 설립하기 어렵다는 말은 더 나아가 중국 내 여러 회사들의 주식이나 지분에 투자(equity investment)하는 집합투자기구를 중국에 설립하기 어렵다는 의미도 함께 가진다**.

5) 그런데 여기까지 설명을 읽어 본 실무가라면 다음과 같은 의문이 들 수 있다. 외상투자기업이 중국 내 다른 회사의 지분·주식을 사는 데 드는 재원(sources of funding)은 여러 가지 방식으로 조달할 수 있지 않나? 만일 중국 외에서 들여 오는 외환 자본금(미화)으로 살 수 없다면, 중국 외에서 차입하거나 중국 내에서 차입한 돈으로 사면 되지 않을까? 실제로 저자를 찾아온 많은 고객들도 같은 생각을 하면서 이러한 질문들을 해 왔다. 결론은 역시 쉽지 않다는 것인데, 구체적인 사정은 다음과 같다.

외상투자기업이 자금을 조달할 수 있는 방안으로는 **위에서 살펴본 외환 자본금 외에** 아래와 같은 정도의 옵션을 생각해 볼 수 있다(보다 구체적인 내용은 뒤에서 따로 설명한다).

① **중국 외의 채권자로부터 대출계약(Loan Agreement)에 기하여 차입한 인민폐 혹은 외환 자금(해외차입. 단, 해외 채권자들을 대상으로 한 회사채 발행은 거의 불가능하다)**.

② **중국 내에서 은행 기타 금융기관으로부터 대출계약(Loan Agreement)에 기하여 차입한 인민폐 자금(역시 중국 내 회사채 발행은 거의 불가능하다)**.

③ **중국 내 사원·주주로부터 위탁대출(委托贷款)의 방식으로 차입한 인민폐 자금(중국법상 은행 아닌 일반기업은 중간에 은행을 끼운 위탁대출의 방식으로만 제3자에게 대출을 해 줄 수 있다. 위탁대출에 관해서는 제6장에서 다시 설명한다)**.

④ **중국 외에서 자본금으로 들여온 인민폐 자금(중국은 자국의 법정 통화인 인민폐를**

세계의 기축통화로 만들기 위한 노력의 일환으로 중국 외에 있는 인민폐를 그대로 들여와 자본금을 납입하는 제도를 두고 있다).

⑤ **중국 내에서 외상투자기업이 사업을 수행하여 거둔 수익**(인민폐 자금).

⑥ **중외합자기업의 경우 중국 내 투자자가 인민폐로 납입한 자본금**(인민폐 자금).

이 6가지 옵션 중 ①, ②, ④로 조달한 자금으로는 중국 내 다른 회사의 지분·주식을 매입할 수 없다(외환관리부서 및 관련 법령, 중앙인민은행 및 대관통칙이라는 대출 관련 법령 등에서의 규제가 있다). ③으로 조달한 자금은 법령에서 명확하게 금지하는 규정을 찾기 어려워 중국 내 다른 회사의 지분·주식을 매입하는 데 사용되기도 하지만, 실무에서는 나중에 문제될 소지가 있다고 보아 권하지는 않는다. 다만, 설사 허용된다고 보더라도, 중국 투자자(중국 측 사원이나 주주)만 대출의 형식으로 자금을 대 주어 자회사나 종속회사의 지분·주식에 투자하는 거래구조는 중국 투자자와 한국 투자자 사이에 쉽게 합의에 도달하기 어려운 면이 있다. ⑥으로 조달한 자금으로 중국 내 다른 회사의 지분·주식을 매입하는 것은 별다른 제한 없이 가능하지만 역시 ③에서와 동일한 현실적인 측면에서의 어려움이 있다. 마지막으로 ⑤**로 조달한 자금으로 중국 내 다른 회사의 지분·주식을 매입하는 것은 사실상 유일하게 별다른 제약 없이 가능하지만, 오로지 중국에서 사업이 성공한 경우에만 그것도 중국에서 사업 시작 후 상당한 기간을 기다려 실제 거둔 수익의 범위 내에서만**(즉 일체의 leverage가 허용되지 않는다는 제약 하에) **가능하다는 것이어서, 외국 투자자 입장에서는 매우 만족스럽지 못한 옵션이다. 요컨대, 외상투자기업 입장에서 가능한 모든 수단을 총동원하더라도, 현실에서는 거의 모든 통로가 막혀 있다고 볼 수 있다.**

6) 정리하면, 이 문제에 관하여 이 책의 원고를 완성한 시점을 기준으로 할 때 **실무상 결론**은 아래와 같다.

1 **중국 대부분의 지역에서는, 외국 투자자가 중국 회사법상 일반적인 유한책임공사나 고분유한공사를 설립하면서 이를 지주회사나 집합투자기구로 만들 수는 없다. 하지만, 그럼에도 불구하고 매번 문제될 때마다 해당 지역의 상무부서와 시장감독관리부서에 문의해 보아야 한다**(간혹 이것이 가능하다고 이야기하는 중국 현지 법률사무소가 있지만, 실제 성공을 거둔 사례는 찾기가 쉽지 않다).

2 **단 ① 별도의 엄격한 제약을 받는 외상투자성 공사를 설립하는 방식으로 지주 회사를 설립할 수 있고, 역시 ② 여러모로 제약을 받는 외상투자 창업투자기업이나 ③ 전국적 통일성이 결여된 규제를 받는 외상투자 합화기업을 설립하는 방식으로 집합투자기구를 설립하는 것은 가능하다. 그러나 실제로는 거의 이용되지 않고 있는 실정이다.**

참고로, 위 설명에서 중국 내 모든 지역이 아니라 "대부분"의 지역이라고 표현한 이유는, 간혹 자신이 거주하는 지역에서는 이러한 제한이 없다고 이야기하는 중국 변호사가 있기 때문이다(저자의 경험으로는 상해 지역의 변호사로부터 이러한 의견을 들은 적이 있다. 또한 북경 지역의 한 변호사는 중국의 지역에 따라 허용해 주는 곳이 있으니, 매번 실무 확인을 해 보라는 의견을 주기도 하였다). 또한 일부 지역에서는 약간의 편법을 써서 이러한 제한을 회피하는 시도를 하고, 실제로 그 시도가 성공하기도 하였다. 예컨대 외상투자기업의 정관에 "지분투자"가 아니라 "지분투자 관리 컨설팅(股权投资管理咨询)"라는 문구를 집어 넣고 이 문구에 기초하여 실제로는 외상투자기업이 (제3자에게 컨설팅 서비스를 제공해 주는 게 아니라) 직접 지분투자를 하는 것이다. 그러나 지분투자에 관하여 컨설팅을 해 주는 업무에 자신이 직접 지분투자를 하는 행위도 포함된다고 보는 것은 어느 모로 보아도 억지스럽다는 점에 중국 법률가들도 대부분 동의하는 실정이다.

이러한 사정 때문에, **외상투자기업이 자본금으로 중국 내 다른 회사의 지분이나 주식을 취득할 수 있는지에 관해서 "십중팔구 어렵겠지만 관할 시장감독관리부서에 실무 확인은 해 보아야 한다"는 게 최선의 답이었다고 볼 수 있다. 그리고, 이 책의 원고를 완성한 시점을 기준으로 하면, "지방정부 내 금융감독관리국 혹은 증권감독관리국의 사전 심사허가(중국법 용어: 批准[비준])가 있어야 함을 염두에 두고 관할 시장감독관리부서 및 이들 부서에 실무확인을 해 보아야 한다"는 정도의 설명이 추가되고 있는 상황이다.**

7) 이 문제에 관한 중국 입법자의 태도를 보면 점진적으로 외국 투자자에게만 부과하고 있는 규제를 완화해 가고 있는 추세이다. 따라서 향후에도 어떠한 규제 완화조치를 나올지 지속적으로 관심을 가지고 지켜보아야 할 것이다. 다만 현재까

지의 사정을 고려할 때, **중국 내에 지주회사를 설립하기를 원하는 외국 투자자는 여전히 외상투자성 공사의 특성을 파악해 둘 필요가 있고, 중국 내에 집합투자기구(Fund)을 설립하기를 원하는 외국 투자자 역시 외상투자 창업투자기업과 외상투자 합화기업의 특성을 알아 둘 필요가 있다.** 이러한 사정을 고려하여, 아래에서는 이들 세 기업의 주요 특징을 살펴본다.

실무 Tip 용어 정리

투자성 외상투자기업 vs. 비투자성 외상투자기업

중국 관련 법령에서는 아래에서 살펴볼 외상투자성 공사, 외상투자 창업투자기업, 외상투자합화기업 중 Fund 역할을 하는 기업을 묶어서 **"투자성 외상투자기업**(投资性外商投资企业)**"**이라 칭하고, 그 외의 외상투자기업들은 **"비투자성 외상투자기업**(非投资性外商投资企业)**"**이라 칭한다. 이 용어에서 "투자"는 중국 내 다른 회사(특히 상장되어 있지 않은 유한책임공사)의 지분에 투자하는 것을 의미한다.

이론 Tip

외상투자기업의 중국 내 지분·주식 투자 제약의 연혁

아래 내용은 실무가 입장에서 굳이 세세하게 알고 있을 필요는 없다. 그럼에도 소개하는 이유는, 중국 정부가 외국인 투자를 통제하는 방식이 외국 투자자 입장에서 쉽게 파악하기 어려운 경우가 있는데, 아래 내용이 그 좋은 사례이기 때문이다(중국에 투자하는 외국 투자자들이 항상 현지 관할 정부부서의 실무에 밝은 중국 변호사의 조언을 받아야 하는 데에는 이러한 이유가 있다).

(1) 한국에서 중국으로 들여온 미화 자본금의 환전에 대한 규제

중국에서 외상투자기업이 중국 내 다른 기업의 지분이나 주식을 유상취득하는 데 어떠한 제약이 있는지를 이해하기 위해서는, 먼저 외상투자기업의 설립과정에서 해외에서 들여온 자본금의 용도에 관하여 중국 외환관리법령상 어떠한 제약이 있어 왔는지부터 살펴볼 필요가 있다. 중국의 외환관리법령들은 우리와 비교도 안 될 만큼 방대하고 복잡하여 그 전체 법령을 검색하여 한 번씩 읽어 보는 것조차 쉽지 않다(현재 시행되고 있는 관련 법령들의 목록을 정리하는 것조차 쉽지 않다. 이를 개략적으로라도 확인하고 싶으면, 중국 국가외환관리국 홈페이지의 법령 소개란을 참고하기 바란다. http://www.safe.gov.cn/safe/jcxmwhzhgl/index.htm). 여기에서는 "외상투자기업의 외환자본금(중국 밖에서 자본금 명목으로 들여온 외화표시금원)의 인민폐로의 환전"에 관한 부분에 한정하여 큰 틀에서 살펴보겠다.

중국 외환관리법령상 외환계좌(外汇账户. 다소 거칠게 파악하면, ① 중국 밖에서 자금이 들어와 입금될 수 있는 중국 내 은행에 개설된 계좌와 ② 반대로 중국 밖으로 송금될 수 있는 자금이 입금될 수 있는 중국 내 은행에 개설된 계좌를 포괄하는 의미로 이해할 수 있다)는 크게 "**경상계정 관련 외환계좌**(经常项目外汇账户, Current Account)"와 "**자본계정 관련 외환계좌**(资本项目外汇账户, Capital Account)"로 나누어진다. 전자는 상품과 서비스의 수출입, 이자 지급, 이익 배당 등 경상거래에 관한 외환의 입출금이 이루어지는 계좌이고, 후자는 자본금 납입(equity capital), 차입(debt capital), 증권투자 등 자본거래에 관한 외환의 입출금이 이루어지는 계좌이다. **중국에서 외환거래**(합법적인 범주 내의 외환거래라면 위 2종류의 외환계좌를 통하여 중국 안팎으로 자금이 흘러 들어오고 나가는 거래일 것이다)**에 대한 규제는 이 중 "자본계정 관련 외환계좌"에 대한 자금의 유출입에 초점이 맞추어져 있다.**

(2) 한국 투자자가 외상투자기업의 자본금 명목으로 송금한 미화의 환전에 대한 규제

외국 투자자가 중국 외에서 소유하고 있는 외화(통상 미화)를 외상투자기업의 자본금으로 납입하기 위해서는, 반드시 그 외화를 (해당 외상투자기업이 중국 내 외국환 거래은행에 개설한) "자본계정 관련 외환계좌" 중 "**외환자본금계좌**(外汇资本金账户)"로 송금하여야 한다. 외환자본금계좌로 송금된 외화는 원칙적으로 곧바로 인출할 수 없고, 먼저 중국 내 법정 통화인 인민폐(RMB)로 환전한 후에만 사용할 수 있다. 그런데 과거 오랜 기간 동안 외상투자기업이 이러한 환전을 하기 위해서는 먼저 외환자본금계좌가 개설되어 있는 지정 외국환 거래 은행에 지급지시서, 인민폐 용도 증빙서류(주로 지급통지서), 사용상황명세서 등의 전부 혹은 일부를 제출하여야 하였다. 즉 중국 내 외상투자기업은 ① 실제 자금의 사용 용도가 발생한 이후에만, 그리고 ② 나아가 그 용도가 실제로 존재함을 은행에 증명한 경우에 한하여, 외환자본금의 환전 및 사용이 가능하였다(이를 "**지급환전제**(支付结汇制)"라 하였다).

더 나아가 중국 외환관리법령은 외환자본금의 사용 용도에 관해서도 제약을 가하여, (뒤에서 살펴볼 외상투자성 공사, 외상투자 창업투자기업, 외상투자 지분투자기업을 제외한) 일반 **외상투자기업의 경우에는 인민폐로 환전한 외환자본금을 중국 내 다른 기업의 지분 투자에 사용하는 것을 허용하지 않고 있었다**(국가외환관리국이 2008. 8. 29. 공포한 "외상투자기업의 외환자본금 환전지급관리에 관한 업무수행문제를 개선하는 데 관한 통지(国家外汇管理局综合司关于完善外商投资企业外汇资本金支付结汇管理有关业务操作问题的通知)" 제3조). 사례를 들기 위하여, 한국 투자자가 중국에 모니터 제조업을 하는 외상투자기업을 설립하였다고 가정하자. 한국 투자자는 짧은 기간 내에 중국 전역에 판매망을 직접 갖추기 위하여 이 외상투자기업을 정점으로 중국 전역에 여러 자회사를 세우기를 원한다. 이때 고려할 수 있는 가장 손쉬운 방법은 이 외상투자기업의 자본금을 이용하여(예컨대 한국에서 미화로 들여와 이 외상투자기업의 외환자본금 계좌에 입금되어 있는 미화 자금을 인민폐로 환전한 후, 이 인민폐 자금을 자회사들의 자본금으로 납입하는 방식으로) 중국 내에 복수의 자회사를 설립하는 것인데, 중국 정부는 "외환자본금의 환전 용도를 제약한다"라는 수단을 통하여 이를 원천적으로 금지하고 있었던 것이다.

이렇게 오랫동안 중국 정부는 외환관리부서를 통하여 외국 투자자가 중국 내에 지주회사(그리고 집합투자기구)를 설립할 수 있는 가장 일반적인 길을 막아 놓고 있었다.

⑶ 외관상 규제의 완화, 그러나 여전히 존재하는 규제

이후 중국은 이 규제를 완화하기 시작하였다. 국가외환관리국 상해시 분국은 2014. 2. 국가외환관리국의 승인을 받아 "상해자유무역 시범구" 내에 설립된 외상투자기업에 한하여 이러한 규제를 상당히 완화하는 규정을 시행하였다("국가외환관리국 상해시분국의 중국(상해)자유무역시범구의 외환관리실시세칙 제정을 지원하는 데 관한 통지(国家外汇管理局上海市分局关于印发支持中国(上海)自由贸易试验区建设外汇管理实施细则的通知)"). 이후 국가외환관리국은 2014. 7. 15. "일부 지역에서 외상투자기업 외환자본금의 환전관리방식을 시범개혁함에 대한 문제에 관한 통지(国家外汇管理局关于在部分地区开展外商投资企业外汇资本金结汇管理方式改革试点有关问题的通知)"를 공포하여 상해자유무역 시범구 내에서만 인정해 주던 규제 완화를 16개 시범지역((북경)중관촌국가자주창신시범구, 천진빈해신구, 중경양강신구, 소주공업원구, 심천전해심항현대서비스업합작구, 성도시하이테크기술산업개발구, 심양경제구, 동호국가자주창신시범구, 광주남사신구, 온주금융종합개혁시범구, 횡금신구, 흑룡강연변시개발개방외환관리개혁시범지구, 평담종합실험구, 중국-말레이지아흠주산업원구, 귀양종합보세구, 청도시재부관리금융종합개혁시험구)으로 확대하여 시행하였다. 다시 국가외환관리국은 이러한 시범지역에서의 시범운영경험을 바탕으로 그 시행 범위를 중국 전역으로 확대하였다(국가외환관리국 2015. 3. 30. 공포 "외상투자기업 외환자본금 환전관리방식 개혁에 관한 통지[国家外汇管理局关于改革外商投资企业外汇资本金结汇管理方式的通知]).

위 통지 규정에 따르면, 외상투자기업이 실제 자금의 사용용도가 발생하기 전이라도 사전에 외환자본금을 인민폐로 환전해 놓을 수 있게 되었다(이를 "**임의환전제**(意愿结汇制)"라 한다). 또한 **외상투자성 공사, 외상투자 창업투자기업, 외상투자 지분투자기업을 제외한 일반적인 외상투자기업도 중국 내 다른 기업의 지분투자에 사용하기 위하여 자신의 외환자본금을 환전하는 게 가능하다는 취지의 문구도 새로이 추가되었다. 그런데 외환관리부서가 설치해 놓은 이 장벽이 허물어지자, 이번에는 상무부와 시장감독관리부서**(2018년 2월까지는 그 명칭이 공상행정관리부서였다. 다른 참고문헌을 볼 때 참고하기 바란다)**가 외환관리부서와 협력하여 법규정의 문언만으로는 예상하기 힘든 장벽을 만들기 시작하**

였다.

우리와 달리, 중국에서는 전통적으로 회사는 정관에 기재된 경영 범위 안에서만 경영활동을 할 수 있다는 의식이 강하다(한국의 통설은 정관에 기재된 사업목적에 의한 회사 권리능력의 제한을 부정한다[장덕조(상), 255-256면]). 중국 민법통칙 제42조는 이를 명시적으로 규정하고 있고, 개정전 중국 회사법에도 같은 취지의 규정이 있었다. 지금은 중국 계약법 제50조에서 정관에 기재된 경영범위를 벗어나 회사 대표자가 계약을 체결한 경우에도 계약 상대방이 선의이고 무과실이면 그 계약은 유효라는 취지로 규정하여, 계약법의 측면에서 이러한 입장을 완화시켜 놓고는 있다(이정표, 48-49면). 하지만 **외환관리법령**은 여전히 전통적인 시각에서 **외상투자기업이 정관에 기재된 경영범위를 벗어난 용도로는 자본금을 직, 간접적으로 사용할 수 없다는 규정을 존치시켜 놓고 있다**(국가외환관리국 위 2015년 통지 제3조 제1항). 또한 중국 내 실무는 여전히 외상투자기업이 정관에 기재되지 않는 경영 범위에 속하는 행위를 해서는 안 된다고 보고 있다(위반 시 관할 등기기관이 해당 기업을 처벌하는 행정법규도 있다). **그런데 현재 중국 대부분의 지역에서는 상무부서나 시장감독관리부서가 외상투자기업의 정관에 "지분, 주식투자(股权、股票投资)"라는 문구를 넣는 것을 허용해 주지 않고 있다. 그 결과 대부분의 지역에서 일반적인 외상투자기업, 즉 비투자성 외상투자기업은 정관에 "지분, 주식투자"(이는 곧 중국 내 다른 회사의 지분이나 주식을 인수, 매수하여 보유하는 것을 의미한다)를 삽입하지 못하여 지주회사나 집합투자기구가 되지 못하는 상황에 부딪히게 된다.**

(4) 2019년 새로운 외환관리규정: 정관상 제약의 폐지

그런데 국가외환관리국은 2019년 10월 23일 오랫동안 지속되어 온 이 제한을 원칙적으로 풀어 주는 2개의 중요한 통지문을 공포하였다. 하나는 "국가외환관리국의 국경 간 무역과 투자를 더욱 편리화하는 데 관한 통지(国家外汇管理局关于进一步促进跨境贸易投资便利化的通知; 汇发 [2019] 28号. 이하 "**28호 통지문**")"이고, 또 하나는 "국가외환관리국의 외환계좌를 간소화하는 데 관한 통지(国家外汇管理局

关于精简外汇账户的通知; 汇发 [2019] 29号. 이하 "**29호 통지문**")"이다.

28호 통지문에서는 비투자성 외상투자기업이 외환자본금을 중국 내 다른 회사의 지분이나 주식을 인수, 매수하기 위한 용도로 환전하는 것을 허용함을 전제로 그 구체적인 절차를 규정하고 있다(해당 조문의 제목도 "비투자성 외상투자기업 자본금의 중국 경내 지분투자 제한 취소(取消非投资性外商投资企业资本金境内股权投资限制)"라고 기재하여 그 의도를 명시적으로 밝히고 있다). 참고로, 이 경우 외상투자 Negative List에 위배되지 않아야 한다(즉 재투자를 받는 대상회사의 업종이 외상투자 Negative List상 외국 투자자의 투자제한이나 금지에 저촉되지 않아야 한다)는 제한이 있지만, 이는 뒤에서 살펴볼 투자성 외상투자기업들도 동일하게 받는 규제이다. 이 통지문은 (화물무역에 관한 한 조항만 2020년 1월 1일부터 시행되었고, 나머지 조항들은 모두) 2019년 10월 23일부터 시행되었다.

그리고 29호 통지문 별첨(附件. Exhibit) 2. "은행이 자본항목 관련 외환업무를 처리하는 데 관한 지침(银行办理相关资本项目外汇业务操作指引)"이 2.항(경내재투자 수령 기본정보 등기, 변경[接收境内在投资进本信息登记、变更])에서는 **경영범위에 "투자" 문구가 없는 외상투자기업도 외환자본금을 인민폐로 환전하여 경내기구(중국 내 다른 회사)의 지분을 인수(새로이 발행되는 지분에 투자하는 경우)하거나 매수(기존의 지분에 투자하는 경우)할 수 있음을 전제로 구체적인 은행 계좌 설립 및 계좌 간 이체 절차를 규정하고 있다.** 이 통지문은 2020년 2월 1일부터 시행되었다.

(5) 소결: 그래서 지금은?

위 (4)항에서 살펴본 법령 개정으로 인하여 **현시점에서는 중국 내 설립되는 유한책임공사 혹은 유한합화기업 형태의 외상투자기업들도 기본적으로는 투자성 외상투자기업과 동일한 수준의 규제하에서 중국 내 다른 회사의 지분이나 주식에 투자할 수 있게 되었다.** 즉 투자성 외상투자기업보다도 그 요건이 더 완화된 것은 아니다. 예컨대 비투자성 외상투자기업도 ① 중국 내 다른 회사의 지분이나 주식에 투자할 때 "외상투자 Negative List"의 제약을 받고(예를 들면 외상투자 Negative List상 외국인 투자가 금지되는 업종을 영위하는 회사의 지분이나 주식에는 투자할 수 없다), ② 외환자본금(foreign equity capital)이 아닌 외환차입금(foreign debt capital)으로는 중국 내 다른 회사의 지분이나 주식에 투자할 수는 없다.

한편 **그 설립요건만 놓고 보면, 비투자성 외상투자기업이 투자성 외상투자기업보다 간편하다**(투자성 외상투자기업의 설립요건은 아래에서 살펴본다). **따라서 외국 투자자들 입장에서 앞으로는 굳이 투자성 외상투자기업을 선택할 필요가 없지 않나 하는 의문이 들 수 있다. 그러나** 외국 투자자가 구체적으로 하고자 하는 사업 내용과 사업 운영방침, 그리고 향후 제정·시행될 위 (4)항 관련 하위규정들과 투자성 외상투자기업들에 관한 새로운 규정을 살펴보기 전에는, 이 문제에 관하여 섣불리 예단을 가져서는 안 된다고 본다. 예를 들면, ① 외상투자성 공사는 외채차입 한도가 비투자성 외상투자기업보다 많고 지주회사로서의 역할을 할 경우에 추가적인 혜택을 받을 여지가 있다. ② 인민폐 사모투자펀드(人民币私募投资基金, RMB PEF) 역할을 하는 유한합화기업(有限合伙企业)도 지역별 시범규정에 따라서 비투자성 외상투자기업이 받지 못하는 세제나 보조금 지원을 받을 수 있는 여지가 있다. ③ **북경시, 상해시, 심천시와 같은 주요 도시에서는 시정부 내 금융감독관리국 혹은 증권감독관리국의 사전 심사허가**(중국법 용어: 批准[비준])**를 받을 것을 요구하고 있는데, 실제 심사허가제도의 운용방식에 따라서는 사실상 금지와 마찬가지의 결과가 나올 여지도 있다. 이 문제는 앞으로 어느 정도 시간을 두고 관련 법령과 실무의 변화를 본 다음에야 정리가 가능할 것으로 보여서, 이번 초판에서는 구체적으로 다루지 않기로 한다.**

정리하면, 이 문제에 관한 중국법상 규제를 파악하기 위해서는 매번 새로운 법규정의 출현여부와 관할 정부부서의 실무태도를 확인해 보는 것 외에는 달리 방법이 없다고 볼 수 있다.

II. 특징 비교 – 지주회사, 집합투자기구

먼저 이들 세 가지 유형의 외상투자기업을 도표로 비교하면 아래와 같다.

	외상투자성공사	외상투자창업투자기업	외상투자합화기업
투자자(출자자) 구성	법적 형태가 중외합자기업이냐 외자기업이냐에 따라 구별(중외합자기업 및 외자기업 도표 참조)	• 2인 이상 50인 이하 사원 • 그중 1명은 반드시 무한책임을 부담하는 필수투자자여야 함	• 보통합화기업: 2인 이상 합화인 • 유한합화기업: 2인 이상 50인 이하 합화인
법인격존부	유	유한책임공사형 또는 비법인형태 중 선택 가능	중국법상 비법인이나 한국법상으로는 법인(제2장의 관련설명 참조)
외국투자자 지분비율	• 중외합자기업의 경우 일반적으로 25%이상, 다만 100% 불가. • 외자기업의 경우 100% 가능	일반적으로 25%이상, 100%도 가능	100% 가능
책임부담 방식	사원은 출자의무를 한도로 회사의 채무에 대하여 직접, 유한 책임 부담	• 법인형태: 좌동 • 비법인형태: 투자자의 연대책임 부담	• 보통 합화인(General Partner): 합화기업의 채무에 대하여 직접, 무한 책임 부담. • 유한 합화인(Limited Partner): 합화기업의 채무에 대하여 출자의무를 한도로 직접, 유한 책임 부담
설립시 인허가절차	중외합자기업 및 외자기업 도표 참조(다만, 특정산업영역에 관한 기타 관할 정부부서의 비준[심사허가] 불필요)	• 시장감독관리부서에의 법인 설립 등기 및 영업집조 발급 • 상무부서에의 외상투자보고(과학기술부서에 대한 내부 의견 수렴 절차 있음)	• 시장감독관리부서에의 설립등기 및 영업집조 발급 단 Fund나 GP로 설립될 경우 각 지역별 특칙 있음 • 외상투자 합화기업 설립 시 시장감독관리부서가 상무부서에 외상투자 합화기업임을 통보함
최장 존속기간	• 법규상 최장 존속기간 제한 없음 • 통상 50년	통상 12년, 단 연장 가능	법규상 최장존속기간 제한 없음
최저자본금 요건	• 없음 (과거 미화 3,000만불)	• 법인형태: 없음(과거 미화 500만불) • 비법인형태: 없음(과거미화 1,000만불)	없음

투자금 회수방식	• 이익배당 • 지분양도 • 잔여재산분배 • 유상감자는 극히 제한적으로 허용	• 이익배당 • 지분양도 • 잔여재산분배 • 유상감자는 극히 제한적으로 허용 • 추가로 투자한 기업의 IPO 방식 가능	• 이익배당 • 합화지분양도 • 잔여재산분배 • 합화지분 환급 • 추가로 투자한 기업의 IPO 방식 가능
이익배당	법적 형태가 중외합자기업이냐 외자기업이냐에 따라 구별(중외합자기업 및 외자기업 도표 참조)	지분비율과 다른 비율로 이익배당 가능	• 합화계약상 약정에 따라 배당 • 약정이 없을 경우 협상하여 정하고 합의를 이루지 못할 경우에는 합화지분 비율에 따라 배당 • 합화지분비율을 확정할 수 없을 경우에는 균등 배당
지분양도 요건	법적 형태가 중외합자기업이냐 외자기업이냐에 따라 구별(중외합자기업 및 외자기업 도표 참조)	법적 형태가 중외합자기업(법인형태) 중외합작기업(비법인형태) 또는 외자기업인가에 따라 구별(중외합자기업, 중외합작기업, 외자기업 도표 참조)	• 다른 합화인에게 양도할 경우 기타 합화인에게의 통지로 족함 • 다른 합화인 이외의 제3자에게 양도할 경우 다른 합화인 전원의 동의 필요(단 별도 약정 가능)
청산시 잔여재산분배	출자비율에 따라 잔여재산 분배	좌동	• 합화계약상 약정에 따라 배당 • 약정이 없을 경우 협상하여 정하고 합의를 이루지 못할 경우에는 합화지분 비율에 따라 배당 • 합화지분비율을 확정할 수 없을 경우에는 균등 배당
의결권 행사방식	법적 형태가 중외합자기업이냐 외자기업이냐에 따라 구별(중외합자기업 및 외자기업 도표 참조)	법적 형태가 중외합자기업(법인형태) 중외합작기업(비법인형태) 또는 외자기업인가에 따라 구별(중외합자기업, 중외합작기업, 외자기업 도표 참조)	합화계약에서 자유롭게 약정할 수 있음

1. 외상투자성공사(外商投资性公司)

(1) 개 관

1) 외상투자성공사(外商投资性公司)는 외국 투자자가 중국 내에 지주회사(Holding Company)를 설립하고자 할 때 사용할 수 있는 기업 형태이다. 외상투자성공사는 **외국 투자자가 이미 중국 내에 다수의 외상투자기업을 설립해 놓은 경우, 그 지분을 보유하기 위한 목적으로 중국 내에 별도로 설립하는 지주회사**로서, 그 기업형태는 **중외합자기업** 혹은 **외자기업**이다. 따라서 외상투자성공사는 다시 중외합자투자성공사(中外合资投资性公司)와 외자투자성공사(外资投资性公司)로 분류될 수 있다.

2) **다만, 외국 투자자가 외상투자성공사를 설립할 수 있는 요건은 상당히 엄격하다. 또한 외상투자성공사는 제조업을 직접 영위할 수 없고, 일정한 범위 내의(주로 중국 내 자회사의 영업을 보조하는 데 필요한 한도 내에서의) 투자, 용역제공, 거래활동만 수행할 수 있다. 따라서** 실제로 외국 투자자가 외상투자성 공사를 설립, 운영하기 위해서는 대규모 자금을 중국에 투입하면서도 여러 가지 불편을 감수해야 하기 때문에, **사례를 찾기가 쉽지 않다**(한국 기업 중에서는 SK 그룹, 두산 그룹, 포스코 등이 있다). 한편, 외상투자성공사에 관한 법규정은 다른 유형의 외상투자기업에 비하여 분량이 많다. 아래에서는 그 주요 내용만 살펴보기로 한다.

3) 한 가지 유의할 점이 있다. **일반적으로 외상투자기업 자체는 중국법상 "외국 투자자"가 아니라 "중국 투자자"로 간주되고, 그 결과 외상투자기업으로부터 지분투자를 받은 다른 중국 내 기업은 중국법상 "외상투자기업"이 아니라 "내자기업"으로 취급된다. 그러나 외상투자성공사는 외상투자기업임에도 불구하고 예외적으로 "외국 투자자"로 간주되고, 그 결과 외상투자성공사로부터 지분투자를 받은 다른 중국 내 기업들은 "외상투자기업"으로 분류된다. 그에 따라서 외상투자성공사의 자회사나 종속회사에 대해서는 중국에서 외상투자기업에 관한 법규율이 적용됨**에 유의하여야 한다. **특히 외상투자성공사가 중국 내 다른 회사의 지분·주식에 투자할 때 외국인투자에 관한 negative list의 적용을 받기 때문에, 특정한 업종을 영위하는 회사에는 지분·주식 투자를 할 수 없거나 제한을 받게 된다**(뒤에서 보듯이 이는 외

상투자 창투기업이나 외상투자 사모펀드에도 동일하게 적용되는 규제이다).

⑵ 외상투자성공사를 설립하기 위한 외국 투자자의 주요 자격요건

외국 투자자(복수이면 그들 중 최소 1인의 지배사원)는 ① 설립 신청 직전 연도에 **미화 4억 불 이상의 총자산**을 보유하면서, 이미 설립되어 있는 **중국 내 외상투자기업에 미화 1,000만 불을 초과하는 자본금을 이미 납입**하였거나, 혹은 ② 이미 중국 내에 **10개 이상의 외상투자기업을 설립**하였고, 그 기업들에 **미화 3,000만 불을 초과하는 자본금을 이미 납입**하였어야 한다.

관련 법령에서는 외국 투자자의 신용도가 양호할 것(중국어 원문: 资信良好)을 요구하는데, 정작 명확한 판단 기준은 규정하고 있지 않다. 실무에서는 그 판단을 위하여 외국 투자자에게 본국의 주거래은행에서 발급한 신용증명이나 최근 몇 년 치의 회계감사보고서를 요구하기도 한다.

⑶ 외상투자성공사를 중외합자기업 형식으로 설립할 경우 그에 참여하는 중국 투자자의 주요 자격요건

중국 투자자는 설립 신청 직전 연도를 기준으로 인민폐 1억 위안 이상의 총자산을 보유하고 있어야 하고, 자신의 감사보고서도 제출하여야 한다. 외국 투자자에 비하면 총자산 요건이 대폭 완화되어 있다.

⑷ 최저 등록자본금 및 자본금 납입기한

① 과거 외상투자성공사의 최저 등록 자본금은 미화 3,000만 불이었으나, 지금은 폐지되었다. **자본금 납입 시 현물출자가 허용되지 않는다**는 규제는 기억해 둘 필요가 있다.

② 과거에는 납입자본금이 미화 3,000만 불에 달할 때까지는 영업허가증 발급일로부터 2년 이내에 납입하여야 하고, 이를 초과하는 부분에 대해서는 5년 이내에 분할납입하여야 하는 규제가 있었으나, 지금은 폐지되었다.

(5) 해외부채비율(Foreign Debt to Equity Ratio)에 관한 완화된 규제

① 외상투자성공사의 등록자본금이 미화 1억 불 미만인 경우, 실제 납입한 자본금의 4배 한도 내에서 해외 차입을 할 수 있다.

② 외상투자성공사의 등록자본금이 미화 1억 불 이상인 경우, 실제 납입한 자본금의 6배 한도 내에서 해외 차입을 할 수 있다.

③ 해외 차입금이 경영상 필요로 인하여 위 한도를 초과하여야 할 경우 상무부의 허가를 받아야 한다.

이처럼 다른 외상투자기업에 비하여 더 높은 해외부채 비율이 허용된다(일반 외상투자기업의 해외부채비율에 관해서는, 뒤에서 따로 살펴본다).

(6) 영위할 수 있는 사업범위

외상투자성공사가 자신의 명칭에서 "투자성"이란 표현을 사용하고 있음에서 알 수 있듯이, 그 주요 사업내용은 "투자"이다. 외상투자성공사는 일반 제조업은 수행할 수 없고, ① 다른 기업에의 투자활동 그리고 ② 자신이 투자한 다른 기업의 사업에 도움을 주기 위한 일정한 서비스 제공을 할 수 있다.

1) 다른 기업에의 투자

1 외상투자성공사가 투자할 수 있는 기업은 외국인 투자가 허용되는 업종을 영위하는(앞서 살펴본 각종 negative list에서 제한류와 금지류를 제외한 업종을 영위하는) 중국 내 다른 기업에 한정된다.

2 반드시 중국 내의 다른 외상투자기업이나 R&D 센터에 미화 3,000만 불 이상을 투자하여야 한다. 단, 외상투자성공사가 자신의 모회사 혹은 그 계열회사의 (자본금 납입이 완료된) 지분을 매수하는 방식을 취할 경우 그에 소요되는 자금은 이 투자금액 산정 시 제외된다.

3 특정한 외상투자기업을 자신의 계열회사(자회사)로 삼아 관련 법규에서 허용하는 소정의 서비스를 제공하기 위해서는 해당 외상투자기업 등록자본금의 10% 이상에 해당하는 금원을 투자(자본금으로 납입)하여야 한다.

4 외상투자성공사 자신이 발기인으로서 외상투자고분유한공사를 설립할 수 있고, 외상투자고분유한공사의 주식을 매수할 수도 있다.

5 다음 2개의 요건을 모두 구비하면 중국 내에 분공사(分公司, 지점)를 설립할 수 있다. ① 미화 3,000만 불 이상을 이미 자본금으로 납입하였거나 이미 10개 이상의 외상투자기업에 투자하였거나 혹은 그 지분을 보유하고 있을 것. ② 당해 지점의 설치장소가 이미 행한 투자 또는 상품 판매가 집중된 지역일 것.

2) 투자대상기업에 대한 지원 서비스

외상투자성공사는 자신이 등록자본금의 10% 이상을 투자(자본금으로 납입)하는 등 일정한 요건을 충족한 외상투자기업(이하 "투자대상기업")이 이사회 만장일치를 거쳐 외상투자성공사에게 서면으로 위임한 경우, 투자대상기업에게 여러 가지 다양한 지원 서비스를 제공할 수 있다. 그중 몇 가지만 열거하면 아래와 같다.

1 투자대상기업을 보조하거나 대리하여 중국 내외에서 당해 기업이 사용하는 기계설비, 사무설비 및 생산에 필요되는 원자재, 구성품, 부품을 구매하거나, 중국 내외에서 투자대상기업이 생산한 상품을 판매하고 A/S서비스를 제공할 수 있다.

2 관할 외환관리정부부서의 동의 및 감독하에, 투자대상기업 사이의 외환의 balance를 유지해 줄 수 있다.

3 투자대상기업에게 제품생산, 판매 및 시장개발하는 과정에서의 기술지원, 직원교육, 기업내부인사관리 등 서비스를 제공할 수 있다.

4 투자대상기업을 포함한 계열사에게 각사의 투자와 관련된 시장정보, 투자정책 등에 관한 자문서비스를 제공할 수 있다.

5 투자대상기업이 은행으로부터 차입하는 데 협조하거나(예컨대 대출해 줄 은행을 소개해 주는 행위) 투자대상기업의 차입에 관하여 보증이나 물상 담보를 제공할 수 있다. 한편, 외상투자성공사는 위탁대출(중국법상 명칭: 委托贷款[위탁대관])의 방식으로 투자대상기업에게 사실상 자신의 자금을 대출을 해 주는 것도 가능하다(다만 관련법령상 대출금의 재원으로 해외에서 들여온 금원[외환 표시 자본금, 인민폐 자본금,

해외 차입금을 불문한다)은 금지된다).

6 중국 내외 시장에서 위탁판매의 방식으로 투자대상기업이 생산한 제품을 판매하고 투자대상기업에게 운송, 저장 등 종합서비스를 제공할 수 있다(등록자본금 미화 3천만 불 이상을 납입한 경우에 한한다).

(7) 소 결

1) 외상투자성공사는 이미 중국 내에 다양한 업종의 외상투자기업들을 다수 설립해 놓고 있는 외국 투자자로서는 고려해 볼 만한 회사 형태이다. 또한 **외상투자성공사는** 다른 외상투자기업에 비해서 더 높은 비율의 foreign debt finance(해외 차입 형식의 자금조달)가 가능하다. 반면 **초기 설립비용이 상당히 높고, 영위할 수 있는 영업의 범위가 제한된다는 단점이 있다. 때문에 외국 투자자로서는 중국 내에 지주회사를 설립할 현실적인 필요가 있음에도 불구하고, 이러한 제약으로 인하여 포기하는 경우도 많이 생긴다.**

2) **그런데 외국 투자자 입장에서 이미 중국 내에 외상투자기업들을 다수 설립하였거나 장래 다수 설립할 계획이라면 중국 내에 외상투자성공사를 세우는 것이 아니라 중국 외에 중간 지주회사를 설립하는 것도 하나의 옵션이다.** 실제로 이 옵션을 취하는 경우가 더 많은 것으로 보인다. 가장 큰 이유는 중국 외에 지주회사를 설립함으로써 중국 내에 지주회사를 설립할 때 적용받는 각종 규제를 피할 수 있기 때문이다. 이 옵션(소위 "간접적 기업형 투자")에 관해서는 제3장에서 자세히 살펴본다.

(8) 참고: 다국적기업의 지역본부(跨国公司地区总部)

중국 중앙정부 소속 상무부가 제정한 외상투자성공사에 관한 규정에 의하면, 외상투자성공사는 일정한 요건하에 다국적기업의 지역본부(跨国公司地区总部, 이하 "지역본부")로서의 지위를 얻을 수도 있는데, 이를 취득하면 추가적으로 중국 내외에 소재하는 동일 기업집단 내의 계열회사들을 위한 물류서비스, 해외투자, 금융리스 업무(단 이에는 상무부의 별도 허가가 필요하다)의 제공도 할 수 있다.

한편 북경직할시, 상해직할시, 광동성, 광주시, 심천시는 상무부의 규정과는 별도로 지역단위의 독자적인 규정을 두어 자기 지역 내에 보다 많은 외국 투자자의 지역본부를 유치하려 하고 있다. 아래에서는 상무부 규정과 북경시, 상해시 규정만 간단히 살펴본다. 다른 지역의 규정도 기본 틀은 비슷하므로, 필요하면 현지 법률사무소의 자문을 간단히 받아 보기 바란다.

1) 상무부 규정에 근거한 지역본부

(가) 지역본부로 인정받기 위한 요건은 아래와 같다

[1] 지역본부가 되고자 하는 기업이 외상투자성공사일 것(따라서 위에서 살펴본 외상투자성공사의 설립 요건을 모두 구비하여야 한다).

[2] 당해 외상투자성공사에 관하여

① 미화 1억 불 이상이 이미 자본금으로 납입되었거나, 혹은

② 미화 5천만 불 이상이 이미 자본금으로 납입되었고, 신청 직전 회계연도를 기준으로 총자산이 인민폐 30억 위안 이상이면서 수익(利润)이 인민폐 1억 위안 이상일 것(연결재무제표 기준)

당해 외상투자성공사가 미화 3,000만 불 이상을 다른 외상투자기업(자회사)에 투자하였고, 그 과정에서 최소 하나 이상의 R&D 센터를 중국 내에 설립하였을 것.

(나) 위 요건들을 갖추어 지역본부로 인정받게 되면, 당해 지역본부는 통상적인 외상투자성공사와 동일한 대우를 받는 동시에, 그보다 광범위한 사업 행위를 수행할 수 있다(예컨대, 동일 그룹 내 회사의 제품을 중국 내에 수입하여 판매하는 것(단 소매업[零售]은 제외), 동일 그룹 내 회사 제품의 유지보수에 필요한 원자재 부품을 수입하는 것, 물류배송 등).

2) 북경시 지역본부

(가) 북경시 인민정부는 2009년 다국적기업의 지역본부를 북경시에 적극적으로 유치하기 위한 일련의 규정을 제정하였다. 북경시 관련 규정에 따르면, 외상투자성공사 이외에 아래의 조건을 갖춘 외상투자관리회사(外商投资管理性公司)도 지역본부로 인정받을 수 있다(북경시 관련 규정에 따르면 "외상투자관리회사"란 자신의 자회사 혹은

계열회사에게 관리, 의사결정, 연구개발, 자금관리, 물류, 판매, 기획, 자문, 연수 등의 서비스를 제공하는 외상투자 기업법인을 지칭한다).

1 모회사의 자산총액이 미화 4억 불 이상일 것

2 모회사가 중국 내에 투자하여 실제 납입한 자본금 총액이 누계 미화 1,000만 불 이상인 동시에 모회사가 위임을 받아 관리하는 중국 내 및 중국외 기업이 3개 이상이거나, 혹은 모회사가 위임을 받아 관리하는 중국 내 및 중국외 기업이 6개 이상일 것.

3 해당 관리회사의 등록자본금이 미화 200만 불 이상일 것

4 해당 관리회사는 모회사의 중국 내 유일한 최고 경영관리기구일 것

(나) 허용되는 사업 범위도 상무부 규정에 비하여 넓고(예컨대, 투자경영결정, 생산경영관리, 자금운영과 재무관리, 기술지원과 연구개발, 시장판매 등), 사업수행에 관한 추가적인 혜택도 부여하고 있다(사무실 임대료 지원 등).

3) 상해시 지역본부

(가) 상해시 관련 규정에 따르면, 외상투자성공사 이외에 아래 요건을 갖춘 관리회사(管理公司)도 지역본부가 될 수 있다(상해시 관련 규정에 따르면 "관리회사"란 다국적기업이 관리, 연구개발, 자금관리, 판매, 물류 및 지원서비스 등 운영기능을 통합하기 위하여 설립한 회사이다). 특기할 사항은, 상해시 안의 자유무역구에 외상투자성공사를 설립하는 경우 외국투자자의 자격요건을 실무상 완화시켜 준다는 점이다(본국 은행의 신용증명서 외에는 별도의 자격증명 서류를 요구하지 않는 경우도 있다. 단, 이는 실무에 기한 것이므로 매번 설립신청을 할 때마다 변동상황을 확인해 보아야 할 것이다).

1 모회사의 자산총액이 미화 4억 불 이상일 것

2 모회사가 중국 내에 투자하여 실제 납입한 자본금 총액이 누계 미화 1,000만 불 이상인 동시에 모회사가 위임을 받아 관리하는 중국 내 및 중국외 기업이 3개 이상이거나, 혹은 모회사가 위임을 받아 관리하는 중국 내 및 중국외 기업이 6개 이상일 것

3 해당 관리회사의 등록자본금이 미화 200만 불 이상일 것

(나) 허용되는 사업범위가 상무부 규정에 비하여 넓고(예컨대 투자경영결정, 자금운영과 재무관리, 기술지원과 연구개발, 물류운영, 직원훈련과 관리 등), 사업수행에 관한 추가적인 혜택도 부여하고 있다(사무실 임대료 지원 등).

2. 외상투자 창업투자기업(外商投资创业投资企业)

(1) 개 관

외상투자 창업투자기업과 외상투자 합화기업은 외국 투자자 입장에서 "중국에 펀드 혹은 펀드 운용사를 설립"할 것을 고려할 때에만 비로소 의미를 가진다. 따라서 펀드나 펀드 운용업(자산 운용업)에 종사하지 않는 실무가라면 굳이 아래 내용을 자세히 살펴볼 필요는 없고, 곧바로 그 뒤의 내용으로 넘어가도 무방하다. 사실 펀드와 펀드 운용사는 해당 업종에서 실제로 일하고 있지 않은 사람들에게는 그리 익숙하지 않다. 신문을 보면 펀드, 사모펀드, PEF, 공모펀드, 재간접펀드, 대체자산투자펀드, 부동산펀드, 자산운용사, 펀드운용사, 펀드 상품, 부동산간접투자상품 등의 다양한 표현을 쓰면서 펀드 업계의 소식을 전하지만, 정작 이 용어들이 정확히 무엇을 의미하는지, 펀드 투자구조의 공통된 특징은 무엇인지에 관해서 설명해 주는 경우는 드물다. 게다가 법률계에서는 실무계에서 사용하는 이 용어들 대신에 집합투자기구, 집합투자업자, 경영참여형 사모집합투자기구, 전문투자형 사모집합투자기구, 집합투자증권, 투자신탁, 투자합자회사와 같이 전혀 다른 명찰을 붙여 놓아서, 처음 접하는 사람들 입장에서는 혼란이 가중되고 있다. 펀드와 펀드 운용사의 개념 및 역할에 관한 자세한 설명은 별도로 나와 있는 관련 문헌들을 참고하기 바란다(김병연, 161-163면, 497-500면. 임재연(자), 315-317면, 1103-1116면).

(2) 외국 투자자 관점에서의 이해

1) 외상투자 창업투자기업(外商投资创业投资企业, 이하 "**외상투자 창투기업**")은 외국 투자자가 중국 내에 Fund를 설립할 수 있도록 해 주기 위하여 제정된 특별법(외상투자 창업투자기업 관리규정[外商投资创业投资企业管理规定])에 기하여 인정되는 외상투자기업이

다. 한국에서 "창업투자"라는 명칭을 보면 관련 법령으로 가장 먼저 「중소기업 창업지원법」이 떠오른다. 중국의 「외상투자 창업투자기업 관리규정」과 한국의 「중소기업 창업지원법」이 규율하는 방식을 비교해 보면, 서로 정확히 일치하지는 않지만(여러 면에서 전자가 상세한 내용을 담지 않고 있다) 일응 아래와 같이 이해해 볼 수 있다.

[1] 외상투자 창투기업은 자신이 투자하는 자산의 운용을 ① **창업투자 관리기업**(创业投资管理企业)이라는 외부의 제3자에게 아웃소싱을 하는 경우와 ② 아웃소싱 하지 않고 직접 운용하는 경우로 나누어 볼 수 있다.

[2] 전자에 해당하는 외상투자 창투기업은 한국의 중소기업 창업투자조합에 유사한 개념이다. 이때 외상투자 창투기업의 투자 자산을 운용해 주는 창업투자 관리기업은 한국 창업투자조합의 업무집행 조합원에 유사하다고 볼 수 있다. 단 한국 창업투자조합은 하나의 법적 형태만을 가지지만(그것이 권리능력 없는 사단인지, 민법상 조합인지에 관해서는 논의가 있다), 중국의 외상투자 창투기업은 아래 (3)에서 보듯이 다양한 법적 형태를 가질 수 있다. 아무튼 한국의 중소기업 창업투자조합과 중국의 외상투자 창투기업 모두 금융실무자들의 시각에서는 Fund로 이해할 수 있다

[3] 후자에 해당하는 중국 외상투자 창투기업은 "직접 투자하고 투자자산을 운용하는" 한국 중소기업 창업투자회사에 유사하다고 볼 수 있다.

2) 위 [2]의 경우에 관하여 보충설명을 한다. 한국 창업투자조합은 자신의 투자자산을 관리, 운용하도록 하기 위하여 업무집행 조합원(보통은 중소기업 창업투자회사가 담당한다)을 두어야 한다. 외상투자 창투기업은 반드시 그렇게 해야 하는 것은 아니지만, 자신의 투자자산을 관리, 운용해 주기 위하여 **창업투자 관리기업**(创业投资管理企业)을 둘 수 있다. 이때 한국의 업무집행 조합원과 중국의 창업투자 관리기업은 모두 **Fund를 운용하는 GP**(General Partner)로서의 역할을 수행한다(우리 자본시장법은 Fund를 "집합투자기구", GP를 "집합투자업자"라고 한다).

3) 요컨대, 외상투자 창업투자 관리규정은 외국 투자자가 중국 내에 Fund와 그 Fund를 운용하는 GP를 설립하는 것을 허용해 주고, 대신 외국의 벤처 캐피털리스트, 즉 창업투자(벤처 투자) 전문가로부터 신기술(high-tech) 방면의 스타트업 기업

을 발굴하고 키워 나가는 데 필요한 노하우를 전수받겠다는 의도를 가지고 제정된 것으로 이해된다. 그 결과 외상투자 창투기업(Fund) 못지않게 외국 투자자가 (단독으로 혹은 중국 투자자와 함께) 설립한 창업투자 관리기업(GP)에 대해서도 관련 법령이 상당한 주의를 기울이고 있음을 알 수 있다.

그러나 외상투자 창투기업은 그 설립 절차가 일반적인 외상투자기업보다 번거롭고, 무엇보다도 수행 가능한 영업범위에도 제약이 심하다. 또한 과거 중국 벤처 캐피털 시장은 아직은 성숙되어 있지 않아서 외국 투자자가 진출하는 것은 시기상조라는 견해가 지배적이었는데, 지금도 다양한 이유를 들어 이러한 관점을 유지하는 외국 투자자들이 적지 않다. 따라서 한국 투자자 입장에서 보면, 통상적인 제조업을 영위하는 외상투자기업에 비하여 일반화되지 않은 형태라고 볼 수 있다. 한편, 중국 투자자는 외국 투자자와는 다른 근거규정에 기하여 외상투자 창투기업과 같은 형식의 내자 창업투자기업(内资创业投资企业)을 설립할 수 있다. 아래에서 설명하는 외상투자 창투기업의 관련 내용은 내자 창투기업에도 마찬가지로 적용된다.

(3) 개 념

1) 외상투자 창투기업은 외국 투자자가 독자적으로 혹은 외국 투자자가 중국 투자자(중국 내 설립된 회사, 기업, 기타 경제조직)과 함께 창업투자 경영활동을 수행하기 위하여 설립한 외상투자기업이다. 여기에서 **"창업투자"란 아직 상장되지 않은 하이테크(high-tech) 기업에 100% 자기자금으로 지분투자를 하면서 당해 기업에게 창업관리 서비스를 제공하고, 장래 그 지분가치 상승에 따른 수익을 취하는 투자방식**을 지칭한다(신기술 방면의 스타트업 인큐베이팅이라 이해할 수 있다). **그 경영기간은 원칙적으로 12년을 상한선으로 하는데, 지역에 따라 달라질 수 있다.**

2) 외상투자 창투기업 설립을 고려하는 외국 투자자 입장에서 눈여겨볼 점은 과세 특례 조항이다. **외상투자 창투기업이 창업투자의 방식으로 투자하고 2년 이상이 경과된 경우에는 그 투자액의 70%까지 과세소득에서 공제받을 수 있다. 공제하고 남는 잔액이 있으면 그 후의 납세연도로 이월하여 공제받을 수 있다.**

⑷ 법적 형태

1) 외상투자 창투기업은 비법인 형태로 설립할 수도 있고, 회사(관련 법규정에서는 "公司"라 칭하고 있다) 형태로 설립할 수도 있다. 관련 규정에 명확히 설명되어 있지는 않으나, 그 규율의 구체적인 내용을 살펴보면, ① 비법인 형태는 중국 합화기업법상 유한합화기업 형태, ② 회사 형태는 중국 회사법상 유한책임공사(有限责任公司) 형태를 지칭하는 것으로 이해될 수 있다.

2) 회사 형태로 설립되는 외상투자 창투기업은 다음과 같이 다양한 형태를 가질 수 있다. 제2장에서 살펴본 바와 같이, ① 외상투자법이 시행되기 전인 2019. 12. 31.까지는 회사(유한책임공사) 형태의 외상투자 창투기업을 설립할 경우 (ⅰ) 한국 투자자만이 자본금 출자에 참여하면 외자기업, (ⅱ) 한국 투자자와 중국 투자자가 함께 출자하면 중외합자기업이나 (거의 사용되지 않지만) 중외합작기업의 형태로 설립할 수 있었다. ② 그 이후, 즉 2020. 1. 1. 이후에 회사 형태로 설립되는 외상투자 창투기업은 중국 회사법에 따른 일반적인 유한책임공사의 형태로 설립되어야 하고, 더 이상 외자기업, 중외합자기업, 중외합작기업의 형태로는 설립될 수 없다. ③ 2019. 12. 31.까지 설립된 외자기업, 중외합자기업, 중외합작기업 형태의 외상투자 창투기업은 2024. 12. 31.까지 그 형태를 중국 회사법상 일반적인 유한책임공사로 변경하여야 한다.

3) 요약하면, **현 시점에서 외상투자 창투기업은 중외합자기업, 외자기업, 중외합작기업, 일반적인 유한책임공사, 그리고 유한합화기업의 형태를 가질 수 있다. 각 형태의 특징에 관해서는 제2장의 해당 부분을 참고하기 바란다**.

⑸ 설립절차

1) 외상투자 창투기업의 설립절차는 중외합자기업, 외자기업의 설립절차와 기본적으로 유사하다. 즉 기본적으로 관할 시장감독관리부서에의 등기와 관할 상무부서에의 보고가 필요하다. 그 외에도 상무부서가 내부적으로 중국 과학기술부서의 의견을 청취하는 절차가 추가된다(다만 이 의견청취절차는 과거 상무부서가 설립에 관한 심사허가 권한을 가지던 시절에 입법화된 것이다. 단순히 보고만 받는 것으로 변경된 현시점에서 이

의견청취가 어떻게 이루어질지는 실무에서 확인해 볼 필요가 있다).

2) 시장감독관리부서에 설립등기(중국법상 명칭도 동일하게 "设立登记"이다) 후, ① (i) 실제납입 자본금이 인민폐 3,000만 위안 이상이거나, 혹은 (ii) 최초 납입자본금이 인민폐 1,000만 위안 이상이면서 모든 출자자들이 설립등기 후 5년 내에 인민폐 3,000만 위안 이상의 자본금을 납입할 것을 확약하고, ② 출자자가 200인을 초과하지 않고 각 출자자의 출자금이 인민폐 100만 위안 이상이면서, ③ 기타 법정 요건들까지 충족하면, **국가발전과 개혁위원회에 신고**(중국법상 명칭: 备案[비안]. 영어로는 Filing이라고 번역된다. 이는 어떠한 사실관계를 관공서에 알려 주는 행정행위라고 이해할 수 있다)를 할 수 있는데, 이렇게 신고**한 외상투자 창투기업은 납세의무에서 일정한 우대를 받게 된다**(http://jrj.beijing.gov.cn/bgxz/c67-a2952.html 참조. 북경시에 설립 등기된 창투기업이 발전과 개혁위원회에 신고하는 절차에 관해서 북경시 정부가 인터넷상에 올려 놓은 guideline 규정이다). 한편, 중국 안에서는 창투기업만이 기업 명칭에 "창업투자(创业投资)"라는 문구를 사용할 수 있다.

3) 외상투자 창투기업의 설립신청을 할 경우 **중국 정부에서 가장 주의 깊게 보는 것은 외국인 필수투자자의 자격과 경험이다**. 중국에 도움이 될 수 있는 정도의 전문적인 지식과 노하우를 가진 외국 펀드운용사들만이 들어와 주기를 바라는 것이다.

1 외상투자 창투기업의 투자자는 2명 이상 50명 이하인데, 그중 1명 이상은 무한책임을 부담하는 필수투자자이어야 하고, 필수투자자 중에 외국투자자가 최소 1명은 있어야 한다.

2 필수투자자는 아래와 같은 다양한 조건들을 구비하여야 한다.

① 주된 사업분야가 창업투자일 것("창업투자"의 개념은 위 (1) 설명 참조).

② 외국투자자인 필수투자자는 설립 신청 직전 3년간 AUM(Assets under Management. 운용관리 중인 투자자산)이 누적 계산하였을 때 미화 1억 불 이상이면서 그중 미화 5,000만 불 이상을 창업투자에 투입하였을 것(반면 중국 투자자인 필수투자자는 설립 신청 직전 3년간 AUM이 누적 계산하였을 때 인민폐 1억 위안 이상이면서 그중 인민폐 5,000만 위안 이상을 창업투자에 투입하였을 것으로 자격 요건이 대폭 완

화되어 있다).

③ 3년 이상 창업투자 업무에 종사한 경험을 가진 전문인력이 3명 이상일 것. (위 ①항 내지 ③항의 요건들은 계열사들이 일부씩 나누어 구비하여도 무방하다)

④ 본국에서 영업정지 혹은 사기 등을 이유로 형사처벌을 받은 전력이 없을 것.

⑤ **필수투자자의 출자액이 비법인 형태의 외상투자 창투기업에서는 총출자액의 1%이상, 회사 형태의 외상투자 창투기업에서는 30% 이상일 것.**

⑥ 설립신청서도 필수투자자 명의로 작성하여야 하고, 그 첨부 서류들의 진실성과 합법성도 필수투자자가 보증하여야 하며, 기타 준비해야 할 서류들도 사실상 필수투자자가 작성해야 한다(필수투자자의 향후 투자계획 설명, 필수투자자가 지난 3년간 운용한 자산에 대한 설명. 소속 운용담당 전문직원의 이력서 등을 중문으로 준비해야 한다).

⑦ **필수투자자는 외상투자 창투기업의 존속 중에는 원칙적으로 자신의 지분을 양도하거나 퇴사하는 등의 방식으로 해당 투자에서 완전히 손을 뗄**(exit할) **수는 없다.**

⑹ 사원의 책임

1) 개 관

관련 규정에서는 ① 비법인 형태의 외상투자 창투기업의 경우 필수투자자(必备投资者)는 기업채무에 대해 보충적으로 연대책임을 부담하는 반면, ② 기타투자자(其他投资者)는 자신의 출자의무를 한도로 하여 책임을 부담한다고 규정하고 있다. 또한 ③ 회사 형태의 외상투자 창투기업의 모든 투자자는 자신의 출자의무를 한도로 하여 책임을 부담한다고 규정하고 있다(외상투자 창업투자기업 관리규정 제4조). 규정의 문구가 간단하고 표현이 모호하여, 그 명확한 법적 의미를 문구만 가지고 직접 도출하기는 어렵다. 하지만 외상투자 창투기업이 중국에 도입된 취지를 고려하여 한국법의 시각에서 풀어 보면, 일응 아래와 같이 이해해 볼 수 있을 것이다. **아래 설명은 합화기업의 합화인 그리고 유한책임공사의 사원의 책임을 한국법의 관점에서 이해하는 데에도 도움이 되므로, 잘 이해해 두기 바란다.**

2) 비법인 형태에서의 필수투자자의 책임

비법인 형태의 외상투자 창투기업을 중국법상 유한합화기업으로 이해한다면, 필수투자자는 유한합화기업의 무한책임 파트너(미국의 General Partner[GP])를, 기타 투자자는 유한책임 파트너(미국의 Limited Partner[LP])를 지칭하는 것으로 이해할 수 있다(다만 그 주된 영업이 창업투자[Venture Capital]임을 고려하여, 관련 규정에서는 필수투자자의 자격 요건을 일반적인 유한합화기업의 무한책임 파트너보다 더욱 엄격하게 규정하고 있다[외상투자 창업투자기업 관리규정 제7조]). 따라서 **필수투자자가 부담하는 연대책임은** 일응 미국 Limited Partnership에서의 무한책임 파트너(GP)나, 더 가깝게는 **한국법상** 합명회사의 사원 그리고 **합자회사의 무한책임사원이 회사 채권자에 대하여 부담하는 책임과 동일 선상에 놓고 이해할 수 있을 것이다.** 요컨대 비법인 형태의 외상투자 창투기업에서 필수 투자자가 기업의 채무에 대하여 부담하는 책임의 의미는 아래와 같다고 본다(송옥렬, 1300면의 합명회사 사원의 책임 부분 함께 참조).

1. 외상투자 창투기업의 채권자는 필수투자자에게 직접 채무의 이행을 청구할 수 있다. 따라서 필수투자자를 피고로 삼아 직접 소를 제기하는 것도 가능하다(**직접책임**)
2. 필수투자자가 연대책임을 지지만, 그 연대의 상대방은 외상투자 창투기업이 아니라 다른 필수투자자들이다. 즉 주채무자인 외상투자 창투기업과 연대하여 책임을 부담하는 연대보증이 아니라, 다른 필수투자자들과 연대하여 책임을 부담하는 보증연대의 성격을 가진다(**보증연대 성격의 책임**. 연대보증과 보증연대의 구분에 관해서는 지원림(원), 1069-1072면 참조)
3. 필수투자자는 자신의 개인 재산 전부를 가지고 외상투자 창투기업의 채무에 대하여 책임을 부담한다(**무한책임**)
4. 필수투자자는 외상투자 창투기업의 재산으로 모든 채무를 변제할 수 없을 때에만 책임을 부담한다. 따라서 ① 필수투자자는 외상투자 창투기업이 채권자에 대하여 주장할 수 있는 모든 항변사유를 원용할 수 있고(민법상 단순 보증인에게 인정되는 **부종성**), ② 외상투자 창투기업의 채권자는 기업 재산이 채무의 변제에 부족하거나 기업재산에 대한 강제집행이 주효하지 않을 경우에만 보충적

으로 필수투자자에게 채무이행을 청구할 수 있다(민법상 단순 보증인에게 인정되는 **보충성**).

3) 비법인 형태에서의 기타 투자자 및 회사 형태에서의 모든 투자자의 책임

비법인 형태의 외상투자 창투기업의 기타 투자자와 회사 형태의 외상투자 창투기업의 모든 투자자는 기업채무에 대해 자신의 출자의무를 한도로 하여 유한책임을 부담한다. 이 의무의 성질은 **우리 합자회사의 유한책임사원이 부담하는 책임과 동일선상에 놓고 이해할 수 있을 것이다**(송옥렬, 1306면 참조). 이에 관해서는 앞서 "유한책임공사의 특징" 부분에서 설명하였다. 특히, 기타 투자자가 아직 실제로 납입하지 않은 자본금 부분이 있을 경우(중국 회사는 우리와 달리 물적 회사도 자본금의 분할 납입이 가능하다는 큰 특징이 있다. 우리는 무한책임을 부담하는 출자자가 있는 인적 회사 즉 합명회사와 합자회사에게만 이러한 특혜가 주어진다), 그 부분에 대해서는 외상투자 창투기업의 채권자에게 직접 변제할 책임을 부담함에 유의할 필요가 있다(**직접책임**). 그 밖에 위 2)에서 본 **보증연대 성격의 책임, 부종성, 보충성**도 모두 인정된다고 본다(장덕조(회), 615면도 함께 참조).

실무 Tip **외상투자기업 출자자의 기업채권자에 대한 책임**

이를 도표로 정리하면 아래와 같다. 구체적인 내용은 각 기업별로 관련 부분에서 상술한다. 한 가지 기억해 둘 점은 **우리와 달리 중국에서는 물적 회사인 유한책임공사의 사원과 고분유한공사의 주주도 일정한 경우 회사 채권자에 대하여 자본금 미납분을 한도로 직접 배상책임을 부담한다**(즉 간접책임이 아니라 직접책임을 부담한다)는 것이다(이에 관해서는 제4장 제2절 제3관 Ⅲ. 6. 출자의무 불이행의 효과에 관한 설명 참조).

	• 외상투자창투기업(비법인형태)의 출자자 중 "필수투자자" • 보통합화기업의 보통합화인(특수한 보통합화기업 포함[단 특칙 있음])	• 외상투자창투기업(비법인형태)의 출자자 중 "기타투자자" • 외상투자창투기업(회사형태)의 모든 출자자 • 보통합화기업의 유한합화인

		• 유한합화기업의 모든 합화인 • 유한책임공사의 사원 • 고분유한공사의 주주
직접책임	○	○
간접책임		
무한책임	○	
유한책임		○
보증연대의 성격	○	○
부종성	○	○
보충성	○	○
비고	우리 합자회사의 무한책임사원과 동일	우리 합자회사의 유한책임사원과 동일

(7) **내부조직**

관련 규정에서는 외상투자 창투기업의 내부 조직에 관하여 중외합자기업, 외자기업, 중외합작기업, 유한합화기업과는 다른 특칙을 아래와 같이 두고 있다.

1 최고의사결정기관 겸 대표기관으로서, ① 비법인 형태의 외상투자 창투기업은 **연합관리위원회**(联合管理委员会)를 두고, ② 회사 형태의 외상투자 창투기업은 **이사회**(중국법 용어: **동사회**[董事会])를 둔다.

2 위 최고의사결정기관 겸 대표기관은 첫번째 옵션으로서 실제 일상 경영관리 업무를 맡기기 위하여 내부적으로 **경영관리기구**(经营管理机构)를 두고 그 책임자(보통 **총경리**[总经理] 즉 CEO)도 선임할 수 있다. 이 책임자는 전과기록이 없는 등의 자격 요건을 구비해야 한다. 경영관리기구는 정기적으로 위 최고의사결정기관 겸 대표기관에게 중요한 투자 활동(자산운용 활동), 실적 및 재무상황 등을 보고하여야 한다.

3 위 최고의사결정기관 겸 대표기관은 두번째 옵션으로서 내부 경영관리기구 대신에 일상 경영권을 **창업투자 관리기업에게 위임**할 수 있다. 이 경우 외상

투자 창투기업과 창업투자 관리기업은 자산관리계약(Asset Management Agreement)을 체결하여야 하고, 그 계약은 투자자 만장일치의 동의를 받아야 한다.

(8) 창업투자 관리기업

창업투자 관리기업은 내자기업일 수도 있고 외상투자기업일 수도 있다. 외상투자기업일 경우 유한합화기업, 유한책임공사의 형태 모두 가질 수 있다. 창업투자 관리기업이 되기 위해서는 3년 이상 창업투자 업무 경험을 가진 전문인력이 3명 이상 있어야 하고, 등록 자본금이 인민폐 100만 위안 이상이어야 하는 등의 조건을 갖추어야 한다. 외상투자기업 중에서는 창업투자 관리기업만이 기업명칭에 "창업투자관리"라는 명칭을 넣을 수 있다.

(9) 영업범위

1) 허용된 영업범위

외상투자 창투기업에게 허용되는 영업범위는 아래와 같이 상당히 제한적이다.

1 **100% 자기자금에 의한 지분투자**(**그 방식은 기업설립, 기존 기업에의 증자, 기존 기업의 지분매수**, 기타 관련 법규가 허용하는 방식을 포함). 즉 오로지 자기자본 투자(Principal Investment [PI])만 허용된다.

2 **창업투자 컨설팅 제공**

3 **지분 투자한 기업에 대한 경영관리 컨설팅 제공**

4 **관할 심사허가기관이 허가한 기타 업무**

2) 금지된 영업범위

한국 투자자 입장에서는 외상투자 창투기업이 할 수 없다고 명문으로 금지되어 있는 영업범위에 더 주의를 기울여야 한다. 뒤에서 보겠지만, **이 금지는 대부분 다른 형태의 외상투자 펀드에게도 적용된다**.

1 외상투자산업 지도목록상(지금은 관련 입법이 개정되어, 외상투자산업 지도목록은 각종

negative list로 바뀐 상태이다. 제1장의 설명 부분 참조) 외상투자가 금지된 업종에 대해 투자하는 것. 따라서 **외국 투자자가 외상투자 창투기업을 집합투자기구로 삼아 외국인 투자가 금지된 업종에 지분·주식 투자를 할 수는 없다. 그 결과 외국 투자자 입장에서는 중국 밖, 예컨대 홍콩이나 케이맨에 설립한 펀드나 여러 제약 조건들을 무릅쓰고 중국 내에 설립한 외상투자 창투기업이나 모두 중국 내 투자대상에 있어서 동일한 제약을 받는다는 결론에 도달한다. 현재 외국 투자자들이 중국 내 기업에 투자하는 펀드를 설립할 때에 차라리 중국 밖에 펀드를 설립하겠다고 생각하는 이유 중 하나이다.**

2 직·간접적으로 상장거래 중인 주식이나 회사채에 투자하는 것(단 지분 투자한 기업이 그 후 상장된 경우 그 기업의 주식을 계속 보유하는 것은 허용된다). 즉 **처음부터 거래소에 상장된 유가증권에 투자할 수는 없다.**

3 **스스로 사용하지 않는 부동산에 직·간접적으로 투자하는 것.** 따라서 외국 투자자가 외상투자 창투기업을 집합투자기구로 삼아서 **중국 내 부동산 개발사업을 하는 시행사에 지분투자나 대출을 할 수 없다.** 2000년 이후 2015년까지 중국 부동산 가격은 지속적인 거품 논란에 휩싸일 만큼 빠른 속도로 상승하였지만, 정작 한국 금융기관이나 기관 투자자들이 그 상승 차익을 공유하지 못한 데에는 이러한 법률적인 제약도 크게 작용하였다.

4 **은행 차입금을 이용하거나, 기타 자신의 자금이 아닌 타인의 자금을 유용하여 투자하는 것**이 금지된다. 요컨대 투자자금의 조달을 위한 레버지리(Leverage)가 전면적으로 금지된다.

예컨대, 투자자 갑이 자신의 원금 100만 원을 특정한 회사 주식에 투자하여 50만 원의 추가수익을 거두었다고 하자. 만일 원금 100만 원이 모두 갑의 자기 자금이었다면 수익률은 50%가 된다(수익금 50만 원/자기자금 100만 원×100=50%). 그런데 갑이 자기자금 50만 원에 은행으로부터 50만 원을 차입하여 합계 100만 원을 투자한 것이라고 가정해 보자. 그러면 갑은 투자 후 수익 총액 150만 원에서 50만 원 차입금을 은행에 갚고 자기 손에 100만 원을 쥐게 되어, 결국 자기 돈만 놓고 보면 50만 원이 100만 원이 된 셈이 된다. 따라서 수익률은

100%로 상승한다(수익금 50만 원/자기자금 50만 원×100=100%). 요컨대 투자 원금 대비 얻을 수 있는 수익금이 동일하다면 그 투자 원금에 차입금을 섞음으로써 수익률을 끌어올릴 수가 있는데, 이를 레버리지 효과라 한다.

그런데 **외상투자 창투기업은 투자할 때 이러한 레버지리를 이용함으로써 자기 자금만으로 투자할 때보다 높은 투자 수익을 노리는 게 불가능하다.**

5 **타인에 대한 대출이나 담보의 제공이 금지된다(단 지분 투자한 기업이 발행한 1년 이상의 회사채나 전환사채에 투자하는 것은 허용된다).** 부동산 시행사에 대해서뿐 아니라, 기본적으로 제3자에 대한 (담보부) 대출이 원칙적으로 금지된다. 따라서, **특정한 회사에 대하여 은행 기타 금융기관들이 하듯이 선순위 대출(Senior Loan), 중순위 대출(Mezzanine Loan)이나 후순위 대출(Junior Loan)을 함으로써 고정 수익(Fixed Income. 여기에서는 이자[Interest])을 확보할 수는 없고, 언제나 투자 원리금 회수 순서에서 가장 마지막에 놓이는 지분·주식 투자(Equity Investment)만 할 수 있다.**

6 기타 관련 법규에서 금지하는 사항들이 있고, 외상투자 창투기업 설립 시 체결되는 출자자 간 계약서에서 약정을 통해 추가로 금지되는 영업 항목들을 정할 수 있다.

⑽ 지역별 세부규정의 복잡성

1) 중국 일부 지역에서는 창업투자기업(외상투자 창투기업은 물론 내자 창투기업을 포함한다)을 유치하기 위하여 각종 우대정책을 시행하고 있다. 마치 미국의 각 주에서 Corporation이나 Partnership 등의 기업을 유치하기 위하여 상호 경쟁하는 것과 비슷하다. 중국의 지방정부들은 외국 투자자들을 자기 지역으로 유치하기 위한 노력의 일환으로 자기 지역 안에서만 적용되는 여러 규정들을 제정, 시행하고 있는데, 너무 복잡하고 수시로 변하기 때문에 투자자(외국 투자자는 물론 중국 투자자) 입장에서 이를 어느 한 시점에서 정확하게 일람하기란 여간 어려운 게 아니다. 더욱이 이 모든 법규가 중문으로 되어 있고, 그 문구 중에는 외국 법률가의 기준으로 볼 때 지나치게 모호하거나 선언적인 내용도 섞여 있다는 사정까지 고려하면, 이러한 법규의 복잡성과 가변성 역시 외국 투자자 입장에선 중국에 투자할 때 상당히 큰 장애물

이라 할 수 있다.

2) 지역별 우대정책들을 살펴보면, 주로 정책자금 펀드의 지원과 보조금 지원의 측면에서 이루어지고 있다. 간혹 과세 측면에서 우대를 주는 지방도 눈에 띄나, 중앙정부 단위의 과세규정과 충돌하는 경우 법적으로는 무효이므로 주의를 요한다. 북경직할시, 상해직할시, 천진직할시, 소주시, 장사시 등 많은 지역에서 지역 단위 우대규정들을 두고 있는데, 세부 내용에 차이가 많아서 서로 장단점을 비교하는 작업조차 쉽지 않은 지경이다. 비록 사정은 이렇게 녹녹하지 않지만, **한국 투자자가 실제 중국 내에 외상투자 창업투자기업의 설립을 고려할 경우, 그 시점에서 중국 내 여러 지역(최소한 후보지로 고려하는 몇 곳)의 우대 규정을 비교, 검토하는 작업을 현지 법률사무소를 통해 진행해 볼 필요는 있다.**

⑾ 소결–Fund로의 활용가능성

위에서 설명한 허용되는, 그리고 허용되지 않는 영업범위를 음미해 보면, 결국 **외상투자 창투기업은 장래 성공이 불확실하지만 성공하면 큰 수익이 기대되는 고위험·고수익 사업(창업 초기 단계에 있는 신기술을 개발 중인 비상장회사)에 투자하되, 오로지 투자금 회수 순위에서 가장 마지막에 놓이는 (즉 대출 투자자들이 투자 원리금을 다 가져가고 남는 돈에 대해서만 권리를 행사할 수 있는 방식의) 투자만 허용해 주고 있는 셈이다**. 물론 특정한 기업에 지분·주식 투자를 한 후 경영 컨설팅을 해 주고 그 대가로 컨설팅 수수료(관리 수수료[management fee] 및 성공보수 수수료[carried interest])를 받아 갈 수 있으므로, 이 한도 내에서는 다른 투자자들보다 우선하여 고정수익(fixed income)을 확보해 간다고 말할 수도 있다. 하지만, 이것만으로 적절하게 상당한 수준의 위험회피(risk hedge)가 이루어진다고 보기는 어려울 것이다. 또한 지역 단위로 있는 우대규정들 역시 이러한 단점을 해소해 주지는 못한다. 이러한 사정 때문에, **한국의 금융회사가 중국에 외상투자 창투기업을 설립한 사례는 손에 꼽을 정도로 적다**(언론 보도에 따르면, 한국투자증권, KTB증권, 한국산업은행 정도에 불과하다).

3. 외상투자합화기업(外商投资合伙企业)

(1)개관: 연혁과 외국 투자자 입장에서 가지는 의의

1) 중국은 기업규율에 관하여 미국의 법제를 참조하여, 기업 관련 법률로 ① 미국의 Partnership Act에 대응하는 합화기업법(合伙企业法)과 ② 미국의 Corporation Act에 대응하는 회사법(公司法[공사법])을 별개로 제정하였다. 1997. 8. 1.부터 시행되었던 최초의 합화기업법은 단순히 "합화기업"이라는 명칭하에 미국의 General Partnership을 도입하고 있었다. 이후 2007. 6. 1.부터 시행되어 지금도 유지되고 있는 개정 합화기업법은 추가로 미국의 Limited Partnership과 Limited Liability Partnership을 도입하였다. 이에 현재 중국 합화기업법은 ① General Partnership에 대응하는 **보통합화기업**(普通合伙企业), ② Limited Partnership에 대응하는 **유한합화기업**(有限合伙企业), ③ Limited Liability Partnership에 대응하는 **특수한 보통합화기업**(特殊的普通合伙企业)을 인정하고 있다. 미국에서는 이 3가지 외에도 Limited Liability Limited Partnership이라는 특수한 형태의 Limited Partnership이 인정되고 있으나, 중국 합화기업법은 이를 도입하지 않았다(보다 자세한 설명은 앞의 제2장 제1절 참조).

2) 그런데 1997. 8. 1.부터 시행되던 합화기업법은 오로지 중국 내국인이 출자자(Partner. 중국법상 명칭: 合伙人[합화인])로 참여하는 경우만을 예정하고 있어서, 외국 투자자는 합화기업을 설립할 수 없었다. 외국 투자자가 중국 내에 합화기업을 설립하는 것은 2010. 3. 1.부터 시행된 중국 중앙정부 소속 국무원이 공포한 "외국기업이나 개인의 중국 경내 합화기업 설립 관리방법(外国企业或者个人在中国境内设立合伙企业管理办法, 이하 "외상투자합화기업 관리방법")"에 의하여 비로소 인정되었다. 그런데 **미국은 물론 국제 금융시장에서 Limited Partnership은 사모펀드**(Private Equity Fund. 법적인 정의는 아니나, 여기에서는 일응 "상당한 자력과 투자 관련 전문 지식을 갖춘 소수의 투자자들만으로 구성된 Fund 라는 정도로만 이해해 두자)**의 법적 형태로 널리 사용되기 때문에, 2010년 당시 외국 투자자들 특히 서구의 대형 사모펀드 운용사들**(Carlyle, Blackstone, TPG Capital, KKR 등) **사이에서는, 이제는 중국에서도 외국 투자자가** (Limited Partnership의 실체를 가지는) **유한합화기업의 형태로 중국 내에 Fund를 설립하여 중국 내 다른 회**

사에 자유롭게 투자할 수 있게 되는 것은 아닌지 큰 기대가 모아졌다.

그런데 중국 정부는 이 문제에 관하여 외상투자합화기업 관리방법 제14조에 다음과 같이 중국 특유의 모호한 문구를 집어 넣었다. "国家对外国企业或者个人在中国境内设立以投资为主要业务的合伙企业另有规定的、依照其规定。" 번역하면, "외국기업이나 개인이 중국 경내("경내"는 홍콩, 마카오, 대만 지역을 제외한다는 의미이다)에 **투자를 주요업무로 하는** 합화기업을 설립하는 것에 관하여 국가가 **별도의 규정을 두는 경우, 그 규정에 따른다.**"는 뜻이다. 중국에서 "투자"는 우리가 흔히 이해하는 투자(Investment)보다 좁게 "Equity Investment"의 의미로 사용되는 경우가 더 일반적이다. 즉 중국 경내에서의 투자 특히 중국 경내에 있는 다른 회사의 지분이나 주식을 대가를 주고 취득하는 것(따라서 주식이라면 구주의 매수나 신주의 인수)이라는 의미로 사용되는데, 이 규정에서도 그러한 의미를 가진 것으로 이해할 수 있다. "국가가 별도의 규정을 둔 경우 그에 따른다"는 문구를 놓고 당시 중국 내 일부 지방정부에서는 "이는 별도의 규정이 없어도 할 수 있다"는 의미라고 해석하면서 외국 투자자들이 자신의 관할 지역에 Fund로서 활동하는 유한합화기업을 설립할 수 있도록 해주고 심지어 적극적으로 그러한 투자유치 활동을 벌이기도 하였다. 그러나 이러한 시도는 곧 중앙정부의 규제를 받기 시작하였고, 2010년 말부터 중앙정부와의 교감하에 상해직할시, 북경직할시 등 대도시를 중심으로 자체적으로 시범규정을 제정하도록 한 후 그 시범규정에 근거하여 Fund(유한합화기업의 형태)와 그 Fund를 운용하는 운용사(유한책임공사 혹은 유한합화기업의 형태)의 설립을 허용하기에 이르렀는데, 지금도 그런 상태가 유지되고 있다.

3) 그 결과, **외국 투자자가 중국 내에 유한합화기업의 형태로 Fund를 설립하고 그 Fund를 운용하는 유한책임공사 혹은 유한합화기업 형태의 Fund 운용사까지 설립하고자 할 경우 중국 각 지역의 시범규정들을 모아서 비교 검토하여야 하고, 나아가 그 시범규정들이 중앙 정부 단위의 법령에 저촉되지는 않는지도 함께 확인하여야 한다. 실제로 이 작업을 하는 데에는 많은 시간과 노력이 소요되는데, 막상 그렇게 분석을 하고 나면 여전히 사업성(Feasibility) 내지 수익성(Profitability)이 부족하다는 결론이 나오는 경우가 태반이다.** 이로 인하여 한국의 금융기관이나 사모펀드 운

용사들 중에서 중국 내에 Fund나 그 Fund를 운용하는 운용사를 설립한 사례는 많지 않다.

(2) **특 징**

1) 외상투자합화기업 관리방법에 기하여 외국 투자자도 중국 내에 합화기업을 설립할 수 있게 되었는데, 관련 규정에서는 이를 중국 투자자만으로 설립되는 합화기업(이하 편의상 "**내자 합화기업**(内资合伙企业)"이라 한다)과 구분하여 "**외상투자 합화기업**(外商投资合伙企业)"이라 한다. 외상투자 합화기업도 내자 합화기업과 기본적인 규율에서는 차이가 없다. 참고로, 중국 합화기업법의 규정 내용을 살펴보면, 미국 Revised Uniform Partnership Act(미국 각 주에서 Partnership Act를 제정할 때 모범으로 삼는 모델법이다)의 주요 규정을 가져온 것으로 볼 수 있다. 따라서 합화기업법의 개별 규정의 의미를 해석할 때 필요하면 Revised Uniform Partnership Act에 관한 미국의 논의를 참고하는 것이 여러모로 도움이 된다. 다만, 국내에는 아직까지 Revised Uniform Partnership Act에 관하여 참고할 만한 자료가 충분하지 못하므로, 여기에서는 차선책으로 **보통합화기업은 한국의 합명회사와, 유한합화기업은 합자회사와 비교**하면서 그 특징을 파악하는 방식을 취한다. 중국의 **보통합화기업과 유한합화기업이 비록 법인세는 납부하지 않지만, 권리능력을 가진다는 점에서 그리고 구성원의 책임부담방식이라는 측면에서 서로 유사한 면이 있기** 때문이다.

2) 먼저 합화기업의 주요 특징을 도표로 소개하면 아래와 같다. **외국 투자자 입장에서는 중국 내 Fund나 Fund 운용사를 설립할 때 고려되는 유한합화기업의 특징에 보다 관심을 기울일 필요가 있다.**

구분	보통합화기업	유한합화기업
영미법계	General Partnership	Limited Partnership
한국법	합명회사	합자회사
투자자 구성	2인 이상의 보통합화인 (General Partner)	• 2인 이상 50인 이하 • 2최소 1인은 보통합화인(General Partner),

		나머지는 유한합화인(Limited Partner)
법인격 존부	중국법상 비법인이나 한국법상으로는 법인(중국법상 법인 개념의 특수성 때문에, 법인은 아니지만 권리능력 및 소송에서의 당사자능력은 있음. 제2장의 관련설명 참조)	좌동
외국투자자 지분비율	0 ~ 100%까지 가능	좌동
책임부담방식	보통 합화인(General Partner)으로서 합화기업의 채무에 대하여 직접, 무한책임 부담	• 보통 합화인(General Partner): 합화기업의 채무에 대하여 직접, 무한책임. • 유한 합화인(Limited Partner): 합화기업의 채무에 대하여 출자의무를 한도로 직접, 유한 책임 부담
설립시 인허가절차	• 시장감독관리부서에 등기하는 것으로 족함. • 외상투자 합화기업 설립등기시 시장감독관리부서가 상무부서에 등기정보를(즉외상투자 합화기업임을) 통보. • 단 현실에서 찾기 어려움(외국 투자자가 굳이 무한책임을 지는 보통 합화기업을 설립할 유인 거의 없음	• 시장감독관리부서에 등기하는 것으로 족함. • 외상투자 합화기업 설립등기시 시장감독관리부서가 상무부서에 등기정보를(외상투자 합화기업임을) 통보 • 외상투자 합화기업의 형태로 Fund나 GP로 설립할 경우 각 지역별 특칙 있음(뒤의 설립절차 부분 참조)
최저자본금 요건	없음	없음
투자금 회수방식	• 이익배당 • 지분양도 • 잔여재산분배 • 출자환급 • 투자한 기업의 IPO	좌동
이익배당	• 합화계약상 약정에 따라 배당 • 약정이 없을 경우 협상하여 정하고 합의를 이루지 못할 경우에는 합화 지분비율에 따라 배당 • 합화지분비율을 확정할 수 없을 경우에는 균등 배당	좌동
지분양도요건	• 다른 합화인에게 양도할 경우 기타 합화인에게의 통지로 족함 • 다른 합화인 이외의 제3자에게 양도할 경우 다른 합화인 전원의 동의 필요(단 별도 약정 가능) • 다른 합화인의 우선매수권, 합화계약 수정, 변경등기, 영업집조 교환발급 필요	좌동

청산시 잔여재산분배	• 합화계약상 약정에 따라 배당 • 약정이 없을 경우 협상하여 정하고 합의를 이루지 못할 경우에는 합화지분비율에 따라 배당 • 합화지분비율을 확정할 수 없을 경우에는 균등 배당	좌동
의결권 행사방식	합화계약에서 자유롭게 약정할 수 있음	좌동

※ **특수한 보통합화기업은 보통합화인의 책임을 제한해 주는 특칙이 있는 보통합화기업**(미국의 Limited Liability Partnership).

3) 위 도표의 내용과 관련하여 중요한 사항 몇 가지를 부연하면 아래와 같다.

1 기존의 외상투자기업도 외상투자합화기업의 합화인(Partner)으로서 출자할 수 있고, 중국 투자자의 경우 중국인 개인도 원칙적으로 합화인으로서 출자할 수 있다.

2 **각 지역 단위의 시장감독관리부서에 등기하는 것으로 족하며, 관할 상무부서에 보고할 필요가 없다. 대신 등기를 경료해 주는 시장감독관리부서가 관할 상무부서에 등기정보를 통보하도록 되어 있다(이를 통해 시장감독관리부서가 상무부서에 해당 합화기업이 외상투자기업임을 통보하는 셈이다).** 다만, 당해 외상투자합화기업이 수행하고자 하는 사업 자체가 특정한 관할 정부기관의 허가를 요하는 경우, 그 허가는 얻어야 한다.

3 의결권 분배, 이익배당 및 손실분담은 **합화계약(Partnership Agreement)에서** 자유롭게 정한 바에 따라 이루어진다. 따라서 유한책임공사나 고분유한공사에 비하여 **의결권 분배, 이익배당 및 손실분담의 방식을 자유롭게 정할 수 있다**는 장점이 있다.

4 **합화지분 양도**를 할 때에 **합화지분양도계약 체결** 외에, 추가적인 요건들이 여러 가지 있는데, 실무에서는 이를 누락하지 않도록 유의하여야 한다(**다른 합화인에게의 통보나 동의, 다른 합화인의 우선매수권 행사절차의 준수, 합화계약의 수정, 합화인변경 등기 및 영업집조의 교환발급.** 유한책임공사에서 요구되는 출자증명서의 교환발급은 필요 없다. 구체적인 내용은 제4장에서 다시 살펴본다)

5 **미국의 Partnership과 마찬가지로 합화인 개개인 차원에서의 소득세(합화인이 유한책임공사나 고분유한공사이면 기업소득세, 자연인이면 배당세) 부과만 이루어지고, 합화기업 자체는 기업소득세(우리의 법인세)를 부담하지 않는다.**

⑶ 보통합화기업

1) 합화기업은 크게 보통합화기업과 유한합화기업으로 나뉜다. 보통합화기업(普通合伙企业)은 2인 이상의 보통합화인으로 구성되는 기업이다. **보통합화인**(普通合伙人)은 기업 채무에 대하여 연대·무한책임을 진다(합화기업법 제2조). 그 **책임의 성질은 우리 합명회사의 무한책임사원(그리고 위에서 살펴본 중국 외상투자 창투기업의 필수투자자)과 같다**. 즉 보통합화기업의 채권자에 대한 책임재산은 1차적으로 보통합화기업 명의로 되어 있는 재산이기 때문에, **보통합화인은 보통합화기업의 채무에 대하여 ① 2차적·보충적으로 책임을 지되 ② 합화인들이 연대하여 ③ 채권자에 대하여 직접 ④ 자신의 개인재산으로 무한책임을 부담한다**.

2) 또한 보통합화기업의 합화인들은 모두 무한책임을 지기 때문에 기업 경영을 제3자에게 맡기기보다는 각자가 직접 경영하는 것(즉 대내적 업무집행권과 대외적 대표권을 보유하는 것)을 원칙으로 삼고, 내부관계(보통합화기업과 합화인 간, 그리고 합화인들 상호 간 관계)에 관해서도 합화인들 전원의 동의하에 체결되는 서면계약(중국법상 명칭: **합화계약**[合伙协议]. 우리 민법상 조합계약이라기보다는 상법상 합명회사의 정관에 대응한다고 이해하는 게 적절하다. 합화기업이 우리 법의 시각에서 보면 권리능력을 가진 법인이기 때문이다)으로 처리하는 것을 원칙으로 한다.

⑷ 유한합화기업

1) **유한합화기업**(有限合伙企业)은 보통합화인과 유한합화인으로 구성되는 기업이다. 보통합화인의 책임은 위에서 본 바와 동일하다. **유한합화인**(有限合伙人)**은 자신이 인수한, 즉 출자하기로 약속한 출자액을 한도로 기업채무에 대하여 책임을 부담한다. 그 책임의 성질은 우리 합자회사의 유한책임사원(그리고 중국 유한책임공사의 사원 및 중국 외상투자 창투기업의 기타 투자자)과 같다(구체적인 내용은 앞서 "유한책임공사의 특징"**

부분에서 설명하였다).

2) 보통합화기업에서 본 바와 같은 이유로 유한합화기업에서는 보통합화인이 기업을 경영하고(대내적 업무집행권과 대외적 대표권을 보유하고), 내부관계 역시 보통합화기업에서와 마찬가지로 합화계약을 통해 규율된다(송옥렬, 1303면에서는 "합자회사의 조직과 운영은 무한책임사원을 중심으로 이루어지고 투자자로서의 유한책임사원에 대한 고려는 거의 이루어지지 않기 때문에, 합자회사는 합명회사의 약간 변형된 형태라고 보면 정확하다. 따라서 [합자회사의] 법률관계가 합명회사와 거의 유사하고,.."라고 설명하고 있는데, 이 문구에서 합자회사를 유한합화기업으로, 합명회사를 보통합화기업으로, 무한책임사원을 보통합화인으로, 유한책임사원을 유한합화인으로 바꾸어 읽으면 유한합화기업에 대한 적절한 설명이 된다).

(5) 법적 성질

1) **합화기업은 법인세를 납부하지 않는다. 즉 합화기업의 소득에 관해서는 합화기업 단위에서는 과세되지 않고 그 출자자인 합화인들이 배당받을 때에 각 합화인을 대상으로 개인소득세 내지 기업소득세(우리의 법인세)를 따지게 된다.**

2) 그리고 **한국법의 시각에서는 쉽게 받아들이기 어렵지만, 중국법하에서는 "법인이 아니지만 권리능력은 있는 기업조직"이 존재하는데 그 대표적인 기업 유형이 합화기업이다** (앞의 제2장 제1절 1. 참조). 따라서 **중국의 합화기업을 한국법상 시각으로 바라보면 "민법과 회사법상으로는 법인이나 법인세법상으로는 법인이 아닌 사단조직" 내지는 "법인세 납부의무는 없지만 권리능력과 소송**에서의 **당사자능력을 가지고 있는 특수한 법인"이라고 이해할 수 있을 것이다.**

(6) 사모펀드에 관한 지역별 세부규정의 복잡성

중국 중앙정부 국무원이 2009년 규정을 공포하여("关于进一步促进中小企业发展的若干意见[중소기업 발전을 더욱 촉진하는 데 관한 약간의 의견]") 중국 내에 사모펀드를 적극적으로 육성하겠다는 의지를 피력하였음에도, 아직까지는 우리의 자본시장법과 같이 사모펀드(사모집합투자기구)에 관하여 통일적으로 규율하는 전국 단위의 법령은 제정되지 않고 있다. 다만 북경직할시, 상해직할시, 천진직할시, 중경직할시, 심천시,

소주시, 장사시 등 여러 지역의 지방정부에서 각자 시범규정을 제정하여 사모펀드 설립을 유치하기 위하여 노력하고 있다. **이들 지방규정들을 모두 비교, 검토하는 데에는 많은 시간과 노력, 그리고 비용이 소요되는데, 그에 더하여 규정의 문구가 모호한 경우가 많고 불시에 개정되기 때문에, 외국 투자자 입장에서는 여간 불편한 게 아니다.** 아래에서는 몇 가지 유의할 점들만 살펴본다.

1. 대부분의 시범규정은 지분투자 관리기업(펀드운용사. 우리 자본시장법상 집합투자업자)은 합화기업 혹은 유한책임공사나 고분유한공사 형태로, 지분투자기업(사모펀드. 우리 자본시장법상 사모집합투자기구)은 유한합화기업의 형태로 설립되는 것을 예정하고 있다. 또한, **① 외국 투자자가 100% 출자하거나 중국 투자자와 공동출자하는 방식으로 유한책임공사나 합화기업(드물게 고분유한공사)을 설립한 후 ② 당해 공사나 기업이 관련 시범규정에 따라서 펀드운용사(지분투자 관리기업)의 자격을 얻고, ③ 다시 외국 투자자 및 중국 투자자들이 공동출자하여 유한합화기업 형태의 사모펀드(지분투자기업)를 설립한 후, ④ 그 사모펀드가 중국 내 비상장 회사들의 지분에 투자하는 것을 예정하고 있다.**
2. 이때 **펀드운용사도 사모펀드에 출자하게 되는데, 통상 펀드운용사가 외환자본금(외국 투자자가 중국 외에서 들여온 자본금)으로는 사모펀드 총자본금의 5% 이내에서만 출자할 수 있도록 하고 있다. 지역에 따라서는 외국 투자자가 LP(Limited Partner, 유한합화인)로서 사모펀드에 출자하는 비율을 (예컨대 50%로) 제한하는 경우가 있다.**
3. 펀드운용사와 사모펀드에게 최저 자본금을 요구하는 경우가 대부분이다. 사모펀드의 최저 자본금은 인민폐 1억 위안 정도라고 기억해 두고, 실제 설립하게 되면 추가 실무확인을 해 볼 것을 권한다. 펀드운용사의 최저 자본금은 지역별로 차이가 상당히 있다(적으면 인민폐 100만 위안, 많으면 인민폐 1,000만 위안 이상도 있다).
4. 합화기업은 법인세를 내지 않고 그 구성원인 합화인이 배당받는 소득에 대하여 기업소득세(우리의 법인세) 혹은 개인소득세를 부담한다. **기업소득세는 원칙적으로 25%이고, 자연인인 합화인에게는 배당소득에 대하여 20%의 단일세**

율이 적용된다.

실무 Tip **용어 정리**

중국에서 흔히 펀드는 "기금(基金)", "투자기금(投资基金)", "지분투자기금(股权投资基金[고권투자기금])"이라 하고, 펀드를 관리, 운용하는 펀드운용사는 "기금관리인(基金管理人)"이라고 표현한다(증권투자신탁형펀드[투자신탁]를 규율하는 중국 증권투자기금법에서도 이런 표현 방식을 취한다). 다만, 각 지방정부의 시범규정에서는 사모펀드를 "**지분투자기업**(股权投资企业[고권투자기업])"이라 칭하고, 그 사모펀드의 운용, 관리를 책임지는 펀드운용사는 관련 규정에서 "**지분투자 관리기업**(股权投资管理企业[고권투자관리기업])"이라고 하는 경우가 대부분이다.

(7) **영업범위**

각 지역별 시범규정에서 반드시 명확하게 규정하고 있는 것은 아니나 실제로 실무확인 작업을 거치면, **거의 대부분의 시범지역에서 외국 투자자가 (직접 혹은 펀드운용사[지분투자 관리기업]를 경유하여) 출자한 사모펀드(즉 외상투자 지분투자기업[外商投资股权投资企业])는 다음과 같은 행위는 할 수 없다**는 결론에 도달한다. 아래 내용은 **외상투자 창투기업의 금지되는 행위와 대부분 일치한다.**

1 외상투자산업 지도목록상(지금은 각종 negative list로 바뀐 상태이다. 앞의 설명 부분 참조) 외상투자가 금지된 업종에 대해 투자하는 것. 따라서 외국 투자자가 위 시범규정에 따른 (유한합화기업 형태의) 사모펀드를 집합투자기구로 삼아 외국인 투자가 금지된 업종을 영위하는 회사에 지분·주식 투자를 할 수는 없다. 그 결과 외국 투자자 입장에서는 홍콩이나 케이맨에 설립한 펀드나 여러 제약 조건들을 무릅쓰고 중국 내에 설립한 외상투자 지분투자기업이나 모두 중국 내 투자대상에 있어서 동일한 제약을 받는다는 결론에 도달한다. 현재 외국 투자자들이 중국 내 기업에 투자하는 펀드를 설립할 때에 차라리 중국 밖에 펀

드를 설립하겠다고 생각하는 이유 중 하나이다.

[2] 직·간접적으로 상장거래 중인 주식이나 회사채에 투자하는 것

[3] 스스로 사용하지 않는 부동산에 직·간접적으로 투자하는 것. 따라서 외국 투자자가 위 시범규정에 따른 (유한합화기업 형태의) 사모펀드를 집합투자기구로 삼아서 중국 내 부동산 개발사업을 하는 시행사에 지분투자나 대출을 할 수 없다

[4] 자기자금(Equity)으로만 투자하여야 하고, 은행 차입금을 이용하거나, 기타 자신의 자금이 아닌 타인의 자금을 유용하여 투자하는 것이 금지된다. 즉 레버지리(Leverage)를 이용함으로써 자기 자금만으로 투자할 때보다 높은 투자 수익을 노리는 게 불가능하다.

[5] 타인에 대한 대출이나 담보의 제공이 금지된다. 부동산 시행사에 대해서 뿐 아니라, 기본적으로 제3자에 대한 (담보부) 대출이 원칙적으로 금지된다(다만 저자의 실무 경험상 어떤 지역에서는 현지 중국 변호사가 이것이 가능하다고 조언을 해 주기도 한다. 이런 경우에는 복수의 중국 법률사무소에게 double check를 해 보는 게 좋다. 법규의 명시적인 규정에 의해서가 아니라 관할 정부부서의 재량 판단에 따라서 결과가 달라질 수 있기 때문이다). 따라서 특정한 회사에 대하여 은행 기타 금융기관들이 하듯이 선순위 대출(Senior Loan), 중순위 대출(Mezzanine Loan)이나 후순위 대출(Junior Loan)을 함으로써 Fixed Income(고정 수익. 여기에서는 이자[Interest])을 확보할 수는 없고, 언제나 투자 원리금 회수 순서에서 가장 마지막에 놓이는 지분·주식 투자(Equity Investment)만 할 수 있다.

요컨대, **합화기업을 중국 내 펀드로 이용하는 방안 역시 외상투자 창투기업에서 살펴본 바와 같은 이유로 외국 투자자 입장에서는 그다지 매력적이지 못하다**고 볼 수 있다(앞의 외상투자 창투기업 (10) 설명 참조).

4. 지배구조

1) 외상투자성 공사는 그 법적 형태가 **중외합자기업** 혹은 **외자기업**이므로, 각

형태별 지배구조에 관해서는 이 책의 관련 부분(제2장)을 찾아 살펴보기 바란다. 단 외상투자법의 시행으로 말미암아, 2024. 12. 31.까지는 **원칙적인 유한책임공사**의 지배구조(제2장)를 갖추도록 해야 할 것이다.

2) 외상투자 창투기업은 그 지배구조에 관하여 특별규정이 있으므로 우선 이를 염두에 두고, ① 비법인형태인 경우 **합화기업**의 지배구조 관련 내용(제4장)을, ② 회사인 경우 **중외합자기업**, **외자기업**, 중외합작기업, **원칙적인 유한책임공사**의 지배구조 관련 내용(제2장)을 참고하기 바란다.

3) 외상투자합화기업은 그 법적 형태가 **합화기업**이므로, 그 지배구조에 관해서 이 책의 관련 부분(제4장)을 참고하기 바란다.

Ⅲ. 결론: 외상투자기업 유형 선택 전 simulation의 필요성

1) 중국 상무부의 통계자료를 살펴보면, 그동안 외국 투자자가 가장 선호한 유형의 외상투자기업은 자신이 100% 지분을 보유하는 외자기업(법적 형태: 유한책임공사)이었고, 그다음으로 선호한 유형은 중국 기업과 함께 JV로 설립하면서 각자 자본금으로 출자한 비율에 따라서 이익배당금을 분배받는 중외합자기업(법적 형태: 유한책임공사)이었다. 이 통계자료에 따르면 **외국 투자자들은 통상적으로 중국 기업의 협력(예컨대, 어려운 인허가의 획득, 현금 기타 물적 설비의 제공, 중국 시장 내 유통망의 개척 등)이 중국 내 사업 성공에 중요한 요소가 아닌 한, 중국 기업과 JV로 사업을 수행하는 데에 소극적인 태도를 보이고 있음**을 알 수 있다. 특히 당해 외국 투자자가 중국 기업이 보기에 매력적인 특허나 기술을 보유하고 있는 경우 이러한 경향이 강화된다고 볼 수 있다(외국 투자자로서는 자신의 특허나 기술에 대한 보안유지를 중시하지 않을 수 없을 것이다). 이러한 통계자료에는 그동안 중국에 진출하였던 수많은 외국 투자자들의 경험이 반영되어 있다는 면에서, 충분히 고려할 가치가 있다. 따라서 **중국 내에 제조업이나 서비스업을 영위하는 기업을 설립하고자 한다면 그 법적 형태는 특별한 사정이 없는 한 유한책임공사로** 하되, **중국 투자자와 공동출자의 형식을 취할 것인지에**

관해서는 일응 위와 같은 사항을 다른 상업적인 이슈들과 함께 고려하여 결정하는 게 적절할 것이다.

반면 **중국 내에 지주회사나 펀드를 설립하고자 한다면, 앞에서 살펴본 내용들을 체크리스트로 삼아서 보다 신중하게 설립 여부를 결정할 것을 권하고 싶다**.

2) 한편, 중국의 외상투자기업은 각 유형별로 영위할 수 있는 사업의 범위, 회사 설립에 필요한 인허가·신고·등기의 종류와 난이도 및 기간, 회사 지배구조(Corporate Governance), 투자회수방식(Exit) 등에 있어서 복잡한 차이가 있다. 따라서 **중국에 외상투자기업을 설립하고자 하는 외국 투자자는 우선 자신이 하고자 하는 사업계획을 구체적으로 정한 후 그에 비추어 각 외상투자기업의 유형별로 자신의 사업계획을 수행할 때 어떠한 장·단점이 발생하는지에 관하여 사전에 simulation을 해 볼 필요가 있다**. 요컨대, 한국에서와 달리 중국에서는 외상투자기업을 설립하기 전에 많은 시간과 노력을 들여서 설립지역, 외상투자기업의 유형, 설립에 소요되는 기간, 기업 내 지배구조 등을 신중하게 결정하여야 함을 기억해 두기 바란다.

실무 Tip **추가적으로 알아 두어야 할 외상투자기업의 특징**

(1) 외국인출자비율이 25% 미만인 외상투자기업에 대한 불이익

1) 위에서 언급한 각종 외상투자기업은 모두 관련 법규에서 외국 투자자가 일반적으로는 당해 외상투자기업 지분의 25% 이상을 보유할 것을 요구하고 있다. 이 요건을 갖추지 못한 외상투자기업에 대해서는 관할 시장감독관리부서가 발급해 주는 영업집조(营业执照, 실무에서는 영업허가증 혹은 Business License로 번역한다)에 "외국 투자자의 지분비율(혹은 주식비율)이 25% 미만"이라는 문구가 명시적으로 기재된다. 간혹 국내에서는, 관련 문구가 '외국 투자자의 지분비율이 25% 이상이어야 한다'고 해석되어, 법규상으로는 모든 외상투자기업의 외국 투자자 지분비율이 25% 이상이어야 하지만, 실무상 필요에 의해 그 미만인 경우도 사실상 허용되고 있다고 설명하는 경우도 있다. 그러나 그 조항의 원문을 살펴보면, "외국 투자자의 투자비율은 일반적으로 등록 자본금의 25%보다 낮지 않다(外国投资者的投资比例一般不低于注册资本的百分之二十五)"는 취지의 표현이기 때문에, 이 조항은 애초 외국인 투

자자에게 25% 이상의 출자를 강제하는 규정이 아니라고 보는 중국 법률실무가들이 상대적으로 다수라고 보인다.

2) 외국 투자자의 지분비율이 25% 미만인 외상투자기업은 그렇지 않은 외상투자기업에 비해 아래와 같은 몇 가지 불이익을 받게 된다.

1 관련법규에서 특별히 허용하지 않는 한 원칙적으로 투자총액("투자총액"의 개념에 관해서는 별도로 후술한다) 범위 내에서 수입하는 자가사용 설비와 물품에 대하여 면세혜택을 받을 수 없다.

2 당해 기업의 해외 차입에 대해서는 외상투자기업 관련 법규가 아니라 중국 내 내자기업의 해외차입 관련 규정에 따라서 처리된다. 그런데 내자기업이 해외로부터 자금을 직접 차입하는 것은 정부부서의 소극적인 태도로 인하여 현실적으로는 쉽지 않기 때문에, 외국 투자자의 지분비율이 25% 미만인 외상투자기업은 일반적으로는 해외로부터의 차입이 어렵다고 보아야 한다.

3 중국이 외국과 체결한 이중과세방지조약의 대부분이 외국 투자자의 출자비율이 25%이상인 경우에만 이익배당소득에 대한 혜택을 부여하고 있다. 예컨대, 한국과 중국 간 이중과세방지협정에 따르면, 한국 투자자의 출자비율이 25% 이상인 외상투자기업은 한국투자자에게로의 이익배당소득에 대하여 5% 세율로 과세되지만, 25%미만인 외상투자기업은 그 이익배당소득에 대하여 10% 세율로 과세된다.

(2) 외상투자기업의 사업범위에 대한 제약

1) 외상투자기업이 정관 및 영업집조에 명시되어 있는 "경영범위(经营范围)"를 초과하여 사업을 수행할 경우 행정처벌을 받을 수 있다. 즉 이때 관할 시장감독관리부서는 당해 기업에게 벌금 부과, 불법이득의 회수, 영업정지, 혹은 영업허가 취소 등의 각종 제재를 가할 수 있다. 경영범위는 합자계약서(외상투자기업 설립 시 그 주요 조건에 관하여 출자자 간에 체결되는 계약서. 한국에서 2인 이상의 주주들이 주식회사의 설립·운영 등에 관하여 체결하는 주주 간 계약서를 떠올리면 이해하기 쉽다) 및 정관에 기재되는데, 합자계약서 및 정관은 관할 상무부서와 관할 시장감독관리부서에 제출해야 하기 때문에, 결국 경영범위 역시 실질적으로는 관할 상무부서 및 시장감독관리부서의 심사를 받게 된다. 또한 특정한 사업 업종의 경우 관할 상무부서나 관할 시장감

독관리부서의 심사를 받기 전에 당해 업종을 관할하는 별도의 정부기관으로부터 심사허가를 받아야 할 수도 있다(예컨대, 전신업의 경우 등).

2) 참고로, 경영범위에 관한 중국의 이 특유한 제한은 특히 M&A 거래에서 중요한 변수가 될 수 있다. 특정한 외상투자기업이 다른 기업을 인수하고자 할 경우 인수대상 기업이 영위하는 사업이 자신의 경영범위에 포함되는지, 그렇지 않다면 정관 및 영업허가증의 내용을 변경하여 자신의 경영범위에 포함시킬 수 있는지 여부를 사전에 확인하여야 한다.

(3) 외상투자기업의 경영기간에 대한 제약

1) 외상투자기업의 경영기간은 사원 간 계약서에서 정한 후 정관에도 기재하고, 그에 기하여 영업허가증에도 기재된다. 그런데 중국 관련 법규에서는 외상투자기업의 유형별로 경영기간의 최장연한을 규정하고 있는 경우가 있다. 예컨대 외상투자창투기업은 12년, 외상투자상업기업은 30년, 외상투자도서도매기업은 30년, 외상투자육로운송기업은 12년(단 투자액의 50% 이상이 운송역 기초건설 사용에 사용되면 20년) 등의 제약이 있다. 경영기간은 합자계약서 및 정관에 기재되는데 합자계약서 및 정관은 관할 상무부서 및 관할 시장감독관리부서에 제출되기 때문에, 결국 경영기간 역시 실질적으로 관할 상무부서 및 시장감독관리부서의 심사를 받게 된다.

2) 하나의 외상투자기업이 복수의 업종을 영위하는데 그중 일부 업종에 한해서만 경영기간의 상한선이 있는 경우 외상투자기업의 경영기간은 그 상한선을 초과할 수 없고, 외상투자기업의 경영범위에 포함된 각 업종별 경영기간의 상한선이 다를 경우 외상투자기업의 경영기간은 가장 기간이 짧은 상한선을 초과할 수 없다.

제3장 기업형 투자의 세 번째 확인사항: 중간 지주회사를 설립할 것인가?

제1절 논의의 배경

1) 앞에서 설명하였듯이, **한국 투자자가 ① 중국 내에 회사를 설립하여 영위하고자 하는 업종이 일반 제조업이나 서비스업이면 거의 대부분은 유한책임공사를 설립할 것이다. 그리고 드물겠지만 ② 중국 내에 사모펀드 운용사(펀드운용사)를 설립할 경우 1순위로는 유한책임공사, 2순위로 유한합화기업을 고려해 볼 것이고, ③ 중국 내에 사모펀드(PEF)를 설립한다면 유한합화기업을 설립하게 될 것이다.**

이렇게 중국 내에 설립할 외상투자기업의 형태를 정하고 나면, 한국 투자자는 다음으로 ① **한국의 본사가 직접 자본금을 출자하여 중국에 외상투자기업을 설립할 것인가**, 아니면 ② **한국 본사가 우선 제3국이나 지역(통상 홍콩이나 싱가포르)에 자본금을 출자하여 100% 자회사인 paper company(이하 "중간지주회사[Intermediate Holding Company]")를 설립한 후, 그 중간지주회사가 한국 본사로부터 받은 자본금과 현지에서 빌린 차입금을 합한 금원을 다시 자본금 명목으로 출자하는 방식으로 중국에 외상투자기업을 설립할 것인가**를 결정해야 한다(설명의 편의를 위하여, 이 책에서는 ①의 방식을 "직접적 기업형 투자", ②의 방식을 "간접적 기업형 투자"라 칭한다). 이 2가지 방식을 구조도로 소개하면 아래와 같다(중간지주회사 설립지는 일단 홍콩으로 생각하자). 그림을 간단히 그리기 위하여, 한국 회사 1곳이 중국 투자자와의 합작 없이 중국 내에 100% 자회사를 설립한 경우를 가정한다(현실에서 지분구조가 가장 단순한 형태이다).

▼ 구조도 1. 직접적 기업형 투자(중간지주회사를 두지 않음)

▼ 구조도 2. 간접적 기업형 투자(중간지주회사를 둠)

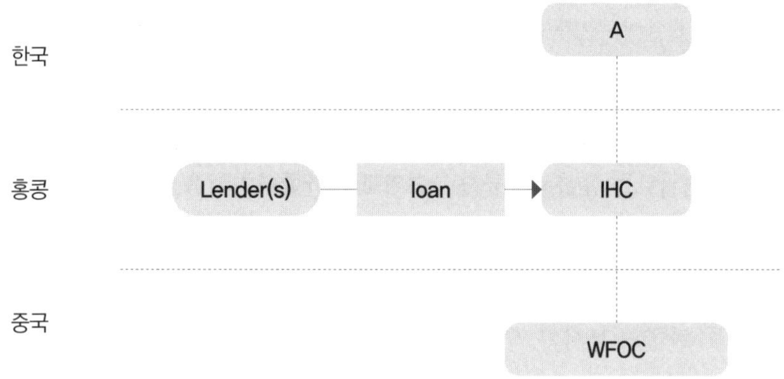

※ **A:** 한국 투자자(개인이 아니라 한국에 설립되어 있는 법인).

※ **WFOC(Wholly Foreign-Owned Company):** 외국인이 지분 100%를 보유하는 회사. 과거 외자기업은 WFOE(Wholly Foreign-Owned Enterprise)로 약칭하였는데(WOFE로 기재된 사례도 많았는데, 사실 이는 부정확한 약칭이 통용된 사례이다), 위 구조도 1.에서 WFOC는 그 법적 형태가 유한책임공사(limited liability company) 하나뿐이어서 Enterprise 대신 Company로 기재하였다.
한편, 실무에서는 WFOC에 해당하는 중국 회사를 실제 사업을 수행하는 회사라는 의미에서 OpCo(Operation Company)라 칭하기도 하고, 구조도 2.에서 장래 IHC가 발행한 주식을 A로부터 매수하는 방식으로 WFOC를 간접적으로 인수하고자 하는 매수인은 자신이 원하는 매수대상이라는 의미에서 WFOC를 TargetCo(Target Company)라 칭하기도 한다.

※ **IHC(Intermediate Holding Company):** 중간지주회사

※ **Lender(s):** 홍콩 현지의 은행, 보험사, 증권사 등 회사에 대한 대출을 영업으로 삼는 금융기관들. IHC는 이들로부터 차입한 금원도 JVC에 대한 출자금(납입 자본금)의 재원으로 활용할 수 있다.

2) **직접적 기업형 투자와 간접적 기업형 투자 사이의 선택의 문제는 중국 투자뿐만 아니라, 모든 해외 투자에서 필수적으로 검토해야 하는 이슈이다.** 해외 투자 시 중간지주회사를 둘 것인지에 관해서는 이미 국내에서도 많은 소개자료들이 있으니, 필요하면 함께 참고하기 바란다. 아래에서는 실무에서 짚어 가는 단계별로 두 투자방식의 장단점을 비교한다.

제2절 1단계−간접적 기업형 투자의 단점

I. 개 관

위 구조도에서 간접적 기업형 투자를 직접적 기업형 투자와 비교해 보면, 첫 번째로 눈에 띄는 것은 회사가 하나 더 있다는 것이다. 직접적 기업형 투자에서는 회사가 중국에 설립되는 회사 하나뿐이지만, 간접적 기업형 투자에서는 그 외에 (홍콩, 싱가포르, 케이맨 등에 설립되는) 중간지주회사도 존재한다. 그 결과 **직접적 기업형 투자와 비교할 때 간접적 기업형 투자에서는 투자의 모든 과정에서 중간지주회사의 존재로 인한 추가적인 업무량과 비용, 그리고 세금 유출(tax leakage)이 발생한다.** 이를 ① 투자를 실행하고 유지하는 부분(즉 회사를 설립하고 사업을 운영하는 부분), 그리고 ② 사업을 통해 중국에서 거둔 수익(투자수익)을 회수하는 부분으로 나누어서 살펴보자.

II. 투자 실행 및 유지 – 중간지주회사의 설립 및 운영비용 추가

1) 간접적 기업형 투자를 선택하면, 투자를 실행하는 단계에서 중국 내 회사를 설립하기 전에 중간지주회사부터 설립하여야 한다. 통상 중국에 투자할 경우

거론되는 중간지주회사의 설립 후보지는 홍콩, 싱가포르이고 가끔 케이맨도 거론된다. 참고로, 서구 투자자들이 중국에 투자할 때 홍콩이나 싱가포르에 설립하는 중간지주회사의 모회사로 케이맨에 상위 지주회사를 설립하는 경우가 있다. 예를 들면 미국 델라웨어 주의 corporation이 1차로 케이맨에 자신의 100% 자회사 형태로서 1차 중간지주회사를 설립하고, 1차 중간지주회사가 다시 홍콩에 자신의 100% 자회사로 2차 중간지주회사를 설립한 후, 2차 지주회사가 중국에 실제 사업을 영위하는 회사(OpCo)를 설립하는 구조를 취한다(결국 중국 내 설립된 회사는 미국 델라웨어 주에 있는 corporation의 증손회사가 된다). 그리고 장래 중국 내 회사의 사업이 번창하게 되면 케이맨에 설립되어 있는 1차 중간지주회사를 나스닥이나 홍콩에 상장시키는 구조를 짠다(때로는 중국 기업들도 제1장에서 살펴본 VIE 구조를 함께 섞어서 이러한 투자구조를 만든 후, 케이맨의 지주회사를 나스닥을 비롯한 중국 외 거래소에 상장하기도 한다).

이때 설립되는 중간지주회사는 모두 스스로 행하는 구체적인 사업은 없고 단지 자회사를 보유하는 것만이 유일한 존재 이유인 paper company에 불과하다. 홍콩, 싱가포르, 케이맨 모두 현지에 이러한 회사의 설립을 대행해 주는 컨설팅 회사나 법률사무소가 다수 존재하고, 한국의 여러 컨설팅 회사와 법률사무소들도 자사의 인터넷 홈페이지에서 이들 지역에(추가로 BVI 등 기타 Tax Haven 국가나 지역까지 아울러서) 중간지주회사를 설립하는 데 필요한 기본적인 정보를 정리해서 제공하고 있다. 따라서 구체적이고 세세한 내용은 그러한 정보를 참조하기 바란다. 아래에서는 그러한 내용을 찾아보기 전에 미리 알아 두면 도움이 되는 몇 가지 사항들만 소개한다.

2) **홍콩, 싱가포르, 케이맨 모두 중간지주회사 역할을 하는 paper company의 설립을 유치하기 위하여 상호경쟁하고 있기 때문에, 설립자 입장에서 느끼는 시간·비용 기타 부담에 큰 차이는 없다**.

3) **세 곳 모두 English Law(England와 Wales의 법)의 법 체계하에 있기 때문에, 회사의 설립, 운영에 대한 규율에서도 큰 차이가 없다**. 그런데 한국의 실무가나 법률가들에게는 English Law하의 기업법(Company 및 Partnership 관련 법령) 체계가 그리 익숙하지 않고, 기업의 설립절차나 운영방식도 국내 회사법과 다소 차이가 있다. 여

기에서는 세 곳에 설립되는 중간지주회사의 공통된 법적 성격 2가지만 간단히 살펴본다.

1 영국은 기업(Business Vehicle)을 크게 Partnership과 Company로 나눈 후, 각각 별개의 입법을 통해 규율하고 있다(Partnership에 관해서는 Partnership Act 1890, Limited Partnership Act 1907, Limited Liability Partnership Act 2000. Company에 관해서는 Companies Act 2006). **영국 회사법(Companies Act 2006)하에서 실무상 가장 널리 사용되는 회사의 법적 형태는 "Private Company Limited By Shares" 인데, 그 주요한 특징 2가지는 아래와 같다.**

① **출자자(주주)는 자신이 인수한 주식의 납입가액을 한도로 회사의 채무에 대하여 유한·간접책임을 진다**(Roach, 68-69면). 이 부분에서는 우리 주식회사의 주주나 유한회사의 사원과 동일하다.

그러나, Private Company Limited By Shares의 주주(Shareholder)는 **인수한 자본금을 즉시 납입할 의무는 없고, 장래 회사가 청산하거나 파산할 경우 그 시점에서도 아직 납입하지 않은 자본금이 있으면 여전히 이를 납입할 의무를 부담한다**(Roach, 69면). 이 점에서 중국 유한책임공사 사원의 자본금 분할 납입의무와 공통점이 있다(단, 중국 유한책임공사의 사원은 간접책임이 아니라 직접책임을 진다는 점에서 역시 차이는 있다).

② **주식양도의 자유를 정관에서 제한할 수 있다(실무에서는 흔히 (i) 이사회 결의, (ii) 다른 주주의 사전동의 및 우선매수권 등이 요건으로 기재된다)**. 우리의 유한회사 역시 정관에서 지분의 양도를 제한할 수 있다. 또한 **관련법령상** (iii) **관할 세무국에의 인지세(Stamp Duty) 납부,** (iv) **회사내 주주명부(Register of Members)의 명의개서,** (v) **연도보고 형식의 사후적인 주주변경 등기(Registration)가 요구된다**(Roach 325-326면, 451-454면. 이 부분에 주목하면, 중국의 유한책임공사는 비록 지분단수주의를 취하고 사원이 회사채무에 대하여 직접책임을 진다는 점 등에서 차이는 있지만, 지분양도의 규제에 관해서는 영국의 Private Company Limited By Shares의 법리도 많이 참고한 것으로 보인다. 유한책임공사의 지분양도에 관해서는 제5장 제3절 IV. 2. 참조).

2 홍콩과 싱가포르에 통상적으로 설립되는 중간지주회사의 법적 명칭은 위에

서 살펴본 영국 회사법상 회사의 명칭과 동일하게 Private Company Limited By Shares이다. 케이맨에 (간혹 다른 형태로 설립되기도 하지만) 통상적으로 설립되는 중간지주회사의 법적 명칭은 Exempted Company(면제회사)이다. **홍콩, 싱가포르, 케이맨에 설립되는 이 중간지주회사들도 영국법의 영향을 받아서 위 ①, ②의 특징을 모두 가지고 있다**.

실무 Tip 홍콩의 회사(Company)와 중국의 공사(公司)의 비교

홍콩 회사규정(Company Ordinance[公司条例{공사조례}], Cap 622)에서는 홍콩법상 Private Company Limited By Shares를 私人股份有限公司(사인고분유한공사)라 표현하는데, 용어 때문에 이를 중국의 고분유한공사와 유사한 형태라고 오해해서는 안된다. 홍콩법상 사인고분유한공사는 (지분복수주의를 취하고 주주가 회사채무에 대하여 간접책임을 지는 등의 차이는 있지만 나머지 특징 면에서) 중국의 유한책임공사와 유사하다. 중국의 고분유한공사와 유사한 홍콩법상 회사 형태는 Public Company Limited By Shares이고, 중문으로는 公众股份有限公司(공중고분유한공사)라 칭한다.
참고로, 실무에서 홍콩의 Private Company Limited By Shares는 Private Limited Company, Limited Company, Ltd.(중문으로는 有限公司[유한공사])로 약칭하는 경우가 더 흔하다.

4) 설립에 소요되는 기간은 일단 2주일, 이후 중간지주회사 명의의 계좌를 설립지 은행에 개설하고 한국에서 해외직접투자신고 후 그 계좌로 자본금을 납입하는 일정까지 감안할 때 총 4주일 정도로 잡으면 큰 무리가 없다. 단 정관에 특약을 넣거나 한국 출자자들이 여러명인데 서로 협의하는 데 시간이 오래 걸려서 정관 내용을 확정 짓는 데 1주일 이상이 소요되면 전체 기간도 따라서 길어질 수 있다.

5) 주주 1인(한국 본사가 된다), 이사 1인, 현지에서 각종 행정업무를 대신 처리해 주는 법인 형태의 비서(중간지주회사가 paper company이기 때문에 필요하다), 사업장 주소는 필요한데, 종업원은 필요하지 않다. 총설립비용은 미화 5,000~6,000불 정도이

고, 매년 그 운영에 미화 3,000~4000불, 회계 감사에 미화 4,000~5,000불 정도가 소요된다.

6) 요약하면, **간접적 기업형 투자를 하게 되면 초기 설정(Set Up) 단계에서 약 600~700만 원, 매년 그 유지에 약 800~1,000만 원의 비용이 발생할 것이라 예상하면서, 설립을 대행해 주는 자문사에게 구체적인 상황에 따른 추가 비용을 확인해 보면 될 것이다.**

III. 투자회수: 이익배당의 경우 세금효과 검토

1. 개 관

1) 앞에서 유한책임공사의 투자금 회수방식으로는 ① 이익배당, ② 지분매각(중국 내 자회사 혹은 중간지주회사의 지분매각), ③ 유상감자, ④ 청산후 잔여재산 분배가 있다고 설명하였다(제2장 제3절 참조). 이 중 중국 내 자회사의 유상감자를 통해 투자수익을 회수하는 방식은 중국 내 많은 지역의 관할 정부기관(상무부서 및 시장감독관리부서)이 그 승인에 소극적이어서 실제로는 거의 취하지 않는다. 청산후 잔여재산 분배 역시 그 과정에서 중국 내 관할 정부기관(특히 세무부서 및 노동부서)에서 여러 가지 이슈를 제기하며 절차를 지연시키기 때문에, 실무에서는 중국 내 투자를 전면 철수하기로 결정한 경우에 한하여 그것도 가장 마지막으로 고려하는 수단이다. 이러한 사정 때문에, **실무에서는 이익배당과 지분매각(이는 다시 중국 내 자회사의 지분매각과 중간지주회사의 주식매각으로 나뉜다)이 가장 흔히 사용되는 투자회수 수단이다**. 그런데 지분매각과 달리 이익배당의 경우 간접적 기업형 투자구조에서 더 많은 세금유출(tax leakage)이 발생한다. 아래에서는 이익배당의 경우에 관하여 한국 투자자(한국 본사) 입장에서 받게 되는 세금효과(tax effect)를 개략적으로 살펴본다. 지분매각의 경우 세금효과에 관해서는 뒤에서 따로 살펴보겠다.

2) **이 세금효과를 제대로 이해하기 위해서는 ① 중국, 중간지주회사 설립지(국**

가 내지 지역) **및 한국의 관련되는 세법, 그리고 중국과 중간지주회사 설립지 간의 조세조약, 중간지주회사 설립지와 한국 간의 조세조약 및 중국과 한국 간의 조세조약의 관련 조항을 숙지한 후 ② 올바른 분석의 순서를 설정하고, ③ 각 순서에서 적절한 세법이나 조세조약의 관련 조항을 적용해야 한다**. 즉 통상적인 국내법의 분석과 달리, 여기저기 흩어져 있는 여러 나라의 법령과 조약을 놓고 올바른 순서에 따라서 적절한 관련 조항을 찾아 적용시켜야 하기 때문에, 처음에는 혼란을 느낄 수 있다. 하지만 일단 이 분석의 틀과 방법론을 이해하면, 향후 중국뿐 아니라 그 밖의 다른 나라에 해외투자를 할 때 중간지주회사를 어느 지역에 세우든 세금효과를 파악하는 길잡이가 되어 줄 것이다. 따라서 **아래에서 설명하는 내용을 볼 때, 구체적인 숫자의 증감이나 결론이 아니라 어떠한 순서로 분석을 하는지, 각각의 분석 단계에서 무엇을 어떻게 체크하는지, 그 방법론에 더 중점을 두고 보기 바란다**. 그리고 **실무 현장에서는 반드시 국제 조세 전문가에게 의뢰하여 실제 숫자를 가지고 simulation을 해 보아야 정확한 비교 분석이 가능하다**는 점도 기억해 두기 바란다.

3) 논의의 편의를 위하여, 아래에서는 중간지주회사를 홍콩에 설립하는 경우를 가정하여 설명한다.

2. 직접적 기업형 투자에서의 이익배당

먼저 직접적 기업형 투자의 경우를 보자. 아래 구조도에서 WFOC가 중국 내에서 특정 회계연도에 사업수입을 거두었고, 중국 세법(기업소득세법 및 하위 관련 규정들)에 따라서 각종 비과세수입, 면세수입, 공제금액, 이월결손금 등을 차감하여 계산한 결과 **과세소득 금액이 100이라고 가정하자**(현실에서 이 금액은 인민폐로 계산되고 모회사 A로 송금되는 과정에서 달러로 환전되는 등의 문제가 있을 수 있지만, 논의를 간편하게 하기 위해 생략한다). 모회사 A는 이 돈 100을 이익배당으로 받고자 한다. 이 경우 어떠한 세금효과가 발생하고 A가 한국에서도 법인세를 납부한 후에 궁극적으로 보유할 수 있는 실제 금액은 얼마일까?

▼ 구조도 1. 직접적 기업형 투자(중간지주회사를 두지 않음)

※ **A:** 한국 투자자(개인이 아니라 한국에 설립되어 있는 법인).
※ **WFOC(Wholly Foreign-Owned Company):** 외국인이 지분 100%를 보유하는 회사.

이 세금효과를 분석하기 위해서는 **중국의 기업소득세법(우리의 법인세법에 해당하는 법률) 및 관련 법규, 한국과 중국 간의 조세조약(이중과세방지협정), 그리고 한국의 법인세법 및 관련 법령을 기초 자료로 삼아서, 다음과 같은 순서로 살펴보아야 한다.**

(1) 중국 내 회사(WFOC)가 중국 내에서 납부하는 법인세를 계산한다: 일반적으로 100→75

중국의 법인세(중국법상 명칭: 기업소득세[企业所得税]) 세율은 원칙적으로 25%인데, 일정한 요건을 충족하면 20%, 15%, 10%로 세율 감경 혜택을 받을 수 있다. 여기에서는 일반 세율인 25%가 적용된다고 보자. 그러면 중국 내 회사(WFOC)의 법인세 납부 후 소득, 즉 세후소득은 75가 된다. **이 법인세액 25의 납세의무자(즉 세금을 납부하는 명의인)는 중국 내 회사(WFOC)임을 기억해 두자**(아래 4) (다)에서 간접 외국납부세액 공제로 연결된다).

(2) 중국 내 회사(WFOC)의 배당가능이익을 계산한다: 사안마다 달라지는데, 여기에서는 75로 변함없다고 가정

WFOC가 만일 한국에 설립되어 있는 주식회사라면, 그 회계연도의 재무상태표의 순자산액에서 자본금, 이미 적립된 자본준비금, 이미 적립된 이익준비금, 당기에 적립할 이익준비금, 재무상태표상 미실현이익 등을 공제하여 배당가능이익을 계산한다(한국 상법 제462조 제1항). 중국에서는 우리와 다른 방식으로 배당가능이익을 계산하게 되는데(예컨대 세후소득의 10%를 법정준비금[우리의 이익준비금과 유사]으로 공제해야 할 수도 있다), 구체적인 계산 결과는 WFOC가 실제로 처한 상황에 따라서 달라진다. 따라서 실무에서는 반드시 현지 회계 전문가를 통하여 금액을 계산해 보아야 한다. 일단 여기에서는 설명의 단순화를 위해서 이 계산과정을 생략하고 배당가능이익도 세후소득 그대로 75라고 가정하자.

(3) 중국 내 회사(WFOC)가 한국 모회사(A)에게 이익배당액을 송금하기 전에 중국에서 납부해야 하는 원천징수 세액을 계산한다: 지분율이 25% 이상이어서 75→71.25 / 장래 지분율이 25% 미만이 되면 그 이후부터는 75→67.5

1) 한국과 중국 간에 체결된 이중과세방지협정(이하 "한중 조세조약")에 따르면, 이 경우

① 한국 모회사(A)는 자신이 수령하는 이익배당 소득의 5%를 소득 원천지국(그 소득이 발생한 국가)인 중국에 납부하여야 하는데,

② 그 방식은 한국 모회사(A)가 이익배당액을 수령한 후 다시 중국 세무부서를 찾아가 수령액의 5%를 납부하는 것이 아니고, 애초에 중국 내 회사(WFOC)가 한국 모회사(A)에게 이익배당액을 송금하기 전에 이익배당액의 5%(즉 여기에서는 3.75)를 자신을 관할하는 중국 세무부서에 납부하고, 그 나머지 금액(75-3.75=71.25)만 송금한다. 즉 조세징수의 편의를 위하여, 한국 모회사(A)가 납부하여야 할 세금만큼은 중국 내 회사(WFOC)가 처음부터 한국 모회사(A)에게 지급하지 않고 자신이 곧바로 중국 세무당국에 납부한다 (이를 세금납부에 관한 **원천징수 방식**이라 한다).

2) 만일 장래 한국 모회사(A)가 자신이 보유하고 있는 중국 자회사(WFOC)의 지분을 75%를 초과하여 제3자에게 매각할 경우, 그 이후에 중국 자회사(A)로부터 받는 이익배당액에 대해서는 5%가 아니라 10%의 원천징수 세율을 적용받게 된다. 한중 조세조약에 따르면, 중국 자회사가 한국 모회사(주주)에게 이익배당을 할 때,

주주의 지분율이 25% **미만이면 중국 내 원천징수세율이** 10%**로 상승**하기 때문이다. 따라서 장래 한국 모회사(A)의 지분율이 25% 미만으로 떨어지면 그 이후에 중국 내 회사(WFOC)가 75의 이익배당금을 송금할 경우 원천징수세액이 7.5가 되어, 나머지 67.5를 한국 모회사(A)에게 송금할 수 있게 된다.

3) 참고로, 한국이 다른 국가·지역과 체결한 대부분의 조세조약도 기본 메커니즘은 동일하다. 달리 말하면 중국이 아닌 다른 국가에 설립된 자회사로부터 한국 모회사가 이익배당을 받을 때에도, 자회사 설립지국에서 원천징수를 하는 경우가 대부분이다(단 원천징수 세율이 달라질 수는 있다).

4) 여기에서 **원천징수 세액을 납부하는 자는 중국 내 회사**(WFOC)**이지만, 그 납부의무자**(즉 세금을 납부하는 명의인)**는 이익배당 소득을 취득하는 한국 모회사**(A)**임을 기억해 두자**(아래 (4) (나)의 직접 외국납부세액 공제로 연결된다).

(4) 한국 모회사(A)가 지급받은 이익배당액(71.25)에 대하여 한국에서 법인세를 얼마를 내는지 계산한다: 직접 외국납부세액 공제와 간접 외국납부세액 공제는 적용받고, 간주 외국납부세액 공제는 적용받지 않는다. 그 결과 국내 과세는 없게 된다. 즉 여전히 71.25.

한국 법인세법에 따르면 다음과 같은 순서로 한국 내 납부 세액이 계산된다.

(가) 중국원천소득에 대한 한국내 법인세액의 가정적 계산

1) 경제적 실질만 놓고 본다면 해외 자회사는 단순한 겉껍질에 불과하기 때문에, **한국 모회사가 해외 자회사로부터 받은 소득을 계산할 때 해외 자회사가 그 소득과 관련하여 현지에서 납부한 세액을 함께 포함시켜서**(즉 gross-up하여) **계산하는 것이 우리 법인세법의 입장이다**(이창희, 698면. 단 실제로는 중국에서 과세소득 계산 시 손금에 산입되지 않은 직·간접 비용은 빼야 하는데, 그 범위를 명확히 하는 과정에서 세무전문가의 복잡한 계산이 들어간다. 여기에서는 이 부분을 생략하고 단순하게 중국에서 발생한 국외원천소득을 100이라고 가정한다). 따라서 한국 모회사(A)는 실제 수령한 이익배당액 71.25가 아니라 중국에서 애초 발생하였던 소득 총액(세전소득) 100을 과세표준으로 삼아서 법인세를 계산

한다.

2) 현재 **한국의 법인세율은 10%~25%의 누진세율 체제**인데, 과세표준 금액 200억 원 초과, 3,000억 원 이하 구간에 적용되는 세율은 22%이다. 여기에서는 한국 모회사(A)의 전체 과세표준 금액이 이 구간에 해당된다고 가정하자. 그러면 (누진세율 체제를 감안하면 정확한 수치는 아니지만) 중국 원천소득 100에 대해서도 22%의 세율이 적용되고, 그 결과 한국 모회사(A)가 이익배당액(71.25)에 관하여 한국에 납부하여야 하는 법인세액은 22라고 볼 수 있다.

(나) 직접 외국납부세액 공제

한국 법인세법에 따르면 **한국 법인은 국외원천소득에 대하여 자신의 명의로 그 원천소득 발생지국에 납부한 세액(직접 외국납부세액)을 위 (가)에서 계산된 법인세액에서 공제할 수 있다**(법인세법 제57조 제1항의 취지). 위 (3)에서 보았듯이, 이 건에서 한국 모회사(A)는 비록 중국 내 회사(WFOC)를 통해서 하였지만(원천징수 방식), 어쨌든 자신의 명의로 중국 세무부서에 3.75의 세금을 납부하였다. 따라서 **한국 모회사(A)는 3.75를 위 (가)에서 계산된 법인세 금액 22에서 공제할 수 있다(직접 외국납부세액 공제.** 외국에 납부한 세금인데, 한국 모회사가 자신의 명의로 납부하였기 때문에, "직접"이란 표현을 쓴다).

(다) 간접 외국납부세액 공제

1) 한국 법인세법에 따르면 **일정한 요건을 충족하는 전제 하에서(의결권 있는 지분보유비율이 원칙적으로 25% 이상, 6개월 이상 보유), 한국 법인(A)의 소득금액에 외국 자회사(WFOC)로부터 받은 이익배당금액이 포함되어 있는 경우, 외국 자회사가 자신의 명의로 납부한 법인세액 중 당해 이익배당금에 대응하는 부분은 위 (가)에서 계산된 법인세액에서 공제할 수 있다**(법인세법 제57조 제4항은 다소 복잡하게 규정되어 있지만, 결국 이러한 취지이다, 이창희(국), 622-623면).

이 조항에서 규정하고 있는 "외국 자회사가 자신의 명의로 납부한 법인세액(이 건에서는 25) 중 당해 이익배당금(이 건에서는 75)에 대응하는 부분"을 정하는 방식에 관해서는 하위 관련 규정(법인세법 시행령 제94조)에서 정해진 산식이 있다(**외국 자회사**

의 법인세액×수입배당금액/(외국 자회사의 사업소득-외국 자회사의 법인세액). 하지만 굳이 이 산식을 사용하지 않더라도 **여러 가정을 통해 사실관계를 단순화시킨 이 건에서는, 중국 내 회사(WFOC)가 한국 모회사(A)에게 송금한 이익배당금과 관련하여 중국에서 납부된 법인세액은 25임**을 쉽게 알 수 있다. 따라서 **한국 모회사(A)는 중국 자회사가 중국에서 납부한 법인세(기업소득세)액 25를 위 (가)에서 계산된 가정적 법인세액 22에서 공제할 수 있다**(**간접 외국납부세액 공제.** 외국에 납부한 세금인데 외국 현지 자회사의 명의로 납부하였기 때문에, 이를 한국 모회사가 "간접적"으로 납부한 것이라고 보아서 "간접"이란 표현을 쓴다).

2) 또한 법인세법에 따르면 **위 (나)(직접 외국납부세액 공제)와 (다)(간접 외국납부세액 공제)는 한국에서 납부할 법인세액이 0이 될 때까지 중첩적으로 적용될 수 있다**(단 음의 값이 나온다고 하여, 한국 정부에 음의 절대값만큼 금원을 환급해 달라고 요구할 수 있는 것은 아니다). 요약하면, **한국 모회사(A)는 위 (나)에서 계산되는 3.75와 위 (다)에서 계산되는 25를 합한 28.75를 위 (가)에서 계산된 금액 22에서 공제할 수 있다. 그러나, 한국법상 그 값이 음이 될 수는 없으므로, 결국 한국에서 납부할 법인세 22가 0이 되는 선에서 마무리된다. 즉 한국 모회사(A)가 수령한 이익배당금에 관하여 한국에서 납부해야 할 것으로 계산된 법인세액 22가 전액 공제되어, 한국에서 납부할 세금이 없어진다.**

실무 Tip 외국납부세액 공제제도의 이해

1) 국제조세 전문가가 아니라 기업인의 시각에서 직관적으로 외국납부세액 공제제도를 이해해 보자. 외국납부세액 공제는 표현 그대로 (i) "외국에서 납부한 세액"을 (ii) "공제"하는 것이다. 여기에서 "공제"는 한국의 모회사가 한국에서 납부해야 될 법인세액(x)에서 공제한다는 의미이다. 그리고 그 공제해 주는 항목이 외국에서 납부한 세액(y)인데, y의 유형은 아래 3가지로 나뉜다.

① 한국의 모회사가 외국 세무당국에 "한국 모회사의 명의로" 납부한 세액(y1). 예컨대 외국 자회사가 한국 모회사에게 지급하는 이익배당금에 대하여 납부

한 세액. 그 방식은 해당 외국의 자회사가 한국의 모회사를 대신해서 납부한다(원천징수 방식).

② 외국의 자회사가 외국 세무당국에 "자신(즉 외국 자회사)의 명의로" 납부한 세액(y2). 예컨대 외국 자회사가 현지에서 납부한 법인세액.

③ 외국의 자회사가 현지에서 법인세를 특별히 감면받은 경우, 그 감면 상당액(y3). 단 한국과 해당 외국 간의 조세조약에 근거 규정이 있는 경우에 한하여, 그리고 그 규정된 범위 내에서만 인정된다. 한중 조세조약에는 현재 이 근거 규정이 없다(김준석, 660–661면. 2015년까지는 있었다).

2) 위 ① 항목은, 공제 혜택을 받는 한국 모회사가 자신의 명의로 직접 납부하였다고 해서 "직접" 외국납부세액이라 한다. 위 ②의 항목은 공제 혜택을 받는 한국 모회사가 외국 자회사를 통하여 간접적으로 납부하였다고 해서(한국의 모회사와 외국의 자회사를 하나의 경제적 동일체로 보아 실질적으로는 한국의 모회사가 납부하였다고 보는 것이다) "간접" 외국납부세액이라고 한다. 위 ③의 항목은 외국 자회사가 현지에서 (감면 받아 실제로는) 납부하지 않은 세금이지만, 특별히 납부한 것으로 간주하여 간접 외국납부세액과 동일하게 공제해 주겠다는 것이다. 그래서 이를 "간주" 외국납부세액이라고 한다.

3) 정리하면, 외국납부세액은 직접, 간접, 그리고 간주 외국납부세액이 있을 수 있기 때문에(y = y1+y2+y3), 실무에서는 이 3가지 항목의 존부와 금액을 모두 확인해 보아야 한다. 즉 x−y=x−(y1+y2+y3)이어서, x, y1, y2, y3의 각 항목을 일일이 검증하고 계산해야 한다. 그런데 한중 조세조약에는 현재 간주 외국납부세액 공제를 인정하지 않으므로, 위에서 본 바와 같이 이 건에서는 x, y1, y2의 금액만 확인하였다.

(라) 위에서 계산된 외국납부세액 공제가 한국법상 공제한도를 초과하는지 확인한다

미국, 일본 등 여러 나라와 마찬가지로 한국 역시 **외국납부세액의 공제를 일정 한도로 제한한다. 그 한도액은 국외원천소득에 (세액/과세표준) 즉 법인세율을 곱한 금액이다**. 이런 한도를 두지 않는다면 다른 나라가 우리나라보다 높은 세율로 세금을 매기는 경우 우리나라에서 그 부분도 공제해 주게 되는데, 이는 우리나

라의 기업이 우리나라에서 번 소득에 대한 세금의 일부를 그 다른 나라에 넘겨주는 결과가 되기 때문이다. 이 한도를 넘는 외국세액은 5년간 이월하여 공제받을 수는 있다(이창희, 697면). 실무에서는 국외원천소득의 정확한 확정 등이 쉽지 않기 때문에 이 계산을 세무전문가에게 맡겨야 한다. **이 건에서는 사실관계를 단순하게 가정하여서** 공제한도가 22가 됨(국외원천소득 100, 법인세율 22%)을 쉽게 알 수 있다. 따라서, 여기에서는 **공제한도 초과의 문제는 발생하지 않는다**.

(5) 최종적으로 한국 모회사(A)가 중국에서 발생한 국외원천소득 100에 대하여 부담한 세율을 확인한다: 이 건에서는 28.75%, 실수령액은 71.25.

이상으로 모든 분석절차를 마쳤다. 정리하면, 직접적 기업형 투자에서 한국 모회사(A)는 중국 원천소득 100을 이익배당의 형식으로 받을 경우 71.25 정도를 받을 수 있다고 예상한 후, 실제 세무 전문가를 통하여 구체적인 simulation을 해 보아야 한다.

3. 간접적 기업형 투자에서의 이익배당

다음으로 간접적 기업형투자의 경우를 보자. 아래 구조도에서 WFOC가 중국 내에서 특정 회계연도에 사업수입을 거두었고, 중국 세법(기업소득세법 및 하위 관련 규정들)에 따라서 각종 비과세수입, 면세수입, 공세금액, 이월결손금 등을 차감하여 계산한 결과 과세소득 금액이 100이라고 가정하자(현실에서 이 금액은 인민폐로 계산되고 모회사 A로 송금되는 과정에서 달러로 환전되는 등의 이슈가 있을 수 있지만, 간편한 논의를 위해 생략한다). 모회사 A는 이 돈 100을 이익배당으로 받고자 한다. 이 경우 어떠한 세금효과가 발생하고 A가 한국에서도 법인세를 납부한 후에 궁극적으로 보유할 수 있는 실제 금액은 얼마일까?

이 세금효과를 분석하기 위해서는 **중국의 기업소득세법 및 관련 법규, 중국과 홍콩 간의 조세조약, 홍콩의 법인세 관련 법령, 홍콩과 한국 간의 조세조약, 그리고 한국의 법인세법 및 관련 법령을 기초 자료로 삼아서, 다음과 같은 순서로 살펴보아**

야 한다. 중국과 한국 외에 홍콩이 개입되기 때문에, 직접적 기업형 투자에서보다 더 많은 분석단계를 거치지만, 기본적인 방법론에는 차이가 없다.

▼ 구조도 2. 간접적 기업형 투자(중간지주회사를 둠)

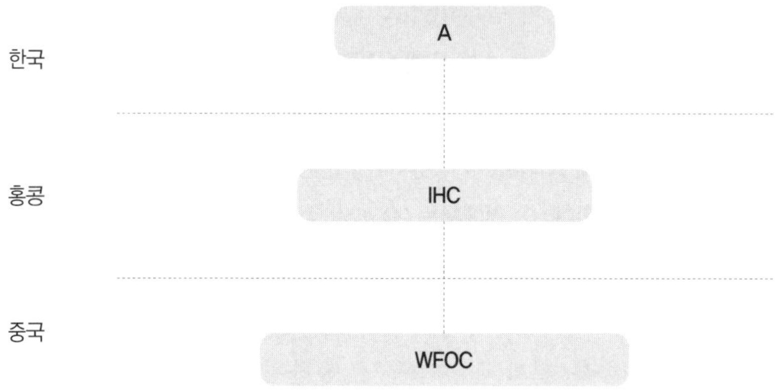

※ **A:** 한국 투자자.
※ **IHC:** 중간지주회사.
※ **WFOC:** 외국인이 지분 100%를 보유하는 회사.

(1) 중국 내 회사(WFOC)가 중국 내에서 납부하는 법인세를 계산한다: 일반적으로 100→75

위 2.(1)의 설명이 동일하게 적용된다. 따라서, 중국 내 회사(WFOC)의 법인세 납부 후 소득, 즉 세후소득은 75가 된다. **이 법인세액 25의 납세의무자**(즉 세금을 납부하는 명의인)**는 중국 내 회사**(WFOC)**임을 기억해 두자.**

(2) 중국 내 회사(WFOC)의 배당가능이익을 계산한다: case by case인데, 여기에서는 75로 변함없다고 가정

위 2.(2)의 설명이 동일하게 적용된다. 따라서 일단 여기에서는 배당가능이익도 세후소득 그대로 75라고 가정하자.

(3) 중국 내 회사(WFOC)가 홍콩 중간지주회사(IHC)에게 이익배당액을 송금하기 전에 중국에서 납부해야 하는 원천징수 세액을 계산한다: 지분율이 25% 이상이어서 75→71.25 / 장래 지분율이 25% 미만이 되면 그 이후부터는 75→67.5

1) 중국 내 회사가 홍콩에 있는 중간지주회사에게 이익배당액을 송금할 때에도 한국에 있는 회사에 송금할 때와 동일한 규율이 적용된다. **이 부분에 관해서, 중국과 홍콩 간에 체결되어 있는 조세조약의 내용이 한중 조세조약과 동일**하기 때문이다. **따라서 위 2.(3)의 설명이 여기에서도 동일하게 적용된다.** 즉, 중국과 홍콩 간에 체결된 조세조약에 따르면, 이 경우

① 홍콩 중간지주회사(IHC)는 자신이 수령하는 이익배당 소득의 5%를 소득 원천지국(그 소득이 발생한 국가)인 중국에 납부하여야 하는데,

② 그 방식은 애초에 중국 내 회사(WFOC)가 홍콩 중간지주회사(IHC)에게 이익배당액을 송금하기 전에 이익배당액의 5%(즉 여기에서는 3.75)를 자신을 관할하는 세무부서에 납부하고, 그 나머지 금액(75-3.75=71.25)만 송금한다.

2) 만일 장래 홍콩 중간지주회사(IHC)가 자신이 보유하고 있는 중국 자회사(WFOC)의 지분을 75%를 초과하여 제3자에게 매각할 경우, 그 이후에 중국 자회사(A)로부터 받는 이익배당액에 대해서는 5%가 아니라 10%의 원천징수 세율을 적용받게 된다. 중국과 홍콩 간 조세조약에 따르면, 중국 자회사가 홍콩의 주주회사에게 이익배당을 하든, 반대로 홍콩의 자회사가 중국의 주주회사에게 이익배당을 하든, **주주의 지분율이 25% 미만이면 원천징수세율이 10%로 상승**하기 때문이다.

3) 참고로, 중국이 싱가포르, 대만과 체결한 조세조약에서도 마찬가지로 규율하고 있다. 따라서 **중간지주회사를 싱가포르나 대만에 설립한 경우에도 위에서 본 설명이 그대로 적용된다.** 요컨대 **① 중국 내 회사로부터 이익배당을 송금받는 주주회사의 설립지가 한국, 홍콩, 싱가포르, 대만에 있을 경우, 중국 내에서 그 이익배당금에 대하여 원청징수되는 세율은 모두 5%(주주 지분율 25% 이상인 경우) 혹은 10% (주주 지분율 25% 미만인 경우)로 동일하다는 점은 실무가 입장에서 기억해 두면 좋다. ② 중국이 미국, 영국과 체결한 조세조약에서는 배당이익의 상대방 국가 송금 시 원천징수세율이 일률적으로** 10%라는 점도 참고로 알아 두자.

그리고 여기에서 **원천징수 세액을 납부하는 자는 중국 내 회사**(WFOC)**이지만, 그 납부의무자**(즉 세금을 납부하는 명의인)**는 이익배당 소득을 취득하는 중간지주회사**(IHC)**임을 기억해 두자.**

(4) 홍콩 중간지주회사(IHC)가 지급받은 이익배당액(71.25)에 대하여 홍콩에서 법인세를 내는지 확인한다: 홍콩 세법상 과세되지 않는다. 따라서 여전히 71.25.

홍콩 세무조례인 IRO(Inland Revenue Ordinance)에 따르면, 홍콩은 해외 투자자를 적극적으로 유치하기 위하여 세금의 종류도 적고 세율도 낮게 설정하고 있다(홍콩세무(국), 70-76면, 홍콩투자(코), 72-83면). 예컨대, 홍콩에는 부가가치세, 이자소득세, 배당소득세, 양도소득세, 증여세, 상속세 자체가 없다. 무엇보다도, **홍콩 세무국은 기본적으로 소득원천지가 홍콩 밖인 역외원천소득**(홍콩 밖에서 발생하거나 얻은 소득)**에 대해서는 어떠한 명목의 세금도 부과하지 않는다**(뿐만 아니라, **홍콩 내 회사의 주주가 받는 배당소득에 대해서도 과세되지 않는다**). 따라서 이 건에서 홍콩 중간지주회사(IHC)가 지급받은 이익배당액(71.25)은 역외원천소득이어서 홍콩에서 어떠한 과세도 없다.

(5) 홍콩 중간지주회사(IHC)의 배당가능이익을 계산한다: case by case인데, 여기에서는 71.25로 변함없다고 가정한다.

(6) 홍콩 중간지주회사(IHC)가 한국 모회사(A)에게 이익배당액을 송금하기 전에 홍콩에서 납부해야 하는 원천징수액이 있는지 확인한다: 없다. 따라서 여전히 71.25

비록 한국과 홍콩 간 조세조약에서는 일방에서 타방으로 지급되는 배당소득에 대하여 원천징수 방식으로 징수되는 일정한 제한세율을 규정하고 있지만, **홍콩은 자신의 국내법령에서 홍콩 법인이 주주**(홍콩 내 거주자이든 비거주자이든 불문한다)**에게 지급하는 이익배당금에 대하여 과세하지 않고 있다.** 따라서 홍콩에서는 국내법상 근거규정이 없어서 조세조약의 이 조항이 적용될 여지가 없고, 그 결과 이 건에서도 원천징수액이 없다.

(7) **한국 모회사(A)가 지급받은 이익배당액(71.25)에 대하여 한국에서 법인세를 얼마를 내는지 계산한다: 간접외국납부세액 공제만 있다. 그 결과 71.25−14.2125=57.0375**

한국 법인세법에 따르면 다음과 같은 순서로 한국내 납부 세액이 계산된다. **이 부분에서 위 2. 직접적 기업형 투자의 경우와 차이가 발생한다. 차이가 발생하는 원인의 핵심은 우리 법인세법이 외국납부세액 공제를 적용할 때,** 한국 모회사(A)에게 이익배당액을 지급하는 **자회사(이 건에서는 홍콩 중간지주회사)의 납부세액만을 고려할 뿐, 그 아래 단계에 있는 손회사, 증손회사 등(이 건에서는 중국 내 회사)의 납부세액을 고려해 주지 않는다**는 것이다.

(가) 홍콩원천소득에 대한 한국내 법인세액의 가정적 계산

1) 앞에서 보았듯이, 경제적 실질만 놓고 본다면 해외 자회사는 단순한 겉껍질에 불과하기 때문에, 한국 모회사가 해외 자회사로부터 받은 소득을 계산할 때 해외 자회사가 그 소득과 관련하여 납부한 세액을 포함시켜서(즉 gross-up하여) 계산하는 것이 우리 법인세법의 입장이다(**단, 우리 법인세법은 이러한 실질적 시각에 입각한 논리를 자회사 단계까지만 적용하고, 그 아래의 손자회사, 증손회사 등에게까지 전면적으로 확장하지는 않는다**).

이 건에서 **홍콩 중간지주회사(IHC)는 홍콩에서는 어떠한 세금도 납부하지 않았지만, 위 (3)의 단계에서 중국에 원천징수 방식으로 3.75를 납부하였다. 우리 법인세법은 이처럼 한국 모회사(A)의 자회사(이 건에서 홍콩 중간지주회사)가 손자회사(이 건에서 중국 내 회사)의 소재지국에서 납부한 세금이 있을 경우 그 50%만을 gross-up시켜 준다**(법인세법 제57조 제4항, 법인세법 시행령 제94조 제8항). **따라서 홍콩원천소득은 홍콩 중간지주회사(IHC)가 한국 모회사(A)에게 송금한 71.25에 중국에 (원천징수 방식으로) 납부한 세액(3.75)의 50%인 1.875를 더한 73.125가 된다.**

2) 현재 한국의 법인세율은 10%~25%의 누진세율 체제인데, 과세표준 금액 200억 원 초과, 3,000억 원 이하 구간에 적용되는 세율은 22%이다. 여기에서는 한국 모회사(A)의 전체 과세표준 금액이 이 구간에 해당된다고 가정하자. 그러면 (누

진세율 체제를 감안하면 정확한 표현이라고 볼 수는 없지만) 홍콩원천소득 73.125에 대해서도 22%의 세율이 적용되고, 그 결과 **한국 모회사(A)가 이익배당액(71.25)에 관하여 한국에 납부하여야 할 법인세액은 16.0875** (73.125×0.22=16.0875)가 된다.

(나) 직접 외국납부세액 공제: 없다.

한국 법인세법에 따르면 한국 법인이 국외원천소득에 대하여 국내법인 자신의 명의로 그 원천소득 발생지국에 납부한 세액(직접 외국납부세액)을 위 (1)에서 계산된 법인세액에서 공제할 수 있다(법인세법 제57조 제1항의 취지). 그런데 **이 건에서는 한국 모회사(A)가 자신의 명의로 홍콩에서 납부한 어떠한 세금도 없다. 따라서 위 2. 직접적 기업형 투자에서와 달리 직접 외국납부세액 공제를 할 게 없다.**

(다) 간접 외국납부세액 공제

1) 앞에서 보았듯이, 한국 법인세법에 따르면 일정한 요건을 충족하는 전제하에서(의결권 있는 지분보유비율이 원칙적으로 25% 이상, 6개월 이상 보유), 한국 모회사의 소득금액에 외국 자회사로부터 받은 이익배당금액이 포함되어 있는 경우, 외국 자회사가 자신의 명의로 납부한 법인세액 중 당해 이익배당금에 대응하는 부분은 위 (1)에서 계산된 법인세액에서 공제할 수 있다.

여러 가정을 통해 사실관계를 단순화시킨 **이 건에서는 홍콩 중간지주회사(IHC)가 중국에서 원천징수 방식으로 납부한 세액(3.75)의 50%인 1.875가 여기에 해당한다(위 (가) 설명 함께 참조)**. 따라서 한국 모회사(A)는 홍콩 중간지주회사(IHC)가 중국에서 원천징수 방식으로 납부한 세액의 50%인 1.875를 위 (가)에서 계산된 가정적 법인세액 16.0875에서 공제할 수 있다(간접 외국납부세액 공제. 외국에 납부한 세금인데 외국 현지 자회사의 명의로 납부하였기 때문에, 이를 한국 모회사가 "간접적"으로 납부한 것이라고 보아서 "간접"이란 표현을 쓴다).

2) 한편, 한국과 홍콩 간 조세조약에서 간주 외국납부세액 공제는 인정되지 않는다. 요컨대, **이 건에서 직접 외국납부세액 공제는 해당 사항이 없고, 간주 외국납부세액 공제는 인정되지 않으며, 간접 외국납부세액 공제만 일부 인정된다.** 즉

애초 계산된 법인세액 16.0875−공제 가능한 (간접) 외국납부세액 1.875=14.2125가 한국에서 납부할 법인세액이 된다.

3) 위에서 계산된 외국납부세액 공제가 한국법상 공제한도를 초과하는지 확인한다

이 건에서는 사실관계를 단순하게 가정하여서 공제한도를 쉽게 구할 수 있는데(홍콩 원천소득 73.125에 법인세율 22%를 곱하여 산출되는 16.0875), 그 값이 공제액보다 크다. 따라서 **공제한도 초과의 문제는 생기지 않는다.** 구체적인 설명은 위 2.(4)(라) 부분을 참조하기 바란다.

(8) 최종적으로 한국 모회사(A)가 중국에서 발생한 국외원천소득 100에 대하여 부담한 세율을 확인한다: 이 건에서는 42.9625%. 실수령액은 57.0375.

이상으로 모든 분석절차를 마쳤다.

정리하면, 간접적 기업형 투자에서 한국 모회사(A)는 중국 원천소득 100을 이익배당의 형식으로 받을 경우 57.0375 정도를 받을 수 있다고 예상한 후, 실제 세무 전문가를 통하여 구체적인 simulation을 해 보아야 한다.

4. 결론: 이익배당 시 세금효과

1) 위에서 보았듯이, **한국 모회사가 중국 내 회사에서 발생한 수입을 이익배당의 경로를 통하여 받고자 할 경우, 직접적 기업형 투자가 간접적 기업형 투자에 비하여 세금 유출이 적다. 그 이유는 우리 법인세법이 규정하고 있는 이중과세조정제도(외국납부세액 공제 제도)가 홍콩과 같이 각종 세금혜택을 많이 부여하고 있는 곳일수록 공제 액수가 줄어들게 설계되어 있기 때문이다. 따라서 한국 투자자가 중국 내 사업에서 발생한 수입을 그때그때 한국으로 회수하는 것을 예정하고 투자구조를 짤 경우에는 직접적 기업형 투자가 더 매력적일 수밖에 없다.**

2) 참고로 실무에서는 한국 모회사가 중국 사업에 관한 중간지주회사를 홍

콩, 싱가포르 등이 아니라 한국에 설립하는 것을 고려하기도 한다. 즉 **한국 모회사 – 한국 중간지주회사 – 중국 내 회사의 형식으로 지분구조**를 짜는 것이다. 이 구조하에서 중국 내 회사의 수입을 이익배당을 통하여 한국 모회사가 받을 경우의 세금효과에 관해서는 이 책에서는 별도로 다루지 않는다. 중국 내 회사에서 한국 중간지주회사까지의 단계는 위 2. 직접적 기업형 투자에서 본 분석이 그대로 적용된다. 이후 한국 중간지주회사에서 한국 모회사로 이익배당이 되는 과정은 한국 관련 세법만이 적용되므로(법인 주주가 받는 이익배당금에 대한 일정 한도 내의 익금불산입 제도), 필요하면 관련 문헌을 참조하기 바란다(임승순, 583-585면, 이창희, 565-568면).

제3절 간접적 기업형 투자의 장점

위에서 살펴본 바와 같이, **간접적 기업형 투자구조를 짤 경우, 직접적 기업형 투자보다 중간지주회사의 설립 및 운영으로 인한 추가 비용이 들고, 장래 중국 내 회사의 사업수익을 이익배당을 통해 한국 모회사로 끌어올릴 때에도 거의 예외 없이 세금유출이 많아진다.** 그럼에도 현장에서는 많은 한국 투자자들이 중간지주회사의 설립 및 운영비용에 큰 부담을 느끼지 않을 경우, 중국에 자회사를 설립할 때 홍콩이나 싱가포르에 중간지주회사를 설립하고 있다(정밀한 통계자료에 기초한 결론은 아니지만, 중국에만 해외 자회사를 둘 경우에는 홍콩을, 중국뿐 아니라 동남아시아 국가들에도 해외 자회사를 둘 경우에는 [말레이지아의 라부안과 함께] 싱가포르를 중간지주회사의 설립지로 고려하는 경우가 많아 보인다). 그 이유는 무엇일까?

이에 관해서도 홍콩이나 싱가포르에의 회사 설립을 대행해 주는 현지 로펌이나 agency, 그리고 한국의 컨설팅 회사들이 인터넷상에 중간지주회사를 둘 때의 장점들을 설명하고 있으니 함께 참고하기 바란다. 아래에서는 저자가 생각하는 몇 가지 이유들을 소개한다.

I. 장래 지분매각의 편리함

사업 현장에서 중국 투자 시 간접적 기업형 투자를 선택하는 가장 큰 이유는 장래 지분매각을 염두에 둘 경우의 편리함 때문이다. 시야를 넓혀 중국을 포함한 해외 투자 전체를 놓고 보아도, 간접적 기업형 투자는 **장래** ① 해외 현지사업이 순조롭게 흘러갈 경우의 투자회수(Exit)를 위하거나, 혹은 ② 반대로 잘 되지 않을 경우의 경영효율화(Efficiency of Management)를 위한 목적으로 **지분매각이나 상장을 하게 될 경우 더 다양하고 편리한 수단을 제공해 주기 때문**에 선택한다고 볼 수 있다. **특히 중국 투자에서는** 상장보다는 지분매각이 1순위로 고려되는데, **중간지주회사를 둘 경우 지분매각 절차를 밟는 데 소요되는 시간과 비용을 대폭 줄일 수 있다.**

1. 해외 사업 구조조정의 문제점

1) 해외 투자를 시작하는 사업가들이라면 누구나 머릿속에서는 해당 외국에 설립한 자회사의 사업이 성공적으로 지속, 발전되는 시나리오를 머릿속에 그린다. 시나리오대로 잘 진행되어서 어느 정도의 성공에 이르면 그 자회사를 제3자에게 매각하거나 기업공개(IPO: Initial Public Offering)와 함께 어느 국가의 거래소에 상장(Listing)하는 방식으로 투자금의 전부 혹은 일부를 회수하려 한다. 반대로 시나리오대로 사업이 순조롭게 진행되지 않을 경우, 해당 외국 사업의 문제점을 분석한 후 다양한 형태의 사업 재편을 꾀하게 된다. 이처럼 **장래 해당 사업이 잘 되는 못 되든 상업적 관점에서의 사업 구조조정이 이루어지게 되는데, 이러한 사업 구조조정은 대부분의 경우 회사법적 관점에서 볼 때 해당 사업을 영위하는 회사에 대한 구조조정을 수반한다.**

회사의 구조조정(Restructuring, Reconstruction, 혹은 Reorganization이라고도 한다)은 회사법뿐 아니라 경영학에서도 사용되고 일상생활에서도 사용되는 매우 다의적인 용어인데, 일응 기업이 급변하는 경제환경의 변화에 적절히 대처하여 지속적인 성장과 존속을 하기 위한 목적으로 그 법적인 구조를 사후에 조정·변경하는 것으로 이해할 수 있다. 회사법적 관점에서 보면, 해당 회사에 대한 **합병, 분할, 자산**(**영업**)**의 양도나 양수, 회사조직 변경**(**예컨대 상장을 하기 위하여 회사 형태를 유한회사에서 주식회사로 변경하는 것**)**, 자회사의 설립, 기업집단**(**계열사 모임**)**의 형성, 지주회사 체제로의 전환, 주식의** (**포괄적**)**교환이나 이전, 주식의 양도나 신주 발행, IPO**(**기업공개**) **및 상장**(**Listing**) 등이 해당할 것이다(권기범, 136면, 송옥렬, 1220-1224면 참조. 주식의 양도나 신주발행, IPO 및 상장은 저자가 추가한 항목이다). 실무에서 회사 구조조정은 다양하고 까다로운 법률 이슈들을 다루어야 하기 때문에, 법률 실무가들에게도 추가적으로 많은 경험과 관련 지식을 쌓을 것이 요구된다. 또한 각국의 회사 구조조정에 관한 법제는 통일성이 없기 때문에, 회사 구조조정에 관해서는 해당 회사 설립지국의 법률가에게 별도의 자문을 받는 것이 당연하게 여겨지고 있다.

2) 그런데 **해외 투자 과정에서 설립된 해외 자회사를 장래 여러 가지 사정 때문에 구조조정해야 할 경우,** 한국 투자자가 부딪치는 첫 번째 문제는, 한국 모회사 내의 의사결정자는 물론 그들에게 평소 법률자문으로 해 오던 한국 법률실무가들도 해당 자회사 설립지국(예컨대 이 책의 논의 대상인 중국)의 회사법이나 그 회사의 구조조정에 적용되는 현지 법규율(legal regulation)에 대해서 잘 알지 못한다는 점이다. 이를 보완하기 위하여 현지 법률사무소의 자문을 받지만, 한국 내 회사 구조조정에 관한 법규율과는 다른 부분이 적지 않아서, 법률자문을 받는 데 많은 시간과 비용이 소요되는 상황을 피할 수 없게 된다 그런데 더 큰 문제는 그다음에 찾아온다. **막상 그때 가서 해외 자회사 설립지국의 법 규제를 확인해 본 결과, ① 구조조정을 해당 국가의 법규율에 맞추어 완수하려면 예상보다 너무 많은 시간과 비용이 소요되거나 ② 법률 인프라의 미성숙으로 인한 불확실성 때문에 구조조정 일정을 사전에 제대로 짜기가**(**즉 미래 사업 일정을 예상하기가**) **어렵다**는 점이다. 중국의 경우를 가지고 이러한 사례를 몇 가지 살펴보자.

1 중국에는 우리와 달리 주식의 포괄적 교환이나 이전, 물적 분할에 관하여 회사법에 근거규정이 없다. 따라서 이 3가지 거래와 동일한 결과를 가져오기 위해서는 현물출자의 방식을 통할 수밖에 없는데, 현물출자를 할 경우(특히 외국투자자나 외상투자기업이 할 경우)에 관하여 법규정의 문구만으로는 정확한 요건과

절차를 파악하기 어렵다.

2 외상투자기업이 합병당사자가 될 경우에는 회사법에 없는 추가적인 행정적 규제가 있는데, 실무에서는 행정절차에만 6개월 이상이 소요되기도 한다. 즉 합병계약서에 양 당사회사가 서명하고, 양 당사회사의 이사회나 주주총회 결의를 다 거친 상황에서, 순수하게 관할 행정관청을 찾아가서 합병을 승인받는 데에만 이 정도 혹은 그 이상의 기간이 걸릴 수 있다(중국 내 기업결합신고[중국법 명칭: 경영자집중신고]는 필요 없다는 가정하에서다. 중국 내 기업결합신고는 뒤에서 따로 살펴보겠지만, 2-6개월 정도 소요된다). 이는 한국에서의 합병실무에 익숙한 한국 투자자의 입장에서 볼 때 사업일정에 차질을 주는(특히 심각하게 지연을 주는) 예상 밖의 변수가 될 수 있다.

3 한국에서는 중국의 유한책임공사를 한국의 유한회사와 유사하다고 간단히 설명하는 경우가 많다(하지만, 제2장에서 살펴보았듯이 그리 단순하게 이해할 문제는 아니며, 인적 회사와 물적 회사의 특성이 혼합되어 있는 hybrid 형태의 회사라고 이해하는 게 맞다). 그런데 막상 중국 유한책임공사의 지분을 양도하려고 하면, 한국 유한회사와 달리 "출자좌수"라는 개념도 없고, 다른 출자자(사원)들의 동의와 우선매수권이 이슈로 등장하며, 한국에는 없는 정부기관에의 지분이전등기(출자자[사원]이 변경됨을 이유로 한 변경등기)가 법률 요건의 핵심으로 등장한다. 반면, 한국에서는 중요하게 생각하는 사원명부에의 명의개서에 관해서 현지의 많은 중국 변호사들은 전혀 신경을 쓰지 않음을 보게 된다.

4 과거에는 외국 투자자가 출자자로 있는 유한책임공사(외상투자기업. 그중에서도 중외합자기업과 외자기업)의 지분양도시에 관할 상무부서의 심사허가(중국법상 명칭: 批准[비준])가 필요하였는데, 그 당시에는 심사허가권을 가지는 상무부서에서 지분양도계약서의 실질적인 내용에 수정을 요구하면서 허가를 거부하는 경우도 있었다. 그렇지 않더라도 지분양도를 위한 행정절차에만 2-3개월이 소요되는 경우는 허다하였다(다행히 지금은 이 부분의 절차가 많이 간소화되었다).

3) 요컨대 **해외 투자를 하게 될 경우 그 투자대상국 별로 다른 회사법 체계 때문에 최초 투자 실행 이후 사업을 구조조정(법적으로는 해당 외국에 설립된 자회사를 구조조**

정)하는 과정에서 예상 밖으로 많은 시간과 비용이 소요됨을 뒤늦게 알게 된다. 경우에 따라서는 당연히 가능하다고 생각했던 구조조정 수단이 현지에서는 불가능하다는 사실을 장래 구조조정을 해야 하는 시점에 가서 알게 되기도 한다. 비단 이는 우리 한국 투자자들만의 문제가 아니라, 본국 이외의 국가에 투자를 하는 전 세계의 여러 투자자들이 공통적으로 안게 되는 고민거리이다.

2. 중간지주회사를 이용한 대책

1) 한국보다 앞서 많은 해외투자 경험을 가져 본 서구 투자자들은 이 어려움을 (100% 해소할 수는 없지만) 현실에서 최소화하기 위하여 다음과 같은 방안을 고려하고 있다.

1. 첫 번째 단계로, ① **자신들에게 익숙하거나, 익숙하지 않을 경우 규율이 간단하고 투자자에게 우호적인(investor-friendly) 법체계를 가지고 있으면서,** ② **법인세가 없거나 있더라도 법인세율이 상대적으로 상당히 낮고,** ③ **국외 원천소득에 대하여 과세하지 않으면서,** ④ **해외로 지급되는 금원에 대한 과세 및 원천징수제도가 없는 제3의 국가나 지역들을 찾는다.** 많은 경우 이 요건들을 충족하는 곳은 조세피난처(Tax Haven)들이지만, 꼭 그렇지만은 않다. 예컨대 홍콩은 법인세율이 8.25%, 16.5%의 이원적 구조이고 싱가포르는 법인세율이 17%이어서 조세피난처라고 보기에 애매하지만, 아시아 지역 투자 시 중간지주회사의 설립지로 많이 선호된다.
2. 두 번째 단계로, 위 제3국·지역에 중간지주회사를 설립하는 방식이 포함된 몇 가지 사업(투자)구조들을 설계해 놓고, 세금 효과(tax effect)를 포함하여 장래 일어날 수 있는 여러 상황들을 simulation하여 비교해 본 후, 자신의 사업(투자) 효율성을 극대화해 줄 것으로 생각되는 구조를 선택한다(실무에서는 이 단계를 "Structuring"이라고 칭하는데, 많은 노력과 시간, 그리고 필요하면 회계사무소와 법률사무소에의 외부 자문비용을 들인다).
3. 세 번째 단계로, 선택된 구조에 따라서 하나 혹은 둘 이상의 제3국·지역에 중

간지주회사를 설립한다. 그리고 그 중간지주회사의 100% 자회사로(중간지주회사를 둘 이상 설립한 경우 지분구조상 가장 아랫단에 위치한 중간지주회사의 100% 자회사로) 애초 설립하고자 하였던 해외 자회사(중간지주회사와 달리 실질적인 사업을 수행하는 회사라는 의미에서 Operation Company[OpCo]라고도 한다)를 설립한다.

4 마지막 단계로, 장래에 해외 자회사(OpCo)를 직접 대상으로 한 구조조정, 예컨대 지분 매각, 영업양수도, 합병, 분할, 지분의 포괄적 교환이나 이전, 상장 등이 해외 현지 규제법령 때문에 비효율적이라고 생각되면, **차라리 중간지주회사의 주식을 제3자에게 매각하거나 중간지주회사를 특정 국가 거래소에 상장함으로써 최대한 애초에 직접 해외 자회사를 구조조정하고자 했던 것과 유사한 목적을 달성한다.** 이때 **중간지주회사가 설립된 국가·지역은 해당 투자자들이 평소에 익숙하게 여기는 법 체제를 가지고 있거나 그러지 않을 경우에도 간명하면서도 투자자에게 우호적인 법 체제를 가지고 있기 때문에, 매우 신속하고 효율적으로(경우에 따라서 투자자 본국보다도 더 신속하게) 지분매각이나 상장 절차를 완료할 수 있다.**

2) 위 4에서 "중간지주회사의 주식을 제3자에게 매각하거나 중간지주회사를 특정 국가 거래소에 상장함으로써 최대한 애초에 직접 해외 자회사를 구조조정하고자 했던 것과 유사한 목적을 달성한다"고 표현하였는데, 그 구체적인 의미는 아래에서 가정적인 사례를 가지고 설명한다.

3. 중간지주회사의 주식매각이나 상장을 통한 해외자회사의 간접적 구조조정

(1) 직접적 기업형 투자의 경우

먼저 중국을 대상으로 하는 직접적 기업형 투자구조로서 아래와 같은 가상의 사례를 살펴보자.

▼ 구조도 1. 직접적 기업형 투자(중간지주회사를 두지 않음)

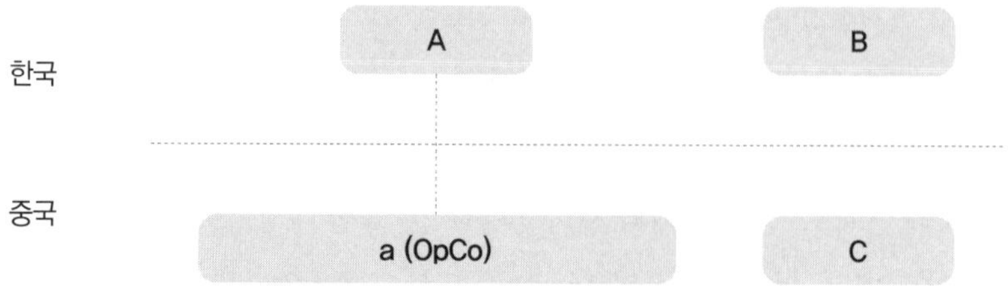

※ **A:** 한국 법인. 지분매도인
※ **a:** A의 100% 자회사. 법적 형태는 유한책임공사
※ **B:** 한국 법인. 잠재적 지분매수인 1
※ **C:** 중국 법인. 출자자가 모두 중국인일 수도 있고 중국인과 외국 투자자가 공동으로 출자한 JVC(합작회사)일 수도 있다. 법적 형태는 유한책임공사. 잠재적 지분매수인 2

한국 모회사 A는 2008년 중국에 선풍기를 생산·판매하는 자회사 a를 설립하여 사업을 영위하였으나 10년이 지나면서부터 판매부진으로 적자를 면치 못하고 있다. 이에 A는 중국 자회사 a를 제3자에게 매각하고 중국 내 선풍기 시장에서 철수하고자 한다. 현재 한국 법인 B와 중국 법인 C가 인수에 관심을 보이고 있다.

(가) 먼저 A가 자신과 마찬가지로 외국 투자자인 한국 법인 B에게 중국 자회사 a를 처분하는 경우를 생각해 보자.

1) "회사를 타인에게 처분한다"는 것을 상업적 관점에서 이해하면 그 회사가 영위하는 구체적인 사업의 지배권 내지 통제권을 매각한다는 의미이다. 그리고 이러한 목적을 달성하기 위하여 사용되는 통상적인 법적 수단 즉 회사 구조조정의 수단은 ① 지분매매, ② 영업양수도, 그리고 ③ 합병이다(보다 구체적인 설명은 송옥렬, 1220-1221면 참조). 그런데 이 건에서는 매수대상이 되는 회사(a)는 중국에, 매수하고자 하는 회사(B)는 한국에 설립되어 있다. 이러한 경우 합병은 중국법이나 한국법상 모두 허용되지 않고, 영업양도는 B가 (a)를 매수하고자 하는 목적이 중국 내 사업 영위인 한 원하지 않을 것이다(굳이 영업양도 형식을 취하고자 한다면, B가 먼저 중국 내에

자신의 100% 자회사 b를 설립한 후, b가 a의 영업을 양수하고, 껍데기만 남은 a를 해산·청산하는 것인데, 이는 상당히 번거로울 것이다).

따라서 이 경우 고려할 수 있는 가장 통상적인 법적 거래 수단은 지분매각, 즉 A가 a의 지분을 B에게 매도하는 것이다. 이때 지분매매계약의 목적물은 중국 회사 a의 지분(중국법상 명칭: 股权[고권])이기 때문에, 그 지분양도에는 중국의 회사법이 강행적으로 적용된다. **즉 이 건에서 지분매매계약의 준거법은 반드시 중국법이 되어서, 그 지분이전 과정에서 중국법상 요구되는 여러 법적 절차를 밟아야만 한다.**

2) 그런데 중국 유한책임공사의 지분 이전에는 우리의 유한회사나 주식회사에는 없는 "관할 등기기관(과거에는 "공상행정관리국", 현재는 "시장감독관리국"이라는 명칭으로 불린다)에의 출자자 변경등기"라는 행정절차가 요구된다. 사실 이러한 행정절차가 요구되는 것 자체가 문제라고 볼 수는 없다. 영국 회사법상 가장 흔한 회사 형태인 Private Company Limited By Shares 역시 매매계약에 의한 주식양도(Transfer of Shares)의 경우에 이러한 행정적 등기절차가 필요하고(Slorach, 101면), 이를 계승한 홍콩 회사조례(Company Ordinance)에 따라서 홍콩에서 설립되는 (가장 흔한 회사 형태이자 이름도 동일한) Private Company Limited By Shares(중문으로는 私人股份有限公司[사인고분유한공사]라 한다) 역시 행정적 등기절차가 필요하지만, 해외 투자자들 사이에서 그 등기절차와 관련한 불만은 듣기 어렵다. 하지만 **중국에서는 ① 출자자 변경 등기가 제3자에 대한 대항요건으로서 중요한 법적 의미를 가지고 있고(회사법 제32조 제3항 제2문), ② 관련 행정 법령에서도 (영국이나 홍콩에서처럼 주식양도 및 대금지급이 끝난 후에 연도보고[Annual Return]의 형식으로 등기를 하는 것이 아니라) 지분매매대금 지급시점에서 그 등기가 함께 이루어질 것을 요구하고 있다. 그런데 외국 투자자들 사이에서는, 오래 전부터 외국 투자자가 유한책임공사의 지분을 양도하기 위하여 이 등기를 포함한 각종 행정절차를 거치는 데 너무 많은 시간과 노력이 소요되고, 무엇보다도 언제 그 행정절차가 완료될지 예측하기 어렵다(즉 예측가능성이 너무 심하게 떨어진다)는 불만이 끊이지 않았다.**

과거에는 외국 투자자가 유한책임공사의 지분을 매도하거나 매수할 경우 등기를 하기 전에 먼저 다른 정부부서(흔히 상무부서라는 명칭으로 불리었다)에 가서 심사허가(중국법상 명칭: 批准비준)를 받아야 했다. 당시 관할 상무부서에서는 간혹 지분매매계약의 실질적 내용에 대해서까지 간섭을 하면서 지분양도절차를 지연시키기도 하였다. 2015년 상무부서의 심사허가 절차는 상무부서에 신고(중국법상 명칭: 备案비안]. 영어로는 Filing이라고 하는데, "비안"에는 관청에서 특정한 사실관계를 기재한 서류를 철해서 보관한다는 뉘앙스가 있다)하는 절차로 변경되었고, 2020년 다시 상무부서에 보고(중국법 용어도 동일하게 报告이다. 영어로는 Report라 한다)하는 절차로 개선되었다. 이에 지금은 확연히 행정절차의 기간이 단축되기는 하였다. 하지만 여전히 한국 투자자들이 일반적으로 가지는 기대치에는 미치지 못하며, 간혹 중국 정부 차원에서 관심을 가지는 대규모 거래의 경우에는 외국 투자자 입장에서는 알 수 없는 이유로 행정절차가 지연되는 경우가 있다. **결국 외국 투자자 입장에서 느끼는 문제의 핵심은 중국 내에서 지분매각의 절차를 밟을 경우 (그것이 어렵다, 시간이 많이 걸린다는 문제도 있지만 보다 근본적으로) 행정절차 진행의 예측가능성이 지나치게 떨어진다는 점이다**.

(나) 다음으로 A가 중국 내에 설립되어 있는 법인 C에게 중국 자회사 a를 처분하는 경우를 생각해 보자.

이 경우에는 매수인이 중국 자회사와 마찬가지로 중국 안에 설립되어 있기 때문에 통상적으로 고려해 볼 수 있는 3가지 법적 수단을 모두 검토해 볼 수 있다. 그러나 여전히 그 모든 수단이 중국 내에서 이루어지는 회사 구조조정이어서 반드시 중국법을 따라야 한다(즉 중국법이 강행적으로 적용된다)는 공통된 문제점이 있다. 조금 더 자세히 살펴보면 아래와 같다.

1. A가 a의 지분을 C에게 매각할 경우의 문제점은 이미 위 (가)에서 살펴 보았다.
2. a와 C를 합병할 경우 지분을 매각할 때보다 중국 내에서 밟아야 할 행정절차가 더 번거로워진다. 게다가 당사자들 사이에서도 중국 회사법상 사원총회의 결의, 합병에 반대하는 사원들과의 의견조율절차, 채권자보호절차 등이 추가로 요구되어 업무 부담이 확연하게 늘어난다.
3. A의 영업을 C에게 양도할 경우, 개개의 자산 이전에 필요한 중국법상 요건을 일일이 갖추어야 하는데, 중국은 한국에서보다 그 요건 이행에 많은 시간과

비용이 소요된다(일례로 중국은 부동산 등기에 관하여 우리와 같은 전국 단위의 전산망이 완비되어 있지 않다). 지역에 따라서는 특정한 동산에 관하여 소유권 이전 등기·등록을 어느 관공서에 찾아가서 신청해야 하는지에 관해서도 헷갈릴 수 있다.

(다) 소 결

요컨대 중국 내에서 지분양도, 영업양도, 합병을 할 경우 그나마 행정절차적 부담이 가장 가벼운 것이 지분양도이다. 하지만 결국 **직접적 기업형 투자 구조를 취한 경우 장래 중국 내 사업을 구조조정할 때, 한국에서보다 많은 시간과 비용을 부담할 위험은 피할 수 없게 된다.**

(2) 간접적 기업형 투자의 경우

그렇다면 똑같은 상황에서 한국 투자자가 홍콩에 중간지주회사를 둔 간접적 기업형 투자구조를 두고 있다면 어떠한 장점이 있는가?

▼ 구조도 2. 간접적 기업형 투자(중간지주회사를 둠)

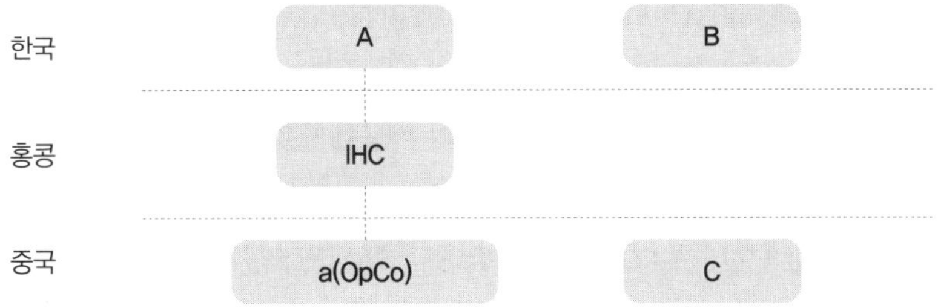

※ A: 한국 법인. 주식매도인 1
※ IHC(Intermediate Holding Company): 중간지주회사. A의 100% 자회사. 법적 형태는 Private Company limited by shares(私人股份有限公司[사인고분유한공사]). 지분매도인 2
※ a: IHC의 100% 자회사. 법적 형태는 유한책임공사
※ B: 한국 법인. 잠재적 주식 · 지분매수인 1
※ C: 중국 법인. 출자자가 모두 중국인일 수도 있고 중국인과 외국 투자자가 공동으로 출자한 JVC(합작회사)일 수도 있다. 법적 형태는 유한책임공사. 잠재적 주식 · 지분매수인 2

(가) 우선 A가 한국 법인 B에게 중국 자회사 a를 처분하는 경우를 생각해 보자.

1) 위 (1)에서 본 바와 같은 이유로 회사를 처분하는 3가지 방안 중 영업양도와 합병은 적절하지 않고, 통상 지분매각을 고려하게 되는데, 이 구조하에서는 지분매각에서도 2가지 옵션이 생긴다. ① 하나는 **IHC가 자신이 보유하고 있는 a의 지분(중국법상 명칭: 股权[고권]. 영어로는 Equity로 번역한다)을 B에게 매도하는 것**이고, ② 다른 하나는 **A가 자신이 보유하고 있는 IHC의 주식(중문명칭: 股份[고분]. 영어로는 Share로 번역한다)을 B에게 매도하는 것**이다.

2) 위 ①의 지분매매 거래구조는 위 (1)에서 살펴본 직접적 기업형 투자 구조에서 지분을 매각하는 것과 동일하기 때문에, 실무상 문제점 역시 동일하다(자세한 내용은 위 (1) (가) 설명 참조). 반면 **위 ②의 주식매매 거래구조를 취할 경우 매매계약의 목적물이 홍콩 회사가 발행한 주식이어서 홍콩 법령이 적용되는데, 홍콩 주식을 양도하는 데 요구되는 회사내부 및 외부 절차는 1주일 정도면 충분**하고, 그 과정에서 중국에서와 같은 절차지연은 거의 일어나지 않는다. 즉 중국회사의 지분을 양도할 때보다 매우 높은 수준으로 신속성과 예측가능성이 보장된다.

(나) 다음으로 A가 중국 법인 C에게 중국 자회사 a를 처분하는 경우를 생각해 보자.

1) 이 경우에는 매수인이 중국 자회사와 마찬가지로 중국 안에 설립되어 있기 때문에 통상적으로 고려해 볼 수 있는 3가지 법적 수단을 모두 검토해 볼 수 있다. 그러나, ① 합병의 경우 IHC와 C를 합병하는 것은 중국과 홍콩의 회사 관련 법령상 허용되지 않고, a와 C를 합병하는 것은 위 (1) (나)에서 살펴본 문제가 있으며, ② 영업양도의 경우 a가 C에게 영업을 양도하는 방법뿐인데(IHC의 영업을 양도한다면 결국 IHC가 보유하고 있는 a의 주식을 양도하는 것이어서 아래에서 볼 지분매각의 범주에 들어간다), 역시 위 (1) (나)에서 본 문제점들이 있다. 따라서 이 경우에도 현실적으로 고려할 수 있는 통상적인 방법은 지분매각인데, 구체적으로 2가지 옵션이 있다. ① 하나는 **IHC가 자신이 보유하고 있는 a의 지분을 C에게 매도하는 것**이고, ② 다른 하나는 **A가 자신이 보유하고 있는 IHC의 주식을 C에게 매도하는 것**이다.

2) 위 ①의 지분매매 거래구조는 위 (1)에서 살펴본 직접적 기업형 투자 구조에서 지분을 매각하는 것과 동일하기 때문에, 실무상 문제점 역시 동일하다(자세한 내용은 위 (1) (가) 설명 참조). 반면, **위 ②의 주식매매 거래구조를 취할 경우 위** (2) (가)**에서 본 바와 같이 홍콩법이 적용되고 그 결과 절차의 신속성과 예측가능성을 보장받을 수 있다는 장점이 생긴다.**

다만, 한 가지 **주의할 점이 있다. 이 경우 매수인이 중국 내 법인이어서 "검은 머리 외국인 투자(중국법상 명칭: 返程投资[반정투자. 왕복투자라는 의미이다] 영어로는 Round-Trip Investment)"를 규제하는 중국 법령에 위반할 소지가 크다는 점을 잊지 말아야 한다.** 위 ②의 주식매매 거래에서 매수인인 C는 중국 내에 설립등기가 되어 있고 주된 사업활동이 중국 내에서 이루어지고 있어서, 중국법상 "중국 내 투자주체"이다. 그런데 **중국 관련 법령에서는 중국 내 투자주체(이 건에서는 C)가** (ⅰ) **중국 외(홍콩, 마카오, 대만 포함. 이 건에서는 홍콩)에 설립되어 있으면서** (ⅱ) **중국 내 회사(이 건에서는 a)의 지분을 보유하고 있는 paper company(이 건에서는 IHC)에 투자하는 것을 원칙적으로 금지하고 있다.** 즉 이 경우 중국 내 투자주체(C)가 중국 안에서 곧바로 해당 중국 내 회사(a)에 출자하면 될 것이지 굳이 해외로 돈을 내보낸 후 다시 들여오는 형식을 취해서 마치 외국인투자(Foreign Direct Investment: FDI)인 것 같은 겉모습을 취하는 것을 금지하는 것이다. 참고로, 한국에서도 C와 같은 방식으로 특히 국내 증시에 투자하는 한국인들이 있는데, 이를 "위장 외국인 투자자" 혹은 "검은 머리 외국인 투자자"라 부른다. 한국에서는 이들 검은 미리 외국인 투자자들이 국내에서 증시를 교란하기도 하고, 탈세의 수단으로 이 투자구조를 사용하는 경우도 많아서 요주의 대상으로 분류된다. 그런데 중국에서는 아예 검은 머리 외국인투자를 할 목적으로 중국 내 자금을 중국 밖으로 내보내는 것 자체를 금지하는 엄격한 입법 태도를 취하고 있다. 여기에서 "원칙적으로" 금지된다고 설명한 이유는 현장 경험에 의하면 실제 관할 정부기관(주로 상부부서)과 논의하는 과정에서 (명시적인 법적 근거가 없음에도) 예외적으로 승낙을 받을 가능성이 전혀 없지는 않기 때문이다.

(다) 상 장

마지막으로, 이번에는 반대로 중국 내 회사(a)의 사업이 번창하여 상장을 시도하는 상황을 가정해 보자. 직접적 기업형 투자구조 하에서는 a를 중국 내 거래소에 상장하거나 홍콩 혹은 기타 외국에 (해외)상장하는 방안을 생각해 볼 수 있다. 하지만, 그동안 한국 투자자들이 설립한 많은 중국 자회사들이 설립 당시에는 이를 투자회수의 주요한 방안으로 삼았지만, 현실에서 중국 내 자회사가 중국 혹은 해외 거래소에 상장된 사례는 없다. 이는 그 자체로 많은 점을 시사한다고 볼 수 있다. **대부분은 간접적 기업형 투자구조를 취한 후 홍콩, 케이맨 기타 제3국·지역에 설립된 중간지주회사를 나스닥이나 홍콩에 상장하는 구조가 시도되고 있다**.

4. 소 결

최근 몇 년간 중국 내 사업환경의 악화로 중국에 설립되어 있는 자회사들을 정리하고 사업을 철수하는 한국 투자자들이 늘고 있다. **사업 철수라고 하면 흔히 해산·청산이나 파산부터 떠올리지만, 중국에서는 가장 마지막에 고려해야 할 것이 해산·청산 또는 파산이다. 실무에서 법률·세무 전문가들이 가장 많이 추천하는 방식은 중간지주회사 주식을 제3자에게 매각하는 것이다. 심지어 한국 투자자가 직접적 기업형 투자구조를 취하고 있는 경우, 지금이라도 중간지주회사를 한국 모회사와 중국 자회사 사이에 끼워 넣어 설립한 후 한국 모회사가 중간지주회사의 주식을 매각하도록 해 보라고 권하는 경우조차 있다.** 정리하면, **중국에 기업형 투자를 하게 될 경우 간접적 기업형투자의 가장 큰 매력은 장래 중국 내 회사의 지배권을 제3자에게 매각할 경우의 편리함**이라 할 것이다.

II. 지분매각 시 세금효과 면에서의 차이

실무에서는 해외 투자구조를 짤 때 항상 살펴보는 것들 중의 하나가 세금효과

면에서 어느 구조가 더 유리한가, 즉 세금유출이 가장 적은 구조가 어느 것인지 확인해 보는 것이다. 이와 관련하여 간혹 "**장래 지분매각 방식으로 해외투자 회수를 할 경우, 간접적 기업형 투자가 직접적 기업형 투자보다 세금 효과 면에서 유리하지 않나?**"라는 생각을 가지고 법률자문을 의뢰하러 오는 경우들이 있다.

결론부터 말하면 "**투자자 입장에서 양자 간에 세금효과 면에서의 차이는 없는 것이 원칙이다. 단 OpCo(실제 사업을 영위하는 회사) 소재지국 입장에서는 세금징수를 못할 우려가 있다. 그런데 중국 세무당국은 이러한 우려 때문에 명시적인 법령을 제정하여 일정한 경우 중국 내 과세권을 확장하고 있으니 유의해야 한다.**"라고 정리할 수 있다. 아래에서 직접적 기업형 투자와 간접적 기업형 투자의 경우를 나누어 살펴본다.

1. 직접적 기업형 투자의 경우

먼저 직접적 기업형 투자구조인 아래 사례를 보자

▼ 구조도 1. 직접적 기업형 투자(중간지주회사를 두지 않음)

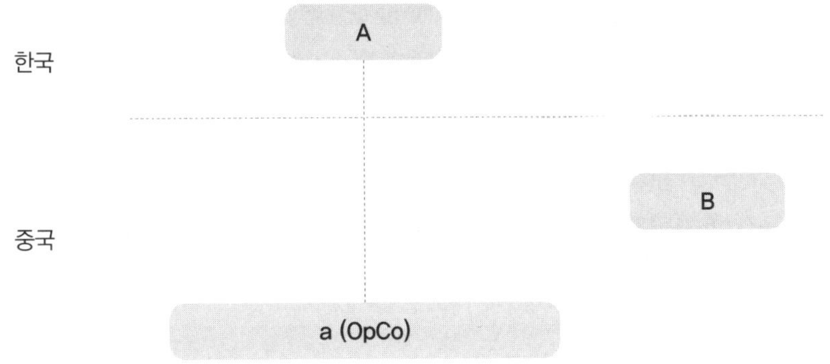

※ A: 한국 법인. 지분매도인
※ a: A의 100% 자회사. 법적 형태는 유한책임공사
※ B: 중국 법인. 잠재적 지분매수인

한국 회사 A는 미화 100만 불을 자본금으로 출자하여 중국에 화장품을 제조·판매하는 자회사 a를 설립하여 사업을 영위하였다. 이후 중국 회사 B가 이 사업에 관심을 가져 인수를 제안하였고, A는 미화 200만 불을 받고 a의 지분을 B에게 매각하였다. A는 애초 100만 불을 투자하여 마련하였던 a의 지분을 200만 불에 팔았으므로, 100만 불의 양도차익(Capital Gain)을 얻었다. 이때 A는 양도차익 100만 불에 대하여 어느 국가에 얼마의 세금을 납부하게 되는가?

(1) 중국 내 납부세금

1) 우선 중국에서 납부하게 되는 세금이 있는지, 있다면 얼마인지 살펴보자. 한중 조세조약에 의하면 이 경우 **중국은 원칙적으로 과세권이 없다. 단 a가 "부동산 과다보유 법인"이면, 중국 세무당국이 양도차익에 대하여 10%의 세금**(즉 10만 불)**을 부과하고, 이때 B는 A에게 매매대금을 지급하기 전에 A가 부담하는 10%의 세금**(즉 10만 불)**을 중국 세무당국에 먼저 납부하고**(원천징수)**, 나머지 금액**(즉 190만 불)**만 A에게 지급하여야 한다**(한중 조세조약 제13조, 중국 기업소득세법 제3조 제3항, 제37조, 중국 기업소득세법 실시조례 제7조, 제91조 제1항).

2) 여기에서 **"부동산 과다보유 법인"이란** 한중 조세조약 제13조에 의하면 중국 기업(여기에서는 a)의 자산이 주로 중국에 소재하는 부동산으로 직·간접적으로 구성된 경우에 그 법인을 의미한다. 그런데 한중 조세조약에서는 정작 "주로 중국에 소재하는 부동산으로 직·간접적으로 구성된 경우"에 대한 판단기준은 별도로 규정하고 있지 않다. 실무에서는 중국이 홍콩, 싱가포르와 체결한 이중과세방지협정에서 **"부동산이 자산총액의 50%를 초과한 경우"**를 그 판단기준으로 두고 있음을 참고하여, 중국과 한국 간에도 이를 기준으로 부동산 과다보유 법인 여부를 판단하고 있다.

(2) 한국내 납부세금

1) **다음으로 한국에서 납부하게 되는 세금을 살펴본다.** 한국에서 A는 ① 1단계로 **양도차익 100만 불을 자신의 법인세 계산 시 익금으로 산입**한 후 한국 법인세

법상 적절한(아래 법인세율 도표 참고) 법인세율을 곱하여 잠정적인 법인세액을 계산한다. ② 그다음 2단계로 **혹시 중국에서 납부한 세금(이 건에서는 부동산 과다보유 법인으로 인정되어 중국에 납부한 10만 불)이 있으면, 그 금액만큼을 납부해야 할 법인세액에서 공제한다(직접 외국납부세액 공제.** 직접 외국납부세액 공제에 관하여 필요하면 앞 부분 설명을 다시 참조하기 바란다).

2) **요약하면, 직접 외국납부세액 공제제도가 뒷받침되고 있기 때문에,** 설사 중국에서 납부한 세액이 있더라도 이를 한국에 납부할 법인세액에서 공제받을 수 있고, 그 결과 **A로서는 (매수인인 B를 통하여) 중국 세무당국에 세금을 납부하든 말든 자신이 부담하게 되는 세금 총액에는 큰 변동이 없을 것이라 잠정적으로 추론해 볼 수 있다. 단 이는 A가 그해에 납부할 법인세액이 공제받을 직접 외국납부세액보다 많은 경우를 가정하여 일반적으로 살펴본 내용일 뿐이므로, 실무에서는 세무 전문가에게 구체적인 simulation을 맡겨야 할 것이다.**

실무 Tip 2019년 법인세율 과세구간

법인세율은 그때그때 국세청 홈페이지에서 도표로 정리하여 공시해 주고 있어서, 이를 참고하면 된다. 2019년 기준 영리법인의 사업소득에 대한 법인세율은 아래와 같다. 그리고, 아래 법인세율에 다시 10%의 부가세(법인세 지방소득세)가 추가됨도 기억해 두자.

(https://www.nts.go.kr/support/support_08.asp?cinfo_key=MINF5720100726152116)

과세표준	세율	누진공제
2억 원 이하	10%	-
2억 원 초과 200억 원 이하	20%	2,000만 원
200억 원 초과 3,000억 원 이하	22%	42,000만 원
3,000억 원 초과	25%	942,000만 원

2. 간접적 기업형 투자의 경우

다음으로 동일한 전제사실하에서 A가 중간지주회사(IHC)의 주식을 B에게 미화 200만 불을 받고 매각하였다고 가정하자. 이때 A는 양도차익 100만 불에 대하여 어느 국가에 얼마의 세금을 납부하게 되는가?

▼ 구조도 2. 간접적 기업형 투자(중간지주회사를 둠)

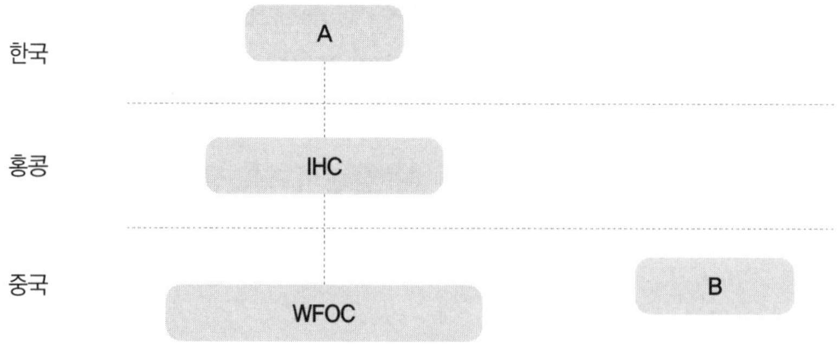

※ **A:** 한국 법인. 주식매도인
※ **IHC(Intermediate Holding Company):** 중간지주회사. A의 100% 자회사. 법적 형태는 Private Company limited by shares(私人股份有限公司[사인고분유한공사]). 지분매도인 2
※ **a:** IHC의 100% 자회사. 법적 형태는 유한책임공사
※ **B:** 중국 법인. 잠재적 주식매수인

(1) 홍콩 내 납부세금

우선 홍콩에서 납부하게 되는 세금이 있는지 살펴보자. 홍콩은 홍콩 내에 설립된 회사가 발행한 주식의 양도차익(capital gain)에 대하여 아예 과세를 하지 않는다(적은 금액의 인지세[stamp duty]는 부과되나, 여기에서는 별론으로 한다). 따라서 한국·홍콩 간 조세조약을 살펴 볼 필요도 없이(조세조약상 원천징수나 원천징수 세율은 해당 조세조약 체약국의 국내 세무 관련 법령에서 해당 세금에 대한 원천징수제도를 규정하고 있을 때에만 의미를 가지기 때문이다), 이 경우 **A가 자신이 얻는 양도차익에 관하여 홍콩에 납부하는 세금은 없다.**

(2) 한국 내 납부세금

다음으로 한국에서 납부하게 되는 세금을 살펴본다. 한국에서 A는 **양도차익 100만 불을 자신의 법인세 계산 시 익금으로 산입**한 후 한국 법인세법상 적절한(위 법인세율 도표 참고) 법인세율을 곱하여 잠정적인 법인세액을 계산한다. 이 경우 중간지주회사는 어떤 명목으로도 납부한 세금이 없으므로, 외국납부세액 공제는 없다. **요컨대 A는 한국에서만 법인세를 납부하면 충분하다는 결론이 일응 도출된다.**

(3) 중국 내 세금납부의 가능성

1) 문제의 소재

그런데 이러한 결론은 a가 "부동산 과다보유 법인"일 경우, 중국 세무당국 입장에서는 매우 부당하게 느껴질 수 있다. A 입장에서 볼 때 납부해야 하는 세금 총액에는 변함이 없지만, 간접적 투자구조를 선택한 후 중간지주회사의 주식을 매각해 버리면, 중국 세무당국에는 세금을 납부하지 않아도 된다(즉 **납세의무자가 거래구조를 변경해서 중국에의 납세의무를 회피할 수 있다)는 결론이 나오기 때문이다.**

2) 중국 과세당국의 개입

(가) 실제로 **중국 세무당국은** 2010년 외국 투자자가 위와 같이 홍콩 중간지주회사의 주식을 다른 외국 투자자에게 매각한 거래에 대하여 중국 내에서 원천징수되어야 할 세금을 회피하는 행위가 있다고 판단하여 세금을 부과하였고, 비슷한 시기부터 이 사례를 포함한 **다양한 국제적 조세회피 문제**(법률적으로 정확한 설명은 아니지만, 여기에서는 "국제적 조세 회피"를 일응 국제거래에서 거래당사자들이 조세조약을 변수로 넣어 거래구조를 조정함으로써 특정 국가에서의 과세를 회피하는 것이라는 정도로만 이해하자. 보다 자세한 설명은 오윤, 7-10면 참조)**를 해결하기 위하여 아래 3)에서 보는 바와 같이 일련의 세무규정들을 공포, 시행해 오고 있다.**

(나) **해당 규정들의 요지는 일반적 조세회피 방지 원칙**(General Anti-Avoidance Rule. **약칭 "GAAR"**. 중국은 여러 규정에 이 원칙이 산재되어 있는데, 그중 주요한 것은 기업소득세법 제47조, 기업소득세법 실시조례 제120조이다. GAAR에 관한 설명은 한국조세재정연구원, 주요국의

조세회피방지를 위한 일반규정 비교연구, 2006. 12. 참조)**에 의거하여, 중간지주회사**(위 사례의 IHC)**의 존재를 무시하고 곧바로 중국 내 회사**(위 사례의 a)**에서 한국 모회사**(위 사례의 A)**로의 지분관계를 인정하는 것이다**(소위 투시접근법[Look Through Approach]).

(다) 중국 세무당국이 그동안 이에 관하여 공포해 온 주요 규정들을 정리하면 아래와 같다.

[1] 중국 국가세무총국은 처음에 2009년 "国家税务总局关于加强非居民企业股权转让所得企业所得税管理的通知(국가세무총국의 비거주자 기업의 지분양도소득에 대한 기업소득세를 강화하는 데 관한 통지. 약칭 "**698호 통지문**")"를 공포하여 2008년 1월부터 시행되도록 소급적용하였다. 이후 2011년 "国家税务总局关于非居民企业所得税管理若干问题的公告(국가세무총국의 비거주자 기업소득세를 관리하는 약간의 문제에 관한 공고. 약칭 "**24호 공고문**")"을 그 하위 규정으로 공포하여 그 내용을 보완하였다. 이 두 규정의 주된 내용은,

① 투자자(중국 투자자, 외국 투자자 불문. 위 사례에서 A)가 중국 외에 중간지주회사(위 사례에서 홍콩에 설립된 IHC)를 설립한 후 그 중간지주회사가 중국 내 기업(위 사례에서 a)의 지분을 보유하고 있는 상황에서

② **투자자**(A)**가** (ⅰ) **합리적인 상업 목적이 없이** (ⅱ) **중국에서의 과세를 회피할 목적으로,** 자신이 보유하고 있는 중간지주회사(IHC)의 주식을 제3자(위 사례에서 B)에게 매각할 경우,

③ 중국 세무당국은 일정한 요건하에서 **그 거래가 실질적으로는 투자자**(A)**가** (**중간지주회사[IHC]의 주식이 아니라**) **중국 내 기업**(a)**의 지분을 매각하는 것으로 간주**(**법률상으로 의제**)**하여 중국과 투자자 소재지국**(**위 사례에서 한국**)**의 조세조약 및 중국 관련 세법에 따라 세금을 부과할 수 있도록 한다는 것이다**.

이때 요구되는 일정한 요건이란 (ⅰ) 중간지주회사 소재지국(위 사례에서는 홍콩)에서 중간지주회사(IHC) 주식의 양도에 대한 실제 세부담이 12.5% 이하이거나 혹은 (ⅱ) 중간지주회사 소재지국에서 해외원천소득에 대하여 소득세를 부과하지 않는 것을 의미한다. 홍콩은 이 중 (ⅱ)의 요건을 충족한다.

요컨대, 698호 통지문 및 24호 공고문에 따르면 **위 사례에서 A는 중국에서 양**

도차익(즉 100만 불)**의** 10%**에 해당하는 세금**(즉 10만 불)**을 납부할 의무를 부담할 수도 있어서, 세무 전문가의 자문을 받아 볼 필요가 생기게 된다.**

[2] 중국 국가세무총국은 2015년 698호 통지문의 일부 규정 및 그와 관련된 기타 규정을 폐지함과 동시에 관련 규율을 더욱 다듬어 「国家税务总局关于非居民企业间接转让财产企业所得税若干问题的公告(비거주자 기업의 간접적 자산양도에 따른 기업소득세에 관한 공고. 약칭 "**7호 공고문**")」를 공포하였다. 7호 공고문이 규율하는 기본적인 틀은 698호 통지문과 동일한데, 아래와 같은 내용이 추가되었다.

① 698호 통지문은 중국 내 회사(중국 내 거주자인 기업. 위 사례에서 a)의 지분을 양도하는 경우만을 규율하였으나, 7호 공고문은 그 양도 목적물을 "중국에서 과세되는 재산"으로 확대하였다.

② "합리적인 상업 목적"의 존부를 판단하는 지침들을 추가하였다. 특히 안전항(Safe Harbour) 규정도 두고 있다.

③ 중국에 세금을 납부해야 할 경우 **원천징수 방식**을 취하여, 1차적으로 양수인이 납부하도록 하였다. 즉 **양수인이 먼저 중국 세무당국에 세금을 납부하고, 매매대금에서 납부 세액을 공제한 잔액만 양도인에게 매매대금조로 지급**하도록 하고 있다. 또한 **양도인과 양수인 그리고 중국 내 회사는** 중간지주회사 주식을 매각하는 방식으로 중국 내 회사의 지분을 간접적으로 **양도하기 전에 미리 중국 세무당국에게 일정한 내용을 신고하면서 협의할 것이 요구된다**.

[3] 중국 국가세무총국은 2017년에 다시 698호 통지문을 완전히 폐지하고 7호 공고문도 일부를 폐지하면서, "国家税务总局关于非居民企业所得税源泉扣缴有关问题的通知(국가세무총국의 비거주자 기업 소득세 원천징수에 관련된 문제에 관한 공고. 약칭 "**37호 공고문**")"를 공포하였다. 규제의 기본 틀은 그대로 유지하면서 **원천징수 절차와 세액 계산 등의 실무적인 부분을 보다 명확히 정하였다**. 이 공고문의 원문 및 한글번역문은 중국한국상회 자료실에도 있으니 구체적인 내용은 이를 참고하기 바란다

(http://www.korcham-china.net/html/newsflash/law_list.asp?flag=READ&Seq=15463).

3) 소 결

요컨대, **간접적 기업형 투자구조하에서 홍콩 중간지주회사의 주식을 매각할 경우, 중국 세무당국에서 그 매각이 ① 합리적인 상업 목적이 없이 ② 중국 내 과세를 회피하기 위한 목적으로 행해진 것이라고 판단하면, 직접적 기업형 투자구조하에서 한국 회사가 중국 내 회사의 지분을 매각하는 것과 동일하게 간주하여, 중국 내에서 원천징수 방식으로 세금을 납부하도록 요구할 수 있다.** 그리고 이에 관하여 일련의 세무규정들을 제정하면서 계속 다듬어 가고 있다. 따라서 **실무에서는 반드시 이 문제에 관하여 세무 전문가의 의견을 들어 볼 필요가 있음에 유의하기 바란다. 한 가지 부연하면, B가 중국 법인이 아니라 중국 외에 소재하는 법인이어도 마찬가지이다. 즉 매수인과 매도인이 모두 중국 외에 있더라도 위 규제는 여전히 적용된다.**

실무 Tip **중국법상 "거주자 기업(居民企业)"과 "비거주자 기업(非居民企业)"의 구분**

이 둘의 구분 기준은 중국 기업소득세법 제2조에 규정되어 있다. 거주자 기업이란 ① 중국 내에 설립된 기업과, ② 중국 외에 설립되어 있지만 실제 관리기구가 중국 내에 있는 기업을 의미한다. 비거주자 기업이란, 외국에 설립되어 있으면서 중국 내에 실제 관리기구는 없는데, (ⅰ) 중국 내에 사업장을 두고 있거나 혹은 (ⅱ) 사업장은 없지만 중국 내에 원천소득이 있는 기업을 의미한다. 다만, 실무현장에서 그 구분이 항상 명쾌하게 판단되는 것은 아니다. "실제 관리기구", "사업장", "원천소득" 모두 그 존부의 판단에 전문가의 조언이 필요할 수 있다.

실무 Tip **홍콩 중간지주회사가 a의 지분을 매각할 경우의 세무효과**

참고로 위 간접적 기업형 투자구조하에서 홍콩 중간지주회사(IHC)가 중국 내 회사(a)의 지분을 매각할 경우의 세무효과에 대해서도 살펴본다.

1) **우선 중국에서 납부하게 되는 세금이 있는지, 있다면 얼마인지 살펴보자.** 중국

과 홍콩 간 이중과세방지협정에 따르면, 이 경우 **원칙적으로 중국에는 과세권이 없으나, 2가지 예외가 있다. ① a가 부동산 과다보유 법인이거나 과거에 부동산 과다보유 법인이었던 경우, 혹은 ② 중간지주회사가 보유하고 있는 a의 지분비율이 25% 이상이거나 과거에 25% 이상이었던 경우에는, 중국에서 중국 내 원천소득(즉 a 지분의 양도차익)에 대한 10%의 세금을 원천징수방식으로 징수한다.**

2) **다음으로 홍콩에서 납부하게 되는 세금이 있는지 살펴 보자. 앞에서 설명한 바와 같이 홍콩은 역외 원천소득에 대하여 과세하지 않는다. 따라서 이 경우 홍콩에서 과세되는 세금은 없다.**

3) 요약하면, 이 방식을 취할 경우 중국 내 사업을 처분하여 거둔 수익에 대하여 일정한 요건을 갖추면 어떠한 세금도 납부하지 않은 채, 홍콩의 중간지주회사에서 보관할 수 있는 있는 것처럼 보인다. 이는 한국이 해외원천소득의 과세에 관하여 원천지주의가 아니라 거주지주의를 취하기 때문에 생긴 결과로서, 한국 기업들이 해외에서 번 소득의 국내 유입을 가로막는 부작용이 있다. 단 이러한 방식을 통한 중간지주회사에의 이익 유보를 규제하기 위하여 한국은 「국제조세조정에 관한 법률」 제17조를 두고 있다(이창희, 699–702면; 김준석, 604–621면). 한편, 입법론으로는 거주지주의에서 원천지주의로 원칙을 바꾸자(이렇게 함으로써 중간지주회사가 아니라 국내 모회사에까지 해외원천수입을 들여오도록 유도하자)는 논의도 있는데, 구체적인 내용은 국제조세법 문헌들을 별도로 참고하기 바란다.

III. 기타 고려되는 사항

그 밖에도 다음과 같은 사항들이 홍콩 중간지주회사를 선호하는 배경이다.

1. 대출방식의 투자

위에서는 자본금 납입(Equity Investment) 후 이익배당 혹은 지분매각의 경우를 살펴보았는데, 경우에 따라서는 한국 투자자가 중국 내 회사에게 대출을 해 주는 방식의 투자(Loan investment)를 원할 수도 있다. 이 경우 대출 투자자는 장래 이자를 받는 방식으로 투자수익을 수취하는데, 이 이자소득에 관하여 중국·홍콩 간 조세조약과 중국·한국 간 조세조약에 차이가 있다. ① **중국 내 회사가 한국의 대출투자자에게 이자를 지급할 경우 중국 내 원천징수 세율이** 10%인데, ② **중국 내 회사가 홍콩의 대출투자자에게 이자를 지급하면 중국 내 원천징수 세율이** 7%**로 더 저렴해진다. 따라서 대출 방식의 투자를 원하는 한국 투자자는 홍콩에 자회사나 지점을 설립한 후 그 자회사나 지점으로 하여금 중국 내 회사에 대출을 주도록 구조를 짜 볼 여지가 생긴다.** 예컨대 홍콩에 설립한 중간지주회사가 차입한 후 그 차입금을 재원으로 중국 내 회사에게 (자본금 납입과는 별도로) 주주대출(Shareholder Loan)을 해 주는 방식도 생각해 볼 수 있다. 실무에서 대출방식의 투자는 국내 금융기관들이 선호하는데, 같은 이유로 홍콩 지점에서 중국 내 회사에게 대출해 주는 것을 고려해 볼 수 있다. 다만, 한중 조세협약 제11조 제3항에 따르면 한국 정부 성격의 기능을 수행하는 금융기관(한국산업은행, 한국수출입은행 등)이 중국 내 채무자로부터 수취하는 이자에 대해서는 중국에서 과세되지 않는다(유호림, 380면). 따라서 이 조항의 혜택을 볼 수 있는 한국의 금융기관이라면 굳이 이 부분을 고려할 필요는 없을 것이다.

2. 중국사업 수익의 취합 후 재투자

중국 내에 복수의 회사를 두고 있는 경우 홍콩 중간지주회사 단계에서 그 수익을 (이익배당 형식으로) 취합한 후 다시 적절하게 중국 내 각 회사에 재투자하는 구조를 짜는 데 편리하다(중국의 외환거래 실무에서는 중국과 홍콩 간 자금이동이 중국과 한국 간 자금이동보다 쉬운 측면이 있다).

3. JVC에서의 지배구조 설정 및 분쟁해결

1) 수인의 한국 투자자들이 공동으로 중국에 투자하는 경우에 ① 직접적 기업형 투자구조에서는 중국 내 회사의 지분을 나눠 가질 수밖에 없기 때문에 중국 회

사법상 지배구조(Corporate Governance)의 규율 안에서 투자자들 상호 간의 권리의무에 관한 협상을 하여야 한다. 반면 ② 간접적 기업형 투자구조를 취하면, 한국 투자자들이 중간지주회사의 주식을 나눠 가지는 방식을 취하여 홍콩 회사법상 지배구조의 틀 안에서 그러한 협상을 해 나갈 수 있다는 추가적인 옵션이 생긴다.

2) 중국 회사법 규정을 보면 특별히 그 지배구조에 관한 규율이 경직적이라고 볼 수는 없다. 그러나, 그 내용이 지나치게 원론적이고 구체적인 사항에 들어가면 모호한 부분이 있다는 점, 특히 투자자 간에 분쟁이 생기면 (중국 회사법의 해석을 둘러싼 분쟁이므로) 중국 내 법원의 판단을 받거나 최소한 중국 내 법원을 통하여 강제집행을 하게 된다는 점에서 외국 투자자들이 불안을 느끼게 된다. 따라서 이 경우 투자자들이 모두 홍콩 중간지주회사에 주주로 참여함으로써(이 경우 홍콩 중간지주회사는 JVC가 되고, 그 홍콩 중간지주회사가 중국 내 회사의 유일한 출자자가 된다), 투자자간 중국 내 사업 운영에 관한 의견 충돌 역시 홍콩 법원이나 홍콩 중재를 통하여 해결할 수 있다는 장점이 생긴다.

4. 기 타

최근에는 중국 내 사업철수를 고려하는 한국 투자자들이 많은데, 가장 편리한 옵션이 중간지주회사의 주식을 매각하는 것이다. 또한 홍콩이나 나스닥에의 IPO도 장래 투자회수 방안(exit option) 중 하나로 생각한다면 중간지주회사를 둘 필요가 있다.

제4절 중국 자회사의 영속성

앞에서 1단계로 간접적 기업형 투자구조를 취하는 경우(예컨대 홍콩에 중간지주회사를 두고 이를 통하여 중국 내 회사를 설립할 경우)의 단점을, 2단계로 그 장점을 살펴보았다. 결국 중국 내 자회사가 처음 설립된 상태 그대로 꾸준하게 사업수익을 낼 것이고 그런 상황에서라면 굳이 투자구조를 변경할 필요가 없을 것이라는 가정적 예측과 판단이 선다면 직접적 기업형 투자구조를 취하는 게 적절할 것이다. 만일 그렇지 않다면 중간지주회사의 설립과 운영과정에서 추가되는 고정비용을 감안하여 상업적 관점에서 판단해야 한다고 말할 수밖에 없을 것이다.

제5절 한중 합작회사를 설립하는 경우

한국 투자자인 주식회사 A(한국 본사)가 중국 기업 B와 중국에 유한책임공사 형태의 JVC(Joint Venture Company. 합작회사)를 설립하기로 한 경우, 실무에서 우선적으로 고려해 보는 지분 투자구조는 다음 4가지이다(이해의 편의를 위하여 아래 구조도에서 자본금이 납입되는 방향(cash flow의 방향)으로 화살표 표시를 하였다). 그다음 단계로 이들 4가지 구조를 변용·조합하여 더 다양한 투자구조를 만들어 본 후, simulation을 통해서 자신에게 가장 적합한 투자구조를 찾아간다.

▼ 구조도 1. 각 투자자가 직접 중국 내 JVC에 자본금 납입

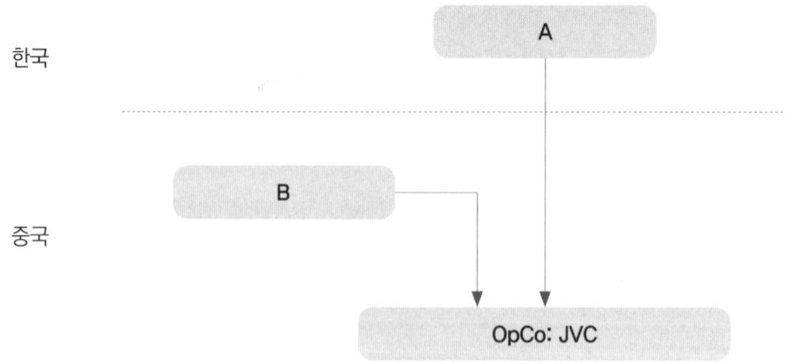

▼ 구조도 2. 한국 투자자만 홍콩 중간지주회사를 설립

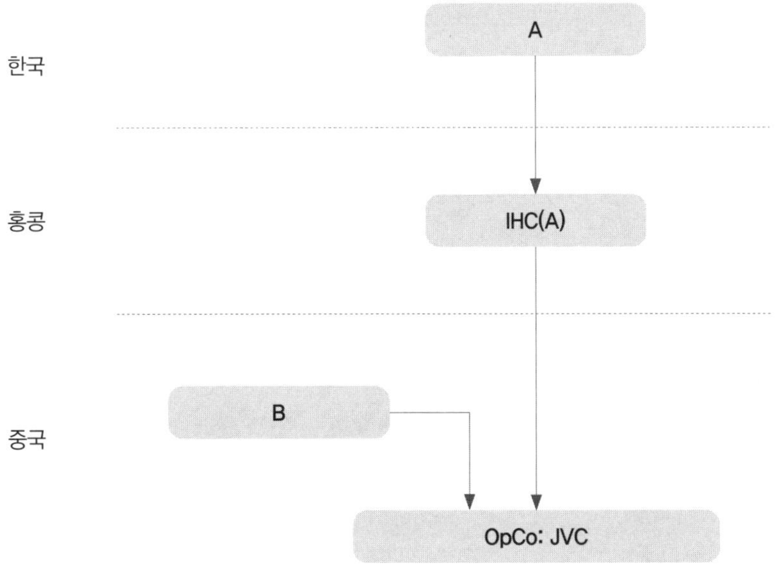

▼ 구조도 3. 한국 투자자, 중국 투자자 모두 홍콩 중간지주회사를 설립

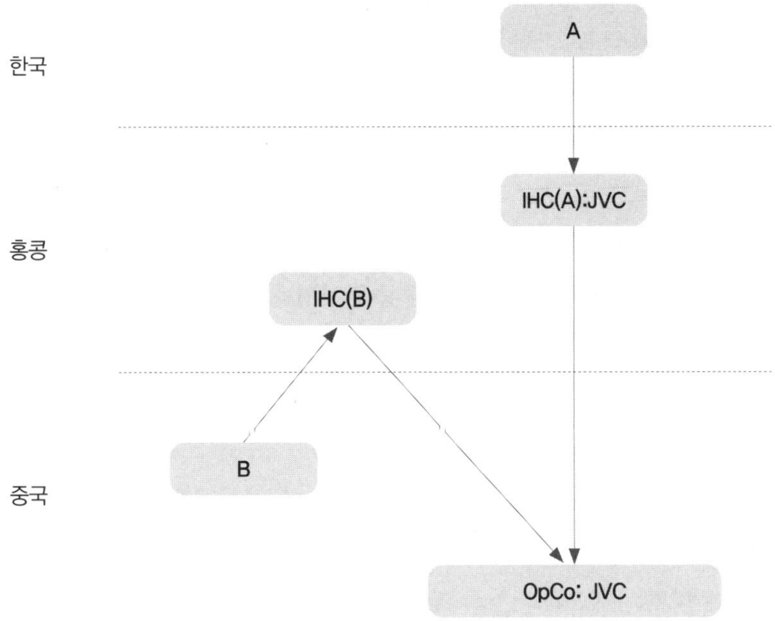

▼ 구조도 4. 중국 투자자가 한국 투자자의 홍콩 중간지주회사에 자본금 납입

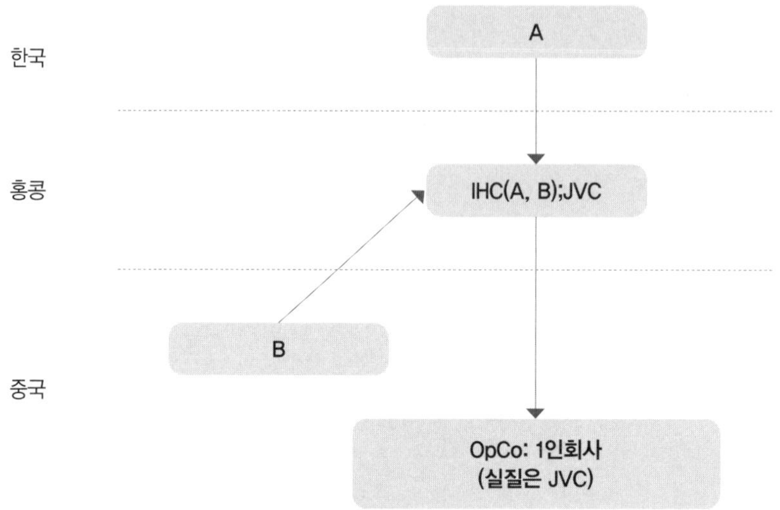

※ **JVC(Joint Venture Company):** 출자자가 복수인 회사
※ **IHC(Intermideate Holding Company):** 중간지주회사. 편의상 홍콩에 설립된 것으로 간주(실제로도 중국 투자 시 가장 먼저 고려하는 후보지역이다). 구조도에 표시하지는 않았으나, 홍콩 현지 은행으로부터 차입할 금원도 합하여 중국에 출자할 수 있다.
※ **IHC(A):** A가 자본금을 납입하여 설립한 중간지주회사
※ **IHC(B):** B가 자본금을 납입하여 설립한 중간지주회사
※ **IHC(A,B):** A, B가 공동으로 자본금을 납입하여 설립한 중간지주회사

1) **위 각 구조별로 ① OpCo가 이익배당을 하는 경우 한국 투자자 A에게 미치는 세금효과와 ② 한국 투자자 A가 장래 중국 사업을 처분하기 위하여 자신이 보유하고 있는 IHC(A) 혹은 IHC(A, B)의 주식을 매각하는 경우의 세금효과에 관해서는 이미 앞에서 살펴보았으므로, 그 부분을 참조하기 바란다(조세조약상 지분율 25%를 기준으로 규율에 차이를 두는 경우에 조금 더 주의할 필요가 있다).**

2) 한편, 중국 투자자 B에게 미치는 세금효과는 이 책에서 논의하지 않겠다. 만일 B가 중국 내자기업이 아니고 그 출자자(사원)가 한국 투자자인 외상투자기업이라면 B에게 미치는 세금효과도 이 책의 관심사가 될 수 있다. 다만 현장에서 중국

내 외상투자기업이 위 구조도상 B의 위치에 서는 경우는 상당히 보기 드물고, 설사 그런 경우가 생기더라도 앞에서 살펴본 홍콩의 과세체계와 중국 홍콩 간 조세조약의 내용을 참고하면 그 분석 역시 어렵지는 않다. 더불어 구조도 1.에서 B가 OpCo로부터 받는 이익배당금은 원칙적으로 B의 과세표준에 익금으로 산입되지 않는다(기업소득세법 제26조)는 점만 추가로 기억해 두자.

3) 위에서 논의되는 구조와 관련하여, B의 입장에서는 유의할 점이 있다. **구조도 3., 4.는 B의 입장에서** "검은 머리 외국인 투자(중국법상 명칭: 返程投资[반정투자. 왕복투자라는 의미이다]. 영어로는 Round Trip Investment)를 하는 셈이 되어서, **중국법상 원칙적으로는 허용되지 않는다**(제3장 제3절 I. 2. (2) (나) 참조).

4) 실무에서는 위 구조들 외에도 많은 변형구조들이 논의된다. 예컨대 한국투자자 A는 한국에 중간지주회사를 세울지 검토해 볼 수 있고, 중국 투자과정에서 은행 등으로부터의 차입이 필요할 경우 차입주체를 한국 모회사, 홍콩 중간지주회사, 중국 내 회사 중 어디로 할 것인지에 따라서 구조가 변할 수 있다. 만일 한국 투자자 A가 펀드운용사이어서 특정한 중국 투자 프로젝트에 관하여 사모펀드 설립을 고려할 경우 그 구조는 한층 더 복잡해질 수 있다. 요컨대, 이 장에서 논의된 내용은 실무에서 외부 전문가들이 해 주는 설명을 이해하는데 필요한 기초적인 원리와 방법론 정도라고 생각하면 될 것이다.

제4장 기업형 투자의 실행 (1): 설립 방식의 기업형투자(Greenfield Investment)

제1절 개 관

1) 제4장에서 살펴본 기준에 따라서 직접적 기업형 투자구조와 간접적 기업형 투자구조중에서 하나를 선택하면, 다음으로 그 투자를 실행하는 단계에 접어든다. 기업형 투자를 실행하는 방식에는 ① **중국 내에 회사를 신규로 설립하는 방식의 투자**(Greenfield Investment)와, ② **이미 존재하고 있는 중국 내 회사를 인수하는 방식의 투자**(Brownfield Investment)가 있다. 이 장에서는 전자의 방식을 살펴보고, 후자의 방식에 관해서는 제5장에서 살펴본다. 한편, 이 2가지는 모두 한국 투자자가 중국 내 회사의 출자자가 되는 투자(Equity Investment)를 예정한 것이다. 이와 달리, ③ 은행, 증권사, 보험사, 대출이 가능한 펀드 등이나 한국의 본사가 **중국 내 설립된 회사나 홍콩 등지에 설립된 중간지주회사에 대출을 해 주는 방식의 투자**(Loan Investment)도 있을 수 있다(중국 내 회사나 중간지주회사가 발행하는 회사채를 인수하는 방식은 실무에서 쉽지 않고, 그렇게 할 유인도 그다지 없다). 이 대출 방식의 투자에 관해서는 제6장에서 살펴본다.

2) 간접적 기업형 투자구조를 선택한 경우에는 먼저 중간지주회사를 설립하여야 하는데, 통상적 후보지인 **홍콩, 싱가포르에서의 중간지주회사 설립**은 절차도 비교적 간단하고 비용도 비싸지 않은 편이다(제3장의 관련 설명 참조). 또한 그 설립을 대행해 주는 많은 업체들이 있어서 실무에서도 그다지 어려움은 없다. 다만, **나중에 시간에 쫓기지 않으려면 중간지주회사에의 자본금 납입일**(**설립후 곧바로 증자를 예정한 경우 증자대금 납입일**) **및 중간지주회사의 차입 예정일로부터 최소한 1개월 내지 1개월 반 이전에는 설립대행사와 접촉을 시작하는 게 좋다**는 점은 기억해 두자. 이

장에서는 직접적 기업형 투자와 간접적 기업형 투자에 공통적으로 있을 수 있는 "중국 내 회사의 설립" 부분에 국한하여 살펴본다.

3) 실무에서 간혹 잊는 경우가 있어서 주의를 요하는 점이 있다. 복수의 투자자가 중국에 투자하는 과정에서 JVC(합작회사) 형태로 중간지주회사나 중국 내 회사를 설립하는 경우 **한국, 중국, 기타 국가에서의 사전 기업결합신고 의무는 없는지 반드시 확인**해 보아야 한다. 경우에 따라서는 이 사전 기업결합신고에만 수개월이 소요되는데, 이를 미처 생각하지 못하고 중국 투자 스케줄을 작성하였다가 나중에 곤란을 겪을 수 있다. 아울러 기본적인 사항이지만, 중간지주회사나 중국 내 회사에 자본금을 송금하기 전에 **한국에서 해외직접투자신고**를 하는 것도 기억해 둘 필요가 있다(관할 외국환 거래은행에 하는데, 통상적인 경우라면 외부 자문을 받지 않고도 회사에서 직접 처리할 수 있다).

4) 실무에서 또 하나 유의할 점이 있다. 우리와 달리 중국 내 외상투자기업을 설립할 경우, 지역별로 실제 진행되는 절차의 순서와 제출해야 하는 서류에 상당한 차이가 발생할 수 있다. 따라서 **아래에서 설명하는 순서와 내용에 기초하여, 관할 정부기관 및 당해 지역의 법률 전문가로부터 실제 요구되는 사항들이 무엇인지 혹은 추가로 요구되는 사항들이 있는지 확인해 보는 절차가 반드시 필요하다**. 과거 국내에서 중국에서는 공장 설립 인허가가 원스톱 서비스로 단기간에 끝나는데 한국은 그렇지 못하여 문제가 된다는 취지의 보도가 나온 적이 있는데, 이는 그 이면의 상황을 제대로 알지 못하고 쓴 내용이다.

제2절 외상투자 유한책임공사의 설립

과거에 외국 투자자들이 가장 많이 설립한 외상투자기업은 외자기업이고, 그 다음은 중외합자기업이었다. 지금은 외상투자법이 시행되어서 2020. 1. 1.부터 외국 투자자는 외자기업이나 중외합자기업 대신 중국 회사법에 규정된 원칙적인 형태의 유한책임공사(有限责任公司)를 설립하여야 한다(기존에 설립되어 있는 외자기업과 중외합자기업은 2024. 12. 31.까지 내부 조직을 중국 회사법상 유한책임공사의 규율에 맞추어 변경하여야 한다). 이러한 사정을 감안하여, **아래에서는 먼저 외국 투자자가 중국 회사법상 유한책임공사를 설립할 때 밟아야 하는 절차를 살펴본다**. 한편, **이 유한책임공사가 JVC(합작회사) 형태로 설립되는 경우, 설립과정(특히 출자자 간 계약서 및 정관을 작성하는 단계)에서부터 지배구조를 둘러싸고 심도 깊은 협상이 필요하게 된다. 따라서 실무상 지배구조 협상 시 유의해야 할 법적 사항들도 함께 정리해서 살펴본다**.

제1관 설립 단계별 업무 개요

먼저 외국 투자자가 중국 내에 유한책임공사(이하 "**외상투자 유한책임공사**(外商投资有限责任公司")를 설립할 때 실무상 확인해야 할 주요 사항들을 도표로 소개하면 아래와 같다.

업무순서	업무내용	관련 문서/비고
외국인투자 허용여부 및 규제 정도의 확인	확인해야 할 주요 법규: 외상투자진입 negative list, 자유무역시험구 외상투자진입 negative list, 장려형 외상투자산업목록, 시장진입 negative list, 중국과 홍콩, 마카오 간 경제협력약정, 기타 지역별 투자 인센티브 규정의 확인.	제1장 참조
외상투자기업의 유형, 직/간접적 투자구조의 선택	주요 비교대상: 설립절차, 회사 지배구조, 투자금 회수방식, 세금효과 등	제2장, 제3장 참조
중국 내 기업결합신고 요부 확인 (한국 투자자 1인이 단독으로 외자기업 설립하는 경우는 제외)	• 중국 반독점법에 의하면, JV 형태로 외상투자기업 설립시 기업결합신고(중국법 명칭: 경영자집중신고)가 필요할 수 있음. • 한국과 달리 사후신고제도가 없음. 따라서 사전신고 후 승인받아야 설립할 수 있음. • 복수의 외국 투자자가 중국 외에 JV 형태로	한국 및 기타 국가에서의 사전 기업결합신고의무도 체크하여야 함.

	holding company를 설립한 후 당해 holding company가 1인 주주로서 외자기업을 설립할 경우, 당해 JV holding company의 설립에 관하여도 중국법상 기업결합신고 요부를 확인하여야 함(중국 반독점법에도 역외적용 규정 있음). • 한국의 기업결합신고에 비하여 기간이 많이 소요됨(2개월~6개월+α).	
출자자 간 협상 (한국 투자자가 복수인 경우/한국 투자자와 중국 투자자가 함께 투자하는 경우)	직접적 기업형투자(중국 내 회사를 JVC로 설립할 경우): • 중국 투자자와 공통투자할 경우, 보통 본 계약서 체결 전에 양해각서(谅解备忘录, Memorandum of Understanding[MOU])부터 체결. • 이후 협상을 통해 사원 간 계약서에 서명하고, 사원 간 계약서에 기초하여 중국 내 회사의 정관 작성 • 회사법에 정관의 필수적 기재사항이 있어서, 사원 간 계약 체결 단계에서 미리 그 내용이 합의됨. • 정관은 물론 사원 간 계약의 내용이 중국 회사법의 강행규정에 위배될 수 없어서, 사원 간 계약의 준거법도 중국법으로 하는 것이 통상적임(과거 중외합자기업의 사원 간 계약[법적 명칭: 합자계약]은 준거법이 중국법으로 강제되었음).	• LOI나 MOU(중국투자자가 있는 경우) • 사원 간 계약서
	간접적 기업형투자(중간지주회사를 JVC로 설립하고, 중국 내 회사는 1인외상투자유한책임공사로 설립할 경우): • 중간지주회사의 주주들 간에 주주간 계약서(shareholders agreement) 작성 필요. • 주주간 계약서 및 중간지주회사의 정관을 중국 정부기관에 제출할 필요 없음. • 주주간 계약서상 준거법으로 중국법 이외의 법(중간지주회사 설립지법)이 적용됨.	• 중간지주회사의 주주간 계약서와 정관, 기타 설립에 필요한 서류(중간지주회사 설립 대행회사 선임 필요)
중국 내 투자행위에 대한 정부기관의 허가/신고	• 중국 내에서 영위하고자 하는 업종에 따라서는 외상투자기업 설립전에 관할 정부기관(주로 국가발전과개혁위원회)의 심사허가(비준)를 받아야 할 수 있음. • 사업계획 건의서 및 사업계획신청 보고서는 동일한 용도로 사용되는 서류이고,	• 사업계획 건의서(项目建议书) / 사업계획신청 보고서(项目申请报告书) 작성 • 사업타당성 연구보고서(可行性研究报告书) 작성

환경영향평가 절차 요부 확인	• 투자에 건설프로젝트가 포함될 경우 필요함. • 사업 개시 이후 발생할 수 있는 환경영향을 사전에 분석, 예측, 평가하고 환경에 미치는 불리한 영향을 예방, 감소하기 위한 대책과 조치를 기재한 환경영향평가서를 작성한 후, 관할 환경보호부서에 제출하여 심사허가(비준)를 받아야 함. • 환평영향평가서는 외부 환경평가업체에 의뢰하여 작성하는 것이 원칙이나, 환경에 미치는 영향이 경미한 경우에는 기업이 자체적으로 작성할 수 있음.	• 필요할 경우 환경영향평가서 작성
기업명칭 사전등기 및 기업 등기주소지 확보	• 아래 기업설립 신청을 하기 전에 장래 사용할 기업명칭을 미리 등기해 두어야 함. 또한, 위 환경영향평가서 작성 이전에 기업명칭을 사전등기한 후 그 명칭을 환경영향평가서에 기재하여야 함. • 정관에 기업명칭과 주소를 적어야 하는데, 이 절차 완료후에 확정기재됨. • 기업 명칭 작성 방식에 대하여 법 규정 있음. • 관할 정부기관(시장감독관리총국)이 심사허가(법적 명칭: 核准[핵준])후 등기해 줌. • 등기부상 주소지로 사용될 건물 혹은 건물내 일부 구역을 확보해야 함(원칙적으로 소유권 취득 혹은 1년 이상 임대차 계약 체결 필요).	• 기업명칭 사전등기 관련 서류. • 사무실 임대차계약서.
시장감독관리부서에의 기업설립등기 및 영업집조의 취득	• 관할 정부기관(시장감독관리부서)에 온라인으로 설립등기 신청후, 신청 관련 서류들을 출력하여 hard copy도 창구에 제출. • 시장감독관리부서가 발급해 주는 영업집조(营业执照。영어 Business License)상 기재된 성립일자에 외상투자기업 설립됨.	• 설립등기 신청서 및 첨부 서류들 • 주요 첨부서류: 정관, 사원 간 계약서, 주소지 사용증명서류(임대차계약서 등), 외상투자기업 설립신고증서, 외국투자자의 사업자등록증, 위임장 등
상무부서에의 외상투자기업 설립보고	• 시장감독관리부서에 온라인 설립등기신청을 할 때, 외국인투자 관련 정보를 함께 온라인으로 보고함. 시장감독관리부서는 그 정보를 온라인으로 관할 상무부서에 전달함.	
기업 설립후 각종 후속 등기 절차들	• 신설된 외상투자기업이 채용한 현지 직원 통해서도 처리 가능함.	• 공안국에의 법인인감 등록 • 은행에 외환등기(외상투자

		기업기본정보등기) 이후 자본금계좌(외환계좌 및 인민폐 계좌) 개설. • 세관 등기. • 자본금 분할 납입(필요한 경우).

유의 사항

① 한국의 외국인 투자기업 설립절차에 비하여 관련 정부기관들의 심사를 복수로 받아야 하는 등 그 절차가 복잡하고 기간도 오래 소요되며, 그에 따라서 관련 비용 역시 많이 든다. **특히 중국 내 기업결합신고(중국법상 명칭: 경영자집중신고)가 필요하게 될 경우 애초 한국 투자자가 예정한 사업계획 스케줄을 심각하게 지연시키는 경우가 대부분이다.**

② 구체적인 설립절차, 설립과정에서 외국 투자자가 제출하여야 하는 서류의 종류 및 내용이 지역별로 다른데, 이는 일일이 해당 정부기관의 창구직원과 접촉하면서 풀어나갈 수밖에 없다. 따라서 **가능하다면 외상투자기업의 설립지를 정한 후 그 지역 내에 상주하며 수시로 관할 정부기관과 협의할 수 있는 인원을 현지에 두는 것이 바람직하다.** 이것이 여의치 않을 경우 현지의 컨설팅 법인이나 법률사무소에게 맡길 수도 있는데, 이때에는 사전에 자문비용을 확인해 둘 필요가 있다.

③ 은행업, 증권업을 비롯한 특정 업종에 대해서는 각 해당 산업을 주관하는 정부기관의 허가가 별도로 필요하고, 그 절차도 통상의 절차와는 차이가 있다. 또한 이러한 경우 해당 정부기관에의 접촉이 쉽지 않아서, 반드시 현지 법률사무소를 선임해야 하는 경우도 많다.

제2관 각 설립단계별 유의사항

아래에서는 각 설립 단계별로 유의할 점들을 살펴본다.

Ⅰ. 외국인투자 허용여부 및 규제 정도의 확인

앞에서 살펴보았으므로, 해당 부분을 참조하기 바란다(제1장).

Ⅱ. 외상투자기업 유형 및 투자구조의 결정

역시 앞서 살펴본 해당 부분을 참조하기 바란다(제2장 및 제3장).

Ⅲ. 중국 내 기업결합(경영자집중)신고 요부의 확인

1. 개 관

1) 실무에서 일컫는 기업인수·합병(M&A)거래를 한국의 공정거래법에서는 "기업결합"이라 부르며 일정한 규제를 가하고 있다. 이론적으로 기업결합이라 함은 상호 독립적으로 운영되던 기업들이 자본적·인적·조직적인 결합을 통하여 단일한 소유권 또는 지배력하에 통합되는 것을 의미한다(공(기업결합), 49면). 기업결합의 개념을 공정거래법에서 직접 정의하고 있지는 않으나, 제7조 제1항에 기재된 주식취득, 임원겸임, 합병, 영업양수, 새로운 회사설립에의 참여가 기업결합에 해당된다고 본다. 이 중 "새로운 회사설립에의 참여"의 전형적인 예가 이 절에서 살펴보고 있는 JVC 설립 과정에서 자본금을 납입하는 것이다(다만 특수관계인들만 참여하는 경우는 제외된다). 또한 우리 공정거래법은 한국 투자자가 해외 JVC 설립에 참여하는 경우에도 일정한 요건을 충족하면 기업결합신고의무를 부과하고 있다(공(기업결합), 61면, 109면).

2) 중국은 기업결합을 규율하기 위하여 2008년 1월부터 중국 반독점법(중국법상 명칭: 中华人民共和国反垄断法[중화인민공화국 반농단법])을 시행하고 있다. 반독점법이 시

행되기 전에도 외국 투자자의 일정한 인수합병거래에 대해서는 중국 정부가 규제를 가했었지만, 시행 이후 그 규제가 보다 포괄적으로 바뀌었다. 즉 ① **반독점법 소정의 요건에 해당하는 모든 기업결합거래에 대해서 일률적으로 "사전"신고의무를 부과하고, ② 심사결과 당해 기업결합거래가 경쟁을 배제 혹은 제한하거나 그럴 가능성이 있다고 인정되면 당해 거래를 금지하거나 제한한다. 즉 한국에서와 달리 일률적으로 사전에 신고하여 심사받을 것을 요구하고 있음**에 유의해야 한다. 더 나아가 동법 소정의 의무적 사전신고 대상이 아닌 기업결합 거래에 대해서도, 상무부에서는 직권으로 경쟁제한 여부를 심사할 수 있다. 참고로, **중국에서는 미국에서 기업결합을 일컫는 "Concentration of Undertaking"을 직역하여, 기업결합을 "경영자집중(经营者集中)"이라고 한다**.

2. 실무처리 지침

실무에서는 보통 아래와 같은 순서로 중국 내 기업결합신고 요부를 점검한다.

1 아래 3.에서 살펴볼 일반적인 요건에 비추어 중국 시장감독관리총국 산하 반독점국에 경영자집중신고를 해야 할 여지가 있는지 개괄적으로 판단한다.

2 신고해야 할 여지가 있다고 판단되면, 중국법 전문가를 대리인으로 선임하여 보다 심도 싶게 경영자집중신고 요건에 해당하는지 여부를 분석한다.

3 여전히 신고가 필요하다고 생각되면, 서면에 의하는 사전상담제도(우리의 임의적 사전심사청구제도와 유사하게 운용된다)를 통하여 경영자집중신고를 면제받기 위해 노력한다(늦어도 이 단계에서는 현지 중국 법률사무소를 대리인으로 선임할 필요가 생긴다).

4 면제받는데 실패하면, 다시 1차적으로 Fast-Track Procedure(간이심사 절차)를 밟을 수 있는지 확인해 본다. 간이심사 절차로 가면 2-3개월 안에 심사가 종료될 수 있다.

5 이마저도 힘들 경우 정식심사 절차를 밟는다. 정식절차에 소요되는 기간은 6개월 전후로 생각하되, 가급적 신속하게 마치기 위하여 반독점국이 요청하는 경

쟁제한성 판단에 필요한 자료를 신속하게 준비하고 대응논리 개발에 노력한다.

3. JVC 설립 시 중국 내 기업결합신고의 요건

(1) 신고대상인 기업결합의 유형

1) 반독점법 및 관련 하위 규정이 규정하고 있는 **기업결합**에 해당하는 거래의 유형은 아래와 같다. 단 이러한 유형의 모든 거래가 신고대상인 것은 아니며, 다시 아래 (2)항의 요건을 충족한 거래들에 한정하여 사전신고의무가 발생한다.

① 기업 간의 합병거래(신설합병 혹은 흡수합병)

② 특정기업이 다른 기업의 지분을 인수하는 거래

③ 특정기업이 다른 기업의 자산을 인수하는 거래

④ **둘 이상의 출자자가 하나의 기업(즉 JV 기업)을 설립하는 거래**

⑤ **계약 등 방식으로 다른 기업에 대한 통제권 내지 결정적 영향력을 취득하는 거래**

2) **따라서 외국 투자자가 어떠한 유형의 외상투자기업을 설립하든 그 출자자가 복수인 경우에는 위 ④항 내지 ⑤항에 따라서 중국 상무부에 경영자집중신고를 사전에 해야 할 가능성이 있으므로, 중국법 전문가에게 이 부분을 미리 체크하여야 한다. 특히 중국 반독점법상 기업결합신고 규정은 역외적용되어, 예컨대 한국이나 홍콩에서 JVC을 설립할 때에도 이 의무가 발생할 수 있음**에 유의하여야 한다. 실제로 일부 외국 투자자들은 이 부분을 간과하거나 (사업진행 스케줄의 지연을 우려하여) 고의적으로 누락하기도 하는데, 한국 투자자 중에도 이 의무위반으로 과태료를 부과받은 사례가 있다.

(2) 매출액 기준

위 (1)항 소정의 거래 유형에 해당하면서 아래의 매출액 기준 중 하나를 충족하면, 원칙적으로 중국 내 사전기업결합신고의무가 발생한다. 즉 (1)+(2) ①, **혹은 (1)+(2) ②의 요건을 충족하면, 원칙적으로 중국 시장감독관리총국 산하 반독점국에**

기업결합신고를 사전에 하여야 한다. 다만 (i) 한편으로는 계열사간 기업결합에 관하여 반독점법이 예외 규정을 두고 있고, (ii) 또 다른 한편으로는 반독점국이 이 요건을 충족하지 않아도 직권으로 기업결합신고를 요구할 수 있어서, 현장 실무에서는 요건 판단이 간단하지만은 않다.

① **해당 기업결합 거래에 참여하고자 하는 모든 경영자의 직전 회계연도 전 세계 매출액의 합산액이 인민폐 100억 위안을 초과하는 동시에, 그중 적어도 2명 이상 경영자의 직전 회계연도 중국 역내 매출액이 각각 인민폐 4억 위안을 초과함**(전 세계 매출액 기준).

② **집중에 참여한 모든 경영자의 직전 회계연도 중국 역내 매출액의 합산액이 인민폐 20억 위안을 초과하는 동시에, 그중 적어도 2명 이상 경영자의 직전 회계연도 중국 역내 매출액이 각 인민폐 4억 위안을 초과함**(중국 내 매출액 기준).

중국 내 기업결합신고에 관한 보다 자세한 설명은 뒤에서 다룬다(제6장 제3절 III.).

실무 Tip 한국 기업결합신고 요건

1) 중국 반독점법과 마찬가지로 한국의 공정거래법 역시 기업결합신고에 관하여 역외적용을 인정하고 있기 때문에, 중국에 JVC를 설립할 때 한국에서 기업결합신고를 하여야 할 수 있다. **자산총액 또는 매출액의 규모가 3,000억 원 이상인 회사와 300억 원 이상인 회사가 공동출자하여 합작투자회사를 설립할 경우 최다출자사가 기업결합신고를 하여야 한다.** 그런데 JVC 설립의 경우 **실제 사례로 들어가면** 기업결합신고의무를 부담하는지, 부담한다면 설립에 참여한 기업들 중 누가 부담하는지가 생각보다 **헷갈릴 수 있다.** ① 자산총액 또는 매출액 규모 요건을 충족하는 A사와 B사 50:50으로 출자하여 JVC를 설립할 경우 신고회사와 상대회사는? 둘 다 신고회사이자 상대회사가 된다. 즉 A사는 B사를 상대회사로 하여, B사는 A사를 상대회사로 하여 기업결합신고를 하여야 한다 ② A사, B사, C사의 자산총액이 각각 3,000억 원, 1,000억 원, 180억 원인데, 3사가 각각 40%, 30%, 30%씩 출자하여 JVC를 설립할 경우에는? 신고회사는 최다출자자인 A사, 상대회사는 B사

뿐 아니라 (공정거래위원회 지침에 따라서) 자산총액/매출액 요건을 충족하지 못하는 C사도 포함된다(공(기업결합), 100–101면). 이처럼 JVC 설립시 한국내 기업결합신고의 무 판단도 그리 단순하지 않으므로, 필요하면 공정거래법 전문 변호사에게 자문을 구해 보아야 한다.

2) 실무에서는 한국뿐만 아니라 미국, 일본, EU 등에서의 신고도 검토해야 하는 경우가 생긴다. 요컨대 **경우에 따라서는 해외에 JVC를 설립할 때 한국은 물론 여러 나라에서 기업결합신고를 동시에 진행하여야 해서 업무의 신속한 진행에 상당히 큰 장애를 받을 수도 있음**을 염두에 두어야 한다.

IV. 출자자 간 협상

1. 개 관

1) **이 책에서 "출자자"는 특정한 회사에 자본금을 납입하는 자(한국의 주식회사의 주주나 유한회사의 사원)라는 의미로 사용**된다. 출자자 간 협상은 출자자가 복수일 경우, 즉 중국 내 사업을 위하여 설립될 회사(직접적 기업형 투자구조라면 중국 내에 설립할 외상투자 유한책임공사, 간접적 기업형 투자구조라면 중간지주회사)에 자본금을 출자할 투자자가 복수인 경우에 한하여 문제된다. 따라서 **한국 투자자 1인이 단독으로 중국 내 외상투자 유한책임공사를 설립하는 경우라면, 아래의 내용은 건너뛰고 바로 V.항을 살펴보아도 된다**.

2) 한국 투자자가 복수이거나, 한국 투자자가 중국 투자자와 함께 중국에 기업형 투자를 하기로 한 경우, 중국 내 사업구조와 운영방식, 수익배분 등에 관하여 포괄적인 협상을 하게 된다. 이에 기하여 어느 정도 사업의 전체적인 틀과 방향이 잡히면 투자자들 사이에서 투자에 관한 **양해각서**(중국어 명칭: 谅解备忘录. 영어로는 Memorandum of Understanding[MOU])를 체결하기도 한다. 한국 투자자들끼리만 모여서 투자할 경우에는 양해각서 체결을 생략하기도 하지만, 한국 투자자와 중국 투

자자가 함께 하는 경우에는 대부분 이를 체결한다(중국 투자자들은 보통 중국에서 양해각서 체결식을 공식적으로 거행하면서 중국 내 언론에 홍보자료로 삼기를 원하는데, 한국 투자자들 역시 비슷한 목적을 가지기도 한다). 한국 투자자들끼리 모여서 양해각서를 체결할 경우 그 준거법으로 한국법을 선택하고, 이에 별다른 이견이 생기지 않는다. 하지만 한국 투자자와 중국 투자자가 이를 체결할 경우, 중국 투자자는 통상 그 준거법을 중국법으로 하기를 강하게 원한다. 따라서 이 경우 **한국 투자자로서는 양해각서 체결 시 그 준거법을 한국법으로 하였을 때와 중국법으로 하였을 때 자신의 법적 지위(권리와 의무)에 어떠한 차이가 발생하는지 검토해 볼 필요가 생긴다. 결론부터 말하면 그 차이가 크지는 않다. 다만 중국에는 (비록 매매에 관한 것이지만) 양해각서의 법적 효력에 관한 규정을 두고 있어서 이를 확인해 둘 필요는 있다**. 그리고 간혹 양해각서를 체결하기 전에 협상을 시작하는 단계에서 **비밀유지약정서**(중국어 명칭: 保密协议. 영어로는 Non-Disclosure Agreement[NDA] 혹은 Confidentiality Agreement)를 체결하기도 하는데, 이에 관해서도 간단히 살펴본다.

3) 양해각서를 체결하고 나면, 중국 내 사업을 위하여 설립할 JVC(합작회사)를 어떻게 공동으로 운영할 것인지에 관하여 협상을 한 후 그 합의된 결과를 서면 계약서 형태로 만든다. ① 직접적 기업형 투자구조에서는 JVC가 중국 내 유한책임공사의 형태로 설립되고, ② 간접적 기업형 투자구조에서는 JVC가 홍콩 등지에 중간지주회사의 형태로 설립된다(이때 중국 내 유한책임공사는 사원이 중간지주회사 1인뿐인 1인 유한책임공사의 형태를 취하게 된다). **이 책에서는 ①항의 경우 유한책임공사의 출자자 사이에 체결되는 계약서를 "사원 간 계약서"라 칭하고(중국 유한책임공사의 출자자를 "주주"가 아니라 "사원"으로 번역하는 것이 더 적절한 이유는 앞에서 설명하였다), 아래에서는 사원 간 계약서 체결 시 유의하여야 할 점에 대해서만 살펴본다. 참고로, ②항의 경우 중간지주회사의 출자자 사이에서 체결되는 주주간 계약서(Shareholders Agreement)는 홍콩 회사조례(Company Ordinance)의 규율을 받기 때문에, 홍콩 현지 법률사무소의 자문하에 투자자 간 협상이 이루어져야 함을 기억해 두기 바란다. 이때에도 아래에서 살펴볼 사원 간 계약체결 시 고려되는 협상전략은 하나의 지침이 될 수 있다.**

2. 비밀유지약정서

1) **복수의 당사자들이 어떠한 거래를 함께 수행하고자 하는데, 그에 관한 최종적이고 확정적인 계약이 체결되기까지 혹은 그러한 계약체결일로부터 일정한 기간 동안은 그 거래와 관련하여 알게 된 다른 당사자들에 관한 일정한 정보를 제3자에게 공개하지 않도록 하고 싶을 때**가 있다. 이때 당사자들이 **체결하는 계약서**가 비밀유지약정서이다. **비밀유지약정서**(실무에서는 NDA[Non-Disclosure Agreement]라고 약칭하는 경우가 많다)는 기업인수합병 거래의 경우에는 (상대방 기업의 비밀정보를 지득하게 되기 때문에) 일반적으로 체결되나, 이 건에서와 같은 해외 공동사업 프로젝트에서는 항상 체결되는 것은 아니다. 그러나 ① **공동사업을 위하여 JVC(합작회사)를 설립하는 과정에서 자신의 영업비밀이나 지적재산권(예컨대 특허기술)을 JVC에 제공하고자 하는 당사자가 있다면 필요**할 수 있고(예컨대 한국 투자자와 중국 투자자가 중국에 JVC로 외상투자 유한책임공사를 설립하는 과정에서 한국 투자자가 JVC에 특허기술을 제공하기로 하였는데, 그 특허기술의 가치금액을 상호 합의하여 산정하는 과정에서 중국 투자자에게 그 내용의 일부를 알려줘야 하는 경우. 그런데 의외로 이런 경우임에도 비밀유지의무를 중국 투자자에게 부과하는 것을 소홀히 하는 한국 투자자도 있다), ② **당사자들의 전부 혹은 일부가 이러한 중국 공동사업을 추진하고 있다는 사실 자체를 공개하고 싶어 하지 않을 때에도 필요**하게 된다.

2) 비밀유지약정서는 거래계에서 이미 정형화된 서식이 있어서, 당사자들이 이를 기초로 협상을 하는 경우가 대부분이다(홈페이지나 블로그에 서식을 올려놓고 있는 법률사무소도 상당히 많고, 정부 관공서 홈페이지에서도 찾아볼 수 있다). 그 내용은 보통 ① **비밀유지계약을 체결하는 목적**, ② **비밀을 유지해야 하는 정보의 개념과 범위**, ③ **비밀정보를 접할 수 있는 자의 범위와 사용방법**, ④ **비밀유지의무의 예외사유**, ⑤ **비밀정보의 반환**, ⑥ **계약기간**, ⑦ **손해배상**, ⑧ **기타조항(준거법, 분쟁해결 등)**으로 구성된다. 그런데 막상 현실에서 비밀유지 의무 위반으로 의심되는 사례가 발생하면, 이미 체결된 비밀유지약정서에 기하여 깔끔하게 위반 여부 및 손해배상 금액이 판단되는 경우는 흔하지 않다. 그 주된 이유는, 거래를 시작하는 첫 단계에서 어쨌든 당사자들은 상호 간에 호의적인 태도를 취하고 있는 상황이어서, 계약서 내용에

장래 분쟁이 발생한 경우까지 예정하여 세밀한 내용까지 집어넣기는 현실적으로 어렵기 때문이다(예컨대 손해배상액의 예정이나 위약벌 조항까지 넣기가 쉽지 않다). 이 때문에 거래계 실무가들은 이전에 다른 거래에서 사용했던 비밀유지계약서의 일부 문구만 고쳐서 사용하거나, 인터넷에 있는 서식을 적당히 고쳐서 사용하기도 하는 등 비밀유지약정서의 체결을 상당히 가볍게 생각하는 경향이 있다. 하지만, 법률 전문가들은 비밀유지약정서의 작성을 의뢰받으면 먼저 거래와 관련한 여러 가지 사정을 충분히 들은 후에 세부적인 문구까지 다듬으려고 한다. 따라서 한국 투자자 입장에서는 비용 측면에서 여력이 된다면, 비밀유지약정서를 스스로 작성하더라도 경험 있는 한국법 전문가에게 간단하게라도 검토를 받아 보는 게 도움이 된다.

3. 양해각서

(1) 개 관

한국 투자자와 중국 투자자가 JVC로 중국 내 외상투자 유한책임공사를 설립할 경우, 양해각서(실무에서는 흔히 **MOU[Memorandum of Undertaking]**라 칭한다)부터 체결하는 경우가 대부분이다(단순히 명칭의 문제이기는 한데, 중국 투자 사업의 경우 체결되는 문서의 제목이 "의향서(意向书)"보다는 "양해각서(谅解备忘录[양해비망록])"인 경우가 실무상 더 흔해 보인다). 그 내용은 뒤이어 체결될 사원 간 계약서 중에서도 핵심이 되는 사항들이다. 즉 중국 내 공동투자 사업의 핵심사항만을 추려서 우선 양해각서의 형태로 체결하고, 이를 통하여 당사자들 상호 간에 이 공동사업을 추진하겠다는 각자의 의지를 확인한 후(양해각서의 서명식에 각 당사자의 CEO가 참여한다면 그 확인이 더욱 쉬울 것이다), 본격적으로 사원 간 계약 체결을 위한 협상에 들어간다.

(2) JVC 설립에 관한 양해각서의 주요 내용

JVC 설립에 관한 양해각서 역시 거래계에서는 정형화된 서식이 있어서, 이를 기초로 그 내용을 협상한다. 그러나 그 안에 채워 넣을 내용은 공동 투자사업의 구체적인 내용이 핵심적인 사항들이기 때문에, 투자자들은 이 단계에서부터 많은 고민을 해야 한다. 양해각서 본문에 통상적으로 들어가는 내용은 아래와 같다.

- **머리글:** 영미법계 계약서(특히 미국법계 계약서)의 영향을 받아서 ① 당사자(본점 주소와 설립근거법도 함께 표시) 및 체결일자를 표시하고, ② 이어서 전문(Recitals)라는 제목하에 양해각서 체결의 배경이 되는 거래와 동기, 목적 등을 간단히 기재한다(전문은 하나의 거래를 잘게 쪼개어 여러 개의 계약을 체결할 때 하나의 계약서만 보아도 전체 거래를 조감할 수 있도록 적어 주는 게 보통이다).
- **JVC 설립 관련 사항:** ① 투자총액(각 투자자가 목적 사업에 투입할 금액도 함께 기재), ② JVC의 자본금(중국법상 명칭: 注册资本金[주책자본금. 한글로는 "등록자본금"이라 번역한다]) 및 각 투자자가 납입할 자본금과 자본금 납입 스케줄(중국은 회사 설립후 분할납입이 가능하고 또 이게 일반적이다), 현물출자가 있을 경우 관련 사항, ③ JVC 지배구조의 핵심을 이루는 고급관리임원 선임권 관련 사항(이사장, 이사, 감사, 총경리, 부총경리, 재무총감, 기술총감 등을 어느 투자자가 몇 명씩 선임할 것인가).
- **JVC 운영 관련 사항:** JVC의 중국 내 사업과 관련하여 각 투자자가 어떻게 JVC와 협력하고 필요한 지원을 주고 받을 것인지에 관하여 중요한 내용을 기재한다. 예컨대 한국 투자자는 JVC에게 핵심기술을 제공하고 중국 투자자는 JVC가 생산한 제품이 중국 내 판로 개척을 담당한다면, 구체적인 사업모델에 따라서 각 투자자가 반드시 JVC에게 해 주고 또 JVC로부터 받아야 할 사업상 교환 대상이 있을 것이다. 이는 건건이 관련 투자자들이 고민해서 채워 넣어야 한다.
- **본계약 체결기한(양해각서의 효력기간):** 양해각서는 어디까지나 본계약(여기에서는 사원 간 계약)의 체결을 전제로 한 것이므로, 본계약 체결의 기한을 약정하고 양해각서의 효력은 그때까지만 존속하도록 하는 게 통상적이다. 즉 본계약을 언제까지 체결하기로 약정하고, ① 그전까지 본계약이 체결되면 본계약 체결일에, ② 그때까지 본계약이 체결되지 않으면 그 기한 말일에, 양해각서의 효력은 종료되는 것으로 정하는 게 통상적이다.

  한편, 이론상으로는 양해각서에 언제까지 본계약이 체결되어야 한다는 의

무조항을 넣거나, 더 나아가 양해각서상 그렇게 약정된 기한까지 본계약이 체결되지 못할 경우 본계약 미체결에 책임있는 당사자는 손해배상책임을 진다는 조항도 생각해 볼 수 있다. 실제로 양해각서의 내용이 자신에 아주 유리하거나 혹은 자신의 경쟁업체가 상대방 당사자에게 동일한 공동사업을 하자고 접근하여 좋은 사업기회를 빼어 갈 가능성이 크다고 생각되면 (그래서 자신은 본계약서에 서명할 것이 분명하지만, 상대방은 반대로 번복할 여지가 크다고 생각되면), 이러한 요청을 부드러운 톤으로 요청하는 당사자도 있다. 예컨대 중국 투자자가 생각하기에 한국 투자자의 기술이 중국 시장에서 큰 매력을 가지는데, 한국 투자자가 변심하여 다른 중국 투자자와도 협상하는 상황이 발생할까 우려되는 경우, 아래에서 보는 독점적·배타적 우선협상권을 달라고 하는 외에 이런 조항까지 넣자고 요청해 오는 사례를 볼 수 있다.

- **독점적 협상권한:** 중국 투자자가 한국 투자자에게 양해각서의 효력기간 동안 다른 제3자(주로 중국 내 다른 기업)와 동일한 내용의 공동사업에 관하여 협상하지 말 것, 즉 그 효력기간 동안은 중국 내 동일한 내용의 사업에 관해서 자신하고만 협상해 달라고 요청해 오는 경우도 있다.
- **해지:** 위 본계약 체결기한 전이라도 당사자들이 양해각서를 해지하고 더 이상 협상하지 않을 수 있는 경우를 미리 정해 둔다.
- **법적 구속력:** 양해각서에 법적 구속력이 있는지, 있다면 어느 조항에 한하여 법적 구속력이 있는지 기술한다. 양해각서 전부에 법적 구속력이 있다고 정하는 경우는 보기 어렵고, 대부분은 ① 양해각서 전부에 법적 구속력이 없다고 약정하거나, ② 일부 조항을 명시하면서 그 조항들만 법적 구속력이 있다고 약정한다. 간혹 법적 구속력에 관하여 침묵하는 양해각서도 있으나, 당사자들 간에 법적 구속력의 존부·범위에 관하여 합의에 이르지 못한 경우를 제외하면, 장래 분쟁발생의 소지를 남겨 두는 것이어서 바람직하지 않다. 이에 관해서는 아래 (3)항에서 조금 더 자세히 살펴본다.
- **손해배상책임:** 양해각서에 법적 구속력이 있음을 전제로 의무 위반 당사자의 손배배상책임(중국법상 명칭: 违约责任(위약책임))을 정한다. 손해배상액의 예

정이나 위약벌의 특약을 넣기도 한다. 역시 아래 (3)항에서 조금 더 자세히 살펴본다.

■ **기타조항:** 비밀유지, 통지, 비용부담에 관해 정한다. 준거법과 분쟁해결 조항은 잊지 않아야 하고(법률 전문가의 조언 없이 체결되는 계약서에서는 의외로 이를 빠트리는 경우가 많이 발견된다), 중국 투자자가 있을 경우 언어에 관한 조항도 필요하다. **특히 중국 투자자도 당사자로 참가할 경우에는 준거법, 분쟁해결, 언어 조항에 관하여 고려해야 할 많은 법적 쟁점들이 있는데, 이는 제7장(계약형 투자)에서 구체적으로 살펴본다.**

■ **서명란:** 각 당사자의 명칭과 서명자(대표권자 혹은 그 대리인)의 성명을 기재하고, 서명자의 서명 및/혹은 회사인감 날인을 한다.

(3) 양해각서의 법적 효력과 손해배상 조항

1) 개 관

거래계에서는 "양해각서는 본계약 체결 전에 그 중요사항에 관하여 미리 당사자들이 문서화해 두는 일종의 중간단계이니까, 법적 효력은 없지 않나?"라고 생각하는 경우도 있다. 그러나 법적인 관점에서 보면 그리 간단하게 생각하고 넘어갈 문제는 아니다. 한국 투자자들이 공동으로 중국에 JVC를 설립하는 경우 양해각서의 준거법은 한국법이 될 것이다(이때 JVC의 설립지가 중국이라고 하여 양해각서의 준거법을 반드시 중국법으로 해야 할 필요는 없다). 한국 투자자와 중국 투자자가 공동으로 중국에 JVC를 설립하는 경우 양해각서의 준거법은 한국법이 될 수도 있고 중국법이 될 수도 있다. 따라서 아래에서는 두 가지 법을 모두 염두에 두고 실무상 유의할 점들을 살펴본다. 한편, **아래 설명 중 위약금에 관한 부분은 양해각서뿐만 아니라 한국 투자자가 중국 투자자와 체결하는 계약서라면 그 유형에 상관없이 관련될 수 있**으므로, 잘 기억해 두기 바란다.

2) 양해각서의 일반적 효력

법률자문을 하는 입장에서는 바람직하지 않지만 가끔 양해각서에 법적 구속력의 존부에 관하여 명시적인 조항을 두지 않는 경우가 있다. 이러한 양해각서가 법적 구속력을 가지는지에 관해서는 당사자 간에 의견불일치가 생기기 쉽고 법률 전문가도 그 판단이 쉽지만은 않다. 그 양해각서의 준거법이 한국법이든 중국법이든, 그러한 양해각서의 법적 구속력의 존부는 case by case로 판단되기 때문이다. 다만 양국 법원 모두 case by case로 판단한다고 해서, 동일한 사실관계에서 양국 법원이 항상 동일한 결론을 내린다고 단정지을 수는 없다. 그런데 아직은 양국 모두 판례의 축적이 부족하고 관련된 비교 연구도 부족하여, 어느 법원이 더 법적 구속력 인정에 관대하고 어느 법원이 더 인색한지는 판단하기 어렵다. 더욱이 중국 법원은 판결의 전국적 통일성이 우리만큼 보장되지도 않는다. 중국 법원의 판결은 원칙적으로 2번의 판단을 거쳐 확정되는데(우리와 달리 2심제), 그 2번째 판단을 항상 최고인민법원에서 받을 수 있는 게 아니기 때문이다(이에 관한 상세한 설명은 손한기, 89-94면).

가. 준거법이 한국법인 경우

먼저 준거법이 한국법인 경우를 본다. 양해각서가 거기에 서명한 당사자들을 법적으로 구속한다는 것은 달리 말하면 양해각서가 우리 민법상 "계약"의 범주에 들어간다는 의미이다. 계약이 그 당사자들을 법적으로 구속하는 근거는 스스로 그렇게 법적 구속을 받겠다는 당사자들의 의사의 합치이다. 그런데 거래계에서는 양해각서를 체결할 때 그러한 법적 구속을 받을 생각이 없는 당사자도 있기 때문에, 양해각서에 법적 구속력에 관한 조항을 두지 않을 경우 당사자들의 의사표시의 해석이 필요하게 되는 것이다. 이때 ① 양해각서의 내용을 구체적으로 정할수록 본계약 체결을 위한 협상과 노력이 용이한 것이기에, 당사자가 양해각서에 그 합의 내용을 자세하게 기재하였다고 하여 그 양해각서가 본계약이라고 단언해서는 아니 되며, ② 당사자들이 양해각서 체결후 본계약 체결전에 이미 일부 이행에 착수하더라도, 장래 본계약이 체결될 것이라고 믿고 쌍방이 그에 협조하는 차원에서 미리 이행에 착수한 것으로 볼 수도 있어서, 그러한 사정만으로 양해각서 본계약과 마찬가지로 확정적인 효력을 발생한다고 볼 수도 없다. 결국 **양해서 체결을 통해 당사자가 의욕했던 바가 무엇인지를 문언의 내용, 그와 같은 약정이루어진 동기와 경위, 약정에 의하여 당사자가 달성하려고 하는 목적, 당사자진정한 의사, 거래의 관행 등을 종합적으로 고려하여 합리적으로 탐구해야 한다**이 한국 법원의 입장으로 이해된다(서울중앙지법 2012. 3. 29. 2011가합71280 판결).

나. 준거법이 중국법인 경우

1) 다음으로 준거법이 중국법인 경우를 본다. 중국 "최고인민법원매계약 분쟁사건 심리 시 법률적용 문제에 관한 해석(最高人民法院关于审理买卖合件适用法律问题的解释)" 제2조는 아래와 같이 규정하고 있다.

> 第二条 当事人签订认购书、订购书、预订书、意向书、备忘录等预 约定在将来一定期限内订立买卖合同、一方不履行订立买卖合同的义请求其承担预约合同违约责任或者要求解除预约合同并主张损害赔偿的院应予支持。
>
> 번역(한국법 시각에서 의미가 더 자연스럽게 통하고 지금 논의 중인 양해기 맞춰지도록 의역을 가미하였다): **당사자가** 구매확인서, 구매주문서, ㅓ, 의향서, **양해각서 등 예약을 체결하여 장래 일정한 기한 내에본계약]을 체결할 것을 약정하였는데 일방 당사자가 매매계약의무를 이행하지 않을 경우,** 다른 당사자는 그 의무 위반 당사자**약[양해각서]을 위반한 데 따른 위약책임**을 묻거나 또는 ② **예을 해지하면서 손해배상도 청구**할 수 있고, **인민법원은 민사소한** 다른 당사자의 **청구를 인용하여야 한다.**

2) 위 조항 때문에, **중국에서는 양해각서에 명시적으로 법다는 조항을 두지 않으면 장래 법적 구속력이 인정됨은 물론 손해배위험이 상당히 있다**고 본다(한국법 하에서보다도 양해각서의 법적 구속력이 반적으로 더 높다고 생각해 볼 여지도 있다). **그러나** 중국에서 계약(법률행위, 그

리고 석에 관한 민법총칙, 민법통칙, 계약법의 관련 규정들을 보면, 한국 민법과 기본 태도에서 차이는 없는 것으로 보인다(즉 어떠한 문서가 계약으로서 법적 구속력을 가지는 기본적으로 의사표시 해석의 문제라는 입장. 예컨대, 魏振瀛, 436-440면; 韩世远, 619-622면 远, 348-349면). 또한 위 조항도 모든 양해각서에 무조건 법적 구속력을 인정하라는 것은 아니며, (한국에서와 마찬가지로) **양해각서의 실제 문구와 내용에 비추어 약의 정도에 이르는 합의가 있다고 보기 어려운 경우에는 예약으로서의 효력(구속력)을 인정하지 않는 것이 중국 인민법원의 입장으로 보인다.** 실제로 양라는 제목하에 작성된 문서이지만, 그 내용을 구체적으로 따져서 법적 구속 인한 중국 인민법원의 판결도 있다.

소 결

대 준거법이 한국법이든 중국법이든 양해각서에 별도의 조항이 없다면, 력이 있는지 없는지를 case by case로 판단해야 하는 곤란한 문제가 공통 생한다. 따라서 양해각서 체결 시 법적 구속력에 관한 명시적인 조항을 잊지 말아야 할 것이다.

적 구속력이 부여되는 조항

C 설립에 관한 양해각서에는 장래 본계약(사원 간 계약)에서 최종적으로 확 될 내용(JVC 설립 및 운영에 관한 사항)도 언급되는데, 이 사항들에 대해서까 양해각서 체결단계에서 법적 구속력을 부여하고 싶어 하는 당사자들은 다. 그래서 이 부분은 법적 구속력이 있는 조항에서 제외되는 게 보통 다.

의 조항들 중에서 법적 구속력이 부여된다고 자주 적시되는 조항들은 **약 체결기한, 독점적 협상권한**(이 조항을 둔 경우), **해지**(특히 임의 해지권을 약 경우), **비밀유지의무, 준거법, 분쟁해결, 그리고 손배배상책임이나 위약 조항**(이 조항을 둔 경우)이다. 특히 본계약 체결기한, 독점적 협상권한, 비밀 의무, 손해배상 조항이 있는 경우에는 양해각서에서 명시적으로 "이 양해각서는 법적 구속력이 없다"는 문구를 넣기가 어렵다. 이 조항들에 의하여 이득을 보고자 했던 당사자의 입장이 무의미해지기 때문이다.

4) 위약금 조항

가. 위약금의 기능과 입법례

1 **위약금**이란 계약위반이 있는 경우에 위반한 계약당사자가 상대방 계약당사자에게 지급하기로 약정한 일정한 금전 기타 이익을 말하고, 그러한 내용의 합의를 위약금 약정이라고 한다(지원림(위약금), 27면). **우리 한국의 다수설과 판례는** 민법 제398조 제4항이 "위약금의 약정은 손해배상액의 예정으로 추정한다"고 규정하고 있음에 기초하여, **위약금을** ① 동 조항의 추정효과(의사추정)를 받아서 실무에서 일반적으로 인정되는 **손해배상액의 예정과** ② 위약금의 지급을 청구하는 계약당사자가 적극적으로 입증할 경우에만 인정되는 **위약벌로 분류하고 있다**.

2 손해배상액의 예정과 위약벌의 개념은 두 유형이 현실에서 수행하는 기능과 밀접하게 관련된다. ① **손해배상액의 예정**은 그 주된 기능이 계약위반이 발생한 이후(즉 사후)에 손해의 발생 및/또는 손해액에 대한 증명곤란을 해소하는 것 즉 손해의 전보라고 보기 때문에(사후적 손해전보기능), 그 개념도 계약위반 시 채무자가 지급하여야 할 손해배상의 액을 계약 당사자들이 미리 약정하여 두는 것으로 이해된다. ② **위약벌**은 그 기능이 계약상 의무를 부담하는 자에게 심리적 경고(의무를 이행하지 않을 경우 소정의 금원을 사적 제재로서 몰취하겠다)를 줌으로써 계약위반을 사전에 억제하는 것, 즉 이행확보라고 보기 때문에(사전적 이행확보기능), 그 개념도 계약위반(채무불이행)이 있으면 상대방이 사적 제재로서 몰수해 가는 금원이라고 이해된다. 다만, **한국의 다수설과 판례는 손해배상액의 예정이 위약벌이 가지고 있는 심리적 경고를 통한 이행확보기능도 함께 가지고 있다고 본다**(지원림(원), 549면; 지원림(위약금), 28-29면. 판례로는 2008. 11. 13. 2008다46906 판결). 참고로, **중국 역시 위약금은 1차적으로 손해전보의 성격(보상성)을 가지지만, 일정한 한도 내에서는 징벌적 성격(징벌성)도 함께 가진다고 설명**한

다(노정환, 1319-1320면[중국의 위약금 관련 입법은 전통적으로 손해전보와 징벌적 성격을 모두 가지는 것을 원칙으로 삼았다는 취지로 설명]; 韩世远, 588-589면[위약금의 수단으로 이 두 가지 기능을 열거]).

3 그런데, **위약금을 이렇게 손해배상의 예정과 위약벌로 분류하는 우리(와 우리가 참고한 일본)의 입장이 전 세계 어디에서나 당연시되는 것은 아니다. 대표적으로 영미법하에서는 손배해상액의 예정(Liquidated Damages)만 인정될 뿐, 위약벌(Penalty)은 인정되지 않고 있다.** 프랑스 민법은 형식적으로는 양자를 모두 두고 있고, 독일과 스위스 민법은 손해배상액의 예정 없이 계약벌(위약벌)만 두고 있으나, 계약벌이 손해전보기능도 함께 가진다(즉 손해배상액의 예정의 성질을 함께 가진다)고 해석된다(지원림(위약금), 28면). **이러한 사정 때문에, 한국 투자자가 양해각서(혹은 기타 계약서)에 위약금 조항을 두면서 그 준거법을 중국법으로 하였을 때, 그 법적 규율이 한국법하에서와 차이는 없는지 확인해 볼 필요가 있다.** 아래에서는 위약금 조항으로 손해배상액의 예정 조항을 둔 경우와 위약벌 조항을 둔 경우를 나누어 살펴본다.

이론 Tip 중국법하에서의 계약상 채무불이행 책임

중국은 2021년 단일 민법전을 시행하기 전에는 실질적 의미의 민법에 관하여 여러 개의 개별 법률들을 두고 있었다. 대표적으로 민법통칙, 민법총칙, 물권법, 담보법, 계약법[중국법 명칭: 合同法(합동법)], 불법행위법[중국법 명칭: 侵权责任法(침권행위법)], 혼인법, 입양법[중국법상 명칭: 收养法(수양법)], 상속법[중국법 명칭: 继承法(계승법)]이 있었다. 이는 민법 분야를 크게 재산권법(Property Law), 계약법(Contract Law), 불법행위법(Tort Law), 가족법(Family Law)으로 분류하는 미국의 법체계를 일정 부분 참고했던 것으로 보인다. 단 그 실체적 내용으로 들어가면 영미법계와 대륙법계의 개념, 그리고 중국 전통 법사상과 과거 중국에 영향을 주었던 소련의 입법이 복잡하게 얽혀 들어가 있어서, 명확하게 분류·정리하기 힘든 부분이 있다. 아무튼 중국법하에서 계약상 채무불이행이 문제될 경우

주로 계약법을 중심으로 관련 규율을 살펴보아야 한다. 참고로, 2021. 1. 1.**부터 위 단행법들은 모두 폐지되고 그 내용이** "中华人民共和国民法典(**중화인민공화국민법전)"이라는 하나의 실정법에 정리·통합되어 시행되고 있다.** 이 단일 민법전의 시행되면서 기존의 민법 법리에 어떠한 변화가 생길지는 추후 연구과제이다.

나. 손해배상액의 예정 조항을 둔 경우 양국법의 비교

(가) 개 론

1) 양해각서의 일부 조항에 법적 구속력을 부여할 경우, 그 조항에 위반한 당사자는 계약상 채무불이행 책임(중국법 명칭: 违约责任위약책임, "계약위반책임"이라는 의미이다)을 지게 된다. 한국법에 의하든 중국법에 의하든 ① 계약상 채무불이행(중국법 명칭: 违约(위약))의 중요한 효과로서 손해배상청구권이 규정되어 있고(지원림(원), 501면, 魏振瀛 466면), ② 손배해상은 금전배상이 원칙이며 그 배상할 손해액은 입증되어야 한다(지원림(원), 531면, 魏振瀛, 466면, 475면). 그런데 사실관계에 따라서는 그 구체적인 액수를 입증하기 어려운 경우가 발생한다. 예컨대 양해각서에 비밀유지조항을 두고 그 조항에 법적 구속력을 부여한 경우를 생각해 보자. 일방 당사자가 비밀유지의무를 위반한 경우, 다른 당사자로서는 그 불이행의 구제수단으로 이행강제는 큰 의미가 없고(이미 누설되어 해당정보를 알게 된 사람의 머릿속에서 그 기억을 지울 수는 없고, 그 정보가 이미 1차 수령자의 범위를 넘어서 전파된 경우라면 그 정보를 사용하지 못하도록 할 수 있는 현실적인 방안을 강구하기도 어렵다) 사실상 손해배상청구만이 가능할 것이다. 그런데, 실제로 입은 손해가 있는지, 있다면 이를 금전적으로 평가한 액수는 얼마인지 입증하기란 여간 어려운 게 아닐 것이다. 또한 양국 모두 원칙은 손해배상을 청구하는 자가 이를 입증하도록 되어 있어서, 장래 손해배상을 청구하는 당사자로선 이 부분이 큰 부담이 될 수 있다.

이처럼 구체적인 손해의 액수를 입증하는 것이 사안의 성질상 곤란한 경우, ① 증거조사의 결과와 변론의 전 취지에 의하여 밝혀진 당사자들 사이의 관계, ②

채무불이행과 그로 인한 재산적 손해가 발생하게 된 경위, ③ 손해의 성격, ④ 손해가 발생한 이후의 제반 정황 등의 관련된 모든 간접사실들을 종합하여 판단하는 것이 한국 대법원의 입장이다(2004. 6. 24. 2002다6951·6968 판결). 중국 민법상 손해액의 산정방법은 우리와 다르고 중국 민사소송법이 한국 민사소송법에 비하면 변론주의, 처분권주의, 자유심증주의가 많이 약화되어 있기는 하지만(손한기, 21-22면, 339-342면 참조), 중국 법원 역시 기본적으로는 한국 법원과 비슷한 태도를 취할 것으로 보인다.

2) 그런데 위에서 언급한 추상적인 판단기준 자체만으로는 양해각서에 서명한 당자자가 "상대방이 비밀유지의무를 위반하면 내가 얼마의 손해배상액을 청구할 수 있는지" 미리 예상해 보는 데 별로 도움이 되지 않을 것이다(경우에 따라서는 법원에서 손해 자체가 발생하지 않았다고 판단할 위험도 있다). 이처럼 **현실에서 배상하여야 할 손해액을 입증하기가 어려운 현실을 감안하여 실무에서는 손해배상액의 예정 조항을 넣는다**. 참고로 중국법하에서는 이 경우의 위약금을 "赔偿性违约金(**배상성위약금**)"이라 칭한다.

그런데 손해배상액의 예정 조항에 관해서는 한국법과 중국법 사이에 아래와 같은 법규율의 차이가 있다.

(나) 요건 비교

먼저 요건을 비교해 본다.

1) **채무불이행의 사실**: 양국 모두 손해배상액의 예정 조항이 작동하기 위한 요건으로서 채무불이행의 사실이 있을 것을 요구한다.

2) **채무자의 귀책사유**: 양국 모두 특약으로 채무자의 귀책사유를 요건으로 할지 여부를 정할 수 있다고 본다. **특약이 없을 경우, ① 한국법하에서** (i) 다수설은 귀책사유는 요건이 아니라고 보지만(즉 채무자가 자신에게 귀책사유가 없음을 주장·입증하더라도 예정된 손해배상액을 지급하여야 한다고 보지만), (ii) **소수설과 판례는 귀책사유가 요건이라고 본다**(지원림(위약금), 29-30면. 2010. 2. 25. 2009다83797판결). **② 중국법하에서는 특**

약(이나 법규상 예외 규정)**이 없으면, 원칙적으로 채무자의 귀책사유는 요건이 아니라고 본다.** 중국 계약법은 미국의 Contract Law와 동일하게 위약책임의 성립에 원칙적으로는 채무자의 귀책사유를 요구하지 않고 있기 때문이다(魏振瀛, 476면. 미국 계약상법상 계약위반[Breach of Contract]에 대한 손해배상[Damages] 청구 시 귀책사유를 요하지 않음에 관해서는 한종술, 886면 참조).

3) **손해발생**: 한국법하에서 다수설과 판례는 별도의 특약이 없는 한 이를 요하지 않는다고 본다(지원림(위약금), 30-31면. 2000. 12. 8. 2000다50350 판결). 중국법 역시 마찬가지로 이해된다(魏振瀛, 476-477면).

4) 정리하면, **한국법**(한국 법원의 판단)**하에서와 달리 원칙적으로 채무자의 귀책사유까지도 필요 없다는 점에서, 일응 중국법하에서의 손해배상액 예정 조항이 장래 이를 청구할 채권자 입장에서 더 유리하다고 볼 수 있다.**

(다) 효과의 비교

다음으로 효과 면에서 비교해 본다.

1) **초과손해에 대한 배상청구가 가능한지: 중국법이 보다 적극적·명시적으로 이를 규정하고 있어서, 실제 가능한 범위도 더 넓은 것으로 보인다.**

1 **특약이 있는 경우,** 손해배상액 예정에서 정해진 금액을 초과하는 실제 손해액을 증명하여 추가 배상청구를 할 수 있음은 양국 법제하에서 모두 같다. 반대로 특약에서 "실제 손해액이 손해배상액 예정액을 초과하더라도 초과 부분은 청구할 수 없다"고 정한 경우에는, 청구할 수 없을 것이다(한국 민법하의 해석론은 지원림(위약금), 31면). 중국민법 역시 사적 자치를 대원칙으로 천명하고 있고(계약법 제4조: 당사자는 법에 따라서 자신이 원하는 대로 계약을 체결할 권리를 가지며, … [当事人依法享有自愿订立合同的权利, …]) 달리 이러한 특약의 효력을 부정하는 강행법규도 없기 때문에, 중국 민법하에서도 이러한 특약의 효력을 부정할 이유는 없다고 본다.

2 **특약이 없는 경우, 한국법하에서는 법률 규정은 없고 다수설은 부정한다.** 중

액이나 감액 모두 계약자유에 대한 중대한 제한이기 때문에 명문규정이 있어야만 허용되는데, 이러한 증액청구는 명문의 근거규정이 없어서 허용되지 않는다고 본다. 더욱이 손해배상액을 0으로 만드는 면책특약도 허용되는 마당에, 그 배상액을 일정한도로 제한하는 약정의 효력을 부정하기는 어렵다(송덕수(강), 806면; 지원림(강), 1131면). 다만, 계약 해석론을 통하여 특약에 대한 묵시적 의사를 인정하는 방법으로 추가청구가 가능하다고 보는 견해는 있다. 가령 약정시에는 적정액이었으나 사정변경에 따라서 위약금이 채권자에게 불리하게 된 경우에 그러한 사정이 전혀 예견되지 않은 것은 아니라면(이중부정의 표현을 사용하고 있는데, 일응 "예견가능성이 조금이라도 있었다면"이라는 의미로 읽힌다) 묵시적 특약의 존재를 인정하여 추가 청구를 인정할 수 있다고 보는 것이다(최창열, "손해배상액의 예정과 위약벌의 구별에 관한 연구", 민사법학 제21호, 2002, 392면: 지원림(위약금), 28면에서 인용. 지원림 교수도 이처럼 "묵시적" 의사를 통한 증액은 있을 수 있다고 본다).

그런데 중국 계약법 제114조 제2항 전단은 "약정된 위약금이 발생한 손해액보다 적은 경우에는 **당사자가 인민법원이나 중재기관에 그 증액을 청구할 수 있고**, …(约定的违约金低于造成的损失的、当事人可以请求人民法院或者仲裁机构予以增加、…)" **라고 명시적으로 규정하고 있다**. 또한 그 하위 규정인 최고인민법원 사법해석은 **이 경우 증액은 실제 발생한 손해액을 초과할 수 없도록 하고 있다**(最高人民法院关于适用《中华人民共和国合同法》若干问题的解释(二)[최고인민법원의 계약법 적용에 있어서 약간의 문제에 관한 해석(2)] 제28조). **따라서 증액을 청구할 필요가 생긴 채권자 입장에서는 한국법보다 중국법을 준거법으로 하는 것이 더 유리하다고 볼 수 있다**. 한 가지 유의할 점이 있다. 중국법하에서는 인민법원이나 중재기관이 직권으로 증액하는 것이 아니라 채권자가 그 청구를 하여야 비로소 증액여부를 검토하고, 예정액이 실제 손해액보다 적다고 하여 반드시 증액하는 것이 아니라 해당 재판정이나 중재부에서 직권으로 증액여부를 결정한다.

3 **손해배상액의 예정 조항이 적용의 대상으로 삼지 않은 유형의 채무불이행이 발생한 경우, 그에 대해서는 추가 손해배상 청구가 가능함은 양국 법제하에서 차이가 없다**. 손해배상액의 예정 조항이 있을 경우 그 조항이 채무불이행 중

어느 유형이 발생하였을 때 작동하는지 살펴볼 필요가 있다(이는 곧 조항의 문구를 작성할 때부터 이것이 잘 드러나도록 신경을 써야 한다는 뜻하기도 한다). 예컨대 손해배상액의 예정이 (i) 지연배상액의 예정인 경우, 이행지체가 발생한 경우에 지연배상금 대신에 이 예정액을 청구할 수 있고, 전보배상금은 청구요건을 충족하는 한 이와 별개로(즉 이 예정액을 초과하여) 청구할 수 있고, (ii) 전보배상액의 예정인 경우, 전보배상금 대신에 이 예정액을 청구할 수 있고(선택적으로 본래의 이행청구도 이행불능이 아닌 한 여전히 가능하다), 지연배상액은 이와 별개로(즉 이 예정액을 초과하여) 청구할 수 있다.

2) **장래 법원에서 감액될 수 있는지: 양국 법제하에서 모두 감액될 수 있는데, 요건과 판단기준에서는 차이가 있다.**

① **한국법하에서는** 예정된 손해배상액이 부당하게 과다하면 법원이 직권으로 (재량)감액을 할 수 있다(한국 민법 제398조 제2항). 따라서 **채무자의 감액청구가 반드시 있어야 하는 것은 아니다.**

감액의 요건인 "부당하게 과다한 경우"란 채권자와 채무자의 각 지위, 계약의 목적 및 내용, 손해배상액을 예정한 동기, 채무액에 대한 예정액의 비율, 예상 손해액의 크기, 그 당시의 거래관행 등 모든 사정을 참작하여 일반 사회관념에 비추어 그 예정액의 지급이 경제적 약자의 지위에 있는 채무자에게 부당한 압박을 가하여 공정성을 잃는 결과를 초래한다고 인정되는 경우를 말하고, 법원은 사실심 변론종결 시를 기준으로 판단한다(대법원 2002. 12. 24. 2000다54536 판결). 특히 법원은 이를 판단하는 과정에서 (실제 손해액이나 예상 손해액을 기록만으로 알 수 있으면 몰라도) **실제 손해액을 구체적으로 심리·확정할 필요는 없고**(대법원 2011. 1. 27. 2010다60042 판결), **손해가 없다거나 손해액이 예정액보다 적다는 것만으로 곧바로 부당하게 과다하다고 인정되지는 않는다**(대법원 2008. 11. 13. 2008다46906 판결, 대법원 2014. 7. 24. 2014다209227 판결).

② **중국법하에서는** 약정된 위약금이 발생한 손해액보다 과도하게 많은 경우에는, 당사자가 인민법원이나 중재기관에 적절하게 감액시켜 줄 것을 청구할 수 있다(계약법 제114조 제2항 후단). 하위 규정인 최고인민법원 사법해석에서는 **위약**

금이 실제 발생한 손해액의 130%를 초과하면 과도하게 많은 경우에 해당한다고 설명하고 있다(앞서 본 최고인민법원의 계약법 적용에 있어서 약간의 문제에 관한 해석(2) 제29조). 따라서 **채무자의 감액청구가 있어야 하고, 나아가 약정된 위약금**(즉 여기에서는 예정된 손해배상액)**이 실제 발생한 손해액보다 과도하게 많음을**(따라서 실제 발생한 손해액까지) **입증해야 한다**(魏振瀛, 477-478면). **즉 한국법하에서보다 채무자가 감액을 받기가 까다로와서 채권자에게 유리하다고 볼 수 있다.**

그런데, **중국 내 많은 학자들은** (ⅰ) 위약벌은 실제 발생한 손해가 없다고 하여 면제될 수는 없지만, (ⅱ) **손해배상액의 예정은 실제 손해가 전혀 발생하지 않았고, 채무자의 채무불이행이 고의에 기한 것이 아니라면, 아예 면제할 수도 있다**(즉 손해배상액 예정 조항의 적용 자체를 부정할 수도 있다)고 보고 있다(崔建远, 338면; 魏振瀛, 478면; 韩世远, 596면). **중국 인민법원이 이 견해에 따른다면** 채권자에게 상당히 불리한 요소가 될 것이다. **채무를 불이행한 당사자가 실손해가 전혀 없음을 증명해서 손해배상액 예정 조항을 완전히 무력화시킬 가능성이 있다**는 결론이 나오기 때문이다. 생각건대, 우리의 다수설·판례처럼 손해배상액의 예정이 (위약벌이 가지고 있는) 심리적 경고를 통한 이행확보기능도 부차적으로 함께 가지고 있다고 본다면, 이 견해에 선뜻 수긍하기 어려울 것이다. 이 견해를 주장하는 중국 학자들도 인정하듯이 위약벌의 경우에는 실제 손해가 없다고 해서 완전히 면제될 수는 없는데, 중국 내에도 중국법상 위약금은 전통적으로, 그리고 일반적으로(즉 손해배상액 예정의 성질을 가진 경우를 포함하여) 위약벌의 성질도 가지고 있다고 보는 견해가 적지 않다(노정환(역), 1318-1320면; 韩世远, 588면). 따라서 향후 중국 인민법원이 어떠한 입장을 취할지는 지켜볼 필요가 있을 것이다.

(라) 소 결

정리하면, **양해각서**(혹은 기타 계약서)**에 손해배상액의 예정 조항을 둘 경우, 준거법을 중국법으로 하는 것이 일반적으로는 채권자에게 더 유리하다**고 볼 수 있다(채무자가 채무불이행에 귀책사유가 없어도 인정되고, 실제손해액이 예정액보다 적으면 증액을 청구할 수 있는 반면, 채무자가 감액을 받으려면 여러 가지 입증책임을 부담한다). **다만, 손해배상액의 예정 조항이 적용되는 채무불이행에 대해서 손해 발생 자체를 다툴 여지가 있다면 중국법을 준거법으로 하는 것이 채권자에게 불리하게 작용할 수 있다**(**예컨대 비밀유지 의무를 위반한 경우**에 대비하여 손해배상액 예정 조항을 두었는데, 장래 그 위반당사자가 실제 손해는 전혀 발생하지 않았다고 주장하며 다툴 경우).

다. 위약벌 조항을 둔 경우 양국법의 비교

한국에서 위약금의 하위 개념으로 손해배상액의 예정과 구별되는 위약벌이 인정됨은 위에서 살펴보았다. 중국에서는 계약법 제114조가 위약금에 관하여 규정하고 있는데, 이는 손해배상액의 예정을 규율하는 것으로 보고, 사적 자치의 원칙에 따라 이와 구분되는 위약벌(중국법 명칭: 违约罚[위약벌] 혹은 惩罚性违约金[징벌성위약금])도 약정할 수 있다고 보고 있다. 한편, 위약벌 조항에 관한 양국의 논의를 보면 큰 차이는 없는 것으로 보인다.

1) **위약벌 조항의 입증:** 한국은 민법 제398조 제4항에서 위약금 조항은 손해배상액의 예정으로 추정하고 있다. 중국은 이러한 명시적인 법규는 없으나, 다수설은 마찬가지로 해석하고 있다(魏振瀛, 476면). 따라서 양국 모두 약정된 위약금이 위약벌로 인정되기 위해서는 특별한 사정(단순히 계약서에 명칭을 "위약벌"로 하였다는 것으로는 부족하고, 앞서 본 이행확보기능만에 초점을 맞추어 위약금을 약정했다는 당사자들의 의사)이 주장·입증되어야 한다(김동훈, 96면; 지원림(위약금), 35면. 특히 **위약금 조항이 위약벌로 인정받기가 생각보다 쉽지 않음**에 관해서는 김동훈, 91-95면에 걸친 4개의 대법원 판례를 참조).

2) **위약벌의 감액: 한국은** 예정된 손해배상액의 감액에 관해서는 민법 제398조 제2항에서 규정하고 있으나, 위약벌에 관해서는 별도의 규정이 없다. 이에 판례는 위약벌은 이 조항에 따라서(즉 이 조항을 적용하거나 유추적용하여) 감액할 수는 없고, 다만 그 **위약벌 금액이 사회질서에 반할 정도로 과도하다면 민법 제103조에 의하여 위약벌 약정의 전부 혹은 일부가 무효로 된다**고 본다(2002. 4. 23. 2000다56976 판결). 따라서 손해배상액의 예정에 비하여 감액받기가 까다롭다. 그런데 최근에는 손해

배상액의 예정과 위약벌의 구분론을 비판하고 이를 통합하여 위약금이라는 하나의 개념으로만 이해하면 충분하다는 통합론의 전제하에서, ① 해석론으로는 위약벌에 대해서 민법 제398조 제2항을 유추적용하여야 한다고 보거나, ② 입법론으로는 2013년 법무부 민법 개정시안 제398조에서 언급되었듯이 손해배상액의 예정과 위약벌 모두를 현행 제398조 제2항의 적용대상으로 삼자는 견해가 있다(지원림(위약금), 38-39면, 김동훈, 98-99면, 102-105면. 당시 개정시안 제398조 제3항은 "위약금이 부당히 과다한 경우에는 법원은 적당히 감액할 수 있다"고 규정하고 있었다).

중국의 다수설 역시 우리의 판례와 같은 취지에서, 중국 민법상 강행규정에 위반할 경우에는 위약벌 조항이 무효 혹은 취소될 수 있다고 본다. 흥미로운 것은 **계약금의 비율을 전체 주채무 금액의 20%로 제한하는 중국 담보법 제91조를 유추적용하여, 위약벌의 금액 역시 전체 손해액의 20%를 초과해서는 안 된다고 보는 견해가 있다**는 점이다(魏振瀛, 478면. 이외에도 많은 학자들이 동조하는 것으로 보인다. 다만, 왜 중국 담보법 제91조가 위약벌 금액 결정 과정에 유추적용되어야 하는지에 관하여 납득할 만한 설명이 없는 점은 아쉽다). 따라서 **준거법을 중국법으로 할 경우 위약벌 금액은 일응 실제 손해액의 20%를 초과하기 어렵다고 생각해 두는 게 신중한 접근방식이라고 생각된다**. 한편, 중국에서는 많은 학자들이 위약벌의 감액기준이 손해배상액의 예정보다 까다로운지, 까다롭다면 얼마나 까다로운지에 대해서 (많은 논의가 있는 우리와 달리) 별다른 언급을 하지 않고 있어서, 중국법제하에서 이 부분에 관해서는 명확히 정리하기가 쉽지 않다.

라. 소 결

앞에서 살펴본 차이점을 고려할 때, 장래 위약금 조항에 기초하여 지급을 청구할 당사자 입장에서는 장래 손해 발생 자체에 다툼의 여지가 없다면 일응 준거법을 중국법으로 하는 것이 조금 더 유리하거나 편리한 면이 있다. 하지만 **더 중요한 것은 위약금 조항을 작성할 때 다음 사항을 기억해 두는 것이다**.

[1] 양해각서를 비롯한 어떠한 계약서의 준거법이 중국법인 경우 손해배상액의 예정 조항을 두는 게 좋다: 한국 투자자 입장에서는 장래 중국 법원이 손해액

을 어떻게, 얼마나 산정해 줄지 미리 예측하기가 어렵다. 따라서 **준거법을 중국법으로 하여 중국 투자자와 계약을 체결한다면 일단 손해배상액의 예정 조항은 두는 게 (설사 장래에 실제 손해액의 이슈 때문에 감액당하거나 부정되더라도) 필요할 것이다**.

2 **그에 더하여 위약벌까지 둘 경우 문구 작성에 주의를 기울여야 한다**: 한국법하에서는 위약벌을 인정받는 게 생각만큼 쉽지는 않고, 위약벌이라고 기재하였음에도 손해배상액의 예정으로 인정될 수도 있다. 따라서 위약벌을 정하고 싶으면 그 문구에 관해서 법률전문가의 자문을 받아 보기를 권한다. 아직 중국 인민법원의 태도를 명확하게 알기 어렵지만, 중국법하에서도 비슷한 위험이 존재할 것으로 가정하자.

3 **손해배상액의 예정을 약정할 경우 어떠한 유형의 채무불이행에 적용할 것인지가 잘 드러나게 기재해야 한다**: 최소한 ① **이행지체, 이행불능 중 어느 경우를 예정한 것인지,** ② **양해각서 해지 후에도 이와 별개로 적용되는지**는 객관적으로 명확하게 드러나도록 기재하는 게 좋을 것이다.

4 준거법이 중국법이면 채무자의 귀책사유가 필요 없다는 이점이 있음도 기억해 두자.

5 비록 중국법하에서는 예정된 손해배상액의 증액이 허용되지만 이를 청구인이 입증하여야 하는 번거로움이 있으므로, **청구인 입장에서는 준거법에 상관없이 가능하면 예정액을 장래 예상되는 손해액보다 넉넉하게 기재하는 것이 편하다**(감액은 거꾸로 피청구인이 입증해야 한다).

4. 사원 간 계약서

(1) 개 관

직접적 기업형 투자에서 중국 내 외상투자 유한책임공사의 출자자가 복수인 경우, 혹은 간접적 기업형 투자에서 중간지주회사에의 출자자가 복수인 경우, 특별한 사정이 없는 한 출자자들 간에 사원 간 계약서/주주 간 계약서의 체결이 필요하다. 아래에서는 전자의 경우에 체결되는 사원 간 계약서에 한정하여 살펴본다.

⑵ 준거법과 언어

1) 과거 중외합자기업이나 중외합작기업을 설립하고자 할 경우, 외국 투자자와 중국 투자자는 반드시 사원 간 계약서(실무상 흔히 "중외합자기업 협의서[中外合资企业协议书]", "중외합작기업 협의서[中外合作企业协议书]" 등으로 통칭되었다. 참고로 중국어 "협의서"는 우리의 "계약서" 내지 "합의서"의 의미를 가진다)를 작성하여야 하는 의무를 부담하였다.

애초에 이들 계약서는 모두 관할 정부기관(관할 상무부서)의 심사·허가(중국법 용어 : 批准[비준]. 이처럼 중국에서의 비준은 조약을 대상으로 하는 한국의 비준과는 다른 의미를 가진다)를 얻어야 비로소 효력이 발생하였다(예컨대 "중외합자경영기업법 실시조례" 제14조). 따라서 일반적인 계약서에서 흔히 하듯이 "동 계약서는 서명일자로부터 효력이 발생한다."고 약정하여도 그 약정은 효력이 없었고(정확히 표현하면 관할 상무부서의 심사허가를 얻기 위하여 필요한 조치를 하여야 할 의무만이 유효하게 인정되었다. 즉 우리의 "부동적 무효"와 비슷한 상태로 인정되었다), 이러한 강력한 권한에 기하여 관할 상무부서가 사원 간 계약서의 구체적인 내용에 간섭하는 경우마저도 있었다. 이후 위 조항은 상위규정들에 의하여 사문화되었지만(중국에서는 법규정이 폐지되었는지 여부를 명시적으로 선언하지 않는 경우가 있어서 그 판단이 애매한 경우가 있다. 실무계에서는 종래 인정되어 오던 관할 상무부서의 심사허가권한이 폐지되면서 사실상 사문화되었다고 보았다), 여전히 관련 법령에서는 사원 간 계약서에 반드시 들어가야 하는 내용들을 법정하고 있었다. 특히 ① 사원 간 계약서의 준거법이 반드시 중국법일 것을 요구하였고, ② 언어가 중문일 것을 요구하였다. 또한 ③ 관할 상무부서의 심사허가권한이 폐지된 이후에도, 외상투자기업의 설립등기를 신청할 때 등기기관인 관할 시장감독관리부서에 사원 간 계약서를 제출하도록 하고 있었다.

2) 반면 외자기업을 설립할 경우 출자자 전원이 외국 투자자만으로 이루어져서, 중국정부 입장에서 특별히 보호해 주어야 한다고 느낄 중국인 투자자가 없었다. 그 결과 외자기업 관련 법규는 중외합자기업, 중외합작기업에서와 달리 사원 간 계약서에 대하여 특별한 규정을 두지 않았다. 따라서 외자기업의 사원 간 계약

서는 중외합자기업이나 중외합작기업과 달리, ① 그 준거법이 반드시 중국법일 필요가 없었고(다만 어차피 주된 약정 내용이 중국 내 법인에 관한 것이어서 중국의 강행법규에 위배될 수는 없기 때문에 준거법을 중국법으로 하는 것이 통상적인 실무였다), ② 중국 관할 정부기관의 심사허가도 필요 없었다. 또한 ③ 중국 정부기관의 심사를 받을 필요가 없기 때문에, 그 언어가 반드시 중문이어야 할 필요도 없었다.

다만, 사원 간 계약서 내용의 상당 부분은 외자기업 정관에도 반영되는데, 이 정관에 대해서는 중국법이 적용되고 중국 관할 정부기관(관할 상무부서와 시장감독관리부서)이 심사 권한을 가졌다. 따라서 정관에 반영되는 한도 내에서는 외자기업의 사원 간 계약서도 (간접적으로) 중국법의 제약을 받고 중국 관할 정부기관의 심사를 받았다고 볼 수 있다.

3) 2020. 1. 1.부터는 과거의 중외합자기업 형태이든(즉 한국 투자자와 중국 투자자가 JVC로 설립하든) 외자기업 형태이든(즉 한국 투자자 1인 혹은 복수의 한국 투자자들이 설립하든) 모두 중국 회사법상 유한책임공사의 설립 규정에 따라서 설립된다. 하지만 과거 중외합자기업의 사원 간 계약서와 외자기업의 사원 간 계약서 사이에 존재하였던 규제의 차이는 여전히 존속한다고 일단 가정한 후 구체적인 실무를 확인해 보는 것이 신중한 업무처리방식일 것이다. 따라서 **한국 투자자와 중국 투자자가 JVC로 외상투자 유한책임공사를 설립할 경우에는 과거 중외합자기업에서와 마찬가지로 그 사원 간 계약서에 대하여 3가지 제약 즉 ① 준거법을 중국법으로 하여야 하고, ② 언어가 중문으로 이루어져야 하며(복수의 언어로 작성될 경우 그중 하나는 중문이어야 하며), ③ 해당 계약서를 등기기관인 관할 시장감독관리부서에 제출하여야 한다는 제약이 있다고 가정한 후, 실제 설립등기지를 관할하는 상무부서와 시장감독관리부서의 입장이 어떠한지 실무확인을 해 볼 것을 권한다**.

반면 복수의 한국 투자자들이 외상투자 유한책임공사를 설립할 경우에는 과거 외자기업에서와 마찬가지로 사원 간 계약서에 위 3가지 제약은 없을 것이다. 다만 이 경우에도 사원 간 계약서의 주된 약정 내용이 중국 내 설립되는 유한책임공사에 관한 것이어서 준거법은 여전히 중국법으로 하는 것이 통상적인 실무이다.

4) 중국 내 행정절차를 밟을 때 반드시 염두에 두어야 할 사항이 있다. 관할

정부기관(관할 상무부서나 관할 시장감독관리부서 등)에서는 제출받은 서류들을 심사할 때 중문본을 제출할 것을 요구한다(원본이 중문이 아니면 중문번역문을 요구하고, 경우에 따라서는 그 중문번역본에 해당 원본이 작성된 외국에서의 번역 공증 및 인증도 요구한다). 따라서 사원 간 계약서를 중국 내 정부기관에 제출하게 되면 중문으로 작성된 사원 간 계약서를 제출하여야 한다. 특히 제출된 중문본 계약서와 별도로 동일한 내용의 외국어본 계약서가 있을 경우 "중문본 계약서의 효력을 우선으로 하거나 적어도 두 가지 언어본이 동등한 효력을 가질 것"을 요구하고 있다. 따라서 **한국 투자자로서는 사원 간 계약서를 중국 정부기관에 제출하여야 하는지 여부를 확인한 후, 제출이 필요하다면 애초 협상 단계에서부터 한글본과 중문본을 동시에 작성할 필요가 있다**. 간혹 한국 투자자 중 한글본은 배제하고 영어본과 중문본을 작성하고자 하는 경우도 있는데, 특별한 사정이 없는 한 영어가 모국어가 아닌 한국 투자자와 중국 투자자가 영문본 계약서를 작성할 필요는 없을 것이다(일부 중국 기업 내 의사결정권자들은 자국 내에서 이루어지는 거래에 관하여 영어로 협상하고 영문 계약서를 작성하는 데 익숙하지 않다).

5) 사원 간 계약서를 중국 정부기관에 제출할 때 중문본을 작성하여야 하는 경우에 관하여 조금 더 자세히 설명한다. 대부분의 한국 투자자는 중문을 읽을 수 없으므로, 중문본과는 별도로 한글본도 작성하여야 할 것이다. 한데 이 경우 **실제 분쟁 발생 시 중문본과 또 하나의 외국어본(주로 한글본) 중 어느 계약서가 해석의 기준이 될 것인지가 중요한 쟁점이 될 수 있다.** 양자의 내용이 동일하여야 함에도 불구하고 실무에서는 번역 작업의 미비나 소홀로 인하여 그 내용이 다른 경우가 자주 발생하기 때문이다. 이 문제를 해결하기 위하여 설사 당해 계약서 양쪽에 "동 계약서의 정본은 중문본이 아니라 한글본으로 한다"는 약정을 넣더라도, 관할 정부기관에서는 그 내용을 수정하여 "양 계약서의 효력이 동등하다"로 고칠 것을 요구하는 경우가 많다(사실 법리적으로 보면 상호 충돌하는 내용의 두 언어본이 있을 경우 두 언어본의 효력이 동등하다는 조항은 별다른 실효성이 없다). 또한 자신이 심사하는 과정에서 관할 정부기관은 중문본만을 살펴 보는 경우가 대부분이고, **만일 외국 투자자와 관할 정부기관 사이에 법적 분쟁이 생길 경우 공적으로 이를 판단할 제3자 역시 중국의 행정 혹은 사법기관으로서 중문본을 기초로 삼을 것이므로, 현실에서는 언제나 중문**

본의 효력이 우선한다고 보아야 한다(필자의 경험상 중문과 한글이 병기된 계약서를 한국 법원에서 판단받게 되면, 한국 법원은 기본적으로 한글본에 기초하여 판단하는 경향이 있다. 하지만 **중국 투자자와 분쟁이 발생한 사원 간 계약서라면** 궁극적으로 강제집행 단계에서는 중국 법원의 심사를 피할 수 없기 때문에, **이 문제를 염두에 두어야 할 것이다**). **따라서 가능하면 양 언어본 간에 상이한 부분이 없도록 꼼꼼하게 그 내용을 비교 대조하면서 작성하는 것이 필요하다**. 그런데 실무에서는 이 번역작업을 비용 등의 문제로 지나치게 소홀히 다루는 경향이 있다.

⑶ 사원 간 계약서의 주요내용

원론적으로는, ① 한국 투자자와 중국 투자자가 JVC로 외상투자 유한책임공사를 설립하는 경우에는 과거 중외합자기업의 사원 간 계약서를, ② 복수의 한국 투자자들이(혹은 한국 투자자와 다른 외국 투자자가 JVC로) 외상투자 유한책임공사를 설립하는 경우에는 과거 외자기업의 사원 간 계약서를 참조하면 될 것이다. 과거 중외합자기업과 외자기업의 사원 간 계약서는 모두 거래계에서는 정형화된 서식이 있어서, 이를 기초로 그 내용을 협상하였다. 아래에서는 외상투자 유한책임공사의 사원 간 계약서에 들어갈 주요 내용을 몇 가지 살펴본다.

실무 Tip **과거 중외합자기업 협의서의 필수적 기재사항**

과거 중외합자기업을 설립할 경우 "중외합자경영기업법 실시조례" 제11조는 아래 사항들을 반드시 사원 간 계약서에 약정하도록 강제하고 있었다. 지금도 한국 투자자가 중국 투자자와 유한책임공사를 JVC로 설립하면서 사원 간 계약서를 체결할 경우 아래 내용에 관해서는 합의를 이룰 필요가 있으므로, 참고로 소개한다. **특히 2024년까지는 중외합자기업이 존속할 수 있으므로, 한국 투자자가 이미 설립 · 존속하고 있는 중외합자기업의 지분을 매수하거나 그 증자에 참여하면서 기존의 사원들과 사원 간 계약을 체결할 경우에는 아래 내용이 계약서에 규정되어야 할 것이다.**

① **각 사원의 명칭,** (사원이 법인인 경우) **등록국 및 법정주소,** (사원이 법인인 경우) **각 사원의 법정대표자의 성명, 직책, 국적:** 외국 사원은 개인도 가능하나, 중국 사원은 원칙적으로 개인이 당사자가 될 수는 없었다(단, 상해직할시 포동구, 호북성, 절강성, 중경직할시 등 지방에서 시범적으로 중국인 개인이 중외합자기업과 중외합작기업의 설립에 출자자로 참여하는 것을 허용하고 있었다).

② **설립하고자 하는 중외합자기업의 명칭, 법정 주소, 설립취지, 경영범위, 규모.**

③ **중외합자기업의 투자총액 및 등록자본금**("투자총액" 및 "등록자본금"의 개념에 관해서는 뒤에서 살펴본다), **각 사원의 출자액, 출자비율, 출자방식**(현금출자인지 현물출자인지), **출자금 납입 일정, 자본금 미납 및 지분 양도에 관한 규정.**

④ **각 사원에 대한 이익분배 및 손실분담 비율:** 중외합자기업은 이익배당 및 손실부담이 반드시 출자비율에 비례하여 이루어져야 했다(반면, 중외합작기업, 외자기업은 출자비율과 다르게 정할 수 있었다. 이에 관해서는 제2장의 관련 설명 참조).

⑤ **이사회의 구성과 정원, 이사 배정 방식, 총경리와 부총경리 및 기타 임원의 직책과 권한 및 선임방법.**

⑥ **주요 생산설비, 생산기술 및 그 조달방식.**

⑦ **원재료 구매와 제품 판매 방식.**

⑧ **재무, 회계, 감사의 처리원칙.**

⑨ **노무관리, 임금, 직원복리, 노동보험.**

⑩ **중외합자기업의 경영기간, 해산, 청산절차.**

⑪ **계약 위반의 책임.**

⑫ **사원 간 분쟁해결방식 및 절차.**

⑬ **계약서 작성에 사용되는 언어, 계약 효력발생조건.**

실무 Tip 중국법상 계약서 내용이 강제되는 경우

참고로, 중국에서는 특정한 유형의 계약에 대하여 반드시 삽입하여야 할 사항과 그 내용을 법으로 강제하는 경우가 우리보다 많다(이는 우리 어음법상 필수적 기재사항과 유사한 규정방식이라고 이해할 수 있다). 따라서 중국 측 당사자와 중국법을 준거법으로 한 계약을 체결하는 경우에는 필수적으로 당해 계약의 내용을 제한하는 어떠한 강행법규가 중국 내에 존재하는지 여부를 중국 현지 법률전문가를 통하여 확인하여야 한다.

1) 지분양도

이때 설립되는 합작회사는 출자자 간 강한 신뢰관계에 기초하여 설립되는 폐쇄회사이기 때문에, 지분양도에 관하여 다양한 방식으로 제한을 둘 수 있다. 즉 한국 투자자는 장래 다양한 경우를 상정하고 각 경우별로 제한을 둘 것인지, 둔다면 어떠한 방식으로 제한을 가할 것인지를 사전에 충분히 고민해 보아야 한다. 일반적으로는 다음 사항들을 생각해 본다,

[1] 먼저 ① **출자자 상호 간에 지분을 매매할 경우**, ② **출자자가 자신의 계열사에게 지분을 매각할 경우** ③ **출자자가 아닌 제3자에게 지분을 매각할 경우**로 나누어 고민해 본다.

[2] 그다음 **각 경우에 매매거래에 참여하지 않는 출자자가 있을 경우, 그들에게** ① **사전동의권**, ② **우선매수권**(Right Of First Refusal), ③ **우선협상권**(Right Of First Offer), ④ Tag-Along Right(동반매도참여권) ⑤ **기타 다른 형태로 해당 매매에 간섭할 권리를 부여할 것인지 생각해 본다.**

[3] **특히 사전동의권과 우선매수권은 중국 회사법에 명시적으로 규정되어 있어서, 사원 간 계약서에서 명시적인 포기약정을 두지 않는 한, 각 출자자에게 인정됨에 유의하여야 한다.** 회사법상 규정된 사전동의권과 우선매수권에 관해서는 뒤에서 다시 살펴본다.

[4] 그리고 실무에서 간혹 실수로 누락하는데, **지분양도 외에 지분에 담보를 설정하거나**(중국법상 지분에는 우리와 마찬가지로 질권 설정이 가능하다) **기타 양도와 실질적으로 동일한 결과를 가져오는 거래구조를 짜는 것도 지분양도와 동일하게 다룬다는 것을 계약서 조항에 명시**할 필요가 있다.

이론 Tip　폐쇄회사와 공개회사

1) 우리나라에서 폐쇄회사와 공개회사의 구분은 실정법상 구분이 아니고 이론상 구분이다(다만 상법상 상장회사에 대한 특례규정은 실정법상으로 양자를 구분하기 위한 조치로 이해할 수 있다). 이는 ① **회사 구성원(사원·주주)의 숫자**(적으면 전자, 많으면 후자), ② **지분·주식양도의 제한 여부**(있으면 전자, 없으면 후자), ③ **(주식회사일 경우) 주식의 공모 여부**(없으면 전자, 있으면 후자. 공모후 상장되는지 여부에 따라서 후자는 다시 상장공개회사와 비상장공개회사로 나눌 수 있다), ④ **일반투자자 보호를 위한 공시의무 부담여부**(없으면 전자, 있으면 후자) 등을 기준으로 한 분류이다(권기범, 115면. 송옥렬, 727면은 주식회사에 한정하여 양자를 구분하고 있으나, 중국의 유한책임공사는 주식회사가 아니어서 이 책에서는 주식 외에 지분도 추가하여 분류기준을 설정하였다).

2) 폐쇄회사는 미국에서는 Closely Held Corporation, 영국에서는 Private Company라 칭하고, 공개회사는 미국에서는 Publicly Held Corporation, 영국에서는 Public Company라 칭한다. 그런데 영국 회사법이나 미국 델라웨어주법, 일본 회사법은 실정법상으로 양자에 대한 규율을 달리하고 있다. 중국 회사법에서 규정하고 있는 회사의 형태는 유한책임공사와 고분유한공사 2가지인데, 위에서 살펴본 4가지 이론상 기준에 따를 때 일응 유한책임공사는 모두 폐쇄회사에, 고분유한공사는 모두 공개회사에 속하는 것처럼 규정되어 있기는 하다. 다만, 특별법에서는 고분유한공사를 상장회사(공개회사 중 상장된 경우), 비상장공개회사(공개회사 중 상장되지 않은 경우), 나머지 고분유한공사(즉 폐쇄회사, 공개되지 않았으므로 당연히 상장도 될 수 없다)로 분류하여, 고분유한공사에서도 폐쇄회사가 있을 수 있음을 예정하고 있다(예컨대 뒤에서 살펴볼 "우선주 시범실시 관리방법").

3) 폐쇄회사와 공개회사는 법 규율의 초점 역시 달리하는데, **폐쇄회사는 다수파 사원·주주로부터 소수파 사원·주주를 보호하는 데**, 공개회사는 경영진으로부터 사원·주주를 보호하는 데 **초점이 맞추어진다**(권기범, 115면). **따라서 폐쇄회사인 유한책임공사의 사원 간 계약서를 작성할 때에도 다수파 사원과**

소수파 사원 간의 권리 우열관계를 어떻게 짤 것인지가 중요한 이슈가 된다.

---

2) 각 사원의 합작회사 운영에 협력할 의무:

각 사원이 장래 합작회사 설립후 합작회사의 운영에 도움을 주기 위하여 수행해야 할 의무를 규정한다. 이를 위해서는 이 단계에서부터 미리 합작회사의 운영에 관하여 simulation을 해 볼 필요가 있다. ① 한국투자자의 의무사항으로는 합작회사에 대한 기술이전이나 기술사용허가, 중국 현지 인원들에 대한 교육·훈련, 원자재·부품의 원활한 공급, 합작회사 제품을 한국 내에 수입판매할 경우 한국 내 마케팅·판매 등이 자주 거론되고, ② 중국 투자자의 의무사항으로는, 중국 내 각종 인허가·등록 기타 대관업무, 원자재·부품의 원활한 공급, 중국 내 제품 마케팅·판매, 합작회사에게 대지 및 건물을 제공하기로 한 경우 그 관련사항(토지사용권 설정이나 임대), 합작회사의 중국 내 차입 주선 등이 자주 언급된다. 어느 투자자든 출자의무의 성실한 이행은 공통적으로 의무사항에 들어간다. 그리고 실무에서 간혹 실수로 잊기도 하는데, **한국 투자자든 중국 투자자든 합작회사의 예상 판매지역에 자체적인 경쟁 제품을 판매하지 않도록 하는 의무를 두어야 한다. 특히 합작회사의 주력 판매지역에서 중국 투자자가 장래 이러한 행위를 할 유혹을 느낄 수도 있**으므로 유의하여야 한다.

3) 지배구조 설정

지배구조에 관해서는 크게 ① 사원총회, ② 이사회(이사, 이사장) 혹은 1인의 집행이사, ③ 경영관리기구(회사법상 고급관리인원으로 불리는 총경리, 부총경리, 재무총감, 기술총감 등), ④ 감사로 나누어 다수파 사원과 소수파 사원이 어떻게 권한을 나누어 가질 것인지 신중하게 고민해 보아야 한다. 또한 유한책임공사와 같은 폐쇄회사에서 실정법의 주된 관심사는 다수파 사원으로부터 소수파 사원을 어떻게 보호하느냐 하는 것이어서, 중국 회사법 역시 소수파 사원을 보호하기 위한 각종 규정들을 두고 있다. 따라서 **실무에서 각 투자자는** (i) **우선 자신이 다수파 사원이 될지 소수파**

사원이 될지를 정한 후, (ii) 중국 회사법 및 관련 법령상 규정되어 있는 지배구조의 틀과 소수파 사원을 보호하는 규정들을 파악하고, (iii) 이를 기초로 자신의 협상전략을 강구하여야 할 것이다. 이는 사원 간 계약 협상에서 가장 중요한 부분이므로 아래에서 별도로 살펴본다.

참고로, 2024년까지는 중국 내에 중외합자기업이 존재하는 게 허용되므로, 회사를 새로이 설립하는 방식이 아니라 기존에 설립되어 있는 중외합자기업의 지분을 인수(기존 지분을 매수 혹은 증자에 참여)하는 방식으로 기업형 투자를 할 경우 중외합자기업의 지배구조를 염두에 두고 협상에 임해야 한다. 그리고 실무에서 간혹 간과하는데, 장래 증자 시 일부 사원이 참여하지 않아 사원 간 지분비율이 변동될 경우 그에 상응하여 지배구조를 어떻게 변경할 것인지도 이 단계에서 미리 생각해 둘 필요가 있다.

4) 노동 관련

근로 관계와 노조(중국법 명칭: [工会]공회)에 관하여 보통은 중국의 관련 법령에 규정되어 있는 원론적인 내용 정도만 기재해 준다. 그 이유는 규율내용이 간단해서가 아니라, 반대로 그 모두를 사원 간 계약서에 넣기에는 너무 많고 복잡하기 때문이다. 따라서 실제 합작회사 운영 단계로 접어들면 별도로 사내규정, 근로계약서 서식 등을 현지 노동법 전문가의 조언하에 미리 작성하여야 한다.

5) 회계 및 세무처리·이익배당

이에 관해서도 보통은 중국의 관련 법령에 규정되어 있는 원론적인 내용 정도만 기재해 준다. 그 이유는 그 모두를 사원 간 계약서에 규정하기에는 너무 기술적인 부분이 많기 때문이다. 그러나 실제 합작회사 운영 단계에서는 한국 투자자 입장에서 매우 중요한 부분이다(당장 매일 이루어지는 영수증 처리작업부터가 모두 중문으로 이루어진다는 점을 생각해 보라). 실제로 회계 처리 과정에서 발생하는 문제로 중국 투자자와 마찰을 빚거나 심한 경우 형사고소를 검토하는 한국 투자자도 있다(중국 회사법 제171조가 명시적으로 회사는 이중회계장부를 작성하여서는 안 되고, 회사의 자산을 개인 명의의 계좌에 예치하여서는 안 된다고 규정하고 있는 것은, 역설적으로 중국 현실에서 그러한 문제가 적지 않음을 의식한 것이다). 이와 관련하여서는 초기 단계에서부터 중국 현지의 한국계 세무·컨설팅 회사의 조언을 듣는 것도 좋은 방안이다.

이익배당과 관련하여 **중외합자기업은 반드시 각 사원의 출자비율에 따라 이익배당이 이루어져야 하지만** 회사법상 유한책임공사는 출자비율과 다른 비율로 정할 수 있음에 유의할 필요가 있다. 즉 2020. 1. 1.**부터 신설되는 중국 내 외상투자기업은 출자비율과 다른 비율로 출자자들 간에 이익배당 비율을 약정할 수 있음**을 기억해 두자.

6) 교착상태(Deadlock)의 처리

사원 간 계약의 핵심 내용 중 하나이다. 교착상태의 처리에 관한 조항은 크게 아래 4가지 단계로 구성된다. 이 4단계는 어느 국가에서 합작회사를 설립하든 동일하게 계약당사자들이 고민해 보아야 할 내용이다.

1 **교착상태로 인정되는 의견불합치의 대상을 정한다**. 회사운영에 있어서 사소한 부분에 대한 의견불합치까지 교착상태로 인정할 경우 회사의 정상적인 운영까지 어려워지므로, 거의 예외 없이 교착상태를 야기하는 의견불합치의 대상 범위를 한정한다. 즉 "어떠한 사항"에 대하여 사원 간 의견이 합치되지 않을 경우에 교착상태로 볼 것인지를 규정한다. 그 성질상 **합작회사의 운영에 중대한 영향을 주는 사항**이 되어야 하므로, ① 사원총회의 특별결의사항이나 이사회의 특별결의사항에 한정하는 방법, ② 사원총회나 이사회의 모든 결의사항으로 확대하는 방법, ③ 앞의 ②에 더하여 총경리 및/혹은 이사장이 합작회사의 운영에 중대한 영향을 미친다고 판단한 사항에까지 확대하는 방법, ④ 아니면 사원 간 계약 체결당시에 형성되어 있는 당사자 간의 우호적인 분위기를 해치지 않기 위해서 판단 주체를 특별히 명시하지 않고 "합작회사의 운영에 중대한 영향을 미치는 사항"이라고만 규정하는 방법(이 방법은 법률 전문가들이 보기에 장래 분쟁발생의 여지가 크기는 하다) 등 매우 다양한 방안을 생각해 볼 수 있다. 따라서 실제로는 이 부분에서부터 장래 사원이 될 각 출자자의 충분한 고

민이 요구된다.

2 **의견불합치가 생성되는 모습과 횟수 등도 명확히 규정해 두면 좋다.** 예컨대 교착상태를 사원총회나 이사회에서 (특별)결의사항에 해당하는 안건이 통과되지 못하는 경우로 약정한 경우, 의사정족수 자체를 만족시키지 못한 경우도 포함됨을 명시해 준다(실제 교착상태가 문제되면, 교착상태의 발생 자체를 부정하고 싶은 사원도 있을 수 있기 때문에, 이런 부분도 명시해 두는 게 좋다). 또한 사원총회나 이사회에서 의사정족수가 충족되지 못하거나 특정한 의안이 부결된 횟수를 1회로 한정할 것인지 아니면 2회 혹은 3회 등으로 할 것인지 등도 약정해 두면 장래 불필요한 분쟁을 피하는 데 도움이 된다.

3 **위 2의 의견불합치 상태 즉 교착상태를 해소하기 위하여 당사자들 간에 협의하거나 제3자의 판단에 맡기는 절차를 규정한다.**

1] 우선 이 절차의 개시를 공식적으로 확정 짓는 수단을 규정해 두는 게 절차의 명확성을 위하여 좋다. 예를 들면,

① 이 절차의 개시를 원하는 사원이(부결당한 의안을 제출한 사원에 한정할지, 다른 사원들까지 포함시킬지도 고민해 볼 것)

② 의안 부결일로부터 10영업일 안에 해당 의안을 제출한 사원의 의안 철회 내지 포기 의사가 없으면(부결당한 의안을 제출한 사원에게 다시 한 번 생각해 볼 숙려기간[Cooling Period]을 주는 것이다),

③ 서면에 (i) 교착상태의 원인이 되는 사실관계와 (ii) 이를 이유로 교착상태가 발생하였으니 후속절차를 개시해 나가자는 의사를 기재하여, 이를 다른 사원들과 법정 대표자(이사장이나 총경리 혹은 집행이사)에게 통지하는 것을 생각해 볼 수 있다.

2] 그다음 절차는 보통 아래 2가지 중 하나를 취한다.

① 사원들 상호 간의 우호적인 협상을 통해 해결하는 방안이 있다. 구체적으로 이사회를 개최하여 각 사원의 입장을 대변하는 이사들이 협상하는 방안, 각 사원이 이 문제를 협의할 CEO나 기타 고위임원을 별도로 지정하여 그들이 협상하도록 하는 방안이 있다. 그 외에 각 사원이 이사회와는 별도

의 협의체를 구성하는 방안도 생각해 볼 수는 있다(굳이 비용을 더 들여가면서 별도의 협의체를 구성할 실익이 있을지는 생각해 볼 것).

② 사원들이 공동으로 제3자를 선임하여 그의 판단에 맡기는 방식도 생각해 볼 수는 있다(실효성에는 의문이 없지 않다. 현실에서는 그러한 제3자를 선임하는 것부터가 쉽지 않을 수 있을 것이다).

4 **위 3의 절차가 실패로 끝날 경우 교착상태를 해소하기 위한 강제적인 절차가 개시된다.** 교착상태를 강제적으로 해소하는 방식은 ① **사원 중 일방이 타방의 지분을 모두 매수하고 합작회사의 사업을 계속해 나가는 것**(즉 한쪽 투자자를 합작회사 밖으로 몰아내고 합작회사는 going concern으로서 계속 사업활동을 영위해 나가는 것)과 ② **아예 합작회사를 해산한 후 청산하여 남은 재산을 각 사원에게 나누어 주고 합작회사의 사업을 끝내는 것**(즉 사원들 간 신뢰가 깨어졌음을 이유로 공동사업 자체도 중단하는 것)이 있다. 보통은 2가지를 다 규정하는데, 구체적으로 이 2가지를 조합하는 방법에도 여러 가지가 있을 수 있다.

1] 사원 중 일방이 타방의 지분을 모두 매수하는 방식: 전형적으로는 아래와 같은 방식들이 있다. 어느 방식을 사용하든 자금력이 더 풍부한 측이 상대방의 지분을 매수하기가(즉 상대방을 합작회사에서 축출하기가) 더 용이해 보인다. 설명의 편의를 위하여 지분율 50:50인 사원 갑과 을이 있는데 교착상태가 발생하였다고 가정하자.

① **Russian Roulette 방식:** 갑이 을에게 50% 지분에 대한 일정한 가격을 써서 제시하면, 을은 (i) 그 가격으로 갑의 지분 50%를 매수하거나 (ii) 그 가격으로 자신의 지분 50%를 갑에게 매각할 수 있다(지분율이 50:50이 아닐 경우에는 처음 제시된 가격에 기초하여 각 사원이 보유하는 지분의 가격을 산정한다). 물론 반대로 을이 먼저 갑에게 가격을 제시할 수도 있다.

② **Texas Shoot-out 방식:** 갑과 을이 각자 상대방의 지분을 매수하고자 하는 가격을 제3자에게 입찰방식으로 제출한 후, 더 높은 가격을 제시한 자가 상대방의 지분을 매수한다. 실무에서 흔히 보이는 방식이다.

③ **Dutch Auction(Mexican Shoot-out) 방식:** 갑과 을이 각자 자신의 지분을 매도

하고자 하는 최저가격을 제3자에게 입찰방식으로 제출한 후, 더 높은 희망매도가격을 제시한 자가 상대방의 지분을 상대방의 희망매도가격으로 매수한다.

2] 한편, 위 1] 의 방식을 규정함과 동시에, "만일 모든 사원이 현재 발생한 교착상태를 계기로 더 이상 합작회사를 존속시키기를 원하지 않을 경우 해산·청산한다"고 규정할 수도 있을 것이다.

실무 Tip **Deadlock 조항을 두지 않을 경우**

참고로, 실무에서는 고의적으로 교착상태에 관한 조항을 두지 않는 경우도 있다. 한참 당사자 상호 간에 신뢰를 바탕으로 협의를 해 나가는 분위기에 찬물을 끼얹을 수 있기 때문이다. 반면에 이러한 교착상태 조항을 둠(교착상태가 발생하면 서로 간에 얼마나 번거로운 일이 많이 발생하는지를 미리 경고해 둠)으로써 장래 교착상태 발생 시 상호 간에 성실하게 협의하도록 유도하는 순기능도 있음을 부정하기 어렵다. 다만, **한국(상법 제520조 및 제613조 제1항) 및 중국(회사법 제180조 제5항) 모두 Deadlock 발생 시 일정한 요건하에서 지분율 10% 이상인 주주 · 사원은 법원에 해산판결을 내려 달라는 소를 제기할 수 있어서, 주주 · 사원 간 계약이나 정관에 Deadlock 조항이 없을 경우 이 법규정의 활용을 고려해 볼 필요가 있을 것이다.**

7) 해산·청산

해산사유와 해산 및 청산절차에 관하여 원론적인 내용을 규정한다. 참고로, 중국 회사법 제180조에 규정되어 있는 법정 해산사유는 다음과 같다: ① 회사 정관에 규정된 영업기한 만료 혹은 회사 정관에 규정된 기타 해산사유의 발생, ② 사원총회의 해산 결의, ③ 회사의 합병이나 분할로 인하여 해산할 필요가 있을 경우, ④ 법에 따라서 영업허가증(중국법 명칭: 영업집조)이 말소되거나 폐쇄 혹은 취소명령을 받은 경우, ⑤ 인민법원의 해산판결(일정한 요건이 충족되면 지분율 10% 이상의 소수파 사원은 인민법원에 해산청구의 소를 제기할 수 있음). 이 외에도 사원 간 계약의 해지나 중대한 위반, 합작회사 경영의 중대한 손실 등 구체적인 상황별로 적절하게 해지 사유를 추가해야 할 것이다. 청산절차는 기본적으로 우리 주식회사의 경우와 유사한데, 기간은 평균적으로 더 오래 소요된다(실무에서는 일단 6개월 이상 소요된다고 보고, 최대한 그 기간을 줄이려고 노력한다).

8) 위약책임/불가항력

위약책임과 불가항력에 관해서는 일반적으로 간단히 규정한다. 하지만 법리적으로는 따져 보아야 할 부분이 많다. 여기에서는 아래 3가지만 소개한다.

1. **중국법상 위약책임(우리의 계약상 채무불이행 책임)은 원칙적으로 무과실 책임**이기 때문에, 우리와 같은 과실책임으로 만들기를 원한다면 별도로 특약 규정을 넣어야 한다. 물론 우리도 금전채무의 불이행 책임은 무과실 책임이고 채무자가 무과실을 입증하는 것이 어려우므로 현실에서는 별 차이가 없다고 생각할 수도 있으나, 일단 이 부분을 짚고 특약을 넣을지 여부를 생각해 볼 필요는 있다.
2. **손해배상의 범위를 판단하는 기준이 우리와 다르다. 우리는 상당인과관계 이론을 취하는 반면, 중국은 미국 Contract Law와 국제물품매매계약에 관한 국제연합협약의 영향을 받아서 예견가능성 이론을 취하고 있다**. 그런데, 동일한 사안에서 양국 법원이 산정하는 배상액수가 어떻게 차이가 나는지는 중국 판례가 충분히 축적되지 않아서 현시점에서는 명확한 비교가 어렵다. 따라서 경우에 따라서는 **위약금(손해배상액의 예정) 조항을 넣을지 고민해 볼 필요도 있을 것이다**(위약금 조항에 관해서는 앞의 양해각서에서 설명한 내용 참조).
3. **중국법상 위약책임은 원칙적으로 무과실 책임이기 때문에, 계약위반 당사자에게는 책임을 면하는 통로로서 불가항력 조항이 중요한 의미를 가진다(마치 미국 계약법에서 계약위반 책임이 무과실 책임이어서 Force Majeure[불가항력]가 중시되는 것과 같은 이치이다)**. 따라서 불가항력의 사유에 관해서 주의 깊게 살펴볼 필요가 있다. 특히 **중국 투자자들은 불가항력 사유에 중국 정부의 개입을 일반적·추상적으로 포함시키려는 경향이 있는데, 그렇게 되면 장래 중국 투자자는 상당히 많은 경우에 중국 정부를 방패로 삼아 자신의 계약 위반에 대하여 면책을 얻고자 시**

도할 수 있다. 저자가 본 사례 중에는 다음과 같은 경우가 있었다. 중국 투자자가 한국 투자자의 한국내 은행계좌에 일정한 금원을 송금해야 할 계약상 의무가 있는데, 그 금전채무를 이행하지 않으면서 "중국 외환관리부서에서 허락해 주지 않아서 송금을 해 줄 수 없다"고 이야기하였다. 그런데 한국 투자자가 별도로 중국 법률사무소를 선임하여 해당 외환관리부서에 접촉해 보니, 허락을 해 주지 않을 이유가 없다는 대답을 들었다. 문제는 중국 투자자가 실제로 외환관리부서에 제대로 접촉하여 송금절차를 밟았는지를 한국 투자자 측에서 확인하기가 쉽지 않다는 것이었다. 이러한 상황에 한국 투자자가 대비할 수 있는 방안은 ① 동시이행 내지 상대방(중국 투자자)의 선이행 장치를 잘 구비해 두거나, ② 중국 투자자의 채무불이행에 대비하여 "실효성이 있는" 담보를 취득해 두는 것이다("실효성이 있는"이라는 표현이 상당히 복잡하고 어려운 이슈들을 담고 있는데, 이는 제6장 "담보부대출 투자"에서 조금 더 자세히 살펴본다).

9) 경업금지

예를 들어, 합작회사가 한국 투자자의 기술을 전수받아서 중국 내에서 제품을 생산·판매하는 경우, 일정 기간이 지나면 중국 투자자 혹은 그 계열사로서는 합작회사의 생산품과 유사한 제품을 별도로 생산·판매하고 싶은 욕구를 느낄 수 있다. 한국 투자자로서는 이에 대비한 조항을 두는 것을 잊어서는 안 된다.

10) 준거법·분쟁해결:

실무에서는 소홀히 다루는 경향이 있으나, 법리적으로는 따져 보아야 할 이슈들이 많다. 사원 간 계약에서 **준거법은 합작회사의 설립지법, 즉 중국법으로 한다. 분쟁해결은 법원의 민사소송보다는 중재기관의 중재를 더 선호한다(심지어 중국 투자자들도 그러하다)**. 이때 중국 투자자는 중국 내 중재기관(중국국제경제무역중재위원회, 북경중재위원회, 상해중재위원회 등)의 중재를 강력히 요구한다. 한국 투자자에게 자문을 해 주는 중국 현지 법률사무소 중에서는 중국 내 중재는 외국 투자자들 입장에서 믿을 만하다(reliable)고 조언을 해 주는 경우가 있지만, 저자가 접해 본 한국을 비롯한 서구권의 국제중재 전문 변호사들은 아직까지는 이에 동의하지 않고 있다(그 이유에 관해서는 제7장 "계약형 투자"에서 분쟁해결 조항을 소개할 때 조금 더 자세히 살펴본다). **한국 투자자에게 충분한 협상력이 있다면, ① 1차적으로는 대한상사중재원의 중재, ② 2차적으로는 충분한 비용부담능력이 있음을 전제로 홍콩이나 싱가포르를 중재지로 하는 ICC(International Chamber of Commerce) 중재, 홍콩국제중재센터(Hong Kong International Arbitration Center: HKIAC)에서의 홍콩 중재, 혹은 싱가포르 국제중재센터(Singapore International Arbitration Centre: SIAC)에서의 싱가포르 중재를 권한다. ③ 북경시나 상해시 등을 중재지로 하는 중국 중재기관에 의한 중재는 한국 투자자 입장에서 마지노선인데, 가능하다면 협상을 통해 몇 가지 특약을 넣는 것을 잊지 말아야 한다(제7장 분쟁해결 조항에 관한 설명 참조).**

11) 언 어

중국 관할 정부기관의 검토 이슈 때문에 중문본 작성은 피할 수 없다. 따라서 통상은 **중문과 한글 2가지 언어로 작성된다**. 보통 "두 언어본은 동등한 법적 효력을 가진다"는 조항을 중국 정부기관의 요청 혹은 실무상 관행에 기하여 넣는데, 현실에서는 결국 중문본이 우선하게 된다는 점은 앞에서 설명하였다.

이 외에도 자본금 납입의무 및 그 스케줄, 보험 가입, 경영기한, 계약의 수정, 비밀유지의무, 비용 분담 등에 관한 조항들이 약정된다. 계약의 효력발생에 직결되는 사항들에 관한 기초적인 진술보장(각 당사자의 적법설립, 권리능력 및 행위능력, 내부수권 절차 완료, 정부 인허가 완료 등)을 넣기도 한다.

실무 Tip **중외합작기업의 사원 간 계약서**

과거 유한책임공사형 중외합작기업을 설립할 경우 지금은 폐지된 "중외합작경영기업법 실시세칙" 제12조는 아래 사항들을 반드시 약정하도록 강제하고 있었다.

① 각 사원의 명칭, (사원이 법인인 경우) 등록국 및 법정 주소와 (사원이 법인인 경우) 각 사원의 법정대표자의 성명, 직무, 국적. 외국 출자자가 자연인일 경우 그 성명,

국적과 주소.

② 설립하고자 하는 중외합작기업의 명칭, 주소, 경영범위.

③ 중외합작기업의 투자총액, 등록자본금, 각 사원의 투자조건의 방식과 기한.

④ 각 사원의 투자의 양도.

⑤ 각 사원에 대한 이익의 분배 내지 손실의 분담.

⑥ 이사회의 구성, 각 사원별 이사의 배분, 총경리 및 기타 임원의 직책, 임용 및 해임방법.

⑦ 주요 생산설비, 생산기술 및 출처.

⑧ 제품의 국내 판매 및 해외 판매의 분배비율.

⑨ 중외합작기업의 외환수지 분배.

⑩ 중외합작기업의 경영기간, 해산, 청산.

⑪ 각 사원의 의무 및 계약불이행 시의 책임.

⑫ 재무, 회계, 감사의 처리원칙.

⑬ 각 사원 간 분쟁의 처리.

⑭ 계약 수정 절차.

용어정리

지배구조에 관한 설명을 하기 전에, 먼저 이해의 편의를 위하여 회사 기관(중국법 용어: 组织机构[조직기구]. 단 우리의 회사 기관보다는 더 넓은 범위로 사용된다)에 대한 한국 · 미국과 중국의 용어를 비교하여 소개한다.

한국 주식회사	중국 유한책임공사	중국 고분유한공사
주주총회	股东会(고동회. 흔히 사원총회로 번역	股东大会(고동대회. 흔히 주주총회로 번역)
이사회	董事会(동사회)	좌동
이사	董事(동사)	좌동
감사회	监事会(감사회)	좌동
감사	监事(감사)	좌동

CEO. President	总经理(총경리)	좌동
Vice President	副总经理(부총경리)	좌동
CFO	财务总监(재무총감)	좌동
CTO	技术总监(기술총감)	좌동

⑷ 지배구조에 관한 협상전략

1) 개 관

1) 회사법 이론의 관점에서 보면, 어느 나라에서든 회사지배구조(Corporate Governance. 중국법 명칭: 公司治理공사치리)에 관한 논의는 아직 하나로 귀일되는 정돈된 논리 체계를 갖추지 못한 것으로 보인다. 전통적으로 회사지배구조는 투자자의 입장에서 최대의 경영성과를 얻기 위한 최적의 경영구조 및 이에 대한 감독체계를 뜻하는 것으로 이해되었고(권기범, 660면), 그러한 기초 하에서 회사지배구조론의 주된 관심사는 주주의 이익을 어떻게 보호할 것인가에 놓여 있었다. 전통적으로 미국에서는 "경영자와 주주의 이해상충"(경제학에서는 Agency Cost Theory[대리 비용]라고 한다) 문제에 집중하여, **경영자의 횡포로부터 주주를 보호하기 위한 법적 장치**를 고안하는데 주력한 반면, 한국에서는 소위 재벌이 주도하는 시장경제 질서가 형성되어 있는 까닭에 "지배주주와 소수주주의 이해상충"이 더 현실적인 문제로 다가와서 **지배주주로부터 소수주주를 보호하기 위한 법적 장치**를 상법에 어떻게 추가할 것인지에 관하여 입법론의 측면에서 연구가 필요하다고 보고 있다(장덕조 211-213면; 송옥렬, 904-909면). 또한 주주(Shareholder)의 이익뿐 아니라 **채권자, 종업원, 지역사회, 공급자, 소비자 등을 아우르는 이해관계자들(Stakeholder)의 이익**도 함께 살펴보아야 한다는 입장도 있다(장덕조, 213면). 참고로, 중국 회사법 문헌들을 살펴 보면 우리보다 이해관계자들의 이익보호를 더 강조하는 경향이 있어 보인다.

2) 하지만 **현장 실무에서 회사의 사원·주주들이 지배구조에 관한 협상을 한다는 것은, 1차적으로는 ① 회사의 구체적이고 개별적인 기능(권한)을 어느 기관 및 그 하위 조직에 배분할 것인가**, 그리고 ② **그 기관 및 하위 조직의 구성과 그 책임자의**

선임에 자신이 어느 범위에 걸쳐 어떻게 관여할 수 있는가에 관하여, 협상을 한다는 의미일 것이다. 또한 이와는 별개로 ③ **소수파 사원·소수 주주에게 경영에 관여할 권리를 어떻게 부여할 것인지,** 그리고 ④ **상대방 사원·주주를 강제로 축출하거나 상대방 사원·주주와 함께 합작회사를 떠날 수 있는 사유와 수단을 어떻게 규정할 것인지에 관하여 협상하는 것**도 장래 사원·주주간 대립이 발생할 경우 중요한 방어·공격 수단이 된다는 점에서 지배구조에 관한 협상으로 볼 수 있을 것이다.

가. 회사 기능(권한)의 기관 및 그 하위조직에의 배분

먼저 "회사의 구체적이고 개별적인 기능(권한)을 어느 기관 및 그 하위 조직에 배분할 것인가"에 관하여 협상한다는 것이 회사 실무에서 어떠한 의의를 가지는지 살펴보자.

1) 먼저 회사의 "기관"의 개념부터 보자. 회사는 실정법에 의하여 권리능력과 행위능력을 가지는 법인으로 인정되어, 회사 스스로의 의사와 행위가 존재한다고 법적으로 의제된다. 그러나 회사는 자연인과 같은 실체를 가지는 것은 아니므로 실제로는 스스로 어떠한 의사를 결정하거나 행동을 할 수는 없다. 이에 **상법은 회사 내 조직구조 안에서 일정한 지위에 있는 자연인이나 회의체의 의사결정이나 행위를 법률상 당해 회사 자체의 의사결정이나 행위로 본다. 이때 그 자연인이나 회의체 혹은 그 회사 내 지위를 기관(Organ)이라고 한다**(권기범, 663면; 송옥렬, 901면).

한편, 어느 회사든 사업을 원활히 수행하기 위해서는 공통적으로 ① **어떠한 사업을 어떻게 수행할 것인지 의사결정을 하고,** ② **의사결정에 따라서 실제로 업무를 집행하며,** ③ **업무집행이 적정하게 이루어졌는지 감독하는 3가지 기능**이 필요하다. 그리고, 한국의 주식회사에서는 이 3가지 기능 즉 **의사결정·업무집행·업무감독의 기능**을 서로 다른 기관에 배분함으로써 각 기관 간의 견제를 통하여 회사 활동의 적정성을 담보하고자 한다(송옥렬, 901면). 그리고 한국 회사법 학자들은 ① 의사결정기능은 주주총회와 이사회에게, ② 업무집행기능은 이사회와 대표이사(혹은 대표집행임원)에게, ③ 업무감독기능은 이사회와 감사에게 배분된다고 설명

하고 있다. 이 기능은 법에 의하여 특정한 기관이 행사할 수 있도록 정해진다(별도의 수권이 없는 한 해당 기관 이외의 개인이나 조직은 그 기능을 행사할 수 없다)는 점에서 법적 권한이라고 이해할 수도 있다. 이에 아래에서는 설명의 편의를 위하여 기능 옆에 "(권한)"을 병기하기도 한다.

2) 그런데 현실에서 하루하루 회사가 운영되는 방식을 위와 같은 법규정 체계의 틀 안에 짜 맞추어 넣지 않고 있는 그대로 본다면, 회사의 3가지 기능(권한)이 행사되는 모습을 아래와 같이 이해해 볼 수도 있다. 우선 우리가 잘 알고 있는 한국의 주식회사를 예로 들어 살펴보자.

[1] 자연인과 마찬가지로 회사가 하루하루 사업과 관련한 경제활동을 하기 위해서는 먼저 어떠한 활동을 어떻게 할 것인지 의사결정을 해야 한다. 즉 논리적으로 위 3가지 기능(권한) 중 **의사결정 기능(권한)**이 가장 먼저 이루어지고 또 가장 근본적이다. 한국 주식회사의 경우 ① 회사경영에 핵심적이고 중요한 의사결정사항(예: 주주의 지위에 중대한 영향을 미치는 결손 보전을 위한 자본금 감소, 영업의 전부 혹은 중요한 일부의 양도 등)은 최고기관인 **주주총회가,** ② 그 외의 회사경영에 관한 일체의 의사결정사항은 원칙적으로 **이사회가 결정한다. 다만, 이사회는 회의체 기관이어서 매일매일 수시로 필요한 의사결정을 할 수는 없는 노릇이므로,** ③ **이사회는 중요하지 않은 경영사항에 관해서는 정관, 이사회 결의, 이사회 규칙 기타 회사 내규에 근거하여 대표이사에게 의사결정권한을 위임**할 수 있고(나아가 그러한 근거가 없어도 **일상적인 경영사항에 관한 의사결정권한은 묵시적으로 대표이사에게 위임**되었다고 볼 수 있고), ④ **대표이사는 다시 그 일부를 다른 등기이사나 비등기임원**(대부분의 회사에서 볼 수 있는 본부장, 전무, 상무 등의 직함을 가지고 회사 내의 분장된 업무 하에서 경영에 관한 의사결정 및 대외활동을 하는 직원을 지칭한다. 실무상 임원이라고 표현되나, 법적인 지위는 대부분 회사에 고용된 상업사용인이다. 사업사용인에 관해서는 아래 이론 Tip. 설명 참조)**에게 위임**할 수 있다(권기범, 675-681면, 931-935면, 959면, 983면. 제2장 제3절 VI. 1. (2) 1)의 설명도 함께 참조). 그 결과 **회사 실무에서는 일상적인 경영활동에 관한 의사결정은 오히려 상법에서는 전혀 언급하지 않고 있는 비등기임원과 대표이사에 의하여 이루어지는 경우가 많다. 상법이 의사결**

정'기관'으로 규정하고 있는 주주총회와 이사회는 경영사항들 중 중요한 사항에 관하여, 실제로는 대표이사·이사·비등기임원 등이 직원들과 함께 이미 작성한 보고서를 검토하고 승인하는 방식으로 수동적인 의사결정을 하는 정도에 그치고 있다.

2 회사법에서 **업무집행기능**은 **이사회와 대표이사(혹은 대표집행임원)에게 배분**하고 있다. 하지만 이사회는 회의체이기 때문에 실제로는 어떠한 업무집행을 직접 할 수 없어서 대표이사가 하도록 하고 있다. 그런데 대표이사는 위에서 본 바와 같이 의사결정 기능(권한)의 많은 부분을 다른 등기이사나 비등기임원에게 위임한다. 그리고 신속성과 효율성을 중시하는 시장 환경에서 의사를 결정하는 주체와 그 결정된 의사를 집행하는 주체를 분리하는 것은 바람직하지 못하기 때문에, **대표이사는 통상 경영활동 중 특정한 부분을 위임할 때 그에 관한 의사결정권한과 집행권한을(회사 내부에서의 대내적 업무집행권한은 물론 필요하면 대외적인 거래행위를 함에 필요한 대리권까지) 함께 위임한다**. 요컨대 **회사법 규정은 의사결정기능과 업무집행기능을 기관 간에 나누어 상호 견제함을 추구하였지만**(송옥렬, 901면), **현실에서 의사결정기능과 업무집행기능은 애초 회사법이 예정하지 않았던 방식으로, 즉 대표이사와 비등기임원에게 그 2가지 기능(권한)이 통합·집중되고, 주주총회와 이사회의 실제 역할은 점점 축소되는 경향이 있다**고 볼 수 있다.

3 **업무감독기능**(권한)은 **이사회와 감사, 그리고 이사회 구성원인 대표이사와 평이사 모두에게 부여**된다. 다만, 지배주주나 대표이사로부터 독립된 자가 아니고서는 업무감독기능(권한)을 애초 회사법이 기대했던 만큼 수행하기는 어렵다는 현실적인 문제가 있다.

3) 따라서 만일 한국에서 주식회사 형태의 합작회사를 설립한다면, 그 설립에 참여하는 출자자(주주)들은 회사의 의사결정·업무집행·업무감독의 기능(권한)을 주식회사의 기관 즉 주주총회·이사회(및 구성원인 이사)·대표이사·감사에게 어떻게 배분할 것인지뿐만 아니라, 장래 그 기관들로부터 수권을 받아 일정 범위의 기능(권한)을 수행할 그 하위조직, 예컨대 상무, 전무, 본부장, 등기이사가 아닌 CFO나

CTO 등에게도 어떻게 배분할 것인지를 함께 협상하여야 한다. 그리고 이러한 사정은 중국의 유한책임공사라고 해서 달리 볼 것이 아니다. 더욱이 중국 회사법은 우리의 비등기임원을 유한책임공사의 기관의 하나로서 "고급관리인원"이라는 명칭하에 직접 규정하고 있다. 따라서, **중국 내 합작회사로서 유한책임공사를 설립할 경우 지배구조에 관한 협상을 할 때 첫 번째로 준비하여야 할 사항은 "중국 회사법과 통상적인 실무에 기초할 때, 유한책임공사의 의사결정·집행·감독의 각각의 기능(권한)이 어느 기관 내지 그 하위 조직에 배분되는지(혹은 배분되는 것이 통상적인 것인지)를 파악하는 것"이다**. 이는 아래 2)에서 살펴본다.

이론 Tip 상업사용인

상업사용인이란 (i) 특정한 상인(예컨대 회사)에게 (일반적으로 고용계약을 통하여) **종속**되어 (ii) 그 상인(회사)의 영업에 관한 대외적인 거래를 **대리**하는 자이다. 지점장, 영업소장이 흔한 사례이나, 회사의 (등기)이사가 회사의 일상적인 업무 중 일부를 분장하여 대외적인 거래에서도 대리하는 경우(예: 판매담당 이사)에도 상업사용인의 지위를 가진다고 볼 수 있다(이철송, `106-107면, 대법원 1996. 8. 23. 선고 95다39472 판결). 현실에서는 회사의 기관에 해당하지 아니하는 임직원이 내부적인 수권에 기초하여 대내적인 업무에 관한 의사결정·업무집행을 하거나, 더 나아가 그와 관련된 대외적인 거래에서의 대리행위도 한다. 결국 실무에서는 이러한 부분까지 함께 고려하여 회사의 기능(권한)이 어떻게 분산되어 있는지 파악해야 한다.

나. 회사 기관 및 하위조직의 구성·선임에의 관여

위 가.에서 본 바와 같이 설립하고자 하는 유한책임공사의 각종 기능(권한)과 이를 수행할 기관 내지 그 하위조직 간의 연결관계를 정함과 동시에, 그 각 기관·하위조직에 자기 사람을 어느 범위까지 참여시킬 것인가를 함께 고민하여 협상에 반

영하여야 한다. 예를 들어, 중국 회사법에 따르면 유한책임공사 역시 의사결정기능(권한)은 사원총회와 이사회가 담당한다. 하지만 현실에서는 역시 우리의 주식회사와 마찬가지로 그 의사결정기능(권한)의 상당 부분이 이사나 총경리, 부총경리, 기타 고급관리인원에게 수권되어 있다. **따라서 한국 투자자로서는 단순히 법규상 규정된 바에 따라서 사원총회와 이사회의 권한을 파악하거나, 중국 회사법 규정만 보고 기계적으로 자신이 선임할 수 있는 이사의 비율이나, 이사장 내지 총경리의 선출권만 생각해서는 안 된다. 장래 합작회사가 실제로 운영될 때 각 기관과 그 하위 조직이 수행하는 기능을 생각하면서 중요하다고 생각되는 요소요소의 직위(Position)에 자신의 사람을 선임할 수 있도록 고민하고 협상과정에서 이를 반영해야** 한다. 이에 관해서 도움이 될 수 있는 법적 지침도 아래 2)에서 함께 살펴본다.

다. 소수파 사원에게 부여할 권리

우리의 주식회사에서 일정 주식을 보유한 주주에게는 법에 의하여 일정한 권리(주로 경영에 간섭할 수 있는 권리)가 부여되는데, 그러한 주주를 **소수 주주**, 그렇게 부여된 권리를 **소수 주주권**이라고 한다. 반드시 1인의 주주가 그 일정 주식을 보유할 필요는 없고, 다수의 주주가 그 주식수를 합하여 요건을 충족하여도 무방하다(장덕조(강), 349면). 구체적으로 비상장주식회사의 경우 ① 발행주식 총수의 1% 이상을 보유하면, 이사의 위법행위유지청구권(한국상법 제402조), 대표소송제기권(동법 제403조 제1항)을, ② 발행주식 총수의 3% 이상을 보유하면 주주제안권(동법 제363조의 2), 주주총회소집청구권(동법 제366조), 집중투표청구권(동법 제382조의 2), 이사·감사해임청구권(동법 제385조 제2항, 제415조), 회계장부열람권(동법 제466조), 업무 검사권(동법 제467조)을, ③ 발행주식 총수의 10% 이상을 보유하면 해산판결청구권(동법 제520조 제1항)을 가진다(상장회사는 별도 규정에서 주식보유비율은 완화되는 대신 보유기간 요건이 추가되어 있다. 동법 제542조의 6, 제542조의 7 제2항 참조). 따라서 한국에서 주식회사 형태의 합작회사를 설립할 경우 실정법에 의하여 부여되는 소수주주권은 주주 간 계약의 협상과정에서 중요한 전제요소가 된다. **실정법상 소수 주주권은 주주 간 계약에 규정되어 있지 않아도 법에 의하여 인정되기 때문에, 소수 주주에게는 기본적으로 이러한**

보호장치가 구비되어 있음을 전제로 각 주주는 자신의 법적 보호장치(혹은 장래 분쟁 발생 시 상대방에 대한 법적인 방어 내지 공격수단)를 생각하게 된다.

중국 회사법 역시 유한책임공사에서 소수파 사원에게 일정한 권리를 부여하고 있어서, 같은 논리가 협상과정에 적용된다. 이에 관해서는 아래 2)와 3)에서 살펴본다.

라. 상대방 사원을 축출하거나 스스로 혹은 상대방과 함께 합작회사를 떠날 수 있는 수단

합작회사를 설립하는 단계에서는 생각하기 싫은 시나리오이지만, 현실에서는 합작회사 설립 후 투자자들 상호 간에 의견불일치와 회복할 수 없는 신뢰상실로 말미암아 더 이상 함께 합작회사를 운영하기 어려운 경우가 발생한다. 그 전형적인 예가 앞서 살펴본 Deadlock(교착상태)이다. 교착상태가 발생한 경우 합작회사를 해산·청산하는 것 외에 의견이 대립하는 당사자 중 일방이 합작회사에서 떠나는 방법도 있음은 이미 살펴보았다. 그런데 **현실에서는 교착상태 이외에도 ① 합작 상대방을 강제로 회사에서 쫓아내거나 혹은 스스로 회사를 떠나고 싶을 때가 있고, 경우에 따라서는 ② 상대방이 자신을 두고서 혼자서는 회사를 떠나지 못하도록 하고 싶을 때도 있는데, 이러한 경우에 관하여서도 사전에 다양한 계약상 장치를 둘 수 있다. 이러한 여러 장치들은 장래 사원·주주 간 대립이 발생할 경우 상대방에게 일정한 압박을 가할 수 있다는 점에서 지배구조 협상에서 중요한 이슈가 될 수 있다**. 이에 관해서는 아래 4)에서 살펴본다.

2) 회사 기능(권한)의 배분과 관여 정도의 협상

가. 개론

1) 중국 회사법은 유한책임공사의 기관으로 ① 사원총회, ② 이사회(혹은 집행이사), ③ (총)경리, ④ 감사회 혹은 감사를 규정하고 있는데, 각 기관이 수행하는 기능과 권한에 관해서는 학자들 간 설명 방식에 다소 혼란이 있다(예를 들면, 중국 회사법 문헌에서는 이사회 의장인 이사장이 법정대표를 하는 경우도 있으므로 이사회가 회사를 대표하는

기관이라고 설명하기도 하는데, 이런 식의 설명은 한국 회사법 논리하에서는 받아들이기 혼란스럽다). 한국 주식회사에 익숙한 한국 법률가 입장에서 큰 틀에서 아래 도표와 같이 이해하면 될 것이다.

중국 유한책임공사 각 기관의 기능

중국 유한책임공사	한국 주식회사	기능(권한)
사원총회	주주총회	서로 대응하는 기관 · 조직끼리 같은 기능(권한) 수행 (다만, 우리보다는 사원총회의 최고기관 성격이 법에서 강조됨. 중국에서는 이사장과 총경리가 다른 사람이면 대표이사의 권한이 분리됨)
이사회	이사회	
이사장/총경리(보통 겸임)	대표이사	
기타 고급관리인원(재무총감, 기술총감, 부총경리, 경리, 부장 등)	비등기임원(CFO, CTO, 본부장, 전무, 상무 등)	
감사	감사	

2) 아래에서는 유한책임공사에서 의사결정기능(권한), 업무집행기능(권한), 업무감독기능(권한)이 중국 회사법과 중국 내 통상적인 회사 실무에 따를 때 어떻게 분배되는지 살펴보고, 그에 기초하여 다수파 사원과 소수파 사원이 취해야 할 기본적인 협상전략을 살펴본다. 그러기에 앞서, 먼저 아래 2가지 도표의 내용과 각 항목 간의 상호관계를 잘 살펴보기 바란다(제2장에서도 소개하였던 도표다).

도표 1. 유한책임공사의 내부조직

회사 분류	의사결정기구				집행기구			업무감독기구	법정 대표자
	사원 총회	이사회	집행 이사	최고 의결기구	이사장	집행 이사	총 경리	감사/감사회	
유한 책임공사	○	○	×	사원총회	○	×	○	○	이사장 혹은 총경리
	○	×	○	사원총회	×	○	○	○	집행이사 혹은 총경리
1인 유한 책임공사	사원총회가 없고 사원총회의 권한을 1인 사원이 행사하는 점 외에는, 유한책임공사와 동일(즉 이사회 및 이사장-집행이사 중 선택 가능)								

도표 2. 의사정족수 및 의결정족수

분류	이사회			사원총회			감사/감사회		
	인원	의사 정족수	의결정족수 (일반&특별)	인원	의사 정족수	의결정족수(일반&특별)	최소 인원	의사 정족수	의결정족수 (일반&특별)
유한책임공사 (1인유한책임공사는 사원총회 결의가 1인 사원의 서면결정으로 대체되는 외에는 유한책임공사와 동일)	3~13명 혹은 집행이사 1명	정관에서 약정	정관에서 약정	50명 이하	정관에서 약정	2/3이상 의결권을 가지는 투자자 찬성 사항: (1) 등록자본금의 증가 또는 감소 (2) 합병, 분할, 해산, 회사형태의 변경 (3) 정관의 변경 기타 사항은 정관에서 규정한 의사규칙에 따름	감사회: 3인 이상 혹은 감사: 1~2명	정관에서 약정	전체 과반수 찬성

나. 사원총회와 이사회

한국 주식회사와 마찬가지로 중국 유한책임공사에서도 회사 경영의 시작인 의사결정기능(권한)은 사원총회와 이사회로부터 시작하여, 총경리 및 그 아래의 고급관리인원으로 분배된다. 따라서 중국 투자자와 합작회사(유한책임공사)를 설립하는 한국 투자자는 지배구조 협상에 관한 첫 단계로서 사원총회와 이사회의 구성과 운영에 주의를 기울여야 한다. **이 두 기관이 합작회사 경영의 기본적인 방향을 결정**하기 때문이다. 우선 **관련 법규정과 유의사항부터 도표로 정리하면 아래와 같다. 지배구조의 협상 과정에서 유용하게 사용할 수 있는 도표이므로, 실무가들은 따로 복사해 두고 각자의 상황에 맞추어 필요한 내용을 추가로 메모해 두는 것도 고려해 봄 직하다.**

유한책임공사의 사원총회와 이사회

	사원총회	이사회
법적 성격	최고권력기관(최고의사결정기관) 단 1인유한책임공사에는 없음	의사결정기관 사원총회에 책임을 진다
구성	사원들 전원으로 구성	사원총회에서 이사 선임(중국 투자자 측이 복수의 국유기업이면 종업원대표를 이사로 선임하는 별개 절차 필요) 실제로는 사원 간 계약에 "각 사원이 추천하는 자를 사원총회에서 이사로 선임결의"하도록 약정 이사 정원은 3인-13인 이사장 1인(필수. 법정대표자일 수도, 아닐 수도 있음), 부이사장 1인 이상: 선임방식은 정관에 규정(정관규정 사항이므로 통상 사원 간 계약에서 미리 약정)
소집청구권자 및 소집권자	**정기사원총회:** 정관 규정에 따름 **임시사원총회:** **소집청구권자:** 지분율 10% 이상 사원, 1/3 이상의 이사, 혹은 감사회나 감사 **소집권자:** 이사회 혹은 (이사회 없이 집행이사만 있는 경우에는) 집행이사 → 감사회 혹은 감사 → 지분율 10% 이상인 사원 지분율 10% 미만인 사원은 별도의 약정 없으면 사원총회 소집이 어려울 수 있음	**소집청구권자:** 법규정 없음. 따라서 필요하면 사원 간 계약서 및 정관에 별도 약정 필요(예: 한국 투자자 측이 선임한 이사, 감사에게 소집청구권 및 소집권을 명시적으로 부여할지 고려) **소집권자:** 이사장 → 부이사장 → 과반수의 이사가 공동으로 선임한 이사 소수파 사원은 별도의 약정 없으면 이사회 소집부터가 어려울 수 있음.
소집절차	정관이나 별도 약정이 없는 한 소집일 15일 전까지 전체 사원에게 소집통지하여야 함. 그 외 구체적인 법규정 없음. 한국 투자자로서는 통지서 보내는 방식을 더 구체적으로 규정하는 것이 보호받기에 좋음(서면형식, 일시 · 장소 · 의안의 구체적 기재, 한국으로 보내는 우편방식 특정 등)	특별한 규정이 없음 한국 투자자가 선임한 이사의 이사회 참석권을 보장하기 위해서는 별도의 소집통지절차를 사원 간 계약서 및 정관에 규정할 필요 있음(서면형식, 일시 · 장소 · 의안의 구체적 기재, 한국으로 보내는 우편방식 특정 등)
의사진행	**주재자:** • 이사회가 소집한 경우: 이사장 → 부이사장 → 과반수 이사가 선출한 이사 1인 • 집행이사가 소집한 경우: 집행이사 • 소수파 사원이 소집한 경우: 소수파 사원	주재자: 이사장 → 이사장이 지정한 부이사장 → 과반수의 이사가 공동으로 선임한 이사

	우리와 마찬가지로 의결권의 대리행사가 가능한 것으로 해석됨 **우리의 유한회사나 납입자본금 10억원 미만의 소규모주식회사에서와 마찬가지로, 사원 전원의 만장일치 서면결의가 있으면 사원총회 소집 불요(사원 전원이 서명, 날인한 서면으로 사원총회 결의에 갈음할 수 있음)** 실무에서 사원 전원이 동의할 경우 이 규정을 활용할 필요 있음 그 외 구체적인 법규정 없음 필요하면 중국 고분유한공사 및 한국 주식회사의 법규정을 참고하여, 의사진행에 관한 더 구체적인 내용을 사원 간 계약서 및 정관에 규정할 것을 고려	**우리와 달리 서면결의, 의결권의 대리행사가 가능** 중국 투자자 측이 악용할 가능성을 걱정한다면, ① 이를 명시적으로 금지하거나 혹은 ② 서면결의, 대리인 결의의 process를 사원 간 계약서 및 정관에 구체적으로 규정하는 것도 고려(예: 서면결의 동의서나 대리인 앞 위임장은 건건이 작성되어야 하고, 한국 투자자 측이 선임한 이사가 서명, 날인한 동의서 및 위임장은 한국에서 공증할 것 요구)
의결권 단위	출자비율대로 의결권 가지는 게 원칙이나 정관에서 달리 약정 가능	1인 1표(두수주의)
의사정족수	구체적인 법규정 없음 따라서 사원 간 계약서와 정관에서 규정하여야 함	구체적인 법규정 없음 따라서 사원 간 계약서와 정관에서 규정하여야 함
보통결의정족수	구체적인 법규정 없음 따라서 사원 간 계약서와 정관에서 규정하여야 함	구체적인 법규정 없음 따라서 사원 간 계약서와 정관에서 규정하여야 함
특별결의정족수	지분율 2/3이상 사원의 찬성결의요구: 정관 수정, 증자 · 감자, 합병 · 분할 · 해산, 회사형태 변경(법정 사항) 1/3 초과 지분을 가지는 소수파 사원이라면 위 법정 사항 외에 추가할 사항은 없는지 고민 필요	구체적인 법규정 없음 따라서 사원 간 계약서와 정관에서 규정하여야 함 이사회 의사정족수와 결의정족수에 관해서는 매우 광범위한 협상이 가능하므로, 한국투자자는 한국 주식회사의 사례를 참고해 볼 것
권한	**회사법 일반조항(회사법 제37조):** ① 회사의 경영방침과 투자계획을 결정 ② 종업원대표가 아닌 이사 · 감사의 선임과 교체(해임), 이사 · 감사의 보수 사항을 결정 우리와 달리 이사 · 감사 해임이 사원총회의 특별결의사항이 아니라 보통결의사항이어서, 소수파 사원 입장에선 안전장치 필요(예: 정관에 해임을 특별결의사항 중에 추가) ③ 이사회로부터 일정한 보고를 받고 이를 심의 · 승인 우리와 달리 이 규정을 통해 이사회를 일정 부분 직접적으로 감독할 수 있음	① 사원총회를 소집하고, 사원총회에 업무를 보고 ② 사원총회 결의를 집행 실제로는 회의체이어서 집행을 직접 하지 못하고, 총경리 등에게 위임함 ③ 회사의 경영계획과 투자방안을 결정 이사회가 이 초안을 만들어 사원총회에 보고하면 사원총회에서 승인함 ④ 회계연도 재무예산방안과 결산방안을 작성 이사회가 이 초안을 만들어 사원총회에 보고하면 사원총회에서 승인함 ⑤ 이익배당방안과 자본금 결손 보전 방안을 작성

	④ 감사회 혹은 감사로부터 일정한 보고를 받고 이를 심의 · 승인 우리와 달리 이 규정을 통해 감사회나 감사를 일정 부분 직접적으로 감독할 수 있음 ⑤ 회계연도 재무예산방안과 결산방안을 심의 · 승인 ⑥ 이익배당방안과 자본금 결손 보전방안을 심의 · 승인 중국에는 중간배당제도가 없으나, 이익배당금을 수회에 걸쳐 분할지급할 수는 있어서, 운영의 묘를 살리면 실질적으로 중간배당과 유사한 결과를 거둘 수 있음. ⑦ 등록자본금의 증가 또는 감소(즉 증자 또는 감자)를 결의(특별결의사항. 특약이나 정관에 별도 규정 없으면, 증자시 기존 사원에게 우선인수권 보장됨) ⑧ 회사채 발행을 결의 실무에서는 거의 없음 ⑨ 회사의 합병 · 분할 · 해산 · 청산과 조직변경을 결의(특별결의사항) ⑩ 정관을 변경(특별결의사항) ⑪ 정관에 규정된 기타 권한 우리와 달리 법에 규정된 이사회 권한을 가져오기는 어려움 **한국 주식회사 관련 법제의 참조 가능성(아래 보충설명 참조)** **회사법 기타조항(아래 보충설명 참조):** ① 다른 기업에 투자하거나 제3자를 위하여 보증 · 물상보증을 제공하는 경우(이사회 결의 혹은 사원총회 결의) (제16조제1항) ② 사원 혹은 회사의 실질적 지배자에게 보증 · 물상보증을 제공하는 것을 승인하는 결의(제16조제2항) ③ 합작회사와 이사 · 고급관리인원 사이의 거래(제148조제1항제4호) ④ 합작회사와 지배사원/주주 · 실질적 지배자 · 이사 · 감사 · 고급관리인원 사이의 중요한 거래(제21조) ⑤ 이사 · 고급관리인원의 회사기회 유용이나 경업(제148조제1항제5호)	이사회가 이 초안을 만들어 사원총회에 보고하면 사원총회에서 승인함 ⑥ 등록자본금의 증가 또는 감소 방안을 작성 이사회가 이 초안을 만들어 사원총회에 보고하면 사원총회에서 승인함 ⑦ 회사의 합병 · 분할 · 해산과 조직변경 방안을 작성 이사회가 이 초안을 만들어 사원총회에 보고하면 사원총회에서 승인함 ⑧ 회사내부관리기구의 설치를 결정 ⑨ (총)경리의 선임 · 해임 및 보수사항을 결정하고, (총)경리의 추천을 받아 부경리 · 재무책임자(재무총감)를 선임 · 해임하고 보수사항을 결정 ⑩ 회사의 기본관리제도를 제정 ⑪ 정관에 규정된 기타 권한 법에 규정된 사원총회의 권한을 가져올 수는 없고, 고급관리인원의 권한을 가져올 수는 있음

한국 투자자가 중국 투자자와 외상투자 유한책임공사 형태의 합작회사를 설립하는 경우 보통은 지분비율이 5:5이거나 소수파 사원(이 책에서는 보유지분율이 50% 미만인 경우를 지칭한다)이 되는 경우가 많지만, 여기에서는 다수파 사원(이 책에서는 보유지분율이 50%를 초과하는 경우를 지칭한다)이 되는 경우도 함께 가정해서 살펴본다.

(가) 사원총회에 관한 협상

(a) **다수파 사원의 협상전략:** 다수파 사원은 사원총회 관련 사항이 모두 중국 회사법 규정에 맞추어 약정되고, **특별결의사항 이외에는(보유 지분율이 2/3를 초과하는 경우는 특별결의사항까지도) 자신이 원하는 대로 사원총회를 소집·개최·결의할 수 있도록 만드는 것이 협상의 1차 목표**가 된다.

1 중국 회사법상 각 사원은 사원 간 계약서나 정관에서 달리 약정하지 않는 한 출자비율대로 의결권을 가진다. 따라서 보유지분율이 50%를 초과하는 다수파 사원이라면 (법령에서 정해지지 않은) 의사정족수와 보통결의정족수를 총지분율의 50% 초과로 만드는 것이 필요하다(예: 의사정족수는 총지분율의 50% 초과, 보통결의는 참석한 사원이 보유하는 지분비율의 50% 초과. 이렇게 하면 다수파 사원의 협조 없이는 사원총회의 개최 자체가 불가능하고, 일단 다수파 사원이 참석하여 사원총회가 열리면 보통결의 사항은 다수파 사원이 원하는 대로 통과 여부가 결정된다).

2 다수파 사원의 지분율이 2/3 이상이면 법정 특별결의사항도 자신이 원하는 대로 통과여부를 결정할 수 있다. 따라서 소수파 사원이 특별결의요건인 2/3 지분율을 (자신이 거부권을 행사할 수 있는 한도까지) 상향 조정하자고 제안할 수 있음을 염두에 두어야 한다. 만일 다수파 사원의 지분율이 1/2초과, 2/3미만이라면, 특별결의사항을 법정 사항으로 한정하도록 노력하여야 한다(소수파 사원이 자신의 거부권을 확대하기 위하여 특별결의사항을 확대하자고 요구해 올 수 있다)

(b) **소수파 사원의 협상전략:** 우선, **합작회사의 경영사항 중 자신의 이익에 핵심적이라고 생각되는 사항들**을 고민하여야 한다. 다음으로, 그 사항들이 **자신의 의사에 반하여 이루어지지 않도록** 해야 한다. 그러한 과정의 일환으로서 **사원총회 결의 사항 중에서 자신의 거부권의 범위를 협상하여야 한다(수동적 거부권의 협상)**. 아

울러 **일정한 사항에 관해서는 필요한 경우 사원총회의 의제로 올려서 다수파 사원을 압박할 필요는 없는지 고민해 보아야 한다**(적극적 제안권의 협상).

1 소수파 사원이 사원총회의 결의사항 모두를 좌지우지하는 것은 현실적으로 불가능하고, 논리적으로도 설득력이 없다. 따라서 **자신의 핵심적인 이익을 침해할 여지가 있는 사항**에 관하여 사원총회 결의를 막을 수 있도록 하는 것을 1차 목표로 삼아야 한다. 중국 회사법은 그러한 사항의 예시로서 **특별결의사항들**을 두고 있으므로, 최소한 이 사항들에 대해서는 소수파 사원이 사원총회에서 거부권을 가질 수 있도록 노력해야 한다. 만일 다수파 사원의 보유지분율이 2/3마저도 초과할 경우에는 어떻게 할 것인가? 소수파 사원은 특별결의 요건인 2/3 지분율을 (자신이 거부권을 행사할 수 있는 한도까지. 예를 들면 3/4이나 만장일치로) 상향 조정하자고 요청해 볼 수 있다.

2 소수파 사원에게 그럴 만한 협상력이 있다면, 법정 특별결의사항들 이외에 추가적인 사항들을 특별결의사항에 포함시킴과 동시에 자신이 특별결의사항에 대해서는 거부권을 가질 수 있도록 사원 간 계약서와 정관에 약정해 볼 수 있다. 이때 **소수파 사원은 위 도표상 사원총회의 일반결의사항들을 중심으로 자신의 이익에 중대한 영향을 미칠 수 있는 사항이 무엇인지 숙고한 후, 이를 특별결의사항으로 옮길지 고민해 보아야 한다.** 아래에 몇 가지 생각해 볼 만한 사항들을 소개한다.

1] **합자기업의 기본적인 경영계획이나 매년 수립하는 경영계획 및 예산안과 결산안의 승인**: 합작회사 경영의 기본적인 방향을 설정하는 것이다.

2] **소수파 사원이 추천하여 선임된 이사·감사의 해임**: 소수파 사원이 추천하여 선임된 이사·감사를 다수파 사원이 사원총회에서 일방적으로 해임하는 경우, 사원 간 계약서의 위반 책임을 묻는 것은 별론으로 하고, 그 총회결의의 효력을 다투는 과정이 번거롭고 쉽지 않을 것임을 생각해 보라.

3] **이사·감사의 보수**: 다수파 사원이 추천하여 선임된 이사·감사가 다수인 상황에서 합작회사가 아직 적자상태임에도 과다한 보수나 각종 복지급여[fringe benefit]가 주어지는 경우를 생각해 보라. 공기업 혹은 대형 민영기업

계열사인 중국 투자자가 다수파 사원인 경우 퇴직한 임원이 합작회사의 이사나 감사로 오면 이런 경우가 발생할 수 있다.

4] **이익배당:** 소수파 사원의 생각과 달리, 다수파 사원이 합작회사의 수익을 재투자하기보다는 이익배당을 통해 회수해 가는 데만 주력할 경우를 생각해 보라.

5] **합작회사가 여하한 방식으로든 다른 회사의 지분을 취득하거나 다른 회사에 대출을 하는 것, 또는 여하한 방식으로든 제3자(주채무자)를 위하여 보증을 하거나 물상보증을 제공하는 것:**
이를 고려해야 하는 이유는 중국 회사법에 아래와 같은 규정들이 있기 때문이다.

1) **중국 회사법 제16조 제1항**은 다음과 같이 규정하고 있다.

公司向其他企业投资或者为他人提供担保、依照公司章程的规定、由董事会或者股东会、股东大会决议；公司章程对投资或者担保的总额及单项投资或者担保的数额有限额规定的、不得超过规定的限额。

번역(이하 번역에서 괄호 안의 문구는 필자의 보충설명이다): 회사가 기타 기업에 투자(원칙적으로 지분을 취득하는 행위를 뜻하는 것으로 이해된다. 중국법상 기업 간 대출은 '위탁대출'이라는 특이한 거래형식을 취하지 않는 한 허용되지 않기 때문이다. 위탁대출에 관해서는 제6장에서 설명한다)하거나 타인을 위하여 담보(중국에서는 우리의 보증을 인적 담보라고 칭한다. 따라서 여기에서 담보는 우리의 보증과 제3자를 위하여 저당권·질권을 제공하는 물상보증을 합친 개념으로 이해된다)를 제공하는 경우, 회사정관 규정에 따라서 이사회 혹은 사원총회·주주총회가 결의하여야 한다. 회사 정관에서 투자 또는 담보제공의 총액과 건당 투자 또는 건당 담보제공 액수의 한도액을 규정하고 있을 경우, 그 한도액을 초과할 수 없다.

2) **중국 회사법 제148조 제1항 제3호**는 회사의 이사나 고급관리인원에게 다음과 같은 충실의무를 부과하고 있다.

董事、高级管理人员不得有下列行为:

（三）违反公司章程的规定、未经股东会、股东大会或者董事会同意、将公司资

金借贷给他人或者以公司财产为他人提供担保;

번역: 이사와 고급관리인원은 아래의 행위를 하여서는 아니 된다:

제3호 회사 정관규정에 위반하여 사원총회, 주주총회 또는 이사회의 동의를 거치지 않고 회사자금을 타인에게 대여하거나 타인을 위하여 회사재산을 담보로 제공하는 행위

3) **중국 회사법 제216조 제1호**는 고급관리인원을 다음과 같이 정의하고 있다.

（一）高级管理人员、是指公司的经理、副经理、财务负责人、上市公司董事会秘书和公司章程规定的其他人员。

제1호 **고급관리인원**이란 회사의 경리, 부경리, 재무책임자, 상장회사의 이사회 비서 및 회사정관에 규정된 기타 인원을 의미한다.

4) 장래 중국에 설립되는 합작회사가 한국에 있는 한국 투자자나 그 계열사에 투자하거나 그들을 주채무자로 하는 보증·물상보증을 제공하는 것은 중국 외환관련 법령상 그리고 중국의 외환규제 실무상 기간이 상당히 소요되고 여러 모로 번거로우며 때로는 허용되지 않을 수도 있다(이 부분은 제6장에서 다시 살펴본다). 하지만 **합작회사가 중국 내에 있는 중국 투자자나 그 계열사에 투자하거나 그들을 위하여 보증·물상보증을 제공**하는 것은 국내에서의 거래이므로 한결 용이하다. 따라서 **한국 투자자가 소수파 사원일 경우 다수파 사원인 중국 투자자가 장래 합작회사를 이러한 용도로 사용하지 않도록 장치를 마련해 둘 필요가 있는데, 위 법규정에 따르면 이를 이사회나 사원총회의 결의사항으로 삼을 수 있다.** 사원총회의 결의사항으로 하면서 소수파 사원에게 거부권을 주도록 한다면, 가장 확실하게 이러한 위험을 방지할 수 있을 것이다(이사회의 결의사항으로 하면서 소수파 사원이 추천하여 선임된 이사에게 거부권을 주는 방안도 생각해 볼 수 있다. 단 이론적으로 보면, 이 경우 사원은 비록 자신이 선임하긴 하였지만 자신이 아닌 제3자의 손에 거부권 행사를 맡기는 셈이 되어 확실성이 떨어지기는 한다).

6] **사원 혹은 회사의 실질적 지배자에게 보증·물상보증을 제공하는 것:**

이를 고려해야 하는 이유는 중국 회사법에 아래와 같은 규정들이 있기 때문이다.

1) **중국 회사법 제16조 제2항, 제3항**은 다음과 같이 규정하고 있다.

公司为公司股东或者实际控制人提供担保的、必须经股东会或者股东大会决议。

前款规定的股东或者受前款规定的实际控制人支配的股东、不得参加前款规定事项的表决。该项表决由出席会议的其他股东所持表决权的过半数通过。

번역: 회사가 회사의 사원/주주나 실질적 지배자를 위하여 담보를 제공할 경우 반드시 사원총회 또는 주주총회의 결의를 거쳐야 한다.

전항에 규정된 사원/주주나 전항에 규정된 실질적 지배자의 지배를 받는 사원/주주는 전항에 규정된 사항의 표결(결의)에 참여하지 못한다. 당해 사항의 표결은 회의에 출석한 나머지 사원/주주가 보유하는 의결권의 과반수 찬성에 의하여 통과된다.

2) 한편, **실질적 지배자**(实际控制人)의 의미에 관하여 **중국 회사법 제216조 제3호**는 다음과 같이 정의하고 있다(다만 아래 규정만 가지고는 현실에서 그 인정범위는 여전히 모호하다).

（三）实际控制人、是指虽不是公司的股东、但通过投资关系、协议或者其他安排、能够实际支配公司行为的人。

제3호 실질적 지배자란 회사의 사원/주주는 아니지만, 투자관계, 계약 혹은 기타 방식(arrangement)을 통하여 실질적으로 회사행위를 지배(control)할 수 있는 자를 의미한다.

3) 위 5]에서 본 바와 같은 이유로 중국 투자자가 다수파 사원일 경우 장래 합작회사가 중국 투자자 혹은 그 모회사 등에게 보증이나 물상보증을 제공할 유인은 적지 않은 게 일반적이다. 따라서 소수파 사원인 한국 투자자는 위 5]에서 본 것과 같은 보호장치를 마련할 필요가 있다.

7] **합작회사와 이사·고급관리인원 사이의 거래:**

1) 이를 고려해야 하는 이유는 **중국 회사법 제148조 제4호**가 다음과 같이 규정하고 있기 때문이다.

董事、高级管理人员不得有下列行为:

（四）违反公司章程的规定或者未经股东会、股东大会同意、与本公司订立合同或者进行交易;

번역: 이사와 고급관리인원은 아래의 행위를 하여서는 아니 된다:

제4호 회사 정관규정을 위반하거나 혹은 사원총회·주주총회의 동의를 거치지 않고, 회사와 계약을 체결하거나 거래를 진행하는 것

2) 다수파 사원인 중국 투자자가 선임한 이사나 고급관리인원이 합작회사와 어떠한 계약을 체결하거나 거래를 진행하는 경우를 생각해 보면, 소수파 사원으로서는 이를 사원총회의 결의사항으로 삼아서 해당 계약이나 거래와 관련한 충분한 배경과 정보를 파악한 후 거부권 행사여부를 결정할 수 있도록 장치를 마련하는 것이 바람직할 것이다.

8] **합작회사와 지배사원/주주·실질적 지배자·이사·감사·고급관리인원 사이의 중요한 거래:**

이를 고려해야 하는 이유는 중국 회사법에 아래와 같은 규정들이 있기 때문이다.

1) **중국 회사법 제21조**는 다음과 같이 규정하고 있다.

公司的控股股东、实际控制人、董事、监事、高级管理人员不得利用其关联关系损害公司利益。违反前款规定给公司造成损失的、应当承担赔偿责任。

번역: 회사의 지배사원/주주, 실질적 지배자, 이사, 감사, 고급관리인원은 그 관련관계를 이용하여 회사이익에 손해를 주어서는 안 된다.

전항의 규정에 위반하여 회사에 손해를 발생시킨 경우, 손해배상책임을 부담하여야 한다.

2) 한편 **지배사원/주주**(控股股东)**와 관련관계**(关联关系)**의 의미**에 관하여 **중국 회사법 제216조 제2호와 제4호**는 다음과 같이 정의하고 있다(다만 아래 규정만 가지고는 현실에서 그 인정범위는 여전히 모호하다).

（二）控股股东、是指其出资额占有限责任公司资本总额百分之五十以上或者其持有的股份占股份有限公司股本总额百分之五十以上的股东；出资额或者持有股份的比例虽然不足百分之五十、但依其出资额或者持有的股份所享有的表决权已足以对股东会、股东大会的决议产生重大影响的股东。

번역: 제2호 지배사원/주주란 ① 자신의 출자액이 유한책임공사 자본총액

의 50% 이상이거나 자신의 보유주식이 고분유한공사 자본총액의 50% 이상인 사원/주주, 그리고 (②) 그 출자액 또는 보유주식의 비율이 50% 미만이지만 그 출자액 또는 보유주식이 가지는 표결권(의결권)이 사원총회나 주주총회의 결의에 중대한 영향을 미치는 사원/주주를 의미한다.

（四）关联关系、是指公司控股股东、实际控制人、董事、监事、高级管理人员与其直接或者间接控制的企业之间的关系、以及可能导致公司利益转移的其他关系。但是、国家控股的企业之间不仅因为同受国家控股而具有关联关系。

번역: 제4호 관련관계란 회사의 지배사원/주주, 실제적 지배자, 이사, 감사, 고급관리인원과 그들이 직접 혹은 간접적으로 지배하고 있는 기업 사이의 관계, 그리고 회사 이익의 이전을 유발할 가능성이 있는 기타 관계를 의미한다. 단, 국가가 지배하는 기업들 사이에서는 단지 모두 국가의 지배를 받는다는 이유만으로 관련관계가 있다고 인정되지는 아니한다.

3) 소수파 사원은 이 규정을 기초로 삼아 일정 규모 이상의 합작회사와 지배사원·주주, 실질적 지배자, 이사, 감사, 고급관리인원 사이의 거래(보통은 일정한 절대금액 이상 혹은 합작회사 순자산의 몇 프로 이상이라는 식으로 한도 금액[Threshold Amount]을 설정한다)는 사원총회의 승인을 받고 그 과정에서 자신이 거부권을 가질 수 있도록 해 달라고 요청해 볼 수 있다. 중국에서도 상해증권거래소에 상장된 회사는 이러한 거래를 할 경우 각종 공시를 하거나 이사회 혹은 주주총회의 심의·의결을 받아야 할 수 있기 때문에(김/정, 185-191면), 중국 투자자들에게도 이러한 제안이 전혀 생소한 것만은 아니다.

특히 7]항과 8]항에 관하여 협상을 할 때에는 한국 회사법상 자기거래의 규율을 참고하면서, 한국에서 사용되는 자기거래 규율의 요건과 효과, 방식 등을 사원간 계약서와 정관에 넣도록 요구해 보는 것도 고려해 볼 수 있다. 한국 회사법이 이 분야에 있어서는 중국보다 더 깊이 있게 논의가 이루어지고 있기 때문이다.

9] **이사·고급관리인원의 회사기회 유용이나 경업:**

1) 이를 고려해야 하는 이유는 **중국 회사법 제148조 제5호**이 다음과 같이 규정하고 있기 때문이다.

董事、高级管理人员不得有下列行为:

（五）未经股东会或者股东大会同意、利用职务便利为自己或者他人谋取属于公司的商业机会、自营或者为他人经营与所任职公司同类的业务;

번역: 이사와 고급관리인원은 아래의 행위를 하여서는 아니 된다:

제5호 사원총회나 주주총회의 동의를 거치지 않고, 직무편의를 이용하여 원래 회사에 속하는 사업상 기회를 자기 또는 타인을 위하여 가져가고(유용하고), 재직중인 회사와 동종의 사업을 스스로 경영하거나 타인을 위하여 경영하는 것

2) 합작회사가 중국에 설립됨을 고려하면, 이러한 경업이나 회사기회 유용의 유혹을 받는 이사나 고급관리인원은 주로 중국 투자자가 선임한 자들일 것이다. 따라서 한국 투자자로서는 이러한 행위를 사원총회에서 심사하고 승인하도록 하면서 자신이 거부권을 가지는 방안을 생각해 볼 필요가 있다. 이때 **한국 회사법상 회사기회유용 및 경업금지에 관한 규율의 요건과 효과, 방식을 참조하여 이를 사원간 계약서와 정관에 적절하게 넣는 방안도 고민해 볼 필요가 있다. 한국 회사법이 이 분야에 있어서는 중국보다 더 자세하게 논의가 정리되어 있다**.

10] **기타 사항: 한국 주식회사 법리의 참조**

중국 회사법에서는 정관에서 사원총회의 특별결의사항을 추가할 수 있도록 허용하고 있으므로, 소수파 사원인 한국 투자자로서는 다음과 같은 사항들을 특별결의사항에 추가하는 것을 고려해 볼 필요가 있다, 이때 사원총회의 특별결의사항으로 추가하는 것은 소수파 사원이 거부권을 가지기 위함임을 잊어서는 안 된다. 만일, 자신의 지분율이 1/3 이하라면, 특별결의요건을 2/3에서 그 위로 상향조정하여 약정해야 할 것이다.

1) 먼저 **한국 주식회사에서 주주총회의 특별결의사항들을 한 번 살펴보고, 이들 중에 합작회사 사원총회의 특별결의사항에 추가할 만한 사항은 없는지 생각해 볼 필요가 있다. 예컨대 영업의 전부나 중요한 일부의 양도, 영업 전부의 임대나 경영위임, 회사의 영업에 중대한 영향을 미치는 다른 회사의 영업 전부 혹은 일부의 양수, 중요한 영업용 자산의 양도, 거액의 차입, 이사·감사·고급관리인원의 회사에**

대한 손해배상책임의 면제 등.

2) 한국 투자자가 소수파 사원이라면 한국 회사법상 이사 등의 행위를 규제하는 법리, 즉 이사 등의 의무와 책임에 관한 법리를 눈 여겨 봐 둘 필요가 있다. 중국에 설립되는 합작회사의 이사·감사·고급관리인원의 다수는 중국인일 수밖에 없어서 현실적으로 중국 투자자의 뜻대로 움직일 가능성이 크기 때문에 소수파 사원은 그들을 감독할 필요성이 큰데, 그 감독 방식에 한국의 이 법리가 많은 참고가 되기 때문이다. 예컨대, **한국 주식회사에서는 이사·감사·비등기 임원 등의 어떠한 행위에 대하여 주주총회의 사전동의를 요구하는지 체크해 본 후, 중국의 합작회사에서도 사원 간 계약서와 정관에서 동일한 방식으로 규정**하는 것을 고민해 볼 필요가 있다.

참고로 **중국 인민법원은 우리와 비교할 때 이사의 선관주의의무 위반을 인정하는데 매우 소극적이다**(김/정, 192-194면). **따라서 합작회사에서 이사·감사·고급관리인원을 손해배상청구나 형사 고소 등의 사후적 통제수단으로 감독하고자 하는 것은 한국에 비하여 실효성이 많이 떨어진다**고 보는 것이 합리적인 예측이다. **이러한 사정을 생각한다면, 사전에 사원총회(혹은 이사회)의 심사를 받는 사전적 통제 방식을 사원 간 계약서와 정관에 잘 정비해 두는 데 더 많은 주의를 기울일 필요가 있을 것이다**.

3 소수파 사원도 경우에 따라서는 적극적으로 자신의 의사를 관철시키기 위하여 임시 사원총회의 소집을 요구하고 싶을 것이다.

1] 중국 회사법상 지분율이 10% 이상이면 그 소집에 법적인 제약은 없다. 만일 소수파 사원의 지분율이 10% 미만이라면, 별도의 약정(소집에 필요한 지분율을 더 낮추는 약정)을 사원 간 계약서와 정관에 넣어야 할 것이다.

2] 그런데 중국 회사법에서는 유한책임공사에서 사원총회의 의제 및 (의제의 구체적인 내용인) 의안을 사원이 제출할 수 있는지, 제출할 수 있다면 그 방식은 어떠한지에 대해서 침묵하고 있다.

그러나 같은 법 제102조 제2항, 제3항에서 고분유한공사의 경우에 관해서는 주주제안권을 다음과 같이 규정하고 있다.

单独或者合计持有公司百分之三以上股份的股东、可以在股东大会召开十日前提出临时提案并书面提交董事会；董事会应当在收到提案后二日内通知其他股东、并将该临时提案提交股东大会审议。临时提案的内容应当属于股东大会职权范围、并有明确议题和具体决议事项。

股东大会不得对前两款通知中未列明的事项作出决议。

번역: (제2항) 단독으로 또는 다른 주주들과 공동으로 회사 총발행주식의 3% 이상을 보유한 주주는 주주총회일로부터 10일 전에 이사회에 서면으로 임시제안을 제출할수 있다. 이사회는 그 임시 제안을 수령한 날로부터 2일 내에 다른 주주에게 그 내용을 통지하여야 하고, 그 임시 제안을 주주총회의 심의사항에 추가하여야 한다. 그 임시제안의 내용은 주주총회의 직권범위(적법한 결의사항의 범위)에 속하여야 하고, 명확한 의제와 구체적인 결의사항(의안)이 있어야 한다.

(제3항) 주주총회는 위 두 항(제1항 및 제2항)의 통지에 명시적으로 기재되지 아니한 사항에 대해서는 결의하여서는 아니 된다.

소수파 사원은 고분유한공사에 관한 위 조항을 참조하여 사원 간 계약서와 정관에 사원들의 사원제안권을 규정하는 것을 고려할 필요가 있다. 다만, 위 조항만으로는 실제 운용 과정에서 불명확한 부분이 발생할 수 있으므로 **한국 주식회사의 주주제안권 법리를 참고하여 더 구체적인 사항까지 기재하는 것도 고려해 볼 필요가 있다**.

(나) 이사회에 관한 협상

(a) **개론:** 이사회 역시 사원총회와 같은 의사결정기관이자 회의체기관이다. 따라서 사원총회와 권한 면에서 나누어질 뿐이다. 다소 거칠게 표현하면 매우 중요한 의사결정은 사원총회가, 그보다 덜 중요한 의사결정은 이사회가 한다고 볼 수 있다. 비록 관념상으로는 이사회가 업무집행기능도 가진다는 면에서 사원총회와 차이가 있지만, 현실적으로 업무집행기능을 행사할 수는 없으므로(우리는 대표이사가, 중국은 총경리가 1차적으로 업무집행기능을 행사한다), 실무적 관점에서는 이렇게 이해할 수 있다. 따라서 이사회를 둘러싼 다수파 사원과 소수파 사원의 협상전략은 사원

총회의 경우와 큰 줄기 면에서 차이가 없다. 다만 아래 4가지는 염두에 둘 필요가 있다.

1 중국 회사법에 명시적으로 규정되어 있는 사원총회와 이사회의 법적 권한은 강행규정이어서 상호 간에 위임이 어렵다고 보는 유력한 견해가 있다(김/정, 116면). 따라서 **(장래 중국 최고인민법원의 명확한 입장이 나올 때까지는) 사원총회의 실정법상 결의사항을 이사회에 위임하거나, 거꾸로 이사회의 실정법상 결의사항을 사원총회로 맡기는 약정은 하지 않는 게 신중한 접근방식**이다. 투자자 입장에서는 자신이 믿고 추천하여 (사원총회에서) 선임된 이사가 장래 이사회에서 자신의 지시를 어기고 찬성·반대의 의결권을 행사할 경우 그 의결권행사를 무효로 만들 마땅한 방법을 찾기가 쉽지 않다. 이사는 자신을 추천한 주주가 아니라 회사에 대하여 선관주의의무를 비롯한 각종 법적 의무와 책임을 부담하기 때문이다. 이 때문에 투자자는 자신이 생각하기에 아주 중요한 사항은 이사회보다 자신이 직접 의결권을 행사하는 사원총회의 결의사항으로 만들고 싶을 것이다. 그러나 중국에서는 이러한 제약이 있음을 염두에 두어야 한다.

2 이사회를 구성하는 이사 추천권은 보통 각 사원이 자신의 출자비율에 비례하여 가지는 것으로 약정한다(다르게 약정할 수도 있지만, 사례는 흔하지 않다). 그런데 **유한책임공사 이사회는 의사정족수, 보통결의정족수, 특별결의정족수 모두 법정되어 있지 않기 때문에, 이 3가지 정족수를 어떻게 약정하느냐에 따라서 소수파 사원이 이사회 결의 과정에서 가지는 권한(거부권)의 범위에 상당한 차이가 생길 수 있다**.

3 **소수파 사원은** 사원총회에서보다 더욱 직접적으로 거부권을 가질 수 있다. 예컨대 **자신이 추천한 이사의 출석을 의사정족수 충족의 요건으로 삼거나, 특정한 안건들에 대해서는 자신이 추천한 이사가 거부권을 가진다고 직접적으로 약정할 수도 있다**.

4 한편 중국 회사법은 미국 회사법의 지배구조 체계와 유사하게, (i) 회사의 업무집행을 이사가 아닌 별도의 고급관리인원에게 맡기면서, (ii) 이사회에게 그들의 업무를 감독하도록 하는 업무감독기능(권한)을 부여하고 있다. 미국의

공개회사(Publicly Held Corporation)에서는 업무집행기능을 이사회에서 선출한 임원(Officer)들이 맡고, 이사회(Board of Directors)는 그들을 감독하는 기능을 가지는데(송옥렬, 902면), 중국은 이 미국식 모델을 참고한 것으로 보인다(단 이사회와 별도로 업무감독기능을 행사하는 기관으로 감사를 두어서, 독일 회사법도 참고하고 있다). 고급관리인원 중에서도 핵심인력들의 다수는 다수파 사원이 선임하는 게 통상적이므로, 소수파 사원으로서는 (감사 선임권을 가지는 외에) 이사회 안에서도 적극적으로 다수파 사원이 선임한 고급관리인원의 업무를 감독하는 기능이 수행되도록 노력할 필요가 있을 것이다(예컨대, **고급관리인원이 정기적으로 이사회에 [서면] 업무보고를 하도록 하고, 일정한 사유를 해고 사유로 약정해 두는 것을 제안해 볼 수 있다**).

(b) **다수파 사원의 협상전략:** 사원총회에서와 마찬가지로 다수파 사원은 자신이 원하는 대로(가능하면 특별결의사항까지 포함해서) 이사회를 소집·개최·결의할 수 있도록 만드는 것이 협상의 1차 목표가 된다.

1 이사회에 관하여 첫 번째로 협상해야 할 사항은 이사회의 구성비율이다. 즉 (i) 이사회 총원(이사가 총 숫자)을 몇 명으로 하고, (ii) 각 사원이 그중 몇 명씩 자신이 원하는 사람을 이사로 추천하여 사원총회에서 선임되도록 할 것인가를 협상해야 한다. 실무에서는 대부분 각 사원의 출자비율에 따라서 이사회 구성비율을 정하지만(따라서 사원 간 계약서에 장래 증자나 지분양도 등으로 인하여 사원이 교체되거나 각 사원의 출자비율에 변동이 생기면, 그에 따라서 사후적으로 이사회 구성비율을 조정하도록 하는 약정을 넣는 것을 잊지 말아야 한다), 그 출자비율과 구성비율이 정확하게 일치할 필요는 없을 것이다(예컨대 출자비율이 6:4이지만, 구성비율은 2명:1명으로 하는 경우도 있다).

2 두 번째 협상 사항은 이사회의 의사정족수, 보통정족수 및 보통결의사항, 특별정족수 및 특별결의사항이다. 특히 특별정족수 및 특별결의사항이 중요하다. 다수파 사원으로서는 1차적으로는 특별정족수를 자신이 추천한 이사들만으로도 통과될 수 있는 수준으로(예컨대 이사 6명 중 자신이 4명을 추천한다면 특별정족수를 재적 이사의 2/3로) 정해지도록 하고, 이것이 여의치 않아서 특별결의사항에 대해서 소수파 사원이 거부권을 가지는 수준으로 특별정족수가 정해진다면

특별결의사항을 최소화하도록 노력할 필요가 있을 것이다. 또한 이사회의 의사정족수, 보통정족수는 자신이 추천한 이사들만으로도 항상 만족할 수 있도록 약정해야 할 것이다(다수파 사원 입장에서는 마지노선이다).

한편 간혹 사원이 2명이 아니라 3명 이상이어서 어느 누구도 보유지분율이 50%를 초과하지 못하는 경우가 있다. 이럴 경우 보유지분율이 가장 많은 1대 사원은 "자신이 추천하여 선임된 이사의 찬성 결의를 이사회 보통결의의 통과 조건으로 해 달라(즉 2대 사원과 3대 사원이 연합하여 이사회 보통결의요건을 충족시키더라도 내가 거부권을 가질 수 있게 해 달라)"고 요구해 볼 수 있다.

3 다수파 사원은 (i) 이사회를 소집·주재하고, (ii) 합작회사를 대외적으로 대표하는 권한(중국에서는 법정대표권한(法定代表权限)이라 표현한다)을 가지기도 하며, (iii) 나아가 실무에서 흔히 총경리의 지위까지 겸하여 우리의 대표이사격에 해당하는 지위를 가지게 되는 이사장의 임명권을 자신에게 달라고 요구하는 게 일반적이다. 만일 이사장과 총경리를 서로 다른 사람으로 분리할 경우에도 1차적으로는 두 사람 다 자신에게 임명권을 달라고 요구할 필요가 있다. 이때 다수파 사원이 임명권을 가진다는 말은 법적으로는 정확한 표현이 아니다. 실무에서는 다수파 사원이 추천한 자를 사원총회 보통결의 혹은 이사회 보통결의에 의하여 선임되도록(각 사원이 사원총회에서, 혹은 각 사원의 추천 하에 선임된 이사들이 이사회에서 그렇게 의결권을 행사하도록) 약정한다. 그런데 한국에서는 이 경우 전자의 약정은 사원 스스로 약정한 의무를 이행하는 것이어서 유효하나, 후자의 약정은 이사가 사원의 지시를 따라서 결의해야 할 의무는 없어서 무효라고 본다(권기범, 734면). 이러한 해석론은 중국 회사법하에서도 타당할 것으로 보인다.

4 부이사장의 임명권은 실무에서 소수파 사원에게 양보하는 경우도 자주 보인다. 만일 소수파 사원이 부이사장의 임명권을 가지지 못할 경우 중국 회사법 관련 규정에 따르면 소수파 사원으로서는 이사회를 소집하기가 어려울 수 있다(이에 소수파 사원이 협상 과정에서 별도의 이사회 소집권을 달라고 요구하는 상황이 발생할 수 있다).

(c) **소수파 사원의 협상전략: 사원총회에서의** 협상전략과 궤를 같이한다. 우선 **합작회사의 경영사항 중 자신의 이익에 핵심적인데 사원총회 결의사항을 정하는 단계에서 정해지지 않은 사항들**을 고민하여야 한다. 다음으로, 그 사항들이 **자신의 의사에 반하여 이루어지지 않도록** 해야 한다. 그러한 과정의 일환으로서 **이사회 결의 사항 중에서 자신의 거부권의 범위를 협상하여야 한다(수동적 거부권의 협상)**. 아울러 **일정한 사항에 관해서는 필요한 경우 이사회의 의제로 올려서 다수파 사원을 압박할 필요가 있는지 고민해 보아야 한다(적극적 제안권의 협상)**.

[1] 소수파 사원이 이사회의 결의사항 모두를 좌지우지하는 것은 현실적으로 불가능하고, 논리적으로도 설득력이 없다(회사 경영 실패에 대하여 적은 위험을 부담하는 자가 경영을 좌지우지하게 되므로). 따라서 자신의 핵심적인 이익을 침해할 여지가 있는 사항에 관하여 이사회 결의를 막을 수 있도록 하는 것을 1차 목표로 삼아야 한다. 그런데 사원총회에서와 달리 이사회에 관해서는 중국 회사법에 특별결의사항이 규정되어 있지 않다. 따라서 소수파 사원은 위 도표상 이사회의 법적 권한으로 나열되어 있는 사항들을 중심으로 자신의 이익에 중대한 영향을 미칠 수 있는 사항이 무엇인지 숙고한 후, 이를 특별결의사항으로 하면서 자신이 그에 대해서는 거부권을 행사할 수 있도록 협상하여야 할 것이다. 소수파 사원 입장에서 생각해 볼 수 있는 특별결의사항 몇 가지를 아래에서 살펴본다.

1] **합작회사가 매년 수립하는 경영계획 및 예산안과 결산안의 작성:** 이 사항은 사원총회의 특별결의사항으로도 고려된다. 어차피 사원총회에서 소수파 사원이 거부권을 가진다면, 그러한 방안이 애초에 이사회에서 작성되지 않도록 하기 위하여 이사회의 특별결의사항에 넣도록 요청해 볼 수 있다.

2] **이사·감사의 해임안의 작성, 고급관리인원의 해임:** 이사 및 감사의 해임은 사원총회의 권한이지만 이사회에서 그 해임안을 작성하여 사원총회의 의제로 올리는 것은 가능하다. 총경리, 재무총감, 기술총감 등 고급관리인원의 해임은 이사회에서 직접 결의할 수 있다. 소수파 사원이 추천한 이사나 감사, 고급관리인원이 다수파 사원의 주도하에 사원총회나(이사나 감사의 해

임결의의 경우) 이사회에서(고급관리인원의 해임결의의 경우) 적법하게 의결정족수를 충족하여 해고되는 상황을 생각해 보자. 설사 사원 간 계약에서 이를 방지하는 약정을 두었더라도, 다수파 사원에게 위약책임(우리의 계약상 채무불이행 책임)을 물을 수 있음은 별론으로 하고, 그 해고의 효력 자체가 무효라고 보기는 어려울 것이다.

3] **이사·감사의 보수안의 작성, 고급관리인원의 보수**: 다수파 사원이 추천하여 선임된 이사·감사나 총경리 기타 고급관리인원이 다수인 상황에서 합작회사가 아직 적자상태임에도 과다한 보수나 각종 복지급여(fringe benefit)가 주어지는 경우를 생각해 보라.

4] **이익배당안의 작성**: 사원총회에서와 같은 이유로 고려할 만하다.

5] **기타 사원총회에서 살펴본 사항들 중 사원총회 결의사항에서 제외된 사항들**: 그러한 사항들에 대한 방안의 작성 내지 종국적인 결의를 이사회의 권한으로 삼은 경우 여전히 소수파 사원은 거부권을 보유·행사할 만한 유인을 가진다.

[2] 소수파 사원도 경우에 따라서는 적극적으로 자신의 의사를 관철시키기 위하여 이사회의 소집을 요구하고 싶을 것이다. 그런데 중국 회사법 관련 규정에 따르면 소수파 사원은 별도의 약정 없이는 이사회 소집권을 가지기 어려움에 유의하여야 한다(위 도표 소집권자 부분 참조). 또한 **이사회 소집절차에 관해서는** 고분유한공사에서와 달리 유한책임공사에 관해서는 아무런 규정도 없는데, 이 부분에 관해서는 **중국 고분유한공사 이사회의 소집절차에 관한 중국 회사법 규정과 한국 주식회사 이사회 소집절차의 상법 규정과 실무를 참조하여 약정하는 것도 하나의 아이디어**라고 본다(중국 회사법의 이론과 실무에서 이 부분에 관한 연구는 아직 한국에 비하여 부족한 면이 있어 보인다. 따라서 **협상과정에서는 이사회 소집절차 부분에 관하여 한국 투자자 및 그를 대변하는 한국 법률가의 적극적인 내용 제안이 필요할 수도 있다**). 특히 중국에 소재하는 합작회사가 한국인 이사에게 어떠한 방식으로 이사회 소집통지를 할 것인지에 관해서는 한국 투자자가 고민해 볼 필요가 있다(위 도표의 소집절차 부분 참고).

3 **한 가지 유의할 점이 있는데, 중국에서는** 우리와 달리 "이사회 결의를 위해서는 이사들 상호 간의 토론이 반드시 필요하다"는 생각을 하지 않는다. 그 결과 **한국에서는 부정되는 이사회에서의 서면결의는 물론 의결권의 대리행사도 허용된다**(심지어 고분유한공사의 경우에는 명문으로 의결권의 대리행사를 허용하고 있다[중국 회사법 제112조]). 그런데 간혹 이 제도를 악용하여 한국인 이사에게 제대로 통지하지도 않은 채 중국 투자자 측이 일방적으로 이사회 결의를 진행하는 경우가 있다. 물론 이러한 이사회 결의는 위법하여 무효 혹은 취소 가능할 것이나, 문제는 한국에 있는 한국 투자자가 오랜 기간 동안 그러한 이사회 결의의 존재 자체도 모르는 경우가 생길 수 있다는 점이다. 이러한 사태가 발생하면 뒤늦게 알게 되더라도 원상복구가 어렵거나 이미 무의미한(예컨대 합작회사의 경영상태가 이미 돌이킬 수 없이 악화되어 청산해야 하는) 경우도 발생할 수 있다. 뒤에서 다시 살펴보겠지만, **중국법상** 이 경우 **당해 이사회 결의를 취소하거나 그 무효를 확인하는 판결이 내려져도 선의의 제3자에게는 대항할 수 없기 때문이다.** 따라서 한국 투자자 측은 이에 대비한 약정을 넣을 지도 고민해 보아야 한다(위 도표상 의사진행 부분 참조).

실무 Tip **중국 고분유한공사의 이사회 관련 규정**

중국 고분유한공사 이사회에 관하여 중국 회사법은 아래와 같은 규정을 두고 있는데, 한국에 비하면 많이 간략하다. 유한책임공사의 이사회에 관해서도 1차적으로는 아래 내용을 참조하여 사원 간 계약서와 정관에 규정해 볼 수 있을 것이다.

- 이사회는 매년 2회 이상 소집되어야 하고, 이사회 소집 10일 이전에 전체 이사와 감사에게 통지되어야 한다. 단 임시 이사회의 소집 통지 방식과 소집 통지 시한은 달리 정할 수 있다.
- 임시 이사회의 소집을 청구할 수 있는 자는 10% 이상의 의결권을 가지는 주주, 1/3 이상의 이사 또는 감사회이고, 소집권자는 이사장이다. 이사장은 적접한 소집청구를 받은 날로부터 10일 이내에 이사회를 소집하여야 하고, 이사회를 주재

한다.

- 이사회는 전체이사 과반수가 출석하여야 개최될 수 있고, 역시 전체 이사 과반수의 동의로 결의가 통과된다. 이사회에는 원칙적으로 이사 본인이 출석하여야 하지만, 다른 이사에게 서면으로 위임하여 대리출석하게 할 수 있다. 단 위임장에서는 수권범위를 명시하여야 한다. 이사회는 회의록을 작성하여야 하며, 참석한 이사는 회의록에 서명하여야 한다.
- 이사는 이사회의 결의에 대하여 책임을 부담한다. 단 결의 시 이의를 표명하였음이 증명되고 회의록에 기재된 이사는 책임을 면한다.

(다) 중간지주회사 구조의 고려

만일 한국 투자자들이 복수이고 모두 동일인의 지배를 받는 계열사 관계에 있을 경우(예컨대 특정 대기업의 2~3개 계열사가 함께 합작회사 설립에 참여할 경우), 한국 투자자들끼리 먼저 중간지주회사를 설립하고, 이 중간지주회사가 한국 투자자를 대표하여 합작회사의 1인의 사원이 되는 구조도 고려해 봄 직하다. 이렇게 하면 합작회사 단계에서 사원의 숫자가 줄어들어서 사원총회 소집통지 업무의 부담이 줄어드는 효과도 있고, 한국 투자자들은 이 구조를 통해 (i) 합작회사의 의사결정 과정에서 반드시 통일된 입장을 취하도록 강제하면서, (ii) 비록 각자는 소수파 사원일지라도 다수파 사원이 되는 효과를 노려볼 수도 있다(예컨대 한국 투자자의 지분율을 모두 합했을 때 총지분율의 50%를 초과할 경우).

다. 이사장과 부이사장

1) 한국 주식회사에서는 대표이사와 이사들이 넓은 범위에서 업무집행 및 의사결정을 수행하는데(앞의 설명 참조), 중국 유한책임공사에서는 주로 고급관리인원들이 그 역할을 수행한다. 이사장과 부이사장은 (i) 일반 이사들과 함께 이사회의 구성원으로서 위 나.에서 본 의사결정 및 고급관리인원의 업무를 감독하는 기능을 수행하고, (ii) 이사회의 소집·진행에서의 절차진행을 책임지는 정도의 업무를 함에 그친다. 나아가 이사장은 많은 경우에 대외적으로 합작회사를 대표하는 권한을

가지므로(실무에서는 보통 총경리를 겸직하면서 대표권한을 가진다), 그러한 경우에는 총경리와 함께 중요한 직책이라고 볼 수 있다. 부이사장은 이사장의 업무를 도와주고, 이사장이 직무를 수행할 수 없거나 수행하지 않을 경우 그 직무를 대행한다(부이사장도 직무를 수행할 수 없거나 직무를 수행하지 않으면, 반수 이상의 이사가 공동으로 선출한 1명의 이사가 이를 대행하도록 규정되어 있다). 참고로 고분유한공사 이사장은 이사회 결의의 집행상황을 검사하는 권한을 가진다고 규정되어 있는데(중국 회사법 제109조 제2항), 이사회 결의의 집행은 총경리를 비롯한 고급관리인원들이 하므로 결국 이는 (고분유한공사는 물론 유한책임공사에서도) 이사회가 이사장의 명의로 고급관리인원에 대한 업무감독권한을 행사한다는 의미로 이해된다.

2) 중국 회사법에서는 유한책임공사에서 1인의 이사장과 1인 이상의 부이사장 선출방식을 정관에서 정하도록 규정하고 있다(중국 회사법 제44조). 보통은 이사회에서의 보통결의로 선출하는데, 이사장 추천권은 다수파 사원이, 부이사장 추천권은 (실무상 1인으로 하면서) 소수파 사원이 가지도록 약정하는 경우가 많다. 참고로 고분유한공사의 이사장과 부이사장은 재적 이사 과반수의 찬성으로 선출하도록 규정되어 있다(중국 회사법 제109조 제1항). 유한책임공사에서도 이 규정을 참조하여 사원 간 계약서와 정관에 규정해 볼 수 있을 것이다.

라. 고급관리인원

(가) 총경리(CEO, President) 및 부총경리(Vice-President)

1) 총경리는 이사회의 감독하에 회사의 경영을 총괄집행하는 업무집행기관이다. 고분유한공사에서는 필수기관이나 유한책임공사에서는 임의기관이다. 다만 지금 우리가 살펴보는 외국인의 중국 내 기업형 투자로서 설립되는 유한책임공사에는 거의 예외 없이 총경리를 두고 있다. 총경리의 선임 및 해임과 보수는 이사회에서 결정된다(중국 회사법 제46조 제9호).

2) 총경리의 법적 권한은 아래와 같다(중국 회사법 제49조).

① 회사의 생산경영관리 업무를 주관하고 이사회 결의를 총괄집행.

② 회사의 연도경영계획과 투자방안을 총괄집행.

③ 회사 내부관리기구의 설치방안을 제정.

④ 회사 기본관리제도를 작성.

⑤ 회사의 구체적인 사규를 제정.

⑥ 회사의 부경리, 재무책임자(실무상 재무총감이라 불림)의 선임이나 해임을 (이사회에) 제안.

⑦ 이사회에서 선임이나 해임을 결정하는 자 이외의 관리인원의 선임 또는 해임 결정.

⑧ 이사회에서 부여한 기타 권한.

단 회사 정관에서 별도의 규정을 둔 경우 그 규정에 따름.

3) 총경리는 이사회에 대하여 책임을 지고(즉 이사회가 총경리의 업무를 감독하고), 이사회에 참석하여 의견을 개진할 수 있다(중국 회사법 제49조).

4) 법규정만 놓고 보면 총경리는 이사회의 하위 기관처럼 보이지만, 현장에서 총경리는 회사 경영 전반을 장악하고 콘트롤하는 강력한 권한을 가진다. 그 때문에, 일반적으로 합작회사의 총경리는 다수파 사원이 추천한 자를 이사회에서 선임하도록 약정한다. 그런데 중국 회사법 학자들은 이사회는 총경리의 권한 중 일부를 정관에 별도의 규정을 두어 제한할 수 있다고 본다(김/정, 133면; 중국 회사법 제37조 제1항 제11호). 예컨대, 총경리가 회사의 중요재산을 처분하거나 회사로 하여금 고액의 차입을 하도록 할 경우, 이사회의 사전동의를 받도록 정관에서 미리 규정할 수 있다. 따라서 **소수파 사원으로서는 총경리가 회사의 이익에(그에 따라 사원의 이익에도) 중대한 영향을 미치는 일정한 업무수행을 하고자 할 경우, 이사회의 사전동의를 받도록 하면서 자신이 추천한 이사가 거부권을 가질 수 있도록 협상해 볼 필요가 있다**.

5) 다수파 사원이 총경리를 추천할 경우, 소수파 사원은 부총경리는 자신이 추천하겠다고 협상할 필요가 있다. 과거 중외합자기업을 규율하던 관련법에서는 중외합자기업의 총경리와 부총경리는 각 출자자가 나누어 추천하도록 규정하고 있었으므로, 소수파 사원은 협상과정에서 비록 지금은 폐지되고 없지만 이 규정의 입법취지(중국 투자자와 외국 투자자의 합작으로 설립되는 회사의 지배구조 설정 시 이사장과 부이사장을 양 당사자가 나누어 가짐으로써 경영 관여권의 측면에서 균형을 도모한 것)를 동원해 볼 수

있을 것이다.

(나) 재무총감(CFO) 및 기술총감(CTO)

1) 다수파 사원이 이사장과 총경리를 추천할 권한을 가져갈 경우, 업무집행권과 그 감독권을 양측이 나누어 가짐으로써 상호 견제와 균형을 도모한다는 측면에서 보면, (감사와 함께) 재무총감의 추천권은 소수파 사원이 가져가겠다고 협상할 수 있다. 다만 재무총감으로 추천되기 위해서는 중국 내 회사의 재무와 회계, 그리고 세무 실무에까지 능통한 사람(그러기 위해서는 이미 중국어도 상당히 능통한 사람)이어야 하는데, 소수파 사원인 한국 투자자가 그러한 사람을 찾지 못하여 부득이 재무총감 추천권까지도 중국 투자자에게 넘기는 경우도 보인다.

2) 합작회사의 사업운영에 전문기술과 지식, 그에 연관된 지식재산권이 중요하게 고려될 경우 해당 분야에 전문성을 가진 자를 기술총감으로 두어야 할 것이다. 보통은 한국 투자자가 기술총감 추천권을 가져가는 경우가 많지만, 이때 중국 투자자가 보다 빠른 기술습득을 위해서 부기술총감이나 공동기술총감의 추천권을 달라고 하는 경우가 있으므로 유의하여야 한다. 기술총감의 업무는 1차적으로 한국 투자자가 가지고 있는 전문기술과 지식을 효율적으로 합작회사의 기술인력에게 교육·훈련시키는 것이지만, 한국 투자자 입장에서 실질적으로 중요한 것은 애초 약정된 범위를 벗어나 관련 기술과 지식이 중국 투자자나 합작회사에 유출되지 않도록 각종 보안 조치를 적절하게 취하는 것임도 기억해 둘 필요가 있다.

마. 감사 (감사회는 두지 않음)

유한책임공사는 3인 이상의 감사로 구성되는 감사회를 설치하는 게 원칙이나, 사원 총수가 적거나 규모가 작으면 1명 내지 2명의 감사를 두고 감사회는 설치하지 않을 수 있다(중국 회사법 제51조). 지금 살펴보는 합작회사는 대부분 사원 총수가 적어서, 실무에서는 거의 예외 없이 감사회 대신 감사를 둔다. 감사의 임기는 이사와 마찬가지로 3년 이하이고, 연임할 수 있다(중국 회사법 제52조). 앞서 설명한 바와 같이 총경리와 이사장을 다수파 사원이 추천할 경우, 그들의 업무집행을 감독할 필요성이 있다는 이유로, 감사 중에 최소 1명은 소수파 사원이 추천하는 것이 통상적이다. 이사와 고급관리인원은 감사를 겸임할 수 없는데, 이들을 감독하여야 하는 감사의 업무성격상 당연하다고 본다.

3) 소수파 사원의 주요 법정 권리

우리 주식회사 주주(유한회사 사원)와 마찬가지로 중국 유한책임공사의 사원은 **이익배당청구권**(중국법 명칭: 利润分配请求权[이윤분배청구권]), **증자 시 출자인수권**(중국법 명칭: 优先认缴出资权[우선인수출자권 정도로 번역할 수 있다]. 우리 주식회사 주주의 신주인수권에 대응하는 개념이다), **잔여재산분배청구권**(중국법 명칭: 盈余财产分配请求权[잉여재산분배청구권]), **이사·감사 및 고급관리인원에 대한 손해배상청구권**을 가지는데, 이들은 특별히 소수파 사원을 보호하기 위한 권리라고 보기는 어렵다(참고로 중국 고분유한공사의 주주는 우리 주식회사와 달리 신주인수청구권이 반드시 보장되지는 않는다). 반면, 아래 권리들은 실무에서 소수파 사원이 다수파 사원에게 대항하는 수단으로 자주 사용되므로, 한국 투자자가 다수파 사원이든 소수파 사원이든 이를 염두에 두고 협상에 임할 필요가 있다. 단, 설명의 편의를 위하여 **다른 사원의 지분양도에 대한 사전동의권 및 우선매수권**, **반대주주의 지분매수청구권**은 아래 4)항의 범주에서 살펴본다.

가. 알 권리

중국 회사법은 유한책임공사의 사원에게 아래와 같은 알 권리(중국법 용어: 知情权[지정권])를 부여하고 있다. 아래 두 권리는 합리적인 사유가 없는 한, 사원 간 계약이나 정관에서 별도의 규정을 두는 방식으로도 배제할 수 없음에 유의하여야 한다(최고인민법원 회사법 적용규정(4) 제9조).

(가) 질의권

사원총회는 이사, 감사, 고급관리인원의 출석을 요구할 수 있는데, 그에 따라 참석한 이사, 감사, 고급관리인원은 사원으로부터 질의를 받으면 이에 응하여 답변하여야 한다(중국 회사법 제150조). 소수파 사원은 필요하면 이 질의권(중국법 용어: 质

询权[질순권])을 행사하여 다수파 사원이 추천하여 선임된 이사, 감사, 고급관리인원의 임무상 해태 등을 간접적으로 추궁·경고하거나 그 책임추궁에 필요한 정황 증거 수집을 시도해 볼 수 있다.

(나) 회사정보 열람 내지 복사권

1) 사원은 **회사 정관, 사원총회 의사록, 이사회 결의서, 감사회 결의서, 재무회계보고서를 열람하고 복사할 수 있다**(중국 회사법 제33조). 우리의 주식회사에서 주주명부가 포함되는 것과 달리 유한책임공사에서는 사원명부가 열람·복사청구 대상에서 빠져 있지만, 유한책임공사의 사원 명단은 정관이나 영업집조, 인터넷 기업신용정보시스템상 공개정보 등을 통하여 확인이 가능하다. 만일 회사의 이사나 고급관리인원이 위 자료문서의 작성, 보존을 게을리 하여 특정 사원에게 손해가 발생한 경우, 해당 사원은 이사 또는 고급관리인원을 상대로 손해배상청구의 소를 제기할 수 있다(최고인민법원 회사법 적용규정 (4) 제12조).

2) 나아가 사원은 **회사 재무제표 작성의 기초가 되는 원장 등 각종 회계장부에 관하여 서면으로 목적을 설명하여 그 열람을 청구할 수 있다**. 다만, 회사는 그 사원이 회계장부 열람을 청구하는 데 부당한 목적이 있고 그로 인하여 회사의 합법적인 이익에 손해가 발생할 수 있다고 인정되는 합리적인 근거가 있을 경우 그 열람을 거절할 수 있다. 이때 회사는 해당 사원의 서면청구일로부터 15일 내에 서면으로 거절의 이유를 기재하여 답변하여야 한다(중국 회사법 제33조).

회사가 이렇게 거절하면, 해당 사원은 다시 인민법원에 회사를 피고로 삼아 회계장부 열람청구의 소를 제기할 수 있다(중국 회사법 제33조, 최고인민법원 회사법 적용규정 (4) 제7조). 재판과정에서 피고인 회사가 증거에 의하여 아래 사항 중 하나를 증명하면 원고인 사원에게 부당한 목적이 있다고 인정되어 원고패소 판결이 내려진다. 아래 사유 중 ①**호의 내용에 따르면, 장래 합작회사가 수행할 사업모델이 한국투자자의 사업과 비슷할 경우, 한국 투자자가 회계장부 열람권을 행사하기 위해서는 사원 간 계약서나 정관에 별도로 회계장부 열람청구권을 한국 투자자에게 인정해 주는 규정을 넣을 필요가 있음**에 유의하여야 한다.

① 사원이 회사의 주된 영업과 실질적인 경쟁관계에 있는 업무를 스스로 혹은 타인을 위하여 경영하는 경우. 단 회사 정관에 별도의 규정이 있거나 전체 사원이 별도로 약정한 경우는 제외.

② 사원이 타인에게 관련 정보를 알려주기 위하여 회사의 회계장부를 열람하고자 하고, 그로 인하여 회사의 합법적인 이익에 손해가 발생할 가능성이 있는 경우.

③ 사원이 회사에 회계장부 열람을 청구하기 전 3년 내에, 회계장부를 열람하여 알게 된 관련 정보를 타인에게 알려 주어 회사의 합법적인 이익에 손해가 발생한 사실이 있는 경우.

④ 사원이 부당한 목적을 가지고 있는 기타 정황이 있는 경우.

3) 현실적으로 회사의 재무제표만 가지고는 재무상황을 정확하게 알기 어렵기 때문에, 그 원시자료인 회계장부의 열람까지도 인정하되, 회계정보는 회사의 이익을 위해서 비밀로 유지될 필요 역시 있기 때문에(송옥렬, 959-960면. 우리 주식회사에 관한 설명이지만 중국 유한책임공사라고 달리 볼 것은 아니다), 위와 같이 회사의 거절권 및 법원의 종국적 판단권을 법으로 규정하고 있다.

다만, 사원이 위 모든 절차의 전부 혹은 일부를 거쳐서 궁극적으로 회사의 회계장부 열람에 성공한 후, 회사의 영업비밀을 누설하여 회사의 합법적인 이익에 손해가 발생한 경우, 회사는 해당 사원을 피고로 인민법원에 손해배상 청구의 소를 제기할 수 있다. 나아가 사원이 회계장부를 열람하는 과정에서 자문해 준 변호사나 회계사도 나중에 그 과정에서 알게 된 회사의 영업비밀을 누설하여 회사의 합법적인 이익에 손해가 발생하면 사원과 마찬가지로 손해배상책임을 부담하게 된다(최고인민법원 회사법 적용규정(4), 제11조).

나. 대표소송권

1) 이사·감사·고급관리인원이 회사직무를 수행하는 과정에서 법률이나 회사 정관 규정을 위반하여 회사에 손해를 발생시킨 경우에는, 회사에 대하여 손해배상책임을 부담하게 된다. 이때 회사가 유한책임공사이면, 각 사원은 서면으로 (i) 감

사(감사회가 설치되어 있을 경우 감사회 주석[主席. 감사회 의장 격이다])에게 회사를 대표하여 이사나 고급관리인원을 피고로 삼아 인민법원에 손해배상청구의 소를 제기하라고 청구할 수 있다. (ii) 만일 손해배상책임을 부담하는 자가 감사라면, 감사가 아니라 이사장(이사회가 설치되어 있지 않은 경우 집행이사)에게 회사를 대표하여 감사를 피고로 삼아 인민법원에 손해배상청구를 제기하라고 청구할 수 있다. 사원의 서면청구를 받은 감사나 이사장 등이 이를 거절하거나 청구를 받은 날로부터 30일 내에 소를 제기하지 아니하는 경우 혹은 상황이 긴급하여 즉시 소를 제기하지 아니하면 회사 이익에 회복하기 어려운 손해가 발생할 경우, 사원은 회사의 이익을 위하여 자신의 명의로 직접 인민법원에 손해배상청구의 소를 제기할 수 있다(중국 회사법 제149조, 최고인민법원 회사법 적용규정(4) 제23조).

2) 우리 주식회사와 중국 고분유한공사에서는 이러한 대표소송(중국법 용어: 代表诉讼. 혹은 미국의 Derivative Suit를 직역하여 衍生诉讼[연생소송. '연생'은 중국어로 파생이라는 의미를 가진다]이라고도 한다)을 제기할 수 있는 권리가 소수주주권으로 규정되어 있지만, **중국 유한책임공사에서는 사원 1인이 단독으로 행사할 수 있는 단독 사원권으로 규정되어서, 그 행사가 더욱 용이함**에 주목할 필요가 있다.

다. 이사회 결의나 사원총회 결의의 하자를 다투는 소 제기권

중국 회사법은 우리와 달리 이사회 결의 하자와 사원총회 결의 하자를 다투는 방법을 하나의 조문에서 동일하게 규정하고 있다. 중국에서 그 결의를 다투는 방법은 결의 취소(撤销)의 소, 결의 무효확인(无效确认)의 소, 그리고 결의 불성립확인(不成立确认. 우리의 부존재확인에 대응한다)의 소의 3가지이다.

(가) 결의 취소의 소

이사회 혹은 사원총회의 ① 소집절차나 결의방식이 법률, 행정법규나 정관에 위반한 경우, 혹은 ② 결의 내용이 회사 정관에 위반한 경우, 사원은 결의일로부터 60일 이내에 회사를 피고로 삼아서 해당 결의에 대한 취소 청구의 소를 제기할 수 있다. 원고는 소 제기 당시에 사원자격을 유지하고 있어야 한다. 우리와 마찬가지로 사원의 남소를 방지한다는 정책적 고려에서, 피고인 회사가 청구하면 인민법원은 사원에게 청구에 상응하는 담보를 제공하도록 요구할 수 있다. 장래 취소판결이 내려져도, 해당 결의에 기하여 회사와 선의의 제3자 사이에 이미 형성된 민사법률관계에는 영향이 없다. 중국법상 취소에는 원칙적으로 (우리와 마찬가지로) 소급효가 있지만, 거래 안전을 위하여 이 취소판결의 소급효에는 일정한 제한을 가한 것으로 이해된다. 또한 우리와 마찬가지로 재량기각 제도도 두어서, 그 소집절차나 표결방식의 하자가 경미하고 결의에 실질적인 영향을 미치지 못한 경우에는 인민법원이 그 청구를 기각할 수 있다(중국 회사법 제22조, 최고인민법원 회사법 규정(4) 제2조 내지 제4조, 제6조).

(나) 결의 무효확인의 소

결의 내용이 법률이나 행정법규에 위반한 경우, 사원·이사·감사는 인민법원에 회사를 피고로 삼아 해당 결의에 대한 무효확인의 소를 제기할 수 있다. 무효확인 판결의 효력은 취소 판결과 동일하게 규정되어 있다(중국 회사법 제22조, 최고인민법원 회사법 규정(4) 제1조, 제6조).

(다) 결의 불성립확인의 소

결의에 다음과 같은 사유가 있는 경우, **사원·이사·감사는** 인민법원에 회사를 피고로 삼아 해당 결의에 대한 불성립확인의 소를 제기할 수 있다. 특히 **한국 투자자는 아래 ①항 단서 규정을 이사회 및 사원총회 운영 과정에서 활용할지 여부를 사원 간 계약서 및 정관 작성 단계에서부터 고려해 볼 필요가 있다.**

① **회사가 이사회나 사원총회의 소집 자체를 하지 않은 경우. 단 유한책임공사에서 (i) 사원총회 결의에 갈음하여 사원 전원의 서면에 기한 만장일치 동의가 있는 경우, 혹은 (ii) 정관에 기하여 사원총회나 이사회의 소집이 면제되고 대신 전체 사원이나 이사 전원이 서면 결의서에 서명하고 날인한 경우는 제외.**

② **이사회나 사원총회가 결의사항에 대하여 결의하지 않은 경우.**

③ **결의가 있었으나 회사법 또는 회사 정관에 규정된 의사정족수를 만족시키지 못한 경우.**

④ **결의가 있었고 의사정족수도 만족하였으나 회사법 또는 회사 정관에 규정된 결의정족수를 만족시키지 못한 경우.**

⑤ **기타 결의의 불성립을 초래하는 상황이 발생한 경우.**

무효확인 판결의 효력은 취소 판결과 동일하게 규정되어 있다(중국 회사법 제22조, 최고인민법원 회사법 규정(4) 제1조, 제3조, 제5조, 제6조).

라. 소수 사원권

의결권의 10% 이상을 보유하는 사원 혹은 합쳐서 의결권의 10% 이상을 보유하는 사원들은 아래 권리를 가진다.

① **임시 사원총회 소집청구권:** 이사회에 임시 사원총회의 소집을 청구할 수 있다(중국 회사법 제39조).

② **회사 해산판결 청구권:** 회사의 경영관리에 심각한 곤란이 발생하여, 회사가 계속 존속하면 사원의 이익에 중대한 손해가 발생할 수 있고, 다른 수단으로는 해결이 불가능할 경우, 인민법원에 회사 해산청구의 소를 제기할 수 있다(중국 회사법 제180조).

마. 부언-약정 소수사원권

우리 주식회사의 소수주주권과 비교하면, 중국 유한책임공사의 소수파 사원에게는 **검사인 선임청구권, 사원총회에서의 사원 제안권**이 법정되어 있지 않은데, 필요하면 이를 약정에 의하여 추가하는 것도 고려해 볼 만하다.

그리고 실무에서는 특히 **합작회사의 재무정보에 대하여 보다 적극적인 정보청구권**을 약정하는 경우가 많다. 예를 들면 월별, 분기별, 반기별로 외부 회계감사를 받지 않은 재무상태표, 손익계산서, 현금흐름표와 함께 주요한 재무지표(부채비율, 이자보상배율 등. 이는 당사자 간 약정으로 그때그때 달리 정할 수 있다)를 각 사원에게 교부하도록 약정할 수도 있다.

4) 상대방 사원을 축출하거나 단독으로 혹은 상대방과 함께 회사를 떠나는 수단의 강구

가. 개 관

합작회사를 일정 기간 운영해 보면 설립 시에 생각하지 못했던 여러 가지 사정으로 말미암아 합작관계를 정리해야겠다는 생각이 들 수 있다. 이러한 경우에 대비하기 위하여 실무에서는 사원의 전부 혹은 일부가 ① **상대방 사원을 강제로 축출할 수 있는 수단**, ② **상대방의 의사에 관계없이 자신이 일방적으로 합작회사를 떠날 수 있는 수단**, 그리고 ③ **자신과 상대방이 함께 합작회사를 떠날 수 있는 수단**을 가질 수는 없는지 궁리하게 된다. 아래에서 하나씩 살펴본다.

나. 상대방 사원을 강제로 축출할 수 있는 수단: 매도청구권(Squeeze-out, Call Option)

1) 우리 상법 제360조의 24 및 26은 주식회사에서 지배주주의 주식매도청구권(Squeeze-out)을 규정하고 있다. 즉 회사 발행주식총수의 95% 이상을 자기의 계산으로 보유하고 있는 지배주주는 회사 경영상 목적 달성에 필요한 경우 나머지 소수주주들의 주식을 강제로 매수하면서 그들을 회사에서 축출할 수 있다. 여기에서 "매도청구"란 상대방이 매도하도록 하는 것이어서 실무에서는 이 매도청구권을 Call Option이라고도 한다.

2) 이 규정을 참조하여, 우리가 지금 살펴보고 있는 유한책임공사 형태의 합작회사에서도 어느 사원이 일정한 요건이 충족되면 다른 사원들의 지분을 강제로 매수할 수 있도록 사원 간 계약서와 정관에 규정할 수 있을 것이다. 이러한 문구를 작성하는 과정에서 아래 몇 가지 사항들에 유의하여야 한다.

1 **사유**: 강제로 축출당하는 사원 입장에서는 중대한 불이익을 입을 여지가 크기 때문에, 매도청구권이 인정되는 사유를 한정적으로 명확하게 열거하여야 한다. 예컨대 ① 장래 지분구조 변경으로 인하여 어느 사원의 지분율이 특정한 수준 미만으로 떨어지고 사원 간 계약에 따를 때 해당 사원이 더 이상 이사·감사·고급관리인원의 추천권을 가지지 못하게 된 경우(해당 사원이 합작회사의 경

영에 아무런 영향을 미칠 수 없는 상태가 되어서 굳이 계속 사원으로 남아 있을 실익이 없다고 생각되는 경우. 그를 상대방으로 하여서만 매도청구 가능), ② 어느 사원의 계약상 채무불이행으로 사원 간 계약이 해지될 경우(채무를 불이행한 사원을 상대방으로 하여서만 매도청구 가능), ③ 앞에서 살펴본 교착상태가 발생하거나 아래에서 살펴볼 유한책임공사의 해산사유가 발생한 상황에서 한 명의 사원만이 합작회사의 존속을 원할 경우(존속을 원하는 사원만이 매도청구권 행사 가능)를 생각해 볼 수 있다. 우리 상법은 "경영상 목적을 달성하기 위하여 필요한 경우"라고 그 사유를 폭넓고 다소 모호하게 규정하고 있으나, 이는 매도청구권을 가지는 지배주주가 이미 총지분율의 95% 이상을 보유하고 있음을 전제로 하기 때문에 그 합리성이 인정되는 것이다. 지금 살펴보고 있는 합작회사 설립과정에서 매도청구권자의 지분율을 고려하지 않고 그렇게 규정하면 장래 불필요한 분쟁의 소지만 키우는 셈이어서 저자는 실무에서 권하지 않고 있다.

2 **주체:** 일반적으로 2/3를 초과하는 지분율을 가지고 있는 다수파 사원이 있거나(다수파 사원이 자신에게 매도청구권을 달라고 협상한다), 소수파 사원이 단순한 재무적 투자자(Financial Investor[약칭 FI])인 경우(소수파 사원은 아래에서 살펴볼 매수청구권[Sell-out, Put Option]을 자신에게 달라고 하고, 다수파 사원은 이에 대응하여 자신에게도 매도청구권을 달라고 협상한다)가 아니면, 매도청구권 규정을 협상 테이블 위에 올려놓는 경우가 많지는 않아 보인다. 특히 사원 중 일부만 매도청구권을 가지고자 하는 경우 상대방으로서는 규정을 둘지 여부, 사유의 범위 등에 관하여 신중하게 살펴볼 필요가 있다.

3 **절차:** 매도청구권을 행사하는 형식적 절차는 우리 상법의 관련 규정을 참고하여도 좋다. 단 (i) 그 매수가격에 관해서는 우리 상법 규정과 달리 미리 계산공식을 약정해 두는 게 일반적이고(그러지 않고 우리 상법처럼 당사자 간 협의를 원칙으로 할 경우 장래 분쟁 발생의 소지가 크다), (ii) 그 대상지분이 이전되는 시기는 중국 회사법의 규정에 따라 결정되기 때문에, 우리 상법에서처럼 대금 지급시기를 지분이전시기로 약정해서는 안 된다(문제는 중국 회사법 규정은 물론 중국 법학자들의 해석을 살펴 보아도 지분 이전의 효력이 발생하는 시기가 모호하다는 것인데, 이에 관해서는 제5장에서 살펴본다).

다. 스스로 합작회사를 떠날 수 있는 수단

합작회사의 사원이 스스로의 필요에 의하여 회사를 떠날 수 있는 수단으로는 아래 3가지를 생각해 볼 수 있다. 이 중 지분매각은 법에 의하여 인정되지만 사원 간 계약과 정관에서 달리 정할 수 있다. 나머지 수단은 중국 관련법령에서 인정되고 있지는 않지만, 협상에 의하여 추가적으로 사원 간 계약서와 정관에 규정하는 것을 생각해 볼 수 있다.

(가) 지분매각

중국 회사법 제71조 내지 제73조와 **최고인민법원 회사법 규정**(4) **제17조 내지 제22조**는 유한책임공사의 지분양도에 관하여 규정하고 있는데, 한국 상법과는 여러모로 달라서 한국 투자자로서는 반드시 숙지하고 있어야 하는 중요 조항들이다. 그 내용은 아래와 같은데, 사원 간 계약 및 정관에서 다르게 정할 수도 있다. 즉 **별도의 명시적인 약정을 하지 않으면 아래 규율이 자동적으로 적용된다**는 점을 유념하여야 한다. 먼저 구조도로 소개하면 아래와 같다. 보다시피 사원 이외의 제3자에게 매각하기 위해서는 몇 단계의 절차를 밟아야 한다.

1 **요건:** 관련 법규정에 따르면, **사원 상호 간의 양도에는 다른 사원들의 동의가 필요 없지만, 사원 이외의 다른 자에게 양도할 경우에는 다른 사원의 과반수의 동의를 거쳐야 한다.** 2024년까지 **한시적으로 존재하는 중외합자기업에 대해서는 사원 이외의 다른 자에게 양도할 경우 다른 사원 전원의 동의를 받도록 규정**되어 있는데, 이는 합작회사의 폐쇄성 내지 사원들 상호 간의 강한 인적 신뢰를 염두에 둔 규정으로 이해된다. 따라서 지금도 유한책임공사가 과거 중외합자기업과 같은 실질을 가지는 합작회사로(즉 한국 투자자와 중국 투자자가 공동출자하는 외상투자 유한책임공사로) 설립되는 경우에는 사원 간 계약과 정관에서 사원 이외의 다른 자에게 양도할 경우 다른 사원 전원의 동의를 요한다는 특약이 체결될 여지가 있어 보인다. 물론 그 반대로 다른 사원의 동의를 요하지 않는다는 특약을 넣어도 무방하다.

그런데 정관에 지분양도 시 다른 사원(전원 혹은 그 과반수)의 동의가 요구된다는

유한책임공사 지분매각 흐름

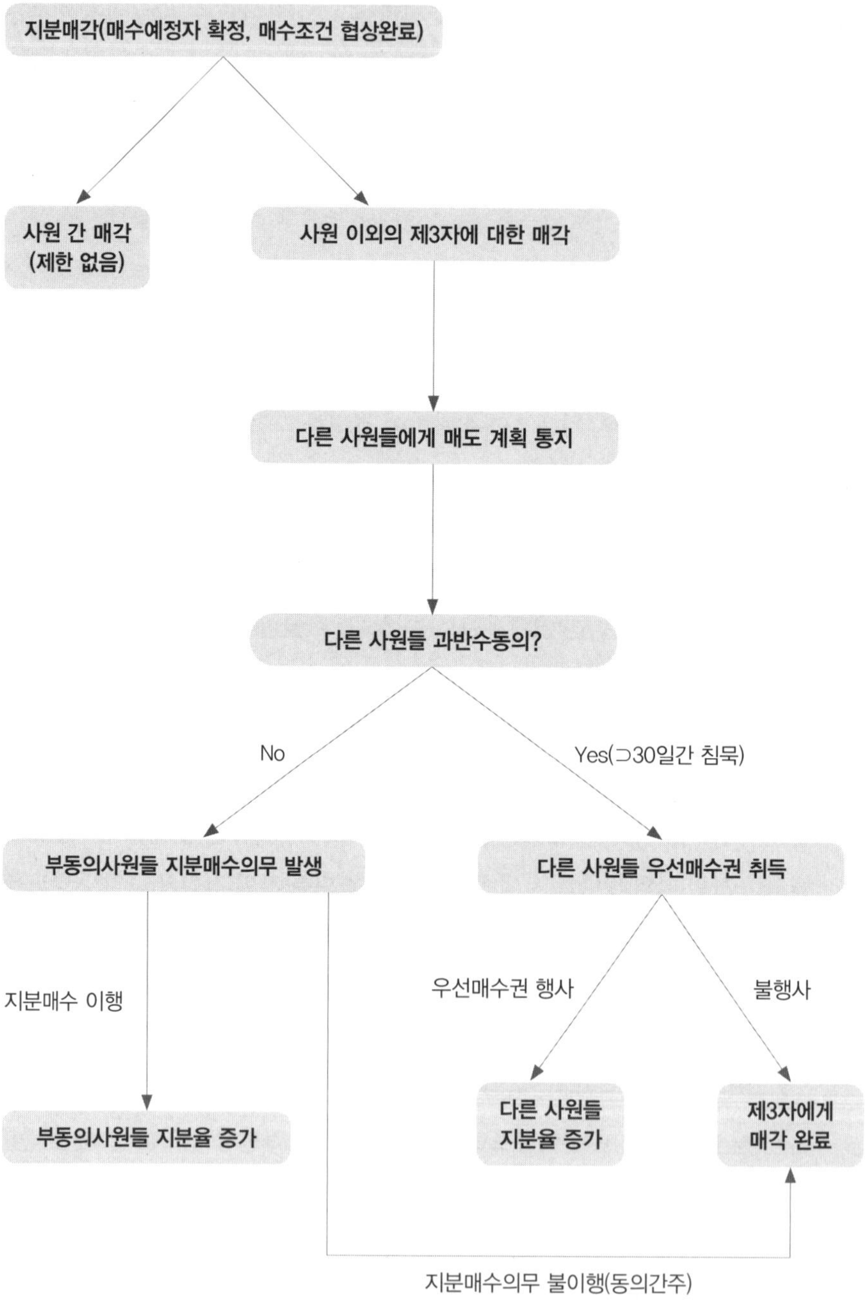

규정을 넣을 경우, 실무에서는 해당 지분에 질권을 취득한 후 이를 실행하고자 하는 채권자의 권리행사에 지장을 주는 경우가 생긴다. 이는 채권자의 입장에 서는 한국 투자자(주로 은행 등 금융기관)로서는 예상하기 힘든 변수이다. 이에 관해서는 제6장에서 살펴본다.

2 **사전동의를 얻는 절차:** 지분양도에 관하여 다른 사원의 동의를 얻어야 할 경우 그 절차에 관하여 관련 법령은 다음과 같이 규정하고 있다(괄호 안 기재는 필자의 보충의견이다).

① **지분을 양도하고자 하는 사원은 다른 사원에게 지분양도에 관한 사항을 서면 혹은 기타 수령 확인이 가능한 합리적인 방식으로 통지하여 동의를 구해야 한다.**

② **통지를 받은 사원이 그 수령일로부터 30일 이내에 회신하지 않을 경우 동의한 것으로 간주한다**(중국 민법하에서도 의사표시나 관념의 통지에 관하여 도달주의가 기본이다. 다만 사원 간 계약과 정관에서는 예컨대 동의 역시 서면으로 작성하고 30일 혹은 별도로 약정한 기간 내에 지분을 양도하고자 하는 사원에게 도달하여야 한다고 규정하는 게 좋다).

3 **지분양도의 동의정족수를 충족하지 못한 경우 반대한 사원들의 지분매수의무: 사원 과반수(특약으로 달리 정한 비율이 있는 경우 그 비율)의 동의를 받지 못하여 애초 예정하였던 제3자에게 지분을 양도하지 못하게 된 경우, 동의하지 않은 사원(들)이 그 지분을 매수하여야 하고, 매수하지 않으면 양도에 동의한 것으로 간주한다.** 요컨대 다른 사원의 지분양도에 동의하지 않는 사원은 자신이 그 지분의 전부 혹은 일부를 대신 매수하여야 할 의무를 부담하게 됨을 염두에 두어야 한다. 이와 관련하여, 매수가격(예컨대 애초 제3자에게 매각하고자 한 가격), 매수기한(예컨대 지분양도에 실패한 사원이 서면으로 매수를 청구한 날로부터 30일 이내), 매수의무를 부담하는 사원들의 매수 분담비율(예컨대 각 사원별로, 그 사원의 출자금/매수의무를 부담하는 사원들의 출자금의 합계액) 등에 관해서도 규정해 둘 필요가 있다.

4 **지분양도가 가능한 경우 다른 사원들의 우선매수권(Right Of First Refusal, 약칭 ROFR):** 사원 과반수(특약으로 달리 정한 비율이 있는 경우 그 비율)의 동의를 얻거나 혹은 특약에 의하여 애초부터 다른 사원의 동의를 요하지 않아서 지분양도를 할

수 있게 된 경우에도, 관련 법령에서는 유한책임공사의 폐쇄성을 가급적 유지하기 위하여 아래와 같이 규정하고 있다(괄호 안 기재는 필자의 보충의견이다).

① **사원 이외의 제3자에게 지분양도가 가능한 경우, 양도인 이외의 다른 사원(들)은 제3자에게의 매각과 동등한 조건으로 우선적으로 매수할 수 있는 권리(우선매수권. 중국법 명칭: 优先购买权[우선구매권])를 가진다**. 동등한 조건인지 여부는 지분의 수량, 가격, 지급방식과 기간 등을 종합적으로 고려하여 판단한다.

② **우선매수권을 취득한 사원은 지분양도인으로부터 위 [2] ① 소정의 서면통지를 받은 날로부터 30일 이내에 이를 행사하여야 한다**.

③ 우선매수권을 행사하고자 하는 사원이 복수인 경우, 먼저 그들 상호 간의 협상에 의하여 우선매수할 자를 정하고, 협상이 이루어지지 않을 경우 출자비율에 따라 각자 우선매수권을 행사한다("출자비율에 따라"는 각 사원별로, 해당 사원의 출자금/우선매수권을 행사하는 사원들의 출자금총액을 의미하는 것으로 이해된다).

(나) 매수청구권(Sell-out)

1) 우리 상법 제360조의 25 및 26은 주식회사에서 소수주주의 주식매수청구권(Sell-out)을 규정하고 있다. 즉 지배주주가 있는 회사의 나머지 소수주주는 언제든지 자신의 주식을 지배주주에게 강제로 매각할 수 있다. 여기에서 "매수청구"란 상대방이 매수하도록 하는 것이어서 실무에서는 이 매수청구권을 Put Option이라고도 칭한다.

2) 이 규정을 참조하여, 우리가 지금 살펴보고 있는 유한책임공사 형태의 합작회사에서도 소수파 사원이 일정한 요건이 충족되면 다수파 사원으로 하여금 자신의 지분을 강제로 매수하도록 사원 간 계약서와 정관에 규정할 수 있을 것이다. 보통은 소수파 사원이 펀드 등 재무적 투자자로서 일정기간 안에 일정한 수준 이상의 수익률 달성을 목표로 삼는 경우에 원하는 권리이다. 특히 행사요건과 행사가격에 관하여 문구를 명확하게 기재하지 않으면 장래 이를 둘러싼 분쟁이 발생하기 쉬우니 유의해야 한다.

(다) 반대사원의 지분매수청구권

1) 중국 회사법에 따르면, 유한책임공사의 사원이 사원총회에서 아래 의안들에 대하여 반대하였음에도 불구하고 그 결의가 통과된 경우 회사에 대하여 합리적인 가격으로 자신의 지분을 매수해 달라고 청구할 수 있는 지분매수청구권(Appraisal Right, 중국법 용어: 股权回购请求权[고권회구청구권])을 취득한다.

① 회사가 5년간 연속하여 이익배당을 하지 않았지만 그 5년간 계속하여 배당가능이익이 있고 중국 회사법에서 규정하는 이익배당 요건을 갖추었던 경우.

② 회사가 합병, 분할, 주요 재산을 양도하는 경우.

③ 회사 정관에 규정된 영업기한이 만료되었거나 정관에 규정된 회사 해산사유가 발생하였음에도 불구하고, 사원총회에서 정관을 개정하여 회사를 계속 존속시키기로 결의한 경우.

참고로, 고분유한공사는 위 사유 중 합병, 분할 결의에 관해서만 반대주주에게 주식매수청구권(중국법 용어: 股份回购求权[고분회구청구권])이 인정된다.

2) 사원총회 결의일로부터 60일 이내에 사원과 회사 사이에 지분매수에 관한 합의를 이루지 못한 경우, 그 사원은 사원총회 결의일로부터 90일 이내에 인민법원에 소를 제기할 수 있다. 그런데 중국 관련 법령에서는 이 내용을 보다 구체화한 규정이 없다. 따라서, **한국 상법상 반대주주의 주식매수청구권 조항(제374조의 2)과 한국에서의 여러 논의들을 참조하여 사원 간 계약과 정관에서 그 요건과 절차를 보다 자세하고 명확하게 규정할 필요가 있다.** 반대주주의 주식매수청권은 한국에서도 여러 가지 쟁점들에 대하여 다양한 논의가 이루어지고 있는 분야이므로, 이를 사원 간 계약서와 정관에 규정하고자 할 경우 **단순하게 위 중국법 조항만 옮겨 적지 말고, 한국 법률사무소의 조언을 들어 볼 것을 권한다.**

라. 상대방 사원과 함께 합작회사를 떠나는 수단

합작회사의 사원은 자신과 상대방 사원이 함께 회사를 떠나는 수단으로 아래와 같은 3가지를 생각해 볼 수 있다.

(가) Drag-Along Right

Drag-Along Right(약칭 DAR. 공동매도요구권, 동반매각요청권 등 다양하게 번역된다. 중국법 용어: 领售权, 强制随售权, 强制出售权 등 우리와 마찬가지로 아직 용어가 통일되어 있지 않다)는 어느 사원이 자신의 지분을 매각할 때, 다른 사원의 지분도 강제적으로 동일한 조건과 가격으로 함께 매각할 수 있는 권리를 의미한다. Drag-Along Right를 가진 사원은 (i) Call Option(앞에서 본 매도청구권)을 행사하여 다른 사원의 지분을 취득한 후 (ii) 다시 자신의 원래 지분과 합쳐서 제3자에게 매각할 때보다, 시간과 비용을 절약할 수 있게 된다. 다수파 사원이 가지는 경우가 일반적이나, 소수파 사원도 펀드 등 재무적 투자자인 경우 이를 요구하기도 한다.

(나) Tag-Along Right

Tag-Along Right(약칭 PAR. 별칭 Co-Sale Right. 공동매도참여권, 동반매도참여권, 동반매도권 등 다양하게 번역된다. 중국법 명칭: 随售权, 跟随权 등 역시 용어가 통일되어 있지 않다)는 Drag-Along Right와 같은 결과를 가져오는데 그 권리자만 반대편일 경우다. 즉 어느 사원이 지분을 매각할 때, 다른 사원이 그 사원에게 자신의 지분도 동일한 조건과 가격으로 함께 매각해 달라고 요구할 수 있는 권리를 의미한다. 예컨대 사원 을이 사원 갑에게 Put Option(앞에서 본 매수청구권)을 행사하여 갑이 을의 지분을 취득한 후, 갑이 자신의 원래 지분과 새로이 취득한 을의 지분을 합쳐서 제3자에게 매각하는 경우, 을이 Tag-Along Right를 행사하면 전체거래의 시간과 비용을 절감할 수 있게 된다.

(다) 해산·청산과 유상감자

1) 어느 사원이 다른 사원들을 상대로 합작회사를 해산하자고 요구하거나 사원총회에서 유상감자를 결의하자고 요구하는 것 역시 넓은 범주에서 이 수단에 포함된다(유상감자를 큰 폭으로 할 경우 해산에 근접한 효과를 거둘 수 있다).

2) 유한책임공사의 **법정 해산사유**는 ① 회사 정관에 규정된 영업기한 만료 혹은 회사 정관에 규정된 기타 해산사유의 발생, ② 사원총회의 해산 결의, ③ 회사의 합병이나 분할로 인하여 해산할 필요가 있을 경우, ④ 법에 따라서 영업허가증(중국

법 용어: 营业执照(영업집조))이 말소되거나 폐쇄 혹은 취소명령을 받은 경우, ⑤ 인민법원의 해산판결이 내려진 경우이다. 이 외에도 아래와 같은 다양한 사유들의 전부나 일부를 적절하게 변용하여, 사원 간 계약의 해지 및/또는 합작회사의 해산 사유로 추가하는 것을 고려해 볼 수 있다(**약정 해산사유**).

① 사원 간 계약의 해지.

② 사원 간 계약이나 정관상 중요한 의무의 불이행으로 합작회사를 계속 경영할 수 없는 경우.

③ 합작회사에 경영상 중대한 손실이 발생하여 계속 경영할 수 없는 경우.

④ 천재지변, 전쟁 기타 불가항력으로 인하여 합작회사를 더 이상 경영할 수 없는 경우.

⑤ 합작회사가 경영목적을 달성하지 못하고 앞으로도 개선될 전망이 없는 경우.

⑥ 합작회사 운영에 필수적인 중국법상 인허가를 상실하거나 취득하지 못하고, 앞으로도 상당한 기간 동안 취득하기 어렵다고 판단될 경우.

⑦ 합작회사 운영에 필수적인 중요한 자산(기술, 특허권 등 지적재산권 포함)을 취득하거나 사용하지 못하여 합작회사 경영에 중대한 부정적 영향이 발생한 경우.

⑧ 합작회사에 Deadlock(교착상태)이 발생하여 일정한 기간 동안 지속되고 그로 인하여 합작회사 경영에 중대한 부정적 영향이 발생한 경우.

⑨ 특정 사원의 지분 비율이 일정한 수준 이하로 떨어지고, 그로 인하여 합작회사에 대한 실질지배자(중국법상 명칭: 实际控制人)의 지위를 상실한 경우.

3) 한편, 유상감자를 하기 위해서는 우리 주식회사에서와 마찬가지로 사원총회의 특별결의, 채권자 보호 절차 등을 거쳐야 하는데, 실무에서는 우리보다 많이 번거롭다. 특히 중국 정부기관에서는 외국인투자기업에 투자한 외국 투자자가 유상감자라는 방식으로 출자를 일부 환급해 가는 것을 그다지 달가워하지 않아서, 눈에 보이지 않게 절차진행에 곤란을 주기도 한다. 그 결과 실무에서 유상감자는 드물게 사용되는 옵션이다.

마. 계약서 작성 시 유의점: 권리들 상호 간의 관계

위 나. 내지 라.에서 살펴본 각 권리들을 사원 간 계약과 정관에 규정할 경우 각 권리 사이에 상호 모순이나 충돌이 발생하지 않도록 그 문구 작성에 주의를 기울여야 한다. 이에 관해서는 법률전문가의 조언을 받을 것을 권한다.

5) 소 결

사원 간 계약에서 지배구조에 관한 조항은 장래 합작회사의 운영단계에서 가장 핵심적인 역할을 하는 부분이다. **위에서 살펴본 내용들은** 중국에서 합작회사를 설립할 경우뿐 아니라 **어느 국가/지역에 합작회사를 설립하든 지배구조에 관한 협상을 하기 전에 미리 확인·정리해 두어야 할 일종의** checklist라 할 수 있다. **실제 협상을 수행해야 할 실무가라면** 위 내용의 구체적인 결론보다 **위 내용에서 다루고 있는** 대상 즉 **협상의 대상이 되는 쟁점들만 잘 기억해 두고, 실제 협상을 하는 과정에서는 합작회사 설립지 법률 전문가의 도움을 받아가면서 하나하나 정교하게 사원/주주간 계약서와 정관의 문구를 다듬어 가는 것이 바람직**할 것이다.

V. 정관의 작성

1. 개 관

1) 중국 유한책임공사의 정관은 우리 유한회사의 정관과 마찬가지로 출자자(사원) 전원이 서명하여야 한다(단 우리의 주식회사나 유한회사와 달리, 유한책임공사 설립시 정관의 효력은 그 서명만으로 발생하고, 공증까지 해야 하는 것은 아니다). 나아가 정관의 내용에 대해서도 관할 정부기관의 심사를 받아야 한다. 관련 법령에서는 단순히 관할 상무부서에 Report(중국법 용어: 报告[보고])를 하고 관한 시장감독관리부서에 Registration(중국법 용어: 登记[등기]) 하면 된다고 규정하여, 마치 중국 강행법규에 위배되지 않는 한도에서 내용을 정하기만 하면 사원들이 자유롭게 정관을 확정지을 수 있는

것처럼 보인다. 그러나 실무에서는 사전에 정관 초안을 가지고 담당 공무원을 만나 의견을 들어 보는 것이 필요하고, 실제로 코멘트를 받는 경우도 과거에 비하면 확연히 줄었지만 여전히 없지 않다(중국 투자자와 합작으로 JVC를 설립하는 경우라면, 이처럼 설립단계에서 관할 정부기관과 원활하게 소통하는 것은 중국 투자자가 수행해야 할 주요한 업무이다).

2) 정관은 회사와 그 정관에 서명한 사원은 물론 이사·감사·고급관리인원 등 기관에 대해서도 직접적인 구속력을 가진다(중국 회사법 제11조). 나아가 회사 설립 후 지분을 양수하여 새로이 사원이 된 자에게도 효력이 미친다. 따라서 한국 투자자로서는 사원 간 계약 못지않게 정관의 내용도 중요하고, 특히 **사원 간 계약서의 중요한 실체적 내용은 모두 정관에도 그대로 규정하여 사원 간 계약의 내용이 사원들 간 계약상 구속력을 가질 뿐만 아니라, 사원, (장차 설립될) 회사, (장래 선임될) 이사·감사·고급관리인원, 장래 지분을 양수하여 새로이 사원이 될 제3자에 대해서도 회사법상의 구속력까지 가지도록 해 놓을 필요가 있음**을 잊지 말아야 한다. 참고로, 미국의 Closely Held Corporation에서는 정관에 주주 간 계약서(Shareholders Agreement)의 내용을 옮겨 적으면 그 내용에 회사법적 구속력이 부여된다(권기범, 732면). 이에 관하여 중국 회사법 학자들의 명확한 논의와 분석은 찾기 어려우나, 앞에서 본 바와 같이 유한책임공사가 미국의 Closely Held Corporation, 영국의 Private Company와 같은 폐쇄회사로서 실정법상 규율되고 있음을 고려할 때, 일응 마찬가지로 해석할 수 있다고 보인다.

3) 정관의 기재 내용은 이론상으로 ① 정관에 반드시 기재해야 하고 만일 누락될 경우 정관이 무효가 되어 결과적으로 회사설립 자체가 무효가 되는 절대적 기재사항, ② 정관에 기재되지 않아도 정관 자체의 효력에는 영향이 없지만 당해 내용이 구속력을 가지기 위해서는 반드시 정관에 기재되어야 하는 상대적 기재사항, ③ 정관에 기재가 없어도 정관의 효력은 생기지만 그 내용을 정관에 기재하면 그 기재된 대로 효력이 발생하는 임의적 기재사항으로 나눌 수 있다. 그러나 실무에서는 정관을 작성할 때 이처럼 정관의 내용을 삼분하여 각각 규정하기보다는, ① 우선 사원 간 계약서에 정관에 절대적 기재사항을 포함하여 중요한 내용을 빠짐 없이 약정한 후, ② 사원 간 계약서의 중요 내용을 정관에 옮겨 적는 방식으로

정관 작성이 이루어진다.

2. 정관 기재사항

중국 회사법 제25조는 유한책임공사의 정관에 기재되어야 할 사항들을 아래와 같이 규정하고 있다. 이 중 [1]항 내지 [7]항은 절대적 기재사항으로 볼 수 있고, [8]항은 임의적 기재사항이 될 것이다. 한편 상대적 기재사항으로는 앞서 본 중국 회사법 제16조 제1항을 들 수 있다.

[1] **회사의 상호와 주소:** 단 이 상호(중국법 용어: 名称[명칭])와 주소는 상호의 사전등기가 완료되고 등기주소지가 확보될 때까지는 잠정적으로 기재해 둔다. 회사의 주소란 우리와 마찬가지로 본점(주된 영업소) 소재지를 뜻한다.

[2] **회사의 경영범위:** 회사의 경영범위 중 관련법상 인허가를 받아야 하는 사항은 설립등기 전에 그 인허가를 받아야 한다. 제2장에서 살펴본 바와 같이, 중국 회사는 정관에 기재된 경영범위를 벗어난 사업활동은 하는 것은 허용되지 않으므로, 경영범위를 신중하게 기재하여야 한다. 회사 경영범위를 기재할 때 구체적인 업종을 표현하는 용어는 국민경제업종분류표준(国民经济行业分类标准)을 참조한다.

[3] **회사의 등록자본금(등기자본금):** 우리의 수권자본제와 달리 중국은 확정자본금 제도를 취하고 있다. 따라서 이때 등록되는 자본금 전액에 대하여 사원들이 인수(자본금 납입을 확약)하여야 한다. 관련법에 별도의 예외 규정이 없는 한, 등록자본금 표시 통화는 중국의 법정 통화인 인민폐이다.

실무 Tip **중국법 용어**

참고로, 중국법상 원어는 注册资本金[주책자본금]이고, 실무에서는 보통 "등록자본금"이라고 번역하는데, 이 책에서는 이해의 편리를 위하여 필요하면 "등기자본금"이라고 번역하기도 한다.

④ **사원의 성명이나 상호:** 사원이 자연인이면 성명, 법인이면 상호를 기재한다.

⑤ **사원의 출자방식, 출자액 및 출자시기:** 출자방식은 우리와 마찬가지로 금전출자(중국법 용어: 货币出资[화폐출자])와 현물출자(중국법 용어: 非货币财产出资[비화폐재산출자]) 모두 인정된다. 현물출자의 목적물은 금전으로 가치를 평가할 수 있고 법에 따라 양도가 가능하여야 한다. 실무에서 가장 흔하게 보는 현물출자의 목적물은 토지사용권과 지식재산권이다. 우리와 달리 확정자본금 제도를 취하면서 자본금의 자유로운 분할 납입을 허용하고 있어서(홍콩 회사조례와 홍콩 회사조례의 원류인 영국 회사법 역시 이러한 입법태도를 취하고 있어서, 비록 우리와 다르지만 비교법적 관점에서 볼 때 특이하다고 볼 것은 아니다), 정관에 자본금 납입 스케줄을 명확하게 기재하여야 한다.

⑥ **회사의 기구(기관 기타 직제)와 그 구성방법, 직권, 의사규칙:** 사원총회, 이사회, 이사, 고급관리인원, 감사들의 구성과 직권, 회의체인 사원총회와 이사회의 의사규칙 등을 기재한다. 다만 그 모든 내용을 정관에 일일이 기재하지는 않고, 주요한 내용만 정관에서 정한 후 이사회에 세부적인 규정(예컨대 이사회 규칙이나 사규)의 제정권한을 위임할 수 있다고 본다. 그 밖의 내용은 앞의 사원 간 계약서의 설명을 참조하기 바란다.

⑦ **회사의 법정대표자:** 총경리 혹은 이사장(내지 집행이사) 중에서 정관으로 정한다(중국 회사법 제13조). 이는 고분유한공사도 마찬가지이다. 따라서 중국 회사와 거래하는 한국 투자자는 누가 대표권한을 가지는지에 관해서 단순히 직위(Title)만 보고 알 수는 없고, 정관이나 영업집조 혹은 기업신용정보시스템상의 공시 내용을 가지고 확인해 보아야 한다(보통은 중국 회사가 가지고 있는 영업집조 부본을 보여 달라고 한다). 이 부분은 제2장에서 설명하였다.

⑧ **사원총회에서 규정할 필요가 있다고 인정한 기타 사항:** 앞의 사원 간 계약서의 주요 내용이 정관에도 들어가야 할 것이다. 이때 그 규정내용은 앞서 본 임의적 기재사항에 속하게 될 것이다(지분양도, 사원총회의 소집방법, 이익배당, 교착상태, 해산사유. 매도청구권, 매수청구권, Drag-Along Right, Tag-Along Right 등)

실무 Tip **중외합자기업, 중외합작기업, 외자기업의 정관 기재사항**

2024년까지는 존재하는 외상투자기업의 3가지 주요 형태인 중외합자기업, 중외합작기업과 외자기업의 정관에 반드시 기재하도록 법정되어 있는 사항을 살펴보면 아래와 같다. 한국 투자자가 2024년 만료 이전에 이들 외상투자기업의 지분을 매수하는 방식으로 기업형 투자를 할 경우에 대비하여 그 내용을 간단히 소개한다.

(1) **중외합자기업 정관의 필수적 기재사항("중외합자경영기업법 실시조례" 제13조)**

① 중외합자기업의 명칭, 법정주소.

② 중외합자기업의 취지, 경영범위, 경영기간.

③ 각 사원의 명칭, 등록국, 법정주소, 각 사원의 법정대표자의 성명, 직무, 국적.

④ 중외합자기업의 투자총액, 등록자본금, 각 사원의 출자액, 출자비율, 지분 양도, 이익분배 및 손실분담.

⑤ 이사회의 구성, 직권과 의사규칙, 이사의 임기, 이사회 의장(이사장) 및 부의장(부이사장)의 직책.

⑥ 회사경영관리기구의 설치 및 그 업무처리규칙, 총경리, 부총경리 기타 임원의 직책과 임면방법.

⑦ 재무, 회계, 감사제도의 원칙.

⑧ 해산 및 청산.

⑨ 정관 개정 절차.

(2) **중외합작기업 정관의 필수적 기재사항("중외합작경영기업법 실시세칙" 제13조)**

① 중외합작기업의 명칭과 주소.

② 중외합작기업의 경영범위와 합작기한.

③ 각 사원의 명칭, 등록지, 주소와 각 사원의 법정대표자의 성명, 직무 및 국적(외국인 사원이 자연인인 경우 그 성명, 국적과 주소).

④ 중외합작기업의 투자총액, 등록자본금, 각 사원의 투자 혹은 제공하려는 합작조건의 방식과 기한.

⑤ 각 사원의 수익분배 및 손실분담.

⑥ 이사회의 구성, 직권과 의사규칙, 이사의 임기, 이사회 의장(이사장) 및 부의장(부이사장)의 직책.
⑦ 회사경영관리기구의 설치, 직권, 업무처리규칙, 총경리 기타 임원의 직책과 임면.
⑧ 직원의 채용, 교육훈련, 노동계약, 임금, 사회보험, 복리, 직업안전위생 등 노동관리사항.
⑨ 재무, 회계, 감사제도.
⑩ 해산 및 청산.
⑪ 정관 개정 절차.

(3) 외자기업 정관의 필수적 기재사항("외자기업법 실시세칙" 제15조)
① 외자기업의 명칭과 주소.
② 외자기업의 취지, 경영범위.
③ 외자기업의 투자총액, 등록자본금, 출자 기한.
④ 외자기업의 조직형태.
⑤ 외자기업의 내부조직기구 및 그 직권과 의사규칙, 법정대표자, 총경리 등 인원의 직책과 권한.
⑥ 재무, 회계, 감사의 원칙과 제도.
⑦ 외자기업의 경영기한, 해산 및 청산.
⑧ 정관 개정 절차.

Ⅵ. 중국 내 투자행위에 대한 정부기관의 허가/신고

1) **외국 투자자는 외상투자기업을 설립하기 전에, 자신이 그 외상투자기업을 통하여 영위하고자 하는 사업의 업종 및 규모가 아래 도표에 해당할 경우, 발전과 개혁위원회 기타 정부기관의 심사허가를 받거나 신고하여야 한다**. 이때 심사허가/신고를 신청하는 과정에서 사업신청보고(项目申请报告) 등을 제출하여야 한다. 구체적인 업종, 규모 및 그 심사허가권을 가지는 정부기관을 도표로 정리하면 아래와

같다(국가발전과 개혁위원회의 "정부의 허가(核准)를 받아야 하는 투자프로젝트목록(2016년판)에 관한 외자 업무를 충실히 이행하는 것에 관한 통지[国家发展改革委关于做好贯彻落实《政府核准的投资项目目录(2016年本)》有关外资工作的通知]" 제1조, 제2조).

총투자액(미화, 증자 포함)	신고기관	기타
3억 불 이상 제한형	중앙정부 국가발전과 개혁위원회 ※ 20억 불 이상 제한형의 경우, 국무원에 보고	좌측 외에, 국무원 통지에 첨부되어 있는 "국무원의 정부허가를 받아야 하는 투자프로젝트목록(2016년판)[国务院关于发布政府核准的投资项目目录(2016年本)的通知]"의 제1조 내지 제10조에 열거된 사업은 해당 규정에 따름 이외의 사업은 지방정부의 투자주관부서에 신고
3억 불 미만 제한형	성급 정부	

이 서면들은 그 기재가 요구되는 사항들이 복잡하고 일부 내용은 외관상 다소 모호하기 때문에, 심사허가를 받는 과정에서 지속적으로 관할 정부기관과의 의사소통이 필요하여, 통상 외부 전문기관(컨설팅 법인이나 법률사무소, 회계사무소 등)이 그 업무를 대행한다

2) **사업신청보고**에 기재되는 주요 내용 및 첨부서류는 아래와 같다(국가발전과 개혁위원회의 사업신청보고 통용문서에 관한 통지(2017)[国家发展改革委关于发布项目申请报告通用文本的通知(2017)] 별첨 1.).

① 프로젝트 회사 및 건설하고자 하는 프로젝트의 상황.

－프로젝트 회사의 상황: 주요 업무범위, 영업기한, 자산, 부채, 주주 현황 등.

－건설하고자 하는 프로젝트의 상황: 프로젝트의 배경, 선정부지, 내용, 규모 등.

② 에너지개발 및 종합이용 분석.

－에너지개발 방안: 에너지 종합이용 요건에 부합하는지 여부에 대한 평가(에너지 개발류 사업에만 요구됨).

－에너지 이용방안: 이용하고자 하는 에너지의 종류, 수량, 효율성 및 지표수(지하수) 등에 대한 영향을 분석·평가함.

– 에너지 절약조치를 제시함.

③ 생태환경영향분석.

– 생태환경 현황.

– 생태환경영향분석: 환경에 대한 종합적인 영향을 분석함.

– 생태환경보호조치: 오염방지조치를 제시하고 그 타당성에 대하여 논증함.

– 특수환경영향: 유적지 등에 대한 영향을 분석하고 보호조치를 제시함.

④ 경제영향분석: 사회경제비용효과, 산업·지역경제·거시 경제에 미치는 영향을 분석함.

⑤ 사회영향분석: 사회영향효과, 사회적응성, 사회안정에 미치는 리스크를 분석함.

Ⅶ. 환경영향평가 절차요부의 확인

1) **중국 내 투자과정에 건설프로젝트가 포함될 경우 환경영향평가를 받아야 한다**. 중국의 "건설항목환경보호관리조례(建设项目环境保护管理条例)" 제7조에 따르면, 건설프로젝트를 실시할 경우 환경에 미치는 영향의 정도에 따라서, 환경영향보고서, 환경영향보고표, 환경영향등기표 중 하나를 관할 환경보호부서에 제출하게 된다.

2) 구체적으로, 건설프로젝트가 그 성질, 규모 등에 비추어 ① 환경에 미치는 영향이 "중대하면" 전문적인 외부환경 평가업체가 심도 깊게 작성한 환경영향보고서를 관할 환경보호부서에 제출하여야 하고, ② 그 영향이 "적으면" 외부환경 평가업체가 일반적인 수준으로 작성한 환경영향보고표를 관할 환경보호부서에 제출하며, ③ 그 영향이 "경미하면" 해당 외상투자기업이 자체적으로 "환경영향등기표"에 소정의 사항을 기입하여 관할 환경보호부서에 제출하여야 한다. 위와 같은 3가지 평가방법의 구분기준은 환경보호부에서 "건설프로젝트환경영향평가분류관리목록"을 공포하여 정하고 있다. 실무에서는 그 작성과정에 현지 대행사(컨설팅 회사, 법률사무소)의 도움을 받는다.

Ⅷ. 기업명칭사전등기 및 기업명칭주소지 사전확보 조치

1) 그다음 조치로서 사원 간 계약서와 정관을 작성하여 관할 정부기관에 제출하기 전에, 장래 사용하고자 하는 외상투자기업의 명칭을 미리 관할 시장감독관리부서(우리의 등기소에 대응하는 역할을 한다)에 등기해 두어야 한다. 단 지역에 따라서는 사업계획신청보고서와 사업타당성연구보고서의 심사허가 전에 등기를 허용하는 곳도 있으므로, 등기 신청 시점에 대해서는 각 지역별로 확인해 보아야 한다. 등기 후 6개월 내에 기업을 설립하지 않으면 그 등기는 실효되지만, 6개월 경과 전에 다시 그 등기의 연장신청을 할 수 있다.

2) 기업의 명칭은 임의로 정할 수 없고, 법에서 정한 방식에 따라야 한다. 기업명칭에는 원칙적으로 설립지의 행정구역(원칙적으로 본점 소재지의 현급이상 행정단위), 기업의 상호(중문이며 2글자 이상일 것), 기업의 업종, 기업의 법적 형태("유한책임공사", 혹은 "고분유한공사")가 포함되어야 한다. 그 밖에도 국내에서는 볼 수 없는 복잡한 제한과 그 예외가 있으므로, 기업 명칭을 정하는 경우 관련 규정에 위반되는 사항이 없는지 확인할 필요가 있다.

3) 위와 같이 기업명칭을 사전에 등기하면, 외상투자기업이 입주할 건물(혹은 건물내 일부 구역)을 정하여야 하고, 장래 이를 등기부상 주소지로 기재하기 위하여 ① 미리 당해 건물 혹은 건물내 구역에 대한 소유권을 취득하거나 ② 그 소유자와 1년 이상의 임대차계약을 체결하여야 한다. 이때 그 소유자 혹은 임차인 명의는 장래 설립될 외상투자기업 본인임을 확인할 수 있도록 사전에 등기된 기업명칭으로 하여야 한다.

실무 Tip **중국 민법상 임대차 계약의 특징**

1) 중국 내에서 임대차계약을 체결할 경우 대부분은 건물주가 가지고 있는 약관 형식의 임대차계약서를 사용하기 때문에, 체결 과정에서 그 내용을 수정하기가 쉽지는 않다. 중국 계약법에서도 임대차 계약에 관해서는 비교적 상세히 규정하고

있는데, 한국 민법상 임대차와 비교하는 방식으로 몇 가지 특징을 소개하면 다음과 같다.

1 임대차 기간이 6개월인 이상인 임대차계약은 반드시 서면 형식으로 체결되어야 한다(원칙적 요식계약).

2 우리 개정전 민법과 동일하게 임대차 기간은 20년을 초과할 수 없다(최장기한의 제한).

3 우리와 달리 임대차기간 중 임대인이 목적물의 소유권을 제3자에게 양도하여도 임차인은 언제나 그리고 여전히 양수인에게 임차권을 주장할 수 있다(대항력). 임대인이 매매 등을 통하여 제3자에게 목적물의 소유권을 양도하고자 할 경우, 미리 임차인에게 그 사실을 통지하여야 하고, 이때 임차인은 동등한 조건으로 목적물을 양수할 수 있는 우선 매수권을 가진다(중국 계약법 제229조, 제230조).

2) 참고 삼아 부연하면, 중국 계약법은 금융리스계약(중국법 용어: 融资租赁合同[융자조임계약])도 전형계약의 하나로 규정하고 있어서, 실정법 측면에서의 규율이 우리보다 상세하다(중국 계약법 제237조~제250조). 따라서 중국 내 기업을 lessee로 하는 금융리스계약을 체결할 경우 중국 현지 법률사무소로부터 중국법에 위반되는 조항은 없는지 점검해 볼 필요가 있다.

Ⅸ. 외상투자기업 설립 등기 및 보고

외상투자기업 설립 시 거치는 행정절차 중 가중 기본이 되는 과정이다. 특히 **이 절차는 설립뿐만 아니라, 설립 이후 지분양도, 증자, 감자, 합병, 분할, 해산, 청산 등에서도 거치는 절차이므로, 실무에서 잘 기억해 둘 필요가 있다.**

1) 유한책임공사를 설립하고자 하는 출자자는 중앙정부 국무원 산하 시장감독관리총국 혹은 그 지역별 하급기관(성이나 시 단위로 설치된 지역 시장감독관리부서)(이하 "**관할 시장감독관리부서**"라 칭한다)**에 온라인 및 오프라인을 병행하는 방식으로 설립등**

기를 신청하여야 한다. 한국에서의 법인설립등기에 상응하는 절차이다. 상해직할시에 설립하는 경우를 예로 들면, ① 먼저 온라인으로 신설회사의 기본적인 정보를 입력하고 그와 함께 첨부하여야 하는 서류들의 soft copy들을 함께 업로드한 후, ② 다시 서류들의 hard copy들을 제출한다.

관할 시장감독관리부서는 설립등기를 함과 동시에 기업법인 영업허가증(중국법상 명칭: "企业法人营业执照[**기업법인영업집조**]". 그 기재내용 및 실제 거래계에서 사용되는 방식을 보면 우리의 법인등기부 등본과 유사하지만 내용은 더 간단하다)**을 발급**해 준다. **영업 허가증 상 기재된 성립일자**(**영업허가증 하단에 "**成立日期**"라고 기재된 란의 일자**)**가 기업 설립일**이다(중국 회사법 제7조). 영업허가증에는 해당 외상투자기업의 식별번호인 **통일사회신용코드**(统一社会信用代码)가 기재된다.

2) 위 1)의 절차와는 별개로 그리고 **설립등기 신청과 동시에**, 출자자는 중앙정부 국무원 산하의 상무부 혹은 그 지역별 하급기관(각 지방 상무부서는 "상무위원회", "상무국", "대외경제무역위원회", "대외무역경제합작국" 등 다양한 명칭을 가지고 있다. 이하 "**관할 상무부서**"라 총칭한다)**에 온라인으로 설립보고**(중국법상 용어도 동일하게 报告이다. 영어로는 통상 Report라고 번역한다)를 하여야 한다. 한국에서의 외국인투자기업 등록에 상응하는 절차이다. ① 과거에는 심사허가(중국법 용어: 批准[비준]. 영어로는 Approval이라고 번역한다)였다가 ② 2015년 설립신고(중국법상 용어: 备案[비안]. 영어로는 통상 Filing이라고 번역한다)로 규제의 정도가 완화되었는데, ③ 2020년부터 다시 이를 단순보고로 더 완화하였다.

3) 위 절차에서 준비되어야 하는 서류들은 대부분 중문으로 작성될 것이 강제된다. 단 일부 문서들은 중문 아닌 외국어로의 작성이 허용되지만, 이 경우에도 중문 번역문이 첨부되어야 한다. 따라서 외상투자기업 설립 신청 시 외국 투자자로서는 자신의 원래 의도가 정확하게 중문으로 표현되어 있는지를 주의 깊게 확인해 보아야 한다.

4) 참고로, 특정한 사업분야에 대해서는 위에서 살펴본 절차와는 별도로 그 이전에 당해 사업분야를 감독하는 별개의 정부기관으로부터 허가를 받아야 할 수도 있음을 기억해 두자(통신업, 의료업, 식품제조업 등).

실무 Tip

(1) **접수기간 기산일의 변동성**

중국에서는 관할 정부기관이 설립신청서의 접수 여부 자체에 대해서도 우리에 비해 광범위한 재량권을 행사함에 유의하여야 한다. 즉 특정한 신청서를 관할 정부기관에 제출하면 곧바로 접수 도장을 찍어 주는 것이 아니라 일정기간 (접수 도장을 찍지 않은 상태에서) 그 내용 및 첨부서류를 살펴보고 다시 그 내용이나 첨부서류의 보완을 명하는 경우가 있다. 이 경우에는 그 내용과 서류의 보완이 완비되어 실제로 접수도장을 날인한 시점부터 접수기간이 기산된다. 그 결과 중국에서는 **일련의 인허가 내지 등기, 등록에 소요되는 기간에 관한 time schedule을 정확하게 예측하기가 쉽지 않음에 유의하여야 한다.**

(2) **영업허가증의 실질적 기재사항의 변경**

관할 시장감독관리부서가 발급하는 영업허가증의 실질적 기재사항에 변경을 초래하는 행위를 하고자 할 경우, **다시 관할 시장감독관리부서에 변경등기 신청을 하여야 함에 유의하여야 한다.** 특히 ① 어느 사원이 자신의 지분을 제3자에게 양도하거나 ② 자신의 지분 상에 제3자를 위한 질권을 설정하는 경우도 포함됨에 유의할 필요가 있다.

X. 후속 절차

영업허가증을 받은 후에는 발급일로부터 30일 이내에 아래와 같은 각종 등기 내지 등록 절차를 밟아야 한다. 참고로, 과거에는 영업허가증 외에 조직기구코드증(组织机构代码证), 세무등기증(税务登记证), 사회보험등기증(社会保险登记证), 통계등기증(统计登记证)을 별도로 발급받아야 하였으나, 지금은 이들 모두가 영업허가증에 통합되었다.

1. 법인 인감 등록

중국에서 회사 인감은 통상 법인인감(公章[공장], 우리의 법인대표인감과 유사), 계약인감(合同章[합동장], 회사명의 계약체결시 사용), 재무인감(财务章[재무장], 재무서류 날인에 사용) 등이 사용되고 있다. **중국에서 회사 인감은 회사가 임의로 자유롭게 제작, 사용할 수 없고, 회사 소재지 관할 경찰서의 엄격한 감독하에서만 제작, 사용할 수 있다.** 상해직할시 등 일부 대도시에서는 관할 경찰서의 홈페이지에서 온라인으로 인감등록 신청을 한다.

실무 Tip **인감 증명서 발급 제도의 부재**

이처럼 회사 인감의 제작 및 사용에는 엄격한 통제를 하는 반면, 우리와 같은 인감 증명서 발급제도는 없다. 그 결과 구체적인 거래에서 계약 체결 상대방이 중국 기업일 경우, 그 상대방으로서는 해당 중국기업 측이 계약서에 날인한 회사 인감이 진정한 것인지 확인하기가 쉽지 않다. 따라서 실무상으로는 회사 인감을 날인한 후, 이와 별도로 당해 회사 법정대표자의 서명을 받는 것이 바람직하다. 또한 이 경우 상대방 중국 기업의 법정대표자가 구체적으로 누구인지(이사장, 집행이사, 총경리) 확인하여야 하고, 실제로 서명을 하는 자가 그 법정대표자인지 여부가 사전에 명확하게 확인이 되지 않은 경우에는 신분증과 영업허가증의 대조 등을 통해 확인하는 것이 바람직하다. 즉 국내에서의 실무와 비교할 때, 계약 상대방이 중국 기업일 경우 그 계약 체결이 적법한 권한을 가진 자에 의하여 적법하게 행하여졌는지에 관하여 보다 세심한 주의를 기울여야 한다.

2. 외환 계좌 개설

중국 내에서 위안화와 외국 통화 간의 거래(즉 위안화의 환전)는 자유롭지 않다. 중국의 외환거래에 관한 기본법규는 "외환관리조례(外汇管理条例)" 및 그 하위 규정들인데, 우리의 외국환거래법 및 하위 규정들과 비교할 때 외환거래에 대하여 매우 강도 높은 규제를 가하고 있다. 더욱이 그 내용이 방대하면서도 복잡하고 그러면서도 수시로 그 내용이 개정되기 때문에, 중국 법률가들도 이 분야에 대한 충분한 경험이 없으면 잘못된 조언을 하는 경우가 없지 않다. 따라서 그 형식과 종류를 불문하고 중국이 관련되는 외환거래를 하고자 하는 경우, 반드시 사전에 중국 현지 법률가 중에서도 외환거래에 풍부한 경험을 가진 전문가로부터 조언을 들어야 함에 유의하여야 한다. 비록 2014년부터 중국 정부는 이러한 외환거래에 대한 엄격한 태도를 완화하여, 점진적으로 사전허가주의가 아닌 사후감독주의, Positive System(허용되는 행위만을 법규에 한정적으로 열거하는 방식)이 아닌 Negative System(허용되지 않는 행위만을 법규에 한정적으로 열거하는 방식)으로의 전환을 시도하고 있으나, 한국의 외국환거래법에 익숙한 한국 기업으로서는 여전히 중국은 외환거래에 관하여 매우 강도 높은 규제를 가한다는 관점에서 중국의 관련 법규를 확인하여야 한다.

(1) 외환거래은행의 지정

외상투자기업은 향후 외환거래를 할 중국 내 은행 즉 "외환거래은행"을 정한 후, 그 은행에 가서 "경내직접투자기본정보등기(境内直接投资基本信息登记)"를 하고, "업무등기증빙(业务登记凭证)"을 교부받은 후, 외환계좌(外汇账户)를 개설하여야 한다.

(2) 외환계좌의 개설

외환계좌는 크게 경상거래계좌와 자본거래계좌로 나누어 개설하여야 한다. 경상거래계좌는 수출입 등 경상거래에 수반하는 외환거래에 관한 계좌이고, 자본거래계좌는 자본금 납입, 차입, 증권투자 등의 자본거래에 수반하는 외환거래에 관한 계좌이다.

(3) 인민폐기본계좌의 개설

외상투자기업은 외환계좌와 별도로 당연히 인민폐의 입출금이 이루어지는 인민폐 계좌의 개설도 필요하다. 한데, 중국은 우리와 달리 기업이 은행에 일반 계좌를 개설하는 것에 대해서도 통제를 가한다. 특히 외상투자기업은 시중은행에 가서 "인민폐기본계좌(人民币基本存款账户)"의 개설을 신청하여야 하고, 당해 시중은행은 1차 심사를 한 후 관련 신청서류를 소재지의 인민은행 지사(중앙은행으로서 우리의 한국은행에 해당)에 제출하여 허가를 받은 후에야 인민폐 기본계좌의 개설이 가능하다. 한편, 외상투자기업이 합작회사의 형태를 취할 경우, 중국 측 출자자는 자신이 납부하여야 할 인민폐 자본금을 인민폐기본계좌에 입금하여야 한다.

3. 세관등기

설립된 외상투자기업이 어떠한 물품을 수출입을 하기 위해서는 그 전에 관할 세관(海关[해관])에 가서 세관등기를 하여야 한다.

4. 자본금 납입의무의 분할 이행

중국법상 외상투자기업은 우리와 달리 회사설립등기 전에 예정된 자본금을 전부 납입하여야 할 필요가 없고, 회사가 설립된 이후 일정기간에 걸쳐 자본금을 분할납입하는 방식을 허용하고 있다. 따라서 위 (2)항에 따라서 외환계좌 중 자본거래계좌가 개설되면, 그 계좌로 자본금을 분할납입하게 된다. 즉 회사설립등기후 최초의 영업집조를 발급받을 당시에는 납입 자본금이 0이고, 이후 자본금 납입을 하게 된다. 자본금 납입에 관해서는 아래 제3관에서 별도로 살펴본다.

5. 국유자산감정평가보고서

외상투자기업 설립과정에서 국유자산이 현물로 출자될 경우 다른 자산에 비하여 매우 엄격한 절차에 따라 그 가치를 감정평가받아야 한다(이는 외국 투자자가 중국 기업을 인수합병하는 과정에서 그 대상이 중국 국가 보유의 지분이거나 국가 소유의 재산인 경우에도 마찬가지이다). 이 경우 관련 법규 소정의 자격을 갖춘 국유자산감정평가기관(자산

평가회사, 회계법인 등)이 감정평가를 하고 그 평가액의 90% 이하로는 매각이나 처분이 금지된다.

외국 투자자의 관점에서 볼 때 그 감정평가액이 객관성과 공정성을 잃었다고 판단되는 경우가 간혹 발생하기도 한다(그 이유들 중 한 가지로 외국 투자자들이 일반적으로 선호하는 현금흐름할인법보다는 재취득원가법이 많이 사용되기 때문이라고 설명되기도 하지만, 이것만으로는 합리적으로 이해되기 힘든 부분도 존재한다). 따라서 실무에서는 이 부분의 risk를 고려해야 하는 상황이 발생할 수도 있다.

제3관 외상투자 유한책임공사의 자금조달

기업이 생산, 판매 기타 경영활동과 관련하여 필요한 자금을 어떻게 조달할 것인지가 경영자 입장에서 얼마나 중요한지는 따로 언급할 필요가 없을 것이다. 그런데 **중국 내에서 유한책임공사 형태의 외상투자기업을 설립할 경우 그 자금조달의 방식에 관하여 한국에서는 상상하기 힘든 강한 제한을 받는다. 따라서 유한책임공사 형태의 외상투자기업을 설립하고자 할 경우 사전에 그 자금조달 및 운영계획에 대하여 사전점검을 꼼꼼하게 할 필요가 있다.** 아래에서는 유한책임공사 형태를 취하는 외상투자기업의 자금조달수단으로서 자본(Equity Capital)과 부채(Debt Capital)의 구성비율을 결정할 때에 중국법의 측면에서 미리 체크하여야 할 사항들과 함께, 자본금 조달(Equity Finance) 및 부채 조달(Debt Finance)의 구체적인 실행 과정에서 법률상 유의하여야 할 점들을 소개한다.

Ⅰ. 투자총액과 해외차입금, 자본금의 결정

1. 투자총액의 결정

1) **중국 내 설립되는 외상투자기업은** 예외 없이 설립을 위한 인허가나 등기·보고절차를 밟는 과정에서 **향후 자신이 중국 내에 투자할 금원의 총액(중국법상 용어: 투자총액[投资总额])을 관할 정부기관(통상 상무부서)에 알려야 한다**. 또한 외상투자기업 설립 후 투자총액을 증감할 때에도 다시 그 절차를 반복하여야 한다. 외상투자기업의 정관에도 투자총액이 기재되므로, 투자총액의 변경은 정관의 변경을 수반하게 된다.

또한 투자총액은 ① 경우에 따라서 외화차입한도를 정하는 변수가 되고(아래 "투주차" 관련 설명 참조), ② 외상투자기업이 자신이 사용할 설비를 면세로 수입할 수 있는 한도가 되며(제2장 끝부분의 실무 Tip. (2) 참조), ③ 특히 외상투자기업을 설립하기 전 단계에서 국무원이나 발전과 개혁위원회 기타 정부기관에 투자에 관한 심사허가나 신고절차를 밟는 기준이 된다(앞의 제2관 VI. "중국 내 투자행위에 대한 정부기관의 허가/신고" 참조).

이처럼 외상투자기업을 설립하고자 하는 한국 투자자로서는 장래 투자총액을 증감할 경우 다시 중국법상 정해진 일련의 행정절차를 밟아야 하고, 중국 관계 법령의 준수 여부도 다시 체크해 보아야 하는 번거로움이 생긴다. 따라서 실무적인 감각으로 보면, 설립단계에서 중국에서의 사업에 소요되는 대략의 자금 총액을 산정한 후 그보다 다소 넉넉하게 투자총액을 정하여 설립절차를 밟아 나가는 것이 바람직해 보인다.

2) 외상투자기업이 관할 중국 정부기관에 밝힌 투자총액 전액을 장래에 중국 내에 반드시 투자하여야 할 필요는 없다. 다만, 아래에서 설명하듯이 자신이 설립하고자 하는 외상투자기업에게 중국법상 요구되는 최저 자본금액이 있는 경우, 이는 반드시 투자하여야(즉 해당 투자금을 중국 내 외국환은행에 해당 외상투자기업 명의로 개설된 자본금계좌에 입금하여야) 한다.

이론 Tip 투자총액의 법적 개념

"투자총액"은 외상투자기업에 대해서만 적용되는 개념이며, 관련 법규에서는 기업의 생산규모에 비추어 필요한 기본 건설자금과 경영활동을 위한 운영자금의 합이라고 정의하고 있다.

2. 일부 외상투자기업에게만 적용되는 최저 자본금 규정

1) 이미 설명한 바와 같이 외국 투자자는 중국에 외상투자기업 설립을 위하여 관할 시장감독관리부서에 설립등기를 하고 관할 상무부서에 설립보고를 하는 과정에서 투자총액 및 등록자본금액을 알려야 한다. 그런데 외국 투자자는 경우에 따라서 투자총액의 일정 비율 이상은 반드시 자본금으로 조달하도록 하는 최저 자본금의 규제를 받는다.

중국 회사법에서는 유한책임공사나 고분유한공사의 최저 자본금을 규제하고 있지 않지만, 과거 중외합자기업은 반드시 일정 금액 이상으로 자본금을 정할 것을 요구하고 있었다. **다만 2020년부터 외자3법이 폐지된 상황에서 이러한 규제가 계속 적용되는지 여부에 관해서는 추가적인 실무 확인이 필요할 것으로 보인다.**

2) **중외합자기업은 자신이 결정한 투자총액의 구간별로 아래와 같이 등록자본금액의 최저한도를 지켜야 한다**(중외합자경영기업 등록자본금 및 투자총액 간의 비율에 대한 임시규정[关于中外合资经营企业注册资本与投资总额比例的暂行规定] 제6조). 각 경우에 해외차입 금액은 투자총액에서 최저한도의 등록자본금을 공제한 잔액을 초과할 수 없다. 실제 등록자본금을 아래 방식으로 산정되는 최저 등록자본금보다 다액으로 책정한 경우에도 해외차입 금액은 투자총액에서 실제 등록자본금을 공제한 액수를 초과할 수 없다(즉 이 경우 실제 등록자본금에서 최저 등록자본금을 공제한 금액만큼, 차입한도가 감소하게 된다).

1 **투자총액이 미화 300만 불 이하인 경우 등록자본금이 투자총액의 7/10 이상이**

어야 한다.

– 예시: 투자총액이 미화 300만 불인 경우, 등록자본금은 미화 210만 불 이상이어야 함.

2 **투자총액이 미화 300만 불 초과, 1,000만 불 이하인 경우 등록자본금이 투자총액의 1/2 이상이어야 한다.**

단 투자총액이 미화 420만 불 이하인 경우 등록자본금이 미화 210만 불 이상이어야 한다(즉 투자총액의 1/2과 미화 210만 불 중 큰 금액이 최저 등록자본금액).

– 예시: 투자총액이 미화 800만 불인 경우 등록자본금은 미화 400만 불 이상이어야 함. 투자총액이 350만 불인 경우 등록자본금은 미화 210만 불 이상이어야 함.

3 **투자총액이 미화 1,000만 불 초과, 3,000만 불 이하인 경우 등록자본금이 투자총액의 2/5 이상이어야 한다.**

단 투자총액이 미화 1,250만 불 이하인 경우 등록자본금이 미화 500만 불 이상이어야 한다(즉 투자총액의 2/5와 미화 500만 불 중 큰 금액이 최저 등록자본금액).

– 예시: 투자총액이 미화 2,000만 불인 경우 등록자본금은 미화 800만 불 이상이어야 함. 투자총액이 미화 1,110만 불인 경우 등록자본금은 미화 500만 불 이상이어야 함.

4 **투자총액이 미화 3,000만 불 초과인 경우 등록자본금이 투자총액의 1/3 이상이어야 한다.**

단, 투자총액이 3,600만 불 이하인 경우 등록자본금이 항상 미화 1,200만 불 이상이어야 한다(즉 투자총액의 1/3과 미화 1,200만 불 중 큰 금액이 최저 등록자본금액).

– 예시: 투자총액이 미화 6,000만 불인 경우 등록자본금은 미화 2,000만 불 이상이어야 함. 투자총액이 3,300만 불인 경우 등록자본금은 미화 1,200만 불 이상이어야 함.

3. 투자총액 조달 방안의 선택

1) 한국에서 외국인 투자기업은 대부분 주식회사의 형태를 취하고, 한국법상 주식회사는 다양한 자금조달수단(funding option)을 가지고 있다. 반면 중국에서 외상투자기업은 대부분 유한책임공사의 형태를 취하기 때문에, 상대적으로 자금조달 방식에 관한 선택지가 많지 않다. 설사 외상투자기업이 우리의 주식회사에 상응하는 외상투자고분유한공사의 형태를 취하더라도, 중국법이 고분유한공사의 funding option 역시 극히 제한하고 있기 때문에 마찬가지라고 볼 수 있다(고분유한공사의 funding option에 관해서는 아래 이론 Tip. 참소).

한국에서 (주식회사 형태의) 외국인투자기업이 통상적으로 고려하는 각종 funding option들이 중국의 (유한책임공사 형태의) 외상투자기업에게도 고려될 수 있는지 여부를 도표로 간단히 소개하면 아래와 같다.

한국 외투기업(주식회사 형태)의 Funding Option	중국 외상투자기업(유한책임공사 형태) 에게 가능한지 여부
각 출자자(주주)에게 복수의 주식 발행 가능(지분복수주의)	각 출자자(사원)에게 주식 발행 불가, 단지 각 사원에게 출자비율에 상응하는 1개의 권리(지분)를 부여하는 방식을 취함(지분단수주의).
의결권, 이익배당권, 잔여재산분배권이 출자비율에 비례하는 주식(즉 보통주)의 발행이 가능	보통주의 성질을 가지는 지분, 즉 의결권, 이익배당권, 잔여재산분배권이 출자비율에 비례하는 지분(사원권)을 사원에게 부여하는 것이 가능
의결권, 이익배당권, 잔여재산분배권의 전부 혹은 일부가 출자비율과 비례하지 않는 주식의 발행이 가능함	중외합자기업: 이익배당권에 관하여 출자비율과 비례하지 않는 지분(사원권)은 부여 불가, 단 의결권 및 잔여재산분배권에 관해서는 출자비율에 비례하지 않는 지분(사원권) 부여 가능. 외자기업/2020년 이후 설립되는 유한책임공사 형태의 외상투자기업: 의결권, 이익배당권, 잔여재산분배권의 전부 혹은 일부가 출자비율과 비례하지 않는 지분(사원권) 부여 가능
전환상환우선주 발행 가능	전환상환우선주의 성질을 가지는 지분(사원권)을 부여하는 것은 불가 (사견: 우선주의 성질이나 전환권의 성질을 가지는 지분의 부여는 가능해 보이나, 상환권의 성질을 가지는 지분은 인정되기 어렵다고 본다. 중국 인민법원은 회사가 사원에

	게 최저한도의 수익률을 보장해 주는 것을 허용하지 않기 때문이다). 참고로, 현행 중국법하에서는 고분유한공사도 우선주만이 엄격한 요건하에서 발행가능하고, 전환상환우선주는 근거규정이 없어서 발행이 허용되지 않는다)
은행으로부터의 차입 가능	가능 단, 해외은행으로부터의 차입에는 법적 제한 있음
회사채발행 가능	법규상 가능하나, 그 요건이 엄격하여 실무상 활용되기 어려움

2) 이러한 사정을 고려하면, **실무에서 중국법상 외상투자기업이 투자총액을 조달하는 방식은 아래 세 가지에 한한다고 보아도 무방하다.**

① 주주로부터의 자본금의 납입.

② 해외로부터의 대출계약에 기한 차입.

③ 중국 내에서의 대출계약에 기한 차입.

4. 해외부채비율(Foreign Debt to Equity Ratio)

1) 위 3. 2)에서 언급한 세 가지 투자총액 조달방안 중에서 “중국 내에서의 대출계약에 기한 차입”은, 외상투자기업 설립 전 단계에서는 그 실현 가부, 차입가능금액, 차입조건(이자율, 만기, 담보 필요 여부) 등을 확정하기 어렵다. 따라서 실무상 이 단계에서는 나머지 두 가지 방안 즉 “주주로부터의 자본금 납입”과 “해외로부터의 대출계약에 기한 차입”만으로 투자총액을 조달하게 될 것으로 가정한다.

2) 한편, 외국 투자자의 입장에서는 차입금의 이자가 (일정 한도 내에서는) 세무상 비용으로 처리될 수 있고, 자본보다 부채의 비율이 클수록 투자 수익의 레버리지 효과가 크다는 점 때문에, 가급적 부채 형식의 자금조달 부분을 늘리고자 하는 동기를 가지게 된다. 즉 외상투자기업을 설립하고자 하는 외국 투자자 입장에서는 “주주로부터의 자본금 납입” 부분을 최소화하고, “해외로부터의 대출계약에 기한 차입” 부분을 최대화하고자 하는 유인이 존재하게 된다. 그러나 이는 그만큼 당

해 기업의 재무건전성을 악화시키기 때문에, **중국 정부는** 이를 예방하기 위하여 **"해외로부터의 대출계약에 기한 차입" 부분을 억제하는 입법을 두고 있다**(다만, 실무상으로 외상투자기업이 중국 내 은행으로부터 인민폐 차입을 하는 데에는 특별한 제한을 두지 않고 있어서, 이 한도 내에서는 재무건전성을 규율하고자 하는 의도가 반감되고 있다고 볼 수 있다). **그 입법의 구체적인 내용은 다소 복잡한데, 아래 "해외차입"에서 구체적으로 살펴본다. 따라서 외국 투자자는 외상투자기업을 설립할 때 위 제약을 감안하여, 투자총액 및 등록 자본금액을 결정하여야 한다**

3) 정리하면, 한국 투자자가 외상투자기업의 자금조달방안을 짤 때, 해외차입에는 법규상 명시된 한도가 있기 때문에 이를 고려하여야 한다. 즉 ① **먼저 중국 법령에서 요구하는 투자총액을 결정하고, ② 그 결정된 투자총액에서 해외차입으로 조달할 수 있는 최대 한도액을 관련 법령에 따라서 확인한 후(위 2. 및 아래 III. 3. "해외차입" 편의 설명 참조) ③ 그 나머지 금액(즉 투자총액 - 해외차입 한도액) 혹은 그 이상을 자본금으로 납입하여야 한다고 가정**하는 게 좋다(해외차입 한도액을 계산할 때 최저 자본금액을 고려하기 때문에 위 3가지 단계를 밟으면 최저 자본금도 자연스럽게 확인하게 된다). 물론 그 나머지 금액 중 일부는 장래 "중국 내에서의 대출계약에 기한 차입"으로 조달할 여지가 있지만, 아직 외상투자기업을 설립하기 전 단계에서는 그것이 힘들다고 생각하고 보수적으로 자금조달 계획을 짜는 것을 권한다.

이론 Tip 외상투자고분유한공사의 우선주 발행 요건

1) 위에서 설명하였듯이, **유한책임공사에는 "주식"이라는 개념 자체가 인정되지 않기 때문에 우선주(이익배당이나 잔여재산 분배에 있어서 보통주에 비하여 우선적 지위가 부여되는 주식)를 발행할 수는 없지만, 우선주와 동일한 권능을 보유하는 지분(사원권)을 특정 사원에게 부여하는 것은 사원들 전원의 합의(즉 사원 간 계약서에의 기재)와 정관에의 명시적인 기재가 있으면 가능할 것이라고 본다.** 중국 회사법 제34조 단서에서 유한책임공사의 모든 사원이 약정하면 출자비율에 따르지 않고 이익배당을 하는 것이 가능하다(但是、全体股东约定不按照出资比例分

取红利... 的除外。)고 규정하고 있기 때문이다(아래 III. 5. "종류지분" 편의 설명도 함께 참조). **하지만 정작 중국에서 "주식"을 발행할 수 있는 회사형태인 고분유한공사는 아래와 같이 제한적으로만 우선주의 발행이 가능하다.**

2) 중국 국무원은 2013. 11. 30. "우선주 시범실시에 관한 지도의견(国务院关于开展优先股试点的指导意见)"을 공표하였고, 이에 기초하여 증권감독관리위원회(이하 "증감회")는 2013. 12. 13. "우선주 시범실시 관리방법(의견수렴안)[优先股试点管理办法(征求意见稿)]"을 제정하여 2013. 12. 27.까지 공개적으로 의견을 수렴한 후, 2014. 3. 21. 이 의견수렴안을 일부 수정, 보완하여 정식으로 "우선주 시범실시 관리방법(증감회 제97호령)"(이하 "시범규정"이라 약칭)을 공포하였다. 이 시범규정은 공포일로부터 시행되었다.

앞에서 설명한 바와 같이, 한국의 주식회사에 대응하는 법적 형태로서 중국 회사법은 고분유한공사(股份有限公司)라는 회사 유형을 규정하고 있다. 그런데 중국 회사법은 고분유한공사가 보통주 이외에 구체적으로 어떠한 종류주식을 발행할 수 있는지에 관하여 침묵을 지키고 있어서, 종래 중국에서는 회사가 우선주나 기타 종류주식을 발행할 수가 없었다. 따라서 시범규정은 중국 내 회사가 종류주식(그중에서도 우선주)을 발행할 수 있는 근거를 마련해 준 최초의 입법으로서 의미가 있다고 볼 수 있다. 다만 아직은 시범규정으로서 제한적으로 우선주 발행을 허용하고 있는데, 그 주요 내용은 아래와 같다.

- 우선주의 개념(제2조): 우선주를 "이익배당 및 잔여재산분배에 있어서 보통주에 우선하나 회사 의사결정에의 참여권에 제한을 받는 보통주 이외의 종류주식"이라고 규정하고 있다. 따라서, "이익의 배당 혹은 잔여재산의 분배에 관해 내용이 다른 종류주식"이라고 규정하고 있는 한국 회사법에 비하여 당사자 자치의 영역을 협소하게 설정해 놓았다. 즉, 여전히 후배주나 혼합주는 발행할 수 없고, 의결권을 전혀 제한하지 않거나 반대로 전부 박탈할 수 있는 한국과 달리 중국의 우선주는 반드시 의결권의 제한을 받아야 하되 전면적으로 박탈당할 수는 없도록 규정하고 있다.

■ 우선주의 의결권(제10조): 우선주 보유주주도 아래 사항들에 대해서는 의결권을 행사할 수 있다.

① 정관상 우선주와 관련된 내용의 수정.

② 등록자본금의 10%를 초과하는 감자.

③ 회사 합병, 분할, 해산 혹은 회사조직 변경.

④ 우선주의 발행.

⑤ 정관에서 규정한 기타 사항(예컨대, 정관에서 우선주 보유주주의 결의를 요구하도록 규정한 사항).

■ 우선주의 의결권 부활(제11조): 우선주 보유주주에게 약정된 배당가능이익이 지급되지 않을 경우, 일정한 요건하에 보통주 보유주주와 동일한 의결권을 행사할 수 있게 된다.

■ 발행주체의 제한(제3조): 우선주는 고분유한공사 중에서도 상장회사와 비상장공개회사(주식을 공모발행하였거나, 주식의 사모발행 또는 양도를 통하여 주주가 201인 이상이 되면서도 상장되지 않은 고분유한공사)만이 발행할 수 있다.

■ 발행방식과 요건의 제한(제17조 내지 제46조): 상장회사는 우선주를 공모발행할 수도 있고 사모발행할 수도 있다. 다만, 공모발행할 경우 사모발행에 비하여 보다 엄격한 자격 요건을 구비하여야 하고, 사모발행할 경우 인수인이 200인을 초과할 수 없다. 반면 비상장공개회사는 사모로만 우선주를 발행할 수 있다(인수인은 200인을 초과할 수 없다).

■ 우선주 사모발행 시 인수주체의 제한(제34조, 제43조, 제69조): 상장회사든 비상장공개회사든 우선주를 사모발행할 경우 그 인수인의 자격이 엄격히 제한된다. 즉 상업은행, 증권회사, 펀드관리회사, 보험회사, 신탁회사, 실제납입자본금이 인민폐 500만 위안 이상인 기업법인이나 합화기업(Partnership), 적격외국기관투자자(Qualified Foreign Institutional Investors. 약칭 QFII), 인민폐적격외국기관투자자(RMB QFII) 등으로 제한된다. 적격외국기관투자자와 인민폐적격외국기관투자자는 중국 정부가 자본시장의 개방을 "점진적으로" 추진하기 위한 장치로서 과거 한

국 등의 입법례를 참고하여 도입한 제도이다. 여기에서는 일응 중국 정부의 허가를 받아서 중국 내 상장 주식·채권 등에 투자하는(직접 투자할 수도 있고, 중국 내에 설립되어 있는 신탁형 증권투자펀드에 투자함으로써 간접적으로 투자할 수도 있는) 외국의 펀드운용사, 증권사 보험사 등이라는 정도로만 이해해 두자.

3) 요컨대, 위 시범규정은 아직 발행 주체 및 인수주체에 관하여 제한을 두고, 우선주 이외의 종류주식에 관해서는 여전히 침묵하고 있어서, 아직은 중국 내 회사가 외국투자자들이 기대하는 만큼 자유롭게 종류주식 발행을 통한 자금조달방안을 수립하기는 어렵다고 볼 수 있다. 다만, 향후 점진적으로 중국 내 회사들에게 보다 다양한 종류주식을 발행할 수 있는 법적 근거가 마련되어 갈 것으로 기대된다.

II. 자본금 납입형식의 자금 조달

위에서 살펴본 바에 따르면 외상투자기업의 가장 주요한 자금조달 수단은 자본금이라고 볼 수 있다. 아래에서는 자본금 납입에 관하여 중국법상 유의하여야 할 사항들을 소개한다.

1. 중국 회사 자본금 제도의 특색

중국의 회사 자본금 제도는 우리와 전혀 달라서 주의를 요한다. 아래에서는 우리와 구분되는 주요 특색을 설명한다.

(1) 수권자본제도가 아닌 확정자본제도의 채택

1) 세계 각국의 회사 자본금에 관한 규율태도를 보면 크게 확정자본제도와 수

권자본제도로 나누어 볼 수 있다. 전자는 주로 대륙법계 국가가 취하는 입법방식으로서 자본금이 정관의 기재사항이고 회사의 설립 시에 그 자본금 총액에 해당하는 주식의 인수가 이루어져야 하는 제도이다. 후자는 발행자본금이 정관의 기재사항이 아니고 정관에서는 회사가 발생할 주식 총수(수권주식 총수)만이 기재되며 필요시 자본금을 탄력적으로 조달하기 위하여 이사회의 결의로 신주발행을 할 수 있도록 하는 제도이다(장덕조, 70면). 따라서 **확정자본제도는** 수권자본제도와 비교할 때, **① 회사 설립 시에 정관에 기재된 자본금이 모두 출자자들에 의하여 인수되어야 하고, ② 설립후 증자 시에는 정관을 변경하여 자본금을 증액하여야(즉 정관변경 절차를 거쳐야) 한다**는 특징을 가진다.

2) **중국의 유한책임공사와 고분유한공사는** 설립 시 정관에 출자자들이 인수한(즉 납입의무를 부담한) 자본금만이 기재되고, 이후 증자를 하기 위해서는 다시 최고의사결정기구인 주주총회나 사원총회(단 중외합자경영기업의 경우 사원총회가 존재하기 않기 때문에 이사회)의 결의 및 정관 변경 절차를 밟아야 한다. 즉 중국 회사법은 **확정자본제도(중국에서는 법정자본제[法定资本制]라 부르기도 한다)를 취하고 있다**.

반면 한국의 주식회사는 전반적으로 수권자본제도의 입장을 취하고 있으나(예컨대 정관에 미리 정해 놓은 금액의 한도 내에서는 이사회의 결의만으로 자본금을 증액할 수 있다), 회사 설립에 관해서는 확정자본제도의 규율을 가미하고 있는 것으로 이해된다(장덕조, 71면).

⑵ 자본금의 등기전 완납제가 아닌 등기후 분할납입제의 채택

1) 한국의 회사는 출자자(주주)들이 인수한 자본금을 전액 납입하여야 비로소 그에 상응하는 자본금 등기(설립등기 혹은 증자등기)를 할 수 있다. 반면 중국 회사는 모집설립을 하는 고분유한공사의 경우에만 우리와 같은 "자본금 등기전 완납제"를 취하고, 그 외의 경우 즉 **유한책임공사와 발기설립을 하는 고분유한공사의 경우에는 "자본금 등기후 분할납입제"를 취하여, 출자자(사원 내지 주주)들이 인수한 자본금에 대해서 등기(설립등기 혹은 증자등기)부터 먼저 하고, 등기 후에 정관에서 규정한 스케줄에 따라서 일정 기간에 걸쳐 자신이 인수한 자본금을 분할납입할 수 있다. 따**

라서 어느 중국 회사의 등기자본금이 인민폐 1억 위안이라고 하더라도 분할납입 기한이 만료되지 않았다면 실제납입자본금은 그보다 매우 적을 수도 있다. 이 때문에, **중국 회사의 자본금을 볼 때에는 "등기자본금"** (우리의 "인수자본금")**이 아니라 "실제납입자본금"의 액수를 유심히 살펴보아야 한다**.

이론 Tip 중국법 용어

자본금과 관련된 중국법 용어 몇 개를 소개한다. 유한책임공사의 경우 등기자본금은 注册资本金(주책자본금. 실무에서는 "등기자본금"이라고 번역하므로, 이 책에서도 이 용례를 따른다), 인수자본금은 认缴出资额(인교출자액), 실제납입자본금은 实收资本金(실수자본금)이라 칭한다. 고분유한공사의 경우 등기자본금과 실제납입자본금의 용어는 동일하고, 인수자본금은 认购出资额(인구출자액)이라 칭한다.

2) 한편, 과거에 오랜 기간 동안 중외합자기업, 외자기업 등을 비롯한 외상투자기업들은 자본금의 등기후 분할납입제하에서 각 유형별로 ① 최초 자본금 납입기한 및 최초납입자본금이 자본금 총액에서 차지하는 비율, ② 자본금 분할납입 일정 및 완납기한, ③ 자본금 중 현물출자가 차지하는 비율 등에 관하여 복잡한 규제를 받고 있었다. 이 규제들은 2014. 3. 1. 자로 모두 폐지되었고, 2014. 3. 1. 이전에 설립된 외상투자기업들도 원할 경우 이 제한들의 적용을 받지 않을 수 있게 되었다.

이론 Tip 과거 외상투자기업의 자본금 분할납입 규제

지역별 실무에서 일부 차이가 있기는 했지만, 외상투자기업에 관하여 위에서 살펴본 관련 입법의 폐지전까지 시행되었던 자본금 분할납입 규제의 구체적인 내용을 참고로 소개한다. 아래 도표에서 보듯이 상당히 복잡하게 규제하고 있었는데, 2014. 3. 1. **이전에 설립된 외상투자기업에 대해서는 (해당 기업의 자발적 규제 면제 신청이 없는 한) 아래 규제가 적용되었다.** 이 사례에서 보듯이, 중국의 외상투자기업에 대한 규제는 점진적이지만 꾸준하게 완화되어 가는 추세에 있다.

자본금 납입		중외합자기업	외자기업	내자기업(유한책임공사)
설립시	일시 납입	영업집조 발급일로부터 6개월 이내에 납입	영업집조 발급일로부터 6개월 이내에 납입(1인 회사 포함)	영업집조 발급 이전에 납입(1인 회사는 반드시 일시 납입)
	분할 납입	• 영업집조 발급일로부터 3개월 이내에 15%(단, 지역별로 20%를 요구하는 경우도 있었음), 나머지는 2년 이내에 완납 • 외상투자성공사의 경우 영업집조 발급일로부터 2년 이내에 미화 3,000만불 이상, 나머지는 5년 이내에 완납	• 영업집조 발급일로부터 3개월 이내에 15%(단, 지역별로 20%를 요구하는 경우도 있었음), 나머지 2년내에 완납(1인 회사 포함) • 외상투자성공사의 경우 영업집조 발급일로부터 2년 이내에 미화 3,000만불 이상, 나머지는 5년 이내에 완납	• 영업집조 발급 이전에 20%, 나머지는 영업집조 발급일로부터 2년 이내에 완납 • 외상투자성공사(지주회사)의 경우, 영업집조 발급 이전에 20%, 나머지는 5년 내에 완납
증자시	일시 납입	증자변경 영업집조 발급 이전에 납입	좌동	좌동
	분할 납입	• 증자변경 영업집조 발급 이전에 20%, 나머지는 증자변경 영업집조 발급일로부터 2년 내에 완납 • 외상투자성공사는 증자변경 영업집조 발급 이전에 20%, 나머지는 증자변경 영업집조 발급일로부터 5년 이내에 완납	• 증자변경 영업집조 발급 이전에 20%, 나머지는 증자변경 영업집조 발급일로부터 2년 이내에 완납 • 외상투자성공사는 증자변경 영업집조 발급 이전에 20%, 나머지는 증자변경 영업집조 발급일로부터 5년 이내에 완납	• 증자변경 영업집조 발급 이전에 20%, 나머지는 증자변경 영업집조 발급일로부터 2년 이내에 완납 • 외상투자성공사(지주회사)는 증자변경 영업집조 발급 이전에 20%, 나머지는 증자변경 영업집조 발급일로부터 5년 이내에 완납

2. 출자의 목적

(1) 개 론

1) 중국법상 유한책임공사 및 고분유한공사에 대한 출자는 ① **금전** 혹은 ② 화폐로 할 수 있고 법률에 따라 양도가 가능한 실물이나 권리(예컨대 기계설비, 토지사용권, 지적재산권 등), 즉 **현물**로도 할 수 있다(중국 회사법 제27조, 제82조). 우리 주식회사에서 현물출자의 목적은 금전 이외의 재산으로서 대차대조표의 자산 항목에 기재할 수 있으면 원칙적으로 가능하다는 것이 주된 견해인데, 실제 설립 과정에서 한국과 중국 간에 현물출자가 가능한 목적의 범위에서 일부 차이가 발생할 여지는 있어 보인다(아래 (6), (7) 참조). 따라서 **중국에서 현물출자를 하고자 할 경우, 섣불리 한국의 경우에 비추어 그 가부를 판단하지 말고 사전에 관할 중국 정부부서(시장감독관리부서 등)에 직접 확인해 볼 필요가 있다**.

2) 한국에서 주식회사 설립 시 개인 사업자가 기존에 가지고 있던 영업(내지 영업용 재산)을 현물출자하는 경우가 많은 것과 마찬가지로, **중국에서 한국 투자자와 중국 투자자가 합작으로 유한책임공사를 설립할 경우, ① 중국 투자자는 기존에 가지고 있던 토지사용권, 건물, 기계설비 등을 출자하고, ② 한국 투자자는 기술을 출자하는 경우가 많다**. 어느 경우든 **현물출자의 목적이 과대평가되면,** ① 그 과대평가된 현물을 출자한 출자자(사원)에게 부당하게 과대한 지분이 부여되어 **다른 출자자(사원)의 이익이 침해되고,** ② 실제보다 해당 회사의 자본금이 과대평가되어 **채권자의 이익 역시 침해받을 수 있다**. 따라서 한국 투자자 입장에서는 중국 투자자가 출자한 현물이 과대평가되지 않도록 실무에서 주의를 기울여야 할 것이다.

아래에서는 출자의 목적에 관하여 실무에서 기억해 두면 좋은 유의사항들을 몇 가지 살펴본다.

이론 Tip 중국법 용어

우리의 금전출자는 중국에서는 **화폐출자**(货币出资), 현물출자는 **비화폐출

자(非货币财产出资)라고 한다. 현물출자의 대상 중 동산, 부동산과 같이 눈에 보이는 유형자산의 출자는 **실물출자**(实物出资)라고 한다.

⑵ **금 전**

1) 과거 등록자본금의 최소 30%는 현금으로 출자되어야 한다는 제약이 있었으나, 2014. 3. 1.자로 이 제한은 폐지되었다.

2) 중국 투자자가 외상투자기업에 출자하는 금전에 관해서는 특별한 제한이 없으나, **외국 투자자가 출자하는 금전에 대해서는 법규상 몇 가지 제약이 있다.**

[1] 외국 투자자가 외상투자기업에 출자하는 현금은 ① 중국 외환관리법규에 따라서 해외에서 "외환자본금계좌(外汇资本金账户)"로 송금된 외화(따라서 **외국 투자자가 외화를 현찰 형태로 몸에 소지한 채 중국에 들어와 그 돈을 자본금으로 납입할 수는 없다**), 혹은 ② 중국 내 다른 외상투자기업에 대한 투자 후 그 수익(예컨대 기존의 다른 중국 내 외상투자기업으로부터 이익배당을 받은 경우 그 배당금, 청산소득, 지분양도소득, 유상감자에 따라 취득한 인민폐)에 한한다(따라서 **외국 투자자가 중국 내에서 은행으로부터 인민폐를 차입하여 자본금으로 납입할 수는 없다**).

[2] **외국 투자자가 중국 외에 paper company를 설립한 후 당해 paper company가 외화차입을 하여 그 외화 차입금을 외상투자기업에 출자하는 것은 원칙적으로 허용된다. 단, 당해 외화차입과 관련하여 중국 내 기업이 보증이나 담보를 제공한 경우, 관할 외환관리부서의 허가가 없는 한 당해 외화차입금은 외상투자기업의 자본금으로 출자될 수 없다.** 참고로, 국가외환관리국은 2014. 5. 19. "국경 간 담보외환관리규정(跨境担保外汇管理规定)"과 "국경 간 담보외환관리업무지침(跨境担保外汇管理操作指引)"을 공표하여, 종래 매우 복잡하게 규율하고 있던 국경 간(cross-border) 담보 및 보증거래에 대한 규제를 대폭 간소화하였지만, 이 규제는 여전히 두고 있다. 이 2개의 외환관리규정은 특히 중국 기업의 해외 자회사(주로 홍콩에 설립된 paper company)에 대하여 중국 모회사의 보증하에 대출을 해 주거나 그 해외 자회사 발행의 회사채를 인수하고자 하는 한국 금융기

관은 반드시 숙지하고 있어야 하는데, 제6장에서 자세히 살펴본다.

⑶ 동산이나 부동산

1) 동산(예컨대 기계설비, 사무집기)과 부동산(예컨대 건물, 창고)은 모두 원칙적으로 그 소유권을 이전하는 방식으로 출자할 수 있다. **단 중국법상 개인이나 기업은 토지의 소유권을 취득할 수 없고, 특정 토지를 경영에 사용하기 위해서는 토지사용권(우리의 지상권에 유사하다)이나 토지임차권(우리의 토지임차권과 기본적으로 동일하게 이해해도 무방하다)을 취득하여야 한다**.

2) 외국 투자자가 출자하는 생산기계설비가 수입되는 경우 수입 통관 시 상품검사기관으로부터 검사보고서를 발급받아야 한다.

3) **중국 투자자의 출자대상이 국유자산일 경우에는 엄격한 제한이 따른다**. 즉, 국유자산을 출자할 경우 반드시 적법한 자격요건을 갖춘 감정인이 그 가치를 감정평가하여야 하고 그 평가액에 관하여 국무원 산하 국유자산관리위원회의 심사허가(중국법 용어: 核準[핵준])를 받거나 또는 동 위원회에 그 평가액을 신고(중국법 용어: 備案[비안])하여야 한다. 감정평가액은 거래의 참고가격으로 되며, 만일 **실제 거래가격이 감정평가액의 90% 미만일 경우 거래를 중단하고 실제 거래가격에 관하여 국유자산관리위원회의 승인을 받아야 한다**(기업국유자산평가관리에 대한 잠정적 시행방법[企业国有资产评估管理暂行办法] 제4조, 제22조).

⑷ 지적재산권

1) 중국정부는 자국 경제에 도움이 되는 지적재산권의 출자를 장려하기 위하여 외국 투자자가 출자할 수 있는 지적재산권에 대해서 일정한 수준 이상일 것을 요구하는 경우도 있다. 예를 들면 과거 「중외합자경영기업법 실시세칙」 제25조는 다음과 같이 규정하고 있었다: "외국투자자가 출자하는 공업재산권 또는 전문기술은 아래의 조건에 부합되어야 한다. ① 제품의 성능, 품질을 현저하게 개선하고 생산효율을 제고할 수 있어야 함, ② 원재료, 연료, 동력을 현저하게 절약할 수 있어야 함". 지금도 중국 내 많은 지방 정부들은 실무에서 이러한 입장을 고수하고 있

는 것으로 보인다.

2) **실무에서 다수의 외국 투자자들은 지적재산권을 직접 출자하는 것이 아니라, 외상투자기업에게 자신이 보유하는 지적재산권의 라이선스를 주는 방식**(한 가지 예를 들면 중국에 설립될 외상투자기업과 기술 라이선스계약을 체결한 후 장래 해당 기업으로부터 받을 로열티를 금전출자하는 방식)**을 더 선호**하고 있다. **그러나** 간혹 일부 지방정부는 이러한 방식을 허용하지 않고 반드시 지적재산권을 출자하도록(즉 그 지적재산권 자체를유한책임공사에게 이전하도록) 요구하기도 하므로, **사전에 실무 확인이 필요하다**.

⑸ 다른 회사의 지분

1) 어느 회사의 지분이 다른 회사의 출자수단으로 사용되기 위해서는 그 지분에 관한 소유권의 귀속관계가 명확하여야 하고, 권능이 완전하여야 하며, 법에 따라 양도가 가능하여야 한다. 한편, ① **지분에 질권이 설정되어 있거나**, ② **지분 발행 회사의 정관상 당해 지분을 양도하지 못하도록 약정되어 있거나**, ③ **법률, 행정법규 또는 국무원의 규정에 따라 지분 발행 회사의 주주가 지분을 양도할 때 심사허가**(비준)**을 받아야 하지만 그 허가를 받지 못하였거나**, ④ **법률, 행정법규 또는 국무원의 규정상 지분을 양도할 수 없는 경우, 당해 지분을 다른 회사의 출자수단으로 사용할 수 없다**.

2) 중국 회사법에는 우리의 주식의 포괄적 교환이나 주식의 포괄적 이전에 관한 규정이 없다. 따라서 중국에서 이 2가지 거래를 하고자 한다면, 지분(유한책임공사의 경우)이나 주식(고분유한공사의 경우)의 현물출자를 이용하여 실질적으로 동일한 결과를 달성하여야 한다.

⑹ 채 권

1) 과거에는 채권을 출자대상으로 삼을 수 있는 명확한 입법근거가 없어 많은 비판을 받았다. 이후 2005년 회사법을 개정하면서, **현금으로 그 가치를 산정할 수 있고 법률상 양도가 가능한 채권은 모두 출자의 수단이 될 수 있음**을 규정하여 이 문제를 해결하였다.

2) 다만 중국은 아직 장래채권의 양도가능성에 대한 논의 자체가 활발하지 않기 때문에(더욱이 장래의 채권은 양도가 전혀 불가능하다고 보는 저명한 민법학자들도 있다), 장래채권이 출자의 수단이 될 수 있는지, 될 수 있다면 어느 범위까지 가능한지는 명확하지 않아 보인다. 하지만, 중국에서는 법리상 불명확한 부분이 있거나 명확한 입법 근거가 없음에도 불구하고, 정부의 정책적 필요에 의하여 특정한 거래가 사실상 이루어지기도 한다. 예를 들면, 현재 중국에서도 자산유동화 거래(중국에서는 미국에서 사용되는 용어인 Asset Securitization을 직역하여 "자산증권화[资产证券化] 거래"라고 칭한다)가 이루어지고 있으나, 자산유동화 거래에 대해서는 단지 인민은행의 가이드라인만이 있을 뿐 법률 차원의 명확한 근거 입법은 없다. 또한 이 가이드 라인에 의하지 않고 미국에서 사용되는 방식을 도입하여 자산유동화 거래를 하는 경우도 있다. 예를 들면, 우리는 사용하지 않고 있는 미국의 "Participation 의 양도방식"을 차용한 듯한 거래구조도 있는데, 그 구체적인 법률관계에 대해서는 중국 학자들조차 중국법상 어떻게 이해해야 할지 의문이라고 설명하기도 한다(사실 Participation의 법적 성질에 관해서는 그 개념을 실제로 창출해 낸 영미법계 국가들 내에서도 다양한 견해들이 있는 실정이다. 사견으로는, 한국법 관점에서는 신탁법상의 수익권[자기신탁을 선언함으로써 자기 소유의 재산에 대하여 창설한 수익권]으로 파악하는 것이 가장 이해하기 편해 보인다). 그런데 이렇게 현실에서 행해지고 있는 중국 내 자산유동화 거래의 기초자산(Underlying Asset) 중에는 장래 발생할 채권들도 포함되어 있다(예컨대 장래 발생한 휴대폰 사용료 채권). 사실 법제의 정비 전에 일응 모호한 상태에서 거래를 활성화시키고, 법 규제는 차근차근 만들어 가는 것도 우리와 비교할 때 중국 특유의 regulation 방식이라고 볼 수 있다(전자상거래 그리고 최근에는 FinTech 등 4차 산업 분야에서도 중국 정부는 이러한 접근방식을 취하고 있다).

(7) 실정법상 제약

현물출자에 관한 두 가지 실정법상 제약을 부연하면, ① **외상투자성공사는 현물출자가 허용되지 않아서 반드시 금전으로 자본금을 납입하여야** 하고, ② 설립되는 외상투자기업이 외상투자성공사가 아니어서 현물출자가 가능한 경우에도 **노무, 신용, 자연인의 성명, 영업권**(good will)**, 프랜차이즈, 이미 담보권이 설정되어 있**

는 자산은 출자할 수 없다. 우리와 달리 영업 자체나 담보권이 설정되어 있는 자산을 출자할 수 없음은 주목할 만하다.

3. 출자의 시기(자본금의 납입기한)

1) 앞서 본 바와 같이 중국은 우리와 달리 자본금의 분할납입제를 취하고 있다. 단, **각 사원의 출자시기(각자 인수한 자본금을 실제로 납입하는 시기)는 정관의 절대적 기재사항**이다(중국 회사법 제25조). 실무에서는 **사원 간 계약서에도 이를 명시**한다.

2) 특히 중국 투자자와 한국 투자자가 공동으로 출자하여 합작회사를 설립하는 경우, ① **양측의 자본금 (분할) 납입시기**(금전이면 회사 명의 자본금 계좌에의 입금시기, 현물이면 회사에게로의 재산권 이전시기)와 ② **양측이 부담하는 자본금 (분할) 납입의무의 상호의존관계(동시이행관계로 할 것인지, 아니면 일방의 선이행관계로 할 것인지 등)**에 관하여 법률 전문가의 조언을 받아 세밀하게 문구를 작성해야 할 수도 있음을 잊지 말아야 한다. 간혹 한쪽 당사자가 자신의 자본금 분할납입의무를 이행하지 않은 채 상대방이 납입한 자본금을 회사 비용 명목으로 사용할 수도 있기 때문이다(예컨대, 회사에 고용된 자기 측 고급관리인원에 대한 보수나 경비 지급, 혹은 회사가 사용하는 사무실의 임대료 지급 등의 명목으로 상대방이 입금한 자본금을 사용할 수 있다). 물론 이 경우 뒤에서 살펴보는 사후적 구제수단이 있지만(아래 6. 참조), 그 구제수단이 현실에서 실효를 거둔다고 확실하게 장담하기 어렵고, 실효를 거두기 전 단계에서도 이러한 자금유출은 계속 일어나는데 이를 가처분 등을 통해서 막기도 쉽지 않다(중국에는 "집행난(执行难)"이라는 용어가 있을 정도로 아직 민사집행의 시스템이 우리만큼 정치하게 구비되어 있지 못하다. 이에 관해서는 손한기, 575-577면 참조).

3) 중국에서는 자본금 분할납입제 때문에, 실제 자본금이 전혀 납입되지 않은 상태에서 먼저 관할 시장감독관리부서에 설립등기가 이루어진다. 단 이 경우 당해 시장감독관리부서가 발급해 주는 영업허가증에는 실제납입자본금(实收资本金)이 "0"임을 기재하고, 추후 실제 자본금이 납입될 때마다 당해 공상행정관리부서에 가서 변경등기를 함과 동시에 실제납입자본금액을 수정한 영업허가증을 새로이 발

급받게 된다.

4. 출자의 이행

⑴ 개 관

1) 금전 출자의 경우 해당 금원을 회사가 은행에 개설한 자본금계좌에 전액 입금하여야 한다(중국 회사법 제28조). 드물기는 하지만 금전이 아니라 자신이 가지고 있는 제3자에 대한 채권이나 어음·수표를 회사에 교부하면서 금전출자를 이행하였다고 주장하는 중국 투자자도 있으므로, 사전에 사원 간 계약서에서 이를 명시적으로 배제해 주는 것도 고려해 봄 직하다.

2) **현물 출자의 경우 회사 앞으로의 재산권 이전절차를 완료하여야 한다**(중국 회사법 제28조). 중국법상 일부 현물의 재산권 이전요건은 우리와 달라서 주의를 요하는데, 아래에서 따로 살펴본다.

3) **현물을 출자할 경우 당해 현물을 감정평가하여야 하고 현물의 가치 산정 시 그 감정평가 결과에 어느 정도 구속된다**. 중국 회사법 제27조에서 "출자되는 현물은 평가를 통하여 가격을 정하여야 하고 당해 현물을 조사확인하여야 하며, 높거나 낮게 평가하여 가격을 정하여서는 아니된다. 법률이나 행정법규에 평가와 가격 산정에 관하여 규정이 있을 경우, 그에 따른다(对作为出资的非货币财产应当评估作价、核实财产、不得高估或者低估作价。法律、行政法规对评估作价有规定的、从其规定)"라고 규정하고 있기 때문이다.

그런데 과거 중외합자기업을 규율하던 법령은 중외합자경영기업을 설립하면서 출자자가 건축물, 공장건물, 기계설비, 기타 자재, 공업재산권, 전문기술로 출자할 경우 투자자들은 협상을 통하여 현물가격을 약정할 수 있다고 규정하고 있었다(중외합자경영기업법 제5조, 중외합자경영기업법실시조례 제22조, 외상투자회사 심사비준등기관리 법률적용에 관한 약간의 문제에 대한 집행의견(关于外商投资的公司审批登记管理法律适用若干问题的执行意见) 제10조). 이 규정에 근거하여 그동안 실무에서 관할 정부부서는 중외합자기업에 현물출자되는 재산의 가치 평가 결과에 대하여 그다지 신경쓰지 않고 당사자가 그 가치에 합의만 하면 특별히 문제삼지 않는 관행이 있어 왔다. 그리고 이러한 관행은 한국 투자자에게 유리하게 작용하기도 하였다. 예컨대 한국 투자자가 중국 투자자가 원하는 고급기술을 가지고 있는 경우 그 기술의 라이선스권을 중국 내 합작회사에게 주는 것만으로도 상당한 비율의 회사 지분을 확보하는 것이 수월하였다(만일 이때 중국 정부부서에서 해당 기술의 가치평가를 요구하는데, 그 기술의 가치평가가 기술적으로 쉽지 않거나 한국 투자자의 기대치보다 낮게 나오는 경우를 생각해 보라). 따라서 **향후 중국 회사법 제27조에 근거한 현물의 감정평가 및 그에 기초한 가치(가격) 결정 제도가 실무에서 어떻게 운용될지, 기존의 실무 관행에 변경을 초래하여 한국 투자자에게 새로운 장애물로 떠오를지는 추가적으로 확인이 필요할 것이다**.

(2) 동산이나 부동산의 이전

1) 한국법상 **동산에 관한 권리(물권)의 이전은** 권리 이전의 합의 외에 원칙적으로 인도(현실의 인도, 간이인도, 점유개정, 목적물반환청구권의 양도에 의한 인도)를 요건으로 한다. **중국 역시 우리와 마찬가지**로 볼 수 있다. 즉 ① **당사자 간 권리 이전의 합의(현물출자의 경우 현물출자의 합의)** 외에 ② **해당 동산에 대한** (i) **현실의 인도(중국법 용어:** 现实交付[**현실교부**]), (ii) **간이인도(중국법 용어:** 简易交付[**간이교부**]), (iii) **점유개정(중국법 용어:** 占有改定[**점유개정**]), **혹은** (iv) **목적물반환청구권의 양도에 의한 인도(중국법 용어:** 指示交付[**지시교부**])가 있어야 동산에 관한 권리의 이전이 인정된다.

다만, ① 회사에 현물출자되는 동산이 그 성질상 회사가 직접 사용하여야 할 것이라면 현실의 인도나 간이인도가 있어야 할 것이다. ② 점유개정에 의한 인도라면 이를 뒷받침하는 적절한 관련 계약과 함께 체결되어야 할 것이다(예컨대 출자자와 회사 간에 Sale & Lease Back 계약이 체결되어 직접점유자인 출자자가 간접점유자인 회사에게 적절한 사용료 내지 임대료를 지급하여야 할 것이다). ③ 목적물 반환청구권의 양도방식을 취할 경우 이 반환청구권은 지명채권이므로 중국법상 지명채권 양도의 요건(양도인의 채무자에 대한 통지가 채무자에 대한 효력발생요건이다. 이에 관해서는 제6장에서 다시 살펴본다)까지 갖추어야 할 것이다.

2) **중국에서도 일부 특수한 동산에 대해서는 인도 외에 추가적으로 등기가 요**

건으로 요구된다는 점 역시 주의를 요한다. 중국 물권법에 따르면 **선박, 비행기, 자동차에 관한 권리 이전에서는 인도가 권리 이전의 효력발생요건이지만, 추가로 등기까지 하여야 선의의 제3자에게 대항할 수 있다**(중국 물권법 제24조). 참고로 한국은 이와 약간 다르다. 대부분의 선박에 관한 권리 이전은 등기가 대항요건이고, 자동차와 항공기에 관한 권리변경은 등록이 효력발생요건이다(한국에서의 이러한 특칙에 관한 개괄적 설명은 송덕수(강), 431면 참조). 요컨대, 한국에서와 마찬가지로, 실무에서는 **동산의 현물출자 시 인도 외에 추가로 법에서 요구하는 요건은 없는지 점검해 보는 습관이 필요하다**.

3) **부동산에 관한 물권의 이전은 우리와 마찬가지로 원칙적으로 등기가 효력발생요건이다**(중국 물권법 제9조). 한국에서는 회사 설립 시 현물출자를 할 경우 구체적으로 등기까지 경료할 필요는 없고 등기에 필요한 서류를 완비하여 설립 중 회사에 교부하는 것으로 충분하다. 아직 회사가 설립되지 않았으므로 잠시 등기를 보류하고 있다가 장래 회사 설립등기를 마친 후 회사를 양수인 명의자로 하여 직접 이전등기를 하기 위함이다(따라서 회사 설립등기를 마친 이후 예컨대 증자 시에 현물출자로서 부동산 물권을 이전할 경우에는 등기까지 경료하여야 한다). 하지만 중국에서는 회사 최초 설립등기시 자본금이 0인 상태로도 등기되고(즉 현물출자가 이루어지기 전 시점에서 이미 법인으로서 성립되고) 이후 자본금의 (분할)납입이 시작되므로, 한국에서와 달리 설립 중 회사에게 부동산 물권을 이전하여야 하는 실무상 이슈는 없다. 따라서 중국에서는 부동산 물권을 현물출자할 경우 항상 등기까지 경료되어야 한다고 본다(참고로 중국 물권법 제14조는 부동산물권의 변경이나 양도에 등기가 필요할 경우 **부동산등기부에 기재되었을 때 효력이 발생한다**고 규정하고 있다).

⑶ 토지사용권의 출자

1) 설립된 유한책임공사가 예컨대 컨설팅 회사이어서 단순히 사무실만 사용한다면 해당 사무실 공간에 대한 임대차계약을 체결하는 것으로 충분할 것이다. 하지만 그 유한책임공사가 공장을 건설하거나 기존의 중국 투자자가 가지고 있는 공장을 출자받는다면 그 과정에서 토지사용권을 취득하게 된다. 토지사용권은 중

국의 부동산을 취득, 사용하는 과정에서 반드시 이해하여야 하지만, 한국 투자자 입장에서는 상당히 생소한 법리가 적용되는 영역이다. 여기에서는 토지사용권의 (현물)출자와 관련한 기초적인 내용만 소개하고, 보다 자세한 내용은 아래 제3절 제1관에서 다시 소개한다.

2) **중국에서 토지에 대한 소유권을 취득할 수 있는 주체는 국가와 농민집체**(农民集体)**뿐**이다. 따라서 한국투자자가 중국에 설립한 외상투자기업은 어떠한 경우에도 토지 소유권을 취득할 수 없다. **외상투자기업이** 애초 중국에서 토지소유권을 취득하려고 한 목적이 해당 토지를 사용하기 위한 것이라면 **소유권이 아니라 일정 기간 동안 해당 토지를 사용할 수 있는 사용권을 취득할 수 있을 뿐**이다. 중국 민법을 살펴보면, 이때 외상투자기업이 토지를 적법하게 사용하기 위하여 취득할 수 있는 권리는 ① **물권 중에서는 토지사용권이고** ② **채권 중에서는 토지임차권이다**(중국에서 물권과 채권은 용어는 물론 기본개념도 우리와 동일하다고 볼 수 있다). 외상투자기업은 거의 대부분 채권보다는 보다 강하게 보호받을 수 있는 물권 즉 토지사용권을 취득, 보유하고자 한다.

3) **중국의 토지사용권**(土地使用权)**의 기본개념과 법적 성질은 우리 민법상 용익물권인 지상권에 상응한다**고 이해해도 무방하다. 다만 실무에서 아래 2가지는 배경지식으로 기억해 두면 좋다.

[1] 표현방식에서 약간의 차이가 있다. 우리가 지상권을 계약에 의하여 원시취득하는 경우 "소유자가 제3자(지상권자)에게 지상권을 설정해 준다"고 표현하고 해당 계약을 "지상권 설정계약"이라고 하는 반면, 중국에서는 이 경우 "소유자(즉 국가)가 양수인(受让人)에게 토지사용권을 출양(出让)한다"고 표현하고 해당 계약을 "토지사용권 출양계약(出让协议)"이라고 한다(반면 이미 존재하는 토지사용권을 타인에게 넘길 때에는, 우리와 마찬가지로 제3자에게 "양도(중국법 용어: 转让[전양])한다"고 표현한다).

[2] 처음에 토지사용권을 원시취득할 때 항상 국가가 당사자인 계약을 체결하게 되어서, 여러 가지 행정법적 규율을 받게 된다. 특히 한국에서 국유토지를 개인이나 기업에게 매각할 때와 마찬가지로 원칙적으로 입찰 등 공개경쟁매각

절차를 밟아야 함에 유의하여야 한다. 나아가 토지사용권을 전양할 때에도 한국에서는 볼 수 없는 독특한 규제가 있다.

4) 한국 투자자 입장에서는 다음 2가지를 기억해 둘 필요가 있다. ① 중국 투자자가 유한책임공사에 토지사용권을 출자한다면, 그 법적 성질은 중국법상 양도(그 대가로 신설 회사의 지분을 받으므로 재산권의 유상이전에 속한다)에 해당한다고 볼 수 있다. 따라서 **중국 투자자가 토지사용권을 현물출자할 경우, 한국 투자자는 해당 출자가 뒤에서 살펴보는 토지사용권 양도의 유효·적법 요건을 모두 갖추었는지 확인해 볼 필요가 있을 것이다**. ② 반면 사원이 모두 한국 투자자인 유한책임공사를 설립할 경우에는 설립에 참여하는 중국 투자자가 없으므로 토지사용권을 출자받을 수는 없고, 해당 유한책임공사는 다른 방식(출양, 임차 등)으로 토지사용권을 취득 혹은 사용하여야 할 것이다. 이에 관해서 보다 구체적인 내용은 아래 제3절을 참고하기 바란다.

이론 Tip 농민집체의 이해

농민집체는, 과거 공산주의 국가에서 볼 수 있었던 농촌에서 촌락 단위로 존재했던 공동농장을 떠올리면 이해하기 쉽다. 하나의 농촌마을을 구성하는 토지는 그 지역에 사는 모든 농민들이 공동으로 소유하고, 농민들은 그 토지를 공동으로 경작생산한 후 그 생산물을 공동으로 분배하였다. 그 토지는 거주 농민들이 모두 공동으로 소유한다고 관념하였는데, 그 공동소유자인 농민들을 하나로 묶어서 농민집체라고 표현한 것이다. 이처럼 농민집체는 우리가 아는 한국 민법의 도구개념으로 정교하게 정의하기는 쉽지 않지만, 굳이 찾는다면 총유를 하고 있는 권리능력 없는 사단, 그중에서도 동(洞), 리(里)나 자연부락에 유사하다고 볼 수 있을 것이다(송덕수(강), 277면).

실무 Tip **토지 관련 용어 사용의 주의점**

중국 실무에서도 개인이나 기업간에 “토지를 매매하거나 토지에 저당권을 설정한다”는 표현을 흔히 사용하는데, 이는 우리와 달리 토지에 대한 소유권이 아니라 사용권(대부분은 건설용지사용권)을 매매하거나 그 사용권상에 저당권을 설정한다는 의미이다. 이 두 표현의 가장 큰 차이는, 후자의 경우 거래의 기초가 되는 재산권 즉 토지사용권이 소유권처럼 영구무한한 것이 아니라 존속기한이 정해져 있는 것이어서 매수인이나 저당권자의 권리 역시 그 존속기한 내에서만 유효, 적법하게 존속한다는 것이다. 실무에서는 간혹 이 점을 간과하여 예상하지 못한 손해를 입을 수 있으므로 주의해야 한다. 예컨대 공장을 지을 용도로 토지(정확하게는 토지사용권)를 매수하였는데, 그 사용연한이 1년밖에 남지 않았음을 몰랐던 경우, 혹은 만기 5년의 대출을 해 주면서 채무자의 토지(정확하게는 토지사용권)에 저당권을 취득하였는데, 그 토지사용권의 사용연한이 1년밖에 남지 않은 경우를 생각해 보라. **요컨대 실무상 표현에서 토지를 매매하거나 토지에 저당권을 설정한다고 하더라도, 그 거래의 정확한 대상(목적)은 토지 소유권이 아니라 일정한 사용연한이 있는 토지 사용권임을 항상 기억해 둘 필요가 있다.**

(4) 지적재산권의 출자/라이선스

지적재산권의 출자는 한국 투자자와 중국 투자자가 합작으로 외상투자 유한책임공사를 설립할 경우 한국 투자자가 가지고 있는 기술을 외상투자 유한책임공사에 이전(혹은 그 사용을 허가)하는 방식으로 많이 고려된다. 그런데 중국법상 이러한 거래에는 지적재산권 관련 법령 외에도, 외국 기술의 수입에 관한 중국 행정법규가 적용된다. 또한, 우리 민법과 달리 중국 계약법에서 기술계약에 관하여 별도로 규정하고 있는데, 그 규정 태도를 보면 기술을 수입·사용하는 입장에 서는 중국 투자자의 보호에 상당히 신경을 쓰고 있어서, 그 반대편 입장에 서는 한국 투자자로서는 유의할 필요가 있다. 아래에서는 실무상 자주 부딪치는 이슈들을 살펴본다.

가. 외국 기술 수입의 규제

1) **중국법상 중국에 수입되는 모든 기술은 상무부의 관리감독을 받도록 되어 있다**. 이때 ① 상무부의 관리감독을 받아야 하는 "수입"에는 중국 외에서 중국 내로 기술을 **양도**(**출자**도 포함)하는 경우는 물론, 중국외 실체가 중국 내 실체에게 기술의 실시를 허락하는 경우(**라이선스를 주는 경우**)도 포함된다. 따라서 예컨대 한국 투자자가 자신이 중국 내에 독자적으로 혹은 중국 투자자와 합작으로 설립한 회사와 "자신의 기술을 중국 내 회사가 사용할 수 있도록 해 주는" 내용의 라이선스계약을 체결하는 경우에도 상무부의 관리감독을 받아야 한다. ② 상무부의 관리감독을 받아야 하는 "기술"에는 **특허권, 상표권 외에 영업비밀이나 일정 범위 내의 노하우와 소프트웨어도 포함**되는데, 실무에서는 스스로 판단하기 애매할 경우 현지 컨설팅회사나 법률사무소를 통하여 상무부에 문의하기도 한다.

2) **관련 법령에 따르면, 중국은 해외의 기술을 금지류**(禁止类), **제한류**(**중국법 용어:** 限制类[**한제류**]), **그리고 허용류**(**중국법 용어:** 允许类[**윤허류**])**로 분류한 후, 각 범주별로 다음과 같이 규제하고 있다.** 수입하고자 하는 기술이 어느 범주에 들어가는지 확인하려면 "수입금지·수입제한기술목록(中国禁止进口限制进口技术目录)"을 살펴보아야 한다.

[1] **금지류 기술은 중국 내 수입이 금지된다.**

[2] **제한류 기술은 상무부의 사전 심사허가**(批准[비준])**를 받아야 한다**.

1] 상무부의 심사허가는 ① 1차적으로 상무부로부터 **기술수입허가 의향서**(技术进口许可意向书)를 받은 후, ② 다시 2차적으로 계약서 서명본(부본)을 상무부에 제출하여 **기술수입허가증**(技术进口许可正)을 받는 방식으로 이루어진다. 그 구체적인 절차를 이행하려면 "기술수출입관리조례(技术进出口管理条例)" 및 관련 규정들을 참조하면서 현지 컨설팅회사나 법률사무소의 조력을 받아야 하는데, 보통 6주일 이상이 소용될 것으로 예상하고 관련 절차를 개시한다.

2] 관련 법규에 따르면 해당 기술 양도/실시허락 계약서는 기술수입허가증을 발급받는 날로부터 효력이 발생하도록 되어 있고, 이는 강행법규로 해석된다(기술수출입관리조례 제16조). 따라서 기술수입허가증이 발급되기 전에는 해

당 기술계약은 한국법상 유동적 무효와 비슷한 상태에 놓여 있다고 볼 수 있다. 즉 중국법상 원칙적으로 무효이나, 계약 당사자들이 기술수입허가 의향서, 기술수입허가증 기타 중국 내 수입을 위하여 중국 정부의 각종 인허가·등기·등록·신고 등을 받는 데 필요한 각종 조치를 해야 할 의무에 한해서는 유효하다고 해석해야 할 것이다(한국에서 유동적 무효상태에 있는 계약상 협력의무에 관해서는 송덕수(민총), 394면 참조).

③ **허용류 기술을 수입할 경우 상무부 사이트에 해당 계약서를 등기**하고 상무부에 신청하여 **기술수입계약등기증**(技术进口合同登记证)을 받아야 한다.

1] 이 계약등기는 계약 효력발생 후 60일 내에(혹은 사용료 지급이 효력발생 이후일 경우 최초 사용료 지급일로부터 60일 내에) 하여야 한다(기술수출입계약등기관리방법[技术进出口合同登记管理办法] 제6조, 제7조).

2] 이때 해당 계약서의 등기는 계약서의 효력발생요건도 아니고, 대항요건도 아니다. 하지만 이를 하지 않을 경우 장래 한국 투자자가 중국 내 회사로부터 기술 사용료를 지급받기 어렵다(외환관리 측면에서, 중국 내 회사가 한국 투자자에게 기술 사용료를 해외 송금하는 과정에서 문제가 발생한다). 이 때문에 실무에서는 사실상 의무적으로 이 등기를 하고 있다. 그 결과 **중국 내 수입되는 외국 투자자의 모든 기술은 그 계약서가 상무부에 제출되어 중국 정부가 그 내용을 파악할 수 있도록 법제화되어 있다**고 볼 수 있다.

나. 개량 기술의 귀속에 관한 중국 강행법규

1) 한국 투자자와 외상투자 유한책임공사 간에 체결되는 기술 양도(출자)/실시허락 계약에는 장래 외상투자 유한책임공사가 한국 투자자로부터 양도(출자)받거나 실시허락(라이선스)를 받은 기술을 개량한 경우, 그 개량기술의 귀속 및 사용에 관하여도 명시적인 약정을 두는 것이 통상적이다. 우리는 공정거래법의 관점에서 이러한 약정의 내용을 규율하고 있는 반면(공정거래위원회의 "지적재산권의 부당한 행사에 대한 심사지침" 참조), 중국은 보다 직접적으로 중국 계약법 및 최고인민법원의 사법해석("최고인민법원의 기술계약분쟁사건의 심리에서 법률을 적용함에 있어 몇 가지 문제에 관한 해석[最

高人民法院关于审理技术合同纠纷案件适用法律若干问题的解释」)에서 일정한 무효사유를 규정하고 있다. 따라서 **아래 내용에 위배되는 조항을 해당 기술계약에 둘 경우, 설사 계약의 준거법을 중국법이 아닌 제3국법(예컨대 한국법)으로 약정하더라도 중국 내에서는 강행법규 위반으로 무효로 취급되어, 외상투자 유한책임공사에게 그 이행을 강제할 법적 수단이 없음**에 유의하여야 한다.

[1] 먼저 직접적으로 무효사유를 규정하고 있는 규정은 아니지만, 중국 계약법 제354조를 기억해 둘 필요가 있다. 이 조항에 따르면 개량기술의 배분방법에 관하여 ① 기술 양도(출자)/실시허락 계약의 당사자들이 약정한 경우에는 그에 따른다. ② 약정이 없거나 불명확하고 달리 같은 법 제61조에 의해서도(즉 계약서 내 다른 관련 조항이나 거래 관습에 기하여서도) 그 내용을 확정할 수 없는 경우에는, 기술을 개량한 당사자에게만 개량기술의 성과(개량기술에 근거한 지적재산권 포함)가 귀속되고 다른 당사자는 이를 취득·행사하지 못한다. 이 조항은 기술을 개량한 계약 당사자를 보호하기 위한 강행규정으로 이해된다. 따라서 **한국 투자자가 외상투자 유한책임공사와 기술 양도(출자)/실시허락 계약을 체결할 경우 개량기술의 귀속과 사용에 관하여 약정을 두지 않으면, 장래 외상투자 유한책임공사가 개량한 기술에 대해서 권리를 주장하기가 쉽지 않을 수 있음에 유의하여야 한다**.

[2] 중국 계약법 제329조에 따르면, 위법하게 (i) 기술을 독점하거나 (ii) 기술의 진보를 방해하거나 (iii) 타인의 기술성과를 침해하는 내용의 기술계약 약정은 무효이다. 나아가 위에서 소개한 최고인민법원의 사법해석은 제10조에서 (i)항 및 (ii)항에 해당하는 구체적인 사유를 열거하고 있는데, 그중 개량기술의 귀속에 관한 내용은 아래와 같다(괄호 안 기재는 필자의 보충 내지 부연설명이다).

① 일방 당사자가 해당 기술계약의 목적인 기술(이하 "원기술")을 개량하거나 그렇게 스스로 개량한 기술을 사용하는 것을 제한하는 약정.

② 각 당사자가 개량한 기술을 서로 교환하는 조건이 대등하지 못한 약정으로서 다음의 경우를 포함한다:

(i) **일방 당사자가 개량한 기술을 무상으로 상대방 당사자에게 제공하도록**

하는 경우(따라서 외상투자 유한책임공사가 개량한 기술을 한국 투자자가 양수받거나 사용하고자 하는 경우 적정한 대가 내지 사용료를 지급하여야 한다)

(ii) **당사자들 중 한쪽만 자신이 개량한 기술을 상대방에게 양도하도록 하는 경우**(따라서 원기술을 외상투자 유한책임공사가 개량하였을 때 이를 어떻게 한국 투자자에게 제공 혹은 사용하도록 할 것인가에 관하여 약정한 경우, 원칙적으로 그 반대의 경우 즉 한국 투자자가 원기술을 개량하였을 때 이를 어떻게 외상투자 유한책임공사에 제공하거나 사용하도록 할 것인지에 관해서도 상호 간에 동등한 조건으로 약정을 하여야 한다)

(iii) **일방 당사자가 개량한 기술에 기초한 지적재산권을 다른 당사자가 무상으로 독점하거나 공동으로 보유하도록 하는 경우**

2) 현실에서는 중국 투자자가 중국 내 합작회사를 통하여 알게 된 한국 투자자의 기술(한국 투자자로부터 도입한 기술)을 개량한 후, 개량기술을 이용하여 별도의 회사나 공장에서 중국 내에 제품을 생산·판매하는 경우를 볼 수 있다. 이를 잘 알고 있는 한국 투자자는 기술 양도/실시허락 계약을 체결할 때 기술의 개량, 개량된 기술의 귀속 및 사용에 관하여 스스로를 보호하기 위한 약정을 두는데, 위에서 본 바와 같이 중국 법령은 한국 투자자의 이러한 시도가 일정한 범위를 벗어나지 못하도록 제약하고 있다.

3) 그런데, 더 나아가 거래 현장에서 많은 중국 투자자들은 한국 투자자와 합작으로 외상투자 유한책임공사를 설립·운영하는 핵심 목적이 한국 투자자로부터 기술을 전수받는 것이라고 생각하여, 협상 초기에는 아래와 같이 외상투자 유한책임공사에게 유리한 내용의 조항을 기술 계약에 넣기를 원하다(아래 문구는 실제 계약에서 사용하는 용어나 표현이 아니며, 이해의 편의를 돕기 위하여 만든 문장이다). 이후 한국 투자자가 그 수정을 요구하면, 특별한 근거 없이 중국법상 이렇게 문구를 작성하지 않으면 무효라는 등의 주장을 하기도 한다.

예시 조항

제___조 개량기술

(1) 외상투자 유한책임공사와 한국 투자자가 공동으로 원기술을 개량한 경우, 외

상투자 유한책임공사가 개량된 기술 및 그에 기초한 지적재산권을 갖는다.

(2) 외상투자 유한책임공사가 단독으로 원기술을 개량한 경우, 외상투자 유한책임공사가 개량기술 및 그에 기초한 지적재산권을 갖는다. 원기술계약이 종료된 후 외상투자 유한책임공사가 개량 기술을 사용하는 과정에서 원기술도 함께 사용하여야 할 경우, 외상투자 유한책임공사는 개량기술에 대해서 어떠한 사용료도 지급하지 아니한다.

(3) 외상투자 유한책임공사에 관하여 어떠한 사유로든 중국 투자자와 한국 투자자의 합작관계가 종료할 경우, 중국 측 투자자는 외상투자 유한책임공사가 보유하는 모든 지적재산권(개량기술에 관한 지적재산권을 포함한다)을 매수할 권리가 있다. 중국 투자가가 외상투자 유한책임공사의 지적재산권을 구매하여 사용할 경우, 원기술에 대해서 어떠한 사용료도 지급하지 아니한다.

그러나 앞에서 이미 살펴본 바와 같이 중국법에 비추어 보더라도 위 예시조항의 표현은 얼마든지 수정될 여지가 있다. 실제 협상 과정에서 이러한 협상 전략을 들고 나오는 중국 투자자를 만날 경우에는 (비용이 부담스럽다면) 위 조항 하나만에 관하여 중국법과 지식 재산권에 특화된 전문지식과 경험을 가지고 있는 법률 사무소의 자문을 받아 보는 것도 고려해 봄 직하다.

다. 기술 소유권의 출자 vs. 기술 사용권의 실시허락(라이선스)

기술을 출자하는 경우, 중국에서는 지역에 따라서 기술의 소유권을 외상투자 유한책임공사에 양도하는 방식 이외에, 한국 투자자가 외상투자 유한책임공사에게 해당 기술의 실시를 허락해 주는 것(즉 기술 라이선스를 주는 것)만으로도 이를 출자로 인정하여 외상투자 유한책임공사의 지분을 취득하도록 해 주기도 한다. 한국 투자자 입장에서는 대부분의 경우 기술을 양도해 주는 것보다 일정 기간동안 라이선스를 부여해 주는 것을 더 선호한다. 따라서 **외상투자 유한책임공사의 설립지가 정해지면, 기업설립에 관한 절차를 밟기 전이라도 우선 해당 지역의 상무부서와 시장감독관리부서에 접촉하여 기술 라이선스를 주는 방식으로도 현물출자가 가능한**

지 확인해 볼 필요가 있다.

(5) 금전출자의 이행: 자본금의 납입

앞에서 살펴본 바와 같이, 외상투자 유한책임공사는 관할 시장감독관리부서에 설립등기를 하고 영업허가증을 발급받은 후, 관할 외환관리부서에 가서 외환등기를 하고(이 과정에서 자신이 향후 외환거래를 할 중국 내 은행 즉 외환거래은행도 지정하여야 한다), 다시 지정한 외국환거래은행에 가서 장래 한국 투자자의 자본금을 납입할 계좌를 개설한다(외환계좌 및 자본금계좌의 개설에 관한 구체적인 내용은 앞의 제4장 제2절 제2관 X. 2. 참조).

5. 종류지분의 부여 가능성

1) 과거 중외합자기업은 이익배당 비율을 반드시 각 당사자가 출자한 비율에 따라야 했기 때문에, 우리의 우선주와 같은 권능을 가지는 사원권(지분)을 한국 투자자가 가질 수 없었다. 그러나 **2020년부터 설립되는 외상투자 유한책임공사에 대해서는** 중국 회사법의 원칙적 규정이 적용되기 때문에, **한국 투자자가 이익배당에 관하여 출자비율과 비례하지 않는 내용의 사원권**(지분)**을 취득할 수 있**게 되었다(제2장의 관련 설명 참조). **외상투자 유한책임공사에 재무적 투자자**(Financial Investor: FI)**로 참여하기를 원하는 한국 투자자라면 이 점에 관심을 가지고 투자구조 설계 시 참고하여야 할 것**이다.

2) 참고로, 중국 인민법원의 판단에 따르면 ① **유한책임공사 스스로 특정한 사원에게 일정한 수익률을 보장해 주는 것은 허용되지 않지만,** ② **사원들 상호 간의 수익률 보장 약정은 유효**하다. 중국 회사를 대상으로 한 인수합병 거래에 참여하는 재무적 투자자들이 자신의 수익률을 보장받기 위한 계약 장치를 고안할 때, 이 점을 기억해 둘 필요가 있다.

6. 출자의무 불이행의 구제수단

우리의 주식회사와 달리 유한책임공사는 자본금 등기 이후에 정관에서 정한 스케줄에 따라서 그 출자를 이행하게 되므로, 그 불이행에 대한 사후적 구제수단의 중요성이 더 크다고 볼 수 있다. 중국의 관련 법령도 이러한 사정을 고려하여 비교적 상세하게 이 문제를 규율하고 있다.

(1) 출자의무 불이행의 유형

관련 조항들 상호 간의 구조와 문구를 분석해 보면, 중국법에서는 출자의무 불이행의 유형을 아래 3가지로 나누고 있음을 알 수 있다.

1 **출자의무를 전혀 이행하지 않은 경우**(未履行出资义务): 우리 민법상 채무불이행의 전통적인 3분론에 따를 때 **이행지체와 이행불능**에 해당하는 경우이다. 참고로, 우리 주식회사에서 자본금의 가장납입 유형 중 하나로 거론되는 통모가장납입(예합)이 중국에서는 출자의무를 전혀 이행하지 않은 경우로 취급된다.

2 **출자의무를 전면적으로 이행하지는 않은 경우**(未全面履行出资义务): 우리 민법상 채무불이행의 전통적인 3분론에 따를 때 **불완전이행, 일부 이행지체, 일부 이행불능**에 해당하는 경우이다. 이 유형은 주로 현물출자에서 문제된다(예컨대 현물의 가치를 시장가치보다 현저하게 높게 계산하여 현물출자자에게 과다한 지분을 부여한 경우).

3 **회사에 일단 출자목적(금전이나 현물)을 이전한 후 다시 위법하게 인출하거나 돌려받은 경우**(抽逃出资. 이하 "위법출자환수"라고 의역한다): 우리 회사법에서 논의되는 위장납입(견금)이 전형적인 예인데, 관련 법령에서는 아래와 같이 그 구체적 유형을 열거하고 있다(최고인민법원 회사법 규정(3) 제12조). 최고인민법원은 위법출자환수를 **무효**라고 판단하고 있다.

1] 재무제표를 위조하여 허위로 배당가능이익을 증가시켜 이익배당을 받은 경우.

2] 허위로 채권채무관계를 만들어 이미 출자한 금전이나 현물을 돌려받는 경우.

3] 관계자 거래를 이용하여 이미 출자한 금전이나 현물을 돌려받는 경우(관계

자 거래란 회사와 지배사원, 실질적 지배자, 이사, 감사 고급관리인원 사이의 거래를 의미하는데, 그 인정 범위에 관해서 아직 충분한 논의가 이루어지고 있지는 않아 보인다. 이 책에서는 제4장 제2절 제2관 IV. 4.에 있는 회사법 제21조 및 제216조 제2호, 제4호에 관한 설명 참조).

4] 기타 법정 절차를 거치지 않고 이미 출자한 금전이나 현물을 돌려 받는 경우.

이론 Tip 통모가장납입, 위장납입

1) 우리 회사법상 통모가장납입(예합)이란 ① 발기인이 납입취급은행과 공모하여, 발기인이 납입취급은행으로부터 납입금액을 차입하여 주금을 납입하면서, 회사 성립 후 그 차입금을 변제하기 전에는 납입금을 인출하지 않겠다고 약정하는 경우 혹은 ② 실제로는 납입이 이루어지지 않았음에도 납입취급은행에 부탁하여 납입금보관증명을 발급받아 설립등기를 하는 경우를 일컫는다. 상법 제318조 제2항에 따르면 납입취급은행은 이렇게 통모한 내용으로 회사에게 대항할 수 없다.

2) 위장납입이란 발기인이 납입취급은행와 통모하지 않고, 납입취급은행 이외의 제3자로부터 납입금액을 차입하여 주금을 납입한 다음, 회사가 성립하면 즉시 납입금 전액을 인출하여 위 차입금을 상환하는 경우이다. 다수설은 이 경우 자본금의 납입이 없었다고 보는 반면, 우리 판례는 유효라고 보고 있다(송옥렬, 770면).

(2) 이행청구의 당사자 및 청구 내용

한국 투자자 갑과 중국 투자자 을이 외상투자 유한책임공사 A를 설립하는 경우를 가정해 보자. 을이 출자의무를 불이행할 경우, 논리적으로 볼 때 그 이행청구의 당사자들은 출자를 약속한 계약(이하 "출자계약")의 당사자들이다. 출자계약은 실무에서 사원 간 계약의 일부로 약정이 되므로, 사원 간 계약이 출자의무의 발생근거가 된다. 나아가 사원 간 계약에서 정한 출자의무는 유한책임공사 정관의 절대적 기재사항이므로(중국 회사법 제25조 제5호. 참고로 고분유한공사의 정관에서도 절대적 기재사항이다[중국 회사법 제81조 제5호]), 정관 역시 출자의무의 발생근거가 된다.

사원 간 계약 및 정관의 출자의무에 관한 규정에 따르면, 이행청구권자는 출자를 받을 권리자인 회사(A)가 되고, 이행의무자는 그 출자의무를 불이행한 출자자(을. 중국의 회사설립절차에 따르면 이 시점에서 을은 이미 정관상 사원으로 기재되어 있을 것이므로 이하 사원이라 칭한다)**이 된다. 그런데 중국법에서는 더 나아가 그 당사자들의 범위를 아래와 같이 확장해 주고 있다.**

가. 위법출자환수 이외의 불이행의 경우

1) 이행청구권자의 확장

이행청구권자는 **회사(A)** 이외에 다음과 같이 확장된다. 다만, 그 청구권의 구체적인 내용 혹은 급부수령자가 아래에서 보듯이 차이가 있으므로, 주의를 요한다.

1. **다른 사원:** 위 사례의 경우 회사(A)는 물론 다른 사원(갑)도 출자의무를 불이행한 사원(을)을 피고로 삼아 "회사에게 출자의무를 이행할 것"을 법원에 소로써 청구할 수 있다(최고인민법원 회사법 규정(3) 제13조 제1항). **이 경우 다른 사원은 청구는 할 수 있지만, 자신이 아니라 회사에게 출자의 목적을 이전하라고 청구할 수 있음에 그친다.** 중국 계약법에서도 우리와 유사한 채권자 대위권 제도를 인정하고 있으나, 이 규정에 의하여 갑에게 인정되는 권리는 갑이 회사에 대하여 어떠한 채권을 가질 필요도 없고, 회사가 무자력일 필요도 없어서, 채권자 대위권이라고 볼 수는 없다. 사견으로는, 오히려 대표소송권(중국법 용어: 衍生诉讼权[연생소송권])에 유사한 혹은 대표소송권의 범주에 드는 법정 권리라고 이해된다.
2. **회사 채권자:** 위 사례에서 유한책임공사 A에 대하여 병이 금전 채권을 가지고 있고, 을이 금전출자의무를 불이행하고 있다고 가정하자. 채권자 병이 채무자인 회사 A의 무자력으로 인하여 자신의 채권의 전부 혹은 일부를 변제받지 못

할 경우, 출자의무를 불이행하고 있는 을을 피고로 삼아 "피고 을이 A에 대하여 불이행하고 있는 출자액과 자신이 A로부터 상환받지 못하고 있는 채권액 중 적은 금액을 한도로, 피고 을이 자신에게 직접 금원을 지급할 것"을 법원에 소로써 청구할 수 있다(최고인민법원 회사법 규정(3) 제13조 제2항 제1문의 취지).

1] **이 청구는 보충적 청구권으로서 회사(A)가 무자력으로 인하여 채권자 병에게 채무를 상환할 수 없는 부분에 한하여 인정**된다. 규정 원문에서는 "对公司债务不能清偿的部分(회사채무에서 상환이 불가능한 부분에 대하여)"이라고 규정하고 있는데, 실무에서는 채무자 회사가 무자력 상태에 있어서 채무이행을 할 수 없는 경우로 이해하고 있다(김/징, 53면 참조).

2] 유의할 점은, 을이 법원의 판결 결과에 따라서 병에게 자신의 출자의무액 전액을 지급하면, 그 이후 다른 회사 채권자들은 더 이상 을을 상대로 같은 청구를 할 수 없게 된다는 것이다. 즉 **먼저 청구하여 먼저 지급받는 채권자에게 일응 우선권이 주어진다**(최고인민법원 회사법 규정(3) 제13조 제2항 제2문). 다만, 이 경우 다른 회사채권자들이 을이 아니라 병(즉 출자의무를 불이행한 사원으로부터 먼저 지급을 받은 회사채권자)에게 어떠한 청구를 할 수는 있는지, 만일 회사가 중국 기업파산법상 파산(중국법 용어: 破产清算[파산청산]), 화의(중국법 용어: 和解[화해]), 혹은 회사정리(중국법 용어: 重整[중정])절차를 밟고 있는 경우에도 이렇게 먼저 청구한 채권자에게 우선권이 주어지는 것인지 등에 관해서는 중국에서 추가적인 연구와 논의가 필요해 보인다.

3] **이 경우에는 회사가 아니라 회사 채권자에게 직접 출자의 목적이 이전됨**에 유의할 필요가 있다. 사견이지만, 이러한 점에서 이 규정은 중국 계약법상 채권자 대위권의 특칙으로 이해해 볼 수도 있을 것이다.

4] 위 사례에서 만일 을의 출자의무가 금전출자가 아니라 현물출자일 경우, 병이 을에게 일종의 대물변제조로 자신에게 그 출자의무를 이행하도록 청구할 수 있는지, 있다면 현물의 가치를 어떻게 산정할 것인지 등에 관해서 관련 규정은 침묵하고 있다(예를 들어 현물의 가치를 너무 낮게 산정하여 대물변제를 할 경우, 다른 회사채권자나 다른 사원, 회사[이미 파산절차에 들어간 경우 파산관재인]가 반

발할 수 있다). 이 부분에 관해서는 중국에서 추가적인 검토와 논의가 필요해 보인다.

5] 만일 **한국 투자자가 중국 내 회사에게 대출, 물품매각 기타의 사유로 금전 채권을 가지고 있는데 그 회사가 무자력을 주장하면서 채무 이행을 지체할 경우, 이 규정에 기초하여 출자의무를 제대로 이행하지 않고 있는 사원은 없는지 체크해 볼 필요가 있다.** 있다면 가급적 서둘러(다른 채권자들이 해당 사원을 상대로 소를 제기하기 전에) 중국 내 관할 인민법원에 보전처분 및 본안의 소를 제기할 것인지 여부를 검토·결정해야 할 것이다. 이때 서둘러야 하는 이유는, 우리와 달리 중국에서는 보전처분(우리의 부동산 가압류에 상응하는 사봉[查封]이라는 법적 조치)에 우선적·배타적 효력이 있어서, 채무자의 특정 재산에 어느 채권자가 보전처분을 하면 다른 채권자가 이후 동일 재산에 하는 보전처분은 (우리의 가압류처럼 상호 간에 동순위로 경합하는 것이 아니라) 후순위로 효력이 밀리기 때문이다(최고인민법원은 선순위 사봉의 효력이 소멸하기 전에는 후순위 사봉의 효력이 발생하지 않는다고 보고 있다). 이처럼 중국에서는 우리와 비교할 때 가압류의 효력이 강하다는 점을 염두에 두고 있어야 한다.

3 **출자의무를 이행한 다른 사원(위약책임)**: 중국 회사법 제28조 제2항은 이 경우 출자의무를 불이행한 사원(을)은 회사(A)에 대하여 출자의무를 이행하여야 하는 외에, 이미 스케줄에 따라서 정해진 자본금을 납입한 사원에게(규정 원문에서는 "已按期足额缴纳出资的股东"라고 규정하고 있다) 위약책임을 부담한다고 규정하고 있다. 위 사례에서 자신의 출자의무를 이행한 갑이 을에게 을의 출자의무 불이행을 이유로 위약책임을 묻는다면 통상적으로 **사원 간 계약상 출자의무조항 및 위약책임조항이 근거**가 될 것이다.

2) 이행의무자의 확장

이행의무자는 **출자의무를 불이행한 사원**(을) 이외에 다음과 같이 확장된다.

1 **발기인 즉 원시정관상 사원(회사 설립 시의 출자의무 불이행 시)**: 우리 주식회사 발기

인(들)은 회사가 성립한 후에 아직 납입을 완료하지 아니한 주식이 있는 때에는 그 납입의무를 이행하지 않고 있는 주식인수인과 연대하여 그 납입을 할 의무를 부담한다(상법 제321조 제2항). 중국 유한책임공사에 대해서도 이와 동일한 법리에 기초한 규정이 있다. 단 **유한책임공사에 대해서는 모집설립이 없고 발기설립뿐이므로, 발기인들 중 일부의 출자의무 불이행에 대하여 다른 발기인들이 연대책임을 부담**하도록 하고 있다.

1] 최고인민법원 회사법 규정(3) 제1조에서는, **유한책임공사의 경우 그 설립 시의 사원(유한책임공사 설립과정에서 원시정관에 사원으로 기재되고 서명한 자)이 발기인**이라고 규정하고 있다. 우리 회사법하에서는 주식회사에서만 발기인이라는 개념을 두고 있는데, 그 이유는 유독 주식회사만이 정관에서 그 구성원(주주)이 확정되지 않기 때문에 회사 설립을 책임지고 담당할 자를 별도로 정관에 기재하면서 이를 "발기인"이라고 명명한 것이다. 반면 합명회사, 합자회사, 유한책임회사, 유한회사는 정관에서 그 구성원(사원)의 성명(자연인의 경우)이나 상호(법인인 경우), 각자 인수한(납입하기로 약속한) 자본금이 기재되고 각 구성원이 서명 혹은 기명날인하기 때문에, 정관이 작성됨과 동시에 구성원(사원) 및 각 구성원(사원)의 출자의무가 확정되고 이렇게 출자의무가 확정된 그들이 회사 설립을 담당하면 된다. 그 결과 굳이 발기인이라는 별도의 개념을 둘 필요가 없다. 이렇게 본다면 합명회사, 합자회사, 유한책임회사, 유한회사에서는 회사 설립 시의 사원들, 즉 원시정관에 사원으로 기재되고 기명날인 혹은 서명한 자들이 주식회사에서의 발기인의 역할을 한다고 볼 수 있다. 중국 회사법 역시 이러한 관점에서 유한책임공사에서는 그 설립 시의 사원이 발기인에 해당한다고 규정한 것으로 이해된다.

2] 최고인민법원 회사법규정 (3) 제13조 제3항에 따르면, 발기인의 연대책임은 아래의 경우에 인정된다.

① 유한책임공사가 공사 설립 시의 출자의무를 이행하지 않은 사원(즉 자신의 출자의무를 이행하지 않은 발기인)에 대하여 그 출자의무의 이행을 청구하면서 다른 발기인에게 연대책임 부담을 청구하는 경우,

② 다른 사원(발기인)이 유한책임공사 설립 시의 출자의무를 이행하지 않은 사원(발기인)에 대하여 위 1) [1]항의 청구를 하면서 나머지 사원(발기인)에게 연대책임 부담을 청구하는 경우, 혹은

③ 유한책임공사의 채권자가 유한책임공사 설립 시의 출자의무를 이행하지 않은 사원(발기인)에 대하여 위 1) [2]항의 청구를 하면서 다른 사원(발기인)에게 연대책임 부담을 청구하는 경우.

현실에서 회사가 발기인에게 이러한 책임을 묻기는 쉽지 않을 것이다(위 ①의 경우). 또한 회사의 어느 발기인이 자신도 연대책임을 부담하는 마당에 굳이 다른 발기인들에게 연대책임을 추궁하기란 쉽지 않을 것이다(위 ②의 경우). 따라서 이 규정은 위 ③의 경우, 즉 유한책임공사의 채권자가 출자의무를 불이행한 발기인을 상대로 자신에게 직접 채무를 이행할 것을 청구하는 위 1) [2]항의 경우에 주로 고려될 것으로 보인다.

3] 이 규정에 의하여 발기인이 부담하는 책임은 우리 주식회사 발기인의 자본충실책임, 그중에서도 주식회사가 설립된 경우의 납입담보책임과 그 법적 성질이 동일하다고 본다. 또한 연대의 성격 역시 우리 민법상 부진정연대채무에 준하여 이해해도 무방하다고 본다. 따라서 이 연대책임을 이행한 발기인은 다른 발기인들(출자의무를 불이행한 발기인 포함)에 대하여 구상권(중국법 용어: 追偿权[추상권]. 자신의 변제로 이익을 본 자를 추적해서 상환받을 권리라는 의미)을 취득한다(위 규정 제13조 제3항에서도 이를 주의적으로 규정하고 있다). 이러한 사정을 고려할 때, **사원 간 계약에 발기인들 중 일부가 출자의무를 불이행하고 그로 인하여 다른 발기인이 대신 출자의무를 이행한 경우 발기인들 상호 간의 내부적인 분담비율을 어떻게 정할지에 관해서도 미리 약정해 두는 것을 고려해 볼 필요가 있다.**

[2] **이사 및 고급관리인원(증자 시의 출자의무 불이행 시):** 최고인민법원 회사법규정 (3) 제13조 제4항에서는 유한책임공사의 증자 시에 자본금 증가분의 전부 혹은 일부를 인수한 사원이 그 출자의무를 이행하지 않을 경우, 그 불이행에 관하여 이사나 고급관리인원의 법령·정관위반이나 선관주의의무·충실의무 위반

이 있으면 해당 이사나 고급관리인원도 그에 상응하는 책임을 부담한다(규정 원문: 承担相应责任)는 취지로 규정하고 있다. 이 규정의 문언만 가지고는 이 책임발생의 요건이나 책임의 법적 성격 및 범위를 명확히 파악하기 어렵다. 따라서 향후 중국에서 이루어질 추가적인 연구와 논의를 지켜볼 필요가 있다. 다만 일반적으로 볼 때 중국 인민법원이 이사나 고급관리인원의 선관주의의무(중국법 용어: 勤勉义务[근면의무])나 충실의무(중국법 용어: 忠实义务[우리와 동일]) 위반을 인정하는 데 인색함을 고려하면, 이 규정이 얼마나 실효성을 거둘 수 있을지에 관해서는 신중하게 지켜볼 필요가 있을 것이다.

3 **악의 혹은 선의·유과실의 지분 양수인:** 최고인민법원 회사법규정(3) 제18조에서는 "자본금의 등기후 분할납입제도"를 취하는 중국법의 특색을 반영하여 다음과 같이 규정하고 있다.

1] 유한책임공사의 **사원이 출자의무를 불이행한 상태에서 자신의 지분을 양도하였고 양수인이 이를 알았거나(즉 악의이거나) 알 수 있었을 경우(선의이지만 과실이 있는 경우)**에,

① 유한책임공사가 (애초 출자의무를 불이행한) 양도인에 대하여 그 출자의무의 이행을 청구하면서 양수인에게 연대책임 부담을 청구하거나,

② 다른 사원이 양도인에 대하여 위 1) 1항의 청구를 하면서 양수인에게 연대책임 부담을 청구하거나, 혹은

③ 유한책임공사의 채권자가 양도인에 대하여 위 1) 2항의 청구를 하면서 양수인에게 연대책임 부담을 청구하면,

위 세 가지 경우 모두 양수인에게 연대책임이 인정된다.

2] 따라서 **한국 투자자가 유한책임공사의 지분을 양수하고자 할 경우 법률실사 과정에서 양도인이 출자의무를 제대로 이행하였는지 확인하고, 지분양수도 계약상 양도인의 진술보장사항에 출자의무 이행 완료를 규정하는 것은 중요한 의미를 가진다.**

3] 이때 양수인이 부담하는 연대책임 역시 앞서 본 발기인의 연대책임과 마찬가지로 부진정연대채무의 실질을 가지는 것으로 이해된다.

4] 양수인이 연대책임을 이행하면, 그 이행한 한도 내에서 양도인에게 구상권을 취득한다. 위 규정 제18조에서도 이를 주의적으로 규정하고 있다. 한편 양수인이 구상권을 행사할 경우, 더 나아가 양도인 이외의 다른 사원(발기인)들도 양수인에 대하여 연대책임을 부담하는 상황이 생길 수 있다. 따라서 **사원 간 계약에 이러한 상황이 발생한 경우 사원(발기인)들 상호 간의 내부적인 분담비율을 어떻게 정할지에 관해서도 미리 약정해 두는 것을 고려해 볼 필요가 있다.**

나. 위법출자환수의 경우

1) 이행청구권자의 확장

1 위 사례에서 을이 위법출자환수를 한 경우, **회사**(A)는 물론 **다른 사원**(갑)도 을에게 그 환수한 출자 원리금을 회사에게 반환하도록 청구할 수 있다.

2 나아가 **회사 채권자**(병)은 채무자인 회사 A의 무자력으로 인하여 자신의 채권의 전부 혹은 일부를 변제받지 못할 경우, 위법출자환수를 한 을을 피고로 삼아 "피고 을이 A로부터 환수한 위법출자 원리금(따라서 출자원금에 소정의 이자를 합산한 금액)과 자신이 A로부터 상환받지 못하고 있는 채권액 중 적은 금액을 한도로, 피고 을이 자신에게 직접 금원을 지급할 것"을 법원에 소로써 청구할 수 있다. 이 경우에도 을은 회사가 무자력인 경우에 한하여 보충적으로 책임을 부담하고, 을이 법원의 판결 결과에 따라서 병에게 자신이 위법하게 환수한 출자 원리금 전액을 지급하면 그 이후 다른 회사 채권자들은 더 이상 을을 상대로 같은 청구를 할 수 없게 된다 (최고인민법원 회사법 규정(3) 제14조).

3 요컨대 이행청구권자의 범위에서는 위에서 살펴본 이행지체·이행불능·불완전이행의 경우와 차이가 없다.

2) 이행의무자의 확장

1 이 경우 이행의무자는 을 이외에, **을의 위법출자환수에 협조한**(규정원문: 协助抽

逃出资的) **다른 사원, 이사, 고급관리인원, 실질적 지배자**(그 의미에 관해서는 제4장 제2절 제2관 IV. 4. 회사법 제216조 제3호에 관한 설명 참조)에 대해서까지 확장되고, 이들은 **을과 연대책임**(규정원문: 连带责任. 우리의 부진정연대채무에 상응하는 것으로 이해할 수 있다)을 부담한다(최고인민법원 회사법 규정(3) 제14조).

[2] 따라서 이행의무자의 범위는 위에서 살펴본 이행지체·이행불능·불완전이행의 경우와 차이가 있다.

[3] 위법출자환수에 "협조"한 행위의 범위를 어디까지 인정할 것인지에 관해서는, 향후 중국에서의 연구와 논의를 살펴볼 필요가 있어 보인다.

(3) 현물출자 불이행의 구제수단

1) 한국 주식회사에서와 마찬가지로 중국 유한책임공사 설립 시에도 현물출자가 이행되지 않을 경우 원칙적으로는 강제집행을 통한 해당 현물의 이전 외에 다른 구제수단은 없다고 본다. 따라서 이러한 강제집행이 어려우면, 발기인 전원의 동의로 정관을 변경하여(즉 해당 현물출자를 삭제하고, 필요하면 이를 대체하는 출자내용을 규정한 후) 새로이 회사 설립절차를 밟을 수밖에 없을 것이다. 참고로 한국에서는 해당 현물이 다른 재산으로 대체 가능하면 다른 발기인들에게 자본충실책임을 물을 수 있다고 보는 견해가 있는데, 중국 인민법원의 이 부분에 대한 태도는 아직 명확하지 않아 보인다.

2) 현물출자를 이행하기는 하였으나 해당 현물의 가치가 애초 사원 간 계약과 정관에서 정한 가치에 미달할 경우(즉 해당 현물이 과대평가된 경우)에는 어떻게 처리할 것인가? 한국에서는 과대평가의 정도가 경미하면, 발기인이나 이사·감사에게 손해배상책임을 추궁할 수 있는 반면, 그 정도가 중대하면 현물출자 자체가 무효가 된다고 본다(송옥렬, 759면). 한편, 이 경우 더 나아가 현물출자자에게 과대평가된 부분만큼의 차액을 추가로 납입할 의무가 발생하는지에 관해서 한국의 일부 학자들은 긍정하고 있다(권기범, 417-418면). 그런데 중국 회사법은 **유한책임공사의 설립과정에서 현물출자된 재산이 과대평가된 경우 그 과대평가된 정도가 현저한 경우에 차액납입의무가 발생하고, 더 나아가 다른 발기인들도 연대책임을 부담한다**고 규

정하고 있다(중국 회사법 제30조). **따라서 유한책임공사 설립 과정에서 현물출자가 있는데 그 가치가 현저하게 과대평가된 경우 장래 다른 사원들도 그 차액납입책임을 부담할 위험이 있음**에 유의할 필요가 있다.

(4) 사원권의 제한 내지 박탈(제명)

1) **사원이 출자의무를 불이행하는 경우, 유한책임공사는 정관이나 사원총회 결의에 기하여 그 사원의 이익배당청구권, 증자 시 우선출자권**(우리 주식회사의 신주인수권에 해당), **잔여재산분배청구권 등 사원의 권리에 대하여 상응하는 합리적인 제한**(규정원문: 相应的合理限制)**을 가할 수 있다**. 고분유한공사의 경우에도 마찬가지이다(최고인민법원 회사법규정(3) 제16조).

2) 나아가 **사원이 출자의무를 전혀 이행하지 않거나(즉 출자의무 전부에 대한 이행지체나 이행불능) 자신의 출자액 전부를 위법환수하여 유한책임공사가 그 이행을 최고하였으나 합리적인 기간 내에 이행하지 아니할 경우, 유한책임공사는 사원총회의 결의에 기하여 그 사원의 자격을 박탈(우리 회사법상 제명에 상응)할 수 있다**. 이 경우 유한책임공사는 제명되는 사원이 애초 출자하기로 하였던 부분에 관하여 ① 유상감자 절차를 밟거나, ② 다른 사원 혹은 제3자가 대신 출자하도록 하는 조치를 늦지 않게 취해야 한다. 유의할 점은, 만일 ① 혹은 ②의 절차가 완료되기 전에 회사 채권자가 위 (2)에서 살펴본 바에 따라서 관련 당사자들에게 책임을 물을 경우 인민법원에서 그 청구를 인용한다는 것이다(최고인민법원 회사법 규정(3) 제17조).

(5) 행정벌

사원이 출자의무를 불이행한 경우 관할 시장감독관리부서는 그 시정을 명할 수 있고, **불이행한 출자금액의 5% 이상 15% 이하의 벌금**을 부과할 수 있다(중국 회사법 제199조, 제200조). 나아가 경우에 따라서는 **회사설립등기 자체가 취소되거나 영업허가증이 말소될 수 있다**(회사등기관리조례 제63조, 제64조).

⑹ 사안별 판단

최고인민법원 회사법규정(3)은 각급 인민법원에게 다음과 같이 각종 출자에 관한 법률적용 지침을 내리고 있다.

1 **어느 사원이 자신에게 처분권이 없는 재산을 유한책임공사에 출자한 경우에도 해당 출자**(출자목적인 재산권의 이전)**가 중국 물권법 제106조 소정의 선의취득의 요건을 갖춘 경우에는 유효한 출자로 인정된다**. 참고로, **중국의 선의취득은 우리와 비교할 때 아래 2가지 점에서 뚜렷한 차이가 있다**(申卫星, 240-251면; 송덕수 432-435면 참조).

1] 가장 뚜렷한 차이로서 중국은 부동산 물권에 관해서도 선의취득이 인정된다. 아직 전국 단위의 부동산 등기부 정비작업도 완비되지 않은 상태에서 그 등기의 공신력부터 인정하는 중국의 입법 태도는 한국 법률가나 실무가 입장에서 낯설기는 하다.

2] 선의취득의 원인이 되는 법률행위(거래행위)가 있어야 하고 그 과정에서 양도인이 합리적인 가격으로 양도하여야 한다. 따라서 시장가격보다 현저하게 낮은 가격으로 양도하거나 무상으로 양도한 경우에는 중국법상 선의취득이 인정되지 않는다.

2 어느 사원이 범죄행위로 취득한 금전을 출자하여 지분을 취득한 경우, 그 범죄행위를 처벌할 때 해당 지분도 함께 경매(중국법 용어: 拍卖[박매])나 임의매각(중국법 용어: 变卖[변매]. 즉 수의계약 방식을 통한 매각)을 통하여 처분(즉 다시 금전으로 환원)하여야 한다.

3 **어느 사원이 토지사용권을 출자할 경우, ① 그 토지사용권은 애초 국가로부터 취득할 때에 출양을 통하였어야 하고, ② 그 토지사용권에는 어떠한 권리부담**(예컨대 저당권이나 가압류)**도 설정되어 있지 않아야 한다**.

1] 중국법상 사인이 국가로부터 토지사용권을 취득할 수 있는 방법은 출양과 획발이다. 우리 법의 시각에서 설명하면, **출양**(중국법 용어: 出让)**은 국가가 민사법률관계의 주체로서 사인에게 지료를 일시불로 지급받으면서 지상권을 설정해 주는 것**으로 이해할 수 있다. **획발**(중국법 용어: 划拨)**은 국가가 행정법**

률관계의 주체로서, 주로 공공사업(군사기지, 사회인프라 시설, 학교, 병원)**의 목적으로 사인에게 지료를 받지 않고 무상으로 토지사용권을 설정해 주는 것**으로 이해할 수 있다. 요컨대 중국 내 기업이 영리를 목적으로 토지를 사용하고자 할 경우 반드시 국가에게 일정한 대가를 지급하고 취득한 토지사용권만을 사용하도록 하는 것이 위 ① 제한의 취지이다.

2] 출양으로 취득한 토지사용권이라 하더라도 해당 토지사용권상에 저당권이 설정되어 있거나 가압류가 되어 있으면, 회사가 현물출자 이후 저당권 실행이나 강제집행에 의하여 그 토지사용권을 상실할 우려가 있음을 고려하여 둔 것이 위 ② 제한이다.

3] 토지사용권의 출자가 위 2가지 요건의 전부 혹은 일부를 갖추지 못한 경우, 해당 출자자는 합리적인 기간 내에 이를 보완하여야 하고, 그러지 못할 경우 인민법원은 해당 출자자가 출자의무를 불완전하게 이행한 것으로 본다.

[4] 어느 사원이 **현물출자**를 하면서 **법에 따른 가치평가**(valuation) **절차**를 밟지 않은 경우, 회사·다른 사원·회사 채권자는 인민법원에 그 절차를 밟도록 청구할 수 있다. 그 가치평가액이 정관에서 정한 현물의 가액보다 현저하게 낮으면 그 현물출자의무를 불이행한 것으로 인정된다. 그런데 여기에서 "현저하게"가 구체적으로 어느 정도를 의미하는지에 관해서 관련 규정은 침묵하고 있다.

[5] **현물출자의 목적이 건물, 토지사용권 기타 그 권리 이전에 등기를 요하는 지적재산권인** 경우, ① **이전등기 외에** ② **회사가 실제로 그 출자 목적을 사용할 수 있도록 하여야 출자의무를 이행한 것으로 인정된다. 특히 ②의 조치가 완료되기 전에는 해당 출자를 한 자가 사원으로서의 지위를 취득하지 못함**에 유의하여야 한다. 그 결과,

1] 사원이 그 건물, 토지사용권이나 지적재산권을 회사가 사용하도록 하고 있으나 그 이전등기는 경료하지 않은 경우, 회사·다른 사원·회사 채권자는 인민법원에 소를 제기하여 합리적인 기간 내에 그 사원이 이전등기 절차를 밟도록 청구할 수 있다. 그에 따라 출자의무를 부담한 사원이 이전등기를 경료한 경우, 회사가 그 출자 목적을 사용하기 시작한 시점부터 사원으로

서의 권리를 누릴(규정 원어는 享有[향유]인데, 이는 권리를 행사한다는 의미와 그 행사의 결과로서 발생하는 효과와 이익을 취득·보유한다는 의미를 모두 가진다) 수 있다.

2] 위 1] 과 반대로, 사원이 이전등기는 경료하였으나 아직 그 건물, 토지사용권이나 지적재산권을 회사가 사용하지 못하도록 하고 있는 경우, 회사·다른 사원·회사 채권자는 인민법원에 소를 제기하여 그 사원이 출자 목적인 건물, 토지사용권, 지적재산권을 회사가 사용하게 하도록 청구할 수 있다. 이 경우 출자의무를 부담하는 사원은 비록 이전등기를 경료한 후에라도 회사가 출자목적을 사용할 수 있을 때까지는 사원으로서의 권리를 누리지 못한다.

6 **현물출자의 목적이 다른 유한책임공사의 지분인 경우** 그 현물출자가 완료되기 위한 요건은 아래와 같다.

1] **출자자가 출자목적인 지분을 적법하게 보유하고 양도할 수 있을 것**.

2] **출자목적인 지분에 권리의 하자나 권리 제한이 없을 것**.

3] **출자자가 지분양도에 관한 법정 절차를 모두 밟았을 것**. 중국 회사법에 따르면, ① 다른 사원 과반수의 서면 동의(양수인이 기존 사원이 아닌 경우), ② 정관 수정(사원 교체 기재), ③ 양도인 출자증명서 회수·폐기 및 양수인 앞 출자증명서 발급, ④ 사원명부 개서(사원 교체 기재), ⑤ 관할 시장감독관리부서에의 사원 변경 등기가 필요하다. ⑥ 출자목적인 지분을 발행한 회사가 외상투자 유한책임공사인 경우에는 관할 상무부서에의 보고도 필요하다.

4] **출자목적인 지분에 대하여 적법하게 가치평가(규정원어: 价值评估)를 하였을 것**.

5] 위 1] 항 내지 3] 항 요건들 전부 혹은 그중 일부를 충족하지 못한 경우, 회사·다른 사원·회사 채권자는 관할 인민법원에 그 출자의무의 불이행을 주장할 수 있다. 이때 인민법원은 출자자에게 합리적인 기간 내에 이를 보완하도록 명령할 수 있고, 그럼에도 출자자가 그 명령을 준수하지 못하면 인민법원은 비로소 출자자가 출자의무를 불이행한 것으로 인정한다. 위 4]항의 요건을 충족하지 못한 경우에는 위 4의 규정에 따라 처리한다.

7 현물출자가 적법하게 이행된 후에 시장의 변화 기타 객관적인 변수로 인하여

출자 목적물의 가치가 하락하더라도 출자자는 그 하락분을 전보할 책임을 부담하지 않는다. 단 이에 관해 회사와 출자자(및 다른 출자자들) 사이에 별도의 약정을 체결하여 달리 정할 수 있음은 당연하다.

이론 Tip 최고인민법원 사법해석의 법적 성격

1) 최고인민법원 회사법규정(3)의 원래 명칭은 "최고인민법원의 중화인민공화국 회사법 적용에 있어서 몇 가지 문제에 관한 규정(3)(最高人民法院关于适用《中华人民共和国公司法》若干问题的规定(三))"인데, 중국에서는 이 규정을 사법해석(司法解释)이라 한다. 사법해석은 중국에서 최고인민법원(한국의 대법원에 유사함)과 최고인민검찰원(한국의 대검찰청에 유사함)이 공표하는 중국 특유의 법제형식이다. 비록 학계에서는 이론적인 측면에서 계속 논의가 되고 있으나, 사법실천 업무(즉 재판 과정에서 법을 해석·적용하는 업무)에서는 이미 최고 사법기관의 '제정법'으로 인정받고 있다(소준섭, 36-38면). 그러한 인정을 받게 된 과정은 다음과 같다.

1 1955. 6. 23. 전국인민대표대회 상무위원회는 〈법률해석문제에 관한 결의〉를 제정·공포하였는데, 그 내용 중에 "심판 과정 중 어떻게 구체적으로 법률과 법령을 응용할 것인가의 모든 문제는 최고인민법원의 심판위원회가 해석을 진행한다"라고 규정함으로써, 최고인민법원의 사법해석권을 규정하였다.

2 1979. 7. 1. 통과된 〈인민법원조직법〉 제33조에서는 "최고인민법원은 심판 과정 중 어떻게 구체적으로 법률과 법령을 응용할 것인가의 문제에 대하여 해석을 진행한다"고 규정함으로써, '법률'의 형식으로 명확하게 최고인민법원의 사법해석권을 인정하였다.

3 위 법률을 근거로 삼아서, 중국 최고인민법원은 2007. 3. 9. 자로 공포한 〈사법해석 공작에 관한 규정(关于司法解释工作的规定)〉에서 최고인민법원에서 공포한 사법해석은 법률 효력이 있고(규정원문: 最高人民法院发布的司法解

释、具有法律效力), 재판에서의 근거로 원용할 수 있다고 규정하였다(제5조, 제27조 제1항).

2) 이에 따라, 중국 법원의 재판 실무에서는 사법해석에 법률로서의 효력을 인정하여 당사자의 실체적 권리의무에 대한 판단의 근거로 원용하고 있다.

7. 발기인이 회사 설립 전 체결한 계약의 효력

1) 발기인은 회사를 설립하는 과정에서 자신의 명의로 혹은 설립중 회사의 명의로 회사 설립에 필요한 각종 계약을 체결하기 마련이다. 예를 들면, 장래 회사가 사용할 사무실의 임대차계약, 공장건물의 매수계약, 설립을 위해 직원을 먼저 채용한 경우 직원 고용 계약, 각종 비품의 구매계약 등을 생각해 볼 수 있다. 이러한 계약의 구속력이 장래 설립된 회사에게도 미치는지에 관하여 중국과 우리 사이에 차이가 있다.

우리는 이 문제를 "설립 중 회사"라는 도구 개념을 사용하여, 발기인이 ① 자신의 권한 범위 내에서 ② 설립 중 회사의 명의로 계약을 체결한 경우에 한하여 그 계약의 효력이 자동적으로 설립후 회사에게도 미치는 것으로 이론구성한다. 그에 따라서 ① 그 계약 체결 행위가 발기인의 권한 범위에 속하지 않을 경우, 설립후 회사가 추인할 수 있는지에 관하여 긍정설, 부정설 절충설(재산인수만 추인 부정) 등의 견해 대립이 있고, ② 그 계약을 발기인 개인 명의나 발기인들의 공동명의(즉 민법상 조합인 발기인 조합의 명의)로 체결한 경우에는 별도의 이전행위가 있어야 한다고 본다. 또한 발기인의 권한 범위에 관해서도 견해가 통일되어 있지 않다(장덕조(회), 80~82면).

2) 중국 역시 설립 중 회사라는 개념을 사용하지만, 우리처럼 학설에 맡기지 않고 실정법에서 아래와 같은 원칙 규정을 두고 있다(최고인민법원 회사법 규정(3) 제2조, 제3조).

1 **발기인이 설립 중 회사의 명의로 제3자와 계약을 체결한 경우, 그 계약의 효력은 원칙적으로 설립후 회사에게 미친다**(제3자는 설립후 회사에게 해당 계약의 이행을

청구할 수 있다). **다만, 설립후 회사가 "발기인이 사적인 이익을 위하여 해당 계약을 체결하였음"을 입증하면 그 이행을 거절할 수 있다. 그러나 이때 계약 상대방이 다시 발기인과 해당 계약을 체결할 당시 자신이 선의였음을 입증하면 회사는 이행을 거절할 수 없다.**

2 발기인이 회사를 설립하기 위하여 자신의 명의로 제3자와 계약을 체결한 경우, 그 계약의 효력은 원칙적으로 계약을 체결한 발기인에게만 미치고 설립후 회사에게는 구속력을 가지지 않는다. 따라서 계약 상대방은 회사 설립후에도 여전히 계약 당사자인 발기인에 대해서만 그 이행을 청구할 수 있을 뿐이다. 다만 설립후 회사가 ① 그 계약의 효력을 받을 것을 승인하거나(원문에서는 그 계약을 확인한다[对合同…予以确认]고 표현하고 있으나 그 법적 의미는 발기인이 가지는 해당 계약상 권리의무를 승계받음을 인정한다는 의미로 이해된다) ② 그 계약상 권리를 행사하거나(원문에서는 권리를 향유[享有]한다고 표현하고 있어서, 권리 행사로 인한 효익을 보유한다는 의미도 함께 가진다) 의무를 이행한 경우에는, 설립후 회사에게도 해당 계약의 효력이 미쳐서 상대방은 설립후 회사에게 그 이행을 청구할 수 있다.

3) 한국에서는 발기인의 권한 범위를 벗어나는 계약은 설사 설립 중 회사의 명의로 체결하더라도 그 효력이 설립 중 회사에게 귀속되지 않고 그 결과 설립후 회사에게 이전되지도 않는다고 본다(송옥렬, 777면). 반면 위 1의 중국법 규정을 보면 중국에서는 이 경우 설립후 회사가 적극적으로 해당 계약이 발기인의 권한 범위를 벗어남(즉 발기인이 설립후 회사가 아니라 자신 혹은 설립후 회사가 아닌 제3자의 사적인 이익을 위하여 해당 계약을 체결하였음)을 입증하여야 이행을 면할 수 있다(상대방이 선의이면 이마저도 허용되지 않는다)는 점에서 우리보다 거래 안전에 더 중점을 두고 있는 것으로 보인다.

8. 재산인수, 사후설립에 대한 중국의 규제

(1) 재산인수에 대한 규제

1) 재산인수란 발기인이 설립 중 회사를 대표하여 회사의 성립을 조건으로 특

정인으로부터 일정한 재산을 양수하기로 약정하는 계약을 뜻한다. 전형적인 사례는 발기인이 설립 중 회사 명의로 장래 재고품 보관 창고로 사용할 건물을 매수하는 계약을 회사 성립을 정지조건으로 체결하는 것이다.

2) 우리 상법에서는 주식회사 설립 시 자본충실을 확보하기 위하여, 발기인의 재산인수 행위(발기인이 재산인수행위로서 체결한 재산양수계약)를 정관에 기재하여야만 효력이 발생하는 정관의 상대적 기재사항으로 규정하고 있다(상법 제290조 제3호). 그에 따라 우리의 통설 및 판례도 정관에 규정하지 않은 재산인수행위는 무효라고 본다. 반면 **중국에서는 재산인수의 효력에 관하여 정관에의 기재를 요구하는 법적 규율은 없고, 앞에서 본 발기인의 회사설립 전 계약체결행위로서 원칙적으로 유효하다고 본다**.

3) 한 가지 주의할 점이 있다. 우리 상법에서는 현물출자는 물론 재산인수의 경우에도 원칙적으로 검사인이나 공증인의 가치평가(Valuation)를 받도록 하고 있는 반면(장덕조(회), 86-92면 참조), **중국 회사법에서는 재산인수의 경우 가치평가를 요구하고 있지 않다. 따라서 한국 투자자로서는 유한책임공사를 설립하는 과정에서 재산인수 행위가 필요한 경우, 한국법 전문가의 조언을 받아서 사원 간 계약서와 정관에 재산인수에 관하여 우리 상법 규정 및 실무를 참고하여 추가로 규정할 필요는 없는지 확인해 볼 필요가 있다**.

(2) 사후설립

사후설립은 회사 성립직후 회사가 일정한 재산을 취득하였는데 그 실질이 현물출자와 마찬가지로 파악되는 경우를 일컫는다. 현물출자의 경우 가치평가를 받아야 하기 때문에, 그 번거로움을 회피하기 위한 수단으로 사용된다. 이를 규제하기 위하여 우리 상법은 회사 성립 후 2년 내에 그 성립 전부터 존재하는 재산으로서 영업을 위하여 계속 사용하여야 할 것을 자본금의 5% 내에 해당하는 대가로 취득할 경우 주주총회의 특별결의를 받도록 하고 있다(상법 제375조). 그런데 **중국 회사법에서는 사후설립에 관하여 이러한 규제를 두고 있지 않다. 따라서 한국 투자자로서는 유한책임공사를 설립하는 과정에서 사후설립이 필요한 경우, 한국법 전문**

가의 조언을 받아서 사원 간 계약서와 정관에 사후설립에 관하여 우리 상법 규정 및 실무를 참고하여 추가로 규정할 필요는 없는지 확인해 볼 필요가 있다

9. 발기인의 책임

앞에서 설명하였듯이 유한책임공사의 발기인은 유한책임공사 설립 시의 사원(원시정관에 기재된 사원)이다. 이를 염두에 두고 아래 설명을 살펴보기 바란다.

(1) 회사 불성립 시의 책임

1) 우리 상법은 주식회사가 성립하지 못한 경우 발기인이 그 설립에 관한 행위에 대하여 연대하여 책임을 지도록 하고 있다(상법 제326조 제1항). 주식회사가 성립하지 못한 경우란 주식회사의 설립절차에 착수하였으나 종국적으로 설립등기에 이르지 못한 경우를 의미한다. 또한 주식회사의 설립에 관하여 지급한 비용도 발기인이 부담하도록 하고 있다(상법 제326조 제2항). 발기인의 이 책임은 상법이 특별이 인정한 무과실·연대책임이다(장덕조(회), 105면). 중국 역시 우리와 같은 입장에서 아래와 같이 규정하고 있다(최고인민법원 회사법규정(3) 제4조).

1. **회사가 어떠한 사유로 성립하지 못한 경우**(규정원문: 公司因故未成立), **회사 채권자는 발기인의 전부 혹은 일부에 대하여 회사설립행위로 인하여 발생한 비용과 채무를 연대하여 지급해 달라고 청구할 수 있다**.
2. 발기인의 일부가 위 청구에 응하여 회사채권자에게 지급한 경우, 다른 발기인에게 구상권을 행사할 수 있다. 이때 발기인들 상호간의 분담비율은 ① 상호 약정한 분담비율이 있으면 그에 따라 정해지고, ② 상호 약정한 분담비율이 없으면 애초 약정하였던 각자의 출자비율에 따라 정해지며, ③ 그마저도 없으면 균등한 비율이 된다. 다만, 일부 발기인에게 회사가 성립하지 못한 데에 과실이 있는 경우, 인민법원은 그 과실을 참작하여 해당 발기인의 책임범위(내부분담비율)를 정한다.

2) **회사 불성립의 경우 발기인은 제3자에 대한 손해배상책임도 부담한다**(최고

인민법원 회사법규정(3) 제5조). 즉 회사가 어떠한 사유로 성립하지 못하였는데 발기인이 회사설립직책의 이행으로 인하여 제3자에게 손해를 끼친 경우, 제3자는 모든 발기인들에게 연대하여 손해배상책임을 부담할 것을 청구할 수 있다. 이때 과실이 없는 발기인은 제3자에게 손해배상책임을 이행한 후 과실 있는 발기인에게 구상권을 행사할 수 있다. 중국 역시 불법행위 책임에는 원칙적으로 가해자의 고의 내지 과실이 요구되는데(침권행위법 제6조), 이 규정에서는 **무과실의 발기인도 손해배상책임을 부담**하도록 하고 있다는 점에서, 법률에 의하여 특별히 인정되는 무과실의 법정 책임으로 이해된다. 다만, 이때 ① 제3자에 다른 발기인이나 기타 사원도 포함되는지, ②포함될 경우 다른 발기인이나 기타 사원이 입은 간접손해(회사가 손해를 입은 결과 발생한 다른 발기인이나 기타 사원이 보유하는 지분의 재산적 가치 감소분)도 포함되는지에 관하여, 중국에서 별도의 규정은 없다(우리의 통설은 ①, ②의 질문에 모두 긍정하는 입장이다[송옥렬, 781면]).

(2) 회사 성립 시의 책임

회사 성립 시 발기인의 책임은 위 6.에서 소개한 발기인의 책임을 참고하기 바란다. 한 가지 추가하면, 회사가 성립한 경우 발기인이 그전에 회사설립직책의 이행으로 인하여 제3자에게 끼친 손해가 있으면 발기인이 아니라 회사가 손해배상책임을 지도록 하고 있다. 다만 회사는 그 배상책임을 이행한 후 과실이 있는 발기인에게 구상권을 행사할 수 있다(최고인민법원 회사법규정(3) 제5조). 하지만 이때에도 발기인이 제3자에 대하여 직접 일반 불법행위책임을 질 가능성은 염두에 두어야 할 것이다. 중국 불법행위법(侵权责任法[침권책임법])상 일반 불법행위의 성립요건은 우리 민법 제750조와 차이가 없는 것으로 이해된다. 참고로 우리의 경우 회사 성립시 악의나 중과실로 인하여 그 임무를 해태한 발기인은 중국에서와 달리 제3자에 대하여 직접 연대하여 손해배상책임을 진다(상법 제322조 제2항). 이는 상법이 특별히 인정한 법정 책임이어서, 발기인의 행위가 제3자에 대하여 민법 제750조 소정의 일반 불법행위의 요건을 충족하면 그 또한 인정되어, 청구권의 경합이 생긴다.

10. 실제 납입자본금의 확인 방법

과거 중국에서 모든 회사는 실제 자본금이 납입될 때마다 ① 공인회계사로부터 자본금 납입검사를 받고, ② 당해 공인회계사가 작성한 자본금납입 검사보고서(중국법 용어: 验资报告书[험자보고서])를 관할 등기부서(당시 명칭은 공상행정관리부서, 지금은 시장감독관리부서로 변경되었다)에 제출하여, ③ (실제납입자본금이 증액되는 내용의) 변경등기를 함과 동시에 당해 등기부서로부터 실제납입자본금이 증액된 새로운 영업허가증(중국법 용어: 营业执照[영업집조])을 발급받아야 하였다. 그런데 중국 회사법이 개정되면서 2014. 3. 1.자로 이러한 자본금납입 검사의무는 폐지되었다. 이처럼 실제 납입된 자본금액에 대한 외부 회계사 사무소의 검사 및 관할 등기부서의 공적 확인 절차가 폐지됨으로 인하여, 중국 회사와 거래하는 상대방으로서는 당해 회사 신용을 판단하는 1차 척도인 실제납입 자본금액의 진실성을 확인하기가 어려워졌다. 중국정부도 이 부분의 문제점을 충분히 인지하고, 아래와 같은 보완책을 내어 놓았다.

(1) 상무부의 보완조치

1) 중국 상무부가 2014. 6. 17. 공포한 "상무부의 외자심사 허가관리업무의 개선에 관한 통지(商务部关于改进外资审核管理工作的通知)"에 따르면, 외상투자기업 설립 시 정관과 사원 간 계약서에 최초 납입자본금, 자본금 분할납입 일정, 자본금 중 현물출자가 차지하는 비율을 명시하도록 요구하면서, **출자자가 자본금을 납입하면 외상투자기업으로 하여금:**

1 관련법규에 따라서 회사 명칭, 설립일, 등록자본금, 투자자 명칭, 자본금 납입방식(현금출자인지 현물출자인지), 실제 납입자본금액, 자본금 실제납입 일자, 합작조건 내용, 출자증명서 일련번호, 발급일 등이 기재된 **출자증명서**(出资证明书)**를 출자자에게 발급하고,**

2 **그 발급일로부터 30일 이내에 관할 상무부서에 회사 인장이 날인된 출자증명서 사본과 자본금 납입이 실제로 이루어졌음을 증명하는 자료**(예컨대, 현금 출자

의 경우 은행 납입증 기타 이와 동등한 효력을 가지는 문서 등, 현물 출자의 경우 현물이전증명, 감정평가기준, 무형자산양도계약서 등)**를 제출**하도록 하였다.

2) 따라서 거래상대방는 출자자에게 출자증명서 원본의 제시를 요구하거나, 관할 상무부서에 가서 출자증명서의 사본을 열람하는 방식으로 해당 외상투자기업의 실제 납입자본금의 액수를 확인해 볼 수 있게 되었다.

⑵ 공상행정관리국의 보완조치: 기업공시제도

중국 국무원은 2014. 8. 7. "기업정보공시 임시시행조례(企业信息公示暂行条例)"(이하 "기업공시조례")를 공포하였고, 이에 기초하여 국가공상행정관리총국(현재 명칭: 시장감독관리총국)은 2014. 8. 19. "기업경영이상명부관리 임시시행방법(企业经营异常名录管理暂行办法)"(이하 "이상명부 관리방법")를 공포하여, **"기업의 연도보고 및 공시제도"의 내용 중 하나로 실제 납입 자본금을 공시하도록 요구**하였다.

"기업공시조례" 및 "이상명부 관리방법"의 주요 내용을 소개하면 아래와 같다. 특히 **공시제도는 거래 상대방이 외상투자기업의 재무상태 기타 주요 현황을 파악하는 중요한 수단이기 때문에, 외국투자자로서는 이를 잘 숙지해 둘 필요가 있다. 아울러 중국 내 외상투자기업을 자회사로 보유하고 있는 한국 기업으로서는 중국 내 공시제도를 위반하여 불이익을 입는 일이 발생하지 않도록 유의할 필요가 있다.**

1) 정부기관별 공시대상(기업공시조례 제6조)

1 시장감독관리부서는 자신이 관할하는 기업에 관한 아래의 정보를 **해당 정보 사실 발생일로부터 20일 이내에 공시**하여야 한다

① 등기, 등록정보

② **동산저당등기정보**

※ 중국 물권법상 공장의 원자재, 반제품, 완제품, 기계설비에 대해서는 동산저당권(动产抵押权)을 설정할 수 있는데, 이 경우 관할 시장감독관리부서에의 "동산저당등기(动产抵押登记)"는 선의의 제3자에 대한 대항요건으로서 요구된다. 참고로 중국에서는 우리와 같은 집합동산 양도담보제도는 인정되지 않는

다(제6장의 관련 내용도 함께 참고할 것).

③ **유한책임공사의 지분에 대한 질권설정등기정보**

④ 행정처벌 관련정보

⑤ 기타 법에 의하여 공시하여야 할 정보

[2] 시장감독관리부서 이외의 정부부서도 자신의 직책을 수행하는 과정에서 발생한 행정허가 수여, 변경, 연장관련 정보나 행정처벌 관련정보 혹은 기타 법에 의하여 공시하여야 할 정보를 공시하여야 한다.

2) 연도보고서 제출을 통한 정기공시의무(기업공시조례 제9조)

[1] 기업은 **매년 1월 1일부터 6월 30일까지의 기간 중에**, 기업신용정보 공시시스템(企业信用信息公示系统, http://gsxt.saic.gov.cn)을 통하여 직전 연도에 대한 **연도보고서**(年度报告)를 관할 시장감독관리부서에 제출함으로써 이를 **공시**하여야 한다. 모든 기업은 설립된 그다음해부터 이러한 연도보고서 제출 및 공시의무를 부담한다.

[2] 기업연도보고서에는 아래 내용이 포함된다.

① 주소, 우편번호, 전화번호, e-mail 등에 관한 정보

② 개업, 휴업, 청산 여부 등 존속상태에 관한 정보

③ 자회사 설립, 지분매입에 관한 정보

④ **유한책임공사의 사원 혹은 고분유한공사의 발기인의 인수자본금**(认缴出资额) **및 실제납입자본금**(实缴出资额), **납입기간, 납입방식** 등에 관한 정보

⑤ **유한책임공사 사원의 지분양도 등 지분 변경**에 관한 정보

⑥ 홈페이지와 online store의 명칭, 웹사이트 주소 등에 관한 정보

⑦ **종업원수, 자산총액, 부채총액, 보증 내지 담보총액, 자본총액, 총영업이익, 주영업이익, 이윤총액, 순이익, 납세총액 등에 관한 정보. 단 이 항목은 해당 기업이 공시여부를 선택할 수 있다.**

***3) 수시공시의무**(기업공시조례 제10조)*

기업은 **아래 정보 변경일로부터 20일 근무일 이내에** 기업신용정보 공시시스템을 통하여 이를 **공시**하여야 한다.

① **유한책임공사의 사원, 고분유한공사의 발기인의 인수자본금 및 실제납입자본금, 납입기간, 납입방식** 등에 관한 정보

② **유한책임공사 사원의 지분양도 등 지분변경**에 관한 정보

③ **행정허가**의 취득, 변경, 연장에 관한 정보

④ **지식재산권상 질권설정등기**에 관한 정보

⑤ **행정처벌** 관련정보

⑥ 기타 법에 의하여 공시하여야 하는 정보

***4) 공시의무위반에 대한 제재**(기업공시조례 제17조, 이상명부관리방법)*

[1] 특정기업이 위 2)항 소정의 정기공시의무나 위 3)항 소정의 수시공시의무를 이행하지 않거나 공시한 내용이 진실하지 않은 경우, 현 단위 이상의 시장감독관리부서는 해당 기업 및 그 사실을 "경영이상명부(经营异常名录)"에 기재하고, 기업신용정보공시시스템을 통하여 이를 공시한다.

[2] 이후 3년간 지속적으로 공시의무를 위반하면, 국무원 시장감독관리총국 내지 성, 자치구, 직할시 단위 시장감독관리부서가 그 사실을 "엄중위법기업명부(严重违法企业名单)"에 기재하고, 기업신용정보공시시스템을 통하여 이를 공시한다. 특히 엄중위법기업명부에 기재된 기업의 법정대표자, 책임자는 이후 3년간 다른 기업의 법정대표자, 책임자로 임명될 수 없다. 경영이상명부와 엄중위법기업명부는 공시의무를 해태하는 기업들의 blacklist이고, 이를 공중에 공개함으로써 그들과 거래하는 상대방에게 주의를 환기하는 역할을 한다.

5) 소 결

위에서 보듯이, 기업공시조례는 거래 상대방 입장에서 중요한 여러 정보들 중 하나로서 유한책임공사 및 고분유한공사의 실제납입자본금 및 자본금 납입일정

등을 시장감독관리부서의 공시를 통하여 확인할 수 있도록 해 주었다. 다만, 여전히 고분유한공사의 경우 발기인 이외의 주주의 납입자본금을 확인하는 데에는 어려움이 있다.

Ⅲ. 차입 형식의 자금 조달

1. 회사채 발행에 의한 자금조달의 어려움

1) 중국 회사법에 따르면 우리의 주식회사에 유사한 고분유한공사는 물론 우리의 유한회사에 유사한 유한책임공사도 회사채를 발행할 자격이 있다(우리는 유한회사의 경우 회사채 발행이 자산유동화 전문회사와 같은 예외를 제외하고는 원칙적으로 금지된다). 다만, 구체적으로 살펴보면, 회사채 공모발행요건에 관해서 다음과 같은 여러 가지 법규상 제약이 있다(중국 증권법 제16조, 제17조 등).

① 최소 순자산요건: 유한책임공사는 인민폐 6,000만 위안 이상, 고분유한공사는 인민폐 3,000만 위안 이상의 순자산이 있어야 한다.

② 회사채 발행한도 요건: 이미 발행되어 있는 회사채의 미상환액과 현재 발행하고자 하는 회사채 발행액의 총합계액이 회사 순자산의 40%를 초과할 수 없다.

③ 회사채 상환능력 요건: 최근 3년간의 평균 배당가능이익이 회사채 연이자를 지불하기에 충분하여야 한다(재무건전성 관련 요건).

④ 목적 요건: 회사채 발행으로 조달한 자금은 국가의 산업정책에 부합되게 투자되어야 한다.

⑤ 이자율 요건: 회사채의 이자율은 국무원이 정한 이자율 수준을 초과하지 못한다(국무원 “기업채권관리조례(企业债券管理条例)” 제18조는 은행의 같은 기간 주민저축정기예금 이자율의 40%를 초과할 수 없도록 규정하고 있다)

⑥ 기타 국무원이 규정한 기타 요건을 준수하여야 한다.

⑦ 절차상 요건: 위 요건을 모두 갖춘 후 증권감독관리위원회(证券监督管理委员会. 흔히 증감회로 약칭한다)로부터 회사채 발행에 대한 심사허가를 받아야 한다.

2) 아울러 위와 같은 법규상 제약을 고려하지 않더라도, 현재 외국 투자자들은 중국의 채권시장이(발행시장과 유통시장 모두) 아직은 성숙되지 않았다고 보는 데 이견이 없다.

이러한 사정을 고려할 때, 중국 내에서 외상투자기업이 인민폐 표시 회사채를 발행할 만한 동기는 그다지 크지 않다고 볼 수 있다.

2. 중국 내에서의 인민폐 차입

1) **우리와 달리 중국에서는 회사 간 직접 대출이 원칙적으로 금지된다. 중국 내에 설립된 어떠한 기업이 중국 내 다른 기업에게 대출을 해 주기 위해서는 관련 법규에 따라서 대출영업 허가를 받아야 하기 때문이다**(금융허가증관리방법[金融许可证管理办法]). 따라서 외상투자기업도 대출영업 허가를 받지 못한 일반적인 중국 내 다른 기업(예컨대 모회사가 계열회사)으로부터 직접 차입을 하는 것이 금지된다(대출통칙[贷款通则] 제61조).

2) **다만, 예외적으로 기업이 자신의 자금을 은행에 위탁한 후 은행으로 하여금 (자신이 지정한) 다른 기업에게 대출하도록 하는 방식은 허용된다**(이러한 거래를 중국법에서는 委托贷款[위탁대관]이라고 하는데, 국내에서는 흔히 **위탁대출**로 번역한다). 이 경우 은행은 대출 중개인에 불과하여 대출에 관하여 아무런 법적 책임도 부담하지 아니하며, 중개수수료만 수취한다. 사실 은행을 통한 위탁대출도 그 대출자는 위탁자인 기업이고 위탁자인 해당 기업은 대출영업 허가가 없다. 따라서 실질적 관점에서 보면 위탁대출 역시 금지되어야 할 것이다. 그럼에도 중국법이 예외적으로 이를 허용하는 이유는, 이를 통하여 ① 중국 정부는 은행의 보고시스템을 통하여 중국 내 기업 간 대출에 관한 거시적 통계수치를 파악할 수 있고, ② 은행(특히 국영은행)은 안정적인 중개 수수료 수입을 거둘 수 있기 때문일 것이다.

3) 그리고 또 하나의 예외로서 **외상투자성공사는 일정한 요건하에 자신의 계**

열사에 대한 대출이 허용되고, 더 나아가 일정한 요건을 갖추면 동일 기업집단 내 계열사들에게 대출할 수 있는 그룹재무회사(集团财务公司[집단재무공사])**의 설립이 허용된다**(商务部关于外商投资举办投资性公司的规定[상무부의 외상투자성공사 설립에 관한 규정] 제13조).

4) **중국법상 대출영업 허가를 받을 수 있는 금융기관들은 법정되어 있**는데, 대표적으로 은행(银行), 금융자산관리회사(金融资产管理公司), 신용사(信用社), 대출회사(贷款公司), 신탁회사(信托公司), 기업집단재무회사(企业集团财务公司), 금융리스회사(金融融资公司), 농촌자금상조사(农村资金互助社), 자동차금융회사(汽车金融公司), 화폐중개회사(货币经纪公司) 등이 있다(贷款通则[대출통칙] 및 金融许可证管理办法[금융허가증관리방법]). 한 가지 부연하면, 이들 금융기관에 해당하지 않음에도 불구하고 중국 내에서는 (실질적인 관점에서 보면) 탈법적인 수단을 통하여 담보부 대출을 영업으로 삼는 회사들이 실제로는 많이 존재한다. 실무에서 그림자 금융(Shadow Banking)이라고 불리는 방식 중의 하나인데, 그 구체적인 내용은 이 책에서 소개할 성질은 아니라고 생각되어 생략한다. 그런데 현실에서는 그러한 회사들이 광범위하게 그리고 정정당당하게(?) 담보부 대출 영업을 하는 탓에 간혹 한국 투자자들 중에 그것이 중국법에 반하는 것임(즉 당장은 감독기관이 묵인하고 있더라도 장래 언제든지 규제의 칼날을 들이댈 수 있다는 것)을 모르는 경우가 있어서, 주의를 요한다.

5) 외상투자기업이 중국 내 은행으로부터 인민폐로 차입을 할 경우 원칙적으로 특별한 제한을 적용받지 않고 있다. 다만, 외상투자부동산개발기업의 경우에는 인민폐 차입에 대하여 상당히 까다로운 제약을 가하고 있음에 유의하여야 한다(뒤의 제3관 I. 3. 참조).

3. 해외 차입(중국 외로부터의 외화 혹은 인민폐 차입)

(1) 개 관

1) **중국 외에서 설립된 법인은 중국 내 기업에게 대출을 해 줌에 있어서 중국법상 어떠한 자격제한이 없다. 따라서 예컨대 홍콩이나 한국에 설립되어 있는 모회사 또는 은행 지점들은 중국 내에서 금융허가증**(대출을 영업으로 할 수 있는 허가가 포함되

어 있다)을 발급받지 않았음에도 불구하고 자유롭게 중국 내 외상투자기업에게 대출을 해 줄 수 있다. 이 점 때문에, 실무상 차입(Debt Financing)을 필요로 하는 외상투자기업은 1차적으로 한국이나 홍콩에 있는 모회사, 중간지주회사 혹은 은행으로부터 주주대출(Shareholder Loan)이나 상업대출(Commercial Loan)을 받는 것을 선호한다(홍콩의 중간지주회사가 중국 내 자회사인 외상투자기업에게 대출을 해 줄 경우 먼저 홍콩 소재 은행으로부터 차입을 하여 그 재원을 조달하는 경우가 많다).

다만, 중국 정부는 이러한 해외차입의 요건과 한도에 대해서 현재 상당히 복잡하게 제한을 가하고 있다. 즉 우리처럼 과소자본제도(Thin Cap Rule)와 같은 간접적인 방식으로 과도한 해외차입을 억제하는 것이 아니라, **해외차입의 요건, 한도와 절차를 법에 규정하는 방식으로 직접적으로 규제하고 있다.** 이러한 규제를 위반한 해외차입의 효력에 관해서는 아래 (4)에서 설명한다.

2) 중국의 현행 외채규제 제도에 관하여 우선 4가지를 기억해 둘 필요가 있다.

1. **외국 투자자의 지분비율이 25% 이상인 외상투자기업은 원칙적으로 해외 차입의 요건과 한도에 관하여 2가지 방식 중 하나를 선택할 수 있다.** 전통적인 방식은 아래 (2)에서 설명하고, 2017. 5. 3.부터 시행된 새로운 방식은 아래 (3)에서 설명한다.
2. **내자기업, 외국 투자자의 지분비율이 25% 미만인 외상투자기업은 2017. 5. 3. 이후부터는 아래 (3)의 방식만 취할 수 있다. 단 외상투자 부동산기업은 제외되는데, (4)에서 따로 설명한다.**
3. **외상투자성공사와 외상투자**리스회사**에 대해서는 별도로 해외차입 한도를 확대해 주고 있다.** 이는 아래 (4)에서 설명한다.
4. **순자산액이 큰 외상투자기업일수록 (3)의 방식이 (2)의 방식보다 유리해질 가능성이 커진다.** 다만 (3)의 방식에서는 외채한도를 계산하는 것이 (2)의 방식보다 더 복잡하고 규정 문언상 일부 모호한 부분도 있어서, 필요하면 외부 회계사나 이를 감독하는 관할 외환관리부서의 의견을 들어 보는 것이 필요하다.

(2) 전통적인 방식

이 방식은 실무에서 **투주차방식**(投注差模式)이라고도 불린다. 투주차(投注差)는 "**투**자총액(投资总额)과 **주**책자본금(注册资本金. 보통 등기자본금으로 번역되는데, 그 실질은 인수자본금 총액이다)의 **차**액(差额)"을 줄여서 말한 것이다. 명칭에서 알 수 있듯이 **이 방식에서는 외채한도를 계산하는 기본구조가 투자총액에서 주책자본금을 빼는 것**이다.

이 방식은 외국 투자자 지분율이 25% 이상인 외상투자기업만이 선택할 수 있다. 참고로 아래 (3)의 방식이 2017. 5. 3.부터 시행되기 전까지는, 내자기업이 외채를 차입하기 위해서는 국가발전과 개혁위원회의 허가를 받아야 하였는데, 이를 얻기가 쉽지 않았다(일부 중국 법률사무소에서는 자기들의 업무경험에 비추어 보면 사실상 불가능하다는 답변을 주기도 하였다).

1) 해외차입 요건

외상투자기업이 투주차 방식으로 해외 차입을 하기 위해서는 아래 요건을 충족하여야 한다.

1. 외국 투자자가 외상투자기업의 지분 25% 이상을 보유할 것.
2. 외상투자기업의 최초 분할 자본금이 납입완료되었을 것. 이미 살펴본 바와 같이, 한국에서와 달리 중국에서는 외상투자기업의 사원들이 자본금을 일정 기간에 걸쳐 분할납입할 수 있는데, 이 경우 최초 분할 자본금이 납입되기 전에는 해외 차입을 실행할 수 없다.
3. 자본금을 분할납입하기로 한 경우, 외상투자기업이 예정된 자본금 분할납입 스케줄을 준수하고 있을 것.

2) 해외차입 한도액의 계산

투주차 방식에서는 특정 시점에서의 외상투자기업의 해외차입 한도액을 아래의 계산식에 따라서 산출한다.

$$\text{해외차입 한도액} = \left[(\text{투자총액} - \text{주책자본금액}) \times \frac{\text{해외투자자의 실제 납입자본금액}}{\text{해외투자자가 납입하여야 할 자본금 총액}} \right] - \text{기존 해외차입액}$$

1 중국 관련법규에 따르면, 해외차입금(중국법 용어: "外債[외채]")은 단기 외채(원금 상환기간이 1년 이하인 외채, 고정자산 취득용도로는 사용할 수 없고 원칙적으로 운영자금(working capital)으로 사용되어야 함)와 중장기 외채(원금상환기간이 1년 초과인 해외차입금)로 분류되는데, "기존 해외차입액"을 산정할 때 단기 외채는 미상환잔액(outstanding amount)으로 계산되지만 중장기 외채는 기존의 차입 누계액으로 계산된다. 즉 단기외채는 차입으로 인하여 해외차입한도가 감소하더라도 그 후 원금을 상환하면 다시 (상환액만큼) 해외차입한도가 회복되지만, 중장기 외채는 일단 차입하면 영구적으로 그 차입액만큼 해외차입한도가 감소된다.

2 다만 이 계산식에 관한 근거 법령이 있음에도 불구하고, 일부 지역의 관공서에서는 그에 저촉되는 재량을 행사하는 경우도 없지 않다. 따라서, 실무에서는 반드시 사전에 담당 공무원에게 연락하여 확인을 받아 보는 것이 바람직하다.

3) 해외차입 관련 절차

1 외채등기

외상투자기업은 **해외차입계약서 체결 후 15일 이내에 관할 외환관리부서에 외채등기를 신청**하여야 한다. 신청서에는 해외차입계약서(중문으로 작성되지 않은 경우 중문번역본) 기타 요구되는 서류들을 첨부하여야 한다. 외채 등기가 완료되면 관할 외환관리부서는 **경내기구외채계약체결정황표**(境内机构外债签约情况表) **및 계약처리증빙서류**(协议办理凭证)**를 발급**하여 준다. 종전에는 관할 외환관리부서가 외채등기증(外债登记证)을 발급해 주었으나, 2013. 5. 외환관련 규정이 큰 폭으로 개정되면서 실무상 발급 서류가 위와 같이 변경되었다.

2 외채전용계좌, 원리금상환외채전용계좌의 개설:

1] 위 1항 소정의 등기절차를 완료한 후, 외상투자기업은 자신이 소재한 지역 내의 외국환 거래은행(이하 "거래은행)에 가서 "외채전용계좌(外债专用账户)"의 개설을 신청하여야 한다. 신청 시 위 1항 소정의 절차에서 발급받은 경내기구외채계약체결정황표 및 계약처리증빙서류 등의 서류를 별첨으로 제출하여야 한다. 외채전용계좌의 용도는 외화차입금의 입금, 입금된 외화차

입금의 인민폐로의 환전 및 인출, 원리금 상환용 자금의 입금 및 (원리금 상환을 위한) 해외 송금으로 제한된다.

2] 외상투자기업의 선택에 따라 위 외화차입금의 원리금 상환을 위한 용도로 원리금상환외채전용계좌(还本付息外债专用帐户)를 별도로 개설하는 것도 허용된다. 원리금상환외채전용계좌에는 원리금 상환용 자금의 입금 및 (원리금 상환을 위한) 해외 송금만 가능하다(외채전용계좌를 통하여 원리금 상환용 자금의 입금 및 해외 송금도 가능하지만, 이 경우 [원리금상환외채전용계좌와 달리] 원리금 상환용 자금이 외채전용계좌에 입금된 날로부터 5일 이내에 이를 해외로 송금해야 하는 제약이 있다).

3] 중국법상 이러한 절차상 제약 때문에, 한국에서와 달리 대출계약서 체결후 곧바로 외상투자기업이 자신의 계좌로 해외 차입금을 송금받을 수 없고, 외채등기 경료 및 외채전용계좌 개설을 마친 후에야 비로소 차입금을 해외로부터 송금받을 수 있다. 그런데 외채등기 경료 및 외채전용계좌 개설에 소요되는 기간은 지역별로 상이하고, 동일한 지역에서도 담당 공무원의 재량에 따라서 변동이 있기 때문에, **중국 내 외상투자기업은 실제 차입금이 필요한 시점(즉 대출계약상 인출일[영문 대출계약서에서는 Drawdown Date, Borrowing Date, 혹은 Utilisation Date라고 표현한다])으로부터 역산하여 최소한 1개월 이전에 대출계약서를 체결하는 것이 안전해 보인다**.

3 환전 및 인출

외상투자기업이 위 2항 소정의 외채전용계좌에 입금된 외화차입금을 인민폐로 환전하여 사용하기 위해서는 거래은행에 위 1)항 소정 절차에서 취득한 외채계약체결정황표, 동 환전의 원인이 되는 거래가 있음을 입증할 수 있는 서류(관련 계약, 영수증, 비용청구서 등) 등을 신청서류로 제출하여야 한다.

4 원리금의 상환

외상투자기업이 외국의 대주에게 이자를 지급하거나 원금을 상환할 때마다, 경내기구외채계약체결정황표, 차입계약서, 채권자 원리금 상환 통지서, 세금 완납 증명 등 거래은행에서 요구하는 서류들을 첨부하여 대외 송금 절차를 진행하여야 한다.

(3) 새로운 방식

이 방식은 순자산(금융기관의 경우 자본)을 기초로 해외차입 한도액과 기존 해외차입액을 계산한다(이하 설명의 편의를 위하여 이 방식을 "**순자산기초방식**"이라 한다). 그 구체적인 내용은 중국 중앙은행인 인민은행이 2017. 1. 12. 반포한 통지문인 "중국인민은행의 국경간 융자에 관한 전국단위의 신중한 거시관리에 관한 통지(中国人民银行关于全口径跨境融资宏观审慎管理有关事宜的通知)"에 규정되어 있는데, 대부분 법학자보다는 경제학자가 이해하기에 편한 용어와 설명으로 구성되어 있다. 해외 차입을 하고자 하는 외상투자기업 입장에서 알아 두고 있어야 할 기본적인 사항들만 소개하면 아래와 같다.

1) 적용범위

1 순자산기초방식이 적용되는 거래인 국경 간 융자(cross-border financing)는 모든 유형의 국경 간 융자거래를 의미하는 게 아니고, 그중에서도 **자금조달을 받는 자(Borrower)가 중국 안에, 자금을 지원해 주는 자(Lender)가 중국 밖에 있는 경우**만을 지칭한다. 규정 원문은 "경내기구가 비거주자로부터 인민폐 혹은 외화표시자금을 조달받는 행위(境内机构从非居民融入本、外币资金的行为)"라고 규정하고 있지만, 모회사나 은행으로부터 대출(Loan)을 받는 외상투자기업 입장에서는 단순하게 접근해서 일응 이렇게 이해해도 무방하다. 중국의 다른 법규정에서와 마찬가지로 **홍콩, 마카오, 대만은 "중국 외"로 취급된다**.

2 위 통지문에서는 외상투자기업은 통지문 시행후 1년의 과도기간 동안에는 투주차방식과 순자산기초방식 중 하나를 선택할 수 있고, 그 기간이 지나면 자동적으로 순자산기초방식만을 적용받는다고 규정하고 있다. 그러나 **실무에서는 관할 외환관리부서와 외국환 거래은행에서 여전히 외상투자기업에게 선택권을 주고 있다**. 따라서 외상투자기업이 해외 차입을 하고자 할 경우 먼저 국경 간 융자계약신고를 하여야 하는 관할 외환관리부서에 문의해 볼 필요가 있다.

3 **순자산기초방식은 투주차방식과 달리 중국 내 설립되어 있는 모든 기업이 선**

택할 수 있다. 따라서 내자기업과 외국 투자자의 지분비율이 25% 미만인 외상투자기업도 이 방식을 선택할 수 있다. **단 부동산 기업은 아래** (4)**항에 설명된 제한을 받는다**.

2) 감독기관

투주차방식에서는 해외로부터 차입하는 화폐가 외화가 아니라 인민폐인 경우 ① 그 인민폐 차입금도 투주차방식 소정의 해외차입 한도액과 해외차입액에 포함되는지, ② 그러한 인민폐 해외차입을 인민은행과 외환관리국 중 어느 곳이 감독하는지가 불분명하였는데, 순자산기초방식에서는 이 문제를 아래와 같이 명쾌하게 정리해 주고 있다.

1 해외로부터 차입하는 인민폐 자금도 순자산기초방식 소정의 해외차입 한도액과 해외차입액에 포함된다.

2 해외로부터 차입하는 화폐가 외화(인민폐 이외의 화폐)인 경우 인민폐로 환산하여 계산한다. 차입주체가 중국 내 기업이어서, 해외차입 한도액과 해외차입액을 계산하는 기초가 되는 순자산 내지 자본금이 인민폐로 표시될 것임을 고려하면, 이러한 조치는 충분히 수긍이 된다.

3 통지문 부록에서 열거하고 있는 27개 은행은 인민은행이 감독하고, 나머지 금융기관과 기업들은 국가외환관리국이 감독한다. 따라서 **외상투자기업은 모두 국가외환관리국의 감독을 받는다**고 이해하면 된다. 참고로 27개 은행 중에 외국계 은행은 HSBC Bank(China), Citibank(China), Standard Chartered Bank(China)이다.

3) 해외차입 한도액 및 해외차입액의 계산

1 해외차입한도액

1) 해외차입한도액은 4가지 유형으로 나누어 규정되어 있다.

① 은행 기타 금융기관을 제외한 기업들은 자기 순자산의 2배를 한도로 해외로부터 차입할 수 있다.

② 은행은 Tier 1 Capital의 0.8배를 한도로 한다.

③ 은행 이외의 금융기관은 자본금(Capital) 및 준비금(Reserve)의 합계액을 한도로 한다.

④ 외국계은행의 중국 내 지점은 운영자본(Working Capital)을 한도로 한다.

2) 다만, 인민은행은 거시경제환경의 변화를 고려하여 필요하면 위 한도액을 조정할 수 있다(다만 인민은행이 그 한도를 감액조정하여 어느 중국 내 주체가 사후적으로 해외차입한도액을 초과하게 된 경우에 관해서는 침묵하고 있다).

[2] 해외차입액의 계산

1) 이 통지문은 **해외차입액(Outstanding Amount of Foreign Debt)의 계산방법에 관하여 상당히 복잡하게 규정하고 있다**. 예를 들면, 금융기관이 아닌 기업(따라서 외상투자기업도 포함된다)의 해외차입액은 다음 항목들을 모두 더하여 산정한다: ① 만기 1년 이하인 인민폐 표시 미상환원리금×1.5 (만기 risk를 감안한 factor), ② 만기 1년 이하인 외화표시 미상환원리금(무역융자로 인한 부분 제외. 인민폐로 환산한 금액)×1.5 (만기 risk를 감안한 factor), ③ 만기 1년 초과인 인민폐 표시 미상환원리금, ④ 만기 1년 이하인 외화표시 미상환원리금(무역융자로 인한 부분 제외. 인민폐로 환산한 금액), ⑤ 외화표시 미상환원리금(무역융자로 인한 부분 제외. 인민폐로 환산한 금액)×0.5 (환율 risk를 감안한 factor), ⑥ 외화표시 미상환원리금(무역융자로 인한 부분. 인민폐로 환산한 금액)×0.2 (융자유형으로 인한 리스크를 감안한 factor), ⑦ 내보외대거래를 통하여 제공한 보증채무액(앞의 ①항 내지 ⑥항에서와 같은 방식으로 계산). 그런데 여기에서 다시 일정한 국경 간 융자거래는 제외된다(해외 금융기관이 제공한 인민폐 표시 무역융자, 그룹 계열사 간 일정한 자금이동 등 여러 가지를 열거하고 있다).

2) 이처럼 순자산기초방식에서는 해외차입액을 정확히 계산하는 것이 간단하지 않다. 따라서 실무에서는 해외차입을 하기 전에 관할 외환관리부서와 미리 상의하여 실수로 해외차입 한도액을 초과하여 차입하는 일이 없도록 유의할 필요가 있다(보다 구체적인 소개는 Allen & Overy, New Regime on Cross Border Financing in China, May 2016 뉴스레터 참조).

4) 해외차입 절차

1 **해외차입을 하는 외상투자기업은 국경간 융자계약서(예컨대 미화 표시 대출계약서) 에 서명한 후 실제 차입을 하는 날**(차주인 외상투자기업이 중국 내 외국환거래은행에 개설한 외채전용계좌에 대주가 대출금을 입금하는 날)**로부터 3영업일 이전에, 국가외환관리국의 자본항목정보시스템**(资本项目信息系统)**을 통하여 그 계약서의 주요 내용을 신고(중국법 용어:** 备案. **영어로는 Filing이라고 번역한다)하여야 한다**(신고의 법적 명칭은 跨境融资情况签约备案**[국경간융자계약체결정황신고]**이다).

2 이때 **외채전용계좌가 개설된 외국환 거래은행은 인민은행에게 인민폐국경간지급정보관리시스템**(人民币跨境收付信息管理系统)**을 통하여 차주 기업의 융자정보, 계좌정보, 인민폐국경간수지정보 등을 보고(중국법 용어:** 报送. **영어로는 Report라고 번역한다)하여야 한다.**

3 위 신고(Filing)를 한 이후에도 차주기업은 1년마다 국경 간 융자계약과 관련한 내용(채권자, 만기, 원금, 이자율, 자신의 순자산 등)을 업데이트해서 정기적으로 신고하여야 하고(다만 구체적인 정기신고 시기에 관해서는 규정이 침묵하고 있다), 정기 신고와는 별도로 외부회계감사를 받은 순자산액, 채권자, 만기, 원금, 이자율 등 중요한 차입조건에 변화가 생기면 그 변경신고를 하여야 한다.

4 외국환 거래은행에 외환계좌를 개설하는 방식은 투주차방식에서와 차이가 없다.

5 위 설명에서 보듯이, **순자산기초방식에 따를 경우 차주인 외상투자기업은 ① 등기가 아니라 신고를 하면 족하고 ② 그 시기도 실제 차입일로부터 3영업일 전까지만 하면 된다는 점에서, 투주차방식보다 해외차입절차가 간편해졌다**고 볼 수 있다.

⑷ 특 칙

1) 외상투자성공사(外商投资性公司)의 경우

1 외상투자성공사의 등록자본금이 미화 1억 불 미만인 경우, 실제 납입한 자본금의 4배 한도 내에서 해외 차입을 할 수 있다. 즉 단기 외채(만기 1년 이하) 잔액

과 중장기 외채(만기 1년 초과) 누적발생액의 합계가 실제납입자본금의 4배까지 허용된다.

2 외상투자성공사의 등록자본금이 미화 1억 불 이상인 경우, 실제 납입한 자본금의 6배 한도 내에서 해외 차입을 할 수 있다. 즉 단기 외채 잔액과 중장기 외채 누적발생액의 합계가 실제 납입 자본금의 6배까지 허용된다.

3 이처럼 외상투자성공사는 일반 외상투자기업보다 해외차입 한도액이 확대되어 있다.

2) 외상투자리스회사(外商投资租赁公司)의 경우

직전연도의 외부감사 재무제표에 따라서 계산된 것으로서, 순자산의 10배에서 위험자산(风险资产. Risk Asset) 총액을 공제한 액수가 금년도에 새롭게 차입할 수 있는 해외 차입 잔액의 최고한도액이다. 이때 해외 차입금으로 마련한 자산은 모두 위험자산으로 계산된다.

3) 외상투자부동산기업(外商投资房地产企业)의 경우

1 2007. 6. 1. 이후 관할 상무부서의 설립허가증증서(중국법 용어: 批准证书[비준증서])를 취득하고 상무부에 신고(중국법 용어: 备案[비안])를 한 외상투자부동산기업은 외채등기 자체를 할 수 없다. 따라서 2007. 6. 1. **이후 설립등기를 한 외상투자부동산기업은 해외로부터의 차입이 전면적으로 금지된다**.

2 **그 이전에 설립된**(즉 2007. 5. 31.까지 성립된) **외상투자부동사기업은 투주차방식에 기해서만 해외차입을 할 수 있다**. 증자후 투주차가 증자전 투주차보다 적으면 증자후 투주차를 기준으로 산정한다.

3 **위 2에 해당하는 외상투자부동산기업도 ① 국유토지사용증을 취득하지 못하였거나, ② 부동산개발 프로젝트에 투입되는 자본금이 해당 개발프로젝트 투자총액의 35%에 미달할 경우에는 해외차입을 할 수 없다**. 참고로, 과거에는 외상투자 부동산 기업의 등기자본금이 전액 납입되어 있을 것도 요구되었으나, 이 요건은 2015. 8. 27.부터 폐지되었다.

4 위 설명에서 추론할 수 있듯이, 외국 투자자가 중국 내에 부동산 시행사업을 할 경우 중국 투자자에 비하여 자금조달 측면에서 매우 불리한 처지에 놓일 수밖에 없다. 지난 10년간 중국 내 부동산 가치가 폭등하는 과정에 한국 투자자들이 쉽게 참여하지 못한 이유 중 하나이기도 하다.

(5) 해외차입 관련 등기나 신고를 하지 않은 경우의 효력

1) 과거에는 해외차입 및 해외 채권자를 위한 담보권 설정에 관하여 관할 외환관리부서에의 등기를 요구하고, 그 등기를 경료하지 않으면 해당 차입계약이나 담보계약의 법적 효력을 부인하였다(외채관리임시시행방법[外債管理暫行办法] 제22조, 제40조). 비록 2014. 6. 1.부터 시행된 새로운 외환관리규정에 기하여 더 이상은 외환관련 등기나 신고 등이 그 기초가 되는 차입계약이나 담보계약의 효력발생요건으로 보기는 어렵게 되었다(국경간담보외환관리규정[跨境担保外汇管理规定]).

2) 하지만, **차주인 외상투자기업이 이러한 외채등기나 신고를 하지 않을 경우** 행정벌(벌금)을 받을 수 있다. 보다 근본적으로, 이 절차를 밟지 않으면 **외국환 거래 은행에서 외채전용계좌를 개설할 수 없고**(은행 입장에서 위법을 무릅쓰고 관련 외채등기나 신고를 하지 않은 상황에서 계좌개설에 동의해 줄 가능성은 거의 없다), **이 계좌가 없으면 현실적으로 실제 차입금을 수령할 수가 없다. 관련 해외차입 계약서(통상 Loan Agreement) 작성 시에도** 이러한 점이 반영되어 **외채등기 내지 신고는 인출(차주 명의의 은행계좌에 대출금이 입금되는 것)의 선행조건으로 약정된다.** 간혹 차주인 외상투자기업이 이를 인출 선행조건(Conditions Precedent To Drawdown/Utilisation/Borrowing])에서 빼 달라고 요청하는 경우도 있으나, 위에서 설명한 사정 때문에 그 요청은 합리적이지 않고 설사 계약서상 선행조건에서 뺀다고 하여도 현실에서는 은행의 준법의무 때문에 인출에 앞서 관련 외채등기나 신고가 이루어질 수밖에 없다(즉 현실에선 강제적으로 선행조건으로 작동한다).

그런데 중국 내에 설립되어 있는 기업이 주채무자가 아니라 보증인이 되어서, 중국외 채권자에게 보증채무를 부담하는 경우에는 문제가 달라진다. 이때 중국법상 일정한 경우에는 보증 관련 외환등기를 해야 하는데(소위 "내보외대 등기"), 보증계약서상 그 외환등기를 선행조건으로 약정해 두지 않으면 채권자 입장에서 심각한 불이익을 입을 수 있다. 이에 관해서는 제6장에서 따로 설명한다.

실무 Tip 해외차입에 대한 국가발전과 개혁위원회의 관여

중국 국가발전과 개혁위원회(이하 "국가 발개위")는 원래 중국 내자기업의 해외차입을 관리감독하는 권한을 가지고 있었다. 오랜 기간동안 중국 내자기업이 해외차입을 하기 위해서는 국가 발개위의 허가(중국법 용어: 批准[비준])를 받아야 하였으나, 국가 발개위는 2015년 신고(중국법 용어: 备案[비안]) 및 등기를 하면 족한 것으로 변경하였다. 그런데 그 내용을 자세히 들여다보면 실무상 몇 가지 혼란스러운 점이 있었는데, 특히 외국 투자자 입장에서 문제가 되었던 사항은 2가지이다.

1) 당시 국가 발개위가 선포한 통지문의 문언을 보면 그 적용대상을 "경내기업(境内企业)"이라고 하여 중국 내자기업은 물론 외상투자기업도 그 대상으로 확대하였다. 이 때문에, 외상투자기업이 해외 차입을 할 경우 앞의 본문에서 살펴본 해외차입 관련 등기 혹은 신고를 관할 외환관리부서에 하는 외에 추가로 국가 발개위에 신고 및 등기를 하여야 하는지가 문제되었다. 현재 현장에서는 외국 채권자들이 이러한 이슈가 있다는 사실 자체를 잘 모르거나, 알아도 실무상 대출 실행 및 원리금 상환에 문제가 없다(앞의 본문에서 살펴본 해외차입 관련 등기 혹은 신고를 관할 외환관리부서에 하면, 차주인 외상투자기업의 중국 내 외환계좌로 대출금이 입금되고 장래 그 원리금이 중국 외로 송금되는 데 문제가 없다)는 이유로 이 신고를 하지 않는 경우가 적지 않은 것으로 보인다. 나아가 자신들의 실무경험상 차주인 외상투자기업의 설립지를 관할하는 지방 발개위에서 "외상투자기업이 투주차 방식으로 해외 차입을 하는 경우에는 발개위에의 신고가 필요 없다"고 회신하는 경우가 있다고 설명하는 중국 법률사무소들도 있다. 사실 발개위의 이러한(해외차입에 관한 감독권한을 외상투자기업에까지 확대하려는 듯한) 시도 내지 태도는 중국 내 기업과 실무가들 모두로부터 환영받지 못하는 듯하다.

2) 앞에서 본 바와 같이 2007년 이후에 설립된 외상투자 부동산(개발)기업은 해외

차입이 일체 금지된다. 그런데 국가 발개위의 위 통지문에 의하면 외상투자 부동산(개발)기업도 국가 발개위에 신고 및 등기를 하면 해외 차입을 할 수 있는 것은 아닌지 의문이 생겼다. 이에 관해서는 상당히 오랜 기간 동안 혼란이 있었는데, 국가 발개위에서 2019년에 "해외차입은 가능하나 그 차입금은 만기가 1년이 남지 않은 중장기 외채(즉 원래 만기가 1년 초과인데 현시점에서 만기까지 기간이 1년 이내인 외채)의 대환(roll over)에만 사용할 수 있는 것"으로 입장을 정리하였다.

제3절 부동산 법제와 외상투자 부동산 개발기업

한국 투자자가 중국 내에서 ① 부동산 개발 기타 부동산 관련 사업을 하거나, ② 부동산을 매매·임대·임차하거나, 혹은 ③ 부동산 담보권을 취득하기 위해서는, 사전에 중국 특유의 부동산 관련 법제에 익숙해질 필요가 있다. 아래에서는 중국 내에서 그러한 부동산 거래를 하는 데 필요한 범위 내에서 중국의 부동산 관련 법제를 개관한 후, 외국 투자자가 중국 내에서 부동산 개발사업을 수행하고자 할 때 유의하여야 할 법적 사항들을 간단히 살펴본다. **중국의 부동산 법제에 관한 아래 설명은 중국 내 기업에게 담보부 대출(Secured Loan)을 하는 은행 기타 채권자 입장에서도 기초 지식으로 알아 두면 유익**한 내용이다.

실무 Tip 용어 정리

(1) 법률상 "부동산"의 범위: 한국과 유사

부동산의 개념에 관하여 대다수 중국 학자들은 한국 민법규정(민법 제99조)과 동일하게 부동산의 범위는 토지와 그 정착물에 한하며, 그 이외의 물건은 모두 동산이라고 설명하고 있다(중국 부동산등기임시조례[不动产登记暂行条例] 제2조도 비슷한 취지로 설명하고 있다). 아래에서는 부동산 중에서도 토지(土地)와 건축물(房屋[방옥])에 한정하여 설명한다.

(2) 부동산개발사업의 범위: "영리목적" 부동산개발에 한정

중국에서 "부동산개발"은 개발자 자신이 사용하기 위한 목적이 아니라 타인에게의 매각(분양), 임대 등을 통하여 영리를 추구하는 목적으로 행하는 "영리목적" 부동산개발이라는 의미로 사용된다. 이 점에 유의하여야 하는 이유는 중국 관련 법제가 영리목적 부동산개발이나 영리목적 건축물 매입에 대하여 별도의 제한을 가하고 있기 때문이다. 예를 들면, 중국법상 집체토지상에는 부동산개발을 할 수 없지만 이는 영리목적 부동산개발에 한하는 것이고, 농민이 자신이 거주하기 위한 용도로 집체토지상에 가옥을 건축하는 것은 허용된다. **아래에서 부동산개발은 모두 영리목적 부동산개발만을 지칭하는 의미로 사용되었다.**

제1관 중국 부동산 법제

Ⅰ. 외국투자자의 중국 내 부동산 취득에 대한 제한

1) 중국의 부동산 법제를 개괄적으로 이해하기에 앞서, **외국인이 중국 내 부동산(건축물의 전부 혹은 구분소유권 대상인 일부)의 소유권을 취득하는 데에는 한국에서 생각하기 힘든 제약이 있음**을 기억해 둘 필요가 있다(부동산에 저당권을 취득하는 데에도 제약이 있는데, 이는 따로 살펴본다).

[1] 먼저 **중국인 아닌 외국인 개인**은 원칙적으로 다음의 요건과 제약하에서만 부동산의 소유권을 취득할 수 있다. ① **중국 내에서 근무하거나 유학하고 있을 것.** ② **자신이 거주하는 용도로 사용할 것**(따라서 대상 부동산은 주거용 부동산, 즉 **주택일 것**. 과거에는 이에 더하여 중국 내에서 1년 이상 거주할 것이라는 요건도 있었으나 지금은 삭제되었다. 다만, 각 지역별로 추가적인 제약이 규정될 수 있으므로, 실무에서는 이에 대한 사전 확인이 필요하다. 참고로 홍콩, 마카오, 타이완 주민과 화교에 대해서는 위 ① 요건이 요구되지

않고, 자신의 중국 내 생활을 위하여 필요하면 자신이 거주하기 위한 용도로 주택의 소유권을 취득할 수 있다).

[2] 중국 내에 설립된 **외국 기업의 대표처**(중국법 용어: 外国企业常驻代表机构 [외국기업 상주대표기구])**나 지점**(중국법 용어: 分公司[분공사])은 오직 **자신이 사용하기 위한 용도로만** 부동산의 소유권을 취득할 수 있다(따라서 대상 부동산은 업무용 부동산, 즉 **오피스 빌딩이거나 그 일부인 사무실이어야** 한다).

[3] 반면 중국 내 설립되어 있는 **외상투자기업은 위와 같은 제한 없이 자유롭게 중국 내 부동산을 구매할 수 있다**. 요컨대, **위 [1]과 [2]의 경우를 제외하고는, 외국 투자자는 중국 내 부동산을 직접 자기 명의로 취득할 수 없고, 중국 내에 설립되어 있는 기업**(외상투자기업)**의 명의로만 취득할 수 있다. 따라서 예컨대 외국투자자가 홍콩에 paper company**(내지 부동산에 투자하는 real estate fund)**를 설립한 후 그 paper company나 fund의 명의로 중국 내 부동산을 취득하거나 보유하는 것은 허용되지 않음에 유의하여야 한다**. 이는 한국 투자자들이 예상하기 힘든 제약이어서 주의를 요한다.

2) 결국 **외국 투자자가 위** 1) [1], [2] **이외의 목적으로 중국 내 부동산을 취득하기 위해서는 아래 4가지 중 하나를 선택해야** 할 것이다.

① **외상투자기업**(외자기업)**을 설립한 후 그 기업의 명의로 부동산을 취득하는 것.**

② **중국 내 기업**(내자기업 또는 외상투자기업)**의 지분을 인수한 후 그 기업의 명의로 부동산을 취득하는 것.**

③ **부동산을 보유하고 있는 중국투자자와 joint venture로 외상투자기업을 설립하면서 당해 중국 투자자로 하여금 당해 부동산을 현물출자하도록 하는 것.**

④ **부동산을 보유하고 있는 중국 내 기업**(내자기업 또는 외상투자기업)**의 지분을 인수하는 것.**

II. 한국 부동산 법제와의 차이점 개관

아래에서는 먼저 부동산 개발과 관련한 중국 부동산 법제의 주요 특징을 간략히 소개하고, 구체적인 내용은 항을 바꾸어 설명한다.

1) 중국에서 토지는 국가 혹은 농민집체(农民集体, "일정한 지역 내 거주하는 농민들의 집단 내지 집합체"라는 개념으로 공산주의 계획경제체제 당시의 산물이다)만이 소유할 수 있다. 따라서 **부동산 개발사업자가 토지의 소유권을 취득하는 것은 불가능하고, 단지 당해 토지에 대한 일정 기간의 사용권(중국 물권법상 용익물권인 "건설용지사용권[建设用地使用权]" 혹은 예외적으로 채권인 임차권(중국법 용어: 租赁权[조임권])을 취득한 후 그 지상에 건축물을 지을 수밖에 없다. 반면 건축물에 대해서는 권리능력을 가진 주체라면 누구나 소유권을 취득할 수 있다**. 그 결과 **중국에서는 개인이나 기업들 사이에서 건축물이 거래될 때 그 대지에 대한 소유권이 아니라 사용권이 건축물 소유권과 함께 전전유통된다**.

2) 중국에서 특정한 토지상에 건축물을 짓기 위해서는 당해 토지가 중국 토지관리법 제4조 소정의 농용지(农用地), 건설용지, 미이용지(未利用地) 중 "건설용지(建设用地)"로 분류되어 있어야 한다.

3) 중국에서 부동산 개발사업은 국가가 소유하는 토지("국유토지[国有土地]")상에만 할 수 있고, 농민집체가 소유하는 토지("집체토지[集体土地]")상에는 부동산 개발사업을 시행할 수 없다. 따라서 만일 **부동산 개발사업자가 집체토지상에 부동산 개발사업을 하기를 원한다면, 먼저 당해 집체토지가 국가에 수용(중국법 용어: "征收[징수]")되어 국유토지로 전환되어야 하므로, 이것이 가능한지부터 확인해 보아야 한다**.

4) **결국 부동산 개발사업자가 중국에서 부동산 개발사업을 하기 위해서는 건설용지로 분류되어 있는 국유토지(이하 "국유건설용지(国有建设用地)"라고 한다)에 대한 사용권(즉 건설용지사용권 혹은 임차권)을 취득할 수밖에 없는바, 그 사용권을 취득하는 방식과 절차 및 요건은 엄격하게 법정되어 있다**. 이는 중국 특유의 규제이기 때문에 외국투자자는 특히 이 부분에 대해서 주의를 기울일 필요가 있다.

5) **반면 개발사업으로 건설된 지상의 건축물에 대해서는 부동산 개발사업자가 소유권을 원시취득한 후 수분양자에게 소유권을 이전해 주거나 제3자에게 임대해 줄 수 있다**.

6) 중국의 토지 및 건축물에 대한 등기제도는 기본적으로 한국과 유사하다. 그러나 아직은 한국에서만큼 등기 관련 법규가 자세히 정비되어 있지는 않아서 반드시 등기 관할 지역별로 실무를 확인하여야 한다.

Ⅲ. 토지소유권 제도: 국유토지와 집체토지

1) 중국 토지제도의 가장 큰 특징은 **국가와 농민집체 외에는 누구도 토지에 대한 소유권을 가질 수 없다**는 점이다. 이러한 토지소유권 제도는 과거 공산주의 계획경제 체제 당시에 형성되어 현재까지도 유지되고 있다. 따라서 중국에서 토지소유권의 이전은 국가와 농민집체 사이에서만 이루어질 수밖에 없는데, 중국 관련 법규는 농민집체 소유의 토지가 수용절차를 거쳐 국가 소유 토지로 귀속되는 경우만을 규정하고 있다. 참고로 중국 실무에서도 개인이나 기업 간에 토지를 매매하거나 저당권을 설정한다는 표현을 흔히 사용하는데, 이는 우리와 달리 토지에 대한 소유권이 아니라 사용권(대부분은 건설용지사용권)을 매매하거나 그 사용권상에 저당권을 설정한다는 의미이다.

2) **중국의 토지는 그 소유주체에 따라서 국유토지와 집체토지로 분류**된다. 이 분류가 부동산개발사업자에게 중요한 의미를 가지는 이유는 중국 관련 법규상 **타인에게의 분양이나 임대 등을 통하여 영리를 얻을 목적으로 부동산을 개발하는 것은 국유토지에 대해서만 가능하고, 집체토지에 대해서는 허용되지 않기** 때문이다. 중국 관련 법규에 따르면 통상 도시 지역의 토지는 국유토지, 농촌지역의 토지는 집체토지, 도시외곽지역의 토지는 국유토지일 수도 있고 집체토지일 수도 있다. 다만 예외적인 상황도 있기 때문에 실제 부동산 개발사업시에는 대상토지의 현황을 별도로 확인해 보아야 한다.

3) 이처럼 **중국에서 부동산개발을 할 수 있는 토지는 국유토지, 그중에서도 건설용지로 분류된 국유건설용지에 한정된다**. 따라서 아래에서는 집체토지 및 집체토지 사용권에 관한 설명은 생략하고, 국유토지 및 국유건설용지에 대한 사용권에 관해서만 살펴본다.

이론 Tip　집체토지 사용권의 종류

집체토지에 대해서는 해당 농민집체의 구성원인 농민들이 사용권을 가지는데, 2가지 종류로 나뉜다. ① 경작용 토지에 대해서는 토지도급경영권(중국법 용어: 土地承包经营权[토지승포경영권])을 가진다. 이는 토지(즉 농지)를 도급받아 경영(즉 경작)하는 권리로서, 농지를 그 용도에 좇아 사용할 수 있는 용익물권이다. ② 주거용 토지에 대해서는 주택사용권(중국법 용어: 宅基地使用权[택기지사용권])을 가진다. 이 두 권리는 모두 그 양도에 법적 제한이 있다(魏, 285~295면). 한국 투자자는 이 두 사용권이 설정되어 있는 **집체토지와 그 지상의 건축물에 대해서 원칙적으로 매매나 저당권 설정이 허용되지 않음**을 기억하고 있을 필요가 있다.

Ⅳ. 국유토지

1) 국유토지는 국가가 소유권을 가지는 토지를 의미한다. **국가의 토지소유권은** 「중화인민공화국헌법(中华人民共和国宪法)」, 「중화인민공화국물권법(中华人民共和国物权法)」, 「중화인민공화국토지관리법(中华人民共和国土地管理法)」에 근거하여 인정되는 것으로, **중앙정부 국무원이 직접 행사할 수도 있고 지방인민정부(내의 토지행정주관부문)에게 수권을 주어 행사하게 할 수도 있다**. 예컨대 국유건설용지에 대한 사용권(건설용지사용권 혹은 임차권)을 부동산 개발사업자에게 부여해주는 기관은 시 혹은 현

단위 지방인민정부 내 국토자원행정주관부문(国土资源行政主管部门)이다("입찰, 경매, 공시 경쟁매매방식의 국유건설용용지 사용권 출양규정(招标拍卖挂牌出让国有建设用地使用权规定)" 제2조). 다만 이 경우에도 그 사용권을 부여하는 법적 주체는 당해 토지관리부문이나 그 부문이 소속된 지방인민정부가 아니라 국무원으로 대표되는 국가라고 보아야 한다.

2) 국가의 토지소유권은 공법상 권리가 아니라 국가가 민사주체로서 보유하는 사법상 권리이다. 따라서 **부동산 개발사업자가 중국 정부와 체결하는 국유건설용지 사용권 설정계약(중국법 용어: 出让协议[출양협의]) 혹은 국유건설용지 임차계약(중국법 용어: 租赁协议[조임협의]) 역시 행정계약이 아닌 민사계약으로서 원칙적으로는 중국 계약법(合同法[합동법])의 법리가 적용된다. 단 정책적 필요에 기하여 중국 관련법규는** 이 계약에 대하여 당사자 자치의 원칙을 대폭 수정하여 **여러 가지 제한을 가하고 있다.** 이에 관해서는 우리의 「국가를 당사자로 하는 계약에 관한 법률」의 법리를 떠올리면 이해하기 쉽다.

3) 국유토지의 범위와 판별기준에 관해서는 토지관리법실시조례(土地管理法实施条例) 제2조, 토지권 귀속 문제의 확정에 관한 몇 가지 의견(关于确定土地权属问题的若干意见), 토지소유권과 사용권 확정에 관한 몇 가지 규정(确定土地所有权和使用权的若干规定) 제18조가 규정하고 있는데, 그 내용을 살펴보면 행정구역만으로 국유토지 여부를 판별할 수는 없고 그에 관한 복잡하고 다양한 판단기준들이 있다.

V. 국유건설용지에 대한 사용권의 취득

1. 사용권 취득방식 개관

1) 부동산 개발사업자가 부동산 개발을 위해 국유건설용지에 대한 사용권을 취득하는 방식은 크게 (1) 국유건설용지의 소유자인 국가로부터 직접 취득하는 방식(이하 "직접취득방식"이라 한다)과 (2) 직접취득방식으로 이미 사용권을 취득한 자로부터 전득하는 방식(이하 "간접취득방식"이라 한다)이 있다.

직접취득방식은 용익물권인 건설용지사용권을 취득하는 방식과 채권인 임차권을 취득하는 방식이 있다. 이 중 ① **건설용지사용권을 취득하는 방식**으로는 [1] 출양, [2] 획발이 있고, 출양 방식은 다시 (i) 입찰, (ii) 경매, (iii) 수의계약, (iv) 공시경쟁매매로 세분화되어 있다. ② **채권인 임차권을 취득하는 방식**은 임차계약을 체결하는 것이다.

간접취득방식은 ① 건설용지사용권의 매매, ② 건설용지사용권의 임차, ③ 건설용지사용권의 현물출자 혹은 ④ 임차권의 양도나 ⑤ 전대차계약을 통한 전대가 있다.

이를 도표로 정리하면 아래와 같다.

토지사용권의 취득방식

2) 중국 관련법규상 각 방식별로 다양한 규제가 있으므로, 부동산 개발사업자로서는 사전에 이를 충분히 숙지해 두어야 한다.

일반적으로 국유건설용지에 대한 건설용지사용권을 획발의 방식으로 직접취득하거나 국유건설용지에 대한 임차권을 직접취득하는 것은 매우 제한적으로 허용되고, 임차권을 간접취득하는 것 역시 많은 제약이 있음은 기억해 둘 필요가 있다. 위 방식들 중 **실무상 가장 널리 사용되고 있는 방식은 직접취득 방식 중에서는 건설용지 사용권에 대한 출양, 그중에서도 공시경쟁매매이다. 간접취득 방식으로는 지상에 있는 건축물을 매수, 임차, 혹은 현물출자 받으면서 그 대지사용권**(건설용지사용권)**도 함께 매수·임차·현물출자 받는 경우가 많다**.

아래에서는 각 방식의 내용을 개략적으로 살펴본다.

실무 Tip

(1) 건설용지사용권의 법적 성질: 용익물권

건설용지사용권은 중국 물권법 소정의 용익물권으로서 일응 "**중국 국유토지에 대한 용익물권으로서 그 기본 개념은 한국 물권법상 지상권에 유사한 것**"이라고 이해할 수 있다.

(2) 건설용지사용권의 다른 명칭: 토지사용권, 국유토지사용권, 국유건설용지사용권

중국의 학자와 실무가들은 "건설용지사용권"과 동일한 의미로 "토지사용권(土地使用权)"("도시부동산관리법[城市房地产管理法]" 소정의 표현), "국유토지사용권(国有土地使用权)"("입찰, 경매, 공시경쟁매매방식의 국유토지사용권 출양규범[招标拍卖挂牌出让国有土地使用权规范(实行)]" 소정의 표현) 혹은 "국유건설용지사용권(国有建设用地使用权)"("입찰, 경매, 공시경쟁매매방식의 국유건설용용지사용권 출양규정[招标拍卖挂牌出让国有建设用地使用权规定]" 소정의 표현)이라는 표현을 혼용하고 있다.

(3) 건설용지사용권(대상: 국유토지)**과 집체건설용지사용권**(대상: 집체토지)**의 구별**

건설용지사용권은 건설용지 중에서도 국유토지(국유건설용지)만을 그 대상으로 삼고, 건설용지 중 집체토지(집체건설용지[集体建设用地])는 그 대상에 포함되지 않는다. 집체건설용지에 대한 사용권으로는 택기지 사용권(宅基地使用权, 일응 농민들이 스스로 거주할 주택을 건축하는 데 필요한 대지사용권으로 이해할 수 있다), 향진촌기업용지 사용권(乡镇村企业用地使用权), 향진촌공익사업용지 사용권(乡镇村公益事业用地使用权), 향진촌공공시설용지 사용권(乡镇村公共设施用地使用权) 등이 있는데, 이 사용권들에 대해서는 중국에서 아직 법규가 체계적으로 완전히 정비되어 있지는 않다. 다만, 집체토지에 대한 사용권은 부동산개발사업의 전제로 취득할 수 있는 토지사용권이 아니어서 외국 투자자의 주된 관심사는 아니다.

(4) 기타 법률원인에 기한 사용권의 취득

위 4.1에서 설명한 취득방식은 부동산 개발사업자가 부동산 개발을 위한 전초단계로 국유토지에 대한 사용권을 취득하는 방식에 한정하여 개관한 것이다. 중국에서도 우리와 마찬가지로 예컨대 상속, 합병, 분할, 확정판결, 저당권 실행 등에 의해서 토지에 대한 사용권을 기존의 사용권자로부터 취득하는 경우가 발생할 수 있다.

2. 직접취득방식 1: 출양(건설용지사용권의 유상설정)

(1) 출양의 개념

중국 관련법규는 출양을 "국가가 토지소유자의 신분으로 토지사용권[건설용지사용권]을 일정기간 동안 사용자에게 양도하고, 사용자가 국가에게 토지출양금을 지급하는 행위"라고 규정하고 있다(성진국유토지사용권출양 및 양도 잠정조례(城镇国有土地使用权出让和转让暂行条例) 제8조). 이 규정의 문언을 형식적으로만 살펴보면 출양은 건설용지사용권의 매매계약인 것처럼 읽힌다. 그러나 우리 민법의 관점에서 들여다보면, 국가가 일정한 대가를 일시불로 받고 용익물권인 건설용지 사용권을 설정해 주는 계약 즉 건설용지 사용권의 유상설정계약으로 이해하는 게 편하다(우리 민법에서는 토지의 소유자가 소유권의 권능 중 일부인 사용권만 떼어 내어 거래의 대상으로 삼아 매각한다는 식의 이론구성이 없다). 따라서 **출양을 한국법의 시각에서 본다면, 일응 "국가가 국유지**

에 대하여 지료(地料)를 일시불로 받고 일정기간 동안 지상권을 설정해 주는 법률행위(계약)"로 이해할 수 있을 것이다.

(2) 출양의 방식

1) 중국 관련법규상 국가(구체적으로는 국무원으로부터 수권을 받은 시나 현 단위 지방인민정부 내 토지출양행정 주관부문)가 출양을 할 때 상대방(사용자)을 정하는 방식으로는 ① 입찰(招标), ② 경매(拍卖), ③ 공시경쟁매매(挂牌), ④ 수의계약(协议)이 있다("도시부동산관리법[城市房地产管理法]" 제12조, "입찰, 경매, 공시경쟁매매방식의 국유토지사용권 출양규범[招标拍卖挂牌出让国有土地使用权规范(实行), 이하 "출양규범"이라고 약칭한다]", "입찰, 경매, 공시경쟁매매방식의 국유건설용지사용권 출양규정[招标拍卖挂牌出让国有建设用地使用权规定, 이하 "출양규정"이라고 약칭한다]").

2) 관련법규상 국가가 부동산 개발용도로 건설용지사용권을 출양할 경우 개별협의 방식을 택할 수는 없도록 규정되어 있다. 국가나 해당 지방정부 입장에서는 토지출양금(土地出让金)으로 가장 높은 금액을 제시하는 자에게 매각하는 것이 이득이므로, 실무상으로는 공개경쟁방식 중에서도 그 경쟁을 가장 극대화할 수 있는 공시경쟁매매가 널리 선택되고 있다. 그런데 외국 투자자 입장에서는 이렇게 경쟁계약 체결 방식으로만 부동산 개발에 사용할 대지를 얻을 수 있다면 부동산 개발사업 전체의 불확실성이 상당히 크다고 볼 수 있다. 이 문제에 현실적으로 대처하는 방안은 이 책의 설명(법률적인 관점에서의 설명) 범위를 벗어나므로 생략한다.

3) 아래에서는 먼저 부동산개발업자가 건설용지사용권을 취득할 수 있는 방식인 입찰, 경매, 공시경쟁매매 방식의 절차를 살펴본 후 이와 별도로 수의계약 방식의 절차를 살펴본다.

(3) 입찰, 경매, 공시경쟁매매 방식의 절차

입찰, 경매, 공시경쟁매매의 어느 방식으로 출양하든 그 시작과 마무리 단계에서는 공통된 절차가 있다. 이를 고려하여 아래에서는 기술의 편의상 그 순서를 아래 3단계로 나누어 살펴본다.

1 초기 단계의 공동절차.
2 중간 단계에서 각 방식별로 개별적으로 이루어지는 건설용지사용권자를 결정하는 절차.
3 마무리 단계에서 공통적으로 이루어지는 건설용지사용권 설정 절차.

가. 초기 단계의 공동절차

1) 출양계획(出让计划)의 작성, 비준, 공표(출양규정 제5조)

시나 현 단위 지방인민정부 내 국토자원행정 주관부문(이하 "**출양인**(出让人)"이라 한다)은 "국유건설용지사용권 출양연도계획(国有建设用地使用权出让年度计划)"을 작성하여 자신이 소속된 지방인민정부의 심사허가를 받은 후 이를 공표한다.

2) 출양방안(出让方案)의 작성, 비준, 시행(출양규정 제6조)

출양인은 출양연도계획에 따라서 다른 유관부문과 함께 출양토지의 위치, 용도, 사용기한, 출양방식(입찰, 경매 혹은 공시경쟁매매), 기타 조건 등을 기재한 "출양방안(出让方案)"을 작성하여 자신이 소속된 지방인민정부의 심사허가를 받은 후 그 방안의 시행에 들어간다.

3) 출양토지 감정평가 및 최저 출양가의 결정(출양규정 제10조, 출양규범 제7조)

출양인은 당해 토지사용권의 가치를 감정평가한 후 그에 기초하여 최저 출양가를 결정한다.

4) 출양관련서류(出让文件) 작성(출양규정 제7조, 출양규범 제8조)

출양인은 출양계획 및 출양방안에 근거하여 출양의 실시에 필요한 각종 서류들을 작성한다. 각 방안별로 작성되는 주요 서류들은 아래와 같다.

1 입찰방식을 취할 경우: 입찰공고문(招标公告), 입찰준칙(招标须知), 토지사용규획의견(土地使用的规划意见), 토지도면(宗地图), 입찰참가신청서(投标申请书), 입찰서(标书), 낙찰통지서(中标通知书), 국유건설용지사용권 출양계약서(国有建设用地使用权

出让合同) 등.

2 경매방식을 취할 경우: 경매공고문(拍卖公告), 경매준칙(拍卖须知), 토지사용규획의견, 토지도면, 경매참가신청서(竞买申请书), 거래성립확인서(成交确认书), 국유건설용지사용권 출양계약서 등.

3 공시경쟁매매를 취할 경우: 공시경쟁매매공고문(挂牌公告), 공시경쟁매매준칙(挂牌须知), 토지사용규획의견, 토지도면, 공시경쟁매매 참가신청서(竞买申请书), 희망매수가 기재표(竞买报价单), 거래성립확인서, 국유건설용지사용권 출양계약서 등.

5) 출양공고(出让公告)(출양규정 제8조 및 제9조, 출양규범 제9조)

출양인은 입찰, 경매, 공시경쟁매매 시행 20일 전까지 출양공고문을 공표하여야 한다. 출양공고문에 기재되는 주요 사항들은 아래와 같다.

① 출양인의 명칭과 주소.

② 출양토지의 위치, 현황, 면적, 사용연한, 용도, 규획설계 요구사항, 개발건설기간.

③ 입찰인(投标人[투표인], 입찰의 경우) 혹은 경매인(竞买人[경매인], 경매나 공시경쟁매매의 경우)의 참가자격 요건 및 참가자격 취득을 위한 신청방법.

④ 출양관련 서류를 교부받을 수 있는 장소, 시간, 방식.

⑤ 입찰, 경매, 공시경쟁매매가 행해지는 시간, 장소, 기간, 방식.

⑥ 낙찰인(中标人[중표인], 입찰의 경우), 매수인(竞得人[경득인], 경매나 공시경쟁매매의 경우)을 정하는 기준과 방법.

⑦ 입찰보증금(投标保证金[투표보증금], 입찰의 경우)이나 경매보증금(竞买保证金[경매보증금], 경매나 공시경쟁매매의 경우)의 액수, 지급시기와 방법.

6) 출양참가 신청, 보증금 납부 및 참가인 자격심사(출양규정 제11조, 출양규범 제10조)

1 중국 내 법인과 자연인은 물론 중국 외 법인이나 외국인도 신청자격이 있다. 따라서 한국 기업이 중국 내 토지사용권의 입찰, 경매나 공시경쟁매매에 참여

하기 위하여 사전에 중국 내에 유한책임공사부터 설립하여야 할 필요는 없다.

[2] 출양에 참가하고자 하는 자는 출양공고에서 정해진 기간 내에 보증금(保证金. 입찰보증금 혹은 경매보증금)을 납부하면서 소정의 서류들을 첨부하여 참가신청을 하여야 한다. 이때 첨부되는 주요 서류들은 아래와 같다.

① 신청서

② 신분증(신청인이 자연인인 경우) 혹은 영업허가증 및 법정대표자의 자격증명서류(신청인이 법인인 경우).

③ 보증금납입증명서.

④ 공동출양인 상호 간의 권리의무를 정한 공동출양합의서(수인이 공동으로 신청하는 경우).

[3] **신청인이 토지를 출양받은 후 새로이 부동산 개발기업을 설립하여 부동산개발을 하고자 하는 경우(한국 기업은 대부분 이 방식을 취한다), 신청서에 장래 설립하고자 하는 부동산 개발기업의 설립 예정일시, 출자자 구성 등을 함께 기재**하여야 한다.

[4] 출양인은 위 서류들에 기하여 당해 신청인의 출양참가 자격을 심사한 후 그 서류들에 하자가 없고 기타 법규에 위배되지 않으면 참가자격을 부여하고 이를 당사자에게 통지한다.

나. 중간 단계의 개별절차: 건설용지사용권자의 결정

1) 입찰(招标[초표])

입찰방식의 출양에서는 위 가.(초기단계)의 공통절차를 거친 후 다음과 같이 낙찰인을 결정한다(출양규정 제13조, 제14조 및 제20조, 출양규범 제11조). 이는 **밀봉입찰경매(구매희망자들이 입찰가를 봉투에 봉인하여 제출한 후 동시에 개봉하여 낙찰자를 정하는 방식)의 일종**으로 이해할 수 있다.

(가) 입찰서 제출(投标[투표])

[1] 참가자격을 부여받은 입찰인들은 입찰출양공고에 기재된 마감일까지 출양공

고에 기재된 장소에 찾아가 입찰함에 입찰서류를 봉투에 밀봉하여 투입한다. 입찰출양공고에서 허용된 경우 우편으로 입찰서류를 보낼 수 있지만, 그 우편은 마감일까지 도달하여야 한다(이 경우 출양인이 수령한 입찰서류 봉투를 입찰함에 투입한다).

2 입찰서류가 입찰함에 투입된 이후에는 응찰자가 입찰서에 기재된 매매청약의 의사표시를 철회할 수 없다.

(나) 개찰(开标[개표])

1 출양인은 입찰출양공고에 정해진 일시와 장소에서 개찰을 진행한다. 출양인은 입찰서류를 제출한 입찰인들에게 통지하여 개찰절차에 참가하도록 하고, 개찰은 입찰인 혹은 그 대표자들의 입찰함 밀봉상태 검사 후 공개적으로 진행된다.

2 출양인은 입찰함을 개봉한 후 입찰서류 봉투가 3부 미만(즉 입찰인이 3인 미만)인 경우 개찰 절차를 즉시 중단한다. 이 경우 당해 출양절차는 종국적으로 종결되고, 출양인은 처음부터 새로이 출양절차를 진행해야 한다. 입찰서류 봉투가 3부 이상인 경우에는 각 봉투를 열고 각 입찰인의 성명, 입찰가격, 입찰서류의 주요 내용을 공개적으로 낭독한다.

(다) 입찰서 평가(评标[평표]

최고 입찰가격을 제시한 자를 낙찰인으로 삼기로 정한 경우에는 필요 없으나, 입찰가격 외에 기타 조건을 종합적으로 평가하여 낙찰인을 정하기로 한 경우에는 별도의 입찰평가 소위원회(评标小组)를 구성하여 입찰출양공고에서 정한 기준과 방법에 따라 평가를 진행한다. 특히 입찰서류가 밀봉되어 있지 않거나 입찰서류에 입찰인(법인인 경우 법정대표인)의 서명이 없는 경우 당해 입찰서류는 무효가 된다.

(라) 낙찰인 결정(定标[정표])

1 최고 입찰가격을 제시한 자를 낙찰인으로 삼기로 정한 경우, 출양인은 입찰서

류 봉투 개봉 후 최저 출양가 이상이면서 가장 높은 입찰가격을 제시한 입찰인을 낙찰인으로 선포한다. 만일 최고 입찰가격을 제시한 입찰인이 2인 이상인 경우 출양인은 그들에 대해서만 다시 정해진 기간 내에 입찰가격을 제시하도록 하거나 현장에서 즉석으로 구두경매를 진행하여 그들 중 최고가를 제시하는 자를 낙찰인으로 할 수 있다.

② 입찰평가 소위원회를 구성하여 낙찰인을 정하기로 한 경우, 출양인은 위원회의 결정에 따라 낙찰인을 정한다.

(마) 낙찰통지서(中标通知书중표통지서) 발부 및 입찰보증금의 처리

① 출양인은 낙찰인에게 낙찰통지서를 발부한다. 낙찰통지서에는 출양인 및 낙찰인의 명칭, 대상토지의 위치, 낙찰가격, 출양계약을 체결할 일시와 장소 등이 기재된다. 낙찰통지서의 기재내용은 출양인과 낙찰인 모두에게 법적 구속력을 가진다.

② 낙찰인이 입찰참가 신청 시 납부했던 입찰보증금은 낙찰 후에는 장래 체결될 건설용지사용권 출양계약의 계약금으로 전환된다. 따라서 장래 낙찰인이 낙찰통지서의 내용에 따라서 건설용지사용권 출양계약을 체결하지 않을 경우 출양인은 당해 보증금을 몰수할 수 있다. 낙찰인 이외의 입찰참가인들이 납부한 입찰보증금은 입찰절차 종료 후 5영업일 이내에 이자 없이 원금만 각 참가인에게 반환된다.

***2) 경매**(拍卖박매)*

경매방식의 출양에서는 위 가.(초기단계)의 공통절차를 거친 후 다음과 같이 경락인을 결정한다(출양규정 제15조, 제16조 및 제20조, 출양규범 제12조). 이는 **공개구두경매 중에서도 공개오름경매(영국식 경매. 경매 주최인이 낮은 가격에서부터 시작하여 점차 가격을 올리다가 최후에 남은 구매희망자에게 낙찰하는 방식)의 일종**으로 이해할 수 있다.

① 출양인은 경매인들의 출석여부를 확인한 후 대상토지의 위치, 면적, 현황, 용도, 사용기간, 시공기간 등을 소개하고, 시초호가(起叫价), 호가인상규칙(增价规

则), 호가인상폭(增价幅度)을 공표하며, 최저 출양가를 정해 놓은 경우 이를 명확히 알린다.

2 경매는 공개오름경매의 방식으로 진행되고, 어느 시점에서 출양인이 3회에 걸쳐 연속으로 동일한 호가를 제시하였음에도 불구하고 그에 응하는 경매인들이 없을 경우 출양인은 그 전에 최고호가를 제시한 자를 경락인(竞得人[경득인])으로 정함과 동시에 경매 종료를 선포한다. 단 그 최고호가가 최저 출양가에 미달할 경우 당해 경매는 실패로 끝나고 출양인은 경락인의 정함이 없이 당해 경매의 종료를 선포한다.

3 출양인은 경락인 결정 후 현장에서 경락인과 거래성립확인서(成交确认书[성교확인서])를 체결한다. 거래성립확인서에는 출양인 및 경락인의 명칭, 대상토지의 위치, 경락가격, 출양계약을 체결할 일시와 장소 등이 기재된다. 거래성립확인서의 기재내용은 출양인과 경락인 모두에게 법적 구속력을 가진다.

4 경락인이 경매 참가 신청 시 납부했던 경매보증금은 경락 후에는 장래 체결될 건설용지사용권 출양계약의 계약금으로 전환된다. 따라서 장래 경락인이 낙찰통지서의 내용에 따라서 건설용지사용권 출양계약을 체결하지 않을 경우 출양인은 당해 보증금을 몰수할 수 있다. 낙찰인 이외의 경매참가인들이 납부한 경매보증금은 경매절차 종료 후 5영업일 이내에 이자 없이 원금만 각 참가인에게 반환된다.

3) 공시경쟁매매(挂牌[괘패])

공시경쟁매매 방식의 출양에서는 위 가.(초기단계)의 공통절차를 거친 후 다음과 같이 경락인을 결정한다(출양규정 제17조, 제18조, 제19조 및 제20조, 출양규범 제13조). 이는 **동시오름입찰방식(무제한 경매방식)의 일종**으로 이해될 수 있다.

(가) 공시경쟁매매 관련 정보의 공시

출양인은 공시경쟁매매 출양공고에 기재된 공시경쟁매매 개시일에 그 기재된 토지거래장소에서 대상토지의 위치, 면적, 현황, 용도, 사용기간, 시공기간, 시초가(起始价), 입찰가 인상규칙(增价规则), 입찰가 인상폭(增价幅度) 등을 공시한다.

(나) 공시경쟁매매기간 중 진행(다중 라운드 입찰 방식)

[1] 경매인은 자신의 희망가격을 서면에 적어 출양인에게 제출하고, 출양인은 그 서면을 접수하면 그때그때 기재된 가격을 공시하면서 그보다 높은 희망가격의 제출을 기다린다. 이 경우 다른 경매인은 물론 당해 희망가격을 제출하였던 경매인도 공시경쟁매매 기간 중에는 그 가격보다 높은 희망가격을 제출할 수 있다.

[2] 공시경쟁매매 기간은 10영업일 이상이어야 한다.

(다) 공시경쟁매매 종료시점에서의 진행(공개 구두경매 방식으로의 전환 가능성)

[1] 공시경쟁매매 출양공고에 기재된 공시경쟁매매 기간 말일의 종료시점에 경매인들은 공시경쟁매매 현장에 모두 출석하여야 한다. 출양인은 그 현장에서 출양 최저가를 정해 놓은 경우 이를 명확히 알린 후에 최고 희망가격 및 그 가격을 제시한 경매인을 선포하고, 다른 경매인들에게 새로이 더 높은 가격을 제시할 의향이 있는지를 물어본다. 만일 그에 응하여 더 높은 가격을 제시하는 경매인이 있으면 그때부터는 위 2)의 방식에 따라 현장경매가 진행된다.

[2] 출양인이 3회에 걸쳐 연속으로 동일한 호가를 제시하였음에도 불구하고 그에 응하는 경매인들이 없을 경우, 출양인은 다음과 같이 경락인을 결정하거나 경매 실패를 선언한다.

1] 공시경쟁매매절차에 참가한 경매인이 1인인 경우, 그가 제시한 희망가격이 출양 최저가 이상이고 기타 출양조건에도 부합하면 그를 경락인으로 한다.

2] 공시경쟁매매절차에 참가한 경매인이 2인 이상인 경우, 최고가격을 제시한 경매인이 경락인이 된다. 만일 2명 이상이 동일한 최고가격을 제시한 경우 먼저 제시한 경매인이 경락인이 된다. 다만, 그 가격은 출양 최저가 이상이어야 한다.

3] 공시경쟁매매절차에 참가한 경매인이 없는 경우, 혹은 참가한 경매인이 제

시한 희망가격이 모두 출양 최저가에 미달하거나 기타 출양조건에 부합하지 않는 경우, 당해 공시경쟁매매절차는 실패로 끝난다.

4) 거래성립확인서의 체결

1 출양인은 경락인 결정 후 현장에서 경락인과 거래성립확인서(成交确认书)를 체결한다. 거래성립확인서에는 출양인 및 경락인의 명칭, 대상토지의 위치, 경락가격, 출양계약을 체결할 일시와 장소 등이 기재된다. 거래성립확인서의 기재내용은 출양인과 경락인 모두에게 법적 구속력을 가진다.

2 경락인이 경매 참가 신청 시 납부했던 경매보증금은 경락 후에는 장래 체결될 건설용지사용권 출양계약의 계약금으로 전환된다. 따라서 장래 경락인이 낙찰통지서의 내용에 따라서 건설용지사용권 출양계약을 체결하지 않을 경우 출양인은 당해 보증금을 몰수할 수 있다. 낙찰인 이외의 경매참가인들이 납부한 경매보증금은 경매절차 종료 후 5영업일 이내에 이자 없이 원금만 각 참가인에게 반환된다.

다. 마무리 단계의 공통절차: 건설용지사용권의 설정

1) 출양계약 체결 및 출양결과 공표

1 낙찰인(입찰방식을 취한 경우)은 낙찰통지서에 기재된 일시와 장소에서, 경락인(경매방식, 공시경쟁매매방식을 취한 경우)은 거래성립확인서에 기재된 일시와 장소에서 출양인과 출양계약을 체결한다(출양규정 제21조, 출양규범 제14조).

2 출양인은 위 개별절차에서 낙찰인이나 경락인이 정해진 후 10영업일 이내에 출양결과를 인터넷 기타 매체 등을 통해 공표한다. 공표내용에는 대상 토지의 위치, 면적, 용도, 개발정도, 용적률, 출양시기와 출양가격, 출양기간, 낙찰인 혹은 경락인의 성명 등이 포함된다(출양규정 제22조, 출양규범 제14조).

2) 건설용지(규획)허가증의 발급

낙찰인 혹은 경락인은 출양계약을 체결한 후 장래 당해 토지에 어떻게 부동산

개발을 할 것인지에 관한 건설사업프로젝트 심사허가(중국법 용어: 建设项目立项건설항목입항. 영어로 "항목"은 project, "입항"은 authorization or approval by governmental agency 정도로 번역된다)를 받은 후, 당해 토지 관할 현급이상 인민정부 내 규획관할부문으로부터 건설용지 (규획)허가증(建设用地(规划)许可证)을 발급받는다.

3) 출양금 납부, 건설용지사용권 등기, 건설용지사용권증서 발급

1 낙찰인 혹은 경락인은 출양계약에 따라서 출양금을 납부한 후(실제로는 출양금에서 이미 납부한 입찰보증금 혹은 경매보증금을 공제한 금액을 납부한다) 대상 토지 관할 현급 이상 인민정부 내 국토자원행정 주관부문에 건설용지사용권 등기신청을 하고, 당해 주관부문은 등기경료후 낙찰인 혹은 경락인에게 건설용지사용권증서(建设用地使用权证书)를 발급해 준다(출양규정 제23조, 출양규범 제16조).

2 중국 물권법도 건설용지사용권은 등기를 경료함으로써 설정된다고 규정하고 있다(제139조). 따라서 낙찰인 혹은 경락인은 위 등기 경료와 동시에 건설용지사용권을 취득한다.

(4) 수의계약(协议出让[협의출양]) 방식의 절차

1) 이 방식은 출양인이 공개경쟁방식을 취하지 않고 특정인과 개별협상을 한 후 출양계약을 체결하여 건설용지사용권을 설정해 주는 것이다. 이 방식의 건설용지사용권 출양에 대해서는 「협의방식의 국유토지사용권출양에 관한 규정(协议出让国有土地使用权规定. 이하 "**협의출양규정**")」 및 「협의방식의 국유토지사용권출양에 관한 규범(协议出让国有土地使用权规范(试行). 이하 "**협의출양규범**")」이 적용된다.

2) 중국 관련법규에 따르면 당해 토지를 상업, 오락, 여행, 주택분양 등 영리추구목적으로 사용하고자 하거나 그 외의 용도이더라도 사용 희망자가 복수일 경우 출양인은 반드시 위에서 살펴본 입찰, 경매, 공시경쟁매매 중 하나의 방식으로 출양하여야 하며, 수의계약 방식을 취할 수는 없다(출양규정 제4조, 출양규범 제4조, 협의출양규정 제9조, 협의출양규범 제4.3조, 중국물권법 제137조). 따라서 출양인이 특정인과의 개별협상 후 수의계약 방식으로 그에게 부동산개발 사업 용도로 토지를 출양해 줄

수는 없다. 그런데 협의출양규정 제16조는 수의계약방식으로 건설용지의 사용권을 취득한 자가 사후에 그 용도를 부동산개발로 변경하는 경우에 관한 규정을 두고 있어, 부동산개발사업자로서는 이 방식을 취하여 사실상 공개경쟁을 피하면서 부동산개발에 필요한 건설용지를 확보할 수 있는 가능성이 있다. 하지만 이 경우 출양인과 관할 지방정부 도시계획부문의 동의를 받아야 하므로, 여전히 쉽지 않다고 보아야 할 것이다.

3) 수의계약 방식으로 국유토지를 출양받는 절차는 대략 아래와 같다.

1 출양인의 출양계획 작성 및 공표.
2 토지사용희망자의 출양신청.
3 출양인의 수의계약 방식의 출양방안 작성.
4 출양인의 토지사용권에 대한 감정 평가 및 그에 기초한 출양 최저가의 결정.
5 출양인이 작성한 출양방안 및 출양 최저가에 대한 관할 인민정부의 심사허가 후 출양인과 토지사용희망자의 협상.
6 출양인과 토지사용희망자 간의 출양의향서 체결.
7 출양인이 대상토지의 위치, 면적, 용도, 출양기간, 토지사용조건, 사용희망자, 출양가격 등을 5일 이상 공시함(그 기간에 제3자가 이의를 제기하거나 당해 출양이 관련 법규에 위반된다고 판단될 경우 절차는 여기서 종료됨).
8 출양인과 토지사용희망자 간의 출양계약 체결 및 출양결과 공표.
9 건설용지사용권 등기 및 건설용지사용권증서의 발급.

(5) 출양계약(出让合同)

1) 출양의 법적 성질: 용익물권 설정행위

출양을 해 주는 주체가 국가이지만 출양행위의 법적 성질은 행정행위가 아니라, **국가가 민사법률관계의 주체로서 중국 물권법상 용익물권을 설정해 주는 민사행위(용익물권 설정행위)**로 이해하는 게 옳을 것이다. 중국 최고인민법원도 출양계약과 관련한 분쟁에 대해서는 민법통칙, 물권법, 계약법, 민사소송법 등을 적용한다고 보아 같은 입장을 취하고 있다("신민사사건이유규정(新民事案件案由规定)"). 다만, **중국**

관련법규는 출양계약에 대하여 당사자 자치의 원칙을 대폭 수정하여 다양한 제한 규정들을 두고 있음도 잊어서는 안된다.

2) 출양계약의 주체: 국가—토지사용희망자

1 출양을 해 주는 주체는 국가이다. 다만 토지소유자인 국가로부터 출양에 관한 수권을 부여받은 **시, 현 인민정부 내 토지관리부문이 출양계약상 출양인**으로 기재된다.

한 가지 유의할 점은 **실무상 해당 지역에 설립된 개발구위원회**(开发区委员会)**가** 출양인으로서 **출양절차를 진행하는 경우가 있는데,** 개발구위원회는 출양인으로서의 적법한 자격이 없다. 따라서 **개발구위원회가 출양인으로서 날인한 출양계약은 무효이다.** 다만 이 경우에도 적법한 출양인 자격을 갖춘 시, 현 인민정부 내 토지관리부문이 사후에 추인을 해 주면 당해 출양계약은 유효로 된다 (최고인민법원 "국유토지사용권계약에 관한 분쟁에 적용되는 법률문제의 해석"[最高人民法院关于审理涉及国有土地使用权合同纠纷案件适用法律问题的解释] 제2조).

2 출양의 **상대방은 당해 토지의 사용을 희망하는 중국 내 혹은 중국 외의 자연인이나 법인**이다.

3) 출양계약의 객체: 건설용지사용권

출양계약의 객체는 일정한 사용기간이 부여된 건설용지사용권이다. 건설용지사용권의 대상물은 일정한 토지인바, 그 토지는 아래와 같은 요건을 구비하고 있어야 한다.

1 국유토지일 것. 특히 중국 토지관리법 제43조는 건설을 위한 토지의 사용은 국유토지에 대해서만 가능하다고 규정하고 있다.

2 건설용지규획허가 기타 관련법규상 필요한 심사허가를 받을 것.

4) 건설용지사용권 설정등기와의 관계

중국 역시 우리와 마찬가지로 부동산 관련 물권의 취득에 대해서는 원칙적으로 등기가 효력발생요건이다. 중국 물권법 제139조는 건설용지사용권은 등기가 경료되어야 설정된다고 규정하고 있다.

5) 출양금 산정기준

출양금은 대상토지에 대한 기준지가(基准地价), 표준지가(标定地价), 최저출양가(出让底价), 거래지가(交易地价)를 결정하는 과정을 거쳐 아래와 같이 결정된다(한결, 210면; 장철혁, 227-228면).

1. 기준지가는 동일한 용도, 동일한 등급, 동일한 출양기간을 가진 토지사용권에 대한 평균 지료를 뜻한다. 용도는 크게 상업용지, 종합용지, 거주용지, 공업용지 등으로 나뉘고, 상업용지는 다시 서비스업용지, 여행업용지, 금융보험업용지, 식음오락업용지로, 종합용지는 사무 및 과학연구용지, 문화체육용지, 의료위생용지로, 공업용지는 공장용지 창고용지, 교통운수용지로 구분된다. 등급은 각 지역별로 달리 세분화된다. 각 지역의 토지행정주관부문은 용도, 등급, 사용기간별로 토지를 세분화한 후 각 토지에 대한 기준지가를 정해 놓고 있다.
2. 표준지가는 특정한 토지에 대하여 기준지가를 기초로 이를 수정하여 산정한 토지사용권에 대한 지료이다. 기준지가를 수정할 경우 당해 토지의 위치와 면적, 용적률, 토지사용권의 잔여기간, 토지형태, 시장상황 등을 고려한다.
3. 최저 출양가는 앞에서 살펴본 출양절차에서 출양인이 표준지가를 기초로 산정한다.
4. 거래지가는 출양을 통하여 확정되는 금액, 즉 출양금을 의미한다.

6) 출양계약의 내용

1. **출양계약은** 실무상 출양인이 중앙정부에서 제정, 공표한 "국유건설용지사용권출양계약 표준계약서(《国有土地使用权出让合同》示范文本)"에 기초하여 작성한 후 상대방에게 서명할 것을 요구한다. 즉 **국가에서 정한 약관이 있다. 따라서 실제 협상과정에서 그 내용을 수정하기란 상당히 어렵다.**

2 출양계약서에 기재되는 주요 내용은 아래와 같다(중국 물권법 제138조)

1] 계약 당사자의 명칭과 주소

2] 출양토지의 경계, 면적 등 현황

3] 건축물 기타 부속물이 점유사용할 공간

4] 토지 용도

5] 사용기간

6] 출양금 등의 납부방식과 기한

7] 계약위반책임, 분쟁해결방법 등에 관한 조항

⑹ 출양에 기한 건설용지사용권의 이전, 임대와 저당권 설정

1) 출양에 기한 건설용지사용권의 이전

출양 방식으로 토지사용권을 취득한 자는 아래 4.2의 획발 방식으로 취득한 자와 달리 자신이 취득한 건설용지사용권을 다시 제3자에게 이전할 수 있다. 그 이전방식으로는 매매, 교환, 증여, 현물출자, 대물변제와 같은 직접적인 이전 방식 이외에 건설용지사용권자인 기업의 지분 인수나 합병과 같은 간접적인 이전방식도 포함된다(잠정조례 제19조, 도시부동산양도관리규정[城市房地产转让管理规定] 제3조). 직접적인 이전방식을 취할 경우, 건설용지사용권의 이전 역시 중국 물권법상 물권행위로서 이전등기 시에 그 효력이 발생한다.

다만 그 이전에는 아래와 같은 제한이 있다. **아래에서 설명하는 제한은 ① 한국 투자자가 중국 투자자와 합작으로 외상투자 유한책임공사를 설립할 때 중국 투자자가 토지사용권을 현물출자할 경우에도 적용됨**을 잊지 말아야 한다. 또한 ② **한국 투자자가 중국 내 기업을 인수하고자 하는데 해당 기업이 토지사용권을 국가가 아닌 제3자로부터 취득하여 보유하고 있을 경우 그 보유가 유효·적법한지 판단하기 위해서도 알아 두어야 할 중요한 사항**이다.

(가) 적극적 요건: 출양방식으로 취득한 건설용지사용권을 다시 제3자에게 이전할 경우 아래와 같은 요건을 구비하여야 한다(도시부동산관리법[城市房地产管理法] 제39

條, 도시부동산양도관리규정[城市房地产转让管理规定] 제10조).

1 **양도인이 출양계약상 출양금을 출양인에게 전액 지급하고, 건설용지사용권증서를 발급받았을 것.**

2 출양계약 소정의 투자개발이 진행되었을 것. 구체적으로 (i) **건축물 건축공사의 경우에는 건축공사 투자총액의 25% 이상이 투입되어 있어야 하고,** (ii) **토지개발의 경우** 개발규획에 따라서 토지개발건설이 진행되어 **상하수도, 전기 및 열 공급, 도로교통, 통신 등 인프라와 공용시설이 건설되고 공업용지 혹은 기타용지로서의 조건을 구비하고 있을 것.**

3 **토지사용권 양도 당시 지상에 건축물이 이미 완공되어 있다면, 양도인이 건축물 소유권증서를 발급받았을 것.**

위 요건에서 알 수 있듯이, 출양에 기하여 건설용지사용권을 취득한 자는 취득 즉시 건설용지사용권을 타인에게 이전해 줄 수는 없고 출양계약에서 약정된 개발공사를 어느 정도 진척시킨 후에만 이전해 줄 수 있다. 다만 위 제한들은 건설용지사용권을 보유하고 있는 기업의 지분을 인수하는 방식을 취함으로써 회피해 볼 여지가 있는데, 이 경우에도 여전히 중국 내 관할 정부부서와의 협의가 필요할 수 있다(예를 들면 중국 관할 정부부서에서 부동산 개발회사의 대주주 변동으로 향후 개발사업의 안정적인 수행에 문제가 생겼다고 판단할 경우).

(나) 소극적 요건: 아래 각 항에 해당하는 경우에는 위 적극적 요건이 모두 구비된 경우에도 건설용지사용권을 이전할 수 없다(도시부동산관리법 제38조, 도시부동산양도관리규정 제6조).

1 사법기관이나 행정기관이 압류 기타 형식으로 그 이전을 제한하는 경우.

2 건설용지사용권이 준공유되고 있는 경우에 다른 준공유자의 서면동의를 받지 못한 경우.

3 건설용지사용권이 법에 따라 수용되는 경우.

4 건설용지사용권의 귀속에 관하여 분쟁이 있는 경우.

5 건설용지사용권 등기를 경료하지 않았거나 건설용지사용권증서를 발급받지

않은 경우.

6 기타 관련법규에서 그 이전을 금지하고 있는 경우.

(다) 기타 제한: 위 적극적 요건을 모두 충족하고, 소극적 요건에는 해당 사항이 없더라도, 출양방식으로 취득한 토지사용권을 제3자에게 양도할 경우 다음과 같은 제한을 받는다(잠정조례; 장철혁, 234-235면 참조).

1 토지사용권의 대상인 토지가 토지사용권 출양계약에서 약정된 기한과 조건에 따라 개발, 이용되고 있어야 한다(제19조).

2 토시사용권 양도 시 **반드시 서면으로 양도계약을 체결하여야 한다**(제20조).

3 **토지사용권 양도 시 그 사용기간은 애초 출양계약에서 약정된 사용기간에서 양도시점까지 사용된 기간을 차감한 잔여기간이다. 따라서 양수인은 매매대금 산정 시 자신이 사용할 수 있는 건설용지사용권의 잔여기간을 확인해 본 후 그에 기초하여 금액을 산정하여야 한다**(제22조).

4 토시사용권 양도 시 그 지상의 건축물과 기타 부속물도 그에 따라 함께 이전되며, 관련 규정에 의거하여 명의변경 수속을 하여야 한다(제23조).

5 토지사용권의 양도가액이 시장가에 비하여 현저하게 낮을 경우 관할 시, 현 인민정부가 우선매수권을 가진다(제26조).

6 출양계약에서 약정된 토지의 용도를 변경할 필요가 있을 경우 출양인의 동의를 얻어 토지관리와 도시계획부문의 심사허가를 받고, 관련 규정에 따라서 토지사용권 출양계약을 다시 체결하여야 한다. 그와 함께 토지사용권 출양금을 조정하고, 관련 등기를 하여야 한다(제27조).

2) 출양에 기한 건설용지사용권의 임대

출양방식으로 국가로부터 건설용지사용권을 설정받은 자는 아래 4.2의 획발방식으로 취득한 자와 달리 제3자에게 그 사용권을 임대해 줄 수 있다. 다만, 출양계약상 정해진 기한과 조건에 따라서 토지를 개발, 이용하지 않고 있는 토지에 대해서는 건설용지사용권을 임대해 줄 수 없다(잠정조례 제28조). 아울러 출양계약상 임대를 제한하는 조항이 있는지 여부를 살펴보아야 하고, 임차인이 출양계약 소정의 용도에 부합하게 토지를 사용하도록 하여야 한다.

실무 Tip

(1) (국유)건설용지의 임대 vs. 건설용지사용권의 임대

(국유)건설용지의 임대는 국가가 자신이 보유하고 있는 (국유)건설용지를 제3자에게 임대해 주는 행위인 반면, 건설용지사용권의 임대는 이미 국가로부터 건설용지사용권을 설정받은 사인이 다시 제3자에게 자신의 건설용지사용권상에 임차권을 설정해 주는 행위이다. 우리 민법은 지상권상에 다시 임차권을 설정한다는 개념을 예정하고 있지 않은 반면, 중국 관련법규에서는 이 개념을 인정하고 있다.

(2) 중국계약법(中国合同法)상 임대차계약(租赁合同) 관련 규정의 적용

이 경우 체결되는 임차계약에는 중국 계약법상 임대차계약에 관한 규정들이 적용되므로, 임대차계약서 작성 시 그 내용이 강행규정에 위배되지 않도록 유의하여야 한다. 예컨대 중국 계약법 제214조에 따르면 임차기간은 20년을 초과할 수 없다.

3) 출양에 기한 건설용지사용권상의 저당권 설정

이에 관해서는 제6장에서 저당권 관련 부분을 참고하기 바란다.

(7) 출양에 기한 건설용지사용권의 존속기간 및 연장

1) 최장존속기간

[1] 획발방식으로 취득하는 경우와 달리, 출양방식으로 취득한 건설용지사용권에 관해서는 토지 용도별로 아래와 같이 최장 존속기간이 규정되어 있다(잠정조례 제12조).

1] 주거용지: 70년

2] 상업, 여행, 오락용지: 40년

3] 공업용지, 교육, 과학기술, 문화, 위생, 체육용지와 종합용지 및 기타 용지: 50년

[2] 출양인은 최장존속기간 내에서 적절하다고 생각되는 출양기간(당해 건설용지사용권의 존속기간)을 정하여 출양절차를 밟고, 이는 출양계약에도 기재된다. 다만 국가는 출양계약 소정의 존속기간이 만료되기 전일지라도, **특수한 정황이 있고, 사회공공이익을 위한 필요가 있을 경우**에는 **법률이 정한 절차에 따라 적절한 보상금을 지불하면서 대상토지를 회수할 수 있다**(도시부동산관리법 제20조). 다만 이 규정에서 말하는 "특수한 정황"과 "사회공공이익을 위한 필요"의 구체적인 의미와 판단기준, 회수를 위한 구체적인 절차, 보상금의 산정기준에 관해서 명확한 기준은 아직 정립되지 않은 것으로 보인다.

또한 **건설용지사용권자가 출양계약 소정의 착공일부터 2년이 경과할 때까지 착공하지 않은 경우에는**, 불가항력·정부나 정부유관부문의 행위·착공에 필요한 전단계 작업의 개시 지연으로 인한 경우를 제외하고는, 출양인은 **당해 토지를 무상으로 회수할 수 있다**(도시부동산관리법 제26조).

2) 존속기간 연장

출양계약상 건설용지사용권의 존속기간을 연장하기를 희망하는 건설용지사용권자는 그 존속기간이 만료되기 1년 전에 기간 연장을 신청하여야 한다. 이 경우 출양인은 사회공공이익의 필요가 있어 당해 토지를 회수하여야 하는 경우를 제외하고는 그 신청을 허가하여야 한다(도시부동산관리법 제22조). 허가를 받고 나면 출양인과 건설용지사용권자는 새로이 출양계약을 체결하여야 하고, 건설용지사용권자는 새로이 산정된 출양금을 납부하여야 한다(따라서 이러한 건설용지사용권의 기간 연장을 앞서 본 "수의계약 방식에 의한 출양"의 하나로 보기도 한다).

다만 중국 물권법은 주택건설용지에 대한 건설용지사용권은 존속기간 만료시 자동으로 연장된다고 위 규정에 대한 예외를 규정하고 있다. 다만 이 경우 새로이 출양금을 납부할 필요도 없는지에 관하여는 침묵하고 있다.

3. 직접취득방식 2: 획발(건설용지사용권의 무상설정)

(1) 획발의 개념과 특징

1) 획발(划拨)은 중국이 시장경제체제로의 개혁을 실행하기 이전에는 사인이 토지사용권을 취득할 수 있는 유일한 방식이었다. 이 방식은 **국가가 행정법률관계의 주체로서, 주로 공공사업(군사기지, 사회인프라 시설, 학교, 병원)의 목적으로 무상으로**(단 국가에 대해서 그 취득의 대가[지료]를 지급하지 않는다는 의미에서의 무상이며, 거주민들에 대한 이주보상비 등의 비용은 당해 건설용지사용권자가 지급하여야 한다. 또한 이 경우에도 "향전토지사용세 잠행조례"에 따라서 토지사용세는 납부하여야 한다) **건설용지사용권을 설정해 주는 방식**이다(제43조, 도시부동산관리법 제23조, 중국물권법 제137조). 따라서 일반적으로 외상투자기업이 획발 방식으로 건설용지사용권을 취득하기는 매우 어렵다. 다만, 대규모 사회 인프라 건설사업 등을 맡게 될 경우에는 외상투자기업이 이 방식으로 당해 토지에 대한 건설용지사용권을 취득하는 경우가 있을 수 있다. 국내에서는 이를 "불하"라고 번역하는 경우도 있으나, 국내법상 불하와는 구분되는 특징이 있어서 이 책에서는 원어의 한국식 발음을 그대로 쓴다.

2) 획발에 의하여 건설용지사용권을 취득할 경우 **출양방식과 달리 최장존속기간에 대한 제한이 없는 반면**(도시부동산관리법 제23조), **국가는 필요 시 언제든지 당해 건설용지사용권을 무상으로 회수할 수 있다**(잠정조례 제47조).

3) 획발방식은 국가의 행정행위에 의하여 건설용지사용권을 설정해 주는 것이므로, 출양방식과 달리 **출양계약을 체결하지 않고 출양금도 납부하지 않는다**. 단 획발방식을 취하는 경우에도 **건설용지사용권 등기가 건설용지사용권 취득의 효력발생요건이다**.

(2) 획발에 기한 건설용지사용권의 이전, 임대, 저당권설정

1) 이 방식은 애초 공공사업의 목적으로 건설용지사용권을 취득하는 것이기 때문에, **획발 방식에 의하여 건설용지사용권을 취득한 자는 원칙적으로 그 건설용지사용권을 이전, 임대하거나 그 건설용지사용권에 저당권을 설정할 수 없다**.

2) 만일 **건설용지사용권자가 획발로 취득한 건설용지사용권을 제3자에게 이전하거나 임대하고자 한다면, 관할 토지주관부문의 심사허가를 얻은 후 새로이 출양절차를 밟아야 한다**. 즉 (주로 앞에서 살펴본 수의계약의 방식에 따라서) 출양계약 체결, 출양금 납부, 출양을 원인으로 한 건설용지사용권 등기 및 건설용지사용권 증서의 발급 절차를 거쳐야 한다. 단, 출양금 납부는 이전이나 임대과정에서 얻는 수익으로 추후에 납부할 수 있는 경우도 있다.

3) 획발로 취득한 건설용지사용권상에 저당권을 설정하고자 하는 경우에도 사전에 관할 토지주관부문의 심사허가를 받아야 한다(잠정조례 제45조, 도시부동산관리법 제40조). 그런데 획발에 기해 취득한 건설용지사용권상에 설정된 저당권을 실행할 경우 당해 건설용지사용권이 경락인에게 이전되기 위해서도 먼저 저당권설정자가 국가와 출양절차를 밟고 출양금을 납부하여야 한다. 결국 저당권자 입장에서는 자신보다 먼저 국가가 출양금 명목으로 경락대금에서 배당금을 받아 가는 것과 동일한 효과가 발생하게 된다. 따라서 **획발에 기해 취득한 건설용지사용권에 저당권을 취득하고자 할 경우 이 부분을 사전에 고려하여 그 저당권이 충분한 담보가치가 있는지 여부(즉 당해 저당물의 가치에서 출양금 상당의 금액을 공제한 잔액이 피담보채권을 담보하기에 충분한지 여부)를 확인하여야 한다**(한결, 211면 설명도 함께 참조).

4. 직접취득방식 3: 임대(出租, 건설용지에 대한 임차권 부여)

사인이 국유건설용지를 사용하는 방법 중 하나로 사인이 국가(당해 토지 관할 현급 이상 인민정부 내 토지 관할부문)와 임대차계약을 체결하는 방법도 있다. 그러나 영리를 목적으로 하는 부동산개발용지에 대해서는 이 방식으로 사용권을 취득하는 것이 금지되어 있다(规范国有土地租赁若干意见(국유토지임차규범에 관한 몇 가지 의견) 제1조). 따라서 **부동산개발업자가 임대차 방식으로 건설용지에 대한 사용권을 취득할 수는 없다**.

5. 간접취득방식 1: 기존 건설용지사용권자로부터의 매수 혹은 임차

1) 출양의 방식으로 건설용지사용권을 취득한 자는 일정한 요건하에 그 사용권을 타인에게 매도하거나 임대할 수 있으므로(위 2.(6) 참조), 외상투자기업은 기존의 그러한 건설용지사용권자로부터 그 사용권을 매수하거나 임차할 수 있다.

2) 획발의 방식으로 건설용지사용권을 취득한 자는 관할 토지주관부문의 비준을 받고 새로이 출양 절차를 거치면 그 사용권을 타인에게 매도하거나 임대할 수 있으므로(위 3. (2) 참조), 그러한 경우에 한하여 역시 외상투자기업은 그 건설사용권자로부터 당해 사용권을 매수하거나 임차할 수 있다.

6. 간접취득방식 2: 중국 투자자에 의한 토지사용권의 현물출자

외상투자기업에 참여하는 중국 투자자는 그 설립과정에서 **토지사용권을 현물출자하는 경우**가 많다. 중국에서 현물출자는 우리와 마찬가지로 현물(에 대한 재산권)의 유상이전으로 이해할 수 있다. 따라서 이 경우에도 **토지사용권의 이전에 관하여 앞에서 살펴본 요건과 제한이 모두 적용됨**에 유의하여야 한다(위 2. (6) 1) 및 3. (2) 참조). 따라서 **실무에서 한국 투자자는 중국 투자자가 합작회사 설립 시 현물출자하려는 토지사용권에 대하여 법률실사를 해 볼 필요가 있다**. 이 부분을 단순히 사원간 계약서상 중국 투자자의 진술보장사항으로 해결하는 접근방식(예컨대 중국 투자자가 현물출자하는 토지사용권을 유효·적법하게 처분할 권한을 가지고 있다고 진술보장한 후 그 위반 시 위약금을 지불하도록 하는 방식)은 특별한 사정이 없는 한 권하지 않는다. 한국 투자자가 이미 합작회사에 자본금(현금)을 투입하고 회사가 운영되기 시작한 상황에서 중국 투자자의 현물출자에 사후적으로 하자가 발견된 경우, 그 해결방안을 여러 모로 simulation해 보면 한국 투자자가 손해를 피하지 못할 가능성이 적지 않기 때문이다.

Ⅵ. 건물 소유권 취득방식

한국에서와 마찬가지로 중국에서도 사인은 건물에 대한 소유권을 취득할 수 있고, 그 취득의 요건도 우리의 법리와 유사하다.

1) 건물에 대한 소유권의 원시취득은 소유권보존등기(중국법상 "房屋初始登记(방옥초시등기)"라 한다)를 경료하지 않더라도 신축 시에 이루어진다(중국 물권법 제30조, 단 구체적으로 신축과정 중 어느 시점인지에 대해서는 아직 뚜렷한 기준이 없다).

2) 건물에 대한 소유권 이전은 소유권 이전등기를 경료하여야 그 효력이 발생한다.

3) 우리가 등기경료 시 건물소유자에게 등기필증(등기권리증)이 발급되는 것과 유사하게 중국에서는 부동산권리증서(不动产权证书)가 발급된다(과거에는 토지사용권에 대한 国有土地使用证[국유토지사용증]과 건물소유권에 대한 房屋所有权证[방옥소유권증]이 별개로 발급되었으나, 지금은 부동산권리증서 하나로 통합되었다). 단, 우리의 등기필증은 등기신청서나 등기원인을 증명하는 서면(예컨대 매매계약서나 저당권설정계약서)에 신청서의 접수연월일, 접수번호, 순위번호와 등기필의 뜻을 기재하고 등기소인을 찍는 방식으로 작성되지만, 중국의 부동산권리증서는 신청서나 계약서와는 별개로 수첩과 같은 형태로 작성된다(그 이미지는 중국 웹사이트에서 검색하면 쉽게 찾아볼 수 있다).

참고로, 저당권이 설정될 경우 저당권설정자에게는 그가 가진 부동산권리증서에 저당권설정사실이 기재되면서 저당권자에게는 타항권리증(他项权利证)이 발급된다. 우리의 등기필증과 마찬가지로 이러한 권리증은 유가증권이 아니라 일종의 증명서류에 불과하다. 따라서 예컨대 부동산권리증서를 양도한다고 하여 건물이 양도되지는 않으며, 건물등기부에 소유권 이전등기를 하여야 소유권 이전의 효력이 발생한다.

4) 한 가지 유의할 점은 건설용지사용권의 존속기간이 만료된 경우 지상건물의 처리 방안에 관하여 중국 관련법규는 국가가 지상건물을 무상으로 취득하나(잠정조례 제40조), 출양계약상 별도의 특약을 둘 수 있도록 허용하고 있다는 것이다(중국 물권법 제149조). 따라서 부동산개발사업자로서는 출양계약 체결 시 이에 관한 특

약을 규정하는 것이 바람직할 것이다.

실무 Tip 건설용지사용권과 지상건물 처분의 일체성

중국 역시 우리와 마찬가지로 이론상으로는 건물의 소유자와 대지의 소유자가 달라질 수 있으므로, 건물소유자가 대지에 대한 적법한 사용권을 가지지 못할 경우 대지소유자의 요구에 의해 당해 건물이 철거될 위험이 생긴다. 이를 방지하기 위하여 중국 관련법규는 건물소유권과 그 대지에 대한 건설용지사용권의 주체 및 처분의 강제적 일체성을 규정하고 있다. 즉 건물소유자와 건설용지사용권자는 원칙적으로 동일인에게 귀속되고(중국 물권법 제142조), **건물을 처분(양도 혹은 저당권 설정)하면 건설용지사용권도 그에 따라 함께 처분되고**(도시부동산관리법 제32조, 잠정조례 제24조, 담보법 제36조), **역으로 건설용지사용권을 처분하면 그 지상의 건물도 그에 따라 함께 처분된다**(잠정조례 제23조, 담보법 제36조).

그런데 중국의 실무에서 과거 많은 부동산 시행사들은 아파트를 건설한 후 일반인들에게 분양할 때, 해당 아파트 주택에 대한 건물소유권증서(방옥소유권증)만 교부하고, 그 대지권증서(토지사용권증)은 교부해 주지 않아서, 토지사용권은 여전히 시행사가 가지고 있는 듯한 외관이 존재하는 문제가 있었다(다만 법률실사를 해 보면, 많은 중국 법률사무소들은 이 부분을 특별히 문제삼지 않는 입장을 취한다). 지금은 두 증서가 통합된 부동산권리증이 발급되기 시작하여, 이 외관상 불일치의 문제는 해소되어 가는 과정에 있는 것으로 보인다.

Ⅶ. 부동산 등기제도

1) 중국은 아직 전국 단위로 통일적, 체계적으로 완전히 정비된 등기제도를 갖추지 못하고 있다. 특히 우리처럼 전국적으로 통일된 부동산 등기 전산망을 구축하지 못하고 있는데, 앞으로도 상당 기간 이 상태는 지속될 것으로 보인다. 그 결

과 중국에서는 인터넷을 통한 등기 신청이 불가능하고, 제3자가 어느 기업이나 개인이 중국 내에 어떠한 부동산을 어떠한 형태로 소유하고 있는지 정확하게 파악할 수도 없다.

또한 부동산 관련 각종 등기를 하는 절차가 한국에서는 상상하기 힘들 정도로 번거롭고 시간도 많이 소요된다. 저자 역시 과거 북경직활시에서 한국계 은행을 대리하여 기업대출을 담보하는 저당권(중국법 용어: 抵押权[저압권]) 설정등기를 하는 데에만 1개월이 소요되었던 경험이 있다. 문제는 이렇게 저당권 등기에 1개월 혹은 그 이상이 소요되면, 대출을 해 주는 은행 입장에서는 한국에서 하듯이 대출실행 이전 혹은 최소한 대출실행일과 같은 일자에 저당권을 등기하는 것(저당권을 취득하는 것)이 어려워진다는 것이다. 또한 한국에서는 당연히 된다고 생각하는 여러 형태의 부동산 등기가 중국에서는 허용되지 않는 경우도 많다(예를 들면, 피담보채권의 만기 연장을 이유로 한 근저당권의 연장, 복수의 근저당권자들의 공동 1순위 등기).

따라서 **한국 투자자로서는 중국 내 부동산 등기가 한국과는 전혀 다른 법적 환경에 처해 있다는 것, 그래서 사전에 충분한 시간을 두고 현지 전문가(단순히 중국법의 전문가가 아니고 해당 부동산이 소재하는 시나 현의 부동산 등기 실무에도 능한 전문가)의 자문을 받아야 한다는 것을 1차적으로 기억해 둘 필요가 있다**. 비록 2015년부터 부동산등기 임시조례(不动产登记暂行条例)가 시행되어 부동산 등기제도의 통일을 꾀하고 있지만, 아직 갈 길은 멀어 보인다.

2) 우리와 마찬가지로 중국에서도 법률행위에 의한 부동산물권의 성립, 변경 시 대부분은 등기가 효력발생요건이다(중국 물권법 제9조, 한국 물권법 제186조와 동일한 취지로 규정되어 있다. 다만 예외도 있는데, 예컨대 지역권 설정의 경우에는 등기가 효력발생요건이 아니라 대항요건이다). 특히 **부동산개발 과정에서는 통상 건설용지사용권의 설정 및 양도, 건물소유권의 설정 및 양도, 건설용지사용권과 건물에 대한 저당권**(중국법 용어: 抵押权[저압권])**의 설정이 이루어지는데, 모두 등기가 효력발생요건이다**. 한편 **중국은 우리와 달리 부동산 등기에 대해서 공신력까지 인정하고 있어서 건물 및 대지사용권에 대해서도 선의취득이 인정된다. 단 선의취득의 구체적인 요건은 우리와 차이가 있다**(제4장 제2절 제3관 III. 6. (6) 참조).

3) **등기부 기재내용과 부동산권리증서의 기재 내용이 불일치할 경우에는 등기부 기재 내용에 오류가 있었음을 증명하는 증거가 없는 한 등기부에 기재된 사항이 우선**한다. 우리와 마찬가지로 등기는 (대부분의 경우) 부동산 물권변동의 효력발생요건인 반면, 부동산권리증서는 단순한 증거서면에 불과하기 때문이다. 따라서 어떠한 거래에서 상대방이 가지고 있는 부동산 물권의 내용을 파악하기 위해서는 상대방이 제시하는 부동산권리증서만 확인하는 것으로는 부족하고, 가능하면 관할 등기관리부분에 가서 등기부를 열람하여 확인하는 것이 신중한 업무처리방식이다. **그러나 실무에서는 건물 소유자가 아닌 제3자는 임의로 해당 건물의 등기부 등본을 열람할 수 없는 경우가 대부분이다**. 예를 들면 상해직할시의 경우 특정한 주택의 부동산등기부를 열람하기 위해서는 해당 집주인의 위임장을 요하고 있다. 즉 우리처럼 누구든지 자유롭게 (인터넷을 통하여 실시간으로) 부동산 등기부를 열람할 수 있는 것이 아니다.

4) 토지 등기의 종류는 아래와 같다

1 **토지총등기**(土地总登记): 과거 현급 이상 지방인민정부가 일정기간 내에 자신의 행정구역 내의 모든 토지에 대하여 전면적, 통일적으로 실시하였던 권리관계 귀속에 관한 등기를 지칭한다.

2 **토지시초등기**(土地初始登记): 토지총등기가 경료된 이후 해당 토지에 대하여 이루어진 권리의 설정에 관한 등기들을 총칭한다. 그 구체적인 유형은 아래 3 이하 소정의 등기들이다.

3 **토지사용권의 시초등기**(土地使用权初始登记): 한국에서는 하나의 토지등기부에 소유권과 기타 제한물권(지상권, 지역권, 저당권 등)이 함께 기재된다. 반면 중국에서는 소유권을 기재하는 등기부는 따로이 편제하지 않고, 국가나 농민집체로부터 최초로 토지사용권을 설정받은 자가 발생한 경우 비로소 당해 토지에 대한 등기부를 새로이 편제하여 그 사용권을 등기해 준다. 이때 경료되는 토지사용권의 원시취득에 관한 등기를 토지사용권의 시초등기라 한다.

4 **토지변경등기**(土地变更登记): 토지등기부에 기재된 내용에 변동이 생긴 경우 이를 반영하는 등기를 뜻한다. 토지 사용권의 이전(사용권자 변동을 초래)은 물론 대

상토지의 주소, 용도가 변경되는 경우 등도 포함된다.

5 **토지경정등기**(土地更正登记): 토지등기부 기재내용에 형식적인 오류가 있는 경우 이를 시정하는 등기를 뜻한다.

6 **토지타항권등기**(土地他项权登记): 토지등기부상에 이루어지는 제한물권(즉 토지사용권상에 설정되는 제한물권의 득실변경)에 관한 등기로, 전형적인 예가 **저당권등기**이다.

7 **토지말소등기**(土地注销登记): 기존의 토지사용권이나 그 토지사용권에 설정되어 있는 기타 제한물권을 말소하는 등기이다.

8 **토지이의등기**(土地异议登记): 등기부 기재에 오류가 있다고 주장하는 자가 신청하여 행하는 등기를 지칭한다. 단 신청인은 등기일로부터 15일 이내에 소를 제기하여야 하고 그러지 않을 경우 원권리자는 이의등기의 말소를 청구할 수 있다.

9 **토지예고등기**(土地预告登记): 장래의 권리이전을 보장받기 위한 가등기를 뜻한다. 예고등기 후 본등기를 할 수 있는 날로부터 3개월 이내에 본등기를 경료하지 않으면 예고등기는 실효된다.

10 **토지가압류등기**(土地查封登记):

1] 우리와 마찬가지로 채권자가 채무자의 토지사용권에 대하여 보전처분의 일환으로서 가압류(중국법 용어: 查封(사봉))를 할 수 있는데, 이때 경료되는 등기이다. **이 등기가 경료되면 권리자는 토지사용권을 제3자에게 이전하거나 처분할 수 없다.**

2] **특히 우리와 달리 ① 가압류 등기 후에는 저당권 설정등기를 하는 것 자체가 허용되지 않고, ② 후순위 가압류 등기는 선순위 가압류 등기가 존재하는 한 효력 자체가 발생하지 않는다는 점을, 한국 투자자 특히 중국 내 기업에게 대출을 해 주는 한국의 은행 기타 채권자는 기억해 둘 필요가 있다.** 이처럼 중국에서는 1순위 가압류 채권자에게 한국보다 상당히 강한 법률적 보호가 주어지기 때문에, 실무에서는 중국 내 채무자 기업이 채무초과에 빠질 경우 채권자들 사이에서 채무자 소유의 부동산에 1순위로 가압류 등기

를 경료하기 위하여 치열한 경쟁이 벌어지기도 한다(더욱이 중국에서는 채무자 기업이 중국 내 어디에 어떤 부동산을 가지고 있는지 파악하기도 쉽지 않아서, 그 경쟁의 양상이 더 복잡하게 진행되기도 한다). **일단 1순위 가압류 등기를 선점하면, ① 이후 해당 부동산에는 저당권자의 출현 자체가 불가능하고, ② 이후의 후순위 가압류 등기들은 "윤후사봉(轮候查封)"이라는 명칭으로 불리면서 선순위 가압류 등기(들)의 실효를 정지조건으로 해서 효력이 발생한다. 결국 저당권 설정등기가 없는 부동산에 1순위로 가압류 등기를 하면 중국에서는 1순위 저당권자와 큰 차이가 없는 강한 법적 보호를 받게 된다**(그나마 저당권자에 비하여 불편한 점은 반드시 확정판결을 집행권원으로 받아야 집행을 할 수 있다는 정도인데, 이마저도 중국에서는 저당권자 역시 확정판결을 집행권원으로 삼아야 할 수 있어서[제6장의 저당권 관련 설명참조], 뚜렷한 차이점이라고 보기는 어렵다). 이는 실무에서 많은 한국 투자자들이 놓치고 지나가는 법적 리스크이어서, 주의를 요한다.

5) 건물등기의 종류는 아래와 같다.

[1] **건물총등기**(房屋总登记): 현급 이상 지방인민정부가 일정기간 내에 자신의 행정구역 내의 모든 건물에 대하여 전면적, 통일적으로 실시하는 권리관계 귀속에 관한 등기를 지칭한다.

[2] **건물시초등기**(房屋初始登记):

1] 건물을 신축하여 원시취득한 자가 당해 건물에 대하여 최초로 행하는 소유권보존등기를 지칭한다. 한국에서와 마찬가지로 건설용지사용권자는 건물시초등기를 하지 않더라도 건물신축 시에 소유권을 원시취득하지만, 그 건물을 제3자에게 이전하기 위해서는 먼저 건물시초등기를 한 후 다시 소유권이전등기를 하여야 하고, 그러지 않을 경우 양수인은 당해 건물에 대한 소유권을 취득할 수 없다(중국 물권법 제30조 및 제31조).

2] 아파트개발사업의 경우 사업자가 아파트를 완공하면 먼저 자신의 명의로 아파트 전체에 대하여 소유권보존등기(중국법 용어: 大产权登记[대산권등기])를 하고, 이후 수분양자에게 개별적으로 소유권이전등기(중국법 용어: 小产权登记[소산권등기])를 해 준다.

[3] **타항권등기**(他项权登记):

1] 건물에 대한 타항권등기는 저당권등기만 있고 지역권 등기는 없다.

2] 특히 중국에서는 완공전의 건물에 대해서도 일정한 요건하에 저당권을 설정할 수 있으므로, 부동산개발사업자로서는 은행차입을 통한 자금조달 방안을 설계할 때 이 부분을 고려하여야 한다(완공전 건물의 저당권 설정에 관해서는 제6장의 관련 설명 참조).

3] 중국의 저당권 등기 관련 규정을 구체적으로 살펴보면, 한국에서는 허용되는 등기가 중국에서는 근거규정이 없거나 불명확하여 허용되지 않는 경우가 있으므로 주의를 요한다(제6장의 저당권 관련 설명 참조).

[4] **변경등기, 이전등기 경정등기, 말소등기, 이의등기, 예고등기, 압류등기**:

1] 건물에 대한 변경등기는 토지에 대한 변경등기 사유들 중 권리자 변경을 제외한 사유에 한하고, 권리자 변경으로 인한 등기는 별도로 "이전등기(移转登记)"라 하고 있다.

2] 그 외에 경정등기, 말소등기, 이의등기, 예고등기, 압류등기의 내용은 토지에 대한 경우와 동일하다.

Ⅷ. 부동산 관련 세금

중국 내 부동산의 거래나 보유 시 부과되는 세금을 간략히 살펴보면 아래와 같다. 중국 세법에 관해서는 이미 국내에 전문 서적들이 여러 권 출간되어 있으니, 보다 상세한 내용은 그 서적들을 참고하기 바란다.

1. 계세: 취득세

1) 계세(契税)의 근거법령은 계세임시조례(契税暂行条例)와 계세임시조례세칙(契税暂行条例细则)이다. 우리 지방세법에서는 취득세 제도를 두고 있다. 취득세는 재산

의 이전 내지 취득이라는 사실에 담세력을 인정하고 세금을 부과하는 세목이다(임승순, 1027면). 중국 세법에서는 취득세라는 독자적인 세목을 두지 않는 대신, ① 차량을 취득하는 경우 취득자에게 차량취득세(车辆购置税)를, ② 건물이나 건설용지사용권(집체토지 사용권은 제외)을 취득하는 경우에는 취득자에게 계세를 부과하고 있다. 계세의 "계(契)"는 우리가 흔히 말하는 땅문서(중국어 "地契")나 집문서(중국어 "房契")를 뜻하는 중국어로서 부동산 관련 계약서라는 의미로 이해할 수 있다(대광, 749~750면). 따라서 외상투자 부동산개발기업이 건설용지사용권을 설정받거나 이전받는 경우, 혹은 건축물을 매수하여 취득하는 경우 우리의 취득세에 유사한 계세를 납부하여야 한다. 단 획발로 취득한 건설용지사용권의 양도 시에는 양수인뿐만 아니라 양도인도 계세를 납부한다(장철혁, 270면).

2) 과세표준은 해당 부동산의 가격인데, ① 건설용지사용권의 출양, 매매나 건물의 매매 시에는 그 거래대금이, ② 건설용지사용권이나 건물의 증여의 경우 세금징수기관이 그 시장가격을 참고하여 결정한 금액이 과세표준이 된다. ③ 건설용지사용권이나 건물의 교환의 경우, 교환되는 거래대상의 차액이 과세표준이 되어 차액을 지급하는 당사자가 계세를 납부한다. 교환가격이 같으면 계세는 면제된다(대광, 756면).

3) 세율은 각 성, 자치구, 직할시 인민정부가 3%~5%의 범위 내에서 자기 관할지역 내의 세율을 정하고 이를 재정국과 국가세무총국에 신고(중국법 용어: 备案[비안])한다.

2. 토지증치세: 부동산 양도소득세

1) 토지증치세(土地增值税)의 근거법령은 토지증치세임시조례(土地增值税暂行条例)와 토지증치세임시조례실시세칙(土地增值税暂行条例实施细则)이다. 토지증치세는 국유토지사용권 및 건축물과 부착물의 재산권을 유상으로 양도하여 양도차익을 얻은 거래주체에 대해 징수하는 세금이다(대광, 413면). 외상투자부동산개발기업이 건설용지사용권, 건축물 기타 부동산을 양도하는 경우 그 양도차익에 대하여 우리의

부동산양도소득세와 유사한 토지증치세를 납부하여야 한다. 비록 용어상으로는 '토지'와 관련된 세금처럼 읽히나, 실제로는 국유토지사용권(즉 건설용지사용권)과 건축물 기타 부동산 일체와 관련된 세금이다.

2) 양도차익은 국유토지사용권 기타 부동산을 양도함으로써 수취한 금액에서 토지증치세임시조례 제6조에서 규정하는 공제항목의 금액을 공제한 후의 잔액이다. 공제항목은 ① 국유토지사용권의 취득을 위하여 지불한 금액, ② 토지개발 원가 및 비용, ③ 건물 및 설비의 신축을 위한 원가 및 비용 또는 기존 건물의 평가액, ③ 부동산의 양도에 관련된 세금, ④ 재정부가 정하는 기타 공제항목. 그리고 부동산 개발기업의 경우 토지사용권 및 부동산 개발원가의 20%를 추가공제할 수 있다(대사관(세), 104면; 장철혁, 270면).

3) 세율은 다음과 같이 4단계의 초과누진세율을 적용한다(토지증치세임시조례 제7조). ① 양도차액이 공제항목 합계액의 50%를 초과하지 않는 부분에 대해서는 30%, ② 양도차액이 공제항목 합계액의 50%를 초과하나 100%를 초과하지 않는 부분에 대해서는 40%, ③ 양도차액이 공제항목 합계액의 100%를 초과하나 200%를 초과하지 않는 부분에 대해서는 50%, ④ 양도차액이 공제항목 합계액의 200%를 초과하는 부분에 대해서는 60%.

4) 최종적인 토지증치세액은 다음과 같이 계산된다(토지증치세임시조례실시세칙 제10조).

1 양도차액이 공제항목 합계액의 50%를 초과하지 않는 부분: 양도차익×30%.

2 양도차액이 공제항목 합계액의 50%를 초과하나 100%를 초과하지 않는 부분: (양도차익×40%)-(공제항목합계액×5%).

3 양도차액이 공제항목 합계액의 100%를 초과하나 200%를 초과하지 않는 부분: (양도차익×50%)-(공제항목합계액×15%).

4 양도차액이 공제항목 합계액의 200%를 초과하는 부분: (양도차익×60%)-(공제항목합계액×35%).

5) 한국 투자자 입장에서는 ① 거래대상이 집체토지사용권인 경우, ② 국유토지사용권을 거래대상으로 하더라도 거래 형식이 출양이나 임대인 경우, ③ 국유토

지사용권을 대상으로 하더라도 상속이나 증여되는 경우에는, 토지증치세가 부과되지 않음을 기억해 둘 필요가 있다(장철혁, 271면). 그 외에도 다양한 감면특례가 있으므로, 실무에서는 외부 세무전문가의 자문을 받아 볼 필요가 있다.

3. 증치세: 부가가치세

과거 중국은 거래세(중국법 용어: 流转税[유전세])의 일종으로서, 재화와 일부 용역의 공급에 대해서는 증치세(增值税)를, 대부분의 용역의 제공에 대해서는 영업세를 부과하였다. 이후 2012년부터 영업세를 증치세로 전환하는 작업을 점진적으로 진행하다가 2016. 5. 1.부터 영업세를 모두 증치세로 통합하였다(대사관(세), 4~5면; 대광, 445면). 증치세의 주요 근거법령은 증치세임시조례(增值税暂行条例)이다. 증치세의 기본 개념과 구조는 우리의 부가가치세와 동일하나, 면세범위·세율 등 구체적인 내용에 들어가면 차이가 있다. 따라서 부동산을 매각하는 경우에도 매도인은 증치세를 세무기관에 납부하여야 한다. 과세방법과 세율은 납세의무자를 일반납세의무자와 소규모 납세의무자로 나누어 달리 취급한다. 현재 부동산 매각 시 증치세율은 원칙적으로 5%이다(거래유형별로 세율이 복잡한데, 이는 중국 국가세무총국 홈페이지에서 찾아볼 수 있다. 홈페이지는 http://www.chinatax.gov.cn/n810341/n2340339/c4180655/content.html 참조).

4. 방산세: 건물재산세

1) 방산세(房产税)의 근거법령은 방산세임시조례(房产税暂行条例)이다. 방산세는 건축물을 징수대상으로 하여 건축물의 과세가액 혹은 임대수입에 따라 소유자에게 징수하는 일종의 재산세에 속하는 세금이다. 징수대상인 건축물은 도시지역(城镇[성진]지역)의 사업용 건물에 한한다(대광, 777-778면). 원칙적으로 건축물 소유자가 납부하는 세금이다. 다만, 소유자가 건축물에 저당권을 설정한 경우 저당권자가 납부하고, 소유자나 저당권자가 건축물 소재지에 없거나 소유자가 누구인지 확정할

수 없거나 담보권에 관한 분쟁이 있을 경우에는 대리 관리인 혹은 사용자가 납부한다(대사관(세), 101면). 따라서 외상투자부동산기업이 건축물을 소유할 경우 방산세를 납부하여야 한다.

2) 방산세는 건축물의 취득원가에서 각 성, 자치구, 직할시 인민정부가 취득원가의 일정비율(10% ~ 30%)을 공제한 후 남은 금액에 1.2%의 세율을 곱하여 산출한다. 단 당해 건축물을 임대하고 있을 경우 임대수익을 과세표준으로 하여 12%의 세율을 적용한다. 방산세에도 다양한 조세감면특례가 규정되어 있기 때문에, 실무에서는 외부 세무전문가의 자문을 받아 볼 필요가 있다.

5. 인화세: 인지세

1) 인화세(印花税)의 근거법령은 인화세임시조례(印花税暂行条例)와 인화세임시조례실시세칙(印花税暂行条例实施细则)이다. 인화세는 우리의 인지세에 해당하는 세금으로서 각종 계약체결에 대하여 계약당사자 모두에게 부과되는 세금이다. 구체적인 세율은 인화세임시조례에 첨부되어 있는 세율표를 살펴보아야 한다. 부동산 소유권 이전의 경우 계약금액의 0.05%이다.

2) 인화세의 과세대상이 되는 과세문서에는 매매·리스·대출·보험·기술계약서와 기타 재산권을 양도하는 문서가 포함된다. 따라서 외상투자기업이 체결하는 각종 거래계약서는 대부분 인화세 납부대상이라고 이해해도 무방하다.

6. 도시토지 사용세: 도시지역 (국유)토지 사용세

1) 도시토지 사용세(城镇土地使用税)의 근거법령은 성진토지사용세임시조례(城镇土地使用税暂行条例)이다. 도시토지 사용세는 도시(중국어 원문: 城镇성진)지역의 토지를 징수대상으로 하여 그 토지사용권자 혹은 토지의 실제사용자에게 부과되는 세금이다.

2) 도시토지 사용세의 세율은 정액세율을 사용하는데 구간 탄력세율을 적용

하여 각급 세무기관이 세율을 탄력적으로 적용한다. 구체적인 표준은 아래와 같은데, 각 성·자치구·직할시 인민정부는 도시의 건설상황과 경제의 발전정도에 따라서 아래에 정해진 구간 세율에서 관할 지역에 적용할 세율을 결정한다. 단 경제가 발달한 지역은 재정부의 심사허가(중국법 용어: 批准[비준])를 받아서 적용세율을 인상시킬 수 있다(대광, 798면)

1 대도시(인구 50만 이상): 평방미터당 15~30위안.
2 중도시(인구 20만~50만): 평방미터당 1.2~24위안.
3 소도시(인구 20만 이하): 평방미터당 0.9~18위안.
4 현정부 소재지, 건제진, 광공업지역: 평방미터당 0.6~12위안.

도시토지 사용세에도 역시 다양한 조세감면특례가 규정되어 있다.

7. 경지점용세: 농경지 사용세

1) 대부분의 부동산 개발사업자와는 상관이 없는 세목이나, 참고로 살펴본다(단 중국 내에서 부동산을 매입할 때 법률실사 과정에서는 체크해 볼 필요가 있다). 경지점용세(耕地占用税)의 근거법령은 경지점용세임시조례(耕地占用税暂行条例)와 경지점용세임시조례실시세칙(耕地占用税暂行条例实施细则)이다. 경지점용세는 경지를 점유·사용하면서 부동산을 건설하거나 비농업건설행위를 하는 단위(중국 내 각종 기업과 사업단위, 사회단체, 국가기관, 군대 및 기타 단위. 여기에서 말하는 "단위"는 일응 개인들로 구성된 단체나 기관 혹은 그 내부의 부서 정도로 이해할 수 있다)나 개인에게 실제 점유한 경지 면적에 대해 징수하는 세금으로서, 특정한 토지자원 점유에 대해 과세하는 것이다(대광, 805면). 여기에서 말하는 경지란 농업작물을 재배하는 토지 및 채소밭과 과수원을 포함하고, 과수원은 화원, 차밭, 과수원과 기타 경제임목을 재배하는 토지를 포함한다. 해수면과 임야를 점유하여 비농업 건설을 하는 경우에는 각 성 자치구, 직할시가 토지자원과 생태균형 보호원칙과 구체적인 상황을 고려하여 경지점용세의 징수여부를 결정한다(대광 807면).

2) 경지점용세의 세율은 아래와 같이 지역 간 차별세율을 적용하는데, 지방

세무기관이 일시불로 징수한다.

1 1인당 평균 경지면적이 1묘 이하인 지역(현 행정구역을 기준으로 하며, 이하 동일): 평방미터당 10~50위안.

2 1인당 평균 경지면적이 1묘 이상 2묘 이하인 지역: 평방미터당 8~40위안.

3 1인당 평균 경지면적이 2묘 이상 3묘 이하인 지역: 평방미터당 6~30위안.

4 1인당 평균 경지면적이 3묘 초과인 지역: 평방미터당 5~25위안.

"묘(苗)"는 중국의 면적 단위로 약 666.67평방미터이다(德勤[Deloitte], 6면).

3) 경지점용세임시조례실시세칙에 규정되어 있는 각 지역의 평균세율은 아래와 같다

지 역	평방미터당 평균세액(인민폐)
상해직할시	45
북경직할시	40
천진직할시	35
강소성, 절강성, 복건성, 광동성	30
요녕성, 호북성, 호남성	25
하북성, 안휘성, 강서성, 산동성, 하남성, 중경시, 사천성	22.5
광서성, 해남성, 귀주성, 운남성, 섬서성	20
산서성, 길림성, 흑룡강성	17.5
내몽고자치구, 서장성, 감숙성, 청해성, 영하회족자치구, 신장성	12.5

4) 경지점용세에 대해서도 조세감면특례가 있다. 그중 몇 가지를 살펴보면 다음과 같다. ① 군사시설, 학교, 유아원, 양로원, 병원이 점유·사용하는 경지는 비과세된다. ② 철로, 도로, 비행장 활주로, 비행기 격납고, 항구, 항로로 사용되는 경지는 평방미터당 2위안으로 감면된다. ③ 농촌 주민이 자신이 점유·사용하는 경지에 주택을 신축할 경우 적용 세액의 50%를 감경한다.

Ⅸ. 지역권

우리 민법상 지역권은 설정행위(보통은 지역권 설정계약)에서 정한 일정한 목적을 위하여 타인의 '토지'를 자기 '토지'의 편익에 이용하는 용익물권이다(민법 제291조). 편익의 종류에는 제한이 없으며, 통행·지하인수(地下引水)·전망을 위한 건축금지 등 여러가지가 있을 수 있다. 부동산 개발을 하다 보면 부동산개발업자가 지역권을 취득할 필요성이 생기는데, 중국 물권법 역시 지역권을 인정하고 있어서, 중국에서 부동산 개발사업을 할 때에도 필요하면 주변의 토지사용자 혹은 건축물 소유자(겸 그 대지사용권자) 내지 사용자와 지역권 설정계약을 체결하는 것을 고려해 볼 수 있을 것이다. 중국의 지역권은 우리와 달리 토지뿐 아니라 기타 부동산(건물 기타 토지의 정착물) 사이에서도 인정된다(중국 물권법 제156조).

제2관 부동산개발절차

외상투자 부동산개발기업을 설립하는 것은 부동산개발절차 안에서 이루어지므로, 여기에서는 먼저 부동산개발절차를 개략적으로 살펴본다. **중국에서 부동산 개발(중국법 용어: 房地产开发[방지산개발])은** 토지개발(土地开发)과 건축물개발(房屋开发[방옥개발])을 포괄하는 의미로 사용되는데, 그중에서도 **건축물을 자신이 사용하기 위한 목적이 아니라 제3자에게 매각하거나 임대하여 영리를 추구하기 위한 목적으로 부동산을 개발하는 경우에 한정하여 지칭된다**. 다만 **대부분의 경우** 토지개발사업은 중국 내자기업이 수행하고, **외국 투자자는 토지개발이 이미 완료된 상태에서 그 토지를 출양받아 건축물을 건축하는 건축물개발사업만을 수행한다.**

Ⅰ. 토지이용계획의 수립

중국에서는 행정구역 기준 즉 전국－성(자치구, 직할시)－시(지)－현(시)－향(진)의 5개 단위로 각급 인민정부가 토지의 구획, 각 구획별 용도와 사용조건 등을 규정한 토지이용총체규획(土地利用总体规划)을 수립한다. 특히 각 도시는 도시 내 토지의 이용계획을 포함하는 도시규획(이는 다시 도시총체규획[城市总体规划], 도시기능구분규획[城市功能分区规划], 도시상세규획[城市详细规划]으로 구분된다)을 수립하는데, 부동산개발이 가능한 국유건설용지는 대부분 도시에 위치하므로 대부분의 부동산개발사업은 이 규획에 위배되어서는 아니된다는 제한을 받게 된다.

Ⅱ. 규획설계조건통지서의 발급

위 Ⅰ.에서 살펴본 토지용규획을 수립하는 관할 행정부서에서는 아래 Ⅳ.에서 살펴보는 관할 토지비축기구 또는 관할 토지비축기구에서 선정하여 특정 토지에 부동산개발을 하고자 하는 부동산개발기업에게 당해 토지의 위치, 면적, 범위, 현황, 용적률(상한), 건물 높이(상한), 주차장 면적, 출입구 방향 등을 상세히 규정한 규획설계조건통지서(规划实际条件通知书)를 발급해 준다. 이 통지서를 받은 토지비축기구나 부동산개발기업은 통지서에 규정된 규획 조건에 따라서 구체적인 공사를 하여야 한다. 이 규획조건은 장래 부동산개발기업과 체결될 토지출양계약서에도 규정되고, 아래에서 살펴볼 건설용지 규획허가 및 건설공정 규획허가에서도 심사기준이 된다(한결, 276면).

Ⅲ. 토지비축

중국에서 부동산개발에 사용되는 토지는 국유토지이므로, 중국 정부 입장에서는 전국적으로 통일된 기준하에 전국 각지의 국유토지를 부동산개발기업에 공급할 필요가 있다. 이를 위하여 제정된 제도가 토지비축(중국법 용어; 土地蓄备[토지축비]. 영어로 Land Storage라 번역한다) 제도이다. 토지비축은 그 권한을 가지고 있는 지방정부부서(이하 "토지비축기구"라 한다)가 국유토지 공급의 거시적 조절과 국유토지자원의 합리적인 이용을 위하여 국유토지를 취득, 개발, 비축한 후 시장 수요에 맞추어 공급하는 행정작용을 뜻한다(토지비축관리방법[土地蓄备管理办法] 제2조). 토지비축 제도는 초기에는 주로 국유기업의 구조조정 과정에서 발생하는 토지를 회수 후 처분하는 역할을 하였으나, 지금은 국유토지 공급을 총괄적으로 관리하는 제도로 정착되어 있다(한결, 272면). 토지비축기구는 토지비축을 하는 과정에서 아래 토지1급개발을 한다.

Ⅳ. 토지1급개발

1) 토지1급개발(土地一级开发)이란 국유토지사용권을 출양하기 전에 해당 토지에 일정한 인프라시설을 건설하는 것을 의미한다. 이 인프라 시설의 구비 정도에 관해서 실무에서 "7통1평" 혹은 "5통1평"이란 용어가 사용된다. ① 7통(七通)이란 상수도, 하수도, 전기, 가스, 냉난방, 통신, 도로의 7가지 인프라 시설을 지칭하고 1평(一平)이란 지반 평탄화 작업을 지칭한다. 따라서 7통1평 작업을 한다는 것은 해당 토지를 평탄화하면서 이 7가지 인프라시설을 갖추는 것을 말하는데, 대부분의 국유토지는 출양 전에 이 작업을 거친다. ② 5통이란 7통에서 가스와 냉난방을 제외한 5가지를 말한다. 따라서 5통1평 작업을 한다는 것은 해당 토지를 평탄화하면서 상수도, 하수도, 전기, 통신, 도로 시설이나 설비를 갖추는 것을 말한다. 토지1급개발 공사는 관할 토지비축기구가 직접 하기도 하고, 입찰을 거쳐 선정한 부동산개발기업이 하기도 한다(한결, 273면; 장철혁, 251면).

2) 만일 대상토지상에 기존의 건축물들이 있을 경우 철거(拆迁), 보상(补偿) 및 이주(安置)절차가 함께 실시된다(법에 규정된 철거절차에 관해서는 한결, 273-274면 참조). 원

칙적으로는 이러한 토지1급개발이 종료되어야 토지출양절차에 들어가는데, 저자의 경험에 따르면 부동산개발기업이 아래 V. 절차에서 토지사용권을 출양받았는데도 아직 철거·이주 작업이 완료되지 않아서 부동산개발 일정에 차질을 빚는 경우도 있고, 관할 지방 인민정부에서 이 비용을 부동산개발기업에 사후적으로 부담시키고자 하는 경우도 있다. 따라서 부동산개발기업으로서는 토지사용권을 출양받기 전에 현장의 철거상황과 향후 전망에 대해서도 관심을 기울여야 한다.

V. 토지2급개발

토지2급개발(土地二级开发)이란 토지를 출양받은 부동산개발회사(건설용지사용권자)가 지상에 건축물을 건축하는 것을 의미한다. 통상 "부동산개발"은 이를 지칭한다. 토지 2급개발의 절차는 지역별로 차이가 있으나 통상 아래와 같은 절차를 거친다.

1. 부동산개발프로젝트 심사허가

부동산개발을 실행하기 위해서는 먼저 중앙정부 산하 국무원(国务院), 중앙정부 산하 국가발전과 개혁위원회(国家发展和改革委员会, 이하 발전과 개혁위원회를 "발개위[发改委]"라 약칭한다) 혹은 지역단위(성, 자치구, 시, 구, 현 단위) 발개위로부터 부동산개발프로젝트 전반에 관한 심사허가를 받아야 하고, 이 허가를 취득하면 "부동산개발(房地产开发)의 항목(项目)이 입항(立项)되었다"라고 표현한다(영어로 "항목"은 project라 번역된다. "입항"은 authorization or approval by governmental agency 정도로 번역되는데, 관할 정부부서가 심사 후 허가를 하였다는 의미를 가진다). 중국 관련법규에 따르면 **부동산개발항목 입항**(房地产开发项目立项)**의 방식은 크게 세 가지로 분류된다**(국무원의 투자체제개혁에 관한 결정[国务院关于投资体制改革的决定]).

⑴ 정부자금 투자로 이루어지는 부동산개발프로젝트: 심사비준제(审批制)**-프로젝트 건의서**(项目建议书) **및 사업타당성 연구보고서**(可行性研究报告书)**의 비준**(批准)

[1] 정부의 재정자금이 직접 투입되거나 재정자금으로 상환되는 대출자금 혹은 재정자금이 담보로 제공되는 대출자금으로 이루어지는 부동산개발프로젝트의 경우, 부동산개발사업자는 관할 심사허가기관에 프로젝트 건의서와 사업타당성 연구보고서를 제출하여 심사허가(비준批准)를 받아야 한다. 이 경우 관할 심사허가기관은 **비준서류**(批准文件)를 발급한다.

[2] 여기에서 요구되는 비준은 내용을 검토하여 허락한다는 의미로서 심사권자의 재량이 허용되는 반면 아래 (2)에서 요구되는 핵준은 사실관계를 확인하여 허락한다는 의미라고 설명되기도 하나(김/정, 338면), 실무에서는 둘 다 심사권을 가진 관할 정부부서에서 재량권을 행사한다고 생각하면 된다(경우에 따라서는 단순한 신고사항에서도 재량권이 행사될 수 있다). 중국 법령의 규정 구조를 보면 심사를 보다 까다롭게 해야 하는 경우에는 핵준이 아니라 비준을 요구한다.
따라서 **외상투자 부동산개발기업이 자신이 조달한 자금으로 부동산개발을 할 경우에는 이에 해당할 여지가 없다.**

⑵ 부동산개발기업의 중대한 고정자산투자에 해당하는 부동산개발프로젝트: 핵준제(核准制)**-프로젝트 신청보고서**(项目申请报告书)**의 핵준**(核准)

[1] 부동산개발기업이 투자하는 부동산개발프로젝트 중 국무원이 공포한 "정부가 핵준하는 투자프로젝트 목록(政府核准的投资项目目录)"에 기재된 부동산개발프로젝트에 대해서는 부동산개발사업자는 관할 심사허가기관에 프로젝트 신청보고서를 제출하여 심사허가(핵준核准)를 받아야 한다. 이 경우 관할 심사허가기관은 **핵준서류**(核准文件)를 발급한다.

[2] 농업수리(农业水利), 에너지(能源), 교통운수(交通运输), 정보산업(信息产业), 원재료(原材料), 기계제조(机械制造), 경공업(轻工), 하이테크 신기술(高新技术), 도시건설(城建), 사회사업(社会事业), 외상투자(外商投资), 중국 외 투자(境外投资)의 범주에 속하는 일정한 건설프로젝트들이 열거되어 있다. 따라서 **외상투자 부동산개

발기업이 자신이 조달한 자금으로 이에 해당하는 부동산개발을 할 경우 핵준을 받아야 한다.

(3) 위 (2) 이외의 부동산개발기업의 부동산개발프로젝트: 신고제(备案制[비안제])–프로젝트신고 신청표(项目备案申请表)의 신청(备案)

1. 위 (1), (2)에 해당하지 않는 부동산개발 프로젝트의 경우 부동산개발사업자는 관할 심사허가기관에 프로젝트신고 신청표를 제출하여 심사 후 수리되어야 한다. 이 경우 관할 심사허가기관은 **투자프로젝트 신고증**(投资项目备案证)을 발급해 준다.
2. 비안의 경우에는 비준이나 핵준과는 달리 관련 법규 소정의 요건에 맞추어 신청표 및 첨부서류를 작성하여 제출하면 관할 정부기관은 특별한 사정이 없는 한 이를 수리하여 준다. 따라서 그 난이도가 그다지 높지 않다(해서 비안은 영어로도 Filing, 즉 단순히 관할 정부기관에서 일정한 사항을 문서로 철해 둔다는 뉘앙스로 번역한다).

2. 토지사용권 출양계약의 체결

이에 관해서는 앞에서 살펴보았다(위 제1관의 관련 설명 참조).

3. 건설용지규획허가증(建设用地规划许可证) 발급

건설용지규획 허가증이란 현단위 이상 인민정부 내 규획행정 주관부서에서 당해 부동산개발 프로젝트의 위치와 용지범위를 확인하여 부동산개발사업자에게 발급해 주는 법률증서이다(도시향촌규획법[城乡规划法] 제37조 내지 제39조 이하 참조). 이 건설용지규획 허가에 의하여 부동산개발대상토지의 위치와 면적이 확정되고(구체적인 지형도도 첨부된다), 이후 토지사용권 출양절차가 진행된다.

4. 토지사용권 출양

토지출양금 납부, 건설용지사용권 등기 및 건설용지사용권증서(建设用地使用权证书) 발급이 이루어지는데, 이에 관해서는 앞에서 살펴보았다(위 제1관의 관련 설명 참조).

5. 설계 및 시공

1) 부동산개발사업자는 관할 규획관리부서에게 장래 건축하고자 하는 건축물에 대한 포괄적이고 1차적인 건설공정설계방안을 제출하여 심사를 받는다(도시농촌규획법 제40조). 관할 규획관리부서는 위 설계방안의 심사후 건설공정규획허가증을 발급한다(도시농촌규획법 제40조, 제41조).

2) 현 단위 이상 인민정부 내 건설행정주관부문은 건설공정초보설계심사 및 시공도설계심사 후 건축공정시공허가증(建筑工程施工许可证, 간략히 시공허가증이라고도 한다)을 발급한다("건축공정시공허가증관리방법(建筑工程施工许可证管理办法)"). 부동산개발사업자는 시공허가증을 발급받아야 비로소 공사에 착수할 수 있다. 건축공정시공허가증관리방법은 제4조에서 시공허가증 발급요건을 구체적으로 규정하고 있는데, 그 내용은 아래와 같다(한결, 292면 참조). 특히 **건설자금의 일부를 미리 조달해 놓고 있어야 함**은 기억해 둘 필요가 있다. 시공허가증을 취득하면 원칙적으로 3개월 내에 착공하여야 한다.

발급요건	비 고
선행 인허가를 모두 취득하였을 것	건설용지규획허가증, 토지사용권증서, 건설공정규획허가증을 취득하여 적법하게 보유하고 있을 것
착공요건을 구비하였을 것	시공현장에서 기본적인 착공요건을 구비하고 있을 것
철거가 일정 정도 진행되었을 것	시공현장에서 건물철거가 필요할 경우 철거가 이루어진 정도가 시공에 부합할 것
시공사 관련	시공사가 확정되어 있을 것
시공도면 및 기술자료 관련	시공에 부합하는 시공도면과 기술자료가 구비되어 있을 것

품질 및 안전 관련	• 시공도 설계 서류에 관해 규정에 따른 심사를 받았을 것 • 공사의 품질 및 안정을 보장하는 구체적인 조치가 있을 것
감리 관련	규정에 부합하도록 감리를 위탁하였을 것
건설자금 조달 관련	① 공사기간이 1년 이하일 경우: 이미 조달된 건설자금이 공사계약금의 50% 이상일 것 ② 공사기간이 1년 이상일 경우: 이미 조달된 건설자금이 공사계약금의 30% 이상일 것 • 부동산개발기업은 위 요건을 구비하였음을 증명하기 위하여 은행에서 발급받은 자금조달 증명서를 제출하여야 함 (혹은 은행이나 제3자의 지급보증서로 갈음할 수 있음)
기타 요건	관련 법령에서 정한 기타 요건이 있으면 함께 구비할 것

6. 상품방 예매

1) 상품방(商品房)이란 부동산개발사업자가 제3자에게의 매매나 임대를 목적으로 건축한 주택을 의미한다. 국내에서 신축 후 분양되는 아파트 주택이나 빌라 주택을 떠올리면 이해하기 쉽다. 중국은 우리와 달리 이러한 주택의 선분양제도가 일반화되어 있는데, 이를 "상품방의 예매(중국법 용어: 商品房预售[상품방예수]) 혹은 "건설중 주택의 매매(중국법 용어: 期房买卖[기방매매])"라고 한다.

2) 부동산개발사업자가 상품방을 예매하기 위해서는 다음 요건을 갖추어야 한다(상품방예매관리방법[商品房预售管理办法] 제5조). ① **토지사용권 출양금을 완납하고 토지사용권 증서를 취득하였을 것. ② 건설공정규획허가증을 적법하게 보유하고 있을 것. ③ 예매하고자 하는 상품방에 관하여 총개발건설자금의 25% 이상이 이미 건설에 투입되었고, 시공진도와 준공교부일자가 확정되어 있을 것**.

이 요건을 충족하는 부동산개발사업자는 상품방예매관리방법 제7조 소정의 서류를 첨부한 신청서를 관할 건설관리부서에 제출하여 **상품방예매허가증**(商品房预售许可证)을 발급받아야 한다. 이 허가증을 발급받아야 비로서 상품방을 예매할 수 있고, 이 허가증의 발급은 상품방 예매계약의 효력발생요건이다. 상품방예매계약서의 내용은 정형화되어 있어서, 원칙적으로 이를 사용한다. 상품방 예매계약을 체결하면 그로부터 30일 내에 관할 건설관리부서에 상품방예매계약서를 등기

신고(登记备案)하여야 한다(상품방예매관리방법 제10조).

7. 준공 및 검수

부동산개발사업자는 건설을 완료하면, 소방·교통·환경 등 여러 관할 정부부서로부터 건설공사의 결과가 기존에 내어 주었던 허가요건과 관련 법령에 부합하는지 여부를 검수받은 후 ② 관할 규획관리부서로부터 건설공사규획 준공검수합격서(建设工程规划竣工核实合格证)를 발급받고, ③ 관할 건설관리부서로부터 건설공사 준공 검수신고표(建设工程竣工验收备案表)를 발급받는다(건설공정질량관리조례[建设工程质量管理条例]). **부동산개발기업은 건설공사준공 검수신고표를 발급받아야 비로소 상품방의 매수인(수분양자)에게 상품방의 점유를 이전할 수 있다.**

8. 상품방의 분양(점유이전)

1) 앞서 본 상품방 예매를 하지 않았던 상품방들에 대해서는 후분양을 하게 된다. 이 거래를 "상품방을 현매한다(중국법 용어: 商品房销售[상품방소수])" 혹은 "준공된 상품방을 매매한다(중국법 용어: 现房买卖[현방매매])"라고 표현한다.

2) 상품방의 분양을 위한 등기절차에 관해서는 앞에서 살펴보았다(대산권 등기 및 소산권등기. 제1관의 관련 설명 참조). 그런데 실무에서는 상품방의 소유자 명의를 부동산개발기업으로부터 개인 수분양자 명의로 변경하는 데 보통은 몇 개월 길게는 2~3년이 소요되는 경우도 있다.

실무 Tip **토지2급개발사업의 중간 인수**

간혹 진행중인 토지2급개발사업을 다른 부동산개발회사에게 매각하거나 반대로 인수하기를 원하는 외국 투자자가 있다. 즉 특정한 부동산(개발) 프로젝트와 관련한 국유토지사용권, 건설중인 건축물과 기타 자산을 제3자에게 양도(매각)하는 것이다. 실무에서는 이를 "부동산프로젝트 인수(房地产项目收购[방지산항목수구])"라고 하는데, 회사법상 영업양수도의 하나로 이해해 볼 수 있다. 따라서 우발채무는 승계되지 않지만, 해당 프로젝트에 관한 인허가도 당연히 승계되지는 않아서 양수인이 별개로 관련 인허가를 신청하여야 한다. 계약상 지위 역시 당연히 승계되지 않아서 일일이 3자계약이나 양도인 아닌 계약 당사자들의 동의를 받아야 한다. 실제로 부동산 프로젝트 매각이나 매수를 시도해 보면 가장 곤란한 점은 양수인이 관할 정부부서로부터 새로이 관련 인허가를 모두 받을 수 있는지 여부를 미리 알기가 어렵다는 것이다. 이를 모른 상태로는 사실 이러한 거래를 시작하는 것 자체가 애매하다. 결국은 해당 인허가 정부부서와 원활하게 소통할 수 있는 능력을 갖춘 중국 내자(内资) 부동산개발기업이 양수인으로 나서지 않으면 이러한 거래는 성사되기가 쉽지 않아 보인다.

제3관 외상투자 부동산개발기업의 설립

Ⅰ. 외상투자 부동산개발기업의 설립

1) 외국 투자자가 중국 내에서 부동산개발사업을 하기 위해서는 먼저 외상투자기업인 부동산개발기업 즉 외상투자 부동산개발기업을 설립하는 방식을 고려해 볼 수 있다. 그 법적 형태는 대부분 앞에서 살펴본 중국 회사법상 유한책임공사이다. 외상투자 부동산개발기업 역시 외상투자기업이므로 설립과정에서 일반적인 외상투자기업(주로 유한책임공사)의 설립절차를 모두 준수하여야 한다(이에 관해서는 제4장 제2절 참조). 그 외에 유의하여야 할 사항들은 아래와 같다.

2) 참고로, 과거에는 외상투자 부동산개발기업의 설립 시 많은 규제들이 있었으나, 지금은 많이 완화되었다. 예를 들면, ① 부동산개발사업 중 일부에 대해서 외국인 투자가 제한되거나 금지되었으나(예컨대, 고급호텔 건설은 제한되었고, 골프장 건설은 금지되었다), 지금은 그러한 제약이 없어졌다. ② 과거에는 외상투자 부동산개발기

업을 설립하는 경우 관할 시장감독관리부서에 설립등기를 경료하기 전에 중앙정부 국무원 산하 상무부에의 신고(중국법 용어: 备案[비안])절차를 거쳐야 하였는데, 역시 2015년 11월에 폐지되었다. ③ 과거에는 외상투자 부동산개발기업이 차입을 하기 위해서는 해외차입이든 중국 내 차입이든 불문하고 그 등기자본금(중국법 용어: 注册资本金[주책자본금])이 전액 납입되어 있을 것도 요구되었으나, 이 요건은 2015. 8. 27.부터 폐지되었다.

1. 토지사용권 취득 혹은 의향서의 체결

외상투자 부동산개발기업을 설립할 때에는 건설용지사용권을 취득할 예정이거나 이미 취득하였음을 입증하는 서면자료를 관할 시장감독관리부서에 제출하여야 한다.

2. 등록자본금에 관한 요건

이에 관해서는 앞에서 설명하였다(제4장 제2절 제3관 III.의 자본금 관련 설명 참조).

3. 차입에 관한 요건

(1) 외채 차입의 금지 혹은 제한

이에 관해서는 제4장 제2절 제3관 III. 3. (4) 3) 참조. 특히 **지금 시점에서 새로이 설립되는 외상투자 부동산개발기업은 신규 부동산개발사업에 사용하기 위한 용도로는 외채차입이 금지된다**는 점을 기억해 둘 필요가 있다.

(2) 차입요건의 가중

외상투자 부동산개발기업이 차입을 하는 경우 외채차입이든 중국 내 인민폐 차입이든 불문하고 아래와 같은 요건을 갖추어야 한다.

[1] 개발프로젝트 자본금(중국원어: 开发项目资本金[개발항목자본금])이 프로젝트 투자총액(중국원어: 项目投资总额[항목투자총액])의 35% 이상일 것.

1] 개발프로젝트 자본금이란 외상투자 부동산개발기업의 재무상태표(중국법용어: 资产负债表[자산부채표]) 자본금 계정에 기재된 금액으로서, 실제납입 자본금과 내부에 유보한 자본준비금(资本公积金)의 합계액을 의미한다.

2] "프로젝트 투자총액"이란 해당 부동산개발프로젝트에 소용되는 총사업비용(건설용지사용권출양금, 공사비용, 은행차입 시 이자 등)으로서, 실무상으로는 관할 발개위가 부동산개발프로젝트 심사허가(房地产开发项目立项[방지산개발항목입항])를 하면서 발급하는 입항서류(따라서 비준제의 경우 비준서류(批准文件), 핵준제의 경우 핵준서류(核准文件)), 비안제의 경우 투자프로젝트신고증(投资项目备案证)의 '프로젝트 투자총액'란에 기재되는 금액을 지칭한다.

[2] 건설용지 사용권증서, 그리고 건설용지규획허가증, 건설공정규획허가증, 시공허가증을 취득하였을 것.

II. 부동산개발기업 자격제도

1) 모든 부동산개발기업은 관할 건설행정부문에 신청하여 부동산개발자격 등급증서(房地产开发资质等级证书[방지산개발 자질 등급증서])를 발급받아야 하여 이 증서 없이는 부동산개발사업에 종사할 수 없다. 부동산개발자격 등급은 1급 자격부터 4급 자격까지 4종류가 있는데, 시행할 수 있는 건축면적별로 다음과 같이 차이가 있다. ① 4급이면 10만 평방미터 이하인 건설 프로젝트, ② 3급이면 20만 평방미터 이하인 건설 프로젝트, ③ 2급이면 25만 평방미터 이하인 건설프로젝트만 시행할 수 있고, ④ 1급이면 건축면적에 제한을 받지 않는다. 단 지역별로 이보다 더 가중된 요건을 규정하는 경우가 있으므로, 실무에서는 별도로 해당 지역 인민정부의 관련 법규를 확인해 볼 것을 권한다.

2) 각 등급별로 부동산개발자격 등급증서를 취득하기 위한 요건에 차이가 있

는데, 관련 법규상 규정 내용은 아래와 같다(房地产开发企业资质管理规定[방지산개발기업자질관리규정]).

(1) **부동산개발 1급자격 요건**

① 등기자본금이 인민폐 5천만 위안 이상일 것.

② 부동산개발경영업무를 수행한 지 5년 이상일 것.

③ 최근 3년간 건축물 준공 누계 면적이 30만 평방미터 이상이거나 누계액 기준으로 그에 상당하는 부동산개발 투자액을 달성하였을 것.

④ 5년 연속 건축공정품질 합격률이 100%를 달성하였을 것.

⑤ 직전 연도 건축물 시공면적이 15만 평방미터 이상이거나 그에 상당하는 부동산개발 투자액을 달성하였을 것.

⑥ 사내 직급을 가진 건축, 구조, 재무, 부동산 및 관련 경제부문의 전문관리 인원이 40인 이상이고, 그중 중급 이상 직급을 가진 인원이 20인 이상이며, 자격증서를 가진 풀타임 회계인원(참고로 중국에서는 공인회계사와는 별도로 "회계(会计)"라는 자격증 제도가 있는데, 이 자격을 취득한 인원을 의미한다)이 4인 이상일 것.

⑦ 공정기술, 재무, 통계 등 업무 책임자가 상응하는 전문직 중급 이상의 직급을 가지고 있을 것.

⑧ 품질보증시스템을 완비하고, 상품방 매각 시 주택품질보증서(住宅质量保证书)와 주책사용설명서(住宅使用说明书) 제도를 실행하고 있을 것.

⑨ 공사 품질에 관하여 중대한 사고가 발생하지 않았을 것.

(2) **부동산개발 2급자격 요건**

① 등기자본금이 인민폐 2천만 위안 이상일 것.

② 부동산개발경영업무를 수행한 지 3년 이상일 것.

③ 최근 3년간 건축물 준공 누계 면적이 15만 평방미터 이상이거나 누계액 기준으로 그에 상당하는 부동산개발 투자액을 달성하였을 것.

④ 5년 연속 건축공정품질 합격률이 100%를 달성하였을 것.

⑤ 직전 연도 건축물 시공면적이 10만 평방미터 이상이거나 그에 상당하는 부동산개발 투자액을 달성하였을 것.

⑥ 사내 직급을 가진 건축, 구조, 재무, 부동산 및 관련 경제부문의 전문관리 인원이 20인 이상이고, 그중 중급 이상 직급을 가진 인원이 10인 이상이며, 자격증서를 가진 풀타임 회계인원이 3인 이상일 것.

⑦ 공정기술, 재무, 통계 등 업무 책임자가 상응하는 전문직 중급 이상의 직급을 가지고 있을 것.

⑧ 품질보증시스템을 완비하고, 상품방 매각 시 주택품질보증서와 주택사용설명서 제도를 실행하고 있을 것.

⑨ 공사 품질에 관하여 중대한 사고가 발생하지 않았을 것.

(3) 부동산개발 3급자격 요건

① 등기자본금이 8백만 위안 이상일 것.

② 부동산개발경영업무를 수행한 지 2년 이상일 것.

③ (회사 설립후) 건축물 준공 누계 면적이 5만 평방미터 이상이거나 누계액 기준으로 그에 상당하는 부동산개발 투자액을 달성하였을 것.

④ 2년 연속 건축공정품질 합격률이 100%를 달성하였을 것.

⑤ 사내 직급을 가진 건축, 구조, 재무, 부동산 및 관련 경제부문의 전문관리 인원이 10인 이상이고, 그중 중급 이상 직급을 가진 인원이 5인 이상이며, 자격증서를 가진 풀타임 회계인원이 2인 이상일 것.

⑥ 공정기술, 재무, 통계 등 업무 책임자가 상응하는 전문직 중급 이상의 직급을 가지고 있고, 통계 등 기타 업무 책임자가 상응하는 전문직 초급 이상의 직급을 가지고 있을 것.

⑦ 품질보증시스템을 완비하고, 상품방 매각 시 주택품질보증서와 주택사용설명서 제도를 실행하고 있을 것.

⑧ 공사 품질에 관하여 중대한 사고가 발생하지 않았을 것.

(4) 부동산개발 4급자격 요건

① 등기자본금이 인민폐 1백만 위안 이상일 것.

② 부동산개발경영업무를 수행한 지 1년 이상일 것.

③ 준공물에 관한 건축공정품질 합격률이 100%를 달성하였을 것.

④ 사내 직급을 가진 건축, 구조, 재무, 부동산 및 관련 경제부문의 전문관리 인원이 5인 이상이고, 자격증서를 가진 풀타임 회계인원이 2인 이상일 것.

⑤ 공정기술 책임자가 상응하는 전문직 중급 이상의 직급을 가지고 있고, 재무 책임자가 상응하는 전문직 초급 이상의 직급을 가지고 있으며, 전문통계인원을 두고 있을 것.

⑥ 상품방 매각 시 주택품질보증서와 주택사용설명서 제도를 실행하고 있을 것.

⑦ 공사 품질에 관하여 중대한 사고가 발생하지 않았을 것.

제4절 외상투자 병원기업의 설립

Ⅰ. 개 관

다른 업종과 마찬가지로 한국 투자자가 개인 명의로는 중국에서 병원업 허가를 받을 수 없다(외국 투자자가 개체공상호[个体工商户]나 개인독자기업[个人独资企业]의 형태로 중국에서 사업을 할 수 없음은 제2장 제1절에서 설명하였다). 따라서 한국 투자자(개인 병원 즉 의사 개인, 의료 법인, 혹은 달리 중국 내 병원업을 하기 원하는 투자자)는 외상투자기업(그 법적 형태는 주로 유한책임공사)으로서 설립되어 있는 중국 내 의료법인을 통하여 병원업을 수행할 수밖에 없다. 요컨대 한국 투자자가 중국 병원업에 진출할 때 고려할 수 있는 방안으로는 ① 중국 내에 **병원**(**구체적으로 유한책임공사 형태의 의료법인. 이하 같은 의미로 사용한다**)을 설립하여 중국에서 병원업을 수행하는 것(**병원 신설**)과 ② 중국 내에 이미 설립되어 있는 병원의 지분을 인수하여 중국에서 병원업을 수행하는 것(**병원 인수**)

이 있다. 한편, 실무에서는 이 2가지 방안을 취할 때 안게 되는 번거로움을 피하기 위하여, ③ 중국 병원과의 계약을 통하여 한국 병원의 의료진이 중국 병원의 환자를 직접 또는 원격으로 진료하는 것(**진료서비스 제공**), ④ 중국 병원과의 계약을 통하여 한국 병원이나 의료경영 컨설팅 회사가 중국 병원 운영에 관하여 자문을 제공하는 것(**병원컨설팅 제공**)을 고려해 보기도 한다. 아래에서는 이 중 ①의 진출 방안을 개략적으로 소개한다. 참고로, 실무 현장에서는 이 외에도 중국 병원 내부에 별개의 부속병원(소위 "원내원(院内院) 병원")을 설립하여 운영하거나, 중국인 명의를 차용하여 병원을 설립하여 외관상 중국 내 자본으로 설립된 병원처럼 운영하는 방법을 시도하기도 하지만, 중국법상 적법한 거래구조로 인정받기 어려워서 법적인 관점에서는 고려 대상이 아니다.

II. 외상투자병원의 설립

1. 투자 방식의 제한

1) 외국 투자자가 중국에서 병원을 설립하는 방식은 중국 회사법상 일반적인 **유한책임공사**를 설립할 때와 동일한 방식으로 분류해 볼 수 있는데, 이에 관해서는 앞에서 이미 살펴보았다. 따라서 **한국 투자자는 ① 중국 투자자와 공동으로 출자하여 병원을 설립하는 방식**과 ② **자신이 100% 출자하여 병원을 설립하는 방식**을 생각해 볼 수 있다. 그런데 아래에서 보는 바와 같은 이유로 **일단 현시점에서는 이 중 ①의 방식만 가능하고 ②의 방식은 어렵다고 가정하되, 매 번 중국 내 병원을 설립할 때마다 법령 개정 여부 및 실무확인을 해 보아야 할 것으로 보인다.**

1 중국에서는 오랜 기간 동안 외국 투자자가 병원을 설립할 경우 반드시 중국 투자자와 공동으로 출자하여 설립하도록 강제하였고, 외국 투자자만이 출자자로 참여하는 병원(이하 "**100% 외자 병원**")의 설립은 허용되지 않았다.

2 그러다가 법령 개정에 따라 일부 지역에서는 100% 외자 병원의 설립도 허용

되기 시작하였다. 예컨대 상해시의 경우, 2013. 11. 3. “중국(상해)자유무역시험구 외상독자 의료기관 관리잠행방법(中国 (上海) 自由贸易试验区外商独资医疗机构管理暂行办法)”을 반포하여, 외국 투자자가 상해직할시 자유무역시험구에서 100% 외자 병원을 설립할 수 있도록 허용하였다. 또한 국가위생 및 계획생육위원회(이하 “위계위”)와 상무부는 2014. 7. 25. 공동으로 “국가위생 및 계획생육위원회, 상무부의 외자독자병원 설립 시범지역 사업 수행에 관한 통지(国家卫生和计划生育委员会、商务部关于开展设立外资独资医院试点工作的通知)”를 반포하여, 외국 투자자가 신설 또는 인수합병의 방식으로, 북경직할시, 천진직할시, 상해직할시, 강소성, 복건성, 광동성, 해남성(이하 “7개 의료시범지역”)에서는 100% 외자 병원을 설립할 수 있도록 허용해 주었다.

③ 그런데 2017년 중앙정부에서는 다시 이를 금지하는 취지의 규정을 반포하였다. 국무원의 2017년 “자유무역시험구 외상투자진입특별관리조치(네거티브 리스트)에 관한 통지(自由贸易试验区外商投资准入特别管理措施(负面清单))” 제71번 및 국가발전과 개혁위원회(国家发展和改革委员会)의 2017년 “외상투자산업지도목록(外商投资产业指导目录)” 제한산업 제32번은, 외국 투자자가 중국 내 의료기관을 설립할 경우 중국 투자자와 공동으로 출자하여서만 설립하도록 요구하였다. 그 결과, 최근까지 7개 시범지역의 관할 정부부서에서는 100% 외자 병원의 설립을 허가해 주지 않는 입장을 취하는 것으로 보인다.

2) 다만 장래 어느 시점에서 100% 외자 병원의 설립이 허용될 여지는 있어 보인다. 중국정부의 태도를 살펴보면 중간에 잠시 이를 허용해 주려는 듯한 태도도 보여 주었기 때문이다. 일례로 중앙정부 국무원에서는 ① 2010년 11월, “사회자본의 의료기관 설립에 대한 추가적인 장려 및 인도에 관한 통지(关于进一步鼓励和引导社会资本举办医疗机构意见的通知)”를 반포하여 (i) 해외자본이 의료기관을 설립하는 것을 허가하고, (ii) 해외자본에 대한 지분율 제한을 점차적으로 취소할 것이며, (iii) 해외자본이 중국 중서부 지역에서 의료기관을 설립하는 것을 장려하고, (iv) 홍콩, 마카오, 대만 자본이 중국 내에서 의료기관을 설립하면 우선지원정책의 혜택을 받을 수 있도록 하고, (v) 외상투자병원에 대한 설립 인허가 절차를 간소화하겠다고 발

표하였고, ② 2013년 9월, “건강서비스업 발전 촉진에 대한 약간의 의견(关于促进健康服务业发展的若干意见)”을 반포하여 외상합자병원(2019. 12. 31.까지 허용되었던 중외합자기업 형태의 병원) 설립 조건을 완화하고, 점차적으로 해외자본이 독자적으로 의료기관을 설립하는 것을 확대하여 시범운영 할 것이라고 발표하였다. 그러다가 2017년 이후 입장을 바꾸어 위에서 본 바와 같이 100% 외자 병원 설립은 금지하는 것으로 방향을 선회하였다.

3) 이러한 사정을 종합해 보면, 한국 병원으로서는 매번 중국 내 병원 설립을 시도할 때마다 관련 법령의 개정은 없는지 확인하고, 아울러 일일이 설립 후보지의 관할 정부부서에 자신이 100% 자회사(중간지주회사를 둘 경우 손자회사) 형태로 병원을 설립할 수 있는지 실무 확인을 해 볼 필요가 있다.

2. 외상투자병원 설립 절차

1) 외상투자 병원 역시 외상투자 유한책임공사의 설립절차를 그대로 따른다(제4장 제2절 참조). 다만, 추가적으로 병원 설립 및 운영에 관한 허가를 받아야 한다. 그중 한국 투자자가 중국 내 어느 지역에 설립하든 공통적으로 거치게 되는 주요 절차를 도표로 다시 정리하면 아래와 같다.

구분	인허가 절차
병원명(상호명)에 대한 승인	관할 시장감독관리부서로부터 명칭예비허가통지서(名称预先核准通知书)를 발급받음.
설립등기	관할 시장감독관리부문에 설립 등기 후 영업허가증(营业执照[영업집조])을 발급받음.
외상투자보고	관할 상무부서에 보고. 실무에서는 위 설립등기를 인터넷 온라인으로 신청할 때 이 보고도 함께 이루어짐.
병원설립허가	위계위로부터 의료기관설치 허가증서(设置医疗机构批准证书[의료기구설치비준증서])를 발급받음.
병원 건설, 시공 및 검수(소방검사 포함): 기간 특정이 어려움. 소방 검사가 예상 외로 어려운 경우도 간혹 발생함.	

병원운영허가	위계위로부터 의료기관집업허가증(医疗机构执业许可证) 취득 (법규상 원칙적 소요 기간: 45일).

2) 의료기관설치 허가증서 취득 시기와 관련하여서는 유의할 점이 있다. 국무원의 "행정 인허가 리스트 등 사항의 취소 및 조정에 관한 결정(取消和调整一批行政审批项目等事项的决定)" 첨부4 제25번 내용에 따르면, 공상등기(지금은 시장감독관리부서의 등기로 변경되었다) 사전심사를 사후심사로 조정하는 항목의 리스트에 의료기관설치 비준증서가 있다. 따라서 원칙적으로는 위 도표에 기재한 바와 같이 시장감독관리부서에의 설립등기 후에 의료기관설치 허가증서 발급을 신청한다. 그러나 일부 지역(예컨대, 상해직할시)에서는 실무상 여전히 설립등기 이전에 사전심사를 통하여 의료기관설치 허가증서를 발급하고 있으므로, 건건이 병원 설립지역 실무를 확인해 볼 필요가 있다.

3) 실무에서는 위 절차를 모두 밟는 데 최소한 1년 정도는 소요된다고 본다. 병원 검수와 관련하여서는 소방검사 문제도 소홀히 하여서는 안 된다(저자는 고객에게 한국에서보다 소방검사 단계에서 문제를 겪을 가능성이 더 크다고 가정하고 업무를 진행할 것을 권한다).

3. 외상투자병원 설립 요건

1) 외상투자 병원을 설립할 경우 중국 투자자들이 100% 출자하여 설립하는 내자병원과 비교하면 투자자 자격, 자본금, 경영기간, 업무이력, 의료기술 등에 대한 요건이 추가된다. 구체적으로 살펴보면, ① 외국투자자는 (i) 독립적인 민사책임을 부담할 수 있는 법인격을 갖추어야 하고(즉 개인이 아니라 법인이어야 함), (ii) 의료위생투자 및 관리 업무에 직·간접적으로 종사한 경험이 있어야 하며, (iii) 병원 설립지역 의료기술 등을 보완할 수 있는 기술 등을 구비하고 있어야 한다. 또한, ② 설립하고자 하는 외상투자 병원은 (iv) 투자총액이 2,000만 위안 이상이어야 하고(투자총액의 의미에 관해서는 제4장 제2절 제3관 I. 참조), (v) 정관상 경영기간이 20년 이하이어야 하며, (vi) 내자 병원과 달리 별도의 지점(分支机构)을 설치할 수 없다(중외합자, 합

작 의료기관 관리 잠행방법[中外合资、合作医疗机构管理暂行办法]. 특히 위 (ⅰ)의 요건 때문에 **한국의 개인 병원**(의사 개인)**은 중국 내 병원 설립의 주체**(출자자)**가 될 수 없음**에 유의하여야 한다. **따라서 한국의 개인 병원은 먼저 한국 혹은 기타 국가나 지역**(예컨대 홍콩)**에 중국 내 병원 설립의 주체가 될 수 있는 자격을 갖춘 법인부터 설립하거나 혹은 그러한 자격을 갖춘 기존의 법인의 주식/지분을 인수하는 방안을 고려**해 볼 필요가 있다.

2) 또한 **외국 투자자들은 원칙적으로 외상투자 병원의 지분을 70%까지만 보유할 수 있다. 다만, 사천성에서 개설하는 경우에는 외국 투자자의 지분율 제한이 완화되어 90%까지 지분을 보유할 수 있다**(사천성 중외합자합작의료기관 관리방법[四川省中外合资合作医疗机构管理办法] 제8조).

3) 이 외에도 성급 이상의 위생행정부서에서 여러 가지 요건을 부가하거나 반대로 완화하고 있는 경우도 있으므로(예컨대 중서부 지역이나 빈민지역에서는 요건이 완화되는 경우가 있다), 건건이 지역별로 사전에 구체적인 설립요건과 절차를 확인해 보아야 한다.

4. 홍콩, 마카오 경유 특칙

1)홍콩이나 마카오 소재 법인(중간지주회사)을 통해 외상투자 병원을 설립하는 경우 아래와 같은 특칙이 있다.

[1] "본토와 홍콩 간 더욱 긴밀한 경제무역관계 건립에 관한 협정(内地与香港关于建立更紧密经贸关系的安排)"(이하 "중국-홍콩 CEPA협정") 및 "본토와 마카오 간 더욱 긴밀한 경제무역관계 건립에 관한 협정(内地与澳门关于建立更紧密经贸关系的安排)"(이하 "중국-마카오 CEPA협정")에 따르면, **한국 병원이 일정한 자격을 구비한 홍콩이나 마카오 소재 법인을 통하여 중국 내 병원을 설립할 경우** 아래와 같은 특혜를 받을 수 있다.

1] **중국 경내에 홍콩·마카오 법인의 100% 자회사**(즉 중국 투자자의 출자 참여가 전혀 없는) **형태로 중국 병원을 설립할 수 있다**.

2] 중국 경내에 홍콩·마카오 법인이 중국 투자자와 공동 출자로 외상투자 병원을 설립하는 경우, ① 최저 투자총액이 인민폐 2,000만 위안에서 1,000만 위안으로 하향되고(나아가 광동성에 설립하는 경우에는 투자총액 제한이 전적으로 없어진다), ② 상해직할시, 복건성, 광동성, 해남성, 중경직할시 총 5개 지역에서는 외국 투자자 지분율 70% 제한도 받지 않는다(즉 70% 초과 100% 미만의 외국 투자자 지분율도 허용된다).

[2] **홍콩·마카오 법인의 자격 요건**을 정확하게 판단하기 위해서는 현지 법률 전문가의 자문을 받아 볼 필요가 있다. 한국 병원 입장에서 염두에 두어야 할 기초적인 사항들은 아래와 같다.

1] 홍콩이나 마카오에서 유효·적법하게 설립등기를 마친 법인이어야 함은 당연하다.

2] 단순히 등기만 되어 있는 paper company이어서는 안 되고, **적절한 인적·물적 설비를 갖춘 외에**(사업목적에 부합하는 규모의 물적 설비를 갖추고, 직원의 50% 이상이 홍콩에서의 체류제한이 없는 주민이거나 편도통행증[单程证]을 보유한 채 홍콩에 정착한 본토 인사일 것) **실질적인 상업경영을 수행하고 그에 따른 법인세도 납부하고 있어야** 하는데, 그 구체적인 판단은 현지 법률 전문가에 맡길 필요가 있다.

3] **등기후 실질적인 상업경영을 수행한 지 3년 이상이어야 한다. 단 한국 병원이 위 [1], [2]의 요건을 갖춘 홍콩이나 마카오 법인의 지분을 50% 이상 인수한 경우에는 그로부터 1년 이상이 경과하면 족하다.**

4] 100% 자회사 형태의(즉 중국 투자자의 출자 참여가 없는) 중국 병원을 설립할 경우 추가적인 자격 요건이 필요하다(예컨대 반드시 2급 이상의 병원을 설립할 것, 3급 병원을 설립하고자 할 경우 투자총액이 인민폐 5,000만 위안 이상일 것).

2) 비록 위와 같은 특혜 조치가 규정되어 있지만, 중국 각 지역 위계위는 병원 설립 인허가를 실제로 부여할 것인지 여부에 대하여 각 지역별 의료서비스 수요 및 공급 상황에 따라 광범위한 재량권을 행사하고 있다. 예컨대 상해자유무역구에서는 한때 홍콩 또는 마카오 법인이라 하더라도 그 100% 자회사 형태의 병원 설립을 허가해 주지 않았다. 요컨대, 한국 병원이 중국-홍콩 CEPA나 중국-마카오 CEPA

를 이용하여 중국 내 병원 설립을 시도할 때에도, 반드시 사전에 해당 지역 정부부서의 입장을 확인해 볼 필요가 있다.

3) 참고로, 대만에 설립된 법인 역시 홍콩·마카오 법인과 거의 유사한 요건하에서, 상해직할시, 강소성, 복건성, 광동성 및 해남성에서 100% 자회사 형태의 중국 병원을 설립할 수 있다. 그 구체적인 내용은 "대만 서비스제공자가 대륙에서 독자병원을 설립하는 것에 대한 임시관리방법(台湾服务提供者在大陆设立独资医院管理暂行办法)"에서 확인할 수 있다.

Ⅲ. 한국법상 요건 및 절차 개관

아래에서는 한국 병원이 중국 내 병원을 설립할 경우 확인해 보아야 할 한국법상 쟁점들을 간단하게 살펴본다. 한국 병원 중 개인 병원은 중국법상 규제 때문에 중국 내 병원을 설립할 수 없음은 이미 앞에서 살펴보았다. 따라서 한국투자자는 우선 한국에 의료법인을 보유하고 있어야 한다.

1. 한국 의료법인의 신설 혹은 인수(경영권 취득): 시도지사의 허가

1) 국내에서 의료법인을 신설하고자 하는 경우, ① 의사 등 의료기관 개설 자격이 있는 자가 ② 정관 등 필요서류를 갖추어 신규 의료법인의 주된 사무소 소재지 시도지사의 허가를 받아야 한다. 다만, 시도지사의 신규 의료법인 설립허가는 해당 지역의 의료기관 수요·공급 사정에 따라 시도지사의 재량에 의하여 이루어지므로, 설립후보 지역을 정한 후 사전에 관할 행정 부서의 입장을 확인해 볼 필요가 있을 것이다.

2) 국내에서 이미 설립되어 있는 의료법인을 인수하고자 하는 경우, 한국법상 국내 의료법인은 재단법인으로 인정되고(의료법 제50조) 재단법인에는 지분 개념이 없으므로, 지분 매수의 방식을 사용할 수는 없다. 다만, 관할 시도지사의 허가를 받

아 ① 기존 의료법인의 개설자를 한국 투자자가 신뢰하는 의사 등 의료기관 개설 자격이 있는 자로 변경하고, ② 해당 의료법인의 명칭을 한국 투자자가 소유하는 병원 브랜드로 변경하는 등 의료기관 설립허가 변경 절차를 밟은 후, ③ 해당 의료법인의 이사 및 이사장을 교체하는 방식으로 기존 의료법인의 경영권을 취득할 수는 있을 것이다. 다만, 이 경우에도 의료기관 설립허가 변경은 관할 시도지사의 재량에 의하여 이루어지므로, 사전에 관할 행정 부서의 입장을 확인할 필요가 있다.

2. 의료법인 정관 변경: 시도지사의 허가

「의료 해외진출 및 외국인환자 유치 지원에 관한 법률」(이하 "의료해외진출법") 제4조 제2항 및 의료법 제48조 제3항에 따르면, 해외진출을 위하여 출자하고자 하는 의료법인은 그 정관에 의료 해외진출에 관한 사항을 포함하여야 하고, 이와 같이 정관을 변경하기 위하여 주무관청인 시도지사로부터 정관 변경 허가를 받아야 한다.

3. 의료 해외진출 신고: 보건복지부 장관

1) 의료 해외진출을 하려는 의료기관의 개설자는 보건복지부장관에게 신고하여야 한다(의료해외진출법 제4조 제1항).

2) 신고 시기는 ① 해외 의료기관을 개설·운영하고자 하는 경우 외국 정부로부터 해외 의료기관의 개설·운영에 관한 인허가 처분을 받은 날부터 45일 이내이고, ② 그 외의 방식으로 의료 해외진출을 하는 경우 해당 의료 해외진출을 하기 위한 계약 체결일부터 45일 이내이다.

3) 신고서에는 ① 의료기관 개설허가증 사본 또는 의료기관 개설신고증명서 사본 외에도, ② (i) 해외 의료기관을 개설·운영하고자 하는 경우 해외 의료기관의 개설·운영을 증명하는 자료 사본, (ii) 그 외의 방식으로 의료 해외진출을 하는 경우 관련 계약서 사본을 함께 제출하여야 한다.

4. 외국환거래법령상 신고: 외국환은행의 장

외국환거래법령에 따르면, 의료 해외진출을 하려는 의료기관은 외국환은행의 장에게 해외직접투자 신고를 하여야 한다(외국환거래법 제18조). 또한 해외투자의 사후관리를 위하여 투자(송금) 내용 및 연간 사업실적현황 등에 관한 서류를 외국환은행의 장에게 보고하여야 한다(외국환거래규정 제9-9조).

제5절 VIE 투자구조와 법적 위험

Ⅰ. 개 관

1) VIE 구조(Variable Interest Entity Structure, 달리 "계약통제방식" 또는 "SINA모델"이라고도 한다)의 내용과 법적 위험에 관해서는 제1장에서 개략적으로 살펴보았다. VIE 구조는 ① 한국 본사가 중국 내에 설립한 100% 자회사(100% 외자기업. 이하 설명의 편의를 위하여 "**통제회사**"라 한다)가 ② 여러 가지 계약들을 통하여 ③ 중국인(들)이 중국 내에 설립한 기업(100% 내자기업. 이하 설명의 편의를 위하여 "**통제대상회사**"라 한다)의 경영과 그 설립자들의 의사결정을 통제하는 구조이다. 이를 조금 일반화해서 다르게 표현(rephrasing)하면, "한 회사가 다른 회사 및 그 의사결정주체인 설립자들을 계약이라는 수단을 사용하여 통제하는 것"이다. 따라서 법률가의 관점에서는 **계약이라는 수단으로 사원/주주 및 그가 설립한 회사의 경영을 통제하는 것이** 특정한 국가의 법질서하에서 **유효한지**가 중요한 이슈가 된다.

아래에서는 VIE 구조 설계에 실제로 사용되는 계약서들을 간단히 소개하고, 이 구조가 가지는 법적 위험 즉 이 구조가 유효한지에 관하여 살펴본다. 아래 내용을 읽을 때 제1장의 설명에서 그려 놓은 구조도를 함께 놓고 읽으면 도움이 될 것이다.

2) VIE 구조에서는 먼저 통제회사와 통제대상회사를 설립하여야 하는데, 둘 다 대부분 유한책임공사의 형태를 취한다. 통제회사는 외상투자 유한책임공사이므로 그 설립절차에 관해서는 제4장 제2절의 설명을 참조하기 바란다. 통제대상회사는 내자 유한책임공사로서 출자자 중에 외국 투자자가 없기 때문에, 그 설립절차가 한결 간편하다. 중국 내에는 내자 유한책임공사의 설립을 자문해 주는 설립대행 컨설팅회사들이 많이 있고, 자문비용도 그다지 많이 들지 않아서, 절차와 비용 면에서 외상투자 유한책임공사를 설립할 때보다 부담이 한결 덜하다.

II. VIE 구조에 사용되는 계약들

VIE 구조를 설계할 때 전형적으로 사용되는 계약들 중 주요한 것 몇 가지만 살펴보면 아래와 같다.

1. 대출계약

1) 통제대상회사의 사원들인 중국인(들)에게 인민폐 자금을 대여해 주는 계약이다. 이 계약에서는 차주(통제대상회사의 사원)에게 여러 가지 의무와 제약이 부가된다. 그중 주요한 몇 가지만 살펴보면 다음과 같다.

- 대출계약은 통제회사 입장에서 차주의 의사결정과 통제대상회사의 경영을 통제하는 데 가장 기본이 되는 지렛대(leverage)이기 때문에, 차주의 임의 조기상환권(Right of Voluntary Prepayment)을 막아 놓는다. 그러지 않을 경우 장래 이들이 임의로 원리금을 전액 상환함으로써 언제든지 통제회사의 구속에서 벗어날 여지가 생기기 때문이다.
- 대출 자금의 용도는 원칙적으로 투자대상회사의 자본금 납입과 운영자금으로 한정된다.
- 차주는 아래 (2) 소정의 지분질권을 제외하고, 자신이 보유하는 통제대상회

사의 지분을 처분하거나 담보로 제공하거나 가압류되지 않도록 하여야 한다(영문 대출계약에서는 흔히 Negative Pledge 조항이라고 불린다).

- 중국법이 허용하는 범위 내에서 통제회사가 요구하면 차주는 통제대상회사의 지분을 통제회사나 그가 지정하는 제3자에게 양도하여야 한다.
- 통제대상회사의 경영에 관하여 여러 가지 의무를 부담하게 된다(통제회사가 추천하는 개인을 이사로 선임할 것, 통제회사의 동의 없는 이익배당이나 통제대상회사의 경영범위 변경 금지 등 실제 상황에 따라 다양한 조항이 들어갈 수 있다).

2) **차주가 위의 여러 가지 의무를 위반할 경우** 대출계약상 Event of Default (EOD)에 해당하고(우리 대법원이 사용하는 용어에 따르면 대부분은 **"형성권적 기한의 이익 상실 특약"**사유에 해당된다[지원림(강), 1048면 참조]), **대주인 통제회사는 EOD에 해당함을 이유로 기한의 이익 상실을 선언한(즉 기한의 이익을 상실시키는 형성권을 행사한) 후, 그에 따라서 만기가 즉시 도래한 대출원리금을 피담보채권으로 삼아 아래 열거된 각종 계약상 담보권 기타 계약상 권리를 실행하게 된다**. 따라서 대출계약상 EOD의 범위에 관해서는 구체적인 거래별로 심도 깊은 고민을 해 볼 필요가 있다(대출계약상 EOD의 작동 mechanism에 관한 보다 구체적인 설명은 Richard Wright, 411-444면; Sue Wright, 220-246면 참조).

2. 지분질권설정계약

1) **통제회사는 위 (1) 소정의** 대출계약을 통해서 통제대상회사의 사원들에게 대출을 해 준 후 그 **대출원리금과 아래에서 살펴보는 다른 계약상 각종 금전채권을 피담보채권으로 삼아서 그 사원들이 보유하는 통제대상회사의 지분에 질권을 설정·취득한다**. 제6장에서 설명하겠지만 중국에서도 담보물권은 유치권, 질권, 저당권이 있고, 그 기본 개념은 우리의 유치권, 질권, 저당권과 동일하다고 이해해도 무방하다. 다만 구체적인 요건과 효과로 들어가면 엄연한 차이가 있어서 주의를 요한다.

통제대상회사의 법적 형태는 유한책임공사인데, 그 발행 지분에 질권을 설정하기 위한 요건은 우리 유한회사의 지분이나 주식회사의 주식에 질권을 설정하는 것과 차이가 있어서 주의를 요한다. 실무에서는 흔히 ① **서면으로 지분질권설정계**

약을 체결하는 외에(우리와 달리 중국법상 담보계약과 보증계약은 반드시 서면으로 작성되어야 한다), ② **사원명부에 질권자 및 질권설정사실을 기재하여야 하고**(질권 설정의 명의개서), ③ **관할 시장감독관리부서에 질권설정등기를 경료하여야 한다**고 이해한다. 그러나 보다 엄밀히 따지면 ④ **기업신용정보공시스템에 사후적으로 공시**하는 것도 잊어서는 안 될 것이다(제4장 제2절 제3관 III. 9. 참조). 한편, 중국 내 실무에서는 언급되지 않지만, 저자의 사견으로는 가능하다면 사원들이 가지고 있는 출자증명서도 질권자들이 받아서 보관하는 것이 좋다고 본다. 비록 출자증명서가 증거서면에 불과하여 질권자에게의 교부가 질권 설정의 법적 요건이라고 보기는 어렵지만, 장래 혹시 있을지도 모를 불필요한 분쟁을 미연에 방지하는 차원에서이다.

그리고 대출계약상 피담보채권을 담보하는 지분질권설정계약에는 항상 들어가는 조항인데, 장래 통제대상회사가 증자를 하여 추가로 지분이 발행될 경우, 혹은 반대로 (중국에서는 흔하지 않지만) 감자를 하여 지분이 감소될 경우 질권자들의 사전동의를 받을 것인지, 추가로 발행되는 지분에 대해서도 동일한 조건으로 질권을 설정할 것인지를 생각한 후 계약서에 명시적으로 규정하여야 한다.

2) **실무에서 자주 간과하는데, 중국에서는 우리와 달리 질권자가 질권설정계약서만에 기하여 관할 인민법원에 담보권실행경매**(임의경매)**를 신청하는 절차가 마련되어 있지 않고, 담보권에 기한 경매를 위해서도 여전히 집행권원을 받도록 되어 있다**(손한기, 520-524면). **이때 중국 내 질권자가**(관련 법령상 중국 외 채권자나 담보권자, 그리고 중국 내 채권자라도 금융허가증[대출영업허가증]이 없는 개인이나 법인은 공증받기 어렵게 규정되어 있기는 하지만) **가장 간편하게, 그리고 채무불이행**(EOD) **발생 전에 미리 받아 둘 수 있는 집행권원이 "중국 내 공증기관이 집행력을 부여한 채권문서"이다**(이는 우리의 집행증서와 유사한데, 구체적인 인정범위에서는 차이가 있다). 일단 이 채권문서를 발급받아 두면 장래 채무불이행 시 곧바로 집행단계로 넘어갈 수 있어서, 우리의 담보권실행경매에서와 비슷한 수준의 신속성을 기대할 수 있게 된다(제6장의 관련 설명도 함께 참조). **단 공증기관이 이 채권문서를 발급하는 요건은 지역별로 차이가 있고, 외상투자기업이 이 채권문서를 발급받기는 쉽지 않기 때문에 개별적으로 확인해 볼 필요가 있다.**

3. 콜옵션 계약

1) VIE 구조에서 콜옵션 계약을 체결하는 실무상 배경은 크게 2가지로 이해해 볼 수 있다.

[1] 한국법하에서 ① 유저당 약정(대물변제의 예약이나 임의환가의 약정)은 청산의무를 이행하는 한도 내에서 유효하고(송덕수(강), 626~628면; 지원림(강), 796~797면), ② 유질 약정(마찬가지로 대물제의 예약 혹은 임의환가의 약정)은 피담보채권이 상행위로 인하여 발생한 경우에 한하여 유효하다(상법 제59조). 하지만, **중국에서는 민사거래이든 상사거래이든 불문하고 유저당 약정과 유질 약정이 일률적으로 금지**된다(중국 물권법 제186조 및 제211조에 명시적으로 대물변제의 예약이 금지된다고 규정되어 있다. 나아가, 중국법 문헌들은 명확히 밝히고 있지는 않지만, 피담보채무의 변제기 도래 전에 체결하는 임의환가의 약정도 마찬가지로 보는 것으로 이해된다). 따라서 중국법하에서는 질권자가 피담보채권의 만기 도래 전에(따라서 질권설정계약 체결 시도 당연히 포함된다) 질권설정자와 "장래 피담보채무의 불이행 시 질물인 지분을 곧바로 질권자에게 이전하거나 질권자가 임의로 제3자에게 매각하여 그 대금을 변제에 충당할 수 있다"는 내용의 약정을 할 수는 없다. 사실 이러한 **유저당 약정이나 유질 약정은 한국 금융기관들이 한국법을 준거법으로 하는 담보권 설정 계약을 체결할 때 거의 예외 없이 집어넣는 조항이기 때문에, 한국 투자자들로서는 중국의 이 규제, 즉 중국법을 준거법으로 하는 담보권 설정 계약서에는 이러한 약정을 할 수 없음을 기억해 둘 필요가 있다**.

[2] 설사 중국에서 유질계약이 가능하다고 하더라도, 통제대상회사의 영업이 중국법상 외국 투자자가 수행할 수 없는 경우에는 그 규제가 풀리는 것을 유질계약상 정지조건으로 삼아야 한다.

이 2가지 제약 상황을 고려하여 고안한 계약상 장치가 콜옵션 계약이다.

2) **콜옵션 계약에서** 통제회사는 자신이 통제대상회사의 지분을 취득·보유하는 데 중국법상 규제가 없는 경우에 한하여(따라서 콜옵션 계약 체결시점에 그러한 규제가 있으면 장래 그러한 규제가 풀리는 시점 이후로) 그 지분에 대한 콜옵션을 행사할 수 있도록

약정한다. 즉 **실질적으로는 대물변제의 예약을 한 것과 동일한 효과를 거두게 된다**(굳이 장래 피담보채무의 변제기가 도래하지 않더라도 행사할 수 있게 약정할 수 있다는 점에서 채권자이자 질권자인 통제회사에 더 유리한 면도 있다). 콜옵션 행사로 인한 지분양도대금은 그 시점에 남아 있는 대출원리금과 동액으로 삼아서, 양도인(사원, 차주, 질권설정자)의 대출원리금 상환의무와 양수인(통제회사, 대주, 질권자)의 양도대금 지급의무를 상계 처리하는 방안을 1차적으로 고려한다.

3) 그런데 **장래 통제회사가 콜옵션을 행사해서 통제대상회의 지분을 실제로 취득하고자 할 경우 다음과 같은 문제에 부딪칠 수 있다**. ① 중국 유한책임공사의 지분양도 시 관할 시장감독관리부서에의 사원변경등기가 제3자에 대한 대항요건이다(중국 회사법 제32조 제3항). 그런데 콜옵션의 행사로 인한 지분양도 시 관할 시장감독관리부서에서 단순히 콜옵션 계약서만 제출하는 것으로는 부족하고 별도로 지분양수도 계약서를 체결하여 제출하라고 요구하는 경우가 대부분이다. 그런데 그 시점에서 양도인(통제대상회사의 사원이자 차주)이 지분양수도 계약서에 서명하는 것을 거부할 경우 등기절차 수행에 어려움을 겪게 된다. 이때에는 부득이 소를 제기하여 의사표시에 갈음하는 판결을 받는 절차를 진행해야 하는데, 그 판결을 받는 데 상당한 기간이 소요될 뿐만 아니라 소송 과정에서 인민법원이 콜옵션 계약의 유효성을 지지해 줄 것이라는 확실한 보장은 없기 때문이다(아래 III. 설명 함께 참조). ② 유한책임공사의 사원이 사원 아닌 제3자에게 지분양도 시 다른 사원들 과반수의 동의를 얻어야 한다(중국 회사법 제71조 제2항). 또한 앞에서 본 바와 같이, 이 VIE 구조하에서도 통제대상회사의 사원이 복수인 경우 각자 다른 사원의 지분양도 건에 대하여 우선매수권을 가지게 되어, 콜옵션 행사로 인한 지분양도에 장애를 초래할 수 있다. 실무에서는 나름의 해결방안을 두고 있으나(지분양수도 계약서를 미리 작성하여 양도인의 사전 서명을 받아 두는 것, 우선매수권 포기각서를 미리 받아 두는 것 등), 문제를 100% 완전하게 해결하는 계약상 장치라고 보기는 어렵다. 중국 역시 우리와 마찬가지로 의사표시자가 앞서 한 의사표시를 스스로 철회하는 데 제약이 없기 때문이다. ③ 사견으로는, 이때 체결되는 콜옵션 계약은 중국에서 금지되는 유담보계약을 회피하기 위한 수단이 아닌가 하는 의문이 있다. 만일 중국 인민법원도 이

러한 관점에서 바라본다면, VIE 구조에서 사용되는 콜옵션 계약은 물권법상 강행규정(유담보 약정 금지)에 위반하는 탈법행위로서 무효라고 인정될 위험이 있다.

4. 의결권 포괄 위임계약

1) 실무에서 의결권 포괄 위임계약은 **통제대상회사의 사원이 가지는 사원총회의 소집·개최·진행·의결권 행사에 관한 모든 권한을 포괄적으로 그리고 무기한으로(즉 사원의 지위를 유지하는 동안) 통제회사에게 위임하는 내용**으로 체결된다. 이러한 약정이 유효하다고 볼 수 있는가? 이 문제는 VIE 구조의 실효성을 판가름하는 중요한 문제 중 하나이다.

2) 이 의결권 포괄 위임계약은 강학상 주주·사원과 제3자 사이에 체결되는 **의결권구속계약(Voting Agreement)**으로 이해할 수 있다. 의결권구속계약은 **원칙적으로 당사자 간에 채권적 효력이 인정된다. 하지만 계약법의 일반원리에 따라서 그 내용이 신의칙, 선량한 풍속 기타 사회질서 또는 회사법의 기본원리에 반하면 무효**라고 보아야 할 것이다. 최고인민법원 역시 실질 주주·사원과 명의 주주·사원을 분리하는 계약(예컨대 실제 출자자는 A이지만 회사 주주명부·사원명부상 주주·사원은 B로 약정하고 B가 회사로부터 받는 투자이익을 A에게 이전하기로 하는 계약)의 채권적 효력은 원칙적으로 인정하되, 강행법규에 위반하면 무효라고 보고 있다(강행법규 위반에 관해서는 최고인민법원 외상투자기업의 분쟁사건에 있어서 몇 가지 문제를 심리함에 관한 규정[最高人民法院关于审理外商投资企业纠纷案件若干问题的规定] 제15조, 제16조; 최고인민법원 회사법 규정(3) 제24조. 참고로 2017년에 제정된 민법총칙 제143조는 법률행위가 공서양속에 위배되면 무효라는 취지로 규정하고 있다). **따라서** 어떠한 경우에 신의칙, 공서양속이나 강행법규 등에 위배되는지 구체적인 사안별로 판단하는 게 중요해진다. 이와 관련하여, **주주와 제3자 간의 무기한적이고 포괄적인 의결권구속계약은 무효로 해석될 여지가 많다**고 본다. 일본의 판례도 10년이 경과한 의결권 구속계약은 그 구속력을 부인한 바 있다(권기범, 731-735면). 중국 민법(특히 민법통칙, 민법총칙, 계약법)하에서도 이러한 해석논리가 적용되는 데 무리가 없다고 보인다. 따라서 사견으로는, 현재 실무에서 통용되고 있는 VIE 구조하의 의결권

포괄 위임계약은 장래 인민법원으로부터 무효라고 판단받을 위험이 작지 않다고 생각된다. **이러한 법적 위험을 알고 있기 때문에, 실무에서는 몇 가지 중요한 구체적인 사항에 대해서 매년 의결권 위임장을 건건이 받아 두기도 한다.**

3) 한편, **의결권 포괄 위임계약서에는 각 사원이 자신의 위임을 철회할 수 없다**(irrevocable)**고 약정해 두는 게 관행인데, 중국 계약법 제410조에서는 위임계약상 위임자는 언제든지 그 위임을 철회할 수 있다고 못박고 있어서 그 실효성은 크지 않다**고 본다.

5. 기타 계약서들

그 외에도 독점컨설팅계약(통제대상회사의 경영에 관한 포괄적인 컨설팅 제공후 통제대상회사의 영업이익을 고려하여 산정된 수수료 수취), 자산양수도계약(장래 대출계약상 EOD 발생시 통제대상회사의 물적 자산 및 지적재산권을 명목상 적은 대가만 지급하고 양수) 등도 체결된다.

Ⅲ. VIE 구조의 법적 위험

1) 위 II.에서 보듯이 VIE 구조는 외국 투자자가 여러 가지 계약들을 통하여 (모든 사원이 중국인 개인인) 유한책임공사의 경영을 통제하는 구조이다. 따라서 이 계약들의 유효성이 VIE 구조의 유효성을 좌우하게 된다.

2) **중국 내에서는 현실에서 양 당사자간 합의하에 명의 사원과 실질 사원이 분리된 유한책임공사를 적지 않게 발견할 수 있다. 최고인민법원도 이를 고려하여 다음과 같은 원칙적인 규정들을 두고 있다(최고인민법원 회사법 규정(3) 제24조~제26조).** 참고로, 우리는 이러한 경우 상법 제332조에서 자본금 납입 의무자가 누구인지를 규정하고 있고, 그 외의 법률관계(회사에 대한 관계에서, 회사 외의 제3자에 대한 관계에서 누가 진정한 주주인지)에 관해서는 학설과 판례에 맡겨져 있다(한국에서의 논의는 송옥렬, 813-815면 참조).

[1] 유한책임공사의 실제 출자자(实际出资人)과 명의 출자자(名义出资人) 간에 계약을 체결하여 ① 실제 투자자는 출자후 투자권익을 보유하고 ② 명의 출자자는 명의 사원(名义股东)이 되기로 약정한 경우, **그 계약은 원칙적으로 유효하다**. 따라서 실제 출자자가 자신이 실제로 이행한 출자에 근거하여 명의 사원에게 계약상 권리를 행사할 수 있고, 명의 사원은 자신이 사원명부상 사원이고 관할 시장감독관리부서의 등기와 영업집조에 사원으로 기재되어 있다는 이유로 실제 출자자의 권리를 부인할 수 없다.

[2] **실제 출자자가 ① 회사에 사원 변경을 청구**하여, (i) 명의 사원으로부터 출자증명서를 환수한 후 자신에게 새로이 출자증명서를 발급해 줄 것, (ii) 사원명부상 사원을 명의 사원에서 자신으로 변경 기재해 줄 것, (iii) 회사 정관상 사원을 명의 사원에서 자신으로 수정해 줄 것을 청구하고, ② **관할 시장감독관리부서에의 사원변경 등기를 신청하기 위해서는, 회사의 다른 사원의 반수 이상의 동의를 얻어야 한다**.

[3] **명의 사원이 지분을 제3자에게 처분한 경우, 그 처분은 원칙적으로 무효**이다. 다만, 제3자는 중국 물권법 제106조 소정의 선의취득의 요건을 구비한 경우에 한하여 유효하게 그 지분을 취득하고, 이때 실제 출자자는 명의 사원에게 손해배상을 청구할 수 있을 뿐이다.

[4] 중국법상 회사 채권자는 출자의무를 이행하지 않고 있는 사원에게 보충적 변제이행을 청구할 수 있는데(구체적인 내용은 제4장 제2절 제3관 III. 6. 참조), 명의 사원과 실질 사원이 분리되어 있는 경우 명의 사원에게 그 청구를 할 수 있고, 이때 명의 사원은 변제 책임을 이행한 후 실질 사원에게 구상권을 행사할 수 있다.

3) 그러나 **VIE 구조에서는 실질 출자자 즉 실질 사원(实际股东)이 애초 중국법상 명의 사원이 되는 것이 금지되는 상황에서 자신과 명의 사원을 분리시키는 구조를 짜기 때문에, 위의 원칙적인 규정을 기계적으로 적용할 수는 없게 된다**. 문제는 위 2) **[1]항의 부분, 즉 VIE 구조하에서도 관련 계약들이 유효하게 채권적 효력을 가지는지 여부이다**.

참고로, 위 2)의 [2], [3], [4] 항은 아래와 같이 비교적 명확하게 결론이 나온다.

1 위 2) 2항의 경우를 살펴보면, VIE 구조하에서는 회사 내 다른 사원의 반수 이상의 동의가 있더라도, 중국법규상 제약 때문에 실질 사원이 명의 사원으로 될 수 없다(그래서 콜옵션 계약서에도 장래 관련 법규상 규제가 없어지는 것을 콜 옵션 행사의 요건으로 약정해 둔다).

2 위 2) 3항의 경우에 관해서 살펴보면, (i) VIE 구조하에서 실질 사원은 해당 지분에 질권을 취득하기 때문에, 질권의 효력에 의하여 명의 사원의 임의 처분을 막을 수 있게 된다. 중국은 우리와 달리 지분질권 설정자가 질권자의 사전 동의 없이 질물인 지분을 제3자에게 처분하는 것을 법에서 명문으로 금지하고 있기 때문이다(중국 물권법 제226조. 우리는 이러한 법 조항이 없어서 담보계약서에 특약으로 규정하는 것이 통상적인 실무이다[Negative Pledge Clause]). (ii) 다만 이때에도 제3자가 선의취득의 요건을 구비하면 명의 사원으로부터 지분을 유효하게 취득할 수 있을 것이고, 이때에는 실질 사원이 명의 사원에 대하여 손해배상을 청구할 수 있게 된다.

3 위 2) 4항의 경우를 살펴보면, VIE 구조에서는 통제대상회사의 성립후 즉시 자본금 전액을 납입하므로, 현실에서 이러한 문제가 발생할 여지가 거의 없다.

4) VIE 구조하의 계약들의 유효성에 관하여 **최고인민법원은 현시점에서 다음과 같은 입장을 취하고 있다 ① 단순히 "외상투자 Negative List"상 금지류나 제한류 업종을 영위하기 위한 방편으로 VIE구조를 채용하였다고 하여 그 구조가 무조건 무효인 것은 아니다. ② 그러나** 법률행위와 계약에 관한 원칙으로 돌아가서 **그 구조가 탈법행위에 해당하거나**(합법적인 형식으로 불법적인 목적을 감추거나[以合法形式掩盖非法目的]), **구체적인 행정(강행)법규에 위반되면**(违反法律、行政法规的强制性规定) **무효이다**(중국 계약법 제52조, 민법통칙 제58조. 이 외에도 민법총칙 제143조는 어떠한 계약이 공서양속에 위배되어도 무효라는 취지로 규정하고 있다). ③ **결국 VIE 구조의 유효성은 건건이 그 구조가 탈법행위인지 혹은 어떠한 행정(강행)법규에 위반하는지 여부를 따져 보아야 하는데, 최고인민법원은 그 판단을 스스로 적극적으로 하지 않고 해당 행정법규를 제정한 관할 정부부서에 맡기려는 듯한 태도를 취하고 있다.**

사실 VIE 구조가 중국에서 사용된 지 20년이 되도록 법원이나 정부에서 그 유효성에 관하여 모호한 입장을 취하고 있는 것은 다분히 의도적이라고 생각된다. 한 가지 예로 2020년부터 시행되고 있는 외상투자법도 2015년 공개되었던 초안에서는 VIE 구조의 유효성에 관하여 명시적인 규정을 두고 있었는데(외상투자 금지류 업종에 관한 VIE 구조는 금지, 외상투자 제한류 업종에 관한 VIE 구조는 사전에 심사허가를 받으라는 취지로 규정하고 있었다), 정작 2020년에 공포되면서 이 조항은 모두 삭제되었다. 이처럼 중앙정부 입장에서 VIE 구조에 관하여 판단을 유보하고 있기 때문에 최고인민법원 역시 그에 맞추어 현재로서는 위 ③과 같이 다소 어정쩡한 입장을 취할 수밖에 없었을 것으로 이해된다(한국 법체계하에서는 이해하기 힘들지만, 중국에서는 법원의 독립이 인정되지 않고 법원이 행정부로부터 독립된 기관이 아니기 때문에, 최고인민법원이 VIE 구조 분쟁에 관한 판결문에서 명시적으로 이러한 입장을 밝힐 수 있었던 것으로 보인다). 그렇다면 **VIE 구조가 가지는 위험**에 관하여 외국 투자자들은 이를 법적 위험(Legal Risk)으로만 받아 들일 것이 아니라, (비록 1차적이고 표면적으로는 다양한 법적 위험을 고려하여야 하겠지만) **궁극적으로는 정부위험**(Government Risk)의 하나로 인식하고 대처하는 것이 현명할 것으로 보인다. **즉 현시점에서는, VIE 구조는 장래 중국 정부가 그 유효·적법성을 정책적인 관점에서 임의로, 그리고 개별적으로 혹은 일률적으로 어느 방향으로든 결정할 수 있는 영역**으로 보는 것이 외국 투자자 입장에서 신중한 접근방식이라고 생각된다.

제6절 외상투자 사모펀드 운용사 및 사모펀드의 설립

제1관 개 관

1) 외국 투자자가 중국 내에 사모펀드 운용사나 사모펀드를 설립하고자 할 경우, 2020년 1월까지는 ① 전국 단위로 통일된 법령이 존재하는(단 여전히 지역별 하위 규정에 따른 취급에는 차이가 있다) **외상투자 창업투자 관리기업**(外商投资创业投资管理企业) 및 **외상투자 창업투자기업**(外商投资创业投资企业) 혹은 ② 전국 단위의 통일된 법령이

없고 일부 지역에서 지역 단위의 시범규정들에 의해서 규율되는 **외상투자 지분투자 관리기업**(外商投资股权投资管理企业) 및 **외상투자 지분투자기업**(外商投资股权投资企业)을 고려하였다.

2) 위 4가지 유형의 기업들 중 **외상투자 창업투자기업과 외상투자 창업투자 관리기업의 설립요건과 절차, 그 밖의 특색에 관해서는 앞에서 살펴보았다**(제2장 제4절 참조). 따라서, **아래에서는 외상투자 지분투자 관리기업**(사모펀드 운용사)**과 외상투자 지분투자기업**(사모펀드)**에 초점을 맞추어 그 특색과 설립요건 및 절차를 살펴본다. 특히 앞에서는 외상투자 합화기업의 일반적인 내용만 개관하였기 때문에, 여기에서는 보다 구체적인 특징들까지 함께 소개한다**.

3) 앞에서 설명하였듯이, 2020년 2월부터 비투자성 외상투자기업도 중국 내 다른 회사의 지분이나 주식에 투자하는 데 있어서 (종래 앞장서서 금지해 오던) 외환관리국과 시장감독관리국 차원에서의 규제는 받지 않게 되었다. 그러나 여전히 금융감독부서의 규제를 받고 있음을 잊어서는 안된다. 다만, 이 부분에 관해서는 아직 구체적인 하위 법규나 명확한 실무 관행이 형성되어 있지 않은 것으로 보여서, 그 설명을 다음 기회로 미룬다.

실무 Tip **용어 설명**

참고로, 실무상 통칭되는 몇 가지 용어 설명을 한다. ① 상해직할시 등 여러 지역의 시범규정에서 요구하는 자격과 요건을 구비하여 사모펀드나 펀드 운용사를 설립하는 외국 투자자를 **"Qualified Foreign Limited Partner"**(굳이 한글로 번역하면 "적격 외국계 유한합화인" 정도가 되겠다), 약칭해서 **"QFLP"**라 부르고, ② 이 규정에 의하여 설립되는 펀드 운용사는 **"QFLP Fund Manager"**, ③ 설립되는 사모펀드는 **"QFLP Fund"**라 부른다. 그리고 ④ 이 규정에 의하여 이루어지는 투자구조를 **"QFLP Scheme"**, ⑤ 이 시범규정을 **"QFLP Pilot Programme"**이라 부른다. 이 용어들은 상해직할시는 물론 다른 지역의 유사한 시범규정에 관해서도 통용되므로, 실무가 입장에서는 기억해 두면 일할 때 편리하다.

제2관 지역별 특색

외상투자 지분투자 관리기업(사모펀드 운용사)과 외상투자 지분투자기업(사모펀드)은 중국 내 몇 개 대도시에서 시행되고 있는 지역 단위 시범규정에 의하여 규율되고 있다. 따라서 외국 투자자가 중국에 사모펀드 운용사 및/혹은 사모펀드를 설립하고자 할 경우 가장 먼저 해야 할 작업이 각 지역의 시범규정을 비교·대조하여 어느 지역에 설립하는 것이 자신에게 가장 유리한지 파악하는 것이다. 그런데, 실제로 이 작업을 꼼꼼하고 정확하게 수행하려 하다 보면 여간 번거로운 게 아니고, 이를 현지 법률사무소에 의뢰하다 보면 비용도 적지 않게 나올 수 있다. 이러한 사정을 고려하여, 아래에서는 우리 한국 투자자에게 익숙한 3곳인 상해, 북경, 심천만 추려서 관련 시범규정을 주요 특징만 놓고 비교해 본다. 중국 내 이들 기업의 설립을 고려하는 한국 투자자는 우선 아래 내용을 기초로 삼아서, 현지 법률사무소에게 추가적인 질문을 해 보기 바란다. 시간과 비용 절감에 도움이 될 것이다.

1. 상해직할시 시범규정 개관

상해직할시 시범규정에서는 사모펀드 운용사를 "지분투자 관리기업(股权投资管理企业. Equity Investment Management Enterprise)", 사모펀드를 "지분투자기업(股权投资企业. Equity Investment Enterprise)"이라 한다. 이 책에서는 외국 투자자가 이들 기업에 지분출자하는 경우를 상정하고 있어서, "외상투자(外商投资)"라는 문구를 추가하여 지칭하기로 한다.

(1) 외상투자 지분투자 관리기업(사모펀드 운용사)이 갖추어야 할 요건

1) **법적 형태 및 명칭:** 유한책임공사의 형태를 취할 수도 있고 유한합화기업의 형태를 취할 수 있다. 일정한 요건을 갖추면 기업 상호에 "基金管理"(기금관리. 펀드의 운용 즉 Fund Management라는 의미)라는 문구를 넣을 수 있다. 따라서 **상해직할시에서 유한책임공사의 지분에 투자하는 사모펀드를 운용하는 회사 즉 사모펀드 운용사를**

설립하고자 할 경우, 아래에서 설명하는 요건들을 갖추어 유한책임공사나 유한합화기업의 형태로 설립한 후 그 상호에 “基金管理”(영문 상호에는 “Fund Management”)**라는 문구를 넣게 된다.**

2) **자본금:** 설립 당시 출자자들이 인수한 자본금 총액이 미화 200만 불 이상이어야 한다. 현물출자는 허용되지 않고 **반드시 금전출자**를 하여야 한다.

실무 Tip **법률용어**

중국법상 **유한책임공사의 인수 자본금은 “**注册资本金**(주책자본금)”, 유한합화기업의 인수 자본금은 “**认缴出资额**(인교출자액)”**이라 한다. 또한 유한책임공사와 유한합화기업 모두 자본금을 설립등기후(혹은 증자등기후)에 분할 납입할 수 있음도 기억해 두기 바란다.

3) **투자자 요건:** 기업 상호에 “股权投资基金管理(고권투자기금관리. 지분에 투자하는 펀드의 관리 즉 Equity Investment Fund Management라는 의미)”라는 문구를 넣으려면, 1명 이상의 투자자(혹은 그 계열회사)의 경영범위가 지분투자(股权投资)업무나 지분투자관리(股权投资管理)업무와 관련이 있어야 한다.

여기에서 한 가지 유의할 점이 있다. 제2장에서 설명하였듯이, **중국에서 민영기업의 법적 형태는 크게 3가지로 나누어 볼 수 있는데, 각 형태별로 출자자의 권리를 지칭하는 법률용어가 다르다.** ① 유한책임공사의 경우에는 股权(고권. 영어로는 흔히 Equity로 번역하고, 이 책에서는 “**지분**”으로 번역한다), ② 고분유한공사의 경우에는 股份(고분. 영어로는 흔히 Share로 번역하고, 이 책에서는 “**주식**”으로 번역한다), 그리고 ③ 합화기업의 경우에는 财产份额(재산분액. 영어로는 Ownership Interest라 번역한다. 이 책에서는 “**합화지분**”으로 번역한다)이다. 따라서 위에서 언급한 “股权投资基金管理”**라는 상호**(**영문으로는** “Equity Investment Fund Management”라는 상호)**는 지분에 투자하는 펀드 즉 유한책임공사에 자본금 납입형식으로 출자하는 펀드를 관리한다는 의미이다.**

4) **임원요건:** 2명 이상의 고급관리인원이 각각 다음 요건을 모두 구비하여야 한다. ① 5년 이상 지분투자 혹은 지분투자관리 업무를 한 경력, ② 2년 이상 고급관리인원을 담당한 경력, ③ 중국 관련 지분투자 업무를 하거나 중국 금융기관에서 일한 경력, ④ 최근 5년간 규범위반 전력이 없고, 진행 중인 경제분쟁 관련 소송에 연루되어 있지 않으며, 개인신용상태가 양호할 것.

(2) 외상투자 지분투자기업(사모펀드)이 갖추어야 할 요건

1) **법적 형태 및 명칭:** 외국 투자자나 개인이 출자하여 합화기업 등의 형태로 사모펀드를 설립할 수 있다. 일정한 요건을 갖추면 기업 상호에 "股权投资基金"(고권투자기금. 지분에 투자하는 펀드 즉 Equity Investment Fund라는 의미)라는 문구를 넣을 수 있다. 따라서 **상해직할시에서 유한책임공사의 지분에 투자하는 사모펀드를 설립하고자 할 경우, 아래에서 설명하는 요건들을 갖추어 (거의 예외 없이) 유한합화기업**(有限合伙企业, **Limited Partnership)의 형태로 설립한 후 그 상호에** "股权投资基金"(영문 상호에는 "Equity Investment Fund")**라는 문구를 넣게 된다.** 국제 금융시장에서 Fund의 법적 형태로 Limited Partnership을 이용하는 것이 흔한 일임을 고려할 때, Limited Partnership의 중국법상 형태인 유한합화기업이 중국 내에서 사모펀드의 법적 형태로 이용되면 실무상 편리할 뿐 아니라 법규율 및 관할 정부기관의 관리감독 면에서도 혼란이나 시행착오를 많이 줄일 수 있을 것으로 보인다. 따라서 이미 국제 금융시장에서 통용되는 Limited Partnership에 익숙한 한국 투자자라면 이에 준하여 중국의 유한합화기업의 기본 개념을 이해하면 편리하다.

2) **자본금:** ① 설립 당시 모든 합화인(合伙人. Partner)들이 인수한 자본금 총액이 미화 1,500만 불 이상이어야 한다. ② 현물출자는 허용되지 않고 **반드시 금전출자**를 하여야 한다. ③ **각 합화인은 반드시 자기 명의로 출자하여야 하고 타인의 명의로 출자할 수 없다. 중국법하에서는 명의 출자자와 실질 출자자를 분리하는 것이 원칙적으로는 허용되는데**(이에 관한 구체적인 설명은 위 제5절 III. 참조), **이에 관한 예외적 금지 조항으로 이해된다.** ④ 보통합화인(普通合伙人. General Partner. 기본적인 법적 성격은 우리 합자회사의 무한책임사원과 비슷하다)을 제외하고, 각각의 유한합화인(有限合伙人.

Limited Partner. 기본적인 법적 성격은 우리 합자회사의 유한책임사원과 비슷하다)이 인수한 자본금은 미화 100만 불 이상이어야 한다.

3) 외국 투자자 자격 및 요건: ① 외상투자 지분투자기업에 투자할 수 있는 외국 투자자는 원칙적으로 은행, 보험사, 증권사, 재간접펀드(投资基金的基金. Fund of Funds), 해외국부펀드(境外主权基金. **Overseas Sovereign Fund**), 양로펀드(养老基金. **Pension Fund**), 기부펀드(捐赠基金. **Endowment Fund**), 자선펀드(慈善基金. **Charitable Fund**), 그리고 연석회의(후술함)가 인가한 기타 해외 기관투자자로 한정된다. ② 외국 투자자는 다음 요건을 갖추어야 한다. (ⅰ) 신청 직전 회계연도에 자기자산이 미화 5억 불 이상이거나 운용자산이 미화 10억 불 이상일 것, (ⅱ) 건전한 지배구조와 완비된 내부통제제도를 갖추고 있고, 최근 2년간 사법기관이나 그와 관련된 감독관리기관으로부터 처벌을 받은 사실이 없을 것, (ⅲ) 해외 투자자(혹은 그 계열회사)가 관련 투자업무에 5년 이상 종사하고 있을 것, (ⅳ) 연석회의가 요구하는 기타 요건을 구비할 것.

4) 자금수탁은행(托管银行. **Custodian Bank**)**의 선정**: 외상투자 지분투자기업은 소정의 요건을 갖춘 중국 내 은행에게 자금보관·관리를 위탁하여야 한다

5) 투자 금지: 외상투자 지분투자기업은 아래와 같은 투자업무를 할 수 없음에 유의하여야 한다. 아래 부분을 외상투자 창업투자기업의 투자금지에 관한 설명(제2장 제4절 II. 3. 참조)과 아래에서 설명하는 북경직할시 및 심천시 시범규정의 투자금지 규정과 비교하면서 읽어보기 바란다.

1 외상투자가 금지된 업종에 대해 투자하는 것. 따라서 **외국 투자자가 상해직할시에 설립한 외상투자 지분투자기업은 외국인 투자가 금지된 업종을 영위하는 회사의 지분/주식에 투자할 수는 없다. 그 결과 외국 투자자 입장에서는 중국 밖, 예컨대 홍콩이나 케이맨에 설립한 사모펀드나 중국 상해직할시에 설립한 외상투자 지분투자기업이나 모두 중국 내 투자대상에 있어서 동일한 제약을 받는다는 결론에 도달한다. 현재 외국 투자자들이 중국 내 기업에 투자하는 펀드를 설립할 때에 차라리 중국 밖에 펀드를 설립하겠다고 생각하는 이유 중 하나이다.**

2 상장거래 중인 주식이나 회사채에 투자하는 것(단 지분 투자한 기업이 그 후 상장된

경우 그 기업의 주식을 계속 보유하는 것은 허용된다). 즉 **처음부터 거래소에 상장된 유가증권에 투자할 수는 없다.**

3 **선물 기타 금융파생상품을 거래하는 것.**

4 **스스로 사용하지 않는 부동산에 직, 간접적으로 투자하는 것.** 따라서 외국 투자자가 상해시에 설립한 외상투자 지분투자기업은 **중국 내 부동산개발사업을 하는 시행사에 지분투자나 대출을 할 수 없다.**

5 타인의 자금으로 투자하는 것이 금지된다. 따라서 자금의 차입 기타 투자자금의 조달을 위한 leverage가 전면적으로 금지된다.

6 **타인에 대한 대출이나 담보의 제공이 금지된다.** 부동산 시행사에 대해서뿐 아니라, 기본적으로 제3자에 대한 (담보부) 대출이 원칙적으로 금지된다. 따라서 **특정한 회사에 대하여 은행 기타 금융기관들이 하듯이 선순위 대출(Senior Loan), 중순위 대출(Mezzanine Loan)이나 후순위 대출(Junior Loan)을 함으로써 fixed income(고정 수익 즉 이자[interest])을 확보할 수는 없고, 언제나 투자 원리금 회수 순서에서 가장 마지막에 놓이는 지분/주식 투자(equity investment)만 할 수 있다.**

7 기타 법령이나 설립허가문서에서 금지한 투자.

참고로, 위와 같은 규제가 있는 반면에 상해시 금융서비스판공실의 정책해석에 따르면 외상투자 지분투자기업은 에너지절약 및 환경보호, 차세대 정보기술, 바이오, 첨단장비제조, 신형 에너지, 신재료 및 신형 에너지 자동차 관련 업종에 투자하는 것은 오히려 권장된다.

2. 북경직할시 시범규정 개관

북경직할시 시범규정에서는 사모펀드 운용사를 "지분투자기금 관리기업(股权投资基金管理企业, Equity Investment Fund Management Enterprise)", 사모펀드를 "지분투자기금(股权投资基金, Equity Investment Fund)"이라 칭한다. 이 책에서는 외국 투자자가 이들 기업에 지분출자하는 경우를 상정하고 있어서, "외상투자(外商投资)"라는 문구를 추가하여 지칭한다.

⑴ 외상투자 지분투자기금 관리기업(사모펀드 운용사)이 갖추어야 할 요건

1) **법적 형태 및 명칭:** 유한책임공사의 형태를 취할 수도 있고 유한합화기업의 형태를 취할 수도 있다. 또한 외국 투자자가 중국 투자자와 합작으로 설립할 수도 있고, 자신이 100% 출자하여 설립할 수도 있다. 일정한 요건을 갖추면 기업 상호에 "基金管理"(기금관리. 펀드의 운용 즉 Fund Management라는 의미)라는 문구를 넣을 수 있다. 따라서 **북경직할시에서 유한책임공사의 지분에 투자하는 사모펀드를 운용하는 회사 즉 사모펀드 운용사를 설립하고자 할 경우, 아래에서 설명하는 요건들을 갖추어 유한책임공사나 유한합화기업의 형태로 설립한 후 그 상호에** "基金管理"**(영문 상호에는 "Fund Management")라는 문구를 넣게 된다.**

2) **자본금:** 설립 당시 출자자들이 인수한 자본금 총액이 미화 200만 불 이상이어야 한다.

3) **투자자 요건:** 특별한 요구 규정이 없다.

4) **임원요건:** 2명 이상의 고급관리인원이 각각 다음 요건을 모두 구비하여야 한다. ① 2년 이상 지분투자 기금관리 업무 혹은 그와 관련된 업무를 한 경력. ② 지분투자 혹은 지분투자 관리에 관한 양호한 업무 경력.

⑵ 외상투자 지분투자기금(사모펀드)이 갖추어야 할 요건

1) **법적 형태 및 명칭:** 유한책임공사의 형태를 취할 수도 있고 유한합화기업의 형태를 취할 수도 있다.

2) **자본금:** ① 외상투자 지분투자기금이 조달하는 자금(즉 해당 기금의 인수 자본금)은 경내 인민폐자금과 경외 외화자금으로 구성되는데, 원칙적으로 경외 외화자금이 등기 자본금 총액의 50% 이하이어야 한다. 따라서 **외국 투자자가 북경시에 사모펀드를 설립할 경우** (i) **중국 투자자와 공동출자하는 형식으로만 설립할 수 있고,** (ii) **그 출자비율도 50%를 초과할 수 없다는 제약을 받는다.** ② **하나의 기금은 그 "규모"가 원칙적으로 인민폐 5억 위안(혹은 그에 상당하는 가치의 외화표시 금액) 이상이**

어야 하고, 그 "펀드지분"의 일정비율은 반드시 해당 사모펀드의 운용사 즉 지분투자기금 관리기업이 "인수"하여야 한다.

참고로 위 ②항의 규정 원문에서는 용어를 정교하게 사용하고 있지 않아서 부연설명한다. ① "규모(중국법 원어: 规模)"는 해당 펀드의 인수 자본금을 뜻한다(뒤에서 보듯이 타인자본 조달은 허용되지 않아서, 펀드 규모는 곧 자기자본인 자본금 총액과 일치하게 된다). 따라서 해당 펀드의 법적 형태가 유한책임공사이면 주책 자본금(注册资本金), 유한합화기업이면 인교 출자액(认缴出资额)을 지칭하는 것으로 이해하면 될 것이다. ② "펀드지분(중국법 원어: 基金份额)"은 해당 펀드의 법적 형태가 유한책임공사이면 지분(股权), 유한합화기업이면 합화지분(财产份额)으로 이해하면 될 것이다. 참고로, 중국에는 과거 우리의 증권투자신탁업법에 대응하는 증권투자기금법(证券投资基金法)이 있는데, 이 법에 의하여 설립되는 증권투자기금(증권에 투자하는 펀드)의 법적 형태는 신탁이어서, 이 기금이 발행하는 펀드지분은 수익증권으로 이해할 수 있다. 다만, 중국의 관련 법령에서는 이렇게 각 펀드의 법적 형태(유한책임공사, 유한합화기업, 신탁)에 따라서 그 출자단위를 구분하여 부르지 않고, 일괄적으로 "펀드지분(基金份额)"이라고 칭하고 있다. 한 가지 더 부연하면, 중국에서는 증권투자기금의 펀드지분을 영어로 "Fund Unit"라고 번역한다. Fund Unit은 영미법하에서 인정되는 Unit Trust의 출자지분을 뜻하는데, 중국 증권투자기금이 애초 Unit Trust를 참고하여 입법된 것으로 보이므로, 적절한 번역이라 생각된다.

3) **외국 투자자 자격 및 요건:** ① 건전한 지배구조와 완비된 내부통제제도를 갖추고 있고, 최근 2년간 사법기관이나 그와 관련된 감독관리기관으로부터 처벌을 받은 사실이 없을 것, ② 해외 투자자(혹은 그 계열회사)가 관련 투자업무에 5년 이상 종사하고 있을 것, ③관할 정부기관부서가 요구하는 기타 요건을 구비할 것.

4) **자금수탁은행**(托管银行, Custodian Bank)**의 선정**: 외상투자 지분투자기업은 소정의 요건을 갖춘 중국 내 상업은행에게 자금보관·관리를 위탁하여야 한다

5) **투자 금지**: 외상투자 지분투자기금은 아래와 같은 투자업무를 할 수 없음에 유의하여야 한다. **기본적으로 상해시 시범규정과 동일하다.**

[1] 외상투자가 금지된 업종에 대해 투자하는 것.

2 상장거래 중인 주식이나 회사채에 투자하는 것(단 지분 투자한 기업이 그 후 상장된 경우 그 기업의 주식을 계속 보유하는 것은 허용된다).

3 선물 기타 금융파생상품을 거래하는 것.

4 스스로 사용하지 않는 부동산에 직, 간접적으로 투자하는 것.

5 타인의 자금으로 투자하는 것이 금지된다. 따라서, 자금의 차입 기타 투자자금의 조달을 위한 leverage가 전면적으로 금지된다.

6 타인에 대한 대출이나 담보의 제공이 금지된다.

7 기타 법령이나 설립허가문서에서 금지한 투자.

한편, 시범규정에서는 외상투자 지분투자기금이 북경직할시에서 정한 7개 중점사업에 주로 투자할 것도 요구하고 있다. 7개 중점사업은 상해시에서 권장되는 7개 업종과 중첩된다.

3. 심천시 시범규정 개관

심천시 시범규정에서는 상해직할시 시범규정과 마찬가지로 사모펀드 운용사를 "지분투자 관리기업(股权投资管理企业. Equity Investment Management Enterprise)", 사모펀드를 "지분투자기업(股权投资企业. Equity Investment Enterprise)"이라 칭한다. 이 책에서는 외국 투자자가 이들 기업에 지분출자하는 경우를 상정하고 있어서, "외상투자(外商投资)"라는 문구를 추가하여 지칭하였다.

(1) 외상투자 지분투자 관리기업(사모펀드 운용사)이 갖추어야 할 요건

1) **법적 형태 및 명칭:** 유한책임공사의 형태를 취할 수도 있고 유한합화기업의 형태를 취할 수도 있다. 상호에는 "股权投资管理"(지분투자관리, 영어로는 Equity Investment Management) 혹은 "股权投资"(지분투자. 영어로는 Equity Investment)라는 문구를 넣어야 한다. 따라서 **심천시에서 유한책임공사의 지분에 투자하는 사모펀드를 운용하는 회사 즉 사모펀드 운용사를 설립하고자 할 경우, 아래에서 설명하는 요건들을 갖추어 유한책임공사나 유한합화기업의 형태로 설립한 후 그 상호에 위 문구를 넣게**

된다.

2) **자본금:** 설립 당시 출자자들이 인수한 자본금 총액이 미화 200만 불 이상이어야 한다. 현물출자는 허용되지 않고 **반드시 금전출자**를 하여야 한다.

3) **투자자 자격 및 요건:** 상해직할시 및 북경직할시 시범규정에서와 달리 투자자(유한책임공사 형태를 취할 경우 사원, 유한합화기업의 형태를 취할 경우 합화인)에 대하여 아래와 같은 자격과 요건들을 요구하고 있다. 따라서 **시범규정의 문언만 놓고 보면 일응 상해직할시나 북경직할시에 설립할 때보다 요건이 까다롭다고 볼 수 있다**.

[1] 외국 투자자는 아래 요건들 중 한 가지 이상을 충족할 것.

① (설립) 신청 직전 회계연도에 자기자산(순자산) 규모가 미화 1억 불 이상이거나 운용자산(AUM: Asset Under Management) 규모가 미화 2억 불 이상일 것.

② 홍콩 증감회(혹은 기타 외국 금융감독관리부서)가 발급한 자산관리 라이선스를 보유하고 있을 것.

[2] 중국 투자자는 아래 요건들 중 한 가지 이상을 충족할 것.

① 상업은행, 증권, 보험, 신탁, 금융리스, 공모펀드운용 등 국가금융감독관리부서의 인허가를 거친 라이선스를 보유한 금융기관 혹은 그들이 지분 50% 이상을 보유하고 있는 1단계 자회사일 것.

② 시정부의 중점 지원을 받고 있는 대형기업이면서, 아래 요건들을 모두 충족할 것

(i) (설립) 신청 직전 회계연도에 자기자산(순자산) 규모가 인민폐 5억 위안 이상이거나 운용자산 규모가 인민폐 10억 위안 이상일 것.

(ii) 최근 3년간 연속하여 영업이익을 내고 순이익 누적 총액이 인민폐 6,000만 위안 이상이면서 납부세액 누적 총액이 인민폐 1,800만 위안 이상일 것.

4) **임원요건:** 2명 이상의 고급관리인원이 각각 다음 요건을 모두 구비하여야 한다. ① 5년 이상 지분투자 혹은 지분투자관리 업무를 한 경력, ② 2년 이상 고급관리인원을 담당한 경력, ③ 중국 관련 지분투자 업무를 하거나 중국 금융기관에서 일한 경력, ④ 최근 5년간 규범위반 전력이 없고, 진행 중인 경제분쟁 관련 소송에 연루되어 있지 않으며, 개인신용상태가 양호할 것.

⑵ 외상투자 지분투자기업(사모펀드)이 갖추어야 할 요건

1) **법적 형태 및 명칭:** 유한책임공사의 형태를 취할 수도 있고 유한합화기업의 형태를 취할 수도 있다.

2) **자본금:** ① 설립 당시 모든 출자자들이 인수한 자본금 총액이 미화 1,500만 불 이상이어야 한다. ② 현물출자는 허용되지 않고 **반드시 금전출자**를 하여야 한다. ③ 합화기업의 형태로 설립될 경우 각 합화인은 반드시 자기 명의로 출자하여야 하고 타인의 명의로 출자할 수 없다. 중국법하에서는 명의 출자자와 실질 출자자를 분리하는 것이 원칙적으로는 허용되는데, 이에 관한 예외적 금지 조항으로 이해된다. ④ 각 해외 기관투자자가 인수한 자본금은 미화 100만 불 이상이어야 한다.

3) **투자자 자격 및 요건:** ① 상응하는 Risk 식별능력과 Risk 부담능력을 가진 기관이나 개인일 것. 이는 심사 정부기관에 매우 광범위한 재량을 부여하는 조항으로 보인다. ② 건전한 지배구조와 완비된 내부통제제도를 갖추고 있고, 최근 3년간 사법기관이나 그와 관련된 감독관리기관으로부터 처벌을 받은 사실이 없을 것. ③ 해외 기관투자자의 자기 순자산이 미화 500만 불 이상이고, 1회 투자금액이 미화 100만 불 이상일 것. ④ 국내 기관투자자의 순자산이 인민폐 1,000만 위안 이상이고, 1회 투자금액이 인민폐 100만 위안 이상일 것. 해외 기관투자자에 비하여 중국 기관투자자의 진입장벽을 낮게 설정해 주고 있다.

4) **자금수탁은행**(托管银行, **Custodian Bank)의 선정:** 외상투자 지분투자 관리기업은 소정의 요건을 갖춘 중국 내 상업은행에게 자금보관·관리를 위탁하여야 한다.

5) **투자 제한:**

1 외상투자 지분투자기업은 외상투자산업지도목록(지금은 외상투자 Negative List로 변경되었다. 제1장 참조)에 따라서, 실제 산업에 직접 투자하여야 한다(실제 산업에 직접 투자하라는 문구는 사모펀드가 다시 paper company 형태의 자회사[우리 자본시장법상 특수목적회사]를 설립한 후 이를 통하여 투자하는 것을 금하는 취지로 이해된다).

2 외상투자 지분투자 관리기업과 외상투자 지분투자기업은 법률이 금지하는 영업을 행할 수 없다.

3 재간접펀드(fund of funds)의 형태로 외상투자 지분투자 관리기업을 설립할 수 없다.

4 외상투자 지분투자기업의 보통합화인과 유한합화인의 동일인의 통제를 받을 경우, 그 동일인의 출자비율은 50%를 초과할 수 없다.

5 외상투자 지분투자 관리기업은 투자 대상에 직접 투자할 수 없다.

4. 소 결

1) 북경직할시나 심천직할시와 비교할 때 상해직할시 시범규정이 상대적으로 외국 투자자에게 친화적으로 보인다. 그러나 **한국 투자자 입장에서는 보다 근본적으로 사모펀드 운용사 및 사모펀드를 중국 내에 설립하는 것이 중국 외(한국, 홍콩, 케이맨 등)에 설립할 때와 비교하여 과연 어떠한 장점과 효용이 있는지 의문을 가져 볼 필요가 있다. 중국 내에 설립된 사모펀드에 대해서 적용되는 규제들을 미리 확인해 보면, 중국 외 설립된 펀드를 능가하는 어떠한 실익을 찾기 어려운 경우가 많기 때문이다.**

2) **실제로 외국 투자자와 중국 투자자가 사모펀드 운용사 및 사모펀드를 설립하여 중국 내 비상장 기업(유한책임공사 형태)에 투자하는 구조를 설계할 때,** 중국 내에 JV 형태로 하나의 펀드 운용사와 하나의 사모 펀드를 설립하는 게 아니라, **① 중국 투자자는 중국 내에 사모펀드 운용사와 사모펀드를 설립하고, ② 외국 투자자는 중국 외에 사모펀드 운용사와 사모펀드를 설립한 후 ③ 2개의 사모펀드가 중국 내 하나의 비상장 기업에 각각 투자하는 방식을 취하기도 한다(소위 병행펀드 구조[Parallel Fund Scheme]).** 따라서 중국 내 펀드를 통한 투자를 계획할 경우에는, 우선 투자구조를 확정짓기 전에 국경간 투자거래구조(Cross-Border Investment Structure)에 풍부한 경험을 가진 법률사무소의 견해를 들어 보는 게 길게 보면 비용과 시간 절감에 도움이 되는 경우가 많다.

제3관 상해직할시에서의 설립절차

아래에서는 외국 투자자가 상해직할시에서 외상투자 지분투자 관리기업과 외상투자 지분투자기업을 설립할 때 거쳐야 할 절차를 간단히 살펴본다. 상해직할시에서의 사모펀드 운용사 및 사모펀드의 설립은 2010. 12. 24. 상해시 금융서비스사무실(上海市金融服务办公室), 상해시 상무위원회(商务委员会) 및 상해시 공상행정관리국(工商行政管理局. 지금은 시장감독관리국[市场监督管理局]으로 명칭이 변경되었다)이 공동으로 "상해시 외상투자 지분투자기업 시범시행방법(关于本市开展外商投资股权投资企业试点工作的实施办法)"을 공포하면서 허용되기 시작하였다. 이 시범규정에 따라서 외국투자자는 일정한 요건과 절차에 따라서 상해직할시에 유한합화기업 형태의 사모펀드(PEF)를 설립하고, 당해 사모펀드를 관리, 운용하는 펀드 운용사(GP. 즉 General Partner)를 설립할 수 있게 되었다. 그 원론적인 투자구조를 살펴보면 아래와 같다.

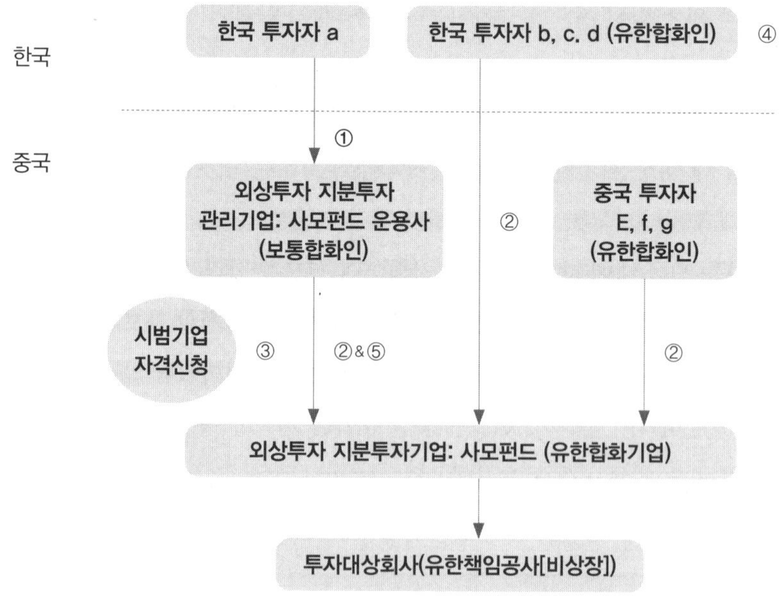

위 구조도의 각 번호에 관한 사항을 보충 설명하면 아래와 같다.

1. 거래단계 ①: 한국 투자자의 외상투자 지분투자 관리기업 설립

외상투자 지분투자 관리기업(사모펀드 운용사. GP)은 유한책임공사 형태 혹은 유한합화기업 형태로 설립할 수 있는데, 양자는 납세의무, 지배구조, 설립절차에서 차이가 있다. ① 납세의무에 관해서 보면, 유한책임공사에 대해서는 법인세(중국법 명칭: 기업소득세)가 부과되지만 유한합화기업에게는 부과되지 않는다는 차이가 있다(제2장 참조). ② 유한책임공사의 지배구조에 관해서는 앞에서 살펴보았고(제2장 및 제4장의 관련 설명 참조), 유한합화기업의 지배구조에 관해서는 뒤에서 살펴본다(아래 제4관 참조). 아래에서는 설립절차에 관해서만 소개한다. **한국 투자자 입장에서는 자신의 출자의무를 한도로 유한책임을 지면 충분한 유한책임공사 형태를 더 선호할 것으로 보인다.**

(1) 유한책임공사 형태의 외상투자 지분투자 관리기업 설립절차

이 경우에도 앞에서 살펴본 **원칙적인 유한책임공사 설립절차를 따라야 한다**(제4장 제2절 참조). 다만, **시장감독관리국에의 설립등기**(登记. Registration)**와 상무부서(상무위원회)에의 보고**(报告. Report) **이전에, 금융서비스사무실의 서면의견을 받는 절차가 추가된다.** 시장감독관리국이 요청하면 금융서비스사무실은 10 근무일 내에 서면으로 설립을 허가해 줄지에 관하여 의견을 제출해야 한다. 단 관련 법규정의 문언만 놓고 보면, 시장감독관리국이 반드시 이 의견에 따라야 하는 것은 아니다.

(2) 유한합화기업 형태의 외상투자 지분투자 관리기업 설립절차

1) 외상투자 유한합화기업의 설립절차는 **상무부서에의 보고가 필요 없는 외에는 기본적으로 유한책임공사의 설립절차와 차이가 없다.** 시장감독관리부서에 설립등기를 하면 족하고 따로 상무부서에의 보고가 필요 없는 이유는, 설립등기를 경료한 시장감독관리부서가 내부적으로 관련 정보를 상무부서에 전달해 주기 때문이다(외국기업 또는 개인의 중국 경내에서의 합화기업 설립에 관한 관리방법[外国企业或者个人在中国境内设立合伙企业管理办法] 제5조). 다만 이 경우에도 사전에 금융서비스사무실의 서

면의견을 받는 절차는 여전히 요구된다

2) 참고로, **유한합화인의 일부가 중국 투자자인 경우, 즉 사모펀드의 자금조달(fund raising)의 일부가 중국 내에서 이루어질 경우에는, 외상투자 지분투자 관리기업은 중국 내 자금조달 전에 증권투자기금업 협회(证券投资基金业协会)에 "사모기금관리인 등기(私募基金管理人登记)"를 하여야 한다.** 우리 자본시장법상 사모펀드 운용사는 금융위원회에의 등록을 하도록 요구하고 있는 것과 동일한 입법취지로 이해된다(자본시장법 제249조의 15). 그런데 이렇게 증권투자기금업 협회에 사모기금관리인 등기를 하여야 하는 외상투자 지분투자 관리기업은 관련 등기규정의 요구 때문에 합화기업 형태를 취할 수 없다. 국내 증권사 중에도 중국 내에 사모기금관리인 등기까지 마친 자회사를 둔 곳이 있다.

2. 거래단계 ②: 한국 투자자 및 중국 투자자들의 외상투자 지분투자기업 설립

외상투자 지분투자기업의 법적 형태는 대부분 유한합화기업이다. 따라서 **상무부서에의 보고가 필요 없는 외에는 기본적으로 유한책임공사의 설립절차와 차이가 없다.** 참고로, **유한합화인의 일부가 중국 투자자인 경우, 즉 사모펀드의 자금조달(fund raising)의 일부가 중국 내에서 이루어질 경우에는, 외상투자 지분투자기업은 중국 내 자금조달 전에 증권투자기금업 협회에 "사모기금 신고(私募基金备案)"를 하여야 한다.** 우리 자본시장법상 사모펀드는 금융위원회에 사후보고를 하도록 요구하고 있는 것과 동일한 입법취지로 이해된다(자본시장법 제271조의 13).

3. 거래단계 ③: 설립한 두 기업(펀드운용사 및 사모펀드)에 대한 시범자격 신청

외상투자 지분투자 관리기업과 외상투자 지분투자기업은 상해시 금융서비스판공실에 시범기업 자격을 신청하여야 하고, 상해시 금융서비스판공실은 상해시 관련 부서가 모두 참석하는 연석회의(联席会议)를 소집한다. 시범자격 부여 여부는 이 연석회의에서 결정된다.

4. ④ 관련: 유한합화인이 되는 외국 투자자의 자격과 요건

이에 관해서는 앞에서 이미 살펴보았다(위 제2관 1. (2) 3) 참조).

5. ⑤ 관련: 사모펀드 운용사의 사모펀드 출자 한도 제한

외상투자 지분투자 관리기업(사모펀드 운용사, GP)**은 외상투자 지분투자기업**(PEF)**의 총출자액 중 5%까지만 출자할 수 있다는 제한을 받음**에 유의할 필요가 있다.

제4관 외상투자 합화기업

1) 중국 내 사모펀드의 법적 형태는 유한합화기업인데, 사실 그 용어만 보면 유한합화기업은 우리 한국 투자자에게 그리 익숙하게 다가오지 않는다. 하지만 **유한합화기업에 대한 구체적인 중국 내 법규율 내용을 살펴보면 우리의 합자회사와 유사한 면이 상당히 많아서 이해하는 데 큰 어려움은 없다. 보통합화기업 역시 우리의 합명회사에 준하여 이해하면 효율적으로 그 특성을 이해할 수 있다.** 여기에서는 독자들이 합명회사, 합자회사의 특징을 알고 있다는 전제하에, 중국 합화기업의 특징에 관하여 조금 더 자세히 살펴본다. **외상투자 합화기업의 일반적인 특징은 이미 앞에서 다루었으므로 그 부분도 함께 참고하기 바란다**(제2장 관련 설명 참조).

2) 참고로 중국 합화기업의 지배구조에 관해서는 영미법을 준거법으로 작성되는 Partnership Agreement의 관련 내용에 준한다고 생각하면 된다. 즉 ① 보통합화기업은 General Partnership, ② 유한합화기업은 Limited Partnership, ③ 특수한 보통합화기업은 Limited Liability Partnership의 지배구조를 떠올리면 된다. 따라서 **실무에서 중국에 사모펀드를 유한합화기업 형태로 설립하는 경우 그 지배구조에 관해서는 국제금융시장에서 통용되는 Limited Partnership에 관하여 풍부한 업무 경험을 가지고 있는 한국 내 전문가의 조언을 먼저 들어 볼 것을 권하다. 이후 그 내**

용을 기초로 중국 특유의 규제를 중국 현지 법률사무소를 통해서 확인하는 방식을 취하면 효율적으로 (그리고 자신이 원하는 방향으로) **해당 유한합화기업의 지배구조를 짤 수 있을 것이다.**

Ⅰ. 보통합화인과 유한합화인의 책임

1) 보통합화인(普通合伙人)은 합화기업 채무에 대하여 연대·무한책임을 지는데, 그 책임의 성질은 우리 합명회사의 무한책임사원과 동일하게 이해할 수 있다. 즉 **보통합화인은 합화기업의 채무에 대하여 ① 2차적·보충적으로 책임을 지되**(당연한 이야기이지만 1차적·직접적 책임은 합화기업 스스로가 부담한다) **② 합화인들이 연대하여 ③ 채권자에 대하여 직접 ④ 자신의 개인재산으로 무한책임을 부담한다. 우리 민법상 공동보증 중 보증연대**(즉 (ⅰ) 보증인이 복수인 상황에서, (ⅱ) 각 보증채무가 주채무에 대하여 부종성·보충성을 가지지만, (ⅲ) 보증인 각자가 분별의 이익을 포기하고 보증인들 사이에 연대하여 보증채무를 부담할 것을 채권자와 약정한 경우)**를 생각하면 이해하기 쉽다.**

2) **유한합화인**(有限合伙人)**은 자신이 인수한, 즉 출자하기로 약속한 출자액을 한도로 기업채무에 대하여 책임을 부담한다. 그 책임의 성질은 우리 합자회사의 유한책임사원**(그리고 중국 유한책임공사의 사원)**과 동일**하게 이해할 수 있다. 우리 주식회사의 주주나 유한회사의 사원이 부담하는 책임과 성격을 달리함에 유의할 필요가 있다(제2장 제4절 II. 2. (6)의 도표도 함께 참조).

Ⅱ. 법적 성격

합화기업은 권리능력을 가지고 있지만 법인세는 납부하지 않는다. 이에 관해서는 앞에서 설명하였다(제1장 및 제2장 제4절 II. 3. (2) 참조).

Ⅲ. 설 립

1. 설립요건

1) 합화기업을 설립하려면 2인 이상의 합화인이 서면으로 **합화계약을 체결**한 후 관할 시장감독관리부서에 **설립등기를 신청**하여야 한다.

2) 합화기업은 설립등기 신청 전에 인수한 자본금을 완납할 필요는 없다. 앞에서 이미 살펴본 바와 같이, 중국은 물적 회사인 유한책임공사와 고분유한공사에 대해서 ① 수권자본제가 아니라 **확정자본제**(중국법상 명칭: 法定资本制[법정자본제])를 취하여 회사설립 시 정해진 자본금 전액을 발기인 및 주주(유한책임공사의 경우 발기설립만 허용되므로 발기인 전원이 곧 사원이 된다. 반면 고분유한공사의 경우 모집설립도 허용되기 때문에, 설립시에 발기인 외에 추가로 발기인 아닌 주주가 존재할 수 있다)가 전액 인수할 것을 요구하는 반면, ② 그 납입시기에 관해서는 원칙적으로(즉 고분유한공사의 모집설립의 경우를 제외하고) **분할납입제**를 취하여, 회사설립 시에 전액을 납부할 의무가 없다. 나아가 중국은 인적 회사인 합화기업에 대해서도 동일한 입장을 취하고 있다.

참고로, 우리는 합명회사 및 합자회사에 대해서만 이러한 입장을 취한다. 무한책임을 부담하는 출자자가 있는 경우에는 굳이 자본금(회사 책임의 물적 기초)의 형성을 그 설립의 전제조건으로 삼을 필요가 없다고 보기 때문이다. 그런데 중국은 회사 채무에 대하여 무한책임을 지는 출자자가 없는 유한책임공사와 (발기설립 방식을 취하는) 고분유한공사에 대해서까지 이러한 태도를 취하고 있다. 이는 비록 영국 회사법과 궤를 같이하는 태도이기는 하지만, 자본충실의 원칙 그리고 자본금의 가장납입이나 이미 납입된 자본금의 위법한 유용이 적지 않은 중국에서의 현실을 생각할 때 너무 앞서 나간 것이 아닌가 생각된다(자본충실의 원칙과 [특히 물적 회사에서] 자본금이 규범적으로 회사 책임재산의 기초를 이루어야 함에 관해서는 장덕조(회), 71-71면 참조). 사견이지만, 현물출자 등 변태설립사항에 관해서도 중국 회사법 규정의 문언만 놓고 보면 우리보다 규제감독이 상당히 느슨해 보인다. 따라서 **한국 투자자가 중국 내 설립된 회사와 거래를 할 때에는, 해당 회사의 자본금에 기초한 신용도는 선불리 예**

단하지 않을 것을 권한다.

3) 국유기업, 상장회사, 공익단체는 보통합화인이 될 자격이 없다(따라서 기업 채무에 대하여 무한책임을 부담할 수 없다).

2. 합화계약

합화계약은 **합화인 전원이 서명·날인한 서면계약서 형식**으로 체결되어야 법적 효력이 생긴다. 합화기업의 합화계약서는 유한책임공사의 정관에 상응한다고 이해할 수 있다. 유한책임공사에서는 정관 작성 전에 정관의 주요 내용을 기재한 서면 계약(사원 간 계약서)을 출자자들 간에 체결하므로, 합화계약서를 유한책임공사의 사원 간 계약서에 상응하는 것으로 볼 여지도 있다. 하지만 합화계약서가 설립등기 시 관할 시장감독관리부서에 제출되고, 합화기업법이 합화계약을 유한책임공사의 정관에서와 같은 역할을 하는 것으로 예정하고 규정하고 있음을 고려하면(중국 회사법은 사원 간 계약서의 존재를 명시적으로 언급하지 않고 계약법의 영역으로 다루고 있는 반면, 정관은 회사법상 자치규범으로 파악하여 여러 가지 규정을 직접 두고 있는데, 합화기업법 역시 합화계약을 마치 유한책임공사에서의 정관처럼 규정하고 있다), 실질적인 기능과 역할 면에서 정관에 상응하는 것으로 파악하는 것이 더 적절하다고 본다.

합화계약에 반드시 규정하여야 할 사항들은 보통합화기업과 유한합화기업에 차이가 있는데, 후술한다.

3. 설립등기 및 영업집조 발급

1) 합화기업은 관할 **시장감독관리부서에 설립등기**(设立登记)를 하고 영업집조(营业执照, 영업허가증 혹은 Business License라 칭한다)를 발급받으면, 그 **영업집조의 발급일에 성립한다**.

2) 설립등기 신청 시 관할 시장감독관리부서에 제출하여야 하는 주요 서류는 다음과 같다.

1 합화인(출자자) 전원이 서명한 설립등기신청서.
2 합화인 전원의 신분증명자료: 합화인이 한국 국적의 자연인이면 한국 내에서 여권의 번역 공증·주한중국영사관 인증·한국 외무부 인증이 필요하다. 아포스티유 방식은 현재로서는 안 된다. 합화인이 한국에 설립된 법인이면 법인 등기부에 대해서 마찬가지 조치를 취한다.
3 합화인 전원이 지정한 대표나 공동으로 위임한 대리인이 있는 경우 그 위임장: 합화인 전원이 **업무집행 합화인**(执行事务合伙人. 대외적인 대표권과 대내적인 업무집행권을 가지는 합화인)을 지정하여 위임하기로 한 경우, 등기기관에 합화인 전원이 서명한 위임장을 제출하여야 한다. 업무집행 합화인이 법인 기타 조직이면, 그 법인 기타 조직이 위임·파견하는 대표자의 신분증명서와 그 대표자에게 위임하는 내용의 위임장도 함께 제출하여야 한다.
4 합화계약서.
5 각 합화인이 인수(장래 납입할 의무를 부담)하거나 실제로 납입한 출자에 대한 합화인 전원의 확인서.
6 주요 경영장소(즉 주소)의 증빙서류: 주요 경영장소는 한 곳만 인정되고, 관할 등기기관의 등기 관할 지역 내에 주소를 두고 있어야 한다.
7 관련 법규상 등기 전에 요구되는 정부허가 서류: 합화기업의 경영범위(합화계약에 기재된다) 중에 중국 관련 법규에서 설립등기 전에 다른 관할 정부부서로부터 심사허가(批准[비준])를 받도록 하고 있는 항목이 있으면, 그 심사허가를 얻었음을 증빙하는 서류(일반적으로 해당 관할 정부부서가 발급해 준 비준증서[批准证书])도 함께 제출하여야 한다.
8 기타 관할 등기기관이 제출하도록 규정하고 있는 기타 서류.

3) 설립등기 시 등기되는 주요 사항은 다음과 같다: ① 합화기업의 명칭, ② 주요 경영장소(의 주소), ③ 업무집행 합화인, ④ 경영범위, ⑤ 합화기업의 유형, ⑥ 각 합화인의 성명 또는 명칭과 주소, 책임부담방식(무한책임 혹은 유한책임), 인수 또는 실제납입한 출자액, 출자액의 납입기한, 출자방식과 (현물출자의 경우) 평가방식, ⑦ 합화기업의 존속기한을 약정한 경우 그 약정기한, ⑧ 업무집행 합화인이 법인 기타

조직인 경우 업무집행 합화인이 위임·파견한 대표자의 성명. 또한 등기되는 합화기업의 명칭에는 그 유형에 따라서 “보통합화(普通合伙)”, “특수한 보통합화(特殊普通合伙)”, “유한합화(有限合伙)”라는 문구가 포함되어야 한다.

4) 유한책임공사의 설립절차에서와 달리 관할 상무부서에의 보고 절차는 필요 없다. 등기를 경료해 주는 관할 시장감독관리부서에서 관할 상무부서에 관련 정보를 통보하도록 규정되어 있다(외국기업 혹은 개인의 중국 경내 합화기업설립 관리방법[外国企业或者个人在中国境内设立合伙企业管理办法] 제5조).

5) 우리의 합명회사나 합자회사에서 볼 수 있는 설립 취소·무효의 소에 관한 규정이 중국 합화기업법에는 없다. 대신 관련 법령에 위반하여 설립등기를 취득하였는데 그 위반의 정황이 엄중한 경우(“정황이 엄중하다[情节严重]”는 문구는 중국의 법해석론하에서도 구체적인 실제 상황하에서 판단하기가 쉽지 않다), 행정적으로 관할 등기기관이 설립등기를 취소(중국법 용어: 撤销[철소])할 수 있도록 규정하고 있다.

6) 위에서 살펴본 등기 사항에 변경이 발생한 경우, 변경 사유 발생일로부터 15일 이내에 변경등기(变更登记)를 신청하여야 한다. 합화기업이 해산하여 청산절차까지 완료하면 그 완료일로부터 15일 이내에 말소등기(注销登记)를 하여야 한다. 또한 합화기업 역시 유한책임공사, 고분유한공사와 마찬가지로 각종 공시의무를 부담한다(제4장 제2절 제3관 III. 10. 참조).

Ⅳ. 출 자

1. 출자의 유형

1) 출자란 사원이 회사의 목적을 달성하기 위하여 사원의 자격에서 회사재산을 구성하는 금전 기타 재산을 회사에 제공하는 것을 말한다(장덕조 (회), 592면). 우리의 합명회사, 합자회사와 마찬가지로 보통합화기업에는 기업의 채무에 대하여 무한책임을 부담하는 출자자(보통합화인)가 존재하므로 출자의 목적은 재산에 한하

지 않고 노무나 신용도 가능하여야 할 것이다. 그러나 중국의 관련 법령을 살펴 보면 **보통합화인이 출자할 수 있는 대상으로 노무는 규정**하고 있으나, 신용은 언급하지 않고 있다. 따라서 보통합화인이 합화기업 채무에 대하여 보증을 서는 등의 자신의 신용을 제공하고 그 대가로 합화기업 지분을 받는 방식으로는 출자를 하기가 어려워 보인다.

2) 한국 합자회사의 유한책임사원은 노무·신용출자를 못하듯이, 중국 유한합화기업의 **유한합화인은 노무출자를 할 수 없다**(**신용출자는 보통합화인·유한합화인 불문하고 어렵다**고 본다).

2. 현물출자의 평가

1) 합화인은 현물출자로서 지식재산권이나 토지사용권 기타 재산권을 출자할 수 있는데, 그 가치 평가가 필요할 경우 합화인 전원이 합의하여 평가액을 확정하거나, 합화인 전원의 합의하에 감정평가기관을 선임하여 그 평가를 맡길 수 있다. 합화인이 노무를 출자할 경우 그 노무는 육체적인 것이든 정신적인 것이든 계속적인 것이든 일시적인 것이든 불문하는데, 그 가치 평가액은 합화인 전원의 합의로 정하여 합화계약에 기재하여야 한다. 요컨대, **현물출자에서 재산이나 노무의 가치 평가액은 별도의 예외 규정이 없는 한**(**예컨대 출자되는 자산이 국유재산이라면 반드시 감정을 거쳐야 한다**) **합화인 전원의 서면합의만으로도 정할 수 있다**.

2) 반면, 우리 상법하에서는 현물출자 시 출자의 과대평가 여부를 원칙적으로 제3자가 모니터링하도록 하고 있다. 이전에는 모든 경우에 법원이 선임한 검사인이 조사하도록 하였으나, 지금은 이를 완화하여 ① 현물출자의 규모가 일정 수준 이하이거나 현물출자의 목적인 재산에 시장가격이 존재하는 경우 제3자의 평가가 필요 없고, ② 그 외의 경우에는 공인된 감정인이 평가하도록 하고 있다(상법 제299조의 2, 제299조 제2항). 우리 상법이 이러한 규제를 취하는 이유는 현물출자된 재산의 가치가 시장가치 이상으로 과도하게 평가될 경우 해당 재산을 제공한 출자자가 적정 가치 이상의 지분/주식을 받게 되어 (자본금에 상응하는 책임재산이 없는 결과) 채권자

가 손해를 입게 되고, 다른 출자자가 가진 지분/주식 가치의 일부가 당해 재산출자를 한 출자자에게 정당한 이유 없이 이전되기 때문이다(송옥렬, 757-758면). 이러한 한국의 입법태도에는 의문도 제기되고 있다(송옥렬, 759면). 하지만 사견으로는, 중국 실무에서 벌어지는 여러 일들을 고려하면 중국 역시 우리와 같은 혹은 그 이상의 강도 높은 법적 규제를 고려할 필요가 있다고 본다.

3. 출자의 이행

각 합화인의 출자의 액수와 납입기한(재산출자의 경우 재산권을 합화기업의 명의로 이전하는 시기 및/또는 기한, 노무출자의 경우 노무를 현실적으로 합화기업에게 제공하는 시기 및/또는 기한)은 합화계약서에 기재하고, 그 약정 내용에 따라서 출자의무를 이행하여야 한다. 한국에서 **현물출자는 재산권의 유상이전 약정**으로 본다. 즉 현물출자를 받는 회사를 상대방으로 하여 금전출자는 금전을 교부하고, 재산출자는 재산권을 이전하며, 노무출자는 노무를 제공하는데, 각각 그 대가로 회사의 지분/주식을 받으므로, 견련관계에 있는 대가를 받으면서 일정한 재산권을 넘기는 계약으로 이해한다. 따라서 그 법적 성질을 유상·쌍무계약으로 파악하기 때문에, **현물출자에는 민법상 위험부담과 하자담보책임의 법리가 적용된다**고 본다. 이러한 법해석 논리는 중국 법제하에서도 마찬가지일 것이다. **합화계약상 약정된 출자이행의 기한을 준수하지 않은 합화인은 계약상 채무불이행 책임(중국법상 명칭: 위약책임[违约责任])을 부담한다. 나아가 다른 합화인의 만장일치 결의로 그 합화인을 제명시킬 수 있다.**

V. 합화지분 양도 및 합화지분 질권설정

1. 합화지분의 법적 성질

합화지분(중국법 용어: 财产份额[재산분액])은 중국 유한책임공사(有限责任公司)의 지분

과 같은 법적 성질을 가진다. 즉 유한책임공사의 "지분(중국법상 명칭: 股权[고권])"과 마찬가지로, 합화지분은 ① 합화인이 합화기업에 대하여 가지는 구성원으로서의 법률상 지위(출자이행의무, 업무집행권, 대표권, 이익배당청구권, 잔여재산분배청구권 등 각종 권리의무의 총체)라는 측면과 함께, ② 합화인이 합화기업의 재산에 대하여 가지는 비율적 권리(기업이 청산, 파산하거나 합화인이 퇴사할 경우 다른 합화인과의 관계에서 상대적으로 가지는 기업재산에 대한 권리비율)라는 측면을 함께 가진다(제2장 유한책임공사 지분에 관한 설명 참조).

특히 ②항에서 언급되는 특징은 지분단수주의(두수주의)와 연결된다. 합화기업(이나 유한책임공사)의 지분에는 중국의 고분유한공사(股份有限公司)나 우리의 주식회사에서 등장하는 "10주의 주식"이나 우리의 유한회사에서 등장하는 "10좌의 출자좌수"라는 식의 개념(이나 표현)이 없고, 우리의 합명회사, 합자회사나 유한책임회사에서 보듯이 예컨대 각 출자자의 지분에 대해서 "그 출자자의 지분은 지분비율이 20%다(그 출자자는 20%의 지분을 가진다)"라는 식으로 표현할 수 있을 뿐이다. 이 지분비율은 기본적으로는 각 출자자가 납입한 출자가액을 기초로 산정되는데, 일응 "총납입자본금에서 각 출자자가 납입한 자본금의 비율"로 이해할 수 있다. 한국에서는 "주식회사에서는 지분의 유통을 위해서 지분을 균등한 비례적 단위로 작게 나누는 지분복수주의를 취하는 반면, 합명회사는 지분을 유통시킬 필요성을 염두에 두지 않기 때문에 각 사원이 1개의 지분을 가지고 다만 그 크기가 서로 다르다"는 취지로 설명되는데(송옥렬, 1295면), 이 설명에서 주식회사를 고분유한공사로, 합명회사를 합화기업 내지 유한책임공사로 바꾸면 중국법하에서도 적절한 설명이 된다.

2. 합화지분의 양도

(1) 요 건

1) 합화기업법에서는 합화지분 양도시 **지분양도계약의 체결** 외에 추가로 요구되는 요건들을 아래와 같이 규정하고 있다. 단, **아래 요건은 합화계약에 특약을 함으로써 가중·감경할 수 있다.**

(가) **양도인이 보통합화인인 경우**: 합화기업의 채무에 대하여 무한책임을 지

고, 원칙적으로(즉 달리 합화계약상 특약을 두어 다른 합화인에게 위임하지 않는 한) 대내적 업무집행권과 대외적 대표권을 가지기 때문에, 아래와 같은 방식으로 그 지위 이전을 원칙적으로는 제한하고 있다.

1 **다른 합화인에게의 양도:** 다른 합화인에게 합화지분(의 전부 혹은 일부. 이하 동일)을 양도할 경우 **양수인 이외의 다른 합화인에게 그 사실을 통지하여야 한다**.

2 **합화인 이외의 자에게의 양도:** 합화인 이외의 자에게 합화지분을 양도할 때에는
① **다른 합화인 전원의 동의**를 얻어야 하고,
② **다른 합화인은** 그 양도되는 지분에 대하여 **우선매수권**(Right of Frist Refusal. **중국법상 명칭:** 优先购买权[우선구매권])을 가진다.

(나) **양도인이 유한합화인인 경우:** 유한합화인은 처음부터 투자수익률에 중점을 두고 출자에 참여한 투자자이기 때문에, 투자수익 회수의 통로를 폭넓게 보장해 줄 필요가 있다. 따라서 유한합화기업에서 유한합화인은 자신의 합화지분을 자유롭게 양도할 수 있다. 다만, **30일 전에 그 사실을 다른 합화인들에게 통지**하여야 한다.

2) 합화지분의 양도가 있으면 합화인 구성에 변동이 생기므로, 이를 반영한 **변경등기**와 **영업집조의 재발급**도 필요함을 잊어서는 안된다.

(2) 효력발생시기

1) 양수인은 지분양도계약에 따라서 **합화계약을 수정하였을 때**(즉 합화계약상 당사자 지위의 양도가 생기므로 그에 따라 수정계약을 체결하였을 때) **합화인의 지위를 취득한다**(법문상 "합화기업의 합화인이 된다(成为合伙企业的合伙人)"고 기재되어 있는데, 결국 지분양도의 효력이 발생한다는 의미로 이해된다).

2) 한편, **유한책임공사 지분양도의 경우에는 그에 따른 사원변경등기가 제3자에 대한 대항요건이라고 중국 회사법에 명시되어 있지만, 합화기업법에는 이러한 법규정이 없다**. 이에 관한 구체적인 논의는 중국 법률가의 몫일 것이다. 일단 실무에서 한국 투자자가 합화지분 매수인의 입장에 선다면, 합화인 변경등기 역시 대항요건으로 보는 것이 신중한 접근방식일 것이다. 따라서 합화지분 매매계약 작성

시, 매수인 즉 한국 투자자를 합화인으로 변경하는 등기의 완료를 매매대금 지급의 선행조건으로 삼는 것을 협상의 출발점으로 삼을 것을 권한다.

(3) 유의점

1) 우리와 마찬가지로 지분의 일부양도도 명문으로 인정된다. 이 경우 양수인이 기존의 합화인이면 종래 자신이 가지고 있던 지분의 비율(자신의 출자금/합화기업의 총출자금)이 증가하고, 양수인이 종래 합화인이 아니었다면 새로운 합화인으로서의 지위를 취득한다.

2) 우리 합명회사에서는 항상(즉 양수인이 사원이든 아니든 불문하고) 다른 사원 전원의 동의를 요한다. 합자회사의 경우, 무한책임사원의 지분 양도 시에는 다른 사원 전원의 동의를 요하지만, 유한책임사원의 지분 양도 시에는 무한책임사원들만의 동의로 족하도록 하고 있다. 그런데 **중국 합화기업에서는 보통합화인**(우리 합명회사의 사원, 합자회사의 무한책임사원에 대응된다)**이든 유한합화인**(우리 합자회사의 유한책임사원에 대응된다)**이든 불문하고, 다른 합화인에게 양도할 때에는 다른 합화인에게 통지하는 것만으로 족하다고 규정**하고 있다. **따라서 예컨대 무한책임을 지는 보통합화인 혹은 아직 자본금 납입의무가 남아 있는 유한합화인이 자신보다 자력이 훨씬 부족한 다른 합화인에게 지분을 양도할 경우 실정법 규정만으로는 다른 합화인들이 적절한 대응책을 마련하기가 어려워진다. 따라서 합화계약 작성 시에 이 부분에 관하여 별도의 특약을 넣을지 여부를 고민해 보아야 할 것이다**(예를 들면, 보통합화인이나 자본금 납입의무가 아직 남아 있는 유한합화인의 합화지분 양도 시에는 항상 다른 합화인 전원의 동의 혹은 일정 비율 이상의 합화인의 동의를 얻도록 하는 방안).

3. 합화지분의 질권 설정

1) ① **보통합화인**이 자신의 합화지분에 질권을 설정하기 위해서는 사전에 **다른 합화인 전원의 동의**를 얻어야 한다. ② 반면 **유한합화인**은 이러한 제한 없이 **자유롭게** 자신의 합화지분에 질권을 설정할 수 있다. ③ 단 어느 경우든 **합화계약에**

서 달리 약정할 수는 있다.

2) 그런데 **질권 설정의 법적 요건(효력발생요건 혹은 대항요건)에 관하여 중국 실정법과 실무에서는 아직 여러 가지 모호한 점들이 남아 있다**. 예를 들면 이 경우 ① 합화지분에 대한 질권설정등기를 해야 하는가, 아니 할 수는 있는가 ② 한다면 어느 정부기관이 질권설정등기에 대한 관할권을 가지는가에 관하여, 아직 명확한 법적 입장이 정해지지 않았다. 실제로 중국 내 일부 지역에서는 (유한책임공사의 지분에 질권을 설정할 때와 마찬가지일 것이라는 논리적인 유추하에) 관할 시장감독관리부서에 합화지분의 질권설정등기를 신청하면, 해당 시장감독관리부서에서 자신에게 등기관할권이 없다는 설명과 함께 등기 신청을 반려하고 있다. 이러한 사정 때문에 **중국 절강성 인민정부 시장감독관리국에서는 2019년 3월 임시규정을 반포하여 절강성 내의 유한합화기업에 관해서 합화지분에 질권을 설정할 경우 ① 관할 시장감독관리부서에 질권 설정등기를 하고, ② 해당 시장감독관리부서는 그 내용을 기업신용정보사이트에 공시하도록 요구하고 있다**(절강성 유한합화기업 합화지분 질권등기 임시방법[浙江省有限合伙企业财产份额出质登记暂行办法]). 실무에서는, 절강성 이외의 지역에 설립되어 있는 합화기업의 합화지분에 질권을 설정할 때에도 이러한 사정을 참작하여 해당 관할 시장감독관리부서에 질권설정등기를 해야 하는지 확인해 보는 게 신중한 업무처리방식이라고 본다. 만일 등기를 요한다면 그 첨부서류로서 서면으로 작성된 합화지분 질권설정계약서의 서명본(언어는 중문으로 작성해야 할 것이다)과 그 밖에 유한책임공사 지분에 질권설정등기를 할 때 요구되는 기타 서류들이 대부분 필요할 것이라 예상하고, 구체적인 실무를 확인해 보아야 할 것이다.

Ⅵ. 보통합화기업 개관

합화기업법 기타 관련 법령의 조문들을 중심으로 보통합화기업에 대한 중국법상 규제를 살펴보면 아래와 같다. **우리의 합명회사와 비교하면서 정리하면 이해하기 수월하다**.

1. 설 립

1) 합화기업법에서는 보통합화기업의 설립요건을 아래와 같이 규정하고 있다.

① **보통합화인(즉 출자자)이 2인 이상일 것**. 보통합화인은 법인, 자연인 모두 가능하고, 자연인은 완전민사행위능력(完全民事行为能力. 우리 민법상 행위능력과 같은 개념. 단 구체적인 인정범위에서는 차이가 있다)을 갖추어야 한다. 유한책임공사는 사원이 1인이어도 설립 가능한 것과 대비된다. 보통합화기업의 출자자는 모두 보통합화인으로만 구성되고, 유한합화인은 존재하지 않는다.

② 보통합화인들 사이에 **서면으로 합화계약이 체결되어야 한다**. 따라서 이미 체결된 합화계약이 구두합의나 서면의 뒷받침 없는 묵시적인 합의에 의하여 사후에 변경될 수 없음에 유의하여야 한다. 우리와 달리 중국에서는 많은 계약들이 반드시 서면 형식으로 체결될 것이 요구된다.

③ 보통합화인들이 출자를 인수하거나 실제로 납입하여야 한다.

④ 보통합화기업의 명칭과 실제 생산경영이 이루어지는 고정된 장소(주소지)가 있어야 한다.

⑤ 관련 법령이 요구하는 기타 요건을 갖추어야 한다.

2) 보통합화기업은 자신의 상호에 반드시 "보통합화(普通合伙)"라는 문구를 넣어야 한다.

2. 출 자

보통합화인은 금전 혹은 현물로 출자할 수 있다. 출자할 수 있는 현물에 (유한책임공사·고분유한공사의 경우와 달리) 노무가 포함되지만, 신용은 법문에 규정되어 있지 않아서 일응 포함된다고 보기 어렵다. 노무를 제외한 현물출자에 관해서는 유한책임공사의 경우도 함께 참고하기 바란다(제4장 제2절 제3관 III. 참조). 보통합화인은 합화계약에서 약정한 스케줄에 맞추어 각자의 출자의무를 이행하여야 한다. 현물출자를 이행할 때에는 그 현물의 권리이전절차를 밟아야 한다.

3. 합화계약

1) 보통합화기업의 합화계약에 반드시 넣어야 하는 필수적 약정사항은 다음과 같다. 유한책임공사 정관에 반드시 기재하여야 하는 절대적 기재사항들과 그 실질에서는 별다른 차이가 없다.

① 보통합화기업의 명칭과 주요 경영장소(주소).

② 보통합화기업의 사업목적과 경영범위.

③ 보통합화인의 성명(자연인인 경우), 상호(기업인 경우)와 주소.

④ 각 합화인의 출자방식(현금출자인지 현물출자인지, 현물출자이면 그 이전 방식도 포함)과 액수 및 납입기한.

⑤ 수익분배 및 손해 분담방식(출자비율과 다르게 약정하는 것도 가능).

⑥ 합화기업 업무의 집행.

⑦ 합화기업에의 가입(입사) 및 탈퇴(퇴사).

⑧ 분쟁해결방법.

⑨ 합화기업의 해산 및 청산.

⑩ 계약위반책임(계약상 채무불이행 책임).

2) 합화계약을 수정하려면, 합화계약상 별도의 약정이 없는 한 합화인 전원의 동의를 거쳐야 한다.

4. 보통합화기업 명의의 재산에 대한 법률관계

1) **보통합화기업은 권리능력을 가지므로 당연히 자신의 명의로 재산을 취득할 수 있다**. 중국의 합화기업을 한국의 권리능력 없는 사단과 동일시하는 견해도 있는데, 권리능력 없는 사단은 그 구성원인 사원들이 총유(總有)의 형태로 재산을 가진다는 점에서(송덕수(강), 534면; 지원림(강), 106면), 양자는 차이가 있다.

2) **보통합화인은 보통합화기업에 대하여 청산절차를 밟지 않는 이상 보통합화기업이 소유하고 있는 재산에 대하여 분할청구를 할 수 없다**(합화기업법 제21조 제1

항). 중국의 합화기업이 미국 Partnership에서의 (Aggregate Theory가 아닌) Entity Theory를 채용하였음을 짐작하게 하는 규정이다. 합화기업에 권리능력을 인정하는 입법 의도하에서는 합리적인 규제라고 생각된다.

3) 보통합화기업이 청산절차를 밟지 않고 있음에도 불구하고, 어느 보통합화인이 보통합화기업의 재산을 적법한 내부수권절차(예컨대 합화계약에서 보통합화기업이 재산처분 시 보통합화인 전원의 동의를 요하도록 규정하고 있다면 그러한 동의) 없이 제3자에게 처분한 경우, 그 제3자가 선의이면 보통합화기업은 그 처분의 무효를 주장할 수 없다(합화기업법 제21조 제2항). 중국 물권법이 선의취득의 요건으로 적정한 대가의 지급까지 요구하고 있음과 비교하면, 이 규정은 제3자를 보호하는 범위가 지나치게 넓은 것으로 보인다.

5. 보통합화지분의 양도

위 Ⅴ. 2. 설명을 참조하기 바란다.

6. 보통합화지분의 질권 설정

위 Ⅴ. 3. 설명을 참조하기 바란다.

7. 내부관계

유한책임공사에서 주요한 법정 직책은 크게 이사(이사장 포함), 총경리, 총경리 외의 고급관리인원, 감사 정도로 나누어 볼 수 있다. 보통합화기업을 이러한 틀에서 살펴보면, ① **총경리 및 이사장에 유사한 역할을 수행하는 업무집행 합화인**, ② **이사에 유사한 역할을 수행하는 단순 합화인**, ③ **총경리 이외의 고급관리인원에 유사한 역할을 하는 경영관리인원**이 있다. ④ **감사에 대응하는 법정 직책은 없다.** ⑤ 당연한 이야기이지만, **모든 합화인은 유한책임공사에서의 사원과 유사한 역할도**

수행한다. 이 5가지 사항을 염두에 두고 아래 내용을 유한책임공사의 내부관계와 비교하면서 읽으면 이해하기 편하다.

⑴ 업무집행 및 대표권 행사

1) 보통합화기업에서는 원칙적으로 모든 보통합화인이 보통합화기업의 대내적인 업무집행과 대외적인 대표권 행사에 대하여 동등한 참여권한을 가진다. 하지만 실무에서는 보통 사업수행의 효율성을 저해하지 않기 위해서 합화계약에 특약을 두어 ① 보통합화인들 중 일부(1인 혹은 수인)에게 대내적인 업무집행권과 대외적인 대표권을 위임하고(이하 이들을 **"업무집행 합화인"**이라 칭한다. 합화기업법에서는 执行事务合伙人[집행사무합화인]이라 칭하고 있다), ② 나머지 보통합화인들(이하 이들은 **"단순 합화인"**이라 칭한다)은 업무집행 합화인을 감독하는 권한을 가지는 것으로 정리한다.

2) 업무집행 합화인은 정기적으로 단순 합화인에게 업무집행 상황과 경영·재무상황을 보고하여야 한다. 업무집행 합화인이 법인인 경우 그 법인이 위임하여 파견한 자연인이 실제로 업무를 집행하게 된다.

⑵ 내부결의

1) 유한책임공사 사원총회와 동일한 기능을 수행하기 위하여, 합화계약에서는 통상적으로 보통합화인들이 보통합화기업의 중요한 운영 사항에 관하여 투표를 통해 결정하도록 하는 규정을 두고 있다(Voting 조항). 합화계약에서 별도의 규정을 두지 않은 경우, **각 보통합화인은 자신의 출자액과 상관없이 1인 1의결권을 가진다**(합화기업법 제30조). 보통합화인 각자는 보통합화기업의 채무에 대하여 무한책임을 지기 때문에 의사결정에 관하여 부담하는 위험이 모두 균일하므로, 이는 타당한 입법이라 생각된다(같은 인적 회사인 우리 합명회사도 마찬가지이다. 송옥렬, 1293면 참조).

2) 합화계약에 별도의 규정을 두지 않은 경우, **원칙적으로 전체 보통합화인의 과반수**로 가결되지만(합화기업법 제30조), **아래 사항에 관해서는 보통합화인 전원의 만장일치 동의**가 요구된다(합화기업법 제31조).

① 보통합화기업의 상호 변경.

② 보통합화기업의 경영범위, 주요 영업장소(주소)의 변경.

③ 보통합화기업이 소유하고 있는 부동산의 처분.

④ 보통합화기업의 지식재산권 기타 재산권의 양도나 처분.

⑤ 보통합화기업이 타인에게 담보를 제공하는 것.

⑥ 합화인 아닌 자를 경영관리인원으로 선임하는 것. **경영관리인원**(중국법 용어: 经营管理人员)은 유한책임공사에서의 고급관리인원에 준하는 책임을 진다. 즉 경영관리인원은 자신이 보통합화인으로부터 수권받은 범위를 벗어나서 대내적 업무집행권·대외적 대표권을 행사함으로 인하여, 혹은 그 행사 과정에서 고의(중국법 용어: 故意. 우리와 동일한 개념으로 이해할 수 있다)나 중대한 과실(중국법 용어: 重大过失. 역시 우리와 기본적인 개념은 동일하다)로 인하여 보통합화기업에 손해를 끼친 경우 손해배상책임을 부담한다(합화기업법 제35조).

⑶ 보통합화인의 충실의무

1) 합화기업법은 아래와 같이 보통합화기업의 합화인에게 충실의무를 부과하고 있다(합화기업법 제32조). 보다 구체적인 내용은 유한책임공사 이사 등의 충실의무에 관한 설명을 참고하기 바란다(제4장 제2절 제2관 III. 4. (4) 중국 회사법 제148조 제1항 제3호에 관한 설명 참조).

① 보통합화인은 자신이 속한 보통합화기업과 경쟁관계에 있는 업종을 스스로 혹은 타인과 합작하여 영위할 수 없다.

② 합화계약에서 특약으로 허용하거나 보통합화인 전원이 달리 동의하지 않는 한, 보통합화인은 자신이 속한 보통합화기업과 어떠한 거래를 할 수 없다.

③ 보통합화인은 자신이 속한 보통합화기업의 이익에 손해를 끼치는 행위를 할 수 없다.

2) 충실의무를 위반한 보통합화인은 내부적으로 보통합화기업이나 다른 보통합화인들에 대하여 손해배상책임을 부담한다(아래 VIII. 참조).

(4) 이익배당·손실분담

보통합화기업에서 각 보통합화인에 대한 이익배당이나 손실분담의 비율은 다음과 같은 순서와 방식에 따라 결정된다.

1. **합화계약상 특약이 있으면 그에 따른다.**
2. **합화계약상 특약이 없거나 특약이 있지만 그 의미가 모호한 경우 보통합화인들이 상호 협의하여 정한다.**
3. **협의가 이루어지 않을 경우 각 보통합화인은 실제 출자비율에 따른다.**
4. **그 출자비율마저도 확정하기 어려운 경우 각 보통합화인이 균등한 비율로 이익을 분배받거나 손해를 분담한다.**

(5) 회계장부 열람권

모든 합화인은 경영·재무상황을 파악하기 위하여 보통합화기업의 회계장부 중 재무자료를 열람할 수 있다.

8. 외부관계

(1) 선의의 제3자 보호

1) 어느 보통합화기업이 내부적으로 업무집행 합화인을 정하여 단순 합화인에게는 회사를 대표할 권한이 없는데, 제3자가 이를 모르거나 혹은 단순 합화인을 업무집행 합화인으로 오인한 상태에서, 단순 합화인과 보통합화기업에게 물품을 공급하는 계약을 체결한 경우, 제3자는 그 계약의 유효를 주장하면서 보통합화기업에게 물품대금 지급을 청구할 수 있는가? 합화기업법은 이러한 경우 선의의 제3자를 보호하고 있다. 즉 **보통합화기업이 어느 보통합화인의 대내적인 업무집행권과 대외적인 대표권을 제한하더라도 선의의 제3자에게는 대항하지 못한다**(합화기업법 제37조).

2) 다만, ① 선의인데 (경)과실이 있는 경우까지 보호할 것인지, ② 선의·경과실의 경우에 보호한다고 볼 경우에도 선의에 중과실이 있는 경우까지 보호할 것인지에 대해서는, 중국 법률가들 사이에서 추가적인 논의가 필요할 것으로 보인다.

그리고 선의인데 그 선의에 과실이 있는지 여부와 관련하여서는, 제3자가 거래상대방인 보통합화기업의 등기 및 공시사항을 사전에 확인하지 않은 경우 과실이 있다고 볼 것인지에 대해서도 논의가 필요해 보인다. 보통합화기업의 등기·공시 사항을 살펴보면 해당 보통합화기업이 업무집행 합화인을 정했는지, 정했다면 누구인지 손쉽게 알 수 있기 때문이다. 아무튼 **한국 투자자로서는 중국의 보통합화기업과 어떠한 거래를 할 경우 ① 그 등기·공시 사항을 사전에 확인하는 것은 필수적인 것이라 할 수 있고, ② 가능하다면 합화계약서도 요청하여 상대방인 보통합화기업이 적법한 대표권에 기초하여(즉 적법한 내부수권절차를 밟아서) 자신과 거래계약을 체결하는지 살펴보는 게 좋을 것이다**.

⑵ 기업채무에 대한 책임부담 순서

1) **보통합화기업은 권리능력을 가지므로 당연히 자신의 명의로 제3자에 대하여 채무를 부담할 수 있고, 그 채무를 이행할 책임도 1차적으로 보통합화기업 자신이 부담한다. 즉 그 채무에 대한 책임재산은 1차적으로 보통합화기업 명의의 모든 재산이다**.

2) **보통합화인들은 보통합화기업의 채무에 대하여 무한·연대책임을 직접적으로, 다만 보충적으로 부담함**은 앞에서 설명하였다. 보통합화인 중 1인이 내부적으로 자신이 분담해야 할 비율(비율산정 방식은 위 7.⑷ 참조)을 초과하여 책임을 이행한 경우, 다른 보통합화인들에 대하여 **구상권**을 행사할 수 있다. 누구에게 어느 정도의 비율로 행사할 수 있을지에 관해서는 우리 민법상 연대채무자 상호 간의 구상권 행사에 관한 법리에 준하여 생각할 수 있을 것이다. 다만 중국 민법하에서는 우리 민법하에서만큼 구상권에 관한 법리가 정교하게 정리되어 있지 않음을 고려할 때, 필요하다면 이 부분에 관하여도 **합화계약에 미리 특약을 해 두는 것(우리 민법상 정리되어 있는 구상권 관련 내용을 기재하는 것)을 고려**해 볼 수 있을 것이다.

⑶ 합화기업 재산과 합화인 재산의 분리

1) 위 ⑵에서 본 바와 같이, **보통합화인은 자신의 개인 재산으로 보통합화기

업의 채무에 대하여 보충적으로 책임을 부담하지만, 그 역의 논리는 성립하지 않는다. 즉 **보통합화기업이 자기 명의의 재산으로 자신의 구성원인 보통합화인의 개인적인 채무에 대하여 어떠한 책임을 부담하지는 않는다.** 더 나아가 합화기업법은 보통합화인의 채권자가 자신이 보통합화기업에 대하여 부담하는 채무를 수동채권으로 하여 상계하지 못함을 규정하고 있다(합화기업법 제41조). 즉 어느 제3자가 보통합화인에 대하여 가지는 채권과 보통합화기업이 그 제3자에 대하여 가지는 채권은 상계적상에 있지 않음을 법규정에서 명문으로 확인하고 있는데, 중국 합화기업법상 보통합화인과 보통합화기업이 권리의무에 관한 별개의 귀속점임을 고려하면 이는 당연한 귀결이라고 생각된다.

2) 합화기업법은 **보통합화인의** 채권자가 가지는 채권자 대위권의 범위에 제한을 가하고 있다. 즉 이때 **채권자는 보통합화인이 보통합화기업 내에서 가지는 권리(대내적인 업무집행권, 대외적인 대표권 등)에 대해서는 채권자 대위권을 행사할 수 없다**(합화기업법 제41조).

3) **반면에** 비록 보통합화인의 채권자가 보통합화기업 명의의 재산에 대하여 책임을 추궁할 수는 없지만, **채무자인 보통합화인의 합화지분이나 구체적으로 발생한 이익배당청구권은 그 보통합화인의 개인 재산이기 때문에, 이를 압류하거나 강제집행하는 방법 등으로 책임을 추궁할 수 있다.** 합화기업법 역시 다음과 같은 규정을 두어 이를 인정하고 있다(합화기업법 제42조).

1 보통합화인은 자신이 보통합화기업으로부터 배당받은 이익으로 변제할 수 있다.

2 보통합화인의 채권자는 채무자인 보통합화인이 가지고 있는 합화지분에 대하여 강제집행을 함으로써 변제를 받을 수 있다.

3 중국에서의 강제집행 역시 "경매를 통한 환가후 채권자들 사이의 배당" 방식을 취하므로, 그 과정에서 합화지분이 제3자에게 유상으로 이전된다. 이에 합화기업법은 합화지분의 양도에서 요구되는 통지 및 우선매수권 절차를 준용하고 있다. 즉 **인민법원이 보통합화인의 합화지분에 대하여 강제집행 절차를 밟는 경우, 모든 보통합화인들에게 이 사실을 통지하여야 하고, 다른 보통합화**

인들은 사전동의권과 우선매수권을 가지게 된다.

만일 다른 보통합화인들이 사전동의도 하지 않고 우선매수권도 행사하지 않을 경우에는 어떻게 처리하는가? 유한책임공사 지분에 대한 강제집행의 경우에는 양도와 동일하게 처리하여, 사전동의하지 않은 다른 사원들이 우선매수권도 행사하지 않으면 동의한 것으로 간주해 버린다. 그런데 보통합화기업의 합화지분에 대한 강제집행의 경우에는 이와 달리, **해당 조합원을 퇴사시키면서 출자하였던 합화지분을 환급받도록 한 후, 그 환급받은 가액에 대하여 강제집행을 하게 된다**. 우리 합명회사의 강제퇴사 제도와 유사한 취지로 이해되는데(장덕조(회), 606면), 중국의 보통합화기업 역시 우리 합명회사와 마찬가지로 인적 회사의 성격이 강함을 고려하면 타당한 입법방식이라 생각된다.

9. 입사와 퇴사

(1) 개관: 보통합화인 지위의 변경 원인

보통합화기업 역시 우리 합명회사와 같은 인적 회사이기 때문에, 보통합화인 지위의 득실 원인에 관하여 **우리 합명회사와 같은 규정방식을 취하고 있다**. 이를 도표로 정리하면 아래와 같다. 여기에서는 입사와 퇴사에 관해서만 살펴보고, 기타 원인은 다른 항에서 살펴본다. **실무상 중국 투자자와 합작으로 합화기업을 설립하거나 운영하고 있는 한국 투자자는 장래 예상하지 못한 사유로 합화기업에서 축출당하는 위험을 방지하기 위한 차원에서, 합화계약 중 퇴사, 그중에서도 제명을 포함한 강제퇴사의 사유들에 관해서는 유심히 살펴볼 필요가 있을 것이다**(퇴사는 한국의 주식회사에는 없는 제도이기 때문에, 자칫 한국 투자자들이 소홀히 하기 쉽다).

보통합화인 지위 변경(득실)의 원인

유형	분류	원인
취득	원시취득	설립시: 설립행위(합화계약 서명 및 설립등기)
		설립후: 입사

	승계취득	**합화지분의 양수**
		합화지분의 상속
상실	절대적 상실	**해산**
		퇴사
	상대적 상실	**합화지분의 양도**
		피상속인의 사망

⑵ 입 사

1) 개 념

보통합화기업에의 입사(중국법 용어: 入伙[입화])는 보통합화기업 성립 후 보통합화인으로서의 지위를 새로이 취득하는 것을 의미한다(단순히 번역 용어의 문제이기는 한데, 보통합화기업은 한국법 관점에서 보면 권리능력을 가진 법인이어서, 우리 합명회사와 마찬가지로 "입사"라 번역한다).

2) 요 건

① 합화인의 인적 사항은 합화계약의 절대적 기재사항이다. 따라서 보통합화인이 추가될 경우 **합화계약을 수정**해야 하고, 합화기업법은 이러한 사정을 고려하여 보통합화기업에의 입사 시 보통합화인 전원의 동의를 요구하고 있다. ② 새로이 보통합화인이 될 자와 보통합화기업 사이에 **서면 입사계약**(중국법 용어: 入伙协议[입화협의])도 체결해야 한다. 입사계약 체결 시 기존의 보통합화인들은 입사할 제3자(보통합화인이 될 자)에게 기업의 경영·재무상황을 진실되게 고지하여야 한다. ③ 합화인의 인적 사항은 합화기업의 등기사항이기도 하므로, 이 경우 **변경등기**를 하여야 한다.

3) 효 과

입사한 보통합화인은 별도의 특약이 없는 한 기존의 보통합화인과 동등한 권리와 책임을 부담하고, 특히 **자신이 입사하기 전에 발생한 보통합화기업의 채무에**

대해서도 기존의 보통합화인들과 연대하여 무한책임을 진다. 이는 전형적인 인적 회사인 우리 합명회사도 마찬가지이다.

⑶ 퇴 사

1) 개 념

보통합화기업으로부터의 퇴사(중국법 용어: 退伙퇴화)는 보통합화기업이 존속하는 중에 어느 보통합화인이 그 자격을 절대적으로 상실하는 것을 의미한다("입사"로 번역한 것과 마찬가지 이유에서, 우리 합명회사의 용어를 차용하여 "퇴사"라 번역한다). 우리 회사 법제하에서 퇴사는 인적 회사에 대해서만 인정된다. 인적 회사의 경우 지분 양도의 자유를 제한하는 대신 사원에게 투하자금 회수의 기회를 부여하고 지분 양도 이외의 방법으로 회사관계로부터 벗어날 수 있는 통로를 마련해 주기 위하여 퇴사 제도를 인정하고 있다. 반면, 물적 회사인 유한회사나 주식회사의 경우에는 그 지분이나 주식의 양도가 자유로운 대신에 퇴사 및 이를 통한 출자환급은 허용해 주지 않는다. 중국의 기업법제 역시 이러한 입장 하에서 인적 회사인 합화기업에 대하여만 퇴사 제도를 인정하고, 물적 회사인 공사(유한책임공사 및 고분유한공사)에 대해서는 이를 인정해 주지 않고 있다. 참고로, 앞에서 본 바와 같이 중국의 유한책임공사는 물적 회사이지만 동시에 폐쇄회사이어서 그 지분의 양도에 원칙적으로 제한을 가하고 있다. 그럼에도 유한책임공사에 퇴사를 인정해 주지 않은 이유는 지분양도가 제한되는 경우에도 퇴사 이외의 방법(지분양도에 반대한 사원들이 그 지분을 매수할 의무를 부담한다)으로 출자환급을 받을 수 있는 길을 실정법에서 터 주고 있기 때문일 것이다(제4장 제2절 제2관 III. 4. ⑷ 4) 지분매각 절차에 관한 설명 참조).

2) 유 형

우리 합명회사에서 퇴사의 유형은 임의퇴사, 당연퇴사, 강제퇴사가 있다. 중국 합화기업법은 퇴사에 관한 조문에서 임의퇴사와 당연퇴사만 규정하고 있지만, 강제퇴사와 실질적으로 같은 목적을 달성하기 위한 별도의 규정을 합화지분에 대한 강제집행 부분에서 두고 있다(앞의 8. ⑶ 3) 참조). 우리 합명회사에서와 마찬가지로 합화기업의 퇴사 원인 역시 해산 전에 발생하여야 할 것이다. 아래에서는 임의퇴사와 당연퇴사에 관해서만 살펴본다.

(가) **임의퇴사:** 합화기업법은 우리 합명회사의 경우보다 자세하게 임의퇴사 사유를 아래와 같이 규정하고 있다.

1 **합화계약에 보통합화기업의 존속기한을 약정해 놓은 경우: 그 존속기한 만료 전에 다음 사유 중 하나가 발생하면** 보통합화인은 퇴사할 수 있다.

① 합화계약에 약정된 퇴사 사유가 발생한 경우(약정 퇴사사유의 발생).

② 전체 보통합화인의 만장일치 동의를 얻은 경우(보통합화인 전원의 합의).

③ 계속해서 해당 보통합화기업에 남아 있기 어려운 사유가 발생한 경우(부득이한 사유의 발생).

④ 다른 보통합화인이 합화계약에 약정된 의무를 엄중하게 위반한 경우(다른 보통합화인의 중대한 의무 위반).

위 ①항 및 ②항은 전형적인 임의퇴사 사유에 해당한다.

위 ③항은 현실에서 해당 여부를 판단하기에 너무 추상적으로 규정되어 있어서, 향후 보다 구체적인 판단기준이 마련되어야 할 것이다.

위 ④항에서 규정하고 있는 "계약에서 약정된 의무를 엄중하게 위반한 경우(严重违反协议约定的义务)"의 정확한 정의는 중국법상 찾기 어렵다. 사견으로는, 일응 영미법계 Contract Law상 "Material Breach of Contract", 우리 민법상으로는 "계약상 채무의 중대한 위반"으로서 **계약 상대방이 소송을 통해 해제권(해지권) 및 손해배상청구권을 행사하는 데 부족함이 없을 정도의 상태에 이른 경우**로 이해할 수 있을 것이다.

2 **합화계약에 보통합화기업의 존속기한을 약정하지 않은 경우:** 보통합화인은 ① 합화기업의 업무집행에 불리한 영향을 주지 않는 상황과 한도 내에서, ② 30일 전에 다른 보통합화인에게 통지한 후, 퇴사할 수 있다.

3 **위반 시 손해배상책임:** 보통합화인이 위 1. 2 소정의 사유가 없음에도 자의적으로 퇴사한 경우 그로 인하여 보통합화기업이 입은 손해를 배상하여야 한다.

(나) **당연퇴사**: 보통합화인은 다음 사유 중 하나가 발생하면 당연히 퇴사당한다. 이때 퇴사의 효력은 퇴사사유가 발생한 날에 발생한다.

1 **자연인인 보통합화인이 사망한 경우**(인민법원의 사망선고를 받은 경우 포함). 그런데 합화기업법의 다른 조항들을 함께 살펴보면, 이 경우 사망한 보통합화인이 당연퇴사하면서 출자의 환급이 발생할 수도 있지만, 그러한 출자환급 없이 사망한 보통합화인의 출자지분이 그대로 상속인에게 상속될 수도 있다. 이에 관해서는 아래 4) (라)에서 다시 살펴본다.

중국의 사망선고 제도는 우리 민법상 실종선고 제도에 대응하는 제도이다.

2 **개인인 보통합화인이 채무상환능력을 상실한 경우**.

중국에는 아직 자연인에 대한 도산제도가 실정법에 마련되어 있지 않다. 장래 마련되면 이 조항은 아래 ③항의 규정방식에 준하여 "개인인 보통합화인이 파산선고를 받은 경우"로 개정될 것으로 보인다.

3 **법인 기타 조직인 보통합화인이 영업허가증을 말소당하거나 폐쇄명령을 받거나 영업취소 혹은 파산선고를 받은 경우**.

이 조항에서 말하는 "파산"에는 중국 기업파산법상 파산청산(破产清算. 한국의 현행 파산제도와 유사하다), 화의(和解. 한국의 과거 화의제도와 유사하다), 중정(重整. 한국의 현행 회생제도와 유사하다)이 모두 포함되는 것으로 이해된다.

4 **보통합화인이 관련 법령이나 합화계약상 보통합화인이 되기 위하여 요구되는 자격을 상실한 경우**.

예컨대 일정한 연령(정년)을 초과하거나 형사처벌을 받는 것 등을 당연퇴사 사유로 고려해 볼 수 있다. 형사처벌 중 일부만으로 당연퇴사 사유를 한정할 경우, 중국에는 국외추방, 정치적 권리 박탈, 관제[管制] 같은 우리 형법에 없는 특이한 형벌들도 있으므로, 장래 분쟁의 소지를 없애기 위해서 구체적으로 형벌명을 열거해 주는 것도 고려해 봄 직하다.

5 **합화인의 합화지분 전부에 대하여 강제집행이 실행된 경우**.

6 **자연인인 합화인이 완전민사행위능력**(우리 민법상 행위능력)**을 상실한 후, 다른 합화인 전원의 동의를 받아** (보통합화기업을 유한합화기업으로 조직변경함과 동시에) **유한**

합화인으로 지위 변경이 되지 못한 경우.

(다) **제 명**

1 **개념:** 제명이란 합화인의 의사에 반하여 그 합화인의 지위를 박탈하는 것을 의미한다. **제명은 주식회사에서 다수파 주주가 소수파 주주를 강제로 축출하는 것**(Squeeze-out)**과 동일한 역할을 수행**하기 때문에, 한국은 물론 중국에서도 제명의 사유와 절차를 법에서 명시하고 있다. 이러한 사정 때문에, 제명도 당연퇴사 사유들 중 하나이나 그 절차와 효력발생시기에서 다른 당연퇴사 사유와 차이가 있다.

2 **사유:** 어느 보통합화인이 다음 사유 중 하나에 해당하면, 다른 보통합화인은 만장일치의 결의로 해당 보통합화인을 제명할 수 있다.

① 출자의무를 이행하지 않을 경우.

② 고의나 중대한 과실로 보통합회기업에게 손해를 발생시킨 경우.

③ 보통합화기업의 업무를 집행하면서 부정한 행위를 한 경우.

④ 합화계약에서 약정한 다른 사유가 발생한 경우.

다만, 합화계약에서 별도로 규정하기만 하면 어떠한 사유든 제명의 근거로 삼을 수 있다고 보는 것은 무리라고 본다. 최소한 위 3가지 사유와 동일한 정도로 보통합화인 간의 신뢰관계를 파괴하는 행위여야 할 것이다(한국에서 이와 유사한 논의로는 권기범, 345-346면; 장덕조(강), 793면 참조). 예컨대, 합화기업법에서 명시적으로 보통합화인에게 요구하고 있는 충실의무의 위반을 고려해 볼 수 있을 것이다.

3 **절차와 효력: 다른 보통합화인 전원이 만장일치로 제명결의를 한 후 이를 제명당하는 보통합화인에게 통지하여야 한다. 제명의 효력은 해당 보통합화인이 통지를 수령한 날에 발생한다. 다만, 제명된 보통합화인은 그 통지를 받은 날로부터 30일 내에 인민법원에 이의의 소를 제기할 수 있다**. 우리 합명회사에서는 ① 다른 사원 과반수의 결의에 의한 법원에의 제명 청구와 ② 법원의 인용 판결이 요구됨(상법 제220조 제1항)과 비교하면, 중국에서 다수파 보통합화인

의 소수파 보통합화인 축출이 상대적으로 용이해 보인다.

3) 절차

입사에서와 마찬가지로 보통합화인 구성이 변경되므로 이를 반영한 **합화계약의 수정**과 **보통합화기업의 변경등기**가 요구된다.

4) 효과

(가) **합화인 지위의 상실:** 퇴사에 의하여 보통합화인은 그 지위를 절대적으로 상실한다.

(나) **회사채권자의 보호**(책임의 연장): **퇴사한 보통합화인은 퇴사 전의 원인으로 발생한 보통합화기업의 채무에 대하여 무한책임을 부담한다.** 앞에서 본 바와 같이, 이 무한책임을 **다른 보통합화인들과 연대하여** 부담하지만, **보통합화기업과의 관계에서는 보충적으로**(즉 보통합화기업이 자신의 채무를 이행할 수 없는 한도 내에서) **부담한다. 우리 합명회사**에서 퇴사한 사원은 본점 소재지에서 변경등기(퇴사등기)를 경료하기 전에 발생한 회사채무에 대하여 2년 동안만 다른 사원과 동일한 책임을 부담하는 것**에 비하면, 퇴사 후에도 책임이 상당히 과중하다**고 볼 수 있다. 한국 투자자가 중국 보통합화기업의 보통합화인이 되는 데 부담을 주는 요소라고 볼 수 있다.

(다) **합화지분 환급청구권: 퇴사한 보통합화인은 남아 있는 보통합화인들과 탈퇴 시점에서의 보통합화기업의 재산상태를 결산한 후 자신의 합화지분을 환급받을 수 있다.** 아래에서 보듯이 합화지분의 환급에 관해서는 합화계약에서 미리 상세한 약정을 두는 것이 장래 분쟁의 소지를 줄이는 데 도움이 된다.

1. 현물을 출자한 보통합화인은 금전으로 환급받을 수도 있고, 애초 출자하였던 현물 자체를 돌려받을 수도 있다. 이 부분에 관해서는 합화계약에 별도의 약정을 두어서 명확히 해 두는 것이 실무상 편리할 것이다.
2. 환급금액의 액수를 정함에 있어서 가장 중요한 요소는 보통합화기업의 재산

상태를 결산하는 방법 즉 기업가치평가(Valuation)를 어떻게 하느냐일 것이다. 일응 가장 손쉬운 방법은 장부가치로 평가하는 것이지만, 이렇게 하면 영업권이나 영업비밀, 고객관계 같은 무형의 재산권에 대한 가치평가가 생략되어 퇴사한 보통합화인에게 불리한 결과를 초래할 수 있다(권기범, 350면 참조). 중국 내 관련 법령에도 명확한 기준(예를 들면 장부가치, 청산가치, 계속기업가치 중 어느 기준을 따를 것인지)을 제시하지 않고 있기 때문에, 합화계약 작성 과정에서 보통합화인들 상호 간에 충분한 협의를 거쳐 약정을 해 두는 게 필요하다고 본다. 참고로, 우리 합명회사에서는 제명에 의한 퇴사의 경우 제명의 소를 제기한 시점의 회사 재산상태를 기준으로 환급금액을 계산하고 그 때부터 법정 이자가 가산되지만, 중국에는 이러한 이자 가산 규정이 없다.

[3] 보통합화기업의 재산상태를 결산한 결과 기업가치가 음(陰)으로 나오는 경우, 퇴사한 보통합화인은 지분을 환급받지 못하고, 오히려 다른 보통합화인들과 함께 손실분담의무를 지게 된다(합화기업법도 이를 명시하고 있다).

[4] 합화지분 환급청구권 역시 보통합화기업에 대한 일반 무담보채권이다. 따라서 퇴사한 보통합화인은 다른 무담보 채권자들과 동순위로 보통합화기업에 대하여 청구권을 행사할 수 있고, 남아 있는 보통합화인들도 보충적으로 직접·연대·무한책임을 진다.

(라) **보통합화인 사망의 경우(당연퇴사 vs. 상속):**

[1] 우리 합명회사에서는 사원 사망의 경우 원칙적으로는 사망자가 당연퇴사하고 그 상속인들에게로 지분의 환급이 이루어지나, 정관에서 달리 정하면 지분의 환급 없이 사원 지위가 상속인(들)에게 상속된다. 중국 합화기업법 역시 보통합화인 사망의 경우 당연퇴사와 상속 모두 가능한 옵션으로 두고(단, 원칙과 예외를 반대로 규정하고 있다) 아래와 같이 규정하고 있다. 구성원의 사망 시 그 지분의 상속을 인정하는 것은 물적 회사로서의 특성을, 상속을 부인하고 그 지분을 환급받도록 하는 것은 인적 회사로서의 특성을 중시하는 입법 태도이다. 따라서 중국의 합화기업과 우리 합명회사 모두 인적회사로서의 성격과

물적회사로서의 성격이 혼재함을 이 규정에서도 엿볼 수 있다.

[2] **보통합화인이 사망한 경우**(사망선고를 받은 경우 포함), **원칙적으로 그 상속인은 보통합화인의 지위를 상속받는다. 다만 아래의 경우에는 상속인이 보통합화인의 지위를 상속받지 않고 보통합화기업은 상속인에게 합화지분을 환급해 주어야 한다.**

① 상속인이 보통합화인의 지위를 상속받는 것을 원하지 않는 경우.

② 상속인이 합화계약이나 관련 법령에서 요구하는 보통합화인의 자격을 구비하지 못한 경우.

③ 합화계약상 약정된 기타 사유가 있는 경우.

④ 상속인이 완전행위능력자(우리 민법상 행위능력자에 유사)가 아닌데, 다른 보통합화인 전원의 동의를 받아 (보통합화기업을 유한합화기업으로 조직변경함과 동시에) 유한합화인으로 지위 변경이 되지 못한 경우.

10. 특수한 보통합화기업

1) 특수한 보통합화기업은 합화기업법 기타 관련 법령에서 몇 가지 특칙을 둔 보통합화기업이다. 합화기업법에 따르면 **전문지식과 전문기능으로 고객에게 유료서비스를 제공하는 서비스 기구**만이 특수한 보통합화기업이 될 수 있는데, **법률사무소나 회계사 사무소**를 그 예로 들 수 있다. 특수한 보통합화기업은 상호에 "특수한 보통합화(特殊的普通合伙)"라는 문구를 기재하여야 한다.

2) 특수한 보통합화기업의 특징은 보통합화인의 책임을 일정한 경우 제한해 주는 데 있다. ① **어느 보통합화인이 업무집행 과정에서 고의나 중대한 과실로 합화기업에 채무**(보통은 손해배상채무)**를 발생시킨 경우, 해당 보통합화인만이 합화기업의 채무에 대하여 무한책임을 지고**(해당 보통합화인이 복수인 경우 연대하여 무한책임을 지고), **다른 보통합화인들은 각자 보유하는 합화지분을 한도로 유한책임을 진다**. 예컨대 어느 법률사무소(특수한 보통합화기업)에서 파트너 변호사(보통합화인) 1인이 법률자문 제공 과정에서 고의나 중대한 과실로 고객에게 손해를 끼쳐서 당해 법률사무소

에게 손해배상책임이 발생한 경우, 다른 파트너 변호사들의 개인재산은 그 채무에 대한 책임재산이 되지 않는다. 참고로, 단순한 보통합화기업의 경우 보통합화인의 대외적인 책임을 이렇게 제한할 수는 없지만(외부관계), 합화계약에서 "고의나 중과실로 발생한 보통합화기업의 채무에 대해서는 보통합화인들 상호 간의 구상관계에서 해당 보통합화인들이 손실을 전액 부담"하도록 약정할 수는 있다(내부관계). ② 어느 보통합화인이 업무집행 과정에서 고의나 중대한 과실 없이(즉 경과실로) 합화기업에 채무를 초래하거나 그 밖에 합화기업이 부담하는 채무에 대해서는 일반적인 보통합화기업에서와 마찬가지로 모든 보통합화인들이 연대하여 무한책임을 진다. 실무에서는 특수한 보통합화기업들은 보통 직업보험(손해배상책임보험)에 가입하여 구성원인 합화인들의 무한책임 부담위험을 경감시키고 있다.

Ⅶ. 유한합화기업 개관

합화기업법 기타 관련 법령의 조문들을 중심으로 유한합화기업에 대한 중국법상 규제를 살펴보면 아래와 같다. **아래에 특별한 언급이 없는데 위 VI.의 보통합화기업에서 설명한 사항이 있으면, 유한합화기업에도 적용된다고 보아도 무방하다. 유한합화기업은 우리의 합자회사와 비교하면서 정리하면 이해하기 편하다**.

1. 설 립

유한합화기업의 합화인은 2인 이상 50인 이하이어야 하고, 그중 최소 1인은 보통합화인이어야 한다. 따라서 **최소 구성원(출자자)이 보통합화인 1인, 유한합화인 1인**이다. 유한합화기업의 상호에는 반드시 "유한합화(有限合伙)"라는 문구가 들어가야 한다. 유한합화기업에 보통합화인만 남게 된 경우에는 보통합화기업으로 조직변경을 하여야 한다. 반면 유합합화인만 남게되면 해산사유에 해당한다.

2. 합화계약

1) 합화계약에는 보통합화기업의 합화계약에 규정되어야 하는 사항들(위 VI. 3. 참조) 외에 아래 사항들도 함께 규정되어야 한다(필수적 약정사항).

① 보통합화인과 유한합화인의 성명이나 상호, 주소.

② 업무집행 합화인이 갖추어야 할 조건, 그 선임절차.

③ 업무집행 합화인의 권한과 위약 시의 처리방법.

④ 업무집행 합화인의 제명조건과 변경절차.

⑤ 유한합화인의 입사·퇴사의 조건, 절차 및 관련 책임.

⑥ 유한합화인과 보통합화인의 상호 지위변경 절차.

2) 유한합화기업에는 반드시 업무집행 합화인(执行事务合伙人)이 필요하기 때문에 합화계약에 위 ② 내지 ④항이 규정된다. 보통합화기업에서 업무집행 합화인을 둘 경우에도 마찬가지로 합화계약에 이 사항들에 관하여 약정하여야 할 것이다. 합화기업법에는 단순히 업무집행 조합원이 합화계약에 업무집행 보수 및 그 지급방식을 확정할 것을 요구할 수 있다고 규정하고 있지만(제67조), 실무에서는 예외 없이 이를 약정하고 있다.

3. 출 자

보통합화인, 유한합화인 모두 금전 혹은 현물로 출자할 수 있다. 다만, 노무는 보통합화인만이 출자할 수 있다(합화기업법 제64조). 합화인은 합화계약에서 약정한 스케줄에 맞추어 각자의 출자의무를 이행하여야 한다. 현물출자를 이행할 때에는 그 현물의 권리이전절차를 밟아야 한다. 합화계약에서 정한 시기와 방식에 따른 출자의무를 이행하지 못한 합화인은 위약책임을 부담한다.

4. 유한합화지분의 양도와 질권설정

위 V. 2. 및 3.의 설명을 참고하기 바란다.

5. 내부관계

(1) 보통합화인의 권한

보통합화인은 유한합화기업의 대내적인 업무집행권과 대외적인 대표권을 행사한다. 합화기업법에서 유한합화인은 이 두 권한을 행사하지 못한다고 명시적으로 못박고 있는 점에서(합화기업법 제68조), 한국의 통설·판례가 합자회사의 대내적인 업무집행권은 정관이나 총사원의 동의를 통해 유한책임사원이 가질 수도 있다고 보는 것과 대비된다.

(2) 유한합화인의 권한

합화기업법법에서 유한합화인도 다음의 행위는 할 수 있다고 규정하고 있다(제68조).

① 보통합화인의 입사·퇴사 결정에 참여하는 행위.
② 기업 경영관리에 대한 건의를 제출하는 행위.
③ 기업회계감사업무를 맡을 외부 회계사 사무소의 선택에 참여하는 행위.
④ 회계감사를 거친 기업재무회계보고서를 수령하는 행위.
⑤ 자신의 이익과 관련되는 사항에 관하여 기업 재무회계장부 등 재무자료를 열람하는 행위.
⑥ 기업 내에서 자신의 이익을 침해받는 경우 그에 대하여 책임이 있는 합화인에 대하여 권리를 주장하거나 소를 제기하는 행위.
⑦ 업무집행 조합원이 권리행사를 게을리하는 경우 그 권리행사를 독촉하는 행위 혹은 기업의 이익을 위하여 자신의 이름으로 소(즉 대표 소송)를 제기하는 행위.

⑧ 법에 따라서 기업을 위하여(즉 기업을 주채무자, 자신을 보증인이나 물상보증인으로 삼아서) 보증이나 담보를 제공하는 행위. 이 조항 원문에서는 "담보 제공(提供担保)"이라고만 규정되어 있다. 그러나, 중국법에서 담보는 물적 담보는 물론 인적 담보 즉 보증도 포함하므로, 이 조항에서 말하는 "담보 제공"에는 보증을 서는 것도 포함된다고 볼 것이다.

(3) 충실의무: 기업과의 이해상충

보통합화인은 보통합화기업에서와 동일한 충실의무를 부담하고, 그 결과 회사와의 자기거래나 경업이 금지된다(VI. 7. (3) ①, ② 항 참조). 반면 유한합화인은 합화계약에서 특별히 규정하지 않는 한 이러한 제약을 받지 않는다.

(4) 이익배당·손실분담

이익배당이나 손실분담의 비율에 관해서는 보통합화기업에서의 설명을 참조하기 바란다(위 VI. 7. (4) 참조). 실무에서는 합화계약에서 이 부분에 관하여 자세한 규정을 둔다.

(5) 지위 변경

1) 보통합화인이 유한합화인으로 지위를 변경하거나 유한합화인이 보통합화인으로 지위를 변경하기 위해서는 합화계약에 별도의 약정을 두거나 합화인 전원의 동의가 있어야 한다.

2) **유한합화인이 보통합화인으로 지위를 변경하는 경우, 유한합화인으로 있던 기간 동안 발생한 유한합화기업의 채무에 대하여서도 보통합화인으로서의 책임을 부담하게 됨**에 주의할 필요가 있다(합화기업법 제83조). 반대로 **보통합화인이 유한합화인으로 지위를 변경하는 경우, 보통합화인으로 있던 기간 동안 발생한 유한합화기업의 채무에 대하여서는 여전히 보통합화인으로서의 책임을 부담**한다(합화기업법 제84조).

6. 외부관계

(1) 기업채무에 대한 책임부담 순서

1) **유한합화기업은 권리능력을 가지므로 당연히 자신의 명의로 제3자에 대하여 채무를 부담할 수 있고, 그 채무를 이행할 책임도 1차적으로 유한합화기업 자신이 부담한다**. 즉 그 채무에 대한 책임재산은 1차적으로 유한합화기업 명의의 모든 재산이다.

2) **유한합화기업의 보통합화인들은 유한합화기업의 채무에 대하여 무한·연대책임을 직접적으로, 다만 보충적으로 부담한다**(제2장 제4절 III. 2. (6) 설명 함께 참조). 보통합화인 중 1인이 내부적으로 자신이 분담해야 할 비율을 초과하여 책임을 이행한 경우, 다른 보통합화인과 유한합화인들에 대하여 구상권을 행사할 수 있을 것이다. 이때 누구에게 어느 정도의 비율로 행사할 수 있을지에 관해서는 중국 관련 법령에 특별한 언급이 없다. 생각건대 우리 민법상 복수의 보증인과 물상보증인 상호 간의 구상권 행사에 관한 법리에 준하여 처리할 수 있을 것이다(보통합화인을 보증인의 위치에, 유한합화인을 물상보증인의 위치에 두고 생각해 보자). 다만 중국 민법하에서는 우리 민법하에서만큼 구상권에 관한 법리가 정교하게 정리되어 있지 않음을 고려할 때, 필요하다면 이 부분에 관하여서도 합화계약에 미리 특약을 해 두는 것(우리 민법상 정리되어 있는 구상권의 관련 내용을 기재하는 것)을 고려해 볼 수 있을 것이다.

3) **유한합화기업의 유한합화인들은 유한합화기업의 채무에 대하여 유한책임을 직접적으로, 다만 보충적으로 부담한다**. ① 유한책임을 부담한다는 것은 해당 유한합화인이 자신의 출자의무를 한도로 책임을 부담한다는 의미이다. ② 직접적으로 책임을 진다는 것은 아직 미이행한 출자부분을 한도로 해당 채권자에게 직접 이행할 책임을 진다는 의미이다(즉 이 경우 유한합화기업에게 출자를 이행하는 방식으로 책임을 이행하는 것이 아니다) ③ 보충적으로 책임을 부담한다는 것은 마치 우리 민법상 단순보증인과 마찬가지로 유한합화기업의 채무에 대하여 부종성·보충성을 가진다는 의미이다(제2장 제4절 III. 2. (6) 설명 함께 참조).

4) 그런데 합화기업법에서는 **일정한 경우 거래의 안전을 보호하기 위하여 유**

한합화인의 책임을 다음과 같이 가중하고 있다(제76조).

1 **제3자가 유한합화인이 보통합화인이라고**(즉 그가 대표권이 있다고) **믿을 만한 이유가 있는 상태에서 그와 유한합화기업을 계약 상대방으로 하는 거래를 한 경우 그 유한합화인은 당해 거래에 대하여 보통합화인과 동일한 책임을 부담한다**.

1] 앞에서 보았듯이, 보통합화기업에서 일부 보통합화인만이 대표권을 가진 경우 이를 알지 못한 선의의 제3자를 보호해 주는 규정이 있다(앞의 VI. 8. (3) 참조). 이 조항은 유한합화기업에서 이와 유사한 상황을 염두에 두고 같은 취지로 둔 규정이다.

2] 이 경우 유한합화인은 보통합화인과 마찬가지로 그 계약상 유한합화기업이 부담하는 채무에 대하여 무한·연대책임을 직접적으로, 다만 보충적으로 부담하게 된다. 하지만 이 규정이 서술하고 있는 책임가중의 요건, 즉 "선의인 데 이유가 있는 경우"가 구체적으로 어떠한 사실관계에서 인정되는지 분석하기가 쉽지 않아 보인다. 일응 거래 당시(계약 체결 당시) 주변의 여러 정황을 종합적으로 고려하였을 때 제3자에게 (경)과실이 없는 경우라는 정도의 의미로 이해한 후, 실제 문제가 되면 현지 중국 법률사무소의 자문을 받아 가면서 법원이나 중재기관의 판단을 받아 보아야 할 것이다.

2 **유한합화인이 보통합화인으로부터 수권을 받지 않고 유한합화기업 명의로 타인과 거래하여 유한합화기업이나 다른 합화인에게 손해를 발생시킨 경우, 당해 유한합화인은 그 손해를 배상할 책임을 부담한다**. 이 경우 당해 유한합화인은 자신의 개인재산으로 무한책임을 져야 할 것이다.

(2) 합화기업 재산과 합화인 재산의 분리

1) 위 (1)에서 본 바와 같이, **합화인은 자신의 개인 재산으로 유한합화기업의 채무에 대하여 보충적으로 책임을 부담하지만**, 그 역의 논리는 성립하지 않는다. 즉 **유한합화기업이 자기 명의의 재산으로 자신의 구성원인 합화인의 개인적인 채무에 대하여 어떠한 책임을 부담하지는 않는다**.

2) 비록 **합화인의 채권자가** 보통합화기업 명의의 재산에 대하여 책임을 추궁할

수는 없지만, **채무자인 합화인의 합화지분이나 구체적으로 발생한 이익배당청구권은 그 합화인의 개인 재산이기 때문에, 이를 압류하거나 강제집행하는 방법 등으로 책임을 추궁할 수 있다**. 보통합화인의 경우는 앞에서 살펴보았고(위 VI. 8. (3) 3) 참조), 유한합화인에 관해서는 합화기업법이 다음과 같은 취지로 규정하고 있다(제74조).

① 유한합화인은 자신이 유한합화기업으로부터 배당받은 이익으로 변제할 수 있다.

② 유한합화인의 채권자는 채무자인 유한합화인이 가지고 있는 합화지분에 대하여 강제집행을 함으로써 변제를 받을 수 있다.

③ 중국에서의 강제집행 역시 "경매를 통한 환가후 채권자들 사이의 배당" 방식을 취하므로, 그 과정에서 합화지분이 제3자에게 유상으로 이전된다. 이에 합화기업법은 합화지분의 양도에서 요구되는 통지 및 우선매수권 절차를 준용하고 있다. 즉 인민법원이 유한합화인의 합화지분에 대하여 강제집행 절차를 밟는 경우, 모든 합화인들에게 이 사실을 통지하여야 하고, 다른 합화인들은 우선매수권을 가지게 된다. 보통합화인의 합화지분에 대한 강제집행의 경우와 달리 다른 합화인들에게 사전동의권은 인정되지 않는다. 따라서 우리의 강제퇴사에 유사한 제도도 이 경우에는 필요 없다.

7. 입사와 퇴사

유한합화기업에서 보통합화인의 입사 및 퇴사에 관한 규율은 기본적으로 보통합화기업에서와 동일하다. 다만 유한합화인의 퇴사에 관하여 합화기업법은 아래와 같은 규정을 추가하고 있다(제78조, 제79조).

1) 유한합화인의 당연퇴사 사유는 아래와 같다. 각 항목에 관한 구체적인 설명은 보통합화인의 당연퇴사 사유 부분을 참고하기 바란다.

① 자연인인 유한합화인이 사망한 경우(인민법원의 사망선고를 받은 경우 포함). 다만 이 경우에는 상속도 가능하다(아래 2)항 참조).

② 법인 기타 조직인 유한합화인이 영업허가증을 말소당하거나 폐쇄명령을

받거나 영업취소 혹은 파산선고를 받은 경우.

③ 유한합화인이 관련 법령이나 합화계약상 유한합화인이 되기 위하여 요구되는 자격을 상실한 경우.

④ 어느 유한합화인의 합화지분 전부에 대하여 강제집행이 실행된 경우.

보통합화인의 경우와 달리 자연인인 유한합화인이 민사행위능력을 상실하더라도 다른 합화인이 그 유한합화인의 퇴사를 요구할 수 없다.

2) 유한합화인이 사망한 경우(사망선고를 받은 경우 포함) 그 상속인은 법에 따라 유한합화인의 지위를 상속받을 수 있다. 법인인 유한합화인이 그 법적 지위를 제3자에게 포괄승계한 경우(예컨대 합병) 그 제3자도 법에 따라서 유한합화인의 지위를 상속받을 수 있다(합화기업법 제80조).

3) 유한합화인이 퇴사한 경우, 그가 퇴사하기 전의 원인으로 발생한 유한합화기업의 채무에 대하여 그가 퇴사할 때 유한합화기업으로부터 환급받은 재산을 한도로 책임을 부담한다(합화기업법 제81조).

Ⅷ. 합화인의 배상책임

합화기업법은 아래와 같이 합화인의 배상책임을 규정하고 있다(제96조 내지 제99조).

1) 합화인이 합화기업의 업무를 집행하는 과정에서, (i) 원래 합화기업에 귀속되어야 할 이익을 자기 것으로 하거나 혹은 (ii) 기타 수단으로 합화기업의 재산을 불법영득한 경우, 그 이익이나 재산을 합화기업에 반환하여야 함은 물론, 합화기업이나 다른 합화인에게 끼친 손해를 배상할 책임을 부담한다.

2) 합화기업의 기타 임직원이 직무상의 편의를 이용하여, (i) 원래 합화기업에 귀속되어야 할 이익을 자기 것으로 하거나 혹은 (ii) 기타 수단으로 합화기업의 재산을 불법영득한 경우, ① 그 이익이나 재산을 합화기업에 반환하여야 하고, ② 합화기업이나 다른 합화인에게 끼친 손해를 배상할 책임을 부담한다.

3) 합화인이 합화기업법이나 합화계약상 합화인 전원의 만장일치 동의가 필요한 업무집행사무를 자의적으로 처리하여 합화기업이나 다른 합화인에게 손해를 끼친 경우 그 손해를 배상할 책임을 부담한다.

4) 업무집행권한이 없는 합화인이 업무를 집행하여 합화기업이나 다른 합화인에게 손해를 끼친 경우 그 손해를 배상할 책임을 부담한다.

5) 합화인이 합화기업법의 규정이나 합화계약상 약정에 위반하여 해당 합화기업과 경쟁관계에 있는 업무에 종사하거나 해당 합화기업과 거래를 한 경우, ① 그 수익은 당해 합화기업의 것으로 귀속되고, ② 합화기업이나 다른 합화인에게 끼친 손해가 있으면 이를 배상할 책임을 부담한다.

Ⅸ. 합화기업의 해산과 청산

중국의 합화기업 역시 우리 회사법의 관점에서 보면 영리를 목적으로 하는 법인 즉 실질적인 회사의 범주에 들어가고, 그 결과 해산과 청산의 절차 역시 우리 회사법에서와 기본적으로 차이가 없다. 보통합화기업의 해산과 청산은 합명회사의 그것을, 유한합화기업이 해산과 청산은 합자회사의 그것을 염두에 두고 이해하면 큰 틀을 파악하는 데 어려움이 없다.

1. 해 산

합화기업법에서 규정하고 있는 합화기업의 해산사유는 아래와 같다(제85조).

① 합화기업의 경영기한이 만료되고, 합화인이 더 이상 경영하지 않기로 결정한 경우

② 합화계약에서 정한 해산사유가 발생한 경우

③ 합화인 전원이 만장일치로 해산하기로 결정한 경우

④ 합화인이 법정인원수를 충족하지 못한 채 30일을 경과한 경우

⑤ 합화계약에서 약정한 합화목적이 이미 실현되었거나 반대로 실현할 수 없게 된 경우
⑥ 합화기업이 영업허가증을 말소당하거나 폐쇄명령을 받거나 영업취소를 받은 경우
⑦ 법률, 행정법규에 규정된 기타 사유가 발생한 경우

2. 청 산

합화기업에 해산사유가 발생하면, 그에 이어서 그 재산적 권리의무를 정리하고 권리능력을 소멸시키는 청산절차를 밟아야 한다. 그 기본적인 절차는 우리 회사법에서와 동일하다.

(1) 청산인의 선임

1) 합화기업이 청산절차에 들어가면 청산인부터 선임해야 한다. 청산인은 청산절차에 접어든 합화기업을 대외적으로 대표하고 대내적으로 청산업무를 집행한다.

2) 원칙적으로 모든 합화인이 청산인이 된다. 다만 합화인들은 해산사유가 발생한 날로부터 15일 이내에 전체 과반수의 결의로 ① 1인 혹은 수인의 합화인을 청산인으로 선임하거나 ② 제3자에게 청산인 업무를 위임할 수 있다(합화기업법 제86조 제2항). 참고로 우리 합자회사는 무한책임사원의 과반수 결의에 의하여 청산인을 선임하도록 상법에서 규정하고 있으므로, 유한책임사원이 청산인 선임에 관여하기가 어렵다. 반면 중국 유한합화기업에서는 청산인 선임에 유한합화인도 1인 1표의 투표권을 가져 청산절차에 영향력을 미칠 수 있다는 점에서 차이가 있다. 실무에서는 청산인의 선임방법 역시 합화계약에서 미리 약정해 두는 것이 장래 분쟁의 소지를 줄이는 길이라고 본다.

3) 만일 해산사유가 발생한 날로부터 15일이 경과할 때까지 합화기업이 청산인을 정하지 못할 경우 합화인 또는 기타 이해관계인은 인민법원에 청산인을 선임

해 줄 것을 신청할 수 있다(합화기업법 제86조 제3항).

⑵ 청산인의 직무

1) 합화기업법에 따르면 청산인은 청산기간 동안에 아래의 업무를 집행한다(제87조). 우리 회사법상 청산인의 직무권한과 기본적으로 동일하다.

① 합화기업의 재산을 청산하고, 재무상태표와 재산목록을 작성함. 이는 청산인이 취임한 후 가장 먼저 취해야 할 조치이다.

② 청산과 관련되는 합화기업의 현존사무를 처리(종결)함.

③ 미납세금을 납부함.

④ 채권·채무를 정리함. 즉 채권을 추심하고 채무를 변제함.

⑤ 합화기업의 채무를 변제한 후 잔여재산을 분배함.

⑥ 합화기업을 대표하여 소송이나 중재에 참가함.

2) 합화기업법은 청산인의 업무 중 주요한 사항들에 관하여 아래와 같이 규정하고 있다(제88조 내지 제90조).

[1] **채권신고 업무 관련:** 청산인은 취임한 날로부터 10일 이내에 합화기업의 해산사항을 채권자들에게 통지하여야 하고, 60일 이내에 신문에 공고하여야 한다. 채권자는 통지서를 받은 날로부터 30일 내에(통지서를 받지 못한 경우 신문 공고일로부터 45일 내에) 청산인에게 자신의 채권을 신고하여야 한다. 채권자는 채권을 신고할 때 채권 관련 사항을 설명하고, 그 증빙자료를 함께 제공하여야 한다. 청산인은 채권을 등기하여야 한다.

[2] **회사재산 청산업무 관련:** 청산인은 합화기업의 재산으로 청산비용, 근로자 임금, 사회보험료, 법정보상금(예컨대 경제보상금)을 지급하고, 미납세금을 납부하며, 채무를 변제한 후 나머지 잔여재산을 합화인들에게 분배한다.

[3] **청산종결 업무 관련:** 청산사무가 종결되면 청산인은 15일 내에 청산보고서를 작성한 후 전체 합화인의 서명·날인을 받아 관할 시장감독부서에 제출하면서 합화기업의 말소등기를 신청하여야 한다.

(3) 청산인의 배상책임

합화기업법에서는 다음과 같이 청산인의 배상책임을 규정하고 있다(제100조 내지 제102조).

1 청산인이 합화기업법의 규정에 위반하여 관할 시장감독관리부서에 청산보고서를 제출하지 않거나 제출한 청산보고서에 중요한 사실을 숨겼거나 중대한 누락이 있는 경우, 관할 시장감독관리부서는 그 시정을 명한다. 이때 그로 인하여 발생한 비용과 손해는 청산인이 부담·배상하여야 한다.

2 청산인이 청산업무를 집행하면서 불법소득을 취득하거나 합화기업의 재산을 불법영득한 경우, 그 소득이나 재산을 합화기업에 반환하여야 하고, 합화기업이나 다른 합화인에게 끼친 손해를 배상할 책임을 부담한다.

3 청산인이 합화기업법에 위반하여 (i) 합화기업의 재산을 은닉·이전하거나, (ii) 재무상태표 혹은 재산목록에 허위로 기재하거나, (iii) 합화기업의 채무를 모두 변제하기 전에 그 재산을 합화인들에 분배하여, 합화기업의 채권자에게 손해를 끼친 경우 그 손해를 배상할 책임을 부담한다.

제7절 한국법상 해외직접투자

1) 한국 외국환거래법령에 따르면 **한국 투자자가 ① 외국 법령에 의하여 설립된 혹은 설립 중인 법인의 주식 또는 출자지분의 10% 이상을 취득하여 경영에 직접 참여하고자 하는 경우**, ② 투자비율이 10% 미만이더라도 임원 파견이나 해당 법인과의 공동연구개발, 제품매매, 해외건설 및 산업설비공사 수주 등의 지속적인 경제관계를 수립하는 계약을 체결하는 경우, ③ 이미 설립된 현지법인에 대하여 상환기간 1년 이상의 금전대여로 대부투자를 하는 경우에는, 관련 법령에 정한 방식과 절차에 따라서 해외직접투자를 하여야 한다. 이 장에서 살펴본 중국 내 외상투자기업의 설립은 대부분 ①항의 사유에 해당할 것이므로, 한국 투자자는 항상 해

외직접투자의 필요여부를 체크하는 습관을 가질 필요가 있다. 또한 **해외직접투자 신고는 사전신고로서 이 절차를 완료하지 못하면 한국 내 자금이 자본금이나 대출금 등의 명목으로 한국 외로 송금되지 못한다**. 간혹 해외직접투자신고 절차를 너무 늦게 시작하여 애초 예정된 해외송금일자에 쫓기는 경우도 있으므로, 가능하면 처음 거래구조 설정후 관련 계약서 초안을 작성하는 단계부터 신고 담당 부서와 협의를 시작하는 게 좋다.

2) **신고기관은 ① 외국환은행(대부분 이에 해당한다), ② 한국은행(국내 기업이 paper company 형태의 역외금융회사, 즉 역외펀드를 설립하는 경우), ③ 금융위원회나 금융감독원(금융회사가 해외사업에 진출하는 경우)로 나뉜다**. 관련 규정만 놓고 보면 중국에 사모펀드를 설립하는 과정에서는 언제나 한국은행에 역외금융회사 설립신고를 하여야 할 것 같지만, 실무에서는 ①항과 ②항의 경계가 항상 명확하게 구분되는 것은 아니다. 따라서 중국이나 홍콩·케이맨에 사모펀드를 설립하고자 하는 경우 우선은 한국은행에 가서 거래구조를 충분히 설명한 후 혹시 외국환은행 신고사항은 아닌지 점검해 볼 필요가 있다.

외국환은행에 신고할 경우 다시 (i) 신고주체인 거주자가 주채무계열 소속 기업체이면 주채권은행, (ii) 주채무계열 소속 기업체가 아니면 여신최다은행, (iii) 그 밖의 경우에는 신고주체인 거주자가 스스로 정한 외국환은행에 신고한다. 금융회사가 해외사업에 진출하는 경우 다시 (i) 금융·보험업에 대한 해외직접투자이면 금융위원회, (ii) 그 외의 업종에 대한 해외직접투자이면 금융감독원에 신고한다.

3) 이에 관한 보다 구체적인 사항은 해당 신고기관의 홈페이지에 있는 설명을 참조거나, 직접 방문하여 문의할 수도 있고, 필요하면 해당 해외직접투자 거래의 자문을 해 준 변호사 기타 외부 자문가 등을 통하여 파악할 수 있을 것이다.

제5장 기업형 투자의 실행 (2): 인수 방식의 기업형 투자(Brownfield Investment)

제1절 개 관

1) 제5장에서는 중국 내에 회사를 새로이 설립하는 방식의 투자(Greenfield Investment)에 관해서 살펴보았다. 이 장에서는 이미 존재하고 있는 중국 내 회사를 인수하는 방식의 투자(Brownfield Investment)에 관하여 살펴본다.

2) 이 장에서 말하는 "인수 거래(Acquisition)"는 중국인이 100% 지분을 보유하고 있는 기업(내자기업"이라고 한다) 혹은 기존의 다른 외상투자기업을 인수하는 것으로서,

① 대상기업의 기존 지분의 매수,

② 대상기업의 증자 지분의 인수,

③ 대상기업이 보유하고 있는 (영업)자산의 양수,

④ 대상기업으로부터 자산을 매수한 후 그 자산을 현물출자하여 외상투자기업을 새로이 설립하는 방식,

⑤ 대상기업의 모회사의 발행주식을 매수하는 방식에 의한 간접적인 인수,

이 5가지 유형을 모두 포함하는 의미로 사용되었다. 다만 설명을 하는 과정에서 필요할 경우 그 범위를 이 의미의 일부분으로 한정하여 사용하기도 하였다.

3) 한국 투자자들은 보통 **중국 내 민영기업이자 비상장사인 유한책임공사를 인수하는 경우**가 많기 때문에, 이 장에서도 이러한 인수거래에 초점을 두고 살펴본다.

제2절 거래구조 설계 시 고려사항

1. 적용 법령들의 파악

한국 투자자가 중국 내 기업을 인수할 경우 상당히 복잡한 중국의 법 규제를 사전에 잘 파악하여야 한다. 따라서 거래 초기에 중국의 관련 법규들을 정확히 일람하는 업무부터 중국법 전문가의 도움을 받을 필요가 있다. 그렇지 않으면 나중에 중국 내 인허가 기타 정부 규제의 큰 부분을 놓칠 우려가 커진다. 그런데 저자의 실무상 경험에 따르면, 한국 투자자들이 거래를 시작할 때 미리 그리고 친절하게 이 부분을 종합적으로 정리하여 알려 주는 법률사무소는 손에 꼽을 정도이다. 이러한 사정을 고려하여, 아래에서는 외국 투자자들이 중국 내 기업을 인수하고자 할 때, 기본적으로 그리고 사전에 알아 두고 있어야 할 기본적인 중국법 규제 사항들을 원론적인 수준에서 소개한다. 실제 거래에서는 아래 내용을 사전에 숙지한 후, 추가적으로 법률자문을 받아 볼 것을 권한다.

⑴ 중국 일반 기업법(회사법, 합화기업법)

인수 대상이 중국 내 기업일 경우 그 기업의 법적 형태에 따라 중국의 회사법(대상회사가 유한책임공사, 고분유한공사 중 하나인 경우), 합화기업법(대상회사가 보통합화기업, 유한합화기업, 특수한 보통합화기업 중 하나인 경우), 증권법(대상회사가 상장된 고분유한공사인 경우) 등이 일반적·원칙적 규정으로서 당해 거래에 적용된다.

⑵ 외상투자기업 관련 법령의 (한시적) 적용

1) 외국 투자자가 중국 내 기업을 인수하게 되면 그 결과 당해 외국 투자자가 일정한 지분을 가지게 되는 외상투자기업이 중국 내에 새로이 설립되거나, 이미 설립되어 있던 외상투자기업의 지분이나 자산에 변동이 발생하게 된다. 따라서 인수 거래에서는 원칙적으로 앞에서 살펴본 외상투자기업에 관한 법규들도 적용된

다고 보고 그 내용을 체크하여야 한다. 예컨대 외국 투자자가 중국 내 기업의 주식이나 지분을 매수할 경우 당해 중국 내 기업은 외상투자기업이 되므로, 당연히 그 거래 과정에서 앞에서 살펴본 외상투자기업에 관한 법규들이 적용된다. 또한 외국투자자가 이미 설립해 놓은 외상투자기업을 법적 주체로 내세워 중국 내 기업의 중요자산이나 영업을 매수하는 경우에도, 당해 외상투자기업에 대하여 마찬가지로 외상투자기업에 관한 법규들이 적용될 것이다. 결국 **이 책에서 지금까지 살펴본 외상투자기업에 관한 법규들은 인수거래에도 적용됨**을 기본 전제로 삼아야 한다.

2) 특히 ① **외상투자 negative list상 외국인 투자제한은 외국 투자자가 인수 방식에 의하여 중국 내에서 사업을 영위하고자 하는 경우에도 적용됨**에 유의하여야 한다. ② **대상회사가 2020년 이전에 설립된 외상투자기업인 경우 인수시점이 2024년 만료 전이라면 중외합자기업, 외자기업, 중외합작기업, 외상투자고분유한공사 중 하나일 여지가 크다**(이들은 2024년까지 지배구조를 일반법인 중국 회사법상 규율에 맞추어야 하는데 그러한 조치를 아직 취하지 않은 상태에서 한국 투자자에 의하여 인수되는 경우를 생각해 볼 수 있다). **이 경우에는 특별법인 외상투자 관련 법령과 일반법인 회사법(혹은 합화기업법)을 적재적소에 적용해야 하는 신중함이 요구된다**.

(3) 기타 특별 법규

그 외에도 다음 규정들은 유념해 둘 필요가 있다. ① 대상회사가 중국 내 비외상투자기업인 경우, 특히 주의해야 할 규정은 "외국 투자자의 중국 내 기업 인수에 관한 규정(关于外国投资者并购境内企业的规定. 실무에서는 흔히 "**10호규정**"이라고 한다)"이다(그 내용은 뒤의 8. (4) 참조). ② 대상회사가 중국 내 거래소에 상장된 고분유한공사인 경우, "외국투자자의 상장회사에 대한 전략적 투자에 관한 관리방법(外国投资者对上市公司战略投资管理办法)", "상장회사인수관리방법(上市公司收购管理办法)"을 눈여겨보아야 한다. ③ **대상회사가 국유회사이거나 대상자산이 국유일 경우,** "국유자산감정평가관리방법(国有资产评估管理办法)", "국유자산감정평가관리방법시행세칙(国有资产评估管理办法施行细则)"을 중심으로 국유자산평가에 관한 다수의 규정들을 살펴보아야 한다.

인수대금 결정 단계에서부터 중국정부의 개입(특히 매각대상이 국유자산일 경우 매각대금 최저선의 제약)**이 들어온다**는 점, 대상기업이 국유기업일 경우 대상기업 직공(종업원)들의 심의를 거친 후 관할 정부부서(국유자산관리위원회)의 심사허가도 받아야 함은 기억해 둘 필요가 있다. ④ 그리고 **거래발생지가 중국 내이든, 중국 외이든 불문하고 모든 인수거래에 대해서는 중국 반독점법상 기업결합신고 여부를 항상 체크하여야 한다**.

2. 정부부서의 인허가

1) **일반적으로 외국 투자자가 중국 내 기업을 인수하는 경우 최소한 하나 이상의 관할 정부부서를 찾아가 인허가·등기**(등록)**·신고·보고와 같은 행정절차를 밟아야 한다**. 이 경우 당해 정부부서는 인수거래 전반을 실질적으로 심사할 뿐만 아니라, 경우에 따라서는 관련 계약서의 수정을 요구할 수도 있다. 특정한 산업분야(예컨대 금융업)에 진출하는 인수거래의 경우 당해 외국 투자자는 관련 법규가 요구하는 일정한 자격요건을 구비하여야 함도 기억해 둘 필요가 있다.

2) 개별적인 인수거래에서 구체적으로 어느 정부부서를 찾아가야 하는지는 관련 법규와 실무에 기초하여 개별적으로 확인작업을 거치는 수밖에 없다. 한 가지 분명한 것은 **우리에 비하여 행정규제의 폭과 깊이가 상당하고 또한 복잡하다**는 것이다. **어느 경우든 막론하고 ① 우리의 법인 등기에 상응하는 절차로서 지역별 시장감독관리국에 각종 등기**(설립 혹은 변경등기)**를 경료하면서 인터넷 시스템을 통한 각종의 공시의무도 이행하여야 하고, ② 그 등기와 동시에 지역별 상무부서**(상무국 혹은 대외경제무역위원회)**에 보고를 하여야 한다. ③ 그 밖에 영업허가증 기타 각종 등기증도 외국투자자의 지분 취득 혹은 지분율 변동을 기재하기 위하여 새로이 발급받아야 한다**. 또한 **한국법상 해외직접투자 관련 신고도 잊어서는 안 된다**(이들 사항에 관한 구체적인 내용은 제5장 설립부분에서 설명하였다).

3) **일부 산업 영역에서는 당해 영역을 감독하는 별도의 정부부서로부터 인허가를 받거나 추가적인 절차를 거쳐야 할 수도 있다**. 예컨대, 중요한 제조업과 관련

한 인수합병 거래에서는 국가발전과 개혁위원회(실무에서 "국가발개위"로 약칭한다)의 심사허가를 받아야 하는 경우가 있고, 제조업 관련 인수 거래에서는 기본적으로 환경영향평가절차를 거쳐야 한다. 이러한 경우 복수의 정부부서에서 **인허가(중국법 명칭:** 批准**[비준] 혹은** 核准**[핵준])·등기**(登记)**나 등록(중국법 명칭:** 注册**[주책])·신고(중국법 명칭:** 备案**[비안])·보고**(报告) **등에서 한 가지 이상의 절차를 거쳐야** 하는데, 원칙적으로 각 정부부서는 자신이 가지는 인허가·등기·등록 권한이나 신고·보고의 접수 및 수리 권한을 독자적으로 행사한다. 따라서 예컨대 한 군데 정부부서로부터 인허가를 받았다고 하여 당연히 다른 정부부서에서도 무조건 인허가를 내주거나 등기·등록을 경료해 주거나 신고·보고를 수리해 줄 것이라고 단정하여서는 안 된다.

4) 금융업(은행, 증권사, 보험사, 증권투자기금법상 기금관리공사[基金管理公司. 우리 자본시장법상 신탁형 펀드의 펀드운용사로 이해할 수 있다] 등)과 관련한 인수거래에서는 인허가 부서 및 인허가절차가 통상적인 제조업에서의 인수거래와 다르다. 이 분야에 관한 실질적인 인허가권을 가진 기관은 **중국은행보험감독관리위원회**(China Banking and Insurance Regulatory Commission: CBIRC. 실무에서 "**은보감회**"로 약칭한다), **중국증권감독관리위원회**(China Securities Regulatory Commission: CSRC. 실무상 "**증감회**"로 약칭한다)이다. 비록 이 경우에도 위 2)에서 살펴본 시장감독관리국에의 등기와 상무부에의 보고가 필요하나, 그 실질적인 심사 및 허가 여부는 은보감회나 증감회에서 이루어진다. 은보감회와 증감회는 상무부서, 시장감독관리부서에 비하면 외국 투자자의 질문에 친절하게 답해 주지 않는 편이다. 따라서 이들 부서와의 의사소통에는 믿을 만한 현지 법률 사무소의 조력이 필요하다.

5) 중국 반독점법 제31조는 외국자본이 중국 내 기업을 인수하거나 혹은 기타 방식으로 기업결합에 참여하는 것이 "국가안전"에 관련되는 경우, 관련규정에 따라 **국가안전심사**를 하여야 한다고 규정하고 있다. 이에 근거하여 국무원과 상무부에서 공포한 하위 규정들이 있는데, 실무에서 이 부분이 문제되는 경우는 극히 드물다. 다만, 거래 초기 단계에서 이 규정들이 적용될 여지는 없는지, 현지 법률사무소에게 간단히 확인하는 절차는 필요하다고 본다(국가안전심사에 관한 설명으로는 박제현, 148-155면).

6) **중국 내에서의 인수거래는 한국에서의 인수거래에 비하여 상당히 많은 시간을 요한다. 나아가 통상적인 cross-border M&A 거래에서도 그 거래대상 지분이나 (영업)자산의 일부가 중국 내에 소재하는 경우 전체 거래의 진행이 중국의 이러한 사정으로 인하여 상당히 지연되는 경우가 많음**에 유의하여야 한다. 일률적으로 말할 수는 없겠지만, 인수거래를 위한 협상 개시후 Closing(거래종결)까지의 기간이 1년 미만인 경우를 찾기가 쉽지 않다. 반면 그 기간이 2년을 넘어가는 경우는 어렵지 않게 찾을 수 있다. 참고로, 중국은 특히 중추절과 국경절(건국기념일)이 겹치는 9월 중순~10월 중순의 기간과, 춘절(구정)이 있는 2월에 상당히 장기간에 걸쳐 관공서 및 기업들이 사실상 휴무를 하는 경우가 많다. 중국 정부의 인허가 심사가 이 기간에 걸치는 경우에는 실제 예상보다 기간이 더 소요될 가능성이 있다.

3. 투자회수계획(Exit Plan)의 사전 고려

1) 중국 내 인수거래의 구조를 설계하는 과정에서는 장래 어떠한 방식으로 투자를 회수할 것인지를 함께 고려하는 것이 필요하다. **중국에서는 위 1.과 2.에서 설명한 사정으로 인하여 투자회수계획(Exit Plan)의 자유로운 설계가 매우 강하게 제한받기 때문에, 경우에 따라서는 먼저 자신이 원하는 투자회수계획부터 설계한 후 그에 맞추어 역으로 인수거래의 구조를 설계하여야 할 수도 있다. 그렇지 않을 경우 장래 투자를 회수하는 과정에서 과다한 시간과 비용을 투입하면서 투자 당시 설계한 거래구조를 근본적으로 재수정하여야 할 수도 있다**.

2) 투자회수방식은 크게 다음 세 가지로 분류할 수 있다. 이 중 실무에서 가장 널리 선호되는 방안은 [1]이고, 그다음으로 드물게 선호되는 방안은 [3]이다. [2]는 아직까지는 그다지 선호 대상이 아닌데, 가장 큰 장애물은 중국 내 법제이다.

[1] **사적 매각**(Private Sale): (ⅰ) 인수한 회사의 발행지분·주식이나 (ⅱ) 인수한 회사가 보유하고 있는 유형·무형의 자산 혹은 (ⅲ) 인수한 회사의 모회사로서 중국 경외(홍콩, 싱가포르, 케이맨 등)에 설립되어 있는 중간지주회사의 발행주식을, 전략적 투자자(Strategic Investor[SI]) 혹은 재무 투자자(Financial Investor[FI])에게 수의계

약을 통해 매각하는 방식이다(중간지주회사를 둘러싼 여러 가지 법적 쟁점들에 관해서는 제3장 참조).

2 **중국 내에서의 상장:** 인수한 회사가 고분유한공사가 아니라면 먼저 그 회사를 고분유한공사로 전환시켜야 한다. 나아가 중국의 증권거래소에 상장되기 위해서는 중국의 다양한 상장규정상 요건을 충족시킴과 동시에 증감회의 심사를 받아야 한다. 그러나 실무에서 중국 내 상장은 외국 투자자들이 그다지 선호하지 않는 방안이다.

3 **중국 경외에서의 상장:** 중국 내 설립된 외상투자 고분유한공사 혹은 외상투자기업의 모회사로 중국 밖(홍콩, 싱가포르, 케이맨 등) 설립된 중간지주회사의 발행주식은 중국 외 상장거래소에 상장될 수 있다. 현재까지 널리 선호되는 거래소는 홍콩과 뉴욕이다. 과거 한국도 거론되었으나, 지금은 한국에서 진입장벽을 두어 막고 있다. 중국 외 여러 거래소들 중 어디에 상장할 것인지를 정하기 위해서는 상장요건은 물론 상장후의 의무(lock-up period 등)에 대해서 면밀히 검토하여야 한다.

4. 중국 내 거래 vs. 중국 외 거래

1) **외국 투자자가 이미 중국 내에 외상투자기업을 설립해 놓고 있는 경우, 당해 외상투자기업을 양수인으로 내세우는 것을 고려할 수 있다. 다만 이는 지분 양수거래보다는 자산(영업) 양수거래에서 주로 고려된다.** 인수대상회사가 중국 내 기업인 경우에, 역시 중국 내에 설립되어 있는 외상투자기업을 양수인으로 내세워 기존 지분의 매수나 증자되는 지분의 인수거래를 할 경우 다음과 같은 난관이 있기 때문이다. ① 당해 외상투자기업이 투자성 외상투자기업인 경우 그 출자자인 외국 투자자가 직접 인수하는 것과 동일시되어(즉 중국법에 의하여 설립된 법인임에도 불구하고 중국인이 아닌 외국인으로 간주되어) 제1장에서 살펴본 외국인투자에 관한 각종 제한을 받는다. 그 외에도 한국에서는 생각하기 힘든 법 규제들이 있다. ② 당해 외상투자기업이 비투자성 외상투자기업인 경우 외국인으로 간주되지는 않지만 매수

대금의 재원을 조달하는 데 제약이 많다(중국 내에 설립된 외상투자기업이 중국 내 다른 기업의 지분을 매수·인수하는 데 적용되는 각종 제약에 관해서 보다 구체적인 내용은 제2장 제4절 투자성 외상투자기업에서의 관련 설명 참조).

2) **인수대상회사의 모회사가 중국 경외 소재 paper company로서 중간지주회사이고, 외국 투자자가 당해 중간지주회사의 발행주식을 취득**(구주 매수 혹은 신주 인수)**하는 방식으로 인수하는 경우, 통상적으로 중국 정부에 의한 기업결합심사를 제외하고는 그 과정에서 중국 내 정부부서의 인허가 등은 필요하지 않다. 예컨대 외국 투자자가 중국 내 기업을 인수하는 경우 언제나 요구되는 시장감독관리부서에의 변경등기와 상무부서에의 보고도 필요 없다. 다만 이와 관련하여 중국 세법이 적용되는 경우가 있**는바, 이에 관해서는 이미 설명하였다(제3장 제3절 II. 2. (3) 참조).

3) **외국 투자자의 입장에서 보면 중국 내 대상회사를 인수하는 경우 대상회사의 모회사가 중간지주회사라면, 그 중간지주회사를 인수하는 것이 여러 모로 간명하고 그 기간을 절약할 수 있으며 거래구조도 훨씬 다양하게 설계할 수 있는 여지가 생긴다**(제3장의 관련 설명 참조). **특히 중간지주회사를 인수하는 주체로서 중국 경외에 별도의 특수목적회사**(매수 역할을 하는 vehicle로서의 paper company)**를 설립하면, 대상회사의 지배구조와 자금조달방식에 있어서도 추가적인 옵션을 찾을 수 있는 경우가 많다**.

4) 반면 중국 투자자의 입장에서는 중국 외에 회사를 설립하거나 중국 외에 설립된 회사의 지분을 취득, 보유하는 데 중국법상 다양한 제약이 있어 이를 꺼리는 경우가 있다. 이와 관련하여 특히 문제되는 경우는, **중국 내 대상회사의 기존 주주가 중국 투자자인 상황에서, 당해 대상회사를 인수하고자 하는 외국 투자자가 인수의 전단계로서 먼저 당해 대상회사의 주주를 중국 투자자에서 중국 경외의 중간지주회사로 변경하기를 희망하는 경우이다**. 외국 투자자가 자신에게 최적이라고 선택한 인수거래구조에서 매도인이 중국 내 회사가 아니라 중국 경외의 중간지주회사일 것이 요구되는 경우가 적지 않기 때문에, 실제로 이러한 경우가 심심치 않게 발생한다. 그러나 이와 관련하여서는 **중국법상 각종 제한이 있으므로 사전에 그 제한의 구체적인 내용을 면밀히 검토하여야 한다**. 그중 주요한 체크 사항들은 아래

와 같다.

1 **중국 법규는 금융업 및 특정 업종에서는 경외에 설립된 paper company가 중국 내 기업을 인수하는 것을 사실상 제약하고 있다**(그 인수주체에 대하여 법규상 일정한 자격요건을 갖출 것을 요구하고 있는데, paper company인 중간지주회사는 이 요건을 갖추기 어렵다).

2 **중간지주회사 설립국/지역과 중국 간에 체결된 이중과세방지조약에서 세금혜택**(tax benefit)**을 얻을 수 있는지 여부를 검토**해 보아야 한다. 한편 **장래 중국 경외에 설립된 중간지주회사의 발행주식을 매각하는 경우에도 일정한 요건이 충족되면 중국 내에서 양도소득세**(capital gain tax)**를 납부하여야 함**도 잊지 말아야 한다(제3장 제3절 II. 2. (3) 참조).

3 **중간지주회사 설립국/지역의 법규상 중국 내 투자에 일정한 제한을 부과하고 있는지 여부를 검토**해 보아야 한다.

4 장래 투자회수 방안도 미리 검토해 보아야 한다. 이와 관련하여, **중간지주회사의 발행주식을 장래에 용이하게 매도할 수 있는지**(**나아가 그 매각차익에 대하여 중간지주회사 설립국/지역의 세율은 어떤지**), 혹은 **해외 증권거래소에 중간지주회사 발행 주식을 상장할 수 있는지 여부** 등을 검토해 보아야 한다.

5. 지분(주식)인수 방식과 자산(영업)양수 방식의 비교

1) 자산(영업)양수방식을 취할 경우 ① 당사자가 별도의 약정을 하지 않는 한 대상회사의 우발채무나 부외부채는 자산을 매수한 회사에게 이전되지 않는 면에서, 지분(주식)인수방식에 비하여 장점이 있다. 반면, ② 대상회사가 보유하고 있던 기존의 각종 인허가가 법률상 당연히 인수회사에게 이전되지는 않는다는 면에서, 지분(주식)인수방식에 비하여 단점도 존재한다.

2) **중국 기업의 인수거래에서는 일반적으로 그 대상이 되는 중국 내 기업이 발행한 지분**(주식)**을 인수하는 방식이 당해 중국 내 기업이 보유한 영업자산을 양수하는 방식보다 선호된다**. 그 배경은 아래와 같다.

[1] 외국 투자자는 중국 내에서 사업에 필요한 기계설비나 공장(즉 영업자산)을 양수하였다고 하여 곧바로 자신의 명의로 사업을 시작할 수 없고, 중국의 외상투자 관련 법규에 따라서 당해 설비나 공장을 운영할 외상투자기업을 설립하여야 한다. 따라서 자산양수방식을 취할 경우 양수도 계약 체결과는 별도로 회사 신설이라는 별개의 절차를 거쳐야 하는데, 우리와 비교할 때 회사 신설에 상당히 오랜 기간이 소요된다(단 이 어려움은 외국 투자자가 이미 중국 내에 설립해 놓은 자회사를 자산양수인으로 내세울 경우 크게 문제되지 않는다).

참고로, 외국 투자자가 법인 형태로 중국 내 자산을 소유하고 이를 사업에 이용하기 위해서는 원칙적으로 그 소유주체로서 중국 내에 외상투자기업을 설립하여야 한다. 즉 외국 투자자가 중국 외에 회사를 설립한 후 그 회사 명의로 중국 내 부동산이나 기타 자산을 소유하거나 이를 사업에 이용하는 것은 중국법상 원칙적으로 허용되지 않는다. 이 때문에 자산매수방식으로 중국 내 기업(내자기업, 외상투자기업 불문)을 인수할 경우 외국 투자자는 먼저 당해 자산을 매수할 별도의 외상투자기업을 설립하거나 당해 자산을 매수한 후 이를 현물출자하여 외상투자기업을 설립하게 된다.

[2] 자산을 양수할 경우 각 자산별로 개별적으로 그 재산권 이전에 필요한 절차를 밟아야 하기 때문에, 지분(주식)인수 방식에 비하여 그 절차가 번잡하고 그에 따른 비용부담이 증가하는 경우가 대부분이다.

[3] 조세 부담 역시 실제 거래에서 simulation을 해 보면 자산(영업)양수 방식이 지분(주식) 인수 방식에 비하여 큰 경우가 많다.

[4] 자산양수 방식을 취할 경우 고용관계가 자동적으로 승계되지 않기 때문에, 매도기업의 근로자들과 새로이 일일이 근로계약을 체결하여야 한다.

[5] 자산양수 방식을 취할 경우 대상기업이 제3자와 체결한 계약관계가 자동적으로 승계되지 않기 때문에, 당해 계약에 관하여 일일이 계약상 지위 이전의 절차를 밟아야 한다(한국 민법에서와 마찬가지로 제3자의 동의 혹은 3당사자 간 새로운 계약의 체결을 요한다).

6. 대상회사가 중국 국유기업일 경우

1) **중국 국유기업을 인수할 경우** 주의할 점이 있다. 중국 정부는 이 경우 국유기업 혹은 그 소유 **자산의 가치가 낮게 평가될 것을 우려하여 관련 법규에서 추가적인 규제와 절차를 두고 있다**. 이 과정에서 감독과 규제를 주도하는 기관은 국유자산감독관리위원회(国有资产监督管理委员会. "국자위"로 약칭한다)와 재정부(财政部)이고, 주요한 근거법규는 「기업국유자산평가관리에 대한 잠정적 시행방법(企业国有资产评估管理暂行办法)」이다.

2) 몇 가지 주요한 사항을 살펴보면 다음과 같다.

1 **인수대상인 국유자산에 대하여 일정한 자격요건을 갖춘 감정인이 규정된 방식에 따라 그 가치를 감정평가하여야 하고, 별도의 허가를 받지 않는 한 인수 시 그 평가가치의 90% 이상에 해당하는 대가를 지불하여야 한다**. 다만, 당해 국유기업이 상장회사이고, 그 대가가 장부가를 초과하는 경우에는 별도의 감정평가절차가 요구되지 않는다(단 이 경우에도 허가절차는 밟아야 한다).

2 인수대상이 국유금융기관인 경우에는 재정부가 그 감독과 절차를 주도한다.

3 중국에서 국유자산을 매수하는 경우 개별협의의 형태를 취하기는 쉽지 않고, 대부분 경매나 입찰의 방식에 의하게 된다(앞에서 살펴본 국유토지 사용권의 출양 절차를 참조하기 바란다).

4 실제 거래에서 상대방인 중국 기업이 국유기업인지 여부를 판단하는 게 쉽지만은 않다. 예컨대 거래 상대방으로 나선 중국 기업의 49% 지분을 가지고 있는 회사의 10% 지분을 국자위가 가지고 있으면, 거래상대방을 중국법상 국유기업이라고 볼 것인가? 실제로 한국 투자자들이 어느 중국 회사를 국유기업인 줄 알고 그 자회사들과 선불리 거래하였다가 손해를 입은 사례도 있다. 이 부분에 관해서는 현지 법률사무소의 조력을 받아서 확인하는 것도 한 가지 방법이다.

이론 Tip

중국 국유자산 평가 방법

1) 통상 기업인수과정에서 대상회사의 가치를 평가할 때에는 현금흐름할인법(Discounted Cash Flow[DCF]), 시가법, 장부가액법(원가법), 청산가치법 중 한두 가지를 채택한다. 중국도 이를 고려하여 국유자산 평가방법을 다음과 같이 규정하고 있다("국유자산평가관리방법(国有资产评估管理办法)" 제15조 및 "자산평가조작규범의견(시행)에 관한 통지(关于转发《资产评估操作规范意见(实行)》的通知").

① 수익현가법[현금흐름할인법](Income Approach. 중국법 용어: 收益现值法): 평가대상 자산으로부터 장래 예상되는 수익과 현금흐름을 예측한 후 이를 적절한 할인율로 할인한 현재가치를 평가대상자산의 가치로 정하는 방법.

② 현행시가법(Market Approach. 중국법 용어: 现行市价法): 평가대상 자산과 동일하거나 유사한 자산을 참조 대상으로 선택하여, 각 가치결정요소를 평가대상자산과 참조 대상에 대응시킨 후 가격의 차이, 비교, 조정을 통하여 도출한 분석결과를 토대로 평가대상 자산의 가치를 정하는 방법.

③ 재취득원가법(Cost Approach. 중국법 용어: 重置成本法): 평가대상 자산과 동일한 성질의 자산을 별개로 구입하거나 건설한다고 가정할 경우 요하는 금액에서 평가대상 자산의 마모상태, 기술의 낙후정도, 외부 경제환경의 변화 등을 평가하여 적절하게 차감한 잔액을 평가대상 자산의 가치로 정하는 방법.

④ 청산가격법(Liquidation Approach. 중국법 용어: 清算价格法) : 기업을 청산할 경우 현금가치에 근거하여 대상자산의 가치를 정하는 방법.

2) 인수대상회사가 국유기업일 경우, 국유기업 측에서는 자신의 가치를 재취득원가법에 의하여 평가하기를 원하는 경우가 많을 것이다. 특히 해당 국유기업이 영업상 이익을 내지 못하거나 영업상 이익이 매우 낮아서, 수익현

가법(현금흐름할인법)으로 평가할 경우 평가가치가 매우 낮게 나올 경우 더욱 그러할 것이다. 반면 외국 투자자는 보통 장래 회수할 수 있는 투자이익에 중점을 두고 대상회사를 평가하기 때문에 대상회사의 이익창출능력에 주안점을 두는 수익현가법(현금흐름할인법)을 선호하는 경우가 더 많다. 이러한 사정 때문에 가치평가 방식을 두고 중국 국유기업과 외국 투자자 사이에 오래 시간을 두고 협상하는 경우도 생긴다.

7. 대금지급방식

1) 외국 투자자들은 인수 대가의 산정과 지급방식에 관하여서도 유연한 구조를 설계하는 게 일반적이다. 그런데 중국에서는 그러한 방식을 자유롭게 구사하기 힘들다는 점도 염두에 두어야 한다. 외국 투자자들이 중국의 법제에서 불편을 느끼는 큰 분야 중 하나가 자금의 자유로운 국경 간 유출입에 대한 중국 국가외환관리국의 통제이다.

2) 과거에 중국 정부는 인수 거래를 허가하는 과정에서 그 대금으로서 특정한 일자에 특정 외화로 표시된 일정한 금액을 지급하고 그것으로 곧바로 대금지급 절차가 마무리되는 것을 요구하는 경우도 있었다. 이는 곧 **인수 거래에서 흔히 볼 수 있는 대금의 분할지급조항이나 대금조정조항(Price Adjustment Clause, 흔히 Escrow Account에 대금의 일부를 일정기간 예치해 두는 방식을 사용한다)의 내용에 실질적인 제약을 받을 수 있음**을 의미하였다. 지금도 중국의 까다로운 외환거래 규제·감독 시스템이 실질적으로 대금조정조항의 유연성을 가로막을 수 있음을 염두에 두어야 한다. 예를 들면 「외국투자자의 중국 내 기업인수에 관한 규정(关于外国投资者并购境内企业的规定)」에 따르면, 외국 투자자의 지분(주식) 매수에 의해 내자기업이 외상투자기업으로 전환되는 경우, 그 매수대금은 지분 양수 시로부터 늦어도 1년 이내에 모두 지불되어야 한다. 따라서 기업인수에 관한 거래구조를 설계하면서 대금지급을 분할로 하거나 대금의 사후 정산을 고려할 경우, 사전에 현지 법률사무소에 중국 외

국환거래법상 어떠한 규제는 없는지 간단히 확인해 볼 필요가 있다.

8. 역외 중간지주회사

중국 내 회사를 인수하는 거래구조에 홍콩, 싱가포르, 케이맨 등지에 설립된 paper company 형태의 중간지주회사(이하 "**역외 중간지주회사**")가 개입될 경우, 사전에 점검해야 할 중국법 관련 이슈들이 많다. 아래에서 하나씩 살펴본다.

(1) 해외직접투자에 관한 규제

1) 거래 과정에서 (i) **중국 내 거주자**(자연인, 기업)**가 중국 외에** paper company **형태의 특수목적회사를 설립하거나 이미 설립되어 있는 중국 외 특수목적회사가 발행하는 신주를 인수한 후**(중국 내 거주자는 이때 특수목적회사의 주식을 취득하는 대가로 금전을 출자할 수도 있고, 자신이 보유하고 있는 중국 내 다른 기업의 지분을 현물출자할 수도 있다), (ii) **그 특수목적회사가 다시 중국 내에 투자하게 되면,** 중국법상 소위 "**경외투자**(境外投资. Outbound Direct Investment[약칭하여 "ODI"])"**로서 중국법상 다소 복잡한 규제를 받게 된다**. 이때 (ii) 항 소정의 "중국 내의 투자"에는 ① 중국 내 기업의 지분을 중국 투자자로부터 매수하는 것, ② 중국 내 외상투자기업을 설립한 후 당해 외상투자기업으로 하여금 중국 내 자산을 취득하거나 그 자산에 대한 통제권을 취득하는 것, ③ 중국 내 자산을 취득한 후 그 자산을 현물출자하여 외상투자기업을 설립하는 것 등이 모두 포함된다.

2) 다만, **한국 투자자가 역외 중간지주회사를 통하여**(역외 중간지주회사의 주식을 매수하는 방식으로) **중국 내 기업을 인수하는 거래에서** 경외투자에 관한 중국법 규제는 한국 투자자보다는 중국 투자자들에게 적용되는 경우가 대부분이다. 한국 투자자들이 중국 내 보유하고 있는 외상투자기업으로 하여금 중국 외에 특수목적회사를 설립하도록 하거나 그 특수목적회사에 투자하도록 하는 사례는 거의 없기 때문이다. 하지만 이 경우에도 거래 상대방인 중국 투자자가 중국법상 인허가를 모두 준수하고 있는지 확인하는 차원에서 한국 투자자도 경외투자 규제의 개략적인 내

용은 파악해 두고 있을 필요가 있다. **나아가** ① 반대로 한국 투자자가 매도인, 중국 투자자가 매수인의 입장에 서는 경우, 예를 들어 **한국 투자자가 중국 사업 철수의 일환으로 기존에 보유하고 있는 외상투자기업을 역외 중간지주회사를 통하여 중국 투자자에게 매각하는 경우**, 그리고 ② **중국 투자자가 한국 내 기업을 인수하고자 하는 경우**에도 **한국 투자자 입장에서 중국 투자자가 경외투자와 관련한 중국 내 인허가 등 행정절차를 제대로 밟았는지 확인할 필요가 있을 것이다.** 예를 들면, ① 중국 투자자와 체결하는 계약에서 중국 투자자의 진술보장사항에 경외투자 완료에 관한 내용을 넣어야 할지, ② 거래 이행을 위한 선행조건 서류로서 경외투자에 관한 행정절차를 완료하였음을 증빙하는 서류를 요구할 것인지 등을 사전에 잊지 않고 점검해 보아야 할 것이다. 이때, 드물기는 하지만 중국 투자자가 경외투자에 관한 중국법 규제를 제때 그리고 제대로 준수하지 못하여 계약 체결후 중국 투자자의 대금 지급이 지연되거나 무산되는 경우가 있다. 이러한 일이 발생하면 중국 투자자는 자신이 대금을 지급하지 못하는 것이 불가항력에 해당한다(즉 중국 정부 특히 국가외환관리국의 갑작스러운 입장 변화로 인하여 자신이 대금 송금을 못하게 된 것이어서 불가항력[Force Majeure]에 해당한다)고 주장하기도 하는데, 처음부터 중국 투자자가 경외투자에 관한 중국 관련 법령을 준수하지 못했다면 불가항력이라는 항변은 인정될 수 없을 것이다. 이러한 사정을 고려하여, 경외투자에 관한 구체적인 내용은 아래 실무 Tip.에서 소개한다.

(2) 중국 세법상 기업소득세(법인세) 부과 여부

아래 4가지 요건을 모두 충족하는 역외 중간지주회사는 중국 기업소득세법 제2조 제2항 및 기업소득세법실시조례 제4조 소정의 "외국법에 따라 설립되었으나 그 실제관리기구가 중국 내에 있는 기업"에 해당하여, 중국 기업소득세법 제3조 제1항에 따라서 **중국 내외의 모든 원천소득에 대하여 중국 내에서 기업소득세를 납부하여야 한다**.

① 역외 중간지주회사의 일상적인 생산경영관리 직무를 수행하는 고위임원과 그 임원의 직무수행장소가 주로 중국 내에 있을 것.

② 중국 내 기구 혹은 인원이 역외 중간지주회사의 재무정책(차입, 대출, 융자, 재무위험관리 등)과 인사정책(임명, 해임, 보수 등)을 결정하거나 그 결정에 대한 승인을 할 것.

③ 역외 중간지주회사의 주요재산, 회계장부, 회사 인감, 이사회 및 주주총회의 의사록 등이 중국 내에서 보관될 것.

④ 역외 중간지주회사 의결권의 50% 이상을 보유한 이사와 고위 임원이 주로 중국 내에 거주할 것.

(3) 역외 중간지주회사 발행주식의 양도차익에 대한 과세 여부

이 부분에 관해서는 앞에서 설명하였다(제3장의 관련 설명 참조).

(4) 외국 투자자의 중국 내 기업인수에 관한 규정(통칭 "10호 규정")

한국 투자자가 중국 내자기업을 인수할 경우 특히 주의해야 할 규정이 "외국 투자자의 중국 내 기업 인수에 관한 규정(关于外国投资者并购境内企业的规定. 실무에서는 흔히 "10호"규정이라고 칭한다)"이다. 아래에서는 주요한 사항들 몇 가지만 살펴본다.

1) 적용범위

10호 규정은 "외국 투자자가 중국 내 비외상투자기업을 인수하는 경우"에 적용된다. 이와 관련하여 특히 "외국 투자자" 및 "중국 내 비외상투자기업"의 범위를 잘 이해하여야 한다.

(가) 인수의 주체인 "외국 투자자"의 범위

중국 외상투자기업 관련 법규에서 "외국 투자자"는 중국 경외(홍콩, 마카오, 대만 포함)에서 설립된 기업 기타 경제주체(자연인 포함)를 의미한다. 따라서 중국 경내에 설립된 기업은 원칙적으로 "외국 투자자"의 범위에서 제외된다. 단, 앞에서 본 바와 같이 투자성 외상투자기업은 예외적으로 "외국 투자자"의 범위에 포함된다. 따라서 **인수주체가 ① 중국 경외(홍콩, 마카오, 대만 포함)에 설립된 기업 기타 경제주체(자**

연인 포함)**이거나 ② 중국 경내에 설립된 투자성외상투자기업 즉 외상투자 창업투자기업, 외상투자 지분투자기업인 경우에 한하여, 10호 규정이 적용된다.**

(나) 인수의 대상인 "중국 내 비외상투자기업"의 범위

1 "중국 내"의 범위: "중국 내"에서 홍콩, 마카오, 대만은 제외하고 있다. 따라서 예컨대 **대상회사의 모회사로 홍콩, 싱가포르, 케이맨 등에 설립되어 있는 역외 중간지주회사의 발행주식을 인수하는 경우 10호 규정은 적용되지 않는다.**

2 "비외상투자기업(非外商投资企业)"의 범위: 중국 내 설립된 기업 중 외상투자기업이 아닌 기업을 말한다. 다른 중국 법령에서는 흔히 "내자기업(内资企业)"이라고 한다. 한 가지 유의할 점이 있다. **대상회사의 출자자가 모두 중국 내에 설립된 기업일지라도, 출자자 중 하나가 투자성 외상투자기업이라면 인수대상회사는 외상투자기업으로 분류되어 10호 규정이 적용되지 않는다**는 점이다.

(다) 거래방식인 "인수"의 범위

1 지분매수방식: 외국 투자자가 대상회사의 기존 지분을 매수하거나 대상회사가 증자하는 지분을 인수하는 방식. 10호 규정에서는 "**지분인수**(股权并购)"라고 칭한다. 그 결과 대상회사는 외상투자기업으로 전환된다. 지분매수의 방식에는 외국 투자자가 중국 내 비외상투자기업의 지분을 보유하고 있는 중국투자자와 지분교환을 함으로써 당해 중국 내 비외상투자기업 지분의 전부 혹은 일부를 취득하는 것도 포함된다.

2 자산매수방식: 외국 투자자가 먼저 외상투자기업을 설립한 후 대상회사의 주요자산을 매수하거나, 혹은 외국 투자자가 대상회사의 주요자산을 매수한 후 당해 자산을 출자하여 외상투자기업을 설립하는 방식. 10호 규정에서는 "**자산인수**(资产并购)"라고 한다.

(라) 10호 규정의 규제를 회피하는 방안의 모색

만일 대상회사가 비외상투자기업임에도 불구하고 10호 규정의 적용을 피하고

싶다면, 인수 거래를 실행하기 전에 먼저 당해 대상회사의 지분 일부만을 외국 투자자에게 양도하도록 하여 당해 대상회사를 외상투자기업으로 전환시키는 방안을 고려해 볼 수 있다. 특히 이는 중국 내 기업을 해외에 상장하고자 하는 경우 자주 고려된다. **한국 투자자로서는 아래 2)에서 보는 10호 규정의 사실상 금지조항을 피할 수 있는 방법 중 하나로 생각해 볼 수 있기는 한데, 여전히 중국 현지 법률사무소를 통하여 그 시점에서의 중국 정부의 입장을 확인해 보는 게 필요하다**.

2) 왕복투자 인수거래의 실질적 금지

10호 규정에서 외국 투자자들이 주목하여야 할 **핵심적인 규제는 소위 왕복투자(Round-Trip Investment)를 통한 중국 내 기업의 인수를 일정한 경우에 금지하고 있다**는 점이다.

[1] 10호 규정은 ① **중국 내 기업이나 자연인**(이하 "실질적 지배자")**이 중국 외에 중간지주회사**(이하 "역외 중간지주회사")**를 설립하거나 실질적으로 그 역외 중간지주회사를 지배하는 상황에서 ② 그 역외 중간지주회사가 실질적 지배자와 관련관계에 있는 중국 내 비외상투자기업을 인수하고자 하는 경우**(이하 "왕복투자 인수"), **실질적 지배자가 중앙정부 상무부의 심사허가**(중국법 용어: 批准[비준])**를 받을 것**을 규정하고 있다. **그런데, 실제로는 중국 상무부가 아직까지 이러한 거래를 승인해 준 적이 없다. 따라서 현재로서는 이러한 왕복투자 인수거래는 불가능하다고 보아야** 하고, 이것이 10호 규정이 적용될 때 실무자들이 느끼는 가장 큰 제약이다. 따라서 **한국 투자자가 중국 투자자와 함께 홍콩에 중간지주회사를 설립한 후 그 중간지주회사가 중국 내에 당해 중국 투자자와 관련관계에 있는 비외상투자기업을 인수하고자 하는 경우, ① 당해 중국 투자자가 중간지주회사를 실질적으로 지배하지 않도록**(즉 외국투자자가 중간지주회사를 실질적으로 지배하도록) **중간지주회사의 지배구조를 설계하여야 한다. ② 아니면 위** (라)**에서 본 10호 규정의 회피방안을 고려해 볼 수도 있다**.

[2] 10호 규정에서 말하는 "실질적 지배자(중국법 용어: 实际控制人)"나 "관련관계(중국

법 용어: 关联关系)"의 개념에 관해서는 중국 회사법의 관련 조항을 참고할 수 있다(제4장 제2절 제2관 III. 4. (4)의 관련 설명들 참조). 그러나 여전히 구체적인 사례에서 명확한 판단기준을 제공해 준다고 보기는 어려워서, 구체적인 지분 구조 기타 사실관계하에서는 현지 법률사무소의 조언이 필요하다.

[3] 참고로, 10호 규정은 2006. 9. 8.부터 시행되었다. 따라서 그 전에 이미 왕복투자 인수거래가 이루어진 경우에는 10호 규정의 제약을 받지 않았다. 그 결과 지금도 중국 투자자가 실질적으로 지배하는 역외 중간지주회사가 중국 내 관련관계 기업의 지분을 보유하고 있는 사례가 존재한다.

[4] 한 가지 유의할 점이 있다. 10호 규정의 적용범위에 포함되지 않는 왕복투자 인수 거래에 대해서도 중국 외환관리국이 허용하지 않는 경우가 있다. 따라서 기본적으로 ① **중국 내 거주자(기업이나 자연인)가** (i) **중국 외(홍콩, 마카오, 대만 포함)에 회사를 신설하거나** (ii) **중국 외에 있는 회사의 지분/주식을 인수하는데, ② 그 중국 외 회사가 현재 혹은 장래에 중국 내 기업의 지분을 보유하는 경우에는, 10호 규정의 적용 여부를 불문하고 현지 법률 사무소를 통하여 중국 정부부서의 그때그때 입장을 확인해 볼 필요가 있다**. 이에 관해서는 제3장에서 설명한 "**검은 머리 외국인 투자**"에 대한 중국의 규제 부분을 함께 참고하기 바란다.

3) 관할 정부부서에서의 행정절차

(가) 외상투자기업 관련 등기 및 보고

10호 규정이 적용되는 인수 거래에서는 대상회사가 외상투자기업으로 전환되거나 새로이 외상투자기업이 설립되므로, 외상투자기업 관련 법률에 따라 관할 시장감독관리부서에의 등기 및 공시와 상무부서에의 보고가 필요하고, 그 후속절차도 당연히 밟아야 한다. 구체적인 내용은 제4장에서 살펴본 유한책임공사의 설립 부분을 참고하기 바란다. 특히 유한책임공사의 설립 시 거쳐 갔던 모든 관할 정부부서에는 그 지분 인수로 인한 출자자 변경 시에도 다시 찾아가야 한다고 생각해도 무방하다.

(나) 상무부, 증감회의 심사허가

1 위에서 본 바와 같이 10호 규정에 의하면 왕복투자 인수거래의 경우 중앙정부 상무부의 심사허가가 필요하나, 10호 규정 시행 이후 지금까지 심사허가를 내준 사례는 없다. 즉 사실상 금지되고 있는 상태이다.

2 10호 규정에 의하면 왕복투자 인수거래 이후 실질적 지배자가 당해 역외 중간지주회사를 중국 외 거래소에 상장하고자 하는 경우 증감회의 심사허가(중국법 용어: 批准[비준])를 받아야 한다. 그런데 지금껏 이러한 해외상장의 선행조건인 위 1항 소정의 상무부의 심사허가가 나온 적이 없고, 그 당연한 귀결로서 10호 규정 시행 이후 지금까지 해외상장에 필요한 증감회의 심사허가를 받기 위한 시도 자체가 여태껏 존재한 적이 없다. 다만, 10호 규정은 2006. 9. 8.부터 시행되었기 때문에, 그 전에 이미 왕복투자 인수거래가 이루어졌던 경우에는, 실질적 지배자가 당해 역외 중간지주회사를 중국 외 거래소에 상장하고자 하는 경우에도 증감회의 심사허가를 받을 필요가 없다. 현재 외국에 상장되어 있는 중국 기업들의 상당수는 이 경우에 해당된다.

(다) 상무부에의 신고

10호 규정의 적용대상인 외국 투자자의 중국 내 비외상투자기업 인수가 ① **중국 내 중요 업종에 영향을 주거나 국가경제 안전요소에 영향을 줄 수 있는 경우, 혹은 ② 저명한 상표나 중국의 오래된 상호를 소유하고 있는 중국 내 기업의 실질적 지배권의 이전과 관련된 경우, 거래 당사자는 이를 상무부에 신고(중국법 용어: 申报)하여야 한다**. 외국 투자자가 보기에 이 조항은 매우 광범하면서도 막연하게 규정되어 있어서, 현지 법률사무소의 개별적인 조언이 필요하다.

4) 매매대금 산정 규제

10호 규정이 적용되는 인수거래에서는 중국 정부 혹은 기타 중국 투자자가 보유하고 있는 지분이나 기타 자산이 외국 투자자에게 매각된다. 이에 10호 규정에서는 중국의 자산이 헐값에 외국으로 매각되는 것을 우려하여, 그러한 자산에 대해서는 반드시 적법한 자격을 갖춘 자산감정평가기관의 감정평가를 받도록 하면서 그 감정평가가격에 비하여 현저히 낮게 대가를 산정하는 것을 금하고 있다. 특히 **대상지분 기타 자산이 국유일 경우에는 국유자산관리규정에 따라 더 엄격한 규제를 받는다**. 사실 중국 법제의 이러한 입장은 인수 거래뿐만 아니라 외상투자기업을 설립하는 과정에서도 그대로 유지된다. 즉 중국 투자자가 외상투자기업에 현물출자를 하는 경우 그 현물의 가치를 산정하는 과정에서도 그대로 적용된다.

5) 매매대금 지급기한의 규제

10호 규정은 인수대가의 지급기한에 관해서도 아래와 같은 제한을 두고 있다. **거래실무에서는 인수 계약(예컨대 지분양수도 계약)에서 대금지급의 시기 및 방법, 대금액의 조정에 관해서 당사자 간 합의에 따라서 유연한 내용을 삽입하는 게 일반적인데, 중국에서는 10호 규정의 존재로 인하여 그 자유로운 약정에 일정한 제한을 받을 수 있음**에 유의하여야 한다. 실무에서는 아래 사항을 염두에 두고 추가적으로 현지 법률사무소로부터 변경 내지 완화된 부분은 없는지 확인하고 있다.

1 외국 투자자가 ① 대상회사의 발행지분을 매수하여 대상회사를 외상투자기업으로 전환시키는 방식 혹은 ② 대상회사의 소유자산을 매수한 후 그 자산을 출자하여 새로이 외상투자기업을 설립하는 방식으로 인수를 하는 경우, 외국 투자자는 그 외상투자기업 영업허가증 발급일(즉 전환일 내지 설립일)로부터 기산하여 원칙적으로 3개월 내에 지분 혹은 자산의 매수대금을 매도인에게 완납하여야 한다. 단 특별한 사정으로 인하여 연장이 필요할 경우 관할 상무부서의 심사허가를 받아 그 외상투자기업 영업허가증 발급일로부터 6개월 내에 총 매매대금의 60% 이상을 지불하고 1년 내에 나머지 대금을 완납할 수 있다.

2 외국 투자자가 먼저 외상투자기업을 설립한 후 그 외상투자기업으로 하여금 대상회사의 소유자산을 매수하게 하는 방식으로 인수를 하는 경우, 외국 투자자는 위 1 소정의 기한 내에 그 매수대금에 해당하는 금액을 그 외상투자기업에 출자하여야 한다.

3 외국 투자자가 대상회사의 기존의 지분을 매수하는 것이 아니라 대상회사의

증자에 참여하여 새로이 발행되는 지분을 인수하는 방식으로 인수하는 경우, 외국 투자자는 대상회사가 외상투자기업 영업허가증 발급 신청을 할 때 자신이 인수한 증자분의 20% 이상을 납입하여야 한다.

6) 지분교환(Equity Swap) 방식의 인수에 대한 규제

10호 규정은 외국 투자자가 중국 내 비외상투자기업의 지분을 매수하거나 그 증자지분을 인수하는 방식으로 인수를 하는 경우에, 당해 외국 투자자가 자신이 보유하고 있는 중국 외 회사의 발행 지분 혹은 그 중국 외 회사의 증자지분을 대가로 지급할 수 있음을 규정하고 있다. 다만 이를 다음과 같이 엄격한 요건하에서만 제한적으로 허용하고 있어서, 실제 이 방식을 사용할지 여부는 신중하게 결정하여야 하고, 이 방식을 취하고자 할 경우 사전에 현지 법률사무소의 조언도 필요하다. ① 이 거래에 대해서는 중앙정부 상무부의 심사허가(중국법 용어: 批准[비준])를 받아야 한다. ② 외국 투자자가 대가로 지급하는 지분을 발행한 중국 외 회사는 (i) 10호 규정에서 별도로 열거한 소정의 요건을 구비한 "중국 외 거래소의 상장회사"이거나 (ii) 앞서 본 왕복투자 인수거래구조에서의 역외 중간지주회사(단 그 역외 중간지주회사는 "중국 내 기업의 해외상장을 위한 목적으로 당해 중국 내 기업의 모회사로서 설립된 것이어야 함)이어야 한다. ③ 상호 교환대상인 두 지분(즉 비외상투자기업의 발행지분과 중국 외 기업의 발행지분) 역시 관련 법규 소정의 요건들을 구비하여야 한다(합법적으로 양도 가능하고, 담보가 설정되어 있지 않을 것 등). ④ 자신의 지분을 매각하는 중국 투자자 혹은 증자를 하는 중국 내 비외상투자기업은 반드시 중국 내 등록된 증권중개기구를 인수고문으로 선임하여 그로 하여금 중국 외 회사의 재무상황, 10호 규정 요건의 구비여부 등에 대한 보고와 전문 의견을 진술하게 하여야 한다.

(5) 수익적 소유자 여부 판단

1) 수익적 소유자(Beneficial Owner)는 국제 조세에서 사용되는 중요한 개념이다. 예컨대 한국 투자자가 중간지주회사를 홍콩에서 설립하고, 그 중간지주회사가 출자하여 중국 내에 1인 유한책임공사 형태의 외상투자기업을 자회사로서 설립한

경우를 생각해 보자. 중국 내 자회사가 중간지주회사에게 이익배당 명목으로 일정한 금원을 송금하고자 할 경우, 중국 기업소득세법에 따르면 원칙적으로 자회사는 그 금액 중 10%를 원천징수하여 중국 세무당국에 납부하여야 하지만, 중국·홍콩 간 이중과세 방지조약에 따르면 원천징수 세율이 5%로 감경된다. 다만, 홍콩 중간지주회사가 이렇게 중국·홍콩 간 이중과세 방지조약의 혜택을 받기 위해서는 단순한 paper company가 아니라 수익적 소유자(즉 그 배당 이익의 실질적인 귀속주체)임을 인정받아야 한다. 그러지 못하면 5% 감경 효과를 얻지 못하고 원칙으로 돌아가 10% 세율로 원천징수를 당하게 된다.

2) 그런데 중국에서는 이러한 수익적 소유자의 판단기준에 관해서 일련의 법규정을 두고 있음에 주목할 필요가 있다. 예를 들면, **다음 몇 가지 사항들은 중국 세무당국으로부터 수익적 소유자로 인정받는 데 불리한 요소로 작용한다. ① 역외 중간지주회사가 중국 자회사로부터 일정한 소득(이하 "해외 소득")을 수령한 후 12개월 이내에 다시 제3국 거주자(예컨대 자신의 주주인 한국 본사)에게 그 소득의 50% 이상을 지급할 의무가 있는 경우. ② 역외 중간지주회사가 실질적인 사업을 수행하지 않는 경우. ③ 역외 중간지주회사 소재지국에서 해외 소득에 대하여 과세하지 않거나 과세하더라도 그 세율이 극히 낮을 경우** 등. 실무에서는 이 부분에 관해서 외부의 국제조세 전문가에게 자문을 구하는 것이 필요하다.

⑹ 홍콩의 중요 지배자 등록제도

홍콩 회사조례(Companies Ordinance Cap. 622)에 따르면, **홍콩에 설립되는 중간지주회사들은 사실상 예외 없이 자신을 실질적으로 통제하는 자들(이하 "중요 지배자")을 따로 정리한 "중요 지배자 등록부"를 작성하여, 홍콩 정부에서 요청하면 열람할 수 있도록 해 주어야 한다**. 이 법 규제의 주요 내용은 아래와 같다. 위반 시에는 벌금이나 경우에 따라서 징역형이 부과될 수도 있으므로 실무에서는 주의를 요한다.

[1] 중요 지배자 등록부를 작성·보관해야 하는 의무를 부담하는 주체는 홍콩 증권거래소에 상장된 회사를 제외하고 홍콩 회사조례에 따라서 설립된 기업들이다. 홍콩에는 중국 내 투자를 위한 도관으로서 많은 중간지주회사들이 비

상장 paper company 형태(홍콩회사조례상 private company limited by shares[私人股份有限公司])로 설립되어 있다. 따라서 **한국 투자자가 홍콩에 중간지주회사를 설립한 후 이를 통하여 중국 내에 외상투자기업을 설립할 경우, 사실상 한국 투자자 자신의 존재가 홍콩 및 중국 정부에 의하여 모니터링된다**는 점을 기억해 둘 필요가 있다.

2 **중요 지배자란** 홍콩에 설립된 중간지주회사가 홍콩회사조례상 공사(公司)인 경우, **다음 요건 중 하나를 구비하고 있는 자연인 혹은 법인**을 말한다.

① 직접적 혹은 간접적으로 회사 발행 주식의 25% 이상을 보유하거나 그 자본 또는 이익에 대해 25% 이상의 권리를 가지는 자.

② 직접적 혹은 간접적으로 회사 의결권의 25% 이상을 보유하는 자.

③ 직접적 혹은 간접적으로 회사 이사회의 과반수 구성원에 대한 선임권·해임권을 보유하는 자.

④ 기타 회사에 대해 중대한 영향력이나 지배력을 행사할 권리를 보유하거나 실제로 그러한 권리를 행사하는 자.

3 중요 지배자의 성명이나 상호, 연락 주소나 법인등록번호, 지배력의 구체적 내용 등은 등록부에 기재되어야 한다. 중요 지배자가 복수인 경우 그들 중 대표자를 지정하여야 한다. **중요 지배자 등록부는** 회사의 등록주소지나 홍콩 내 기타 장소에 서면이나 전자문서의 형태로 보관되고, 이 등록부는 **중요 지배자, 홍콩 회사등기처, 세관부서, 금융감독부서, 세무부서, 보험부서, 증권선물위원회, 반부패부서 등에서 열람할 수 있다**.

9. 기업결합신고

한국 투자자는 중국 내 유한책임공사를 중국 투자자와 합작으로 설립할 때와 마찬가지로 중국 내 기업을 인수할 때에도 한국, 중국 그리고 기타 국가에서 기업결합신고를 할 필요가 있는지 확인해 보아야 한다. 중국 내 기업의 지분을 직접 인수할 때는 물론, 역외 중간지주회사를 인수하는 방식으로 그 자회사인 중국 내 기업을 간접적으로 인수할 때에도 마찬가지이다(중국 내 기업설립 시 기업결합 심사 여부에 관해서는 제4장 제2절 제2관 III. 참조). 이 경우 한국, 중국, 일본, 미국, 유럽연합 등에서 기업결합 심사를 받아야 할 수 있으므로, 이에 관해서 필요하면 외부 법률전문가의 자문을 받아 보아야 한다. 중국 내 기업을 인수하는 경우를 포함하여 중국법상 기업결합심사 제도에 관해서는 아래에서 별도로 살펴본다.

실무 Tip

중국 내 기업의 해외투자(境外投资**[경외투자]**. Outbound Direct Investment)

중국 내 설립된 기업이 해외(관련법령에서는 "境外[경외]"라고 표현한다)에 투자할 경우, 사전에 국유자산감독관리위원회, 국가발전과개혁위원회, 상무부, 외국환은행을 찾아 갈 필요가 없는지 점검해 보아야 한다. 중국 내 기업의 해외투자에 관해서는, 중국의 중앙정부 및 지방정부의 다양한 부서들이 각자 자신의 관할 사항에 관하여 각종 규정들을 반포하고 있어서, 관련 규율의 내용을 파악하는 것이 퍼즐을 맞추는 것처럼 복잡하다. 따라서 실제 거래에서는 그 시점과 해당 중국 내 기업의 관할 지역에서 적용되는 관련 법규범 및 실무들에 대하여 현지 법률사무소의 자문을 받아 볼 필요가 있다. 시간 순서에 따를 때 확인해 보아야 할 절차들을 개략적으로 살펴보면 아래와 같다.

(1) **국유자산감독관리위원회에의 Filing 혹은 심사허가**

1) 중앙기업(中央企业)은 매년 1월 31일 이전에 당해 연도의 해외투자 활동계획을 기재한 "연도투자계획(年度投资计划)"을 작성하여 국무원 산하 국유자산감독관리위원회(이하 "국자위")에 제출하여야 하고, 국자위는 연도투자계획에 기재된 해외투자 항목을 신고(filing. 중국법 용어: 备案[비안])해 놓는다. 만일 중앙기업이 연도투자계획에 기재되지 않은 해외투자를 하고자 할 경우에는 별도로 이를 국자위에 보고(report. 중국법 용어: 报告)하여야 하고, 국자위는 그 보고 내용을 기존에 신고 받았던 내용에 추가해 놓는다. 다만 당해 중국기업의 해외투자가 "비주력사업(중국법 용어: 非主业)"에 해당하는 경우에는 국자위의 심사허가(중국법 용어: 核准[핵준])를 받아야 하

는데, 실무에서는 2012년 5월 이후 사실상 심사허가를 받기가 쉽지 않다.

2) 중앙기업은 국자위가 출자자로서 감독관리책임을 부담하는 국유기업을 의미하고, 각 중앙기업의 주력사업은 국자위가 별도로 지정, 공표하고 있다. 국자위와는 별도로 그 산하에 있는 성, 직할시, 자치구 등 단위의 국자위가 자신이 출자자로서 감독관리책임을 부담하는 지방국유기업의 해외투자활동에 대하여 별도의 관련규정을 두고 있는 경우도 있으므로, 실무에서는 이 부분도 함께 확인해 보아야 한다.

(2) 국가발전과 개혁위원회에의 사전보고

미화 3억 불 이상의 해외 인수합병 거래를 하고자 하는 중국기업은 국유기업, 민영기업을 불문하고, ① 구속력 있는 계약서에 서명하고 투자대상 국가에 관련 인허가를 신청하기 전(수의계약 방식의 경우) 혹은 ② 입찰가를 제시하기 전(경쟁입찰 방식의 경우)에, 국무원 산하 국가발전과 개혁위원회(이하 "국가발개위")에 "사업프로젝트 정보보고서(项目信息报告)"를 제출하고, 아울러 참조용으로 국무원 내 산업주무부서에도 동 보고서를 제출하여야 한다. 사업프로젝트 정보보고서에는 투자주체, 투자배경, 인수합병대상, 실사내용, 인수합병 기본방안, 거래 스케줄 등에 관한 정보를 기재하여야 한다. 국가발개위는 보고서 수리 후 수정이나 보완할 사항이 없으면 7영업일 이내에 확인서(确认函[Confirmation Letter])를 발급해 주어야 한다. 한편 중국기업이 해외 인수합병거래에서 잠재적 매수인으로서 사전 보증금을 납부하여야 하는 경우, 국가발개위의 심사허가(중국법 용어: 核准[핵준])를 받아야 한다.

(3) 발전과 개혁위원회 · 국무원의 심사허가 혹은 국가발개위에의 신고

민감한 국가 및 지역, 민감한 업종에 투자하는 경우, 국가발개위의 심사허가를 받아야 한다. 그중 중국기업의 투자총액이 20억 달러 이상인 경우, 국가발개위의 1차 심사를 거친 후 최종적으로 국무원의 심사허가를 받아야 한다. 민감한 국가와 지역이란 중국과 아직 국교 관계가 수립되지 않거나 국제 제재를 받고 있는 국가, 전쟁, 내란 상태에 있는 국가 및 지역을 의미한다. 민감한 업종이란 기간통신, 여러 국가를 통과하는 수자원 개발, 대규모토지개발, 간선전력망, 매스미디어 등 업종을 의미한다. 심사허가 사항 이외의 사항은 발개위에의 신고 절차를 경료하여야 한다. 그중 ① 중앙기업이 실시하는 해외투자항목 및 ② 지방기업이 실시하는 투자금액이 3억 달러 이상인 해외투자항목은 국가발개위에 신고하고, 지방기업이 실시하는 3억 달러 미만의 해외투자항목은 성급 발개위에 신고하여야 한다.

(4) 상무부에의 심사허가 혹은 Filing

중국 내 기업이 민감한 국가 · 지역 · 업종에 투자하는 경우, 중앙정부 상무부의 심사허가를 받아야 한다. ① 민감한 국가 및 지역이란 중국과 아직 국교 관계가 수립되지 않거나 UN의 제재를 받고 있는 국가를 의미하고, ② 민감한 업종이란 중국의 수출제한 제품 및 기술과 관련된 업종이나 한 개 국가(지역) 이상의 이익에 영향 줄 수 있는 업종을 의미한다. 신청주체가 중앙기업이면 상무부에 심사허가를 신청하여야 하고, 지방기업이면 성 단위 상무부서의 1차 심사를 거쳐 상무부에 심사허가를 신청하게 된다. 심사허가 사항 이외의 사항은 ① 신청 주체가 중앙기업이면 상무부에서, ② 지방기업이면 성 단위 상무부서에서 신고를 하게 된다. 상무부 및 성 단위 상무국에서는 해외투자 관리시스템(境外投资管理系统[경외투자관리계통])을 통하여 중국기업의 해외투자에 대하여 관리를 진행하고, 심사허가를 내주거나 신고한 중국 내 기업에게 "기업해외투자증명서(企业境外投资证书[기업경외투자증서])"를 발급해 준다.

(5) 외국환 은행에의 외환등기

중국 내 기업이 해외투자를 실행하기 위하여 자금을 해외로 송금하기 위해서는 외국환 은행을 이용해야 하는데, 그 과정에서 "해외직접투자 외환등기(境外直接投资外汇登记)"를 경료하여야 한다.

(6) 소 결

한국 내 기업이 해외투자를 할 경우 대부분의 경우에는 외국환 은행에 가서 간단히 해외직접투자 신고를 하는 것으로 족하지만, 중국 내 기업은 위에서 보다시피 상당히 복잡한 행정절차를 사전에 거쳐야 한다. 따라서 중국 내 기업의 해외투자를 수반하는 거래의 일방 당사자가 되는 한국 투자자는 그 거래의 진행이 한국에서 흔히 보던 것처럼 신속하게 진행될 수 없다는 점(특히 계약체결 시부터 그 이행 시까지의 기간이 상당히 오래 소요될 수 있다는 부분)을 염두에 두어야 한다. 간혹 계약서 서명(Signing) 후 2~3주일 안에 거래 완료(Closing)를 목표로 삼는 한국 투자자들이 있는데, 대부분의 경우에 현실성이 떨어지는 계획이다.

제3절 유한책임공사의 지분매매 거래

Ⅰ. 개 관

1) 실제 사례에서 한국 투자자가 중국 내 기업(외상투자기업이든 내자기업이든 불문한다)을 인수하는 거래를 살펴보면, 거의 대부분이 **유한책임공사**(有限责任公司) **형태로 설립되어 있는 법인의 지분**(股权)**을 기존의 사원**(股东)**에게 일정한 대가를 지급하고 양수하는 지분매매 거래**(Equity Sale and Purchase Transaction)이다. 이에 더하여 **그 법인이 증자하는 데 참여하여 추가로 자본금을 납입하면서 새로이 발행되는 지분을 인수**하기도 한다. 즉 자산(영업)양수도 거래보다는 지분인수 거래가 선호된다. 그리고 지분매매 거래 형식은 이미 앞에서 살펴본 바와 같이, ① **당해 유한책임공사의 지분을 직접 매매목적물로 삼아 거래하는 경우**와 ② **당해 유한책임공사의 모회사로 홍콩 등지에 설립되어 있는** paper company(이하 "역외 중간지주회사")**의 주식을 매매함으로써 간접적으로 당해 유한책임공사를 인수하는 경우**가 있다. 실무에서 두 거래 방식을 두고 장단점을 비교형량해 보면 후자를 선택하는 경우가 더 많다. 사실 역외 중간지주회사를 두는 가장 주된 목적이 장래 중국 내 기업 매각의 도구로 삼고자 함이라는 것도 이미 앞에서 설명하였다(보다 구체적인 내용은 제3장의 비교 설명을 참조). 이러한 사정을 고려하여, 이 절에서는 위 ①, ② 방식의 거래를 중점적으로 살펴본다(증자에 참여하는 방식의 인수거래는 제4장 제2절 제2관에서 유한책임공사의 출자 부분 참조).

2) 중국 내 유한책임공사의 지분이든 역외 중간지주회사의 주식이든 이를 매

수하는 거래를 하게 될 경우, 기본적으로는 한국에서 이루어지는 통상의 주식매매 거래 실무를 기초로 접근해도 무방하다. 즉 한국에서 M&A 업무를 전문적으로 다루는 한국 변호사들을 중심으로 법률 자문진을 꾸려도 큰 지장이 없다. 다만 중국법 혹은 역외 중간지주회사 소재지법의 특수한 규율 때문에 추가되는 법적 쟁점들이 있는데, 이는 현지 법률사무소의 도움을 받아야 한다. 이 절에서는 이러한 전제하에 현지 법률사무소의 조언을 구하거나 그들의 설명을 이해하는 데 도움이 되는 (그럼으로써 거래진행에 소요되는 시간과 비용을 줄여 줄 수 있는) 사항들을 중심으로 몇 가지를 설명한다.

3) 주식매매 거래에서 매도인은 가급적 높은 가격에 자신이 보유하는 주식을 매각하기 위하여 가능하다면 입찰(Bidding) 방식을 취하려고 한다. 하지만 한국 투자자가 중국 내 기업을 매수하는 경우에 이러한 입찰방식의 거래에 참여하는 경우는 많지 않고, 대부분은 수의 계약(Private Contract) 방식을 취한다(외관상 입찰방식의 거래에 참여하는 경우에도, 실제로는 수의계약과 다름 없는 경우가 많다). 참고로 한국 투자자가 반대의 입장에서 중국 내 사업을 정리하는 Exit의 일환으로 자신이 보유하고 있는 중국 내 자회사를 매각하는 경우에는 일단 입찰 방식을 취하고자 노력하지만, 원하는 만큼의 가치를 인정받지 못하는 경우가 대부분이다(이러한 경우 보통 협상력의 우위는 매수하고자 하는 중국 투자자에게 있는데, 중국 투자자들은 이러한 우위를 결코 소홀히 다루지 않는다).

한국 투자자가 수의계약 체결 방식으로 중국 내 유한책임공사의 지분을 매수할 경우, 법적인 관점에서 볼 때 주요한 절차를 시간 순으로 보면, ① 비밀유지계약서, 양해각서 체결 ② 법률실사 ③ 지분매매계약 체결 ④ 거래 종결 즉 계약상 주된 채무 이행(Closing) ⑤ 거래 종결 이후의 후속의무 이행 정도로 나누어 볼 수 있다. 이 중 ①항 비밀유지 계약서와 양해각서에 관해서는 제4장에서 살펴보았다. 제4장에서 이미 설명하였지만 다시 한 번 강조하고 싶은 사항이 있다. **비밀유지 계약서나 양해각서상** 일방 당사자가 자신의 의무를 위반한 경우 상대방 당사자가 입은 실제 손해를 입증하기가 쉽지 않아서 위약금 약정을 두는 경우가 있다. 이때 **준거법을 중국법으로 하면, 위약금 약정이 손해배상액의 예정이든 위약벌이든 의무 위반 당사자가 적극적으로 "상대방이 입은 실제 손해가 없음"을 주장·입증하여 완전한 면**

책을 얻으려는 시도를 할 수 있음을 기억하기 바란다. **이 절에서는 ②, ③, ④항에 관하여 몇 가지 쟁점들을 살펴본다.**

4) **설립 과정에서 적용받게 되는 중국법 규제 중 주요한 내용은 대부분 지분 이전 과정에서도 적용된다.** 이 절에서는 설명의 중복을 피하기 위하여 간단히 언급하거나 생략하기도 하였으니, 이 절의 내용을 이해하기 위한 기초로서 제4장의 내용을 다시 한 번 음미해 볼 것을 권한다.

Ⅱ. 법률실사

1. 개 관

1) 지분매매계약은 매도인이 매매의 목적물인 재산권(지분)을 이전하고 매수인은 대금을 지급하는 매매계약이다. 따라서 매수인으로서는 대금으로 얼마를 지급하여야 하는지 정하기 위하여 그 지분의 가치를 산정하여야 하는데, 그 가치는 곧 당해 지분을 발행한 회사의 가치에 기하여 정해진다. 매수인이 자신이 생각하기에 합리적인 회사의 가치(이는 곧→지분의 가치→자신이 지급하여야 할 대금액으로 연결된다)를 정하기 위하여 수행하는 필수적인 절차가 실사이다. 실사에는 회계 사무소에서 수행하는 재무실사(Financial Due Diligence)도 있지만, 여기에서는 법률 사무소에서 하는 법률실사(Legal Due Diligence)에 한정하여 살펴본다.

2) 법률실사는 장래 하고자 하는 매매거래의 리스크 파악 및 그 해결을 위한 기초자료로서 중요한 의미를 가진다. 특히 법률실사의 결과는 거래구조의 설계 내지 변경, 인수가격의 증감 및 인수대금의 지급시기와 방식, 인수 계약서 조항 예컨대 Conditions Precedent, Representations & Warranties, Disclosure Letter, Covenants, Indemnification, Termination의 조항에 두루 걸쳐 그 내용에 실질적이고 중대한 영향을 미칠 수 있는데, 이는 한국 투자자들에게 익숙한 국내 주식매매 거래와 그 작동 방식에서 큰 차이가 없으므로 설명을 생략한다. 여기에서는 중국 유한

책임공사를 법률 실사할 때 통상적으로 확인하는 사항들과 중국법 내지 중국 실무에 특유한 사정 때문에 유의하여야 할 몇 가지 사항들을 살펴본다.

2. 통상적인 확인 사항

(1) 대상회사의 법적 형태, 지배구조, 법규 준수(Legal Compliance) 상태

1) 실무에서는 법률실사를 하기 오래전에 매도인 측과 처음 접촉하는 단계에서, 이미 인터넷 기업신용정보시스템에 공시되어 있는 정보를 보고 대상회사의 법적 형태를 알게 된다(제4장 제2절 제2관 III. 10. 참조). 이후 법률실사를 하게 되면 대상회사의 영업허가증(중국법 명칭: 营业执照[영업집조])을 보고 그 법적 형태(유한책임공사, 고분유한공사, 보통합화기업, 특수한 보통합화기업, 유한합화기업 중 어느 것인지)를 다시 한 번 확인한다. 이렇게 법적 형태를 확인하는 이유는 이를 알아야 대상회사가 자신이 속하는 법적 형태별 지배구조나 법규 준수(Legal Compliance) 사항들을 중국법에 위반함이 없이 제대로 지키고 있는지 확인할 수 있기 때문이다. 영업허가증의 "名称(명칭)"이나 "类型(유형)" 항목을 보면 ① 유한책임공사는 "有限责任公司(유한책임공사)" 혹은 "有限公司(유한공사)", ② 고분유한공사는 "股份有限公司(고분유한공사)" 혹은 "股份公司(고분공사)", ③ 보통합화기업은 "普通合伙(보통합화)", ④ 특수한 보통합화기업은 "特殊的普通合伙(특수한 보통합화)", ⑤ 유한합화기업은 "有限合伙(유한합화)"라는 문구를 볼 수 있다.

2) 대상회사가 외상투자기업이면 다시 그 구체적인 유형이 (2020년 이전에 설립되었다면) 중외합자기업, 중외합작기업, 외자기업, 외상투자고분유한공사일 수 있고, 그 외에 외상투자성공사, 외상투자 창업투자기업, 외상투자 지분투자기업, 외상투자 지분투자관리기업, 외상투자 부동산기업 등일 수도 있다. 이 부분 역시 구체적으로 확인한 후 해당 대상회사에 적용되는 외상투자기업 관련 법률에 비추어 볼 때 지배구조나 법규준수(Legal Compliance) 사항들이 제대로 지켜지고 있는지 확인해 보아야 한다. 구체적인 유형 역시 대상회사의 공시정보나 영업허가증을 통해서 쉽게 확인해 볼 수 있다.

3) 앞에서 이미 살펴보았듯이 중국의 외상투자기업에 대한 법규 체제는 그때그때 필요할 때마다 단행법령 형식으로 만들어 쌓아 왔기 때문에, 앞뒤 모순 없이 깔끔하게 정돈되어 있지 않다. 따라서 한국에서 하듯이 중국 회사법이나 합화기업법만 살펴보아도 회사법 관련 규제를 파악하는 데에는 큰 문제가 없을 것이라고 가볍게 생각해서는 안된다. 대상회사에 적용되는 규제 법령의 리스트를 정확히 파악하는 데에도 외부 법률전문가의 조언을 받아야 할 필요성이 크다는 점을 기억해 두기 바란다. **각각의 법적 형태 및 구체적인 유형별로 주의해야 할 지배구조와 법규 준수 관련 사항들은 제2장과 제4장의 해당 부분들을 참고하기 바란다**.

실무상 유의점 **용어 정리**

영업허가증에 "○○ 有限责任公司(中外合资)" 혹은 "○○ 有限公司(中外合资)"라고 기재되어 있다면 대상회사는 중외합자기업이다. 반면에 영업허가증에 "○○○○○○ 有限责任公司(外商合资)" 혹은 "○○○○○○ 有限公司(外商合资)"라고 기재되어 있다면 대상회사는 중국 투자자의 출자 없이 2인 이상의 외국 투자자가 출자하여 설립된 외자기업이다. 제2장에서 보았듯이 외자기업은 내부조직 및 지배구조에 관하여 중외합자기업과 비교할 때 중국 회사법상 유한책임공사에 관한 규정이 보다 넓게 적용되므로, 양자는 명확히 구분할 필요가 있다.

(2) 매도인 지분의 적법 보유 여부

1) 우리와 마찬가지로 중국 계약법상 매매계약의 매도인은 매매계약 체결 당시에 반드시 매매의 목적물인 재산권을 스스로 보유하고 있어야 하는 것은 아니다. 그러나 주식매매 거래의 실무에서는 거의 예외 없이 매매계약 체결 시는 물론 그 이전의 협상 시점에서부터 매도인이 매매대상의 지분을 유효, 적법하게, 그리고 어떠한 법적 제약 없는 상태로(예들 들면, 제3자가 해당 지분에 질권, 콜옵션을 보유하거나 가압류 등을 하지 않았고, 보다 광범위하게는 지분의 가치에 중대한 악영향을 줄 정도로 큰 액수의 손해배상청구 등을 대상회사가 당하지 않고 있는 상태로) 보유하고 있을 것을 전제로 삼는다.

따라서 법률실사 과정에서 매수인은 이 부분에 어떠한 문제가 없는지 확인해 볼 필요가 있다. 비록 매매계약상 진술보장(Representations & Warranties) 조항에서 매도인이 이 부분을 진술보장하기는 하지만, 그렇다고 법률실사 과정에서 그 확인을 소홀히 해서는 안된다.

2) 특히 유의해야 할 부분은 **중국법상 특정한 회사의 지분·주식 양도의 법적 요건(효력발생요건, 대항요건, 그 외에 중국 실정법이 의무로 부과하고 있는 기타 요건 등)이 우리 회사법에서처럼 명쾌하게 정리되어 있지 않다**는 점이다. 이러한 사정 때문에, 경우에 따라서는 매도인이 이전에 제3자로부터 매매 목적물인 지분·주식을 양도받은 과정에서 그 당시 중국법상 요구되는 법적 요건을 모두 구비하였는지 여부가 모호한 경우가 생길 수 있다. 이는 곧 지금 매도인이 한국 투자자에게 매각하고자 하는 지분이 중국법상 적법하게 매도인에게 귀속되는지 확실하지 않다는 것을 의미한다. 따라서 이 부분에 관해서도 법률실사를 하는 외부 법률사무소의 정확한 검토를 받을 필요가 있다.

(3) 정부 인허가

대상회사의 설립, 존속, 사업수행에 요구되는 중국법상 각종 인허가 사항을 모두 획득하고 유지하고 있는지 확인해야 한다. 이 부분에 관해서 현지 법률사무소의 조언이 필수적임은 다른 해외 투자에서와 마찬가지이다. 중국 관련 법령이나 관할 정부부서의 실무에 따르면 특정 회사의 출자자에 변동이 생기는 경우(중국 투자자에서 외국 투자자로 변경되든, 그 역의 경우이든) 인허가의 계속적인 유지에 어려움이 생기는 경우가 있기 때문에, 이 부분의 확인도 소홀히 해서는 안 된다.

(4) 보유 자산

1) 대상 회사가 보유하고 있는 각종 유·무형의 자산 역시 매매 목적물인 지분의 매수대금액을 산정하는 데 중요한 기초가 된다. 따라서 대상 회사가 보유하고 있다고 매도인이 알려 준 자산이 유효, 적법하게, 그리고 어떠한 법적 제한 없이 회사에 귀속되어 있는지 확인하는 작업이 필요하다.

2) 대부분의 경우 가장 주된 자산은 부동산, 정확하게는 **부동산에 관련된 권리**이다. 이는 일응 ① 국유토지사용권(건설용지사용권), ② 건축물 소유권, ③ 토지(대지포함)나 건축물에 대한 임차권 정도로 나누어 볼 수 있다. 국유토지사용권은 한국 투자자에게 익숙하지 않은 중국 특유의 법제인데, 앞에서 설명하였다(제4장 제3절 제1관 참조). 이에 비추어 현재 대상회사가 해당 국유토지사용권을 유효, 적법하게, 다른 법적 제한 없이 보유하고 있는지 확인해야 하는데, 중국의 부동산 법제 역시 상당히 복잡하므로 현지 법률사무소의 세심한 확인이 필요하다. 건축물 소유권, 토지(대지포함) 임차권·건축물 임차권의 기본 법리는 우리와 큰 차이가 없어서 비교적 이해하기 쉽다.

3) **동산**의 경우 기계설비, 재고자산, 트럭, 자동차, 사무집기 등에 대해서는 동산저당권(중국법 용어: *动产抵押权*[동산저압권])이나 부동저당권(중국법 용어: *浮动抵押权*[부동저압권])이 설정되어 있을 수 있다. 이 두 저당권은 우리의 「자동차 등 특정동산 저당법」상 동산저당권, 「동산·채권 등의 담보에 관한 법률」상 동산담보권, 그리고 판례에 의하여 인정되는 관습법상 집합물에 대한 양도담보권을 떠올리면 이해하기 쉽다(참고로, 중국의 이들 저당권은 영미법하에서의 Mortgage of Movable Property나 Floating Charge와 유사하므로, 영미법에 익숙한 독자들은 이를 떠올려도 무방하다). 중국의 담보물권에 관해서는 제6장에서 따로 살펴본다.

4) 대상 회사의 가치에서 **특허권 등으로 보호받는 기술이나 영업비밀**이 큰 비중을 차지할 경우 역시 주요한 실사 대상이 된다. 대상회사가 소유하거나 사용하고 있는 모든 지적재산권의 명세(특허, 상표, 상호, 판권 등)와 중국 내외에서의 등기·등록 현황, 제3자와 체결한 각종 계약이나 법적 분쟁(잠재적 분쟁 포함), 내부적으로 지적재산권을 보호하기 위하여 시행하고 있는 조치들이 주요 점검 항목이다.

⑸ 사업, 재무상태

1) **대상 회사가 수행하고 있는 사업을 위하여 체결하고 있는 계약서들이 유효, 적법하게 체결되었는지, 통상의 경우에 비하여 대상 회사에게 불리한 조항은 없는지(특히 계열 회사들과 체결한 계약에서) 살펴보아야 한다**. 대상 회사와 거래관계를 맺고

있는 공급업체나 협력업체, 대상 회사에게 라이선스를 부여하였거나 대상 회사가 라이선스를 부여한 업체들, 판매 대리점이나 주요 고객들의 현황도 점검해 보아야 할 것이다.

2) 대상 회사의 재무상태와 관련하여서는 특히 **금융 부채 및 기타 상거래 부채**를 잘 살펴보아야 한다. 그리고 이들 부채 중 채권자가 해외 거주자인 경우 중국 외환관리법령상 각종 규정들을 제대로 준수하고 있는지(예를 들면, 외채차입 한도를 준수하고 있는지, 뒤에서 살펴 볼 내보외대 거래에서 보증을 선 경우 관련 규정과 절차를 준수하고 있는지) 살펴보는 것도 중요하다. 기본적으로 봐야 할 서류들은 중국 내 및 중국 외의 상업은행들과 체결한 대출계약서, 한국 모회사나 역외 중간지주회사가 금원을 대여한 주주대출계약서, 보증서(특히 그 주채권자가 임원이나 사원, 계열사인 경우), 보유자산에 설정된 담보물권 계약서(우리와 차이가 있는 담보물권의 설정 요건과 효력, 사실상 실효성도 염두에 둘 것), 재무제표와 각종 공시자료 등이다.

3) 중국 역시 우리와 마찬가지로 위에서 살펴본 계약서들 중에 ① 대상회사의 실질적 통제자가 변경되는 것을 제한하면서 그 변경 시 계약 상대방의 사전동의를 받도록 하거나(Change of Control), ② 대상회사가 다른 계약상 채무를 불이행할 경우 계약 상대방이 자신이 당사자인 계약에서도 대상회사가 채무를 불이행한 것으로 간주하여 그 책임을 물을 수 있는 조항(Cross Default)이 있는 경우가 많다.

(6) 보험, 환경, 세무처리, 법적 분쟁

1) 대상회사가 자신의 사업수행에 관련 법령상 필수적으로 요구되거나 시장 관행상 통상적으로 갖추어야 할 각종 보험들을 구비하고 있는지 점검해 보아야 한다. 보유하고 있는 물적 자산에 대한 화재·재해보험은 당연히 필요하고, 그 외에 경영진·직원 관련 책임보험, 생산물책임보험 등도 확인 대상이다. 아울러 약정된 보험금 액수가 피보험목적물을 부보하기에 충분한 금액인지도 살펴보아야 한다.

2) **대상회사가 공장을 운영하고 있을 경우 중국 환경법령의 준수 여부를 점검하는 것은 중요한 항목이다**. 중국 역시 규제 내용이 복잡할 뿐만 아니라, 실무자들의 인터뷰를 통해서만 알 수 있는 숨은 위험요소들도 있다. 잠재적 위반상황이 있

는 경우도 있어서, 현지 법률사무소의 전문적인 조언을 들어야 할 수도 있다.

3) 세무와 관련하여서는 그동안 대상회사가 받고 있었던 세무우대사항들을 점검한 후, 매수인이 대상회사를 인수한 후에도 그 우대사항들이 계속 유지될 수 있는지 확인해 볼 필요가 있다. 세금납부의무를 충실히 이행하였는지(제3자의 납세무의무에 대한 원천징수 의무 포함) 확인하는 것도 점검사항이다

4) 현재 진행되고 있는 소송, 중재, 중국 정부기관의 어떠한 조사, 이러한 분쟁을 잠재적으로 안고 있는 제3자와의 의사소통 상황 역시 점검사항이다. 경우에 따라서 대상회사가 가지고 있는 지적재산권이 중국 내, 외에 있는 타인의 지적재산권을 침해하고 있지는 않은지 추가 비용을 들여서 확인해 보아야 할 수도 있다.

⑺ 고용관계

중국 법제는 우리보다 더 근로자 보호에 중점을 두고 있음을 기본 전제로 삼아야 한다. 실제로 중국에서 회사를 운영하는 많은 외국 투자자들이 근로관계로부터 파생되는 많은 문제들로 곤란을 겪고 있다. 따라서 근로계약서, 사규, 공회(우리의 노동조합에 유사) 규정 등을 보면서 중국 관련 법령에 위배되는 사항은 없는지 꼼꼼하게 살펴보아야 한다. 나아가 실제 인사 관리 현실에서 계약서 조항에 위배되는 관행은 없는지도 실무자 인터뷰 등을 통해 확인이 필요하다. 아울러 대상회사의 사업에서 중시되는 기술이나 영업비밀이 있다면, 적절한 범위의 근로자들과 대상회사의 보호에 충분한 내용으로 비밀유지계약 및 경업금지계약이 체결되어 있는지도 살펴보아야 한다.

3. 몇 가지 유의점

1) **대상회사가 국유기업일 경우 대상회사의 법규 위반 위험이 인수후 현실화될 가능성을 고려해야 한다**. 중국에서는 국유기업임에도 불구하고 중요한 관련 법규를 오랜 기간 제대로 준수하지 않고 경영을 지속해 온 경우가 있다. 이 경우 사실상 국유기업이라는 이유로 그 위반이 관계 정부부서에 의하여 묵인되어 왔을 가

능성이 크다. 따라서 이러한 국유기업을 외국 투자자가 인수하여 당해 국유기업이 외상투자기업으로 전환될 경우, 더 이상 국유기업이 아니므로 이후에는 이러한 묵인이 허용되지 않고 그 법규위반 사실을 관할 정부부서에서 현실적으로 문제 삼을 우려가 있다. 이와 관련하여 중국 투자자들은 "관련 법규 위반이 있지만 지금까지 문제된 적이 없으므로, 괜찮을 것이다"라고 말을 할 수 있으나(경우에 따라서 법규 위반이 있었는지조차 모를 수도 있다), 중국 역시 우리와 마찬가지로 위법에 대한 신뢰는 보호받을 수 없다. 따라서 외국 투자자로서는 이 경우 다시 한 번 그 위험을 검토해 볼 필요가 있다.

2) 대상회사의 외부 감사를 맡고 있는 회계 사무소의 신뢰성도 경우에 따라서는 재고할 필요가 있다. 이는 재무실사를 하는 회계사 사무소의 주된 우려 사항이기는 하지만, 법률실사를 하는 변호사 사무소에서도 염두에 두어야 한다.

3) **법률실사를 하기 전에 앞에서 설명한 중국 부동산 법제의 특수성을 충분히 숙지하고 있어야 한다**. 중국에서 개인이나 기업은 토지의 소유권을 보유할 수 없고 그 사용권만을 취득할 수 있다. 따라서 대상회사가 특정한 대지를 사용하고 있다면, 이는 대상회사가 직접 국가로부터 그 사용권을 취득하였거나, 혹은 이전에 국가로부터 그 사용권을 취득한 개인이나 기업으로부터 다시 그 사용권을 전득하거나 임차한 것이다. 이러한 사정을 고려할 때, 실사 과정에서 대상회사가 현재 적법하게 당해 대지에 대한 사용권을 보유하고 있는지 여부를 판단할 때에는, ① **최초 당해 대지에 대한 사용권을 국가(관할 시, 현의 인민정부)가 개인 혹은 기업에게 부여한 단계(즉 출양이나 획발의 단계)에까지 거슬러 올라가서 현재 대상회사가 당해 대지에 대한 사용권을 취득한 단계(출양, 획발, 매수, 임차, 현물출자 중 하나일 것이다)까지 순차적으로 살펴보면서 그 과정에서 법률상 하자가 없는지를 살펴보아야 한다**. ② 특히 당해 토지에 대한 사용권을 국가가 애초에 획발의 방식으로 개인 혹은 기업에게 부여한 경우, 그 이후에 당해 토지 사용권이 제3자에게 양도되기 위해서는 일정한 선행조건들을 구비하여야 하므로, 그 요건들의 구비여부를 실사과정에서 세심하게 살펴보아야 한다. ③ 한편, 당해 토지에 대한 사용권을 국가가 애초에 출양의 방식으로 개인 혹은 기업에게 부여한 경우, 그 이후 당해 토지 사용권이 제3자에게

양도되는 것 자체는 금지되지 않으나, 역시 일정한 제한이 있으므로 그 제한에의 위배 여부를 실사과정에서 세심하게 살펴보아야 한다(제4장 제3절 제1관의 관련 설명들 참조).

4) 근로관계에 관한 실사과정에서 고려하여야 할 중국의 특수한 사정들 중 몇 가지만 살펴보면 아래와 같다. 중국의 근로관계에 관해서는 국내에 이미 설명 자료들이 충분히 있고 온라인에서도 많은 정보들을 검색할 수 있으므로, 보다 자세한 내용은 이를 참고하기 바란다(중국 근로관계의 기본적인 내용을 정리한 문헌으로는 소준섭, 98-124면; 강/김, 233-258 면 참조).

1 인력구조조정의 어려움: 한국 투자자의 시각에서 보면 중국 내자기업(특히 국유기업)은 실제 사업운영에 적정한 수준을 넘는 과다한 인력을 고용하고 있는 경우도 적지 않다. 이 때문에 한국 투자자가 인수 후 대상회사에 대한 구조조정을 고려하게 되지만, 중국 관련 법규 혹은 각종 심사허가권한을 가진 관할 정부부서의 요구 등으로 인하여 제약을 받는 경우가 많다. 예컨대, "외자를 이용한 국유기업개조에 관한 잠정규정(利用外资改组国有企业暂行规定)"은 외국 투자자가 국유기업을 인수할 경우 외국투자자의 인수 후 자유로운 구조조정을 제약하는 내용(노동조합 대표회의의 심의통과 등)을 규정하고 있다.

2 퇴직근로자들의 문제: 중국의 일부 기업(특히 국유기업)들은 근로자들이 퇴직한 후에도 일정한 기본급이나 사회보험 지원을 지속하는 경우가 있고, 경우에 따라서는 이러한 대우를 받고 있는 퇴직 근로자들이 실제로 출근하여 근로를 제공하고 있는 인원보다 많은 경우도 있다. 따라서 실사 과정에서 이러한 퇴직 근로자들이 있는지, 있다면 그 숫자와 실제로 그들에게 지불되고 있는 비용은 얼마인지, 인수 후 이들에게 부여해 온 혜택의 중단이 가능한지 여부 등을 살펴보아야 한다.

3 한국인 근로자의 취업증: 중국법상 외국 국적 직원은 적법하게 외국인 취업증을 취득하여야 한다. 외국인이 취업허가를 받지 않고 취업하는 경우, 당해 외국인에 대하여 인민폐 1,000위안 이하의 과태료 부과, 고용한 업체에 대해서는 인민폐 5,000위안 이상 50,000위안 이하의 과태료가 부과될 수 있다.

4 공회의 의견청취: **중국 회사법 제18조에서는 회사가 경영상 중대사항을 결정하고자 할 경우 회사 공회와 직원대표회의 또는 기타 형식으로 직원의 의견과 건의를 청취하는 절차(단 청취하는 것으로 족하고 반드시 그 의견과 건의에 따라야 하는 것은 아님)를 밟도록 규정하고 있다.** 실무에서는 다소 형식적이더라도 기업인수거래 시 이 절차를 거친다. 한편, 기업인수거래 시 간혹 대상회사의 근로자들이 M&A 보상금을 요구하기도 하는데, 중국법상 근거는 없다.

5 노동계약법 관련: 2008년부터 시행된 중국 노동계약법과 관련하여 주의할 사항들이 몇 가지 있다(아래 실무 Tip.의 설명도 함께 참조하기 바란다).

1] **무고정기간 근로계약의 체결 강제:** 노동계약법 시행 이전 중국에서는 1년 단위로 노동계약을 체결하고 계약기간이 종료되면 별도로 퇴직금을 지급하지 않는 것이 관행이었다. 그러나 노동계약법에 따르면 (i) 근무연수가 10년 이상인 직원과 근로계약을 다시 체결하거나 (ii) 2회 연속 고정기간 근로계약을 체결한 후 세 번째 근로계약을 체결하게 되면, 새로이 체결되는 근로계약은 무고정기간 근로계약을 체결하도록 강제되고, 이후 근로자에게 법 소정의 엄격한 사유가 없는 한 사용자가 자의적으로 당해 근로자를 해고할 수는 없다. 이처럼 **무고정 근로계약을 체결한 근로자에 대해서는 유연한 구조조정 계획을 실행하기 힘들기 때문에, 실사과정에서 이미 무고정기간 근로계약이 체결된 근로자의 숫자와 장래 근로계약 재체결 시 무고정기간 근로계약 체결이 강제되는 근로자의 숫자를 미리 파악해 놓을 필요가 있다.**

2] **경제보상금의 지급:** 노동계약법에 따르면 근로자의 과실로 인한 업무수행불능에 기한 해고, 본인의 자발적인 퇴직 등 협소한 사유를 제외하고는 근로관계 종료 시 사용자가 근로자에게 경제보상금(원칙적으로 매 1년마다 1개월치의 임금액)을 지급하도록 규정하고 있다. 따라서 **인수후 구조조정을 계획하고 있다면, 실사과정에서 인수 후 근로관계 종료를 예정하고 있는 근로자에 대한 경제보상금의 총액수를 추정해 볼 필요가 있다.**

3] **사회보험 납부 관련:** 중국의 사회보험에는 기본적으로 양로보험(한국의 국민

연금에 유사한 역할을 한다), 의료보험, 실업보험(한국의 고용보험에 유사한 역할을 한다), 공상보험(한국의 산업재해보험에 유사한 역할을 한다), 출산보험이 있다. 실사 과정에서는 먼저 대상회사 소재지의 사회보험 관련 규정을 세세하게 확인한 후, 대상회사와 근로자가 분담하여 납부한 사회보험료가 관련 규정에 부합하는지 여부를 확인해 보아야 한다.

5) 세무와 관련하여 아래 사항은 기본적으로 점검해 볼 필요가 있다.

1 대상회사가 내자기업인 경우: 대상회사가 내자기업(특히 국유기업)인 경우 대상회사가 그동안 관련 세금을 관련 법령에 따라 정확하게 납부해 오지 않았을 수가 있다. 이 경우 만일 지분매수방식으로 대상회사를 인수하면 그 납세의무에 관한 risk가 외국 투자자에게 이전되므로(우발부채 발생의 위험), 실사 과정에서 이 부분을 세심하게 확인해 볼 필요가 있다.

2 대상회사가 외상투자기업인 경우: 만일 대상회사가 외상투자기업인 경우, 그 회사가 중국 외 소재 모회사로부터 원재료를 구매하여 가공한 후 다시 모회사로 수출하는 방식의 가공무역에 종사하고 있거나, 모회사에 대하여 로열티(royalty)를 지급하는 경우, 대상회사가 장래 세무당국으로부터 이전가격 조사를 받는 과정에서 이익조정을 통하여 세금을 추징당할 우려가 있는지 확인해 볼 필요가 있다.

6) 대상회사의 사업이 중국 관련 법규에 따라서 특정한 인허가나 자격요건을 구비할 것을 요구하는 경우, 대상회사가 이를 유효하게 취득하여 보유하고 있는지, 그 유효기간이 언제까지인지, 인수하는 과정에서 자동적으로 승계받을 수 있는지, 인수 후 다시 새로이 그 인허가나 자격요건을 구비하여야 한다면 그것이 가능한지, 장래 다시 그 기간을 갱신하는 것이 용이한지 여부 등을 검토해 볼 필요가 있다.

7) 대상회사가 계열사 기타 제3자의 은행차입채무를 위하여 보증채무를 부담하고 있고 그 금액이 과다하다면, 당해 주채무를 부담하고 있는 계열사나 제3자의 재정상태를 함께 검토할 필요가 있는지 고려해 볼 필요가 있다. 경우에 따라서는 대상회사와 계열회사가 상당히 복잡한 방식의 상호보증을 제공하고 있어, 인수 후

다른 회사의 채무불이행이 직접적으로 대상회사의 재정상태에 영향을 줄 위험이 있기 때문이다.

실무 Tip **중국 회사의 근로관계**

중국 내 근로관계를 처음 접하는 한국 투자자에게 유용한 몇 가지 tip을 아래에 소개한다.

- **서면 근로계약:** 중국법상 근로관계를 맺는 경우 반드시 근로관계 성립일로부터 1개월 이내에 서면 근로계약을 체결하여야 한다. 서면 근로계약을 체결하지 않는 경우 사용자는 근로자에게 매월 약정된 급여의 2배에 해당하는 금원을 지급하여야 하고, 그 상태로 1년을 경과하면 무고정기간 근로계약(의미는 아래 설명 참조)을 체결한 것으로 간주된다.
- **수습기간 중 급여:** 수습기간 중 받는 급여는 당해 직장 최저임금 또는 근로계약 약정 급여의 80% 이상이어야 하고, 동시에 해당 지역 자치규정에서 정해진 최저임금표준 이상이어야 한다.
- **무고정기간 근로계약:** 무고정기간 근로계약은 중국 노동법 및 노동계약법에 의하여 인정되는 '근로기간의 만기가 명시적으로 약정되어 있지 않은 근로계약'을 의미한다. 단, 이 계약이 '종신고용의 보장'을 의미하는 것이 아니고, 고정기간 근로계약(근로기간의 만기가 명시적으로 약정된 근로계약)과 마찬가지로 ① 사용자는 근로자와 합의 해지를 할 수 있고, ② 법정 해지사유나 약정 해지사유가 발생하면 사용자가 일방적으로 해지할 수 있으며, ③ 정년퇴직연령이 도래하면 근로계약은 종료된다. 한편, 외국인 근로자와는 무고정기간 근로계약을 체결할 수 없고, 근로계약기간을 5년 이하로 약정해야 한다(5년 후에는 관할 정부기관의 허가를 받아서 연장할 수 있다).
- **근로시간(표준근로시간제):** 중국법은 근로자의 근로시간에 관하여 표준 근로시간제, 부정기 근로시간제, 종합 근로시간계산제의 3가지 제도를 규정하면서, 일정한 직역의 근로자를 제외하고는 원칙적으로 모든 근로자에 대하여 사용자가 표준 근로시간제를 시행하도록 요구하고 있다. 표준 근로시간제하에서 ① 근로자

의 업무시간은 원칙적으로 1일 8시간, 주 40시간을 초과할 수 없다. ② 필요한 경우, 노동조합(중국법 용어: 工会[공회])과 협상하여 근무시간을 연장할 수 있다. 이때에도 원칙은 1일 1시간을 초과할 수 없지만, 특수한 경우에 한하여 근로자의 신체건강을 보장하는 전제하에서 1일 3시간, 1개월 36시간을 초과하지 않는 범위 내에서 연장이 가능하다. 특히 중국에 진출한 외상투자기업은 중국 근로자들에게 초과근무수당(중국법 용어: 加班费[가판비, 실무에서는 흔히 잔업수당이라고 번역한다])을 법 소정의 요건과 절차에 따라서 정확하게 지급할 필요가 있다. 그러지 않을 경우 근로자들에 대하여 부담하는 미이행 초과근무수당 지급의무가 발생 여부 및 액수가 불확실한 우발 채무로서 해당 기업의 가치에 부정적인 영향을 미칠 수 있다.

- **최저임금보장:** 중국도 우리와 마찬가지로 최저임금 보장제도가 시행되고 있다. 각 지역의 최저임금 표준은 각 성, 자치구, 직할시별로 공표되므로, 일일이 대상회사별로 확인해야 한다.
- **사회보험:** 중국법상 규정된 사회보험은 양로보험, 실업보험, 의료보험, 공상보험(산재보험), 생육보험(육아보험)이다. 앞의 3가지 보험은 사용자와 근로자가 각각 법에서 정한 금액과 비율에 따라서 정해진 보험료를 부담하고, 뒤의 2가지 보험은 사용자가 보험료를 100% 부담한다. 만약 대상회사가 사회보험비용을 납부하지 아니할 경우, 노동 주무부서로부터 시정명령을 받게 되고, 동시에 사용자는 체납일로부터 1일당 0.05%의 체납금을 납부하여야 하며, 정해진 기간 이내에 체납금을 납부하지 아니할 경우, 체납금의 1배 이상 3배 이하의 과태료를 부과받을 수 있다.
- **주택공적금:** 주택공적금은 한국에는 없는 중국 특유의 제도이다. 사용자와 근로자가 법에서 정한 비율과 금액에 따라 매월 일정한 금액을 주택공적금 계좌에 납부하면, 근로자가 주택을 구매할 때 주택공적금 납부실적 등에 따라서 주택공적금 대출을 받을 수 있도록 하며, 당해 대출은 근로자의 주택공적금계좌에 입금된 금원으로 상환할 수 있도록 한다.
- **경제보상금:** 경제보상금은 '근로자가 자신이 원하지 않음에도 불구하고, 혹은 자신에게 책임 있는 사유가 아닌 사정으로 인하여 근로관계가 종료될 경우, 다

시 취업할 때까지의 기간 동안 최저생활을 보장해 주기 위한 일종의 보조금으로서 사용자가 해당 근로자에게 지급하여야 하는 금원'을 의미한다. 경제보상금은 한국의 퇴직금과 유사한 면이 있지만, 구체적인 지급사유에 차이가 있으면서 그 판단기준이 상당히 복잡하기 때문에, 현실에서는 분쟁이 자주 발생한다. 관련 법규정의 해석에 따르면 아래의 경우에는 명백하게 근로관계 종료 시 사용자의 경제보상금 지급의무가 면제된다고 볼 수 있다(단 현실에서는 예컨대 징계해고의 경우 명확한 증거자료 없이는 경제보상금 지급을 거절하면 자칫 그 2배의 배상금을 지불할 위험이 따를 수 있다).

① 근로자의 사망.

② 근로자가 정년퇴직 연령에 도달하여 양로보험금을 수령하기 시작할 경우(한국의 퇴직금제도와 큰 차이점이다).

③ 근로계약 기간 만료 시 (근로조건 유지에도 불구하고) 근로자가 계약갱신을 원하지 않을 경우.

④ 근로자의 직무과실로 회사에 중대한 손해가 발생하거나 근로자가 사내 취업규칙을 엄중하게 위반하여 징계해고하는 경우 (단 사전에 관련 증빙자료를 잘 구비해 두어야 한다).

⑤ 근로자가 인턴기간 중 채용조건에 부적합하다고 판명되어 사용자가 정식 채용을 거절하는 경우.

- **정년퇴직연령**: 고강도 체력을 요구하는 등의 일정한 경우를 제외하고, 원칙적으로 남성은 만 60세, 여성은 관리직에 종사하는 경우는 만 55세, 노동자인 경우는 만 50세이다.
- **근로자 파견제도:** 중국에도 우리와 유사한 근로자 파견제도가 있다. ① 파견 근로자를 사용할 수 있는 직무범위가 제한되므로 이는 관련 법령을 보고 확인해 보아야 한다. ② 파견근로자의 숫자는 대상회사 총근로자(정규근로자 및 파견근로자의 총합)의 10%를 초과할 수 없다. ③ 파견근로자도 정규근로자와 동일한 보수 산정 기준을 적용받고 기타 복리대우를 받아야 하는데, 현장에서는 제대로 준수되지 않고 있는 경우가 많다.
- **공회:** 중국 공회법(工会法)에 따르면, 공회 회원 자격을 구비한 근로자를 25명

이상 보유한 기업체는 반드시 공회(한국법상 노조)를 설립하여야 하고, 근로자가 25명 미만일 경우라도 해당 기업체의 근로자들은 독자적으로 공회를 설립하거나, 기타 업체의 근로자와 함께 공동으로 공회를 설립할 수 있다. 공회가 설립된 경우 해당 회사는 매달 전체 직원 급여 총액의 2%를 공회 경비로 지급해야 한다. 참고로, 대상회사가 국유기업이면 많은 경우에 공산당 당원으로 구성된 당조직이 있을 수 있다(3명 이상이면 당지부[党支部], 50명 이상이면 당총지부[党总支部], 100명 이상이면 당위원회[党委员会]). 회사 내에 존재하는 당조직은 공회나 회사의 기관과 달리 회사법이 아니라 중국 공산당 당헌(中国共产党章程)에 근거한 조직이지만, 경우에 따라서는 회사의 의사결정에 중요한 역할을 하고 있을 수도 있다(이러한 회사는 앞에서 살펴본 중국 회사법이나 외상투자기업 관련 법령에 따른 회사지배구조만으로는 지배구조를 정확히 이해하기 어려울 수도 있다). 이러한 당 조직은 과거 민영기업이나 외상투자기업에서는 찾아보기 어려웠으나, 지금은 점증하는 추세이다.

- **장애인 취업보장금:** 이 제도는 중국의 각 지방정부가 기업에서 의무적으로 고용해야 할 장애인 수를 규정하고 이를 이행하지 못한 기업은 직원 수와 직전연도 해당지역 평균임금에 근거하여 일정한 벌과금을 납부하도록 하는 제도이다(한국의 장애인 고용 부담금 제도와 유사하다). 중국법상 각 기업별 장애인 의무고용 법정비율은 1.5% 이상으로서, 각 지역의 성, 자치구, 직할시 단위의 자치규정에서 정해지므로, 이는 대상회사별로 일일이 확인해 보는 수밖에 없다.
- **분쟁해결:** 중국법상 노동 관련 분쟁은 반드시 먼저 현지 노동분쟁중재위원회의 중재를 거쳐야 하고, 당해 중재판정에 불복하는 경우에만 법원에 소를 제기할 수 있다.

Ⅲ. 중국 내 경영자집중신고(기업결합신고)

1. 개 관

1) 실무에서 한국 투자자들이 중국 내 기업을 인수할 때 뒤늦게 알고 당황해 하는 중국법 규제 중 가장 빈도수가 높은 것이 중국 내 경영자집중신고 제도이다. 이유는 일단 **중국 내 경영자집중신고 요건에 해당하면 그 신고가 수리·심사·승인되기까지는 해당 인수거래를 이행할 수 없**는데, 그 기간이 한국의 기업결합신고에 비할 수 없을 정도로 길게 소요되어 거래 종결을 심각하게 지연시키는 경우가 많기 때문이다. 실제로 외국 투자자들 중에는 뒤늦게 이 문제를 알고 나서 고의적으로 중국 내 경영자집중신고를 하지 않는 경우도 과거에는 있었다(그 바람에 나중에 벌금 처분을 받기도 한다). **따라서** 중국 내 경영자집중신고는 지분매매계약상 거래종결의 선행조건(Conditions Precedent) 중 하나이지만, **거래 시작단계 즉 매도인과의 협상단계에서부터 미리 점검해야 할 중요한 항목**이라 할 것이다.

2) 2008년 1월 중국 반독점법(反垄断法)이 시행되기 전에도 외국 투자자의 일정한 인수합병거래에 대해서는 중국 정부가 규제를 가했었다. 그러나 반독점법 시행 이후 그 규제가 보다 포괄적으로 바뀌었다. 즉 **반독점법 소정의 요건에 해당하는 모든 기업결합거래에 대해서 일률적으로 "사전"신고의무를 부과**하고, 심사결과 당해 기업결합거래가 경쟁을 배제 혹은 제한하거나 그럴 가능성이 있다고 인정되면 당해 거래를 금지하거나 제한한다. 즉 우리와 달리 일률적으로 사전에 신고하여 심사받을 것을 요구하고 있다. 더 나아가 동법 소정의 의무적 사전신고 대상이 아닌 기업결합 거래에 대해서도, 상무부에서는 직권으로 경쟁제한 여부를 심사할 수 있다.

3) 아래에서는 중국 기업결합신고의 기본적인 내용만 간단히 소개한다. 보다 자세한 내용은 시중에 있는 다른 문헌을 참고하기 바란다(박제현, 95-155면 참조)

2. 신고의무 발생 요건

1) 중국 반독점법상 사전신고의무가 부과되는 기업결합 거래의 일반적 판단 기준은 아래와 같다. 그 구조가 조금 복잡한데, ① **아래 (가) [1]과 [2]의 요건을 모두 충족하면서 (나)의 요건을 충족하지 않으면 신고의무가 발생하는데, ② 이 ①의 판단과정을 거쳐서 신고의무가 생기지 않은 경우에도 다시 중국 정부가 직권으로 조사할 수 있다(따라서 중국 정부가 요구하면 사실상 언제든지 신고의무가 발생한다)**라는 정도로 이해할 수 있다. 한국 투자자는 우선 이 정도 내용은 파악한 상태에서 현지 법률전문가의 자문을 받아 보는 게 업무의 효율적인 진행에 도움이 된다. 유의할 점은 사전신고 의무대상인 기업결합거래는 상무부가 그 신고를 수리한 후 허가를 내줄 때까지는 거래 당사자들이 실행하여서는 안 된다는 것이다(즉 중국 내 경영자 집중신고의 수리는 물론 종국적인 허가까지 해당 거래 종결의 선행조건이 된다). 만일 이를 **위반할 경우, 상무부는 ① 당해 기업결합거래의 진행 중지를 명하거나 그 원상회복을 위한 각종 조치(주식이나 자산의 처분 등)를 명할 수 있고, ② 거래 당사자들에게는 인민폐 50만 위안 이하의 벌금을 부과할 수 있다**.

(가) 적극적 요건

[1] 반독점법 및 하위 규정이 규정하고 있는 "기업결합(Concentrations of Undertakings, 중국 반독점법은 "经营者集中[경영자집중]"이라 하고 있다)"에 해당하는 거래에는 아래 유형들이 모두 포함된다(단 이러한 유형의 모든 거래가 신고대상인 것은 아니며, 다시 소정의 요건을 충족한 거래들에 한정하여 사전신고의무가 발생한다).

① 기업 간의 합병거래(신설합병 혹은 흡수합병).
② 특정기업이 다른 기업의 지분을 인수하는 거래.
③ 특정기업이 다른 기업의 자산을 인수하는 거래.
④ 둘 이상의 출자자가 하나의 기업(즉 JV 기업)을 설립하는 거래.
⑤ 계약 등 방식으로 다른 기업에 대한 통제권 내지 결정적 영향력을 취득하는 거래. 다만 "통제권"과 "결정적 영향력"의 구체적이고 명확한 판단기준

은 아직 규정으로 마련되어 있지 않다.

따라서 외국 투자자가 중국 내 기업의 지분을 인수하는 경우 위 ②항에 따라서 중국 상무부에 경영자집중신고를 사전에 해야 할 가능성이 있으므로, 중국 법률 전문가에게 이 부분을 미리 체크하여야 한다. 특히 중국 반독점법상 경영자집중신고 규정은 역외적용되어, 예컨대 한국 투자자가 홍콩이나 케이맨의 중간지주회사를 인수할 때에도 이 의무가 발생할 수 있음에 유의하여야 한다(이 책의 논의 범위에 포함되지는 않지만, 당연한 귀결로 한국 기업이 중국 기업이 아닌 기업을 인수할 때에도 역시 살펴보아야 한다).

2 위 유형에 해당하는 기업결합 거래들 중에서도 다음 두 가지 요건들 중 하나를 충족하는 거래에 한하여 의무적으로 경영자집중신고를 하여야 한다.

① 기업결합에 참여한 모든 기업들의 직전회계연도 전 세계 영업액의 합계액이 인민폐 100억 위안을 초과하고, 그중 최소한 2개 기업의 직전회계연도 중국 내 영업액이 각각 인민폐 4억 위안을 초과하는 경우; 혹은

② 기업결합에 참여한 모든 기업들의 직전회계연도 중국 내 영업액의 합계액이 인민폐 20억 위안을 초과하고, 그중 최소한 2개 기업의 직전회계연도 중국 내 영업액이 각각 인민폐 4억위안을 초과하는 경우.

(나) 소극적 요건

다만, 위 (가)의 요건을 충족하는 경우에도 아래 요건들 중 하나를 충족하면 사전신고의무가 면제된다. 중국 반독점법이 이 요건을 규정한 취지는 이미 계열회사(중국법상 关联公司[관련공사]) 관계에 있는 기업들 상호 간의 인수합병거래는 심사대상에서 제외하겠다는 취지로 이해된다. 다만, 중국의 회사법(公司法), 증권법(证券法), 반독점법(反垄断法)을 살펴보면, 아직 '기업집단', '계열회사', '특별관계자(이해관계인?)' 등의 개념에 관하여 한국에서만큼 상세한 규정이나 논의는 없어 보인다.

① 당해 기업결합에 참여한 한 기업이 다른 모든 참여기업 각각에 대하여 그 의결권 있는 지분 혹은 자산의 50% 이상을 보유하고 있는 경우; 혹은

② 기업결합에 참여하지 않은 특정 기업이 당해 기업결합에 참여한 모든 기업

각각에 대하여 그 의결권 있는 지분 혹은 자산의 50% 이상을 보유하고 있는 경우.

(다) **직권**조사의 **가능성**

위 (가)의 적극적 요건을 충족하지 않거나 혹은 (나)의 소극적 요건을 충족하는 기업결합거래에 대해서는 반독점법상 거래당사자들이 사전에 신고하여 허가를 얻을 의무가 없다. 그러나 국무원의 기업결합신고표준에 관한 규정(国务院关于经营者集中申报标准的规定)에 따르면, 그러한 거래에 대해서도 상무부는 당해 거래에 경쟁제한성이 있다고 의심되면 직권으로 조사할 수 있고, 조사결과에 따라서는 당해 거래를 금지할 수도 있다.

3. 심사절차(간이심사절차 제외)

(1) 신고 전의 임의적 협의절차

기업결합거래의 당사자들은 신고서 제출 전에 미리 상무부와 접촉하여, 당해 거래가 사전신고의무대상인지, 신고하여야 한다면 상무부가 구체적으로 어떠한 참고자료를 원하는지, 경쟁제한성 판단에 필요한 '관련 시장'의 범위를 어떻게 설정하여야 하는지 등에 관하여 문의하고 협의할 수 있다

(2) 신고 후의 심사절차

한국에서와 달리 중국 반독점법상 기업결합신고에 대한 심사절차는 두 단계로 나뉘어져 있다.

1) 1단계 심사(중국법 용어: 初步审查[초보심사]): 이 단계의 심사기간은 최장 30일이며, 상무부는 이 기간 안에 당해 기업결합거래를 허가할 것인지 아니면 그 거래에 대하여 2단계 심사를 할 것인지를 결정하여 서면으로 거래 당사자들에게 통지하여야 한다. 만일 이 기간 중 상무부에서 아무런 서면통지를 하지 않을 경우 거래

당사자들은 적법하게 당해 기업결합거래를 실행할 수 있다. 다만 이 단계의 심사기간(30일)의 기산일에 관하여 유의할 점이 있다. 그 기산일은 단순히 신고서를 상무부에 제출한 날이 아니라, 상무부에서 공식적으로 자신들이 그 신고서를 접수하였음을 확인해 준 날이다. 경우에 따라서는 최초 신고서 제출일로부터 2주일 혹은 그 이상이 경과한 후에 비로소 상무부에서 공식적으로 접수를 확인해 주기도 한다. 따라서 실제로는 1단계 심사에 소요되는 기간이 처음 서류를 제출한 날로부터 30일을 초과한다고 가정하고 일정을 짜는 것이 바람직하다.

2) 2단계 심사(중국법 용어: 进一步审查[진일보심사]): 이 단계의 심사기간은 원칙적으로 90일이나, 추가적으로 60일까지 더 연장될 수 있다.

3) 위에서 보듯이, 기업결합 심사에 소요되는 기간은 규정의 문언만 놓고 보면 최장 180일이다. 실무에서는 이 기간을 최대한 단축하기 위해서 한국 투자자 및 현지 법률사무소에서 다각도로 노력을 기울인다.

4. 심사기준

반독점법상 규정된 기업결합의 심사기준은 "당해 기업결합이 경쟁을 배제 혹은 제한하는 효과를 가지거나 그럴 가능성이 있는 것"이다. 이 경우 거래 당사자들이 "당해 기업결합이 경쟁에 미치는 유리한 영향이 불리한 영향보다 명확하게 크다"는 점 혹은 "당해 기업결합이 사회공공복리에 부합한다"는 점을 증명하지 못하는 한, 당해 기업결합은 금지된다.

5. 심사 후 조치

1) 상무부는 당해 기업결합을 금지 혹은 온전히 허가하는 외에, 당해 기업결합에 일정한 제한을 부가하는 조건부허가를 할 수도 있다

2) **중국 기업결합(경영자집중) 신고제도가 실무상 어떻게 운용되는지 파악하는 데 도움이 되는 기본적인 참고자료는 중국 중앙정부 상무부 반독점국에서 공표한**

경영자집중신고 시의 신고서류 준비에 관한 가이드라인인 "경영자집중반독점심사 신고표(经营者集中反垄断审查申报表)**"와 "신고표 기입설명**(填表说明)**"이다.** 그 한글 번역문을 중문과 대조하는 형식으로 책 뒤에 부록으로 별첨하였으니 참고하기 바란다. 이를 살펴보면, 중국 내 경영자집중신고 시 준비할 사항의 개략적인 내용을 파악할 수 있다. 그러나, 실제 신고를 위해서는 관할 정부부서(상무부 내 반독점국)과 원활하게 소통할 수 있는 현지 법률전문가의 도움이 필수적이다

6. 간이심사 제도

종래 중국 경영자집중신고에는 일률적으로 최장 180일에 달하는 심사절차를 밟아야 하였고, 실무상으로도 심사절차를 완료하는 데 통상 4-6개월이 소요되었다. 이러한 불편을 고려하여, 중국 상무부는 2014년부터 별도의 간이심사 절차(fast track procedure)도 마련하고 있다. 이를 이용할 경우 실무상 승인받는 데 소요되는 기간이 2개월 정도로 단축되므로, 한국 투자자로서는 그 해당 여부도 현지 법률사무소를 통하여 확인해 볼 필요가 있다.

(1) 간이심사 적용 대상

[1] 원칙적으로 아래 유형의 하나에 해당하는 기업결합 거래는 간이심사대상이다(경영자집중 간이사건 적용기준에 관한 임시규정[关于经营者集中简易案件适用标准的暂行规定]).

① 수평결합의 경우, 당해 기업결합에 참여하는 모든 경영자의 시장점유율 합계가 15% 미만인 경우.

② 수직결합의 경우, 당해 기업결합에 참여하는 경영자의 각 시장별 점유율이 25% 미만인 경우.

③ 혼합결합의 경우, 당해 기업결합에 참여하는 경영자의 각 시장별 점유율이 25% 미만인 경우(수평결합, 수직결합, 혼합결합의 의미는 우리 공정거래법상 개념과 동일하다).

④ 중국 경외(홍콩, 마카오, 대만 포함)에 합작회사를 설립하는 기업결합에서는, 당

해 합작회사가 중국 경내에서 경제활동을 하지 않는 경우.

⑤ 중국 경외 기업의 지분이나 자산을 인수하는 기업결합에서는, 당해 경외 기업이 중국 경내에서 경제활동을 하지 않는 경우.

⑥ 복수의 경영자가 공동지배하는 합작회사에서 기업결합을 통해 그중 일부의 경영자가 (공동)지배하게 되는 경우.

[2] 예외적으로 아래 사유 중 하나에 해당하는 기업결합 거래는 언제나(따라서 설사 위 [1]항의 사유에 해당하더라도) 통상적인 심사절차에 따라야 한다. 그런데 이 예외사유들은 문언 자체가 모호하고 추상적이어서, 상무부의 입장을 확인하지 않으면 명확히 판단하기 어려운 경우가 많다.

① 복수의 경영자가 공동지배하는 합작회사에서 기업결합을 통해 그중 한 경영자가 지배하게 되고, 그 지배경영자와 합작회사가 동일관련시장에서 경쟁하는 경우.

② 기업결합과 관련된 관련시장의 획정이 어려운 경우.

③ 기업결합이 시장진입, 기술진보에 불리한 영향을 줄 수 있는 경우.

④ 기업결합이 소비자와 기타 관련 사업자에게 불리한 영향을 줄 수 있는 경우.

⑤ 기업결합이 국민경제발전에 불리한 영향을 줄 수 있는 경우.

⑥ 상무부가 시장경쟁에 불리한 영향을 줄 수 있다고 인정하는 기타 정황이 있는 경우.

[3] 한편, 상무부는 직권으로 설사 간이심사대상에 해당하는 기업결합 거래라 하더라도 아래 사유가 발생하는 경우 간이심사절차의 적용을 배제하고 통상적인 심사절차를 밟을 수 있다. 결국 실무에서 대부분의 경우에는 간이심사 대상인지 여부를 상무부에 문의해 보아야 안전할 것이다.

① 신청인이 중요정황을 숨기거나 허위자료나 오해를 불러일으킬 수 있는 정보를 제공하는 경우.

② 제3자가 당해 기업결합에 경쟁을 배제 또는 제한하는 사정이 있음을 주장하면서 관련 증거를 제시하는 경우.

③ 상무부가 기업결합 거래 혹은 관련시장의 경쟁상황에 중대한 변화가 발생

하였음을 발견한 경우.

⑵ 간이심사 절차

1 사전상담제도: 위 (1)에서 보았듯이, 상무부에서는 간이심사 대상에 해당하는 기업결합 거래일지라도 이를 부인하고 정식심사절차를 밟도록 할 수 있는 폭넓은 재량권을 가지고 있기 때문에, 현실에서 기업결합 참여 회사들이 독자적으로 간이심사 대상 여부를 판단하기가 쉽지 않다. 이를 고려하여, 관련 법령에서는 기업결합 참여 회사들이 필요하다고 판단할 경우 서면으로 상무부 산하 반독점국에 상담을 신청하여 해당 거래가 간이심사대상인지 정식심사대상인지 확인받을 수 있도록 하고 있다(경영자집중 간이사건 적용기준에 관한 임시규정[关于经营者集中简易案件适用标准的暂行规定]).

2 명시적 신청의 필요: 관련 규정상 간이심사 대상인 기합결합거래일지라도 신고인이 "간이심사"를 해 줄 것을 명시적으로 신청하지 않는 한, 반독점국은 이를 정식심사 절차에 따라서 심사함에 유의하여야 한다.

3 제출정보의 간소화: 정식심사와 비교할 때 간이심사를 받는 신고인은 아래에 기재된 관련 정보 내지 서류를 제출할 필요가 없다. 특히 ③, ④항의 설명부담이 면제된 것, 그리고 (다수의 계열사를 거느린 대기업의 경우) ①항의 설명의무가 면제된 것에 주목할 필요가 있을 것이다.

① 기업결합 참여회사의 중국외 계열회사에 대한 명칭과 지분구조의 설명.

② 기업결합 참여회사의 중국 내 계열회사의 명칭, 등록주소, 주요업무, 지분구조의 설명 및 영업집조와 외상투자기업비준증서 사본의 제출의무.

③ 관련시장의 공급 및 수요구조에 대한 설명.

④ 시장진입 관련 정보(과거 5년간 시장진입정황, 잠재적 진입자, 시장진입 난이도)에 대한 설명.

⑤ 수평적/수직적 합작 협의에 관한 설명.

⑥ 기업결합으로 인하여 발생할 수 있는 효율에 대한 설명.

⑦ 기업결합이 파산기업 또는 파산직전기업과 관련이 있는지 여부에 대한 설명.

⑧ 해당 기업결합에 대한 다른 정부부서의 의견에 대한 설명.

Ⅳ. 지분매매계약 체결 및 이행

중국 유한책임공사의 지분을 매매하는 지분매매계약서의 구성은 한국 주식회사의 주식을 매매하는 주식매매계약서와 기본적으로 차이가 없다. 다만, 그 매매의 목적이 중국 유한책임공사의 지분이기 때문에 중국 회사법 기타 관련 법령들이 적용되고, 그로 인하여 한국의 주식매매계약에서와 내용에서 차이가 발생하는 부분이 있다. 아래에서는 그중 주요한 몇 가지들을 살펴본다.

1. 매수인의 매수권 제한

1) 중국 유한책임공사의 지분을 매수하고자 하는 한국 투자자는 우선 중국 회사법상 매도인 아닌 사원들이 가지고 있는 사전동의권이나 우선매수권의 내용을 정확히 파악하여야 한다(보다 구체적인 내용은 제4장 제2절 제2관 III. 4.에서의 관련 설명 함께 참조).

1 **사전동의권:** 중국 법규정에 따르면, ① 사원 상호 간의 양도에는 다른 사원들의 동의가 필요 없지만, ② 사원 이외의 다른 자에게 양도할 경우에는 다른 사원의 과반수의 동의를 거쳐야 한다. ③ 그런데 이는 현재 사원들 사이에 체결된 사원 간 계약서와 대상회사 정관에서 달리 정할 수도 있다. 따라서 매수인 입장에 서는 한국 투자자는 먼저 대상회사 정관과 기존의 사원 간 계약서를 통하여 이 3가지 중 어떠한 제약이 존재하고 있는지 확인하고, 매도인으로 하여금 미리 사전동의권을 가진 기타 사원들로부터 사전동의를 받도록 할 필요가 있다.

2 **우선매수권:** 또한 관련 법규정에 따르면, ① 사원 이외의 제3자에게 지분양도가 가능한 경우, 양도인 이외의 다른 사원(들)은 제3자에게의 매각과 동등한 조

건으로 우선적으로 매수할 수 있는 권리(우선매수권. 중국법 명칭: 优先购买权[우선구매권])를 가진다. ② 그런데 이는 현재 사원들 사이에 체결된 사원 간 계약서와 대상회사 정관에서 달리 정할 수도 있다. 따라서 매수인 입장에 서는 한국 투자자는 먼저 대상회사 정관과 기존의 사원 간 계약서를 통하여 이 2가지 중 어떠한 제약이 존재하고 있는지 확인하고, 매도인으로 하여금 미리 우선매수권을 가진 기타 사원들로부터 우선매수권 포기 확약서를 받도록 할 필요가 있다.

2) 한편 관련 법규정에는 없지만, 기존 사원들 사이에 체결된 사원 간 계약서 및/또는 대상회사의 정관에서 사원이 지분을 매각하는 데 어떠한 제약을 설정하고 있지는 않은지 확인해 보아야 할 것이다(예를 들면, 매도인 아닌 사원이 Tag-Along Right를 가지는지). 그러한 제약이 있다면 매수인 입장에 서는 한국 투자자는 그 제약을 해소하는 데 필요한 적절한 조치를 취할 필요가 있다(제4장 제2절 제2관 III. 4.에서 지배구조 협상에 관한 설명 함께 참조).

2. 매도인의 지분이전의무의 범위

1) 매매계약에서 매도인과 매수인이 합의해야 하는 사항들에는 ① 주된 의무인 목적 재산권의 이전과 대금의 지급, ② 그 외의 부수적 의무들, ③ 각 의무의 이행시기와 장소 등이 있다. 그런데 중국 유한책임공사의 지분매매계약에서는 매도인의 주된 의무인 목적 재산권(즉 지분)의 이전과 관련하여 유의할 점이 있다.

2) 한국 민법에서와 마찬가지로 중국 계약법상으로도 매매계약을 체결한 매도인은 목적 재산권 자체를 이전하여야 하기 때문에, 그 권리 이전에 필요한 모든 요건을 갖추어야 한다. 이를 파악하기 위하여, 중국 회사법 기타 관련 규정들을 살펴 보면 유한책임공사의 지분이전과정에서 매도인이 취해야 할 조치들은 다음과 같다.

1 **정관 수정:** 사원의 명칭은 정관의 필수적 기재사항이므로 그 수정은 반드시 요구된다. 실무에서는 관할 시장감독관리부서에 등기를 신청할 때 정관 수정안이 함께 제출된다.

2 **매도인 출자증명서의 폐기 및 매수인 앞으로의 출자증명서 발급:** 매도인이 자신의 지분을 일부만 양도할 경우에는 매도인의 기존 출자증명서를 폐기한 후 지분율을 매도분만큼 낮춘 새로운 출자증명서를 발급해 주고, 매수인 앞으로는 매도된 지분만큼을 기재한 출자증명서를 발급해 주어야 할 것이다.

3 **사원명부 개서:** 매도인이 자신의 지분을 일부만 양도할 경우에는 매도인의 지분율을 매도분만큼 낮추고 매수인을 새로이 사원으로 추가하여야 할 것이다.

4 **관할 시장감독관리부서에의 등기**(登记): 이는 행정절차로서 강행규정에 따라서 반드시 거쳐야 한다.

5 **관할 상무부서에의 보고**(报告): 역시 행정절차로서 강행규정에 따라서 반드시 거쳐야 한다.

3) 그런데 위 1내지 5의 5가지 사항들 중 지분양도의 법적 요건에 해당하는 사항이 무엇인지에 관해서는 관련 법규정에서 명확하게 밝히고 있지 않다. **중국 회사법은 제32조 제2항에서 사원명부에 기재된 사원은 사원명부에 기하여 사원으로서의 권리를 행사할 수 있다는 취지로 규정하고 있고, 같은 조 제3항에서 회사등기기관에 등기되지 아니한 사원은 제3자에게 대항하지 못한다는 취지로 규정하고 있을 뿐이다.** 한편, 다수의 중국법 학자들은 위 5가지 사항들 중 어디까지가 지분양도의 효력발생요건인지, 회사나 제3자에 대한 대항요건인지, 대항요건이면 편면적 구속력을 가지는지 쌍면적 구속력을 가지는지에 관해서 별다른 논의가 없다(국내에 중국 회사법을 소개한 문헌 중에는 매수인이 대금을 완납한 때 유한책임공사 지분양도의 효력이 발생한다고 보는 견해도 있는데, 중국법상 명확한 근거는 찾기 어려워 보인다).

4) 이러한 사정 때문에, 실무에서는 위 5가지 사항 중 일부가 아직 이행되지 않은 상태에서 혹은 그 일부를 매도인의 의무로 정하지 않은 상태에서 매수인의 대금지급의무가 발생하도록 매매계약에서 약정할 수 있는 것은 아닌지 의문이 생길 수 있다. 실제로 종래 외상투자기업 중 가장 흔한 형태인 중외합자기업과 외자기업의 지분매매계약에서는 위 2와 3을 매도인의 의무에서 제외하는 것이 관행이었다. 이는 중국 법률 실무가들에 의하여 오랜 기간에 걸쳐 형성되어 온 현상이어서 저자가 심도 깊은 분석이나 의견을 제시하기는 어렵다(아마도 (i) 중외합자기업

과 외자기업에 적용되는 특별법이 중국 회사법상 일반 규정의 적용을 배척하는 것으로 해석하였거나, (ii) 어차피 정관 수정안이 관할 정부부서의 확인을 받으므로 출자증명서나 사원명부 없이도 행정적으로 누가 사원인지 명확히 확인될 수 있다고 생각하였거나, (iii) 아니면 현장에서 출자증명서나 사원명부를 중시하지 않는 관행이 원체 뿌리깊어서 이를 요구하는 것이 비현실적라는 고려가 작용했을 가능성도 있어 보인다). 다만 **2020년부터는 중외합자기업이나 외자기업에 적용되던 특별법도 모두 폐지되었으므로, 향후 실무에서는 위 ②와 ③도 매수인의 의무로(거래 종결의 선행조건인 매수인의 의무로) 매매계약에 약정될 것으로 보인다**.

5) 생각건대, 출자증명서는 유가증권이 아니라 단순한 증거서면이므로 매수인이 이를 발급받지 못하더라도 다른 방법으로(예컨대 정관에 사원으로 기재되어 있는 사실) 사원의 지위를 증명하면 될 것이지만, 사원명부에의 명의개서는 사원으로서의 권리를 행사하는 데 필요한 요건으로 법이 정하고 있으므로 반드시 갖추어야 할 요건이라고 보아야 할 것이다(사견으로는, 주권양도의 효력은 계약 체결시에 발생하되, 명의개서는 회사에 대한 대항요건[그중에서도 쌍면적 구속력], 등기는 회사 이외의 제3자에 대한 대항요건으로 규정하는 것이 중국 회사법의 입법 의도가 아니었나 추측된다). 즉 위 ② 이외의 나머지 4개 요건들은 지분양도에 요구되는 법적 요건으로서 이를 충족하는 것은 지분매매계약상 매도인의 주된 의무라고 생각된다. 따라서 ① **매수인은 최소한 이 4가지 사항 즉 위 ①, ③, ④, ⑤는 매도인의 주된 의무로 지분매매계약에 약정할 필요가 있다**고 본다(그중 ①, ④, ⑤는 어차피 행정절차를 거치는 과정에서 구비해야 할 수밖에 없다). ② **나아가, 위 ②의 의무도 중국 회사법상 지분양도에 필요한 조치로서 규정되어 있으므로, 매수인은 원칙적으로 이도 요구하는 것이 옳다**고 본다. ③ 더욱이 중국 물권법에서도 선의취득을 인정하고 있음에 비추어 볼 때, 최소한 매도인이 종래 대상회사로부터 출자증명서를 발급받아 보유하고 있었다면, 최소한 이를 폐기하도록 하는 조치(일부 양도의 경우 그 지분율을 매도한 만큼 감액하여 다시 출자증명서를 발급받도록 하는 조치)는 매수인 입장에서 요구함이 당연하다고 본다. 그러지 않을 경우 매도인이 매수인에게 매각한 지분을 다시 제3자에게 이중으로 매각하고 그 제3자가 선의취득을 주장하면, 매수인으로서는 복잡한 분쟁에 휘말릴 위험이 있기 때문이다.

참고로 실무상 기술적인 부분이지만, 위 5가지 사항들을 실제로 수행하는 주체는 대상회사이다. 즉 대상회사가 정관을 수정하고, 출자증명서를 폐기·발급하고, 사원명부를 개서하고, 등기 및 보고를 해야 한다. 그러나 지분매매계약에서는 매도인이 회사로 하여금 그러한 조치를 취하도록 할 의무를 부담하는 형태로 문구가 기재되는 것이 흔한 형식이다.

6) 과거 중외합자기업에 적용되던 특별법에 따르면 ① 2015년까지는 관할 상무부서의 심사허가(중국법 용어: 批准[비준])가 지분양도의 효력발생 요건으로 규정되어 있었다. 그런데 이와 별도로 요구되는 관할 공상행정관리부서(지금의 시장감독관리부서)에의 등기(登记)가 어떠한 요건인지는 특별한 설명이 없어서, 중국의 일부 법률 실무가들은 이를 대항요건으로 보기도 하고, 또 다른 법률 실무가들은 관할 상무부서의 심사허가와 합쳐서 효력발생요건이라고 보기도 하였다. ② 2015년 법 개정으로 관할 상무부서에의 심사허가가 신고(중국법 용어: 备案[비안])으로 변경되었는데, 이 신고가 어떠한 요건인지에 대해서는 법조항에 특별한 설명이 없었다. 그래서 실무에서는 이에 관한 특별한 논의 없이 어쨌든 이 신고와 관할 공상행정관리부서에의 등기가 모두 법적인 요건이라고 이해하였다. ③ 2020년부터 중외합자기업에 적용되던 특별법은 폐지되었고, 그에 따라 관할 상무부서에의 신고는 보고(报告)로 변경되었다. 그래서 지금은 중외합자기업의 지분양도 시에 관할 시장감독관리부서에의 등기와 관할 상무부서에의 보고가 법적 요건이라고 보고 있다.

그러면 **중외합자기업의 지분양도 시에는 위 2)에서 보았던 출자증명서의 폐기·발급이나 사원명부에의 명의개서가 필요 없을까? 저자는 여전히 매수인 입장에서는 한국 투자자로서는 협상 과정에서 적극적으로 이를 요구하는 것이 바람직하다고 본다**. 중외합자기업에 적용되던 특별법이 이미 폐지되었고, 2024년까지는 중외합자기업에 대한 회사법 측면에서의 규율을 중국 회사법의 일반조항에 맞추어야 하는 사정을 고려할 때, 위 2)에서 본 일반 유한책임공사에 관한 규율을 그대로 적용하는 것이 한국 투자자 입장에서는 신중한 접근 방식이라고 생각된다.

3. 동시이행관계의 설정

1) 중국 역시 우리와 마찬가지로 매매계약에서 매도인의 재산권 이전의무와 매수인의 대금지급의무는 원칙적으로 동시이행관계에 있다. 즉 재산권 이전과 대금지급이 동시에 이루어짐을 원칙으로 한다(사실 법규정을 떠나서 매도인과 매수인 어느 쪽도 자신의 의무를 선이행하는 위험을 굳이 부담하고 싶어하지 않는 것은 전 세계 어디에서나 공통된 현상일 것이다). 한국에서 주식회사의 주식이나 유한회사의 지분을 매매할 때에는 이러한 동시이행을 실현하는 데 큰 어려움이 없다. 대금지급은 순간적으로 이루어지는데, 그에 대응하는 매도인의 재산권 이전 조치(주권의 교부 혹은 전자등록부에의 등록, 주주명부나 사원명부상 명의개서의 완성) 역시 그 대금 지급이 이루어지는 짧은 순간에 이루어질 수 있기 때문이다.

2) 그런데 중국 유한책임공사 지분을 매매하는 경우에는 이것이 곤란해진다. 위 2.에서 살펴본 유한책임공사 지분 이전에 필요한 조치 중 수정된 정관의 교부, 새로운 출자증명서의 발급, 사원명부상 명의개서는 대금지급과 동시이행이 가능한데, 관할 시장감독관리부서에의 등기 경료와 관할 상무부서에의 보고 완료는 대금을 지급할 때와 정확하게 시간을 맞추어 동시에 완료하기가 현실적으로 어렵기 때문이다. ① 특히 과거에 2015년까지는 법규정상 동시이행이 원천적으로 불가능하였다. 2015년까지는 중외합자기업의 지분을 양도할 경우 지분이전의 핵심적인 요건이 관할 상무부서의 심사허가와 관할 공상행정관리부서(지금의 시장감독관리부서)에의 등기였다. 그런데 관할 상무부서는 심사과정에서 추가적인 자료요구 및 설명을 요구하는 경우가 많았고 간혹 지분매매계약서의 내용 수정을 요구하는 경우도 있어서, 실무에서는 상무부서에서 2주일 내지 1개월의 기간이 소요된다고 가정하는 것이 통상적이었다 그리고 이 과정을 거쳐 관할 상무부서로부터 심사허가를 받은 후에야 비로소 관할 공상행정관리부서에 가서 등기를 신청할 수 있었고, 그 등기도 짧게는 3일 길게는 1주일 이상 소요되는 사례도 있었다. 결국 이러한 상황하에서는 매도인이 자신의 주된 의무인 지분이전의무를 이행하는 데에 2주일에서 1개월 반 정도가 소요되고, 특히 그 의무의 완료시점(즉 관할 공상행정관리부서에서 등기를 경료하고

사원이 양수인으로 변경기재된 영업허가증을 대상회사에게 새로이 발급해 주는 시점)을 매매 당사자들이 미리 정확하게 예측할 수 없어서, 매수인이 동시이행으로 대금을 지급하는 것이 사실상 불가능하였다. ② 지금은 이 요건이 관할 시장감독관리부서에의 등기와 관할 상무부서에의 보고로 변경되었는데, 이 등기와 보고를 온라인으로 그리고 동시에 할 수 있게 되었다(유한책임공사 설립에 관한 제4장의 관련 설명 참조). 그 결과, 과거에 비하면 매도인의 지분이전을 위한 각종 조치의 이행과 매수인의 대금지급을 동시에 실현할 수 있는 가능성(매도인과 매수인의 주된 의무를 동시이행관계로 만들 수 있는 가능성)이 비약적으로 높아지기는 하였다. 예를 들면, **사전에 관할 시장감독관리부서 및 상무부서와 충분히 협의하여 문제가 없음을 확인받은 후에 등기신청서와 각종 첨부 서류들을 관련 온라인시스템상에 업로드함과 동시에 계좌이체로 매매대금을 지급하는 방식**을 생각해 볼 수 있을 것이다. 하지만 아직도 중국의 모든 지역에서 언제나 이러한 동시이행의 설정이 가능하다고 장담하기는 이르다고 보인다.

3) 따라서 **매수인 입장에서 서는 한국 투자자는 거래 초기부터 미리 동시이행의 가능성을 실무적 관점에서 확인해 보고, 이것이 어렵다고 생각되면 매매대금을 일정 기간 에스크로우 계좌에 두는 방안을 지분매매계약에 약정하는 것을 고려해 볼 필요가 있다**. 예를 들면 매수인이 매매대금(혹은 그 일부인 계약금)을 특정 은행에 개설된 에스크로우 계좌(Escrow Account)에 입금해 놓으면 매도인이 관할 시장감독관리부서에의 등기와 관할 상무부서에의 보고 절차를 개시하고, 이것이 완료되면 해당 에스크로우 계좌에서 매도인이 해당 금원을 인출해 가는 것이다. 에스크로우 계좌의 개설은 국내에서는 정형화되어 있어서, 한국 투자자는 비교적 쉽게 에스크로우 계좌를 이용할 수 있다(참고로, 한국계 은행들의 중국 내 지점들도 에스크로우 계좌 개설 업무를 하고 있다). 한 가지 부연하면, 국내에서는 에스크로우 계좌를 매도인 명의로 개설하고 (매도인 혹은 그 채권자의 임의 인출을 방지하기 위하여) 매수인이 그 계좌에 질권을 취득하는 방식이 흔히 사용되는데, 에스크로우 계좌를 중국 내 은행에 개설할 경우에는 중국법상 여러가지 제약 때문에 이 방식을 취하기 어려운 경우가 대부분이다. 즉 에스크로우 계좌를 매수인 명의의 예금계좌로 개설할 수밖에 없고, 그 계좌에 매도인이 질권을 취득하기도 어렵다(뒤에서 살펴 보지만, 중국법상 정기예금이 아닌

계좌에는 질권을 설정할 수 없다). 따라서 한국에서보다 에스크로우 계좌를 개설해 주는 은행의 신뢰성과 재무 안전성(파산 위험이 극히 낮을 것)이 더 중요해지고, 에스크로 계좌의 개설 및 그 운용에 관하여 양 당사자와 은행이 협의하는 데 한국에서보다 더 오랜 시간이 소요되기도 한다.

4) 참고로, 홍콩에 중간지주회사를 두고 중간지주회사의 주식을 매각하는 경우를 살펴본다. 홍콩 회사조례 및 관련 법령상 주식 매도인이 주식 양도를 위하여 취하여 할 조치들에는 일정한 문서(Instrument of Transfer나 Bought and Sold Notes 등)의 교부 외에 인지세(Stamp Duty) 납부 등의 행정조치가 있지만, 중국 경내에서의 등기/보고와 달리 그 행정절차의 예측 가능성이 매우 높다. 그래서 실무상으로는 동시이행 관계를 설정하는 데 큰 어려움이 없다.

4. 진술보장사항

지분/주식매매계약에 언제나 들어가지만 매번 그 내용 확정을 위한 당사자간 협상에 많은 시간이 소요되는 조항이 진술보장 규정이다. 이에 관해서는 M&A에 초점을 둔 법률 서적이나 논문들을 먼저 참고하기 바란다. 진술보장(Representations & Warranties)은 애초 영미법계 국가에서 처음에는 보험계약에서 시작되어 지금은 거의 모든 유형의 계약에 필수적으로 들어가게 된 조항이다. 이제는 국내에서 한국 당사자들끼리 체결되는 주식매매계약에서도 들어가는 것이 일반화되어 있다. 그러나 구체적으로 ① 어떠한 사항에 관하여 ② 어떠한 방식으로 규정할 것인지에 관해서는, 구체적인 대상회사의 상황, 거래구조, 당사자들 간 협상력의 우열 등에 따라서 매우 폭넓은 변용이 이루어지기 때문에, 사전에 일률적으로 어떠한 기준을 세워 소개하기는 어려워 보인다. 매수인 입장에 서는 한국 투자자로서는 매도인인 중국 투자자 및 대상 회사에 대하여 어떠한 사항에 관하여 어떻게 진술보장을 요구할지에 대한 고민을 거래 초기부터(늦어도 실사단계에서부터) 해 나갈 필요가 있다. 어떠한 사항에 관하여 요구할지에 관해서는 한국 혹은 미국이나 유럽에서 통용되는 지분/주식매매계약상 진술보장 사항들을 참고하여도 무방하며 기본적으로 큰 차이는 없다(M&A 전문 변호사들은 보통 30개 전후의 진술보장항목 체크리스트를 가지고 구체적인 거래사정에 따라서 필요한 가감수정을 한다). 다만 각 사항별로 구체적인 내용을 채우기 위해서는 대상회사 및 매매 목적물인 지분에 강행적으로 적용되는 중국 회사법 및 관련 법령에 대한 지식이 필요하다. 따라서 실무상으로는 한국과 중국의 M&A전문 변호사 양측으로부터 함께 검토(cross-check)를 받아가면서 매도인 및 대상회사의 진술보장 규정의 문구를 다듬고 확정지어 가는 게 좋다.

Ⅴ. 사원 간 계약서의 작성

매수인이 대상회사의 지분 100%를 취득하는 것이 아니라면 매수후 남아 있는 기존 사원과 사원 간 계약서도 체결하여야 한다. 사원 간 계약서에 관해서는 제4장의 관련 부분을 참고하기 바란다.

Ⅵ. 지분매매 관련 조세

유한책임공사의 지분을 매매할 경우의 중국 내 조세 효과는 아래와 같다. 다만, 실무에서는 외부 세무전문가를 통하여 정확한 simulation을 해 볼 필요가 있다.

1. 매도인 부담세금

1) 지분양도차익에 대한 과세

[1] 매도인이 중국 내 공사(유한책임공사, 고분유한공사)인 경우 지분양도차익은 해당 기업의 익금에 산입되어 기업소득세(우리의 법인세에 해당)가 부과된다. 중국 기업소득세의 세율은 원칙적으로 25%이다.

[2] 매도인이 한국 내 회사인 경우 지분양도차익에 대하여 한중조세협약에 따라

서 원칙적으로 한국에서만 법인세가 과세되고 중국에서는 과세되지 않는다. 다만, 중국 내 대상회사가 부동산과다보유법인인 경우에는 예외적으로 중국에서 10%의 세율로 원천징수된다. 참고로, 매도인이 한국 이외의 제3외국 소재 법인인 경우, 중국과 당해 외국 간에 별도의 조세협정이 존재하면 그에 따르고, 존재하지 않을 경우 중국 기업소득세법 및 기업소득세법 실시조례에 따라서 그 세율은 10%가 되고, 그 세금은 원천징수된다(이에 관한 보다 구체적인 설명은 제3장의 관련 설명 참조).

2) 인지세

지분매매계약 체결에 대하여 인지세(중국법 용어: 印花税[인화세])를 부담한다(매매가액의 0.05%).

다만, 실무에서는 관할 세무당국에서 이 외에도 다른 세금의 부과 여부를 검토할 수 있으므로, 사전에 외부 전문가의 검토를 받을 것을 권한다. 예를 들면, 일부 지역의 세무당국에서는 대상회사가 부동산 과다보유법인인 경우, 비록 거래형식은 지분매매이지만 그 실질은 부동산 매각이라고 보아 해당 부동산 매각에 대한 각종 세금(특히 부담이 되는 세금은 토지증치세이다)을 부과하고자 하는 경우가 있다.

2. 매수인 부담세금

지분매매계약 체결에 대해 인지세를 부담한다(매매 가액의 0.05%). 한편, 중국에서는 기업 결손금에 대하여 5년간 이월공제를 허용하고 있는데(기업소득세법 제18조), 지분매수방식을 취할 경우 대상회사의 결손금은 지분매수 후에도 남은 기간 동안 지속적으로 이월공제를 받을 수 있다.

제6장 담보부대출형 투자(Secured Loan Investment)

제1절 개 관

1) 한국 투자자가 중국에 대출을 하는 방식으로 투자하는 경우는 크게 ① 한국 기업이 중국에 설립한 자회사(외상투자기업)에게 주주대출(번역의 일관성을 기하면 "사원대출"이라고 칭해야 할 것이나, 실무에서 통용되는 용례를 따라 이 책에서도 주주대출이라 칭한다)을 하는 경우와 ② 한국의 은행·증권사·보험사와 같은 금융기관이 중국 내에 한국 기업이 설립한 외상투자기업에게 대출을 하는 경우로 나누어 볼 수 있다. 나아가 한국 투자자가 중국 내 외상투자기업을 설립할 때 예컨대 홍콩에 중간지주회사를 설립하였다면(즉 한국 모회사—홍콩 중간지주회사—중국 자회사의 지분구조를 취하였다면), ③ 한국 모회사가 홍콩 중간지주회사에게 주주대출을 하는 경우, ④ 홍콩 중간지주회사가 중국 자회사에게 주주대출을 하는 경우, ⑤ 한국 금융기관이 홍콩중간지주회사에게 대출을 하는 경우가 추가될 수 있다. 그리고 이 5가지 유형의 대출 각각에 대해서 **담보(이 장에서는 인적 담보인 보증과 저당권·질권 등 각종 물적 담보를 포괄하는 의미로 사용한다)**가 부가되는 담보부 대출과 그러지 못한 무담보 대출이 있게 된다. 실무에서 중국 투자와 관련하여 이루어지는 대출거래를 보면 이 10가지 유형을 벗어나는 경우는 찾아보기 어렵다.

2) ①, ③, ④의 대출거래는 계열사 간의 우호적인 거래이고, 그 계약서도 한국법을 준거법으로 한 금전대차계약서와 큰 차이점을 발견할 수 없는 비교적 간단한 내용이다. 반면 ②와 ⑤의 대출거래는 대주가 금융기관이어서 거래가 진행되는 절차나 계약서 구조가 차주(즉 일반 제조업이나 서비스업을 영위하는 한국 투자자) 입장에서는 여러 모로 생소한 부분이 있다. 또한 대주인 금융기관 입장에서도 중국법상 규율

을 제대로 숙지하지 못할 경우 장래 예상하지 못한 위험을 부담하게 될 수도 있다. **특히 중국 물권법상 저당권(중국법 용어: 抵押权[저압권])과 질권(중국법 용어도 동일하게 质权[질권]이다), 그리고 보전처분(중국법 용어: 财产保全[재산보전])에 관해서는 아직도 한국 투자자들이 위험분석(risk analysis) 과정에서 오류를 범하는 경우가 종종 발견된다**. 가장 흔한 오류는 이들이 한국의 저당권, 질권, 보전처분과 비교할 때 채권담보의 현실적인 실효성 면에서 별 차이가 없을 것이라 생각하고 대출을 해 주는 것이다. 그러다가 사후에 사실상 무담보 채권자에 유사한 취급을 받고 당황해 하는 경우가 발견되곤 한다.

3) 이 장에서는 먼저 중국 내에 담보부 대출을 할 경우 언제나 점검해 보아야 하는 기본적인 법 제약 사항들을 소개한다. 그다음으로 실무에서 문제되는 몇 가지 쟁점들을 살펴본다.

제2절 중국 내 담보부대출

Ⅰ. 대주 자격, 이자율, 원천징수

1. 중국 내 법인이 대주인 경우의 제한

중국 내 법인이 중국 내 다른 제3자에게 대출을 하고자 하는 경우 다음과 같은 제약이 있다.

1) **중국 내에 설립된 어떠한 조직이 중국 내 기업이나 개인에게 "직접" 대출을 해 주기 위해서는 관련 법규에 따라서 대출영업 허가를 받아야 한다**(금융허가증관리방법[金融许可证管理办法]). **여기에서 "직접"이란 아래 ②항에서 보는 위탁대출의 방식을 취하지 않는 것을 의미한다.** 따라서 대출영업 허가를 받지 못한 중국 내 기업은 다른 중국 내 기업이나 개인에게 "직접" 대출을 하는 것이 금지된다(대출통칙[贷款通则]).

이는 회사가 대출을 함에 있어서 별도의 영업허가증을 요하지 않는 한국의 법제와 크게 대비되므로 유의할 필요가 있다.

1 중국법상 대출을 영업으로 할 수 있는 금융기관들은 상업은행(商业银行), 정책성 은행(政策性银行), 신탁회사(信托公司), 대출회사(贷款公司), 기업집단재무회사(企业集团财务公司), 자동차금융회사(汽车金融公司), 소비금융회사(消费金融公司), 소액대출회사(小额贷款公司), 농촌신용합작서(农村信用合作社) 등이다. 따라서 중국 내 제조업이나 서비스업을 영위하는 일반 회사가 중국 내 다른 기업에게 "직접" 대출을 하는 것은 일단 위법이라고 간주하고, 혹시 그동안 관련 법령에 변경은 없었는지 현지 법률사무소를 통해 확인해 볼 필요가 있다.

2 **예외적으로 기업이 자신의 자금을 은행에 위탁하면서 은행으로 하여금 다른 기업에게 대출하도록 하는 위탁대출의 방식은 허용**된다(중국법상 명칭: 委托贷款[위탁대관]). 이 경우 은행은 대출 중개인 내지 대리인에 불과하여 대출에 관하여 아무런 법적 책임도 부담하지 아니하며, 중개/대리수수료만 수취한다. 참고로, 중국 법률용어에서 "위탁"은 우리의 "위임"에 상응하고, "대관"은 "대출"의 의미이므로, 중국법상 위탁대출은 특정 기업(본인. 대주)이 은행(대리인)에게 특정한 제3자(차주)에게 대출할 권한을 위임하면서 그에 필요한 자금도 이전해 주는 법률관계라고 이해할 수 있을 것이다. 다만 실무에서 은행들은 자신이 위탁대출 거래에서 대리인이 아니고 단순한 자금 중개인에 불과하다고 이해하는 것으로 보인다.

은행을 통한 위탁대출에서도 그 대출자는 위탁자인 기업이고 위탁자인 해당 기업은 대출영업 허가증이 없기 때문에, 실질적 관점에서 보면 금지되는 게 옳을 것이다. 그럼에도 중국법상 예외적으로 이를 허용하는 이유는, 이를 허용함으로써 ① 중국 정부는 은행의 보고시스템을 통하여 중국 내 기업간 대출에 관한 거시적 통계수치를 파악할 수 있고, ② 은행(특히 국영은행)은 안정적인 수수료 수입을 거둘 수 있기 때문이라고 보인다.

3 한편, ① **외상투자성공사**의 경우에는 예외적으로 일정한 요건하에 자신의 계열사에 대한 대출이 허용되고, ② 일정한 요건을 갖추면 동일 기업집단내 계열

사들에게 대출할 수 있는 **그룹재무회사**(集团财务公司)의 설립이 허용된다.

2) **중국 내 상업은행의 인민폐 대출의 이자율**에 관하여 중국의 중앙은행인 인민은행은 과거에는 대출 이자율의 상한선을 두는 방식으로 엄격한 제한을 두었다가, 이후 대출기준금리를 두어 개별 은행들이 이를 참고하도록 하는 방식으로 완화하였다. 이후 2019년 8월부터는 다음과 같은 방식으로 상업은행 대출 이자율이 결정되도록 하고 있다(한국은행 북경사무소, "[현지정보]인민은행의 대출우대금리(LPR)제도 개편 내용 및 시장평가", 2019. 8. 19. 참조).

1 매월 20일 오전 9시까지 중국 내 18개 은행은 각자 산정한 Loan Prime Rate(贷款基础利率. 정식용어는 贷款市场报价利率[Loan Market Offered Rate]이다)를 전국은행간대출센터(全国银行间同业拆借中心. National Interbank Lending Center)에 보고한다. 18개 은행은 중국공상은행(中国工商银行), 중국농업은행(中国农业银行), 중국은행(中国银行), 중국건설은행(中国建设银行), 교통은행(交通银行), 중신은행(中信银行), 초상은행(招商银行), 흥업은행(兴业银行), 포동은행(浦东银行), 중국민생은행(中国民生银行), 서안은행(西安银行), 대주은행(台州银行), 상해농촌상업은행(上海农村商业银行), 광동순덕농촌상업은행(广东顺德商业银行), Standard Chartered Bank 중국법인, Citibank 중국법인, WeBank(微众银行. 텐센트 산하 인터넷전문은행이다), 인터넷상업은행(网商银行. 알리바바 산하 인터넷 전문은행이다)이다. 이 금리는 5bp(basis point. 즉 0.05%)를 단위로 증감되고, 대출 만기 1년인 경우와 대출 만기 5년 이상인 경우로 구분된다.

2 전국은행간대출센터는 개별 은행들이 보고한 Loan Prime Rate의 최고치와 최저치를 제외한 후 산술평균방식으로 고시할 Loan Prime Rate를 산출한 후, 이를 매월 20일 오전 9시 30분에 센터와 인민은행 홈페이지에서 공포한다.

3 각 은행은 고시된 Loan Prime Rate를 참고하여 대출금리를 결정하여야 하고, 변동금리 대출은 Loan Prime Rate를 기준금리(Base Rate)로 삼아 거기에 일정한 가산금리(Margin)를 붙이는 방식으로 결정하여야 한다.

2. 중국 외 법인이 대주인 경우

1) 반면에, 중국 외 법인이 중국 내 기업에게 대출을 함에는 위 1.에서와 같은 제약이 없다. 즉 중국 정부로부터 대출영업 허가증을 발급받지 않아도 자유롭게 중국 내 기업에게 "직접" 대출을 할 수 있고, 이자율도 자유롭게 약정할 수 있다.

2) 다만, 이 경우 대주 입장에 서는 **중국 외 법인은 장래 자신이 지급받는 이자에 대하여 중국 내에서 원천징수가 있음**을 기억해 두어야 한다. 한중조세협약에 따르면, 차주인 중국 내 기업이 대주인 한국 내 기업(은행, 증권사, 보험사 등 금융기관 포함)에게 이자를 지급할 경우, ① 먼저 그중 10%에 해당하는 금액을 원천징수하여 중국 내 관할 세무당국에 납부하고 ② 나머지 90%만을 대주에게 송금하여야 한다. **단 대주가 한국산업은행, 한국수출입은행과 같은 국책은행인 경우에는 원천징수를 면한다**. 참고로 **중국·홍콩 간 조세조약에 따르면 차주인 중국 내 기업이 대주인 홍콩 내 법인에게 이자를 지급할 경우 그 원천징수세율은 7%로서 한국보다 낮다**. 이 때문에 중국 내에 대출 투자를 하고자 하는 한국 기업이나 은행이 홍콩에 자회사나 지점을 두고 있는 경우 홍콩 자회사·지점을 대주로 하는 것을 고려해 볼 필요도 있다.

참고 삼아 부연하면, 이와 관련하여 "금융기관이 대주인 대출계약서에는 어차피 Tax Gross-Up 조항이 거의 예외 없이 들어가므로 문제가 없지 않나?"라는 의문이 들 수 있다. Tax Gross-Up 조항이란, 차주가 대주에게 지급할 금원(대표적인 예가 이자이다)에 관하여 관련 법령에 의하여 어떠한 공제나 원천징수를 하여야 할 경우, 차주로 하여금 ① 당해 공제 내지 원천징수된 지급액에 더하여 ② 당해 대주가 그러한 공제나 원천징수가 없었더라면 받았을 금액과 ①항 소정의 지급액의 차액을 추가로 지급하도록 하여서, 결과적으로 해당 법령에 따른 대주의 실수령액 감소분을 100% 보전시켜 수는 조항이다(다만 대주 측에게 중대한 귀책사유가 있다고 인정되는 경우, 예컨대 대주가 미국의 해외계좌세무준수법[Foreign Account Tax Compliance Act. 흔히 FATCA로 약칭한다] 규정에 위반하여 그 벌칙으로서 미국 내 차주로부터 지급받는 금원에 대하여 어떠한 원천징수를 당하는 경우는 예외로 한다). 현재 은행·증권사·보험사 등의 금융기관이 대주인 대출계약에는 대부분 이러한 취지의 Tax Gross-Up 조항을 두고 있어서, 설사 중국 내 법인이 지급하는 이자에 관하여 원천징수가 있더라도 대주인 금융기관 입장에서는 특별한 손해가 없고, 이러한 조항을 두는 이상 중국 내 차주도 그러한 추가 부담을 감수할 용의가 있는 것이라고 생각할 수도 있다. 그러나 실무에서 차주는 언제나 해당 대출거래에서 위 조항이 실제로 작동할 위험이 있는지 사전에 체크하고(대주단의 구성원으로 참여하는 대주 혹은 장래 대출 실행후 대출채권의 전부나 일부를 양수하게 될 잠재적 양수인 중에서 장래 이 조항의 적용을 받아서 추가 지급을 요구할 자가 있는지 점검한다), 그 위험이 있을 경우 대출 계약서에 서명하기 전에 그 위험을 제거·완화하기 위하여 대주를 교체하거나 거래구조를 변경하자고 요구하는 등의 조치를 취한다. 반면 주로 계열사 간의 대출로 이루어지는 주주 대출의 경우에는 대주가 금융기관인 경우보다 이 이슈를 덜 민감하게 다루는 경향이 있다.

II. 중국의 담보물권 제도

1. 중국 내 자산별 담보물권 유형

한국에서 금융기관들이 한국 내 기업에게 담보부 대출을 하면서 어떠한 담보물권을 취득할지 결정할 때에는, 한국법상 담보물권의 유형 즉 유치권·질권·저당권·동산담보권·채권담보권·지적재산권담보권·양도담보권을 앞머리에 두고 생각하는 것이 아니라, 차주 기업의 자산 리스트를 앞에 놓고 각 자산별로 설정 가능한 담보물권을 생각해 본다. 이러한 방식으로 중국 내 기업에게 대출을 하면서 차주(혹은 중국 내 물상보증인)의 자산에 취득할 수 있는 중국법상 담보물권을 생각해 보면 아래 도표와 같다(이해의 편의를 위하여 옆에 한국에 그러한 자산이 있을 경우 취득 가능한 한국법상 담보물권도 기재하였다). 다만 세 가지 유의할 점이 있다.

① **실무에서는 한국 투자자가 아래 중국법상 담보물권을 취득하는 것 자체가 허용되지 않거나(예컨대 계약상 채권에 대한 질권 취득), 허용은 되지만 자신이 원하는**

방식으로는 허용되지 않는 경우가 발견되기도 한다(예컨대 복수의 한국 투자자들이 채권자로서 하나의 저당권을 준공유하는 방식). **경우에 따라서는 명확한 법령상 근거 없이 관할 정부부서가 허용해 주지 않는 경우도 있다**(예컨대 일부 지역에서는 은행이 아닌 한국 기업의 중국 내 부동산 저당권 취득이 허용되지 않는다). **따라서 한국 투자자는 언제나 특정한 대출거래에서 자신이 중국법상 원하는 담보물권을 자신이 원하는 방식으로 취득할 수 있는지 사전에 확인해 보는 게 반드시 필요하다.**

2 **아래 3.에서 설명하는 요건 외에 경우에 따라서는 중국법상 외국환거래 측면에서의 등기가 필요한데, 이 외국환 등기가 담보물권 취득의 법적 요건**(유효·적법 요건)**은 아니지만, 담보물권의 실행단계에서 사실상 법적 요건과 동일하게 작용하는 경우**(즉 해당 외국환 등기가 없으면 담보물권의 실행이 현실적으로 불가능한 경우)**가 있다. 그 대표적인 예가 내보외대등기이다**(내보외대등기에 관해서는 뒤에서 별도로 설명한다).

3 중국에도 우리와 유사한 내용으로 양도담보(중국법 용어: 让予担保(양여담보))에 관한 법리가 있다. 그러나 중국 물권법·담보법에서는 양도담보권을 담보물권으로 규정하고 있지 않고, 그렇다고 관습법상 인정되는 담보물권이라고 보기에는 시기상조라고 보인다. 이에 다수의 중국 법률가들은 중국법상 양도담보권은 단순히 계약상 채권이라 설명하고 있다. 요컨대 한국법상 양도담보권을 설정할 수 있는 자산에 대해서는 중국법상으로도 양도담보권을 설정할 수는 있으나, 그 성질은 계약상 채권에 불과하다. 따라서 한국 투자자(채권자) 입장에서 굳이 중국에서 질권 같은 담보물권 대신에 양도담보권을 취득할 필요는 없어 보인다.

중국 내 자산별 설정가능한 담보물권의 유형

※ **중국법상 최고액저당권(**最高额抵押权**), 최고액질권(**最高额质权**)은 각각 한국법상 근저당권, 근질권에 대응하는 개념으로 이해할 수 있다.**

※ **중국법상 부동저당권(**浮动抵押权**)은 영미법상 Floating Charge에 대응하는 개념으로 이해할 수 있다(우리의 동산등담보법상 동산담보권 역시 Floating Charge와 구조가 유사하다).**

대상자산	중국법상 담보물권	참고: 한국법상 담보물권
토지(소유권)	불가	(근)저당권
지상권(토지사용권): 잔여사용기간 체크 필요	(최고액)저당권	(근)저당권
건물	(최고액)저당권	(근)저당권
준공전 건물	(최고액)저당권: 일정 요건 필요	담보신탁/집합동산에 대한 양도담보권
회사 지분/주식	(최고액)질권	(근)질권
예금	(최고액)질권: 정기예금에 한정	(근)질권
계약상 채권	(최고액)질권: 인민은행에 엄격한 등록. 기한 6개월~30년	양도담보권/채권담보권
보험	재산보험에는 담보물권 설정이 불가하다는 것이 전통적 견해 생명보험에는 (최고액)질권 설정 가능	(근)질권/양도담보권/채권담보권 담보부대출 실무에서는 인보험은 제외하고 손해보험에 담보물권 설정함.
원자재, 반제품, 완제품	(최고액)저당권 혹은 부동동산저당권	양도담보권/동산담보권
각종 기계설비	(최고액)저당권 혹은 부동동산저당권	양도담보권/동산담보권
기업의 기타 동산(사무용품 등)	어려움 (법규상 동산질권만 가능하나, 점유 이전이 어려워 실무상 어려움)	양도담보권/동산담보권
자동차	(최고액)저당권	(근)저당권
중기	(최고액)저당권	(근)저당권
항공기	(최고액)저당권	(근)저당권
건조중 항공기	(최고액)저당권	양도담보권
선박	(최고액)저당권	(근)저당권
건조중 선박	(최고액)저당권	양도담보권

어음 수표	(최고액)질권	(근)질권
창고증권	(최고액)질권	(근)질권
선하증권	(최고액)질권	(근)질권
지적재산권	(최고액)질권	(근)질권/지적재산권담보권

2. 자산별 담보물권 취득방법

위 도표에 언급된 자산별로 중국 내 담보물권 취득방식을 간단히 살펴보면 아래와 같다. 국내에서는 아래 내용에 관해서 체계적인 설명을 시도하는 문헌이나 자료를 찾기가 쉽지 않은데, 그 주된 이유는 중국 내 물권법에 관한 연구와 그 결과물이 아직 한국에서만큼 체계가 잡혀 있지 않고, 이론과 실무 사이에 괴리와 혼란이 있기 때문이다(저자가 아래 내용을 정리하는 데 참고한 여러 중국 자료들 사이에도 모순과 혼란이 없지 않았다). 사정이 이러하므로, 중국 내 담보물권을 취득하고자 하는 한국 투자자는 우선 아래 내용을 염두에 두고 다시 현지 법률사무소의 자문을 받아 볼 것을 권한다(가급적 규모가 어느 정도 있어서 중국 내 담보물권의 법리와 실무에 관하여 전문성을 가지고 있는 현지 법률사무소가 필요하다고 본다).

(1) 토지(소유권) / 토지사용권: (최고액)저당권

1) 중국에서 토지는 국가와 농민집체만이 소유권을 가지는데, 이 토지소유권에 직접 저당권을 취득할 수는 없다. 민영기업은 국가가 소유하는 토지에 대하여 용익물권의 일종인 국유토지사용권(건설용지사용권)을 취득할 수 있을 뿐인데, 이 사용권상에는 저당권을 취득할 수 있다(이에 관해서는 제4장 제3절에서의 관련 설명도 함께 참조).

2) 국유토지사용권상에 저당권을 취득하기 위해서는 ① **저당권자(채권자)와 저당권설정자(채무자 혹은 물상보증인)가 서면으로 저당권설정계약서를 체결하고, ② 관할 정부부서(현 단위 이상 지방인민정부 산하 국토자원행정부서)에 저당권설정등기를 하여야 한다**. 이 저당권 등기는 저당권의 효력발생요건이다. 다만 실무에서는 이 저당권을 취득하기 위하여 등기신청을 하였는데 **중국 내에서 발급된 금융허가증(대출영업**

허가증)**을 보유하지 못하고 있다는 이유로 거부**된 사례가 있으므로, 한국 투자자가 중국 내 부동산에 저당권을 취득하고자 할 경우 반드시 사전에 그 가부를 확인해 볼 필요가 있다. 이는 **아래**(2)**의 경우에도 마찬가지**이다.

(2) 건축물 / 준공전 건축물: (최고액)저당권

1) **건축물**(**및 그 대지 사용권**)에 저당권을 취득하기 위해서는 ① **저당권자**(**채권자**) **와 저당권설정자**(**채무자 혹은 물상보증인**)**가 서면으로 저당권설정계약서를 체결하고,** ② **관할 정부부서**(**직할시, 시, 현 단위 지방인민정부 산하 건설[부동산]관할부서**)**에 저당권설정 등기를 하여야 한다**. 이 저당권 등기는 저당권의 효력발생요건이다

2) 중국에서는 우리와 달리 **준공전 건축물**(**및 그 대지사용권**)에 대해서도 저당권을 취득할 수 있다. 다만 준공전 건축물에 대하여 저당권을 취득하기 위해서는 **위 1)에서 살펴본 요건들 외에, 아래 요건들까지 갖추어야 한다.** 이 외에도 실무상 관할 저당권등기 관할 부서에서 추가적으로 요구하는 요건이 있을 수 있다.

① 해당 저당권의 담보하에 채무자에게 지급되는 대출금은 저당목적물인 준공전 건축물을 완공하는 데 사용되어야 한다.

② 저당목적물인 준공전 건축물의 대지에 대한 사용권을 저당권설정자가 적법하게 취득하고 있어야 한다. 즉 그 대지 사용에 대한 출양금을 전액 납부하고, 관할 정부부서로부터 국유토지사용권증서를 발급받아 보유하고 있어야 한다(출양금 납부와 국유토지사용권증서 발급에 관해서는 제4장 제3절에서의 관련 설명 참조).

③ 저당권설정자가 건설용지규획허가증, 건설공정규획허가증, 건설공정시공허가증을 발급받아 보유하고 있어야 한다(제4장 제3절 관련 설명 참조). 또한 향후 시공일정과 예상 준공일자도 확정되어 있어야 한다.

④ 건축에 소요되는 총자금의 25% 이상을 채무자가 자기자금으로 조달하여야 한다.

실무 Tip **용어설명**

중국법에서는 "건축중인 건축물"이라는 의미로 "在建工程[재건공정]"이라는 용어를 쓰고 그에 설정된 저당권은 "在建工程抵押权[재건공정저압권]"이라고 한다. 이 책에서는, 한국법하에서는 준공까지 마친 건물에 대해서만 일련의 행정절차를 거쳐 소유권보존등기후 저당권을 설정할 수 있는데 중국에서는 준공 전이라도 저당권 설정이 가능하다는 의미를 부각시키기 위하여, "준공전 건축물", "준공전 건축물에 대한 저당권"이라고 번역한다.

(3) 유한책임공사의 지분: (최고액)질권

1) 유한책임공사의 지분에 질권을 취득하기 위해서는 ① **(질권자가 사원이 아닌 경우) 질권설정자를 제외하고 계산한 사원 과반수의 사전동의**(이는 지분양도의 경우와 동일하다), ② **질권자**(채권자)**와 질권설정자**(채무자나 물상보증인) **사이의 서면 질권설정계약서 체결, ③ 사원명부에의 질권자 성명, 피담보채권액, 질권설정자 등 질권설정계약의 주요 내용 기재, ④ 관할 시장감독관리부서에의 질권설정등기**(登记), ⑤ **관할 상무부서에의 보고**(报告)가 요구된다. 그리고 실무에서 잊지 않도록 조심해야 할 요건인데 ⑥ **질물인 지분에 관하여 질권설정자가 사원으로서 필요한 출자의무를 모두 이행완료하여야 한다**. 그러지 않을 경우 해당 지분의 재산적 가치가 질권자가 생각하는 것에 미치지 못하는 문제가 발생하기 때문이다. 중국 유한책임공사는 우리 주식회사/유한회사와 달리 자본금의 분할납입이 가능하기 때문에 발생하는 법적 쟁점인데, 한국에서의 실무에 익숙한 한국 투자자들은 자칫 간과하기 쉬우므로 주의를 요한다. 참고로 고분유한공사의 경우, 관련 법령상 질물인 주식이 Lock-up이 되어 있지 않다는 전제하에, (i) 비상장회사는 위 ②, ③, ④, ⑤항이 요구되고, (ii) 상장회사는 위 ②항 외에 증권등기결산기구(证券登记结算机构)에의 질권설정등기가 요구된다(증권등기결산기구에의 질권설정등기가 효력발생요건이다).

2) 그런데 유한책임공사의 지분 양도에서와 마찬가지로 질권 설정에서도 그 법적 요건의 정확한 범위에 관하여 중국 법률가들 사이에 명확한 결론이 나와 있

지는 않아 보인다. 이와 관련하여 2가지 쟁점만 살펴보면 아래와 같다.

[1] 위 ③항의 요건은 중국 담보법에서 효력발생요건(生效要件)으로 규정하고 있고, 위 ④항의 요건은 중국 담보법보다 나중에 제정된 중국 물권법에서 성립요건(设立要件)이라고 규정하고 있다. 해서 이 2가지 요건을 조화롭게 해석하는데 어려움이 있다. 이 부분에 관해서는 중국 물권법이 중국 담보법의 적용을 배제하는 특별규정이라고 보아서 더 이상 위 ③의 요건은 필요없다고 보는 견해도 있다. 하지만, 아직 최고인민법원의 정확한 판단이 나오지 않는 상황에서 질권자 입장에 서는 한국 투자자가 이 견해에 동조하는 것은 위험한 선택이라고 본다. 실무에서도 위 ③항과 ④항의 요건을 모두 요구하는 경우가 다수라고 보이고, 저자도 마찬가지의 견해를 가지고 있다.

[2] 저자의 사견으로는, 관련 법령에서 특별히 언급하고 있지는 않으나, 질권자 입장에서는 질권설정자가 대상회사로부터 발급받아 보유하고 있는 출자증명서를 교부받아 자신이 점유·보관할 필요가 있다고 본다. 비록 출자증명서는 유가증권이 아니고 증거서면에 불과하지만, 질권설정자가 이를 이용하여 장래 제3자에게 질물인 지분을 선의취득시킬 가능성이 있기 때문이다. 비록 현재 실무에서는 이를 요구하는 시장 관행이 없지만, 질권설정자 입장에서 특별히 부담되는 요구는 아니어서 질권자 입장에 서는 한국 투자자라면 질권 취득을 위한 협상과정에서 요구해 볼 만하다고 본다.

3) 유한책임공사 중 2024년까지는 존속할 수 있는 **중외합자기업**의 지분에 질권을 취득하기 위해서는 그 지분양도에서와 마찬가지의 요건이 요구된다. 특히 실무에서 질권취득 시 필요한 요건으로 보는 것은 ① **다른 사원들 전원의 사전동의,** ② **서면 질권설정계약서의 체결,** ③ **사원명부에의 질권자 성명 기타 질권 관련 사항의 기재,** ④ **관할 시장감독관리부서에의 질권설정등기,** ⑤ **관할 상무부서에의 질권설정보고**이다. 그리고 ⑥ **질물인 지분에 관하여 질권설정자가 사원으로서 필요한 출자의무를 모두 이행완료하였을 것도 요구된다**. 참고로, 역시 2024년까지는 존속할 수 있는 외자기업의 지분에 질권을 취득하기 취해서는 위 1)에서 본 유한책임공사 지분질권 설정의 요건들이 요구된다.

⑷ **예금: (최고액) 질권**

1) 은행에 개설되어 있는 예금계좌에 질권을 취득하기 위해서는 ① **해당 예금계좌가 정기예금 계좌이어야 하고,** ② **질권자**(채권자)**와 질권설정자**(채무자나 물상보증인) **사이에 서면 질권설정계약서를 체결한 후,** ③ **해당 예금계좌 개설은행이 질권설정사실을 확인**(核押)**해 주고,** ④ **질권설정자가 예금통장**(存单)**을 질권자에게 교부하여야 한다**(예금통장의 교부가 질권의 효력발생요건이다). 또한 질권자 입장에 서는 한국 투자자들이 유념해야 할 2가지 사항이 있다. 한국에서와 달리, (i) **질권설정 이후에는 당해 계좌에 입금된 금원의 인출이 불가능하고.** (ii) **질권 설정 이후 당해 계좌에 입금되는 금원에 대해서는 질권의 효력이 미치지 않는다.**

2) 중국법상 예금질권의 설정 요건이 한국법과 차이가 나는 배경에 관해서 저자 나름의 해석을 소개하면 다음과 같다. 한국 내 은행에 개설된 예금계좌에 질권을 설정할 경우, 이는 법리적으로 권리질권에 해당한다. 즉 해당 계좌에 입금되어 있는 금전을 어떠한 유형의 동산으로 인식하여 동산질권을 설정하는 것이 아니라, 질권설정자(예금주)가 해당 예금계좌를 보유하고 있는 은행과 체결한 예금계약에 기하여 보유하고 있는 계약상 예금채권(주된 채권은 예금인출청구권)에 질권을 설정하는 것이다. 그 결과 질권의 대상은 질권설정자가 은행에 대하여 가지고 있는 예금채권(지명채권)이어서, 그 설정 요건은 우리 민법상 지명채권의 질권설정요건에 따라서 질권설정자(채권자)의 은행(채무자)에 대한 통지 혹은 은행의 승낙(제3자에 대한 대항요건까지 갖추기 취해서는 확정일자 있는 증서로써 한 통지나 승낙)이 된다. 그런데 실무에서는 예금계약(예금거래기본약관)상 예금주가 임의로 해당 예금채권에 담보를 설정하지 못하도록 하는 조항이 있어서, 예금(채권)근질권 설정계약서에 해당 예금계좌가 개설되어 있는 은행도 "이 계약의 조건에 따라서 질권이 설정되는 데 동의한다"는 취지의 승낙과 함께 서명을 하고, 그 근질권설정계약서 자체에 확정일자인을 받는 방식을 취한다. 또한 실무에서는 이에 더하여 예금증서(통장)도 질권자에게 교부하도록 하고 있다.

반면에 중국 내 실무에서는 예금질권을 권리질권이 아니라 동산질권으로 취급하는 것처럼 보인다. 비록 중국 법률사무소가 작성하는 예금질권계약서의 문구를 살펴보면, 질권의 대상을 예금채권으로 보는 경우도 있고(주로 영문계약서) 그 예금계좌에 입금되는 금원 자체로 보는 경우(주로 중문 계약서)도 있어서 혼선이 있지만, 계약서의 문구에 상관없이 중국의 현재 은행 실무는 "창고 안의 제품이라는 동산에 질권을 설정하는 것"과 마찬가지 방식으로 "예금계좌 안의 금전이라는 동산에 질권을 설정하는 것"으로 생각하고 있고, 관련 법규도 이러한 입장에서 양자를 유사한 방식으로 규정한 것이 아닌가 추측된다. 이렇게 생각하면 왜 중국법에서 예금질권의 효력발생요건을 예금통장의 교부라고 규정하였는지 이해가 된다. 창고 안의 동산에 대한 질권 설정 시 그 동산을 보관하고 있는 창고업자가 발행한 창고증권의 교부를 효력발생요건으로 삼는 것과 유사하게, 예금계좌 안의 금원에 대한 질권 설정 시 그 금원을 보관하고 있는 은행이 발급한 예금통장의 교부를 효력발생요건으로 삼고 있다는 점에서 그러하다(저자가 일해 본 중국 대형 법률사무소 중에도 "중국에서는 계좌에 대한 질권은 설정이 가능하나, 예금채권 자체에 대하여 질권을 설정하는 것은 허용되지 않는다"고 설명하는 곳이 있었다. 한국 민법의 사고 체계하에서는 그 자체로 앞뒤 모순인 설명이지만, 예금질권을 동산질권처럼 생각한다면 이러한 설명이 나올 수도 있을 것이다).

그런데, 중국 물권법상 권리질권에 관한 조문들을 보면 우리 민법상 권리질권과 기본구조가 동일하다. 따라서 중국 물권법하에서는 어떠한 지명채권에 대한 질권을 설정할 때 그 지명채권의 양도에 준하는 요건을 갖추면 충분하다고 보는 게 더 자연스러운 법리 전개로 보이기는 한다(중국 계약법에서는 **지명채권 양도시 채무자에 대한 통지가 채무자에 대한 효력발생요건**이라는 취지로 규정하고 있다[제80조]). 따라서 비록 저자의 사견이지만, 중국법상 예금질권 설정의 요건이 우리 민법과 달라야 할 합리적인 이유가 있는지에 관해서 의문이 있다.

3) 특히 중국에서 정기예금 질권자 입장에 서는 한국 투자자는 아래 두 가지 사정을 기억해 둘 필요가 있다.

1. 정기예금계좌가 아니면 질권을 설정할 수 없고, 질권이 설정된 후에는 더 이상 인출이 안 되는 제약 때문에, **중국 내 Project Finance(중국법 용어:** 项目融资**)에 참여하는 대출기관들은 해당 사업에 관하여 시행사(Project Company)가 개설한 각종 사업계좌들(Project Accounts)상에 질권을 설정할 수 없게 된다는 문제가 생**

긴다.

2 **일단 어떠한 정기예금계좌에 질권이 설정되면 이후 추가로 입금되는 금원에 대해서는 다시 별개의 질권설정계약을 체결하여야 한다**는 것도 실무에서는 상당히 번거로운 부담이다.

이러한 사정 때문에, 실무에서는 양 당사자가 모두 신뢰할 수 있는 은행에 계좌를 개설한 후, 그 계좌에 대한 질권의 설정 없이 은행과 양 당사자가 그 계좌 내의 자금 운용에 관한 서면계약서를 체결하는 것이 현실에서 최선의 대안인 경우도 생긴다. 참고로, 질권자가 은행일 경우 질권설정자로 하여금 당해 계좌를 자신의 지점에 개설하도록 하고, 채무불이행 시 은행이 상계권을 행사할 수 있도록 하는 상계조항을 넣는 것이 예금질권을 설정하는 것보다 더 효과적일 수 있다. 단 이 경우 질권자가 복수의 은행들일 때(예컨대 Syndicated Loan의 경우) 계좌 개설은행이 자신의 채권액 한도를 넘어 다른 채권자 은행들의 대출액에 대해서도 상계권을 행사할 수 있는지에 관해서는 중국법하에서 명쾌하게 결론내기 어려운 문제가 있다(소위 "Black Hole Provision"의 문제. 이 문제는 한국법하에서도 의견이 갈릴 수 있다). 이에 관한 설명은 중국 투자에 관한 일반적인 논의 수준을 넘어서는 것이어서 생략한다(이 문제에 관한 일반적인 논의는 Wight, 495-496면, 한국법하에서의 논의는 한민, 234-237면 참조).

(5) 계약상 채권: (최고액) 질권

1) 채무자인 기업이 여러 거래처들과의 계약을 통하여 가지고 있는 이미 발생한 채권 혹은 그러한 계약에 기초하여 장래 발생할 채권에 대해서도 채권자는 담보물권을 취득하고자 할 수 있다. 한국에서는 이 경우 (근)질권 혹은 양도담보권을 설정하거나, 「동산·채권 등의 담보에 관한 법률(이하 **"동산등담보법"**이라 약칭한다)」에 따라서 채권담보권을 설정할 수 있다. 특히 장래 발생할 채권에 대해서도 그 발생의 기초가 되는 거래계약을 구체적으로 특정할 수 있으므로, 이러한 담보물권을 설정할 수 있다. 반면, 중국에서는 계약상 채권에 대하여 (최고액)질권만을 설정할 수 있는데, 그 설정을 위해서는 ① **질권자(채권자)와 질권설정자(채무자나 물상보증인) 사이에 서면 질권설정계약서를 체결한 후, ② 인민은행 신용센터**(中国人民银行征信中

心)**의 온라인등록시스템에 질권설정계약의 주요 내용을 등기**(登记)**하여야 한다**(중국 물권법에서는 이 등기가 질권의 성립요건[设立要件]이라고 규정하고 있는데, 효력발생요건과 동의어로 이해해도 무방하다고 본다). 이 등기의 기한은 6개월 이상 30년 이하인데(과거에는 5년을 초과할 수 없어서 실무상 불편하였다), 필요하면 질권자가 갱신 신청할 수 있다.

한편, 중국 물권법상 권리질권의 법리가 한국 민법상 권리질권과 기본적으로 동일함을 고려하면, 중국에서도 (지명채권 양도에 준하여) 질권설정자가 제3채무자(질권설정자의 계약 상대방)에게 "질권설정자의 해당 계약상 채권에 대하여 질권자 앞으로 질권이 설정되었음"을 통지하는 방식으로 질권을 설정할 수 있을 것 같지만, 중국 내 실무에서 이에 관한 별다른 논의는 없다. 추측하건대, 이 방식은 당연히 허용되지 않는다고 전제하고 있는 것으로 보인다.

2) 관련 법령에 따르면, 원칙적으로 계약상 금전채권은 모두 이 질권의 대상이 될 수 있다. 재화판매채권(실무상 흔히 "매출채권[accounts receivable. 중국법 용어: 应收账款]"이라고 칭한다), 서비스제공채권, 대출 기타 여신채권, 물·전기·가스·열 공급 채권, 로열티채권, 부동산 임대료채권, 동산 사용료 채권, 고속도로·교량·터널 요금채권, 선박 정박료 채권 등을 예로 들 수 있다(应收账款质押登记办法[매출채권질권설정등기방법]).

3) 관련 법령에서는 인민은행 온라인 시스템에는 질권설정자 관련정보가 질권 설정 시는 물론 그 이후에도 지속적으로 정확하게 등기될 것을 요구한다. 예컨대 질권설정자인 회사의 이름이 변경되면 그 변경사항이 온라인 등록시스템에 반영되어야 한다. 그런데, 그렇게 변경사항을 지속적으로 온라인 시스템에 업데이트할 책임을 질권설정자가 아니라 질권자에게 부과하고 있다. 따라서 질권자가 질권설정자인 회사에 이사를 파견하는 등의 방식을 통하여 질권설정자의 회사운영에 깊이 관여하고 있지 않는 한, 온라인 등록의 유효성을 유지하는 데 필요한 질권설정자 관련 변경사항을 적시에 온라인 등록사항에 반영하지 못할 위험이 있다. 참고로 홍콩 조례에서도 이와 유사한 질권등록제도가 있는데, 홍콩 조례하에서는 반대로 질권설정자가 이러한 업데이트 책임을 부담한다. 입법론상으로는 이 방식이 더 바람직하다고 본다.

4) 다만 실무에서는 외국 투자자가 이 질권을 취득하기 위하여 등기신청을 하

였는데 **중국 내에서 발급된 금융허가증(대출영업 허가증)을 보유하지 못하고 있다는 이유로 거부**된 사례가 있으므로, 한국 투자자가 중국 내 기업이 가지고 있는 계약상 채권에 질권을 취득하고자 할 경우 반드시 사전에 그 가부를 확인해 볼 필요가 있다.

⑹ 보험: 한국에서와 달리 손해보험에 대한 담보물권 취득이 어려움

1) 한국의 금융기관(실무에서는 흔히 "대주[貸主]"라 칭한다)들이 담보부대출(Secured Loan)을 하면서 채무자(실무에서는 흔히 "차주[借主]"라 칭한다) 혹은 제3자가 소유하고 있는 한국 내 부동산에 근저당권을 취득할 경우, ① 근저당권설정자로 하여금 해당 부동산에 손해보험(그중 화재보험)을 가입하게 한 후(보통은 이미 가입되어 있다), ② 근저당권설정자가 장래 해당 보험에 기하여 가질 수 있는 채권(주로 보험금 청구권 및 보험료 환급청구권)에 (근)질권이나 양도담보권 혹은 동산등담보법상 채권담보권을 취득한다. 대주들이 이러한 조치를 취하는 이유는 한국 민법상 저당권의 물상대위성에 (저당권자 입장에서는) 한 가지 불안 요소가 있기 때문이다. 한국 민법에 따르면 저당권은 저당부동산의 멸실·훼손·공용징수로 인하여 저당권설정자가 취득하는 보험금 청구권·손해배상금 청구권·수용보상금 청구권에 대하여 물상대위가 인정되지만, 그 물상대위권을 행사하기 위해서는 저당권설정자가 그 금원을 수령하기 전에 해당 청구권을 압류하여야 한다(민법 제370조, 제342조. 대판 2004. 12. 24. 2004다52798 판결). 만일 저당권자가 해당 청구권을 압류하기 전에 저당권설정자가 해당 청구권에 기하여 금원을 수령하면 저당권자는 더 이상 물상대위권을 행사할 수 없다(대판 2015. 9. 10. 2013다216273 판결). 이러한 상황을 방지하고 물상대위권을 확보하기 위한 방안의 하나로서, 대주는 해당 부동산에 대하여 저당권설정자가 가지는 화재보험상 청구권(정확하게는 장래 취득할 수도 있는 청구권)에 근질권, 양도담보권 혹은 채권담보권을 취득한다. 또한 경우에 따라서는 차주 회사나 그 이사가 피보험자로서 가입한 책임보험(주로 제3자에 대한 손해배상책임보험)에 대해서 담보물권을 취득하기도 한다. 요컨대, 한국에서는 담보부대출을 할 경우 대주들이 차주나 물상보증인으로 나서는 제3자가 가입한 손해보험의 리스트를 확인한 후 필요하면 그 손해보험상

에 담보물권을 취득하는 게 실무이다.

참고로 이상의 설명에서 알 수 있듯이, 손해보험에 대한 담보물권 역시 계약상 채권(지명채권)에 대한 담보물권의 하나이다. 하지만 보험법 특유의 법리와 보험계약의 특수성으로 인하여, 실무에서는 일반적인 계약상 채권에 담보물권을 설정할 때보다 더 자세한 내용으로 담보물권 계약서를 작성한다(예를 들면, ① 채권질권의 설정 요건인 확정일자 있는 증서에 기한 보험회사에의 질권설정통지 외에도, ② 질권설정자는 질권자도 피보험자로 기재된 보험증권을 질권자에게 교부하여야 하고, ③ 보험회사도 일정한 내용의 확약서를 질권자에게 교부하는 게 통상적인 실무이다).

한편, 한국에서는 생명보험이나 상해보험에 대하여 담보물권을 취득하는 것은 대주들이 그다지 고려하지 않고 있고, 법리적으로도 이 부분에 관해서는 활발한 논의가 이루어지지 않고 있다.

2) 그런데 중국에서는 화재보험을 비롯한 손해보험에 대하여 담보물권을 설정할 수 없고 단지 생명보험에 관해서만 (최고액)질권을 설정할 수 있다고 보는 것이 전통적인 견해이다. 그 배경에 관하여 간단히 살펴보면 다음과 같다.

우선 중국과 한국에서의 보험의 분류방법에 관하여 약간의 차이가 있어서 이 부분을 먼저 소개한다. 한국 상법은 보험을 손해보험과 인보험으로 분류하고 있는데, 이론상으로는 문제가 있다고 본다. 보험은 ① "보험금이 어떻게 정해지느냐"를 분류기준으로 삼으면, (i) 보험금이 보험사고로 인하여 발생한 손해의 다과에 따라서 정해지는 **손해보험**(보험금이 보험사고 발생 전에 확정되어 있지 않다는 의미에서 **부정액보험**이라고도 한다)과 (ii) 보험사고로 발생한 실제 손해액에 상관없이 미리 일정하게 약정된 금액을 지급하는 **정액보험**으로 나누어지고, ② "보험사고가 발생하는 객체가 무엇인가"를 분류기준으로 삼으면, (i) 그 객체가 특정한 재산이나 물건인 **재산보험**(물보험)과 (ii) 그 객체가 사람의 생명이나 신체인 **인보험**(**생명보험과 상해보험**)으로 나누어진다. 요컨대 우리 상법은 분류과정에서 분류기준의 혼동을 일으키고 있다고 보인다(송옥렬, 233면). 반면 **중국에서는 보험에 대한 담보물권 설정의 가부를 논의할 때 보험을 재산보험**(财产保险)**과 인신보험**(人身保险)**으로 분류하면서, 오랫동안 재산보험에 대해서는 담보물권을 설정하기 어렵다는 입장을 견지해 왔다**. 그 이유로는 재산보험에서 보험자(보험회사)의 보험금지급의무가 보험계약 체결 시점에서는 확정적으로 발생하는 채무가 아니어서 담보물권의 목적이 되는 보험금청구권 역시 확정적으로 발생한 채권이 아니고, 이렇게 그 발생여부가 불확정적인 채권은 담보물권의 목적인 재산으로 보기 어렵다는 논거가 제시되었고, 최고인민법원 역시 1992년에 공식적으로 재산보험에는 담보물권을 설정할 수 없다는 입장을 밝히기도 하였다(最高人民法院在《关于财产保险单能否用于抵押的复函》). 이러한 논거는 우리 민법의 관념하에서는 설득력을 가지기 어렵지만, 장래 채권의 재산성과 양도성에 관하여 아직도 많은 민법학자들이 부정적·보수적인 입장을 취하고 있는 중국법제하에서는 수긍이 갈 수 있다(양도가 안 되는 채권이라면 질권설정 역시 안 되는 것이 논리적으로 자연스럽다). 그런데 2007년부터 시행되고 있는 중국 물권법상 권리질권의 규정을 살펴보면, 중국법하에서도 역시 우리와 같은 방식으로 화재보험이나 손해배상책임보험에 질권을 설정할 수 있을 것으로 보인다. 사실 **최근에는** 일본 민법상 권리질권을 소개하면서(일본 민법상 권리질권의 내용은 우리 민법과 동일하다) **중국법하에서도 이러한 손해보험에 질권을 설정할 수 있을 것이라고 보는 견해들이 출현하고 있다. 따라서 중국에서 화재보험이나 손배해상책임보험에 중국 물권법상 (최고액)질권을 설정할 수 있는지에 관해서는 섣불리 예단을 내리지 말고, 그 시점에서 현지 법률사무소의 자문을 받아 볼 필요가 있을 것이다**.

(7) 동산: (최고액)질권 혹은 (최고액)저당권

1) 중국에서 동산에 담보물권을 설정하는 방식에는 3가지가 있다. ① 우리 민법하에서와 마찬가지로 중국 물권법에 따르면 중국 내에 소재하는 모든 동산에는 **동산(최고액)질권**을 설정할 수 있다. 만일 동산소유자가 동산에 담보물권을 설정하면서도 그 점유를 채권자에게 이전하고 싶지 않을 경우, **일정한 범위의 동산에 한해서(원자재·반제품·완제품 그리고 기계설비)** (최고액)저당권을 설정할 수 있는데, ② 설정 당시에 대상이 특정되어 있으면 보통의 **동산(최고액)저당권**을, ③ 설정 이후에도 그 대상이 증감변동된다면 **부동(최고액)저당권**을 설정할 수 있다. 앞에서 보았듯이, 한국 관습법상 인정되는 집합동산에 대한 양도담보권은 중국에서 단순히 계약상 채

권의 형태로서만 가능하다. 동산(최고액)저당권과 부동(최고액)저당권은 한국의 동산등담보법상 동산담보권과 유사하지만 일부 차이도 있다. 아래에서는 실무에서 채권자들이 담보물권을 설정할지 여부를 고려하는 동산들을 유형별로 살펴본다.

2) **원자재·반제품·완제품과 기계설비:** 그 대상이 현재 특정되어 이후에 변동이 없는 경우에는 동산(최고액)저당권, 그 대상이 현재 특정되지 않고 장래 지속적으로 증감변동하는 경우에는 부동(최고액)저당권을 설정할 수 있다. 그 설정을 위해서는 ① **저당권자(채권자)와 저당권설정자(채무자 혹은 물상보증인)가 서면으로 저당권 설정계약서를 체결하고(성립요건), ② 관할 정부부서(저당권설정자 소재지 관할 현 단위 시장감독관리부서)에 저당권설정등기를 하여야 한다(선의의 제3자에 대한 대항요건)**. 토지사용권이나 건물에 대한 저당권 설정등기가 성립요건(효력발생요건)인 것과 달리, 동산에 대한 저당권설정등기는 선의의 제3자에 대한 대항요건임에 유의할 필요가 있다. 나아가 중국 물권법은 동산 저당권의 경우 저당권설정계약서의 효력발생 시(별도의 특약이 없는 한 체결 시가 될 것이다)가 그 저당권의 성립 시라고 하여, 이 경우 당사자 및 악의의 제3자에 대해서는 계약체결만으로 저당권 설정의 효력이 발생함을 규정하고 있다. 참고로 우리 동산등담보법상 동산담보등기는 여전히 성립요건(효력발생요건)이다.

한편, 한국에서는 간혹 사무용품에 대해서 집합물양도담보권(그중에서도 목적물의 직접점유를 양도담보권자에게 이전하지 않는 양도저당권)을 설정하기도 하는데(현실적인 실효성은 그다지 크지 않다), 중국에서는 사무용품에 저당권을 설정할 수 있는 근거법규가 없다. 그렇다고 동산질권을 설정하면 그 점유를 채권자에게 이전하여야 해서 설정자가 더 이상 그 사무용품을 사용할 수 없게 된다. 따라서 중국에서는 사무용품에 어떠한 담보물권을 설정하기가 어렵다고 보인다.

3) **자동차·중기·(건조중)선박·(건조중)항공기:** 위 4)에서 살펴본 것과 동일한 요건을 갖추어 (최고액)저당권을 설정할 수 있다. 단 부동(최고액)저당권은 설정할 수 없고, 등기 관할부서가 다르다. 보통 ① 자동차와 중기는 공안기관 교통관리부문 내 차량관리소(公安机关交通管理部门车辆管理所), ② 선박은 관할 어항감독기관(渔港监督机关)이나 항구업무감독기관(港务监督机关), ③항공기는 중국민용항공국(中国民用航空

局)이나, 실무에서는 사전에 확인이 필요하다. 이 경우에도 **등기가 선의의 제3자에 대한 대항요건**이다. 나아가 건조중인 선박과 항공기에 대해서도 저당권 설정이 허용된다.

⑻ 어음·수표, 창고증권, 선하증권

중국에서 환어음(汇票. 다시 여러 종류로 나뉜다), 은행이 발행한 자기앞수표(本票), 수표(支票)나 창고증권(仓单), 선하증권(提单)에 담보물권을 설정하고자 할 경우, ① **질권자(채권자)와 질권설정자(채무자 혹은 물상보증인)가 서면으로 질권설정계약서를 체결하고, ② 질권설정자가 해당 유가증권에 "질권설정(质押)"이라는 문구를 포함한 배서후 질권자에게 교부하여야 한다**. 관련 법령에 따르면 **유가증권의 교부는 효력발생요건, "질권설정" 문구를 기재한 배서는 선의의 제3자에 대한 대항요건**이다. 다만, 담보부 대출을 하는 대주들이 이들 자산에 대해서까지 담보물권을 취득하고자 하는 경우는 흔하지 않아 보인다.

⑼ 지적재산권: (최고액)질권

중국에서 특허권, 등록상표전용사용권, 저작권에 대해서는 담보물권을 설정할 수 있다. 이를 위해서는 ① **질권자(채권자)와 질권설정자(채무자 혹은 물상보증인)가 서면으로 질권설정계약서를 체결한 후, ② 관할 정부부서에 질권설정등기를 하여야 한다**. 중국 물권법에 따르면 이 **등기가 질권의 성립(设立)요건**이다(성립요건은 효력발생요건을 뜻하는 것으로 이해된다). 구체적으로 ① **특허권(专利权), 등록상표전용사용권(注册商标专用权)의 질권설정등기는 국가지식재산국(国家知识产权局)에, ② 저작권(著作权)의 질권설정등기는 중국판권보호센터(中国版权保护中心)에서 경료한다.**

3. 저당권

중국 저당권(중국법 용어: 抵押权[저압권])의 기본 개념은 우리와 동일하지만, 구체적으로 들어가면 미묘하면서도 명확한 차이가 있다. 아래에서는 실무적인 측면에서 한국 민법상 저당권과의 차이점을 중심으로 중국 저당권의 주요 내용을 살펴본다.

(1) **기본 개념**

1) 중국 저당권 역시 우리와 마찬가지로 채무자나 물상보증인이 채무의 담보로 제공한 부동산 등을 채권자가 인도받지 않고 단지 관념상으로만 지배하다가 채무의 변제가 없는 경우 그 목적물로부터 우선변제를 받는 담보물권이다(우리 민법 제356조 및 중국 물권법 제179조; 송덕수(물), 491면 참조). 즉 두 국가의 저당권은 모두 ① 약정담보물권이고 ② 우선변제적 효력은 있으나 ③ 유치적 효력은 없다. 또한 ④ 부종성·수반성·불가분성·물상대위성을 가진다는 점에서도 공통된다.

2) 그러나 실제 거래과정에 들어가면 이 4가지 사항의 범주 안에서도 엄연한 차이가 있어서, 한국 투자자는 섣불리 한국 저당권의 실무 경험이 중국에서도 그대로 통한다고 생각해서는 안 된다. 중국 저당권 실무에서 한국 투자자들을 당황하게 하는 몇 가지 사항들을 소개하면 아래와 같다(구체적인 내용은 항을 바꾸어 다시 설명한다).

1 은행이 아닌 일반 법인이나 자연인은 저당권을 취득하기 어렵다

2 실무상 이미 저당권이 설정되어 있는 부동산에 2순위 이하의 저당권을 취득하기 어렵다.

3 가압류(중국법 용어: 查封[사봉])가 되어 있는 부동산에는 저당권을 취득할 수 없다. 다만, 저당권이 설정되어 있는 부동산에 가압류하는 것은 우리와 마찬가지로 허용된다.

4 복수의 채권자가 하나의 부동산에 동일한 순위의 저당권을 준공유하기 어렵다. 이는 특히 신디케이트 대출거래(Syndicated Loan Transaction) 에서 대주들(Lenders)에게 어려운 문제를 안겨준다.

5 채무자의 부동산과 물상보증인의 부동산에 모두 저당권이 설정되어 있을 경우 당사자 간 특약이 없으면 채무자 소유의 부동산에 대하여 먼저 저당권이 실행된다.

6 물상보증인과 보증인이 모두 있을 경우 상호 간의 구상권에 관하여 한국에서

와 같이 명확한 지침이 정립되어 있지 않다.

7 우리와 달리 저당권의 임의실행 제도가 없어서, 저당물에 대한 경매를 위해서도 집행권원을 얻는 절차가 필요하다. 즉 저당권의 간편하면서도 신속한 실행(경매)이 법적으로 보장되지 않는다.

이상의 내용에서 알 수 있듯이, 현실에서는 중국이 한국에 비하여 저당권자의 보호에 소극적임을 알 수 있다. 그나마 실무적인 관점에서 볼 때 한국에 비하여 저당권자 보호에 적극적이라고 보이는 점은 ① 처분금지효와 ② 물상대위의 강도 정도인데, 한국에서도 이는 특약으로 저당권설정계약서에 집어 넣기 때문에, 한국 투자자(담보권자) 입장에서 큰 의미를 부여하기는 어렵다.

실무 Tip 용어설명

중국법상 저당권자는 "抵押权人(저압권인)", 저당권설정자는 "抵押人(저압인)", 저당물은 "抵押物(저압물)", 저당재산은 "抵押财产(저압재산)", 저당권설정계약은 "抵押合同(저압합동)"이라고 한다.

(2) 저당권의 설정

중국 물권법 역시 우리 민법과 마찬가지로 부동산물권 변동의 원인을 법률행위에 의한 것과 법률행위에 의하지 않은 것(대표적으로 판결, 상속)으로 분류하고 있다. 여기에서는 한국 투자자가 채권자로서 저당권을 취득하는 경우만을 살펴보므로, 법률행위에 의한 저당권 설정 부분만 소개한다.

1) 우리와 마찬가지로 중국에서 저당권을 설정하기 위해서는 필수적으로 **저당권설정계약**을 체결하여야 한다. 다만 **우리와 달리** 반드시 서면 형식으로 체결되어야 하는 **요식계약**인데, ⑴ 피담보채권의 종류, 액수와 만기, ⑵ 저당물의 명칭, 수량, 질량, 상황, 소재지, 소유권 혹은 사용권의 귀속, ⑶ 저당권에 의하여 담보되는 범위는 필수적으로 약정하여야 한다(중국 물권법 제185조).

2) 저당권의 설정대상이 될 수 있는 물건이나 권리의 범위에 관해서는 앞에

서 살펴 보았다. 실무에서 특히 유의할 점은 **가압류가 된 부동산이나 동산에 대해서는 우리와 달리 저당권의 설정 자체가 허용되지 않는다**는 것이다(중국 물권법 제184조). 중국에서는 동산에 대해서도 저당권의 설정이 허용됨은 앞에서 살펴보았다. 한편 중국에서는 우리의 가압류에 상응하는 제도로 부동산에 대해서는 査封(사봉), 동산에 대해서는 扣押(구압)을 규정하고 있다(간혹 사봉과 구압을 우리의 압류에 상응하는 것으로 설명하는 국내 문헌이 있는데, 사봉과 구압은 모두 1심 소송 전 혹은 소송 중에 이루어지는 것이어서, 가압류에 상응하는 것으로 이해하는 것이 더 적절하다고 본다). 그런데 중국 물권법은 이러한 사봉이나 구압이 이루어진 물권에 대해서는 저당권의 설정 자체가 허용되지 않는다고 규정하여 우리보다 가압류에 더 강력한 효과를 부여하고 있다. **이러한 사정은 한국 채권자가 중국 내 채무자를 상대로 사전에(즉 채무불이행 사태가 발생하기 전에 미리) 저당권을 취득해 두어야 할 객관적인 필요성을 강하게 제기한다**.

3) 또 하나 유의할 점은 중국에서는 **우리와 달리 유저당약정이 무효**라는 것이다. 유저당약정이란 저당권설정자와 저당권자가 ① 피담보채무의 변제기가 도래하기 전에 ② 피담보채무의 불이행이 발생하면 (ⅰ) 저당권자가 저당물의 소유권을 곧바로 취득하기로 약정하거나(소위 "대물변제의 예약"형) (ⅱ) 기타 법이 정하지 않은 방법으로 저당물을 환가하기로 약정하는 것이다(소위 "임의환가의 약정"형). 중국 물권법 제186조는 명문으로 (ⅰ)의 방식을 취하는 유저당약정은 체결할 수 없다고 못박고 있는데, (ⅱ)의 방식 역시 마찬가지로 금지된다고 보인다. 그런데 **국내는 물론 국제금융거래에서 이루어지는 담보부 신디케이티드 대출거래(Secured Syndicated Loan Transaction)에서 체결되는 저당권설정계약(Mortgage Agreement)에는 거의 예외 없이 유저당약정이 들어간다. 이러한 사정 때문에, 한국 채권자들이 중국 내 채무자를 상대로 할 때에도 특별한 고민 없이 중국 내 소재 부동산이나 동산을 목적물로 하는 저당권설정계약에 유저당약정을 집어넣는데, 이 조항은 어차피 중국 내 강행법규 위반으로 무효가 된다**는 점을 기억해 둘 필요가 있다.

4) 한국에서는 저당권이 설정되기 위해서 저당권설정계약 외에 **저당권설정등기**가 경료되어야 한다. 대부분의 경우 이 등기는 저당권의 성립요건이지만, 예외적으로 대항요건이 되기도 한다. 이러한 사정은 중국에서도 마찬가지인데, 어떠한

경우에 성립요건이 되고 어떠한 경우에 대항요건이 되는지는 앞에서 살펴보았다.

(3) 저당권의 효력

1) 저당권의 효력이 미치는 목적물의 범위

[1] 중국에서 부합물, 종물과 과실에 저당권의 효력이 미치는지에 관해서는 우리 민법의 법리에 준하여 생각해도 무방하다. 즉 부합물과 종물에는 원칙적으로 저당권이 효력이 미치고(단 제3자가 정당한 권리를 가지는 부합물과 종물은 제외), 과실에는 저당물이 인민법원에 의하여 압류된 이후부터 저당권의 효력이 미친다(우리 민법하에서의 보다 자세한 내용은 송덕수(물), 500~503면 참조).

[2] 한국법상 저당권은 부동산과 권리에만 설정이 가능하나, 중국 물권법상 저당권은 더 나아가 동산에 대해서도 설정할 수 있다. 동산저당권(특히 부동동산저당권)에 관해서는 앞의 설명을 참고하기 바란다. 한편 중국 물권법 제184조는 다음의 재산에 대해서는 저당권이 설정될 수 없다고 명시하고 있다. ① 토지소유권, ② 국가소유가 아닌 집체토지상 사용권(법률상 허용된 경우는 제외), ③ 학교, 유치원, 병원 기타 공익목적사업단위나 사회단체의 교육시설, 의료위생시설, 기타 사회공익시설, ④ 소유권이나 사용권의 귀속자가 불명이거나 그에 관해 쟁의가 있는 재산, ⑤ 법에 의해 봉인, 압류, 감독관리되는 재산, ⑥ 기타 법규에 의해 저당권 설정이 금지되는 재산.

[3] 중국 역시 우리와 마찬가지로 건물의 소유자와 대지의 소유자가 다를 수 있으므로, 건물소유자가 대지에 대한 적법한 사용권을 가지지 못할 경우 대지소유자의 요구에 의해 당해 건물이 철거될 위험이 발생할 수 있다. 이를 방지하기 위하여 중국 물권법 제182조 및 기타 관련법규는 건물소유권과 그 대지에 대한 건설용지사용권의 주체 및 처분의 일체성을 규정하고 있다. 즉 건물소유자와 건설용지사용권자는 원칙적으로 동일인에게 귀속되고, 건물을 처분(양도 혹은 저당권 설정)하면 건설용지사용권도 그에 따라 함께 처분되며, 역으로 건설용지사용권을 처분하면 그 지상의 건물도 그에 따라 함께 처분된다.

2) 처분금지효와 물상대위성

중국법은 한국법과 비교할 때 전반적으로 저당권자의 보호에 소홀하다. 그런데 특이하게 **처분금지효와 물상대위성에 관해서는 오히려 우리 민법보다 더 저당권자를 강력하게 보호하고 있어서 주의를 요한다.**

(가) **처분금지효:** 한국 민법하에서는 저당권이 설정된 이후에도 저당권설정자가 자유롭게 저당물을 제3자에게 매각할 수 있다. 반면 중국에서는 아래와 같은 법적 제약이 있다.

1 **저당권설정자는 저당권자의 사전동의 없이는 저당물을 제3자에게 매각할 수 없다.** 단 매각거래에서의 매수인이 저당권자의 피담보채권을 변제하여 그 저당권을 소멸시키는 경우에는 저당권자의 사전동의가 필요 없다. 처분이 아니라, 저당권자가 저당물을 제3자에게 임대하거나 보존·개량행위를 할 때에는 저당권자의 사전동의가 필요 없다.

2 **저당권자의 사전동의를 받아서 저당물을 제3자에게 매각할 경우, 저당권설정자는 그 대금으로 저당권자에게 피담보채무를 변제하거나 (아직 변제기가 도래하지 않은 경우) 공탁하여야 한다.** 당연한 이야기이지만, 그 대금이 피담보채무액보다 많을 경우 잔여액은 저당권설정자에게 귀속하고, 그 대금이 피담보채무액을 완제하기에 부족하면 저당권설정자는 부족한 액수에 관하여 무담보채무자로서 계속 변제할 책임을 진다.

한국의 담보부 신디케이티드 론(Secured Syndicated Loan) 거래에서는 실무상 위 2가지 사항을 저당권설정계약서에 특약으로 기재하는 것이 통상적인데, **중국에서는** 법에서 이미 규정하고 있어서 굳이 그럴 필요가 없다. **오히려 저당권설정자 측에서 위 2가지 제약을 피하고 싶다면(즉 한국 민법의 원칙적인 규율대로 자신이 자유롭게 제3자에게 매각하고 싶다면) 거꾸로 그러한 특약을 넣어 달라고 요구해야 할 것이다.**

(나) **물상대위성:** 한국 민법하에서는 저당권자가 저당물의 멸실·훼손 또는 공

용징수로 인하여 저당권설정자가 받을 금전 기타 물건(예컨대 보험금이나 손해배상금)에 대하여 저당권을 행사할 수 있지만(물상대위성의 인정), 그 요건으로서 그 인도나 지급 전에 해당 금전 기타 물건에 대하여 저당권설정자가 가지는 청구권이 (저당권자에 의하든 다른 채권자에 의하든) 압류되어야 한다(송덕수(물), 503~504면). 그런데 중국 물권법에 따르면, **중국에서는** 이러한 **압류가 없이도 물상대위성이 인정된다**. 즉 저당권자가 별도의 압류 없이도 이러한 금전 기타 물건에 대하여 저당권(우선변제권)을 행사할 수 있다(피담보채권의 변제기가 도래하지 않은 경우에는 공탁을 요구할 수 있다). 나아가 위 (가)에서 본 바와 같이 저당물의 멸실·훼손·공용징수뿐만 아니라 매각의 경우에도 물상대위성이 인정되고 있다.

3) 후순위저당권의 설정

중국 담보법은 명문으로 저당물의 가액에서 선순위 저당권(들)의 피담보채권 총액을 공제한 한도 내에서는 후순위저당권을 설정할 수 있다고 규정하고 있고(제35조), 물권법에서는 저당권의 순위에 관하여 규정을 두고 있어서(제199조), 일응 동일한 저당물에 관하여 복수의 저당권이 설정될 수 있는 것처럼 보인다, 그런데 실무에서 막상 신청절차를 진행해 보면 쉽지가 않다. 많은 경우에 등기 담당공무원들이 하나의 부동산에는 오직 한 명의 저당권자 그리고 한 개의 저당권만이 존재할 수 있다고 생각하는 경우를 접한다. 따라서 한국 투자자가 중국 내 재산에 대하여 2순위 이하의 저당권을 취득하고자 할 경우 미리 현지 법률전문가를 통한 확인 작업이 필요하다.

4) 피담보채권의 범위

이에 관해서도 우리와 차이가 있다. 한국에서 저당권에 의하여 담보되는 채권은 ① 원본채권, ② 이자채권, ③ 원본의 이행기를 경과한 1년분의 지연배상(지연이자) 채권, ④ 특약이 있고 등기된 위약금채권(손해배상액의 예정이든 위약벌이든 불문), 그리고 ⑤ 저당권의 실행비용 청구권(부동산 감정비용, 경매신청 등록세 등)이다. 또한 다수설은 이를 규정하고 있는 민법 제360조를 후순위저당권자 기타 이해관계 있는 제3자를 보호하기 위한 강행규정으로 이해한다(송덕수(물), 507~508면; 지원림(원), 1367~1368면). 또한 실무에서 채권자는 지연배상청구 시 저당권에 의하여 담보되는 범위가 1년치로 제한된다는 법적 장애물을 회피하기 위하여, 보통저당권이 아닌 근저당권을 취득하는 방안을 취한다. 다수설과 판례의 입장에 의하면, 원본채권 기타 다른 피담보채권과 합쳐서 채권최고액을 초과하지 않는 한 원본의 이행기로부터 1년이 경과한 지연이자 부분도 근저당권에 의하여 담보되기 때문이다(송덕수(물), 561~562면).

반면 중국 저당권의 피담보채권은 주채권(우리의 원본채권에 상응한다), 이자, 위약금, 손배해상금, 저당재산 보관 및 저당권실행에 소요된 비용이다(중국 물권법 제173조). 따라서 **우리와 달리 채무불이행에 따른 지연이자 채권도 1년분이라는 한도 없이 무제한으로 저당권에 의하여 담보된다. 이러한 사정을 고려할 때 피담보채권이 계속적 거래관계로부터 생기는 불특정다수의 채권이 아니어서 특별히 저당권의 부종성을 완화시킬 필요성이 없다면, 중국에서는 굳이 근저당권(중국법 용어:** 最高额抵押权**[최고액 저당권])을 설정할 필요는 없을 것**이다.

저당권의 실행을 통하여 저당물을 환가한 금액이 피담보채권 전액을 변제하기에 부족한 경우, 당사자 간 특약이 있으면 그에 따르고, 특약이 없으면 비용·이자·원본의 순으로 충당된다.

⑷ 저당권의 실행

1) 한국에서 저당권을 실행하는 방법은 당사자의 약정에 의하는 방법과 민사집행법에 따라서 담보권 실행경매를 하는 방법이 있다(구체적인 내용은 송덕수(물), 513~518면; 지원림(강), 792~798면). ① **당사자간 약정에 의하는 방법**은 크게 (ⅰ) 변제기 도래 전에 체결하는 대물변제의 예약, (ⅱ) 변제기 도래 후(즉 채무불이행 발생 후)에 체결하는 대물변제의 합의, (ⅲ) 변제기 도래 전에 미리 체결해 놓는 임의환가의 약정, (ⅳ)변제기 도래 후(채무불이행 발생 후)에 체결하는 임의환가의 약정을 생각해 볼 수 있다. ② **담보권 실행경매**는 통상의 경매와 달리, 확정판결과 같은 집행권원이 요구되지 않는다.

2) 중국에서 저당권을 실행할 때에도 크게는 당사자 간의 약정에 의하는 방법과 인민법원의 주관하에 경매를 하는 방법이 있다(중국 물권법 제195조에 따르면 경매 대신 임의환가를 해 달라고 인민법원에 요구할 수도 있다)는 점에서, 얼핏 외형만 살펴보면 한국과 동일해 보이고, 실제로 그렇게 착각하는 경우를 실무에서 쉽게 접할 수 있다. 그러나 조금 더 구체적으로 살펴보면, 중국에서의 저당권 실행방안은 한국과 비교할 때 아래와 같은 뚜렷한 차이가 있다. 이 차이점들 때문에 저자는 실무에서 고객들에게 "중국의 저당권(이나 질권과 같은 담보물권)은 한국과 비교할 때 실행 단계에서 많은 난관이 있어서, 한국 투자자는 일단 중국 저당권을 '장래 강제경매가 개시될 경우 1순위 배당권을 확보하는 조치' 정도로 이해하는 게 안전하다"고 설명한다.

1 먼저 당사자 간 약정에 의한 저당권 실행방안을 살펴보면, **중국에서는** 우리와 달리 유저당 합의가 인정되지 않기 때문에, 위 1)①의 (i)호와 (iii)호 방식은 허용되지 않고, ① **변제기 도래 후(채무불이행 발생 후)의 대물변제의 합의(중국법 용어:** 折价**[절가])**와 ② **변제기 도래 후(채무불이행 발생 후)의 임의환가 약정(중국법 용어:** 变卖**[변매])**만 허용된다. 한편, ③ **변제기 도래 후(채무불이행 후) 당사자 간 합의가 이루어지면, 법원 아닌 경매회사를 통해 저당물을 경매**하는 것도 가능하다(중국법 용어: 自愿拍卖**[자원박매]**. 국내에서는 흔히 임의경매로 번역한다).

2 **인민법원의 주관하에 저당권 실행경매**(중국법 용어: 强制拍卖**[강제박매]**)**를 하는 경우, 한국에서와 달리 법원의 결정 혹은 확정판결이라는 집행권원이 필요하다. 즉 우리와 달리 중국에서는 저당권(이나 질권, 유치권 같은 담보물권)을 실행할 때에도 먼저 집행권원을 얻어야 경매절차를 진행할 수 있다**(이에 관해서는 손한기, 520~524면에 상세한 설명이 있다). 저당권 실행경매를 진행하고자 하는 신청인(주로 저당권자이나 저당권설정자도 가능하다)은 관할 인민법원에 그 신청과 함께 저당권의 성립을 증명하는 문서(저당권설정계약서)와 저당권 실행 요건이 모두 구비되었음을 증명하는 사료(채무불이행 사실, 저당권 설정등기 등)를 제출한다. 신청이 관할권에 흠결이 없어서 수리되면 **관할 인민법원은 원칙적으로 수리일로부터 30일 이내에 결정(중국법 용어:** 裁定**[재정])의 형식으로 신청을 인용 혹은 기각한다**. 단 30일의 기간은 법원장의 허가를 얻어서 연장할 수는 있다. ① 인용하는 결

정이 있으면 그 결정이 집행권원이 되어서, 강제경매 절차가 진행된다. ② 기각하는 결정이 있으면, 신청인은 다시 법원에 판결을 구하는 본안의 소를 제기할 수 있다. 그 결과 인용하는 확정판결을 받으면, 그것이 집행권원이 되어 강제경매 절차가 진행된다.

그런데 중국 인민법원들의 실무를 살펴보면, **권리관계가 복잡하고 채무액이 큰 상황에서 채무자나 저당권설정자가 실체관계에 관하여 이의를 제기하면, 30일 내에 이를 충실하게 심사한 후 인용하는 결정을 내리기는 어렵다고 보아서, 당사자들에게 정식으로 본안의 소를 제기하라고 명하는 경우가 많은 것으로 보인다**(중국에서는 아직 전국의 법원 판결이나 결정에 대한 광범위한 접근이 불가능해서 이를 단정적으로 말할 수는 없으나, 이를 유추할 만한 중국 현지 법률사무소의 문헌은 있다. http://www.zhonglun.com/Content/2017/12-01/1551459059.html). **이렇게 되면 결국 저당권자는 관할 인민법원에 본안의 소를 제기하여 확정판결을 받은 후, 확정판결을 집행권원으로 삼아 강제경매를 해야 한다는 점에서, 실질적으로는 무담보채권자가 채무자의 일반재산에 강제경매를 신청하는 것과 별 차이가 없게 된다.**

3 요약하면, 한국 투자자가 중국에서 저당권을 취득한 경우 한국에서와는 달리 ① 채무불이행이 발생한 이후에야 비로소 채무자·물상보증인과 대물변제나 임의환가의 합의를 시도할 수 있는데, 이미 채무불이행 상태(혹은 더 나아가 채무초과로 인한 파산상태)에 있는 채무자나 그 사실을 확인한 물상보증인이라면 이에 쉽사리 응하지 않을 것이라는 점에서 그 합의 도달의 가능성이 크지 않고 (**당사자간 합의에 의한 저당권 실행의 어려움**), ② 관할 인민법원에 저당권 실행경매를 신청하더라도 담당 재판부의 재량적 판단에 따라서 무담보 채권자와 같은 취급을 받을 가능성이 있다는 점에서(만일 그 채권액이 크고, 국경간 신디케이티드 론 거래처럼 그 구조가 복잡하며, 채무자가 다른 채권자들에 대해서도 채무불이행 상태에 있는 상황이라면, 실무상 그 위험성은 더 커진다고 보는 것이 합리적인 추론일 것이다), 한국에서와 같은 신속한 실행은 기대하기 어렵다(**인민법원을 통한 저당권의 신속한 실행의 어려움**).

4 **그런데 중국 내 은행 등 금융기관들은 공증사무소에서 대출계약서 및 저당권설정계약서에 강제집행력을 부여받는 방식으로 이 난관을 해결한다.** 중국 공

증 및 민사소송에 관한 관련 법령에 따르면 급부를 내용으로 하는 채권문서(금전대차 계약서 및 담보권 설정계약서도 포함된다)는 공증사무소에서 "채무자는 장래 자신이 채무를 불이행할 경우 채권자가 강제집행하는 것을 승낙한다"는 문구를 기재하여 공증을 받을 수 있고, 이렇게 공증을 통해 강제집행력을 부여받은 채권문서 역시 집행권원으로 인정을 받는다. 그 결과 채권자는 장래 채무자가 채무를 이행하지 않을 경우 (본안소송을 제기하여 확정판결을 받을 필요 없이) 곧바로 해당 공증사무소로부터 집행증서를 발급받은 후 이를 관할 인민법원에 제출하여 강제집행을 개시할 수 있다(우리의 집행증서 제도에 준하는 입법장치로 이해할 수 있다). 따라서 이렇게 공정증서를 발급받으면 위 [3]에서 본 문제는 해결된다고 볼 수 있다. **하지만 이 공정증서를 발급받을 수 있는 채권자는 중국 내 법인, 그중에서도 금융경영업무허가증(经营金融业务许可证. 대출영업 허가증)을 중국 정부로부터 발급받은 금융기관에 한하기 때문에, 한국 투자자는 (중국 내 자회사로 설립되어 이 금융업무허가증을 발급받은 중국 내 은행, 증권사 등이 아닌 한) 이 방식을 취할 수가 없다.** 외국 금융기관들 입장에서는, 중국 내에서 저당권을 비롯한 담보권 실행 과정에서 중국 내 집행승낙 공정증서 제도를 이용하지 못하도록 막혀 있는 부분이 상당히 부담스러운 장애물이라 할 것이다(아래 제3절 I. 4. 3)의 보충설명도 함께 참조하기 바란다).

4. 질 권

1) 중국 물권법상 질권도 ① 유치적 효력과 우선변제적 효력을 가지고, ② 부종성·수반성·불가분성을 가지며, ③ 동산질권과 권리질권으로 분류된다는 점에서, 우리 민법상 질권과 총론에서는 큰 차이가 없다. 그러나 각론으로 들어가면 우리와 다른 부분이 곳곳에 숨어 있기 때문에, 실무에서 중국법상 질권을 설정하고자 할 경우 반드시 현지 법률전문가의 자문을 받을 필요가 있다.

2) 실무에서 알아 두면 좋은 중국법상 질권의 몇 가지 특징을 소개하면 아래와 같다.

[1] 질권설정계약은 반드시 서면으로 작성되어야 하는 **요식계약**이고 관련 법령에 필수적 기재사항들이 규정되어 있다(중국 물권법 제210조, 중국 담보법 제64조, 제65조).

[2] 우리와 마찬가지로 근질권(중국법 용어: 最高额质权[최고액 질권]) 설정이 가능하다.

[3] 우리보다 더 엄격하게 **민사질은 물론 상사질에서도 유질계약은 허용되지 않는다**.

[4] 우리와 마찬가지로 동산질권 설정에는 ① 질권설정의 합의와 목적 동산의 인도가 필요한데, ② 목적 동산의 점유이전의 방법 중 점유개정은 허용되지 않으며, ③ 질권 보유기간 중 반드시 점유가 지속되어야 한다. 또한 ④ 동산질권자는 선량한 관리자의 주의의무로 질물을 점유하여야 하고, 질권설정자의 승낙이 없으면 질물을 사용·수익할 수 없다는 점도 우리와 동일하다(한국 민법상 동산질권에 관해서는 송덕수(물), 462-466면, 477~478면).

[5] 질물의 효력이 미치는 범위, 우리보다 강력한 처분금지효와 물상대위성, 피담보채권의 범위에 관해서는 앞의 저당권의 효력 부분에서 살펴본 내용에 준하여 생각하면 된다.

[6] 중국에서 전질제도를 이용하고자 할 경우 반드시 현지 법률전문가의 자문을 받아 볼 것을 권한다. 중국 물권법 제217조가 전질에 관하여 모호하게 규정하고 있어서, 중국에서 승낙전질과 책임전질이 인정되는지가 명확하지 않기 때문이다.

[7] 권리질권이 개념은 우리와 동일하나, 각론으로 들어가서 개개의 재산에 대한 권리질권 설정요건을 살펴 보면 우리와 차이가 많다. "권리에 대한 질권 설정의 요건은 기본적으로 해당 권리의 양도요건에 준하여 판단"하는 우리와 달리 각 권리 별로 특칙(일부는 흡사 권리질권을 동산질권처럼 취급하는 특칙)이 많이 있는데, 이는 앞에서 살펴보았다.

[8] 질권의 실행 역시 저당권의 실행에 준하여 생각하면 되는데, 아래 3)에서 조금 더 자세히 살펴본다.

3) 실무에서 한국 투자자들이 취득하는 빈도수가 가장 높은 중국 내 담보물권은 유한책임공사(2019년까지는 유한책임공사 형태의 중외합자기업이나 외자기업 포함)의 지분

에 설정되는 질권이다. 유한책임공사의 지분에 질권을 유효, 적법하게 취득하기 위한 요건에 관해서는 아직 중국의 관련 법규정이 명확하게 규정하고 있지 않아서, 실무에서는 가능하면 법에서 요구하는 요건은 모두 다 구비하는 것이 안전할 것임은 앞에서 설명하였다.

그런데 실무에서 겪어 보면 이 지분질권을 취득한 상당수의 한국 투자자들이 중국법상 유한책임공사 지분에 설정된 질권이 한국의 주식회사 주식이나 유한회사 지분에 설정된 질권과 같은 정도의 "담보물권으로서의 실효성"을 가지고 있다고 오해하다가, 나중에 질권실행 단계에 가서 뒤늦게 큰 어려움에 처하곤 한다. 사실 현시점에서 중국의 관련 법령과 실무를 면밀히 분석해 보면, **외국 투자자가 가지는 중국법상 지분질권은 우리의 주식/지분 가압류보다는 강하지만(장래 강제집행 절차에서 1순위 배당권을 가진다는 점에서), 우리의 질권보다는 약한(임의경매가 불가능하고, 강제집행에 들어가기 위해서 보통 1년 이상이 소요되는 본안소송을 거쳐 확정판결을 받아야 한다는 점에서) 효력 정도만 가진다고 보는 것이 신중한 접근태도이다. 그런데 은행 등 담보권자 입장에서는 담보물권 실행의 즉시성이 결여된다는 단점은 그 실효성에 상당히 큰 의문을 가져오는 무거운 문제가 된다**(반면 중국 투자자는 공증기관의 집행증서를 이용하면, 우리의 주식/지분 질권과 동일한 강도의 담보물권으로서의 효력을 확보할 수 있는데, 이는 저당권의 실행 부분에서 살펴보았다). 이에 관해서 구체적으로 살펴보면 아래와 같다.

1 저당권의 실행과 마찬가지로 중국에서 질권의 실행은 당사자 간 약정에 의하는 방법과 관할 인민법원의 주관하에 질권실행경매(혹은 임의환가)를 하는 방법이 있다.

2 당사자 간 약정에 의하는 방법은 우리와 달리 ① 변제기 도래 후(채무불이행 발생 후)의 대물변제의 합의(중국법 용어: 折价[절가])와 ② 변제기 도래 후(채무불이행 발생 후)의 임의환가 약정(중국법 용어: 变卖[변매])만 허용된다. 중국 물권법은 상사질을 포함하여 유질계약을 일체 금하고 있기 때문이다(중국 물권법 제211조). 그런데 지분질권을 실행할 때에는 저당권 실행에서와 달리 질권설정자와 질권자와의 합의만으로도 질권의 실행이 어려울 수 있다. 대물변제의 합의를 하든 임의환가의 약정을 하든 그 결과 질권설정자의 지분이 질권자(대물변제 합의

의 경우) 혹은 제3자(임의환가 약정의 경우)에게 이전되게 되는데, 앞에서 본 바와 같이 이러한 유한책임공사 지분양도의 경우 (i) 다른 사원들에게 사전동의권과 우선매수권이 있고, (ii) 특히 관할 시장감독관리부서에 지분양도에 관한 등기를 하기 위해서는 지분양도인을 제외한 기존 사원들 전원과 지분양수인이 서명한 수정 정관을 제출하여야 하기 때문이다. 요컨대 **유한책임공사의 지분질권을 실행할 때에는 질권설정자와 질권자가 실행에 합의하더라도** (질권설정자를 제외한) **다른 사원 전원의 동의와** (수정 정관에 서명해 주는 등의) **협조행위가 없이는 그 실현이 어려워서, 저당권 실행의 경우보다 더 까다롭다**고 볼 수 있다.

3 관할 인민법원의 주관하에 경매(혹은 임의환가)를 하는 방법에 관해서는 앞서 본 저당권 실행의 해당 부분에서의 설명이 그대로 적용된다. 즉 우리와 달리 이 경우에도 집행권원이 필요한데, 그 집행권원으로서 신청 수리후 원칙적으로 30일 이내에 나오는 법원의 결정보다는 몇 개월 혹은 1년 이상이 소요되는 확정판결이 요구될 가능성이 상당히 농후하다고 볼 것이다. 반면 중국 내 금융업무허가증을 가지고 있는 중국 금융기관들은 공증사무소의 집행증서를 집행권원으로 삼아 손쉽게 경매절차로 들어갈 수 있다.

요컨대, **외상투자기업의 지분에 질권을 설정할 경우 장래 실행단계에서 상당히 많은 시간이 소요될 수 있음을 한국 투자자는 염두에 두어야 한다. 또한 그 과정에서 질권설정자인 사원은 물론 다른 사원들, 그리고 당해 유한책임공사 이사들의 협력이 필요하고, 아울러 관할 시장감독관리부서에의 등기도 필요하게 된다**.

사실 한국의 금융기관들은 채무자 회사의 주식이나 질권에 대해서 주주/사원을 질권설정자로 하여 질권을 취득하면(한국에서는 보통 근질권을 취득하고 그와 함께 의결권위임장도 함께 받아 둔다), 장래 채무불이행 시 이 질권을 협상의 지렛대(leverage)로 삼아서 차후 채무자 회사의 비상경영에 상당히 깊이 있게 관여할 수 있을 것으로 기대한다. 이때 주식/지분 질권이 그러한 지렛대로서의 역할을 할 수 있는 기초는 **질권설정자가 "채무불이행**(Event of Default)**으로 인한 기한의 이익상실**(Acceleration Event)**이 발생하면, 채권자가 언제든지 일방적으로 질권을 실행하여 내가 소유하고 있는 회사 주식/지분**(즉 경영권)**을 박탈할 수 있다"**고 **느끼는 위협성**이다. 그런데 위에서 본 바와 같이, 중국에서는 지분 질권설정자가 이러한 위협성을 쉽게 느끼기 어려운 각종 보호장치들(질권자 입장에서는 장애물)이 존재한다. 따라서 한국 금융기관들은 중국 내 기업에게 대출을 해 줄 때, 그 기업의 지분에 대해서 질권을 취득하였다고 해서 한국 내 회사의 주식에 질권을 취득한 것과 같은 정도로 안정적인 담보를 보유하게 되었다고 생각하면서 안심해서는 안 될 것이다.

이론 Tip

중국의 유치권

중국의 유치권(중국법 용어 역시 우리와 동일하다)은 우리보다 인정범위가 더 좁은 반면(일례로 그 대상이 채무자가 소유하는 동산에 한한다), 우선변제적 효력까지 인정되는 차이가 있다. 다만 중국의 유치권 역시 한국과 마찬가지로 법정 담보물권이어서, 담보부대출거래에서 활용되는 경우는 많지 않아서, 이 책에서는 별도의 논의를 생략한다. 한국 투자자는 한국에서라면 유치권을 취득할 수 있는 사정이 발생한 경우에 한하여, 중국에서는 인정범위가 더 좁다고 생각하고 현지 법률전문가의 조언을 들어 보아도 무방할 것이다.

5. 보 증

한국 금융기관들이 중국, 홍콩, 기타 국가/지역의 중국계 기업에게 대출을 하면서 중국 내 본사(주로 모회사)의 보증을 받는 경우, 실무에서는 국제금융거래에서 정형적으로 사용되는 서식의 영문 보증(계약)서(혹은 영문 대출계약서에 합쳐서 약정하는 보증 조항)를 많이 활용한다. 이 영문 보증(계약)서의 내용을 살펴 보면 한국 민법상 보증의 법리에 특별히 위반되는 구성은 찾기 어려워서, 한국 내 기업을 보증인으로 할 때에는 준거법과 분쟁해결 조항 외에는 그 실질적인 내용에 변경을 가하는 경우가 많지 않다. 이러한 사정의 영향을 받아서인지는 몰라도, 한국 금융기관들은 중국 내 기업을 보증인으로 하는 영문 보증(계약)서를 작성할 때에도 마찬가지의 접근 방식을 취하는 경우가 대부분이다. 그러나 중국 민법상 보증은 한국과 비교할 때 아래와 같은 차이점들이 있고, 그중 일부는 보증인 보호를 위한 강행규정이어서, **한국 금융기관들로서는 보증인이 중국 내 기업일 경우 한국에서 사용해 오던 영문 보증(계약)서의 조항 중에 수정할 부분은 없는지 사전에 검토해 볼 필요가 있다.**

1) **중국에서 보증계약은 요식계약으로서, 필수적 기재사항들이 법정되어 있다.** 필수적 기재사항은 ① 주채무(중국에서는 "피보증채무"라는 표현도 즐겨 쓴다)의 종류와 액수, ② 주채무의 이행기, ③ 보증의 방식, 특히 연대보증(중국법 용어: 连带责任保证[연대책임보증])인지 보통의 보증(중국법 용어: 一般保证[일반보증])인지 여부(아래 3) 참조), ④ 보증채무의 범위(아래 4) 참조), ⑤ 보증기간(아래 5) 참조)이다(중국 담보법 제15조). 따라서 **한국 채권자는 우선 이 필수적 기재사항들을 누락하지 않도록 유의해야 한다.** 보증계약은 채권자와 보증인 모두 서명하는 계약서의 형식 외에, 보증인이 보증서에 단독으로 서명하여 채권자에게 제출하는 형식으로도 성립될 수 있다.

2) 우리와 달리 중국에는 보증인의 자격을 제한하는 규정이 있어서, 실무에서는 우선 중국 내 보증인이 될 자(자연인이나 법인)가 아래 결격사유에 해당하지는 않는지 점검해 보아야 한다. ① 자연인은 민법상 완전한 행위능력(중국법 용어: 民事行为能力[민사행위능력])을 가진 자만이 보증인이 될 수 있다. ② 국가기관은 원칙적으로 보증인이 될 수 없다(중국 담보법 제8조). ③ 학교·유치원·병원과 같은 공익을 목적으로 하는 사업단위나 사회단체도 보증인이 될 수 없다(중국 담보법 제9조). ④ 법인의 지점은 법인으로부터 서면수권을 받지 않으면 보증인이 될 수 없다(중국 담보법 제10조). 관련 규정에서는 보증인 자격이 없는 자와 체결한 보증계약은 무효라고 규정하고 있다.

3) 한국에서 보증은 연대의 특약을 한 경우에만 연대보증이 되지만, **중국에서는 반대로 명시적인 반대 특약이 없는 한 보증은 연대보증으로 추정된다**(중국 담보법 제19조). **다만, 2021년부터 시행되는 통일 민법전에서는 우리와 마찬가지로 명시적인 반대 특약이 없는 보증을 보통의 보증으로 추정**하고 있다(제1010조).

4) 보증채무의 범위에 관하여 당사자간 특약이 없으면, 보증채무는 주채무,

이자, 위약금, 손배배상금, 채권실행비용을 담보하게 된다(중국 담보법 제21조).

5) 보증기간에 관해서 우리 민법에는 별다른 규정이 없고, 특별법인 「보증인 보호를 위한 특별법」 제7조에서는 당사자 간 특약이 없으면 보증기간을 3년으로 규정하고 있다. 반면, **중국에서는 우리보다 더 세밀하게, 그리고 보증인을 보호하는 방향으로 보증기간에 관한 규정을 두고 있**는데, 그 규정의 취지로 미루어 보면 보증인을 보호하는 편면적 강행규정으로서 이에 위반한 특약은 보증인에게 불리한 한도 내에서 무효로 해석될 여지가 크다. 따라서 한국 채권자로서는 아래 내용을 숙지한 후, **필요하면 국내에서 관행적으로 사용되고 있는 보증(계약)서의 내용을 수정할 필요가 있다**.

1 보증기간에 관하여 당사자 간 별도의 약정이 없거나, 약정이 있지만 그 기간이 주채무의 이행기와 같거나 더 빨리 종료되는 경우, 보증기간은 주채무 이행기로부터 6개월이 경과한 날까지의 기간으로 간주된다(담보법 제25조, 제26조 및 담보법 해석 제32조).

2 당사자들이 보증기간을 "주채무의 원본과 이자가 모두 상환되는 날까지"라는 취지로 약정한 경우, 이는 약정내용이 불명확한 것으로 보아 보증기간은 주채무 이행기로부터 2년이 경과한 날까지의 기간으로 간주된다(담보법 제32조).

3 이처럼 ① **보증(계약)서에 보증기간에 관하여 아무런 조항을 두지 않으면 보증기간은 주채무 이행기로부터 6개월이라는 단기에 그치게 되고, 약정을 두더라도 2년을 초과할 수 없다**는 큰 제약이 존재한다. 따라서 ② **한국 채권자는 중국 내 보증인에 대해서는** 주채무 이행기로부터 기산되는 **보증기간이 만료되기 전에 보증(계약)서상 분쟁해결 조항에 따라서 보증채무이행 청구의 소를 제기하거나 중재를 신청하는 등의 조치를 취하여야 한다**. 설사 보증(계약)서상 준거법을 한국법으로 정하더라도, 위 제약은 중국 내 보증인을 보호하는 강행규정으로서 여전히 적용될 위험이 크다는 점을 기억해 둘 필요가 있다. ③ **보증기간이 경과할 때까지 이러한 소 제기·중재 신청 등의 조치를 취하지 않으면, 보증인의 보증책임은 면제된다**(담보법 제25조, 제26조). 즉 채권자는 더 이상 보증인에게 보증채무 이행을 요구할 수 없다.

6) 앞에서 보았지만 **중국 내 회사는 자신의 주주를 위하여 보증을 제공하는 데 제약이 있음**도 잊어서는 안 된다(제4장 제2절 제2관 III. 4. 사원총회와 이사회 결의사항에 관한 설명 부분 참조).

6. 채권, 담보물권, 구상권 관련 법률관계

(1) 개론 – Documentation의 중요성

1) 이 책의 원고를 완성한 시점을 기준으로, 중국법하에서는 **동일 재산권상에 복수의 담보물권이 설정될 경우 그 우선순위의 판단기준**이 모든 경우에 명확한 것은 아니고, 법규와 판례에 공백이 있다. 그리고 그 공백부분에 대해서는 학설도 대립되고 있다. 따라서 **실무상 담보물권자로서는 ① 배타적, 독점적인 담보물권을 설정하고 ② 담보물권 설정자에게 담보물권자의 담보물권 이외의 어떠한 담보물권도 동일 재산권상에 설정되지 않도록 할 의무를 부과하면서, 그 위반 시에는 담보물권 설정자에게 담보물의 보충 내지 추가의무를 부과하고, 다시 그 의무를 위반할 경우에는 피담보채무에 대한 기한의 이익을 상실시키는 내용의 조항을 관련 계약서에 넣어 둘 필요가 있다**.

2) 또한 중국에서는 아직 **다수당사자 간의 채권채무관계나 담보권관계에 관한 법규정도 우리에 비하여 미흡하고 이에 관한 판례나 학설상 논의도 부족하다**. 예를 들면 중국법에서는 아직 변제자대위권을 인정하는 법규정이 없고, 이에 대한 학자들 간 논의도 찾아보기가 쉽지 않다. 그 결과 특히 담보부 신디케이티드 론과 같이 복잡한 금융거래구조를 취하여 **하나의 거래에서 복수의 채권자(담보물권자)나 복수의 채무자 혹은 복수의 담보제공자(채무자인 담보물권 설정자, 물상보증인, 보증인, 담보물의 제3취득자**(앞에서 보았듯이, 중국법하에서는 담보계약상 특약이 없는 한, 담보물권 설정자가 담보물권이 설정된 재산을 제3자에게 양도할 경우 그 양도대금으로 피담보채권을 변제하여야 할 의무를 부담한다. 따라서 담보계약상 이러한 의무를 면제하는 특약이 있고, 당해 제3자가 담보물권이 여전히 설정된 상태로 당해 담보물을 양수하는 데 동의한 경우에만 담보물의 제3취득자도 담보제공자에 포함된다)**)가 존재할 경우**, 중국법하에서는 **① 장래 채권자들이 어떠한 순서와 절차에 따라**

서 채무의 이행을 청구하여야 하는지, ② 담보권자들이 어떠한 순서와 절차에 따라서 담보권을 실행하여야 하는지, ③ 담보제공자들 상호 간의 구상권은 어떠한 순서와 비율로 행사되어야 하는지에 관하여 우리와는 결론이 다르거나 혹은 결론 자체가 명확히 도출되지 않는 경우가 있다. 예를 들면, 중국법상으로는 **물상보증인 상호 간, 보증인 상호 간, 물상보증인과 보증인 상호 간의 구상권이 인정되는지, 인정된다면 그 우열이나 (동순위일 경우에) 상호 간의 채권액 안분비율이 어떻게 결정되는지**에 관해서도 명확한 법규정이 없고, 이에 관한 학설상 논의도 아직은 많지 않다.

이러한 사정을 고려하면, 실무상으로는 **우리의 경우 민법에 구체적인 규정이 있어서 굳이 계약서에 포함시키지 않아도 되는 사항들까지 계약서에 모두 포함시켜서 당사자들 간 법률관계를 최대한 명확하게 규정해 두는 것이 장래 분쟁 발생의 소지를 줄일 수 있는 유익한 방안이다. 따라서 한국 담보부채권자들은 중국법을 준거법으로 한 보증계약서나 담보물권계약서를 작성할 때 한국법 전문가들에게 이러한 부분에 관한 명확한 문구 작성을 요청해 볼 필요가 있다. 다만** 이 방안을 취할 경우에는 그러한 특약사항이 **중국의 강행법규에는 위배되지 않도록** 그 특약범위의 설정에 유의하여야 한다. 저자는 실무에서 이러한 보완작업을 고려해 보라고 한국 당사자들에게 권하는데, 이 부분이 법적 점검사항(legal check point)이라는 사실 자체를 모르는 경우가 많다. 한국 투자자들이 외국에 투자할 때 현지법과 한국법을 비교·분석하면서 법적 위험(legal risk)을 점검해 보아야 하는 필요성을 일깨워 주는 한 가지 사례일 것이다.

3) 아래에서는 이러한 특약사항을 두지 않을 경우에 중국 학자들 사이에서 논의되고 있는 처리방식들을 몇 가지 살펴본다. 다만, 실무에서 관련 당사자들 간에 합의가 없을 경우에 반드시 이러한 결론이 나온다고 장담할 수는 없고, 현지 법률 전문가의 자문을 받아 볼 필요가 있다

⑵ 동일 재산권상 설정되어 있는 복수의 담보물권 간 우열관계

1) 유치권과 동산저당권, 동산질권의 우열

[1] 유치권이 성립된 후 동일 동산에 동산저당권이나 동산질권이 설정된 경우 유

치권이 우선한다.

2 유치권은 법정담보물권이므로 동산질권이나 동산저당권(부동동산저당권 포함)이 이미 설정되어 있는 동산에 사후적으로 유치권이 성립할 수 있다. 이 경우 사후에 성립되었음에도 불구하고 유치권이 동산질권이나 동산저당권에 우선한다고 보는 견해가 있다.

2) 동산질권과 동산저당권(동산부동저당권 포함) 간 우열

동산질권의 효력발생요건인 교부와 동산저당권의 대항요건인 등기의 선후를 가지고 우열을 판단한다.

3) 복수의 저당권들 간 우열

아래 내용은 중국 학자들 사이에서 논의되는 내용인데, 저자는 실무에서 하나의 부동산에 복수의 저당권이 설정되어 있는 사례를 본 적이 없고, 2순위 이하의 저당권을 신청하였으나 담당 공무원에 의하여 거절된 경험은 있다. 여전히 **중국 현실에서는 "하나의 부동산에는 오직 한 명의 채권자(저당권자)가 오직 하나의 저당권만 가질 수 있다"는 관념이 강하게 자리잡고 있**는 것으로 보인다.

1 등기가 효력발생요건인 경우

1] 등기가 경료되지 않은 저당권은 무효이므로 고려할 필요가 없다

2] 등기가 경료된 저당권들 상호 간에는 우리와 마찬가지로 등기의 선후에 의하여 우열을 판단한다

3] 두 개의 저당권이 같은 날 설정된 경우에는 동순위로서 각 저당권자가 자신의 피담보채권액에 따라 안분비례하여 채권액의 만족을 받는다.

2 등기가 대항요건인 경우

1] 등기가 경료된 동산저당권이 등기가 경료되어 있지 않은 동산저당권에 우선한다

2] 등기가 경료되어 있는 동산저당권 사이에서는 등기의 선후에 의한다

3 등기가 경료되어 있지 않은 복수의 동산저당권 사이에서는 동순위로서 각 동

산저당권자가 자신의 피담보채권액에 따라 안분비례하여 채권액의 만족을 받는다.

(3) 담보물권과 보증인에 대한 권리의 행사순서에 대한 제약

1 중국 물권법 제176조에 따르면, **채무자가 제공한 담보물권과 물상보증인이 제공한 담보물권, 그리고 보증인이 모두 존재할 경우, 별도의 특약이 없는 한 반드시 채무자가 제공한 담보물권부터 먼저 실행하여야 한다. 이 부분은 한국 물권법과 뚜렷이 대비되는 특징이다. 따라서 채권자(담보물권자)로서는 권리 행사 순서에 관한 선택의 자유를 가지기 위하여 별도의 특약을 하는 것을 고려할 필요가 있다**. 저자는 실무에서 한국 채권자들에게 이 특약을 권하는데, 실무에서는 이 부분이 법적 점검사항임을 모르고 지나치는 경우가 많아 보인다.

2 다만 물상보증인에 대한 담보물권과 보증인에 대한 권리는 그 실행순서를 채권자가 자유롭게 정할 수 있으므로(중국 물권법 동조), 이에 관해서 별도의 특약을 둘 필요는 없다.

Ⅲ. 외국환 거래 규제

1. 개 관

1) **한국 투자자(채권자)가 중국 내 기업(채무자)에게 대출을 해 줄 경우, 대출의 주체가 중국 외 거주자이기 때문에 중국 외환관리규정에 따라서 채무자는 중국 내에서 ① 외채등기(外债登记)를 경료하거나(투주차방식을 취할 경우) ② 해당 대출계약의 주요 내용을 신고(중국법 용어: 备案[비안])하여야 한다(순자산기초방식을 취할 경우)**. 관련 규정을 살펴보면, 이 등기나 신고를 하지 않는 한 채무자는 채권자의 대출금이 입금되는 계좌를 중국 내(중국 내 자신의 거래은행)에 개설할 수 없다. 따라서 대출계약서에서 언제나 이 등기나 신고가 대출 실행의 선행조건으로 약정되지만, 설사 그렇지 않

더라도 현실에서는 이 절차를 밟지 않고 채무자가 대출금을 받는 것이 거의 불가능할 것이다(물론 중국 외환관리규정에 위반하는 방식을 취하면 가능할 수 있으나[예컨대 환치기], 이러한 불법적인 방식을 취하는 것은 이 책의 논의대상에서 제외한다). 이에 관한 구체적인 내용은 앞에서 이미 살펴보았다(제4장 제2절 제3관 IV. 3 참조).

2) 한편, ① **한국 투자자(채권자)가 중국 내 기업(채무자)에게 대출을 해 주면서 중국 내 혹은 중국 외에 거주하는 채무자 외의 제3자로부터 인적 담보(중국법이나 한국법상 연대채무나 보증채무, 영미법계하에서의 guarantee) 혹은 물적 담보(중국법이나 한국법상 저당권이나 질권, 영미법계하에서의 mortgage, pledge, charge 등)를 제공받는 경우,** 외국환 거래 측면에서 중국법상 규제가 있을 수 있다. 나아가 중국 외환관리(外汇管理) 법령은 ② **한국 투자자(채권자)가 중국 외 기업(채무자)에게 대출을 해 주면서 중국 내에 거주하는 채무자 외의 제3자로부터 인적 담보나 물적 담보를 제공받는 경우**(보통은 담보제공자가 중국 내 모회사이고, 채무자는 중국 외[예컨대 홍콩]에 설립된 자회사인 경우가 많다)에도 일정한 경우 규제를 가하고 있다.

그 결과 한국 투자자는 아래 도표상 4가지 유형의 거래를 할 때에는 일단 그 시점에서 중국법상 외국환 거래 관련 규제는 없는지 점검해 볼 필요가 있다. 기본적으로 ① **도표 유형 1.항, 2.항의 경우는 위 1)에서 살펴본 채무자의 외채등기나 외채계약신고가 필요하고, ② 도표 유형 3.항의 경우는 보증인이나 물상보증인의 내보외대등기(内保外贷登记)가 필요한 반면(중국 내 보증인이나 물상보증인이 없다면 중국 외환관리법령상 요구되는 등기는 없다)**, ③ 도표 유형 4.항의 경우는 특별히 요구되는 중국 외환관리법령상 등기는 없다.

중국 외환관리법령상 규제 여부를 확인해 보아야 하는 담보부 대출거래 유형

유형	한국 투자자(채권자)	채무자(물적 담보 제공자)	보증인 혹은 물상보증인
1	중국 외(한국)	중국 내	중국 내
2	중국 외(한국)	중국 내	중국 외
3	중국 외(한국)	중국 외	중국 내
4	중국 외(한국)	중국 외	중국 외

3) 위 도표상 거래유형과 관련하여, 과거 중국 국가외환관리국(国家外汇管理局)은 매우 엄격한(과거 1997년 외환위기 이전의 한국의 외국환 거래 규제에 버금가는 정도의) 규제를 가하였으나, 2014년 5월 이후 획기적으로 그 제한을 완화하였다. 이에 아래에서는 과거의 엄격했던 규제들부터 간략히 살펴본 후, 현 규제의 핵심인 내보외대등기를 중점적으로 살펴본다. 지금은 없어진 과거의 외국환거래 규제들도 살펴보는 이유는, 지금도 간혹 어떠한 중국 내 외국환거래 규제가 없어진 사실을 모르고 협상에 임하여 한국 투자자에게 혼선을 주는 중국 투자자가 있기 때문이다(예를 들면, 중국 투자자가 "한국 투자자가 원하는 시기와 방식에 따라서는 우리가 대금을 한국에 송금해 줄 수 없다. 중국 외환관리규정상 제약 때문이다"라고 주장하는데, 실제 확인해 보면 그 규정이 이미 폐지되고 없는 경우가 있다).

4) 그리고 최근에 내보외대등기를 경료하지 않은 보증부 대출거래가 한국 증권사들 사이에서 논란이 된 적이 있는데, 실무에서 많은 관심을 받고 있는 점을 고려하여 내보외대등기를 경료하지 않는 경우의 중국법상 효과와 실무상 대책에 관해서도 뒤에서 따로 살펴본다.

2. 2010년 이전의 규제

(1) 개 관

1) 과거 중국에서는, **중국 외 거주자인 채권자가 채권담보로서 ① 중국 내 거주자의 중국 내·외 소재 재산상에 저당권·질권과 같은 담보물권**(즉 중국 내 거주자에 대한 물적 담보) **혹은 ② 중국 내 거주자인 보증인에 대한 권리**(즉 중국 내 거주자에 대한 인적 담보)**를 취득하는 경우, 채무자가 중국 내 거주자이든 중국 외 거주자이든 불문하고,** 이를 "**대외담보**(对外担保)"라 칭하면서 일정한 규제를 가하였다. 요컨대 중국 내 거주자인 (물상)보증인은 채무자(중국 내·중국 외 거주 불문)를 위하여 중국 외 거주자인 채권자에게 각종 담보를 제공할 수 있지만, 여러 가지 제약을 받고 있었다.

2) 이 경우 **원칙적으로 관할 외환관리부서의 심사허가**(批准비준) **및 등기**(登记)**를 요하는데, 특히 등기의 경료가 당해 담보의 효력발생요건**(生效要件)**이었다**(境内机

构对外担保管理那办法[경내기관대외담보관리방법]). 다만, 중국 내 거주자인 채무자가 자신이 부담하는 외채를 담보하기 위하여 자신의 재산에 대하여 설정하는 담보권에 대해서는 이 절차가 필요하지 않았다. 즉 제3자가 물상보증인 혹은 보증인으로서 채무자를 위하여 중국외 거주자인 채권자에게 물적 담보나 보증을 제공하는 경우에만 요구되었다(境内机构对外担保管理办法实施细则[경내기관대외담보관리방법 실시세칙]). 또한 이 심사허가와 외환등기는 저당권이나 질권에 중국 물권법이나 담보법상 개별적으로 요구되는 요건(이에 관해서는 앞의 II. 참조)과 별개로, 그리고 그 이전에 구비되어야 하였다. 예를 들어서, 중국 외 채권자가 중국 내 부동산에 대하여 저당권을 취득하고자 할 경우 먼저 관할 외환관리부서의 심사허가 및 등기 경료 후에야 비로소 중국 물권법상 요구되는 저당권설정등기를 신청할 수 있었다. 그런데 실무에서는 관할 외환관리부서의 허가 및 등기를 얻는 것이 상당히 어려웠다(당시 일부 영미법계 법률사무소에서는 almost impossible이라고 의견을 주는 곳도 있었다).

한편, **장래 담보권자가 담보권을 실행할 경우에도 담보제공자는 다시 관할 외환관리부서에 가서 허가(核准[핵준])를 받아야** 하였다(대외담보관리방법 실시세칙).

(2) 중국 내 거주자가 (물상)보증인이 되기 위한 요건

1) (물상)보증인이 외상투자기업인 경우

1. 자신의 출자자(사원이나 주주)인 외국 투자자가 자신에게 납입할 자본금을 조달하기 위하여 차입할 경우 그 차입 원리금 반환채무에 대한 담보를 제공하는 것은 금지되었다.
2. 대외 담보액이 자신의 외채차입한도액(그 당시에는 투주차방식으로만 산정되었다)을 초과할 수 없었다.

2) (물상)보증인이 내자기업인 경우

1. 자신의 자회사 혹은 자신이 지분을 보유하고 있는 회사가 외채를 차입하는 경우에 한하여 자신이 당해 회사에 대하여 보유하고 있는 지분비율에 상응하는 외채 금액(즉 외채차입액 X 지분율로 계산되는 금액)에 대해서만 대외담보를 제공할

수 있었다.

2 내자기업이 무역형 내자기업인 경우 총자산대비 순자산비율이 15% 이상이어야 하고, 비무역형 내자기업인 경우 그 비율이 30% 이상이어야 하였다.

3) (물상)보증인이 금융기관이 아닌 기업인 경우

대외담보 합계액이 자신의 순자산가치의 50%를 초과할 수 없고, 자신의 전년도 외환수입을 초과할 수 없었다.

(3) 주채무자 요건

주채무자가 중국 내 거주자인 내자기업이나 외상투자기업인 경우 적자상태가 아닐 것이 요구되었다. 나아가 주채무자가 중국 외 거주자일 경우, 추가로 중국 내 (물상)보증인의 자회사일 것이 요구되었다.

3. 2010년 이후 2014년까지의 규제

2010년 국가외환관리국(国家外汇管理局)이 "경내기관의 대외담보를 관리하는 문제에 관한 통지(关于境内机构对外担保管理问题的通知)"를 공포하면서, 규제의 얼개에 다음과 같은 변화가 있었다.

(1) 규율체계

1) 이 통지는 대외담보를 융자성대외담보와 비융자성대외담보로 구분한 후 양자에 대한 법적 규율을 달리하고 있었다.

1 대외담보(对外担保)란 (물상)보증인이 중국 내 거주자, 담보권자(채권자)가 중국 외 거주자인 담보를 의미하는데, 채무자는 중국 내 거주자이든 중국 외 거주자이든 불문한다.

2 융자성대외담보(融资性对外担保)란 그 피담보채무가 융자성(부채형식의 자금조달[debt financing]로서의 성질)을 가지는 대외담보를 의미한다. 예컨대, 차입(借款,

loans), 채권발행(债券发行, issue of bonds), 금융리스(金融租赁, financing lease) 등.

3 비융자성대외담보(非融资性对外担保)란 융자성대외담보 이외의 대외담보, 즉 그 피담보채무가 융자성을 가지지 않는 대외담보를 의미한다. 예컨대 품질보증(质量担保, quality guarantees), 프로젝트완공책임보증(项目完工责任担保, project completion guarantees), 입찰보증(招投标担保, tender guarantees), 선수급환급보증(预付款担保, advance payment guarantees), 연지급보증(延期付款担保, deferred payment guarantees), 화물매매계약상 이행책임보증(货物买卖合同下的履约责任担保, performance guarantees under the sale and purchase agreement of goods) 등.

2) 또한 이 통지는 중국 내 거주하는 (물상)보증인을 은행(银行), 비은행금융기관(非银行金融机构), 기업(企业)으로 분류한 후, ① 은행에 대한 규율과 ② 비은행금융기관 및 기업에 대한 규율을 달리하고 있었다.

1 비은행금융기관 혹은 기업이 대외담보(융자성 대외담보, 비융자성 대외담보 불문)를 제공하고자 할 경우, 원칙적으로는 개개의 대외담보거래별로 관할 외환관리부서의 허가(核准핵준)를 받아야 하되, 일정한 요건을 구비하면 관할 외환관리부서로부터 "당해 연도의 대외담보제공가능할당액(对外担保余额指标)"을 배정받아 그 할당 한도 내에서는 자유롭게(즉 추후 개별적인 대외담보 거래에 대한 관할 외환관리부서의 별도의 허가 없이) 대외담보를 제공할 수 있었다.

2 반면 은행이 융자성대외담보를 제공하려면 관할 외환관리부서로부터 "당해연도 대외담보제공가능할당액"에 대한 허가를 받아야 하고, 비융자성대외담보를 제공할 경우에는 일정한 요건을 충족하는 한 관할 외환관리부서로부터 특별한 허가를 받을 필요가 없었다.

3 한편, 개개의 대외담보거래별로 관할 외환관리부서의 허가를 받아야 할 경우에는, 다시 관할 외환관리부서에 각 거래별로 대외담보등기를 하여야 하였다. 반면 연간 대외담보제공가능할당액에 대한 허가를 받은 경우에는 개별적인 대외담보 거래에 대하여 관할 외환관리부서에 대외담보 등기를 할 필요가 없고, 매달 관할 외회관리부서에 자신의 대외담보제공액에 관한 월별 보고서를 제출하는 것으로 족하였다.

3) 이 통지가 적용되는 담보부 대출거래의 범위는 다음과 같았다. ① 대외담보거래(위 (1) 1) [1]항 설명 참조), ② 채무자가 중국 외 거주자, 담보제공자(보증인이나 물상보증인)가 중국 내 거주자, 담보권자(채권자)가 중국 내 거주자 인 경우.

(2) (물상)보증인이 중국 내 은행인 경우

1) 융자성대외담보를 제공하는 경우

[1] 당해 은행이 매년 4월 15일까지 은행 소재지 관할 외환관리부서에 "당해연도 대외담보제공가능 할당액(当年度对外担保余额指标, Annual Foreign Security Balance Quota)"을 신청하면, 관할 외환관리부서는 1차 심사후 "당해연도 대외담보제공가능할당액 신청표(××××年对外担保余额指标需求表)"를 작성하여 국가 외환관리국에 제출하여 그 허가를 받았다.

[2] 이 할당액은 원칙적으로 신청은행의 실제납입자본금이나 운영자금의 50% 혹은 외환순자산액을 초과할 수 없었다.

2) 비융자성대외담보를 제공하는 경우

당해 은행은 관할 외환관리부서에 "당해연도 대외담보 제공가능 할당액"을 신청할 필요도, 개별적인 대외담보 거래에 대하여 별도의 허가를 받을 필요도 없이, 자유롭게 대외담보를 제공할 수 있었다. 다만, 채무자 혹은 담보권자 중 최소한 당사자는 ① 중국 내에서 적법하게 설립등기를 경료한 법인이거나 ② 중국 내 법인이 관련 법규에 따라서 중국 외에 설립하였거나 지분을 직, 간접적으로 보유하고 있는 법인(자회사나 종속회사)일 것이 요구되었다.

(3) (물상)보증인이 중국 내 비은행금융기관이거나 중국 내 기업인 경우

1) 당해 (물상)보증인은 원칙적으로 개별적인 대외담보 거래에 대하여 건건이 관할 외환관리부서에서 심사허가를 받은 후 대외담보 등기를 경료하여야 하지만, 대외담보 건수가 비교적 많고 내부관리가 규범적으로 이루어지고 있는 등의 요건을 갖추면 융자성대외담보 및 비융자성 대외담보 전부에 대하여 위 (2)항에서 본

중국 내 은행이 융자성 대외담보를 제공하는 경우와 동일한 절차에 따라서 관할 외환관리부서에 "당해연도 대외담보제공가능 할당액"을 배정받을 수 있었다. 또한 이 경우에는 중국 내 은행이 융자성 대외담보를 제공하는 경우와 마찬가지로 자신이 배정받은 할당액 내에서는 자유롭게 대외담보를 제공할 수 있고, 개별적인 대외담보 거래에 대하여 건건이 관할 외환관리부서로부터 별도의 허가를 받거나 개별적으로 관할 외환관리부서에 대외담보등기를 경료할 필요가 없었다.

2) (물상)보증인이 비은행금융기관인 경우 이 할당액은 원칙적으로 신청금융기관의 실제납입자본금이나 운영자금의 50% 혹은 외환순자산액을 초과할 수 없었다.

3) (물상)보증인이 기업인 경우, 그 총자산 대비 순자산비율이 원칙적으로 15% 이상이어야 하고, 관할 외환관리부서가 배정한 당해연도 대외담보 제공가능할당액 혹은 개별적으로 허가한 대외담보제공액이 그 순자산액의 50%를 초과할 수 없었다.

4) (물상)보증인이 내자기업인 경우, 자신의 자회사 혹은 자신이 지분을 보유하고 있는 회사가 외채를 차입하는 경우에 한하여, 자신이 당해 회사에 대하여 보유하고 있는 지분비율에 상응하는 외채 금액에 대해서만 대외담보를 제공할 수 있었다. 참고로, 중국 내 개인은 다른 중국 내 법인과 공동으로 (물상)보증인이 되지 않는 한, 단독으로 중국 외 채권자에게 보증/담보를 제공할 수 없었다.

5) 채무자는 아래와 같은 요건을 구비할 것이 요구되었다.

① (물상)보증인이 비은행금융기관인 경우, 채무자는 중국 내에 적법하게 설립등기를 경료한 법인 혹은 중국 내 기관이 중국 외에 설립하였거나 직, 간접적으로 지분을 보유하고 있는 기관일 것.

② (물상)보증인이 기업인 경우, 채무자는 (물상)보증인이 적법하게 중국 내·외에 설립하였거나 직, 간접적으로 지분을 보유하고 있는 기업일 것.

③ 채무자의 순자산액이 플러스일 것.

④ 채무자가 최근 3년 중 최소 1년은 수익을 실현하였을 것. 채무자가 자원개발 등 장기적인 프로젝트에 종사할 경우 최근 5년 중 최소 1년은 수익을 실

현하였을 것. 단 채무자가 설립후 3년(일반기업) 혹은 5년(자원개발기업)이 경과되지 않은 경우에는 이 요건이 적용되지 않음.

⑷ 담보실행 단계에서의 조치

비은행금융기관이나 기업이 대외담보를 제공한 이후 그 담보를 실행당하게 된 경우, 관할 외환관리부서에 별도의 심사허가(核准핵준)를 받아야 하는 반면, 은행의 경우에는 그럴 필요가 없었다.

⑸ 자금용도 제한

(물상)보증인이 중국 외 투자기업(중국 내 기업이 중국 외에 설립한 기업)을 위하여 대외담보를 제공한 경우, 대외담보를 통하여 조달된 자금이 대출, 지분투자, 증권투자 등 형식으로 직접 혹은 제3자를 통하여 간접적으로 중국 내에 들어와 사용될 수 없었다. 즉 이렇게 해외에서 조달한 자금은 중국 외에서만 사용되어야 하는 제약을 받았다.

⑹ 소 결

1) 위에서 살펴본 규제 내용 중 외국 투자자들이 실무에서 느끼는 가장 큰 애로 사항은 위 (3) 5) ②항의 규제, 즉 **(물상)보증인이 중국 내 기업인 경우, 채무자는 (물상)보증인이 적법하게 중국 내·외에 설립하였거나 직, 간접적으로 지분을 보유하고 있는 기업이어야 한다는 요구조건이었다.** 따라서 중국 내 모회사가 중국 외 자회사의 채무를 대외보증하는 것(cross-border downstream guarantee)은 가능하나, 중국 내 자회사가 중국 외 모회사의 채무를 대외보증하는 것(cross-border upstream guarantee) 혹은 중국 내·외의 형제회사 간에 상대방의 채무를 대외보증하는 것, 혹은 중국 내·외의 비계열회사 간에 상대방의 채무를 대외보증하는 것은 허용되지 않았다. **이처럼 중국 내 회사가 중국 외 회사를 위하여 보증이나 담보를 제공하는 형태의 Cross-Border Guarantee는 오로지 Downstream Guarantee만 허용되었고, 이 제약은 오랫동안 실무에서 거래구조를 자유롭게 설정하는 데 상당히 큰 제약을 주었다.**

2) 예들 들면 ① 한국 투자자가 홍콩 중간지주회사를 거쳐 중국 내에 자회사를 두고 있는 경우, 홍콩 중간지주회사가 은행으로부터 차입을 할 때 중국 내 자회사가 보증을 하거나 중국 내 자회사의 공장이나 건물에 저당권을 설정해 줄 수는 없었다. 또한 ② 미국 기업 A가 매수인으로서 한국 회사 B가 보유하고 있는 중국 내 자회사(유한책임공사)의 지분을 매수하는 거래를 한다고 가정해 보자. 그 매수대금을 마련하기 위하여 A가 미국 내 은행으로부터 대출을 받을 때 1차적으로 고려해 볼 수 있는 담보는 매수 후 자회사로 편입되는 중국 내 자회사의 보증이나 그가 보유하고 있는 중국 내 부동산이다. **이러한 담보제공형 차입매수**(차입매수는 Leveraged Buy-Out을 번역한 용어인데 실무에서는 흔히 "LBO"로 약칭한다)**는 서구권에서는 통용되는 방식인데, 중국 내 외국환거래법 측면에서의 규제 때문에 이러한 담보제공은 불가능하였다**(참고로 한국에서는 담보제공형 LBO에 관해서 배임죄를 둘러싼 논의가 있는데, 그 간략한 소개는 송옥렬, 1262-1264면 참조. 한 가지 흥미로운 점은 담보제공형 LBO에 관해서 형사처벌의 가능성을 제기하는 한국법의 논리에 대하여 영미법계 변호사들은 이해 자체를 못하는 경우가 많다. 그들의 시각에서 볼 때 회사 자체가 독립된 법인이므로 그에 손해를 끼친 것이 형사범죄가 된다는 것은 지나진 형식논리, 즉 형식에 집착하여 실질을 잊어버린 것으로 비치는 듯하다).

3) **위에서 살펴본 문제를 극복하기 위하여 실무에서는 소위 Standby Letter of Credit 을 이용한 은행보증이 이용되었다**. 즉, 중국 내 자회사가 중국 외 모회사나 계열회사를 위하여 중국 외 채권자에게 직접적으로 보증이나 담보를 제공할 수 없으므로, 그 대안으로 중국 내 은행에게 예금담보를 제공하면서 당해 중국 내 은행으로 하여금 중국 외 채권자에게 Standby L/C를 발행해 주도록 하는 방식을 취하였다(보다 구체적인 설명은 뒤의 제3절 I. 3. 참조). **그러나 이 방식 역시 중국 외환관리법령상 중국 내 은행의 Standby L/C 발행한도 등의 한계로 인하여 현실적인 제약이 있었다**.

4) 그리고 이러한 제약은 아래 4.에서 보듯이 2014년 대대적인 법개정을 통해서 마침내 허물어지게 되었다.

4. 2014년 이후의 현행 규제

중국 국가외환관리국은 2014. 5. 19. 「국경간 담보외환관리규정(跨境担保外汇管理规定)」과 「국경간 담보외환관리업무지침(跨境担保外汇管理操作指引)」을 공표하여, 기존의 규율 체계에 기본적인 수정을 가하면서 그 규제를 대폭 완화하였다. 그 결과 위에서 본 많은 규제들이 폐지되었다. 이 두 규정의 주요 내용을 살펴보면 아래와 같다. 이 규정들이 적용대상으로 삼는 거래들은 크게 내보외대 거래, 외보내대 거래, 기타 거래로 구분되므로, 아래에서도 이 3가지 유형별로 살펴본다.

(1) 내보외대(内保外贷) 거래

1) 개 념

내보외대 거래란, 채권자(담보권자)와 채무자는 중국 외에, (물상)보증인은 중국 내에 있는 담보부 여신거래를 의미한다. 내보(内保)는 "중국 내에서의 담보제공(인적 담보인 보증이나 물적 담보인 물상보증을 모두 포함)", 외대(外贷)는 "중국 외에서의 대출거래(은행 대출이나 회사채 발행을 모두 포함)"라는 의미이다. 내보외대 거래는 중국 국영기업이나 대형 민영기업들이 해외에서 미달러화 표시 차입을 할 때 즐겨 쓰는 구조이다. 중국 내 본사가 홍콩에 자회사로 paper company를 설립한 후, 홍콩 자회사가 미달러화 표시 회사채를 발행할 때 중국 본사가 보증을 서는 것이 전형적인 사례이다. 채권자 입장에 서는 금융기관이 보기에, 이는 모회사 보증하에 자회사에게 대출을 해 주는 것으로서 상당히 익숙한 거래형태이다. 이에 중국 기업들이 행하는 이러한 거래구조하에서 한국의 증권사들이 그 회사채를 인수하는 거래에 참여하기도 하였다.

내보외대 거래

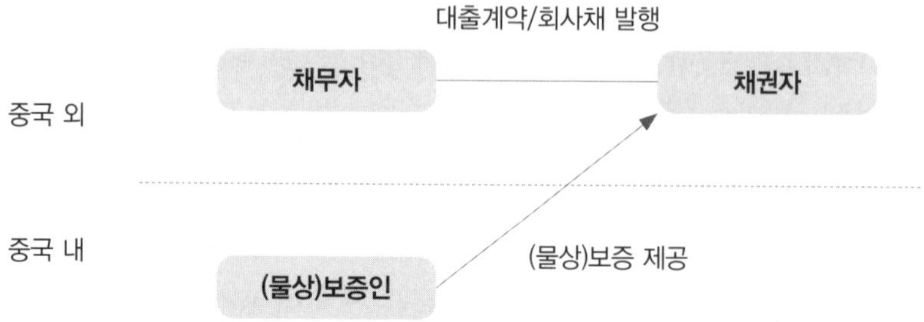

2) 요 건

한국 투자자는 모든 형태의 내보외대 거래가 중국법상 허용되는 것은 아님을 기억하고 있어야 한다. 아래 요건에 위반하면 아래 3)에서 보는 내보외대 등기 역시 경료할 수 없다.

(가) 차입금 용도의 제약

1 중국 내 (물상)보증인이 은행이 아닌 금융기관일 경우, (물상)보증 제공이 (물상)보증인의 적법한 영업범위에 포함되어 있어야 한다. 금융기관이 아닌 일반 법인이나 개인에게는 이러한 제약이 없다.

2 차입금은 채무자의 정상적인 경영범위 내에서만 사용되어야 하고, 그 범위를 벗어나는 거래나 투기적 거래(speculative transaction)에 사용되어서는 안 된다.

3 (물상)보증인은 채무자가 용도에 위반하여 차입금을 사용하지 않도록 감독할 의무가 있다. 이전까지는 관할 외환관리부서의 사전 심사허가를 받도록 하다가 단순히 사후 감독만 받는 것으로 바뀌면서, (물상)보증인에게 이러한 감독 의무를 부과하였다. 이 외에도 (물상)보증인은 채무자의 주체자격·피담보채무 금액의 사용용도·담보책임이 현실화될 가능성 등도 스스로 심사하고, 해당 거래의 합법성도 스스로 점검해 보아야 할 의무를 진다.

4 **관할 외환관리부서의 허가가 없는 한, 차입금이 지분투자, 주주대출 기타 여하한 명목으로든 직접적 혹은 간접적으로 중국 내로 송금되어 사용될 수 없다.**

특히 자산의 50% 이상이 중국 내에 있는 중국 외 회사를 인수하는 데 사용되는 것도 허용하지 않음에 유의할 필요가 있다. 따라서 **중국 내 모회사가 자신의 보증하에 중국 외 자회사가 차입한 미달러화 자금을 중국 내 투자에 사용할 수는 없다**.

(나) 중국 외에서 회사채를 발행하는 경우의 특칙

예를 들어, 중국 국영기업이나 부동산시행사 같은 민영기업들이 홍콩에 설립한 paper company 형태의 자회사로 하여금 미달러화 표시 회사채를 발생하게 하면서 자신이 보증을 시는 경우가 이에 해당한다. 간혹 한국의 증권사 기타 금융기관이 이 회사채를 인수하는 데 참여하기도 한다. 이 경우 아래와 같은 실체적 요건을 구비하여야 한다.

1 중국 내 (물상)보증인이 직접적 혹은 간접적으로 중국 외 회사채 발행인의 지분을 보유하고 있어야 한다. 달리 말하면, 중국 외 채무자는 중국 내 (물상)보증인의 자회사 내지 종속회사이어야 한다. 요컨대, **해외 회사채 발행의 경우, 이전과 마찬가지로 cross-border guarantee는 downstream guarantee만 허용된다**.

2 **회사채 발행으로 조달된 자금은 중국 내 (물상)보증인이 지분을 보유하고 있는 중국 외 투자 프로젝트**(境外投资项目; Outbound Investment Project)**에 사용되어야 한다**. 또한 당해 프로젝트 및 그에 관련된 중국 외 투자기관은 **중국의 경외투자 관련 법규에 따른 각종 인허가·등기·등록을 모두 구비하여야 한다**(중국의 경외투자[ODI]에 관한 규제는 앞에서 살펴보았다).

(다) 기 타

1 중국 내 (물상)보증인이 보증책임 혹은 물적 담보책임을 이행함으로써 번제자 대위에 의해 중국 외 채무자에게 대외채권(우리 민법상 구상권)을 취득한 경우, 관할 외환관리부서의 허가 없이는 당해 대외채권을 완제받기 전에 새로이 내보외대계약을 체결할 수 없다.

2 한편, 실무에서는 중국 회사법상 요건도 잊지 않도록 유의해야 한다. 그중 주요한 것 2가지를 살펴보면, ① (물상)보증인이 유한책임공사 혹은 고분유한공사인 경우 정관 규정에 따라서 보증이나 물적 담보 제공에 관한 이사회 결의 혹은 주주총회 결의를 거쳐야 하고(**중국 회사법 제16조**), ② (물상)보증인이 상장회사이고 최근 1년간 총담보액이 그 총자산의 30%를 초과할 경우에는 주주총회 특별결의(주주총회 참석한 주주 의결권의 2/3 이상)를 거쳐야 한다(**중국 회사법 제121조**).

3) 절차

중국 내 (물상)보증인이 은행이 아닌 경우, 즉 은행이 아닌 금융기관, 기타 법인 혹은 개인일 경우, 아래와 같은 절차를 밟게 된다. 중국 내 (물상)보증인이 은행인 경우 온라인 시스템으로 관할 외환관리부서에 보증·물적 담보 제공 관련 데이터를 전송하는 방식을 취하는 외에는 큰 차이가 없다.

1 **관련 보증계약·물적 담보설정계약 체결 후 15영업일 이내에 소재지 관할 외환관리부서에 내보외대 등기 신청을 하여야 한다.** 따라서 내보외대 등기 신청 시 보증계약서나 물적 담보설정계약서의 서명본을 제출하여야 한다.

2 내보외대 등기후, ① 보증계약이나 물적 담보설정계약의 중요 내용에 변경이 발생하면(예컨대 피담보채무의 만기, 이자율, 채권자 등) 그 변경 발생일로부터 15영업일 이내에 변경등기 신청을 하여야 하고, ② 피담보채무의 변제나 보증·물적 담보책임의 이행 기타 사유로 보증책임이나 물적 담보책임이 소멸한 경우 그 소멸일로부터 15영업일 이내에 말소등기 신청을 하여야 한다.

3 **장래 보증·물적 담보 책임을 이행하여야 할 경우, 예전처럼 다시 관할 외환관리부서의 허가(중국법 용어: 核准[핵준])를 받을 필요는 없다**. 다만, 그 책임 이행후 변제자 대위에 기하여 중국 내 (물상)보증인은 중국 외 채무자에 대하여 채권(우리 민법상 구상권)을 취득하게 되는데, 이에 대하여 관할 외환관리부서에 "**대외채권등기**(对外债券登记)"를 하여야 한다.

4 비록 법규정에서는 사후 등기사항으로 규정하여 내보외대등기의 경료가 어

렵지 않을 것 같은 인상을 주지만 실무에서는 그렇게 간단히 볼 문제가 아니다. 관할 외환관리부서는 단순히 위 2)에서 살펴본 요건만 충족하면 기계적으로 등기를 경료해 주지 않고, 거래 전반에 걸쳐서 상당히 광범위하게 실체적인 심사를 한다. 따라서 내보외대 거래에서 채권자는 장래 내보외대 등기가 경료될 것이라고 섣불리 가정하고 미리 채무자에게 자금을 대여해 주는 것은 최대한 삼가할 필요가 있다.

만일 **내보외대 등기를 경료하기 전에** 채무자에게 자금을 대여해 주었는데 **채무불이행이 발생한 경우, (물상)보증인은** 이때에도 **내보외대의 (보충)등기를 경료하지 않는 한 자신의 책임을 이행할 수 없다. 내보외대등기를 경료하였다는 증빙서류가 없는 한 중국 내 은행에서의 송금절차를 진행할 수가 없기 때문이다.** 또한 이미 채무자의 채무불이행이 발생한 상황에서 (물상)보증인이 적극적으로 자신의 책임을 이행하겠다며 내보외대등기에 나서기를 기대하는 것은 쉽지 않을 것이다.

(2) 외보내대(外保内贷) 거래

1) 개 념

외보내대 거래란, 당사자들의 거주지가 앞서 본 내보외대 거래와 정반대인 경우이다. 즉채권자(담보권자)와 채무자는 중국 내에, (물상)보증인은 중국 외에 있는 담보부 여신거래를 의미한다. 외보(外保)는 "중국 외에서의 담보제공(인적 담보인 보증이나 물적 담보인 물상보증을 모두 포함)", 내대(内贷)는 "중국 내에서의 대출거래(은행 대출이나 회사채 발행을 모두 포함)"라는 의미이다. 한국 투자자 입장에서는 자신이 중국 내에 설립한 자회사가 중국 내 은행으로부터 (인민폐) 차입을 할 때 보증을 선다면 이에 해당한다고 볼 수 있다. 다만 실무에서 한국 투자자가 외보내대 거래에 관여되는 경우는 많지 않다.

외보내대 거래

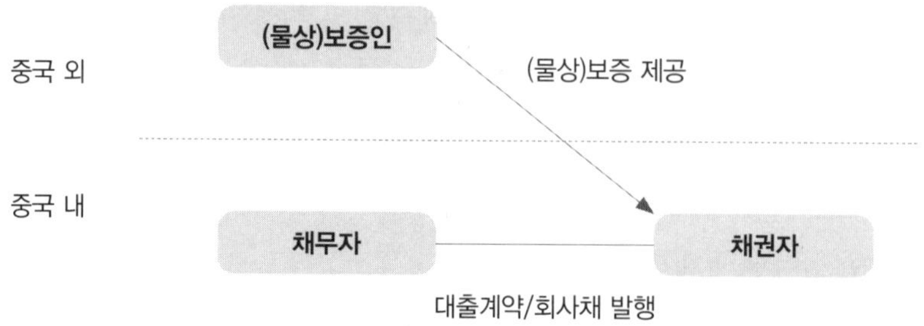

2) 요 건

[1] 채권자(담보권자)는 중국 내 금융기관이어야 하고, 채무자는 중국 내 금융기관이 아닌 법인이어야 한다. 반면 (물상)보증인은 자격에 특별한 제한이 없어서, 중국 외 법인(은행 기타 금융기관 포함)이나 개인 모두 가능하다.

[2] 여신을 제공하는 형식은 대출(위탁대출은 제외된다) 혹은 구속력 있는 여신한도의 제공이어야 한다. "구속력 있는 여신한도의 제공(making available a committed credit facility)"이란 국제상업대출계약에서 흔히 볼 수 있는 대주들의 대출약속 방식으로서, 일정한 기간(availability period) 안에 차주의 요구(utilization request)가 있으면 대주들이 사전에 약정된 한도 금액(commitment amount)의 범위 내에서 대출을 제공해 줄 것을 약속하는 것이다. 차입한 자금의 용도에 관해서 내보외대 거래에서와 같은 제약은 없고, 중국 내 통상적인 대출 관련 법령을 준수하면 된다.

[3] 중국 외 (물상)보증인이 장래 보증책임이나 물적 담보책임을 이행함으로써 변제자 대위에 의해 중국 내 채무자가 당해 (물상)보증인에게 대외채무(우리 민법상 구상채무)를 부담하게 된 경우:

1] 그 대외채무액은 당해 채무자의 회계감사를 받지 않은 재무제표상 직전연도 순자산액을 초과할 수 없다. 다만 이를 초과한 경우에도 당해 채무자의 관련 외환관리법령상 해외차입한도에 여유가 있을 경우 그 초과분을 해외차입한도 여유분에 충당할 수 있다(해외차입한도를 결정 짓는 투주차방식과 순자산

기초방식에 관해서는 앞에서 설명하였다). 만일 해외차입한도 여유분마저도 초과할 경우, 그 초과분은 관할 외환관리부서의 승인을 받지 않은 해외차입으로 간주된다(그 결과 중국 내 채무자가 이 초과분에 대한 변제 명목으로 중국 외 (물상)보증인에게 외환을 송금할 수는 있지만, 관할 외환관리부서로부터 벌금을 부과 받게 된다).

2] 중국 내 채무자는 관할 외환관리부서의 허가 없이는 당해 대외채무를 완제하기 전에 새로이 외보내대계약을 체결할 수 없다.

3) 절 차

[1] 채권자인 중국 내 금융기관이 온라인 시스템으로 관할 외환관리부서에 보증/담보 제공 관련 데이터를 전송하는 방식으로 외보내대 등기를 한다.

[2] 장래 보증 책임이나 물적 담보책임을 이행하여야 할 경우에도 더 이상 관할 외환관리부서의 허가를 받을 필요가 없다. 다만, 그 책임 이행후 변제자 대위에 기하여 중국 내 채무자는 중국 외 (물상)보증인에 대하여 대외채무(우리 민법상 구상채무)를 부담하게 되는데, 이에 대하여 관할 외환관리부서에 "단기외채 체결등기(短期外债签约登记)"를 하여야 한다. 이 등기후 채무자는 (물상)보증인에게 대외채무 이행 명목으로 외국환 거래은행을 통해 송금할 수 있게 된다.

(3) 기타 거래

1) 기타거래란, 내보외대거래와 외보내대거래를 제외한 형태로 채무자, 채권자(담보권자), (물상)보증인의 3 당사자 사이에 이루어지는 담보부 여신거래를 의미한다.

2) 기타 거래에 대해서는 내보외대거래나 외보내대거래에서 요구되는 관할 외환관리부서에의 등기 의무가 없다. 다만 이 경우에도 대외채권이나 대외채무에 관한 외환관리법령, 그리고 기타 중국의 관련법령(담보법, 물권법, 회사법 등)은 여전히 적용된다.

Ⅳ. 한국의 외국환 거래 규제

한국 투자자가 중국 내 기업에게 대출을 해 줄 경우 한국은행이나 외국환 거래은행에의 신고가 필요할 수도 있고, 아무런 신고를 요하지 않을 수도 있다. 이에 관해서는 한국 은행 홈페이지에서 기본적인 내용과 절차를 파악할 수 있으므로, 이를 참고하기 바란다(https://www.bok.or.kr/portal/main/contents.do?menuNo=200405 참조).

Ⅴ. 이자소득에 대한 원천징수

한국 투자자가 중국 내 기업에게 대출을 해 주면 이후 중국 내 기업은 대출계약의 조건에 따라서 한국 투자자에게 이자를 지급하게 된다. 여기에서는 그 과정에서 발생하는 세금효과를 간단히 살펴본다. 실제 업무에 들어가면, 아래 내용을 기초로 삼아 외부 회계·세무 전문가로부터 정확한 의견을 받을 것을 권한다.

1) 한국에서 기업 간 대출(금전대차) 거래는 흔히 한국 내 법인(이하 "대주 법인")이 다른 한국 내 법인(이하 "차주 법인")에게 대출을 해 주는 방식으로 이루어진다. 이 경우 차주 법인이 대주 법인에게 대출계약상 이자를 지급할 때 ① 원칙적으로는 이자 금액의 15.4%(대출이 대주 법인의 영업에 속하지 않을 경우 27.5%)에 해당하는 금액을 원천징수하여야 한다. 따라서 이 원천징수 금액을 공제한 잔액만을 대주 법인에게 지급하고, 원천징수한 금액은 그다음 달 10일까지 관할 세무서 등에 대주 법인의 법인세 명목으로 납부한다. ② 다만, 대주 법인이 법인세법 시행령에 규정된 금융기관(대표적으로 은행)이면 이러한 원천징수의무가 없다.

2) 한국에서는 한국 내 법인이 외국 소재 금융기관(예컨대 JP Morgan New York Branch)로부터 미달러화 표시 금원을 차입하는 경우도 흔히 볼 수 있다. 이 경우 차주인 한국 내 법인이 대주인 외국 소재 금융기관에게 미달러화 표시 이자를 지급할 때 ① 원칙적으로는 한국 세법에 따라서 이자 금액의 15.4%에 해당하는 금액을 원천징수하여야 한다. ② 다만 한국과 해당 외국 간에 체결된 조세조약(이중과세방지

협정)에서 원천징수세율을 제한하는 규정(소위 제한세율 규정)이 있을 경우 그에 따른다(예컨대 한국과 아일랜드 간 조세조약에 따르면 이 세율이 0%로 규정되어 있다. 그래서 실무에서는 외국 금융기관들이 아일랜드 소재 지점을 적극적으로 이용하려고 한다).

그런데 여기에서 살펴보고자 하는 거래는 중국 내 법인이 한국 소재 금융기관으로부터 미달러화 표시 금원을 차입하는 경우이다. 따라서 위에서 본 바와 동일한 검토과정을 거치게 된다. 즉 ① 원칙적으로는 중국 세법상 세율에 따라서 이자 금액의 일정 부분을 원천징수하여야 한다. ② 다만 한국과 중국 간에 체결된 조세조약(이중과세방지협정)에서 원천징수세율을 제한하는 규정(소위 제한세율 규정)이 있기 때문에, 이 규정에 따른 세율이 우선적용된다. 그런데 중국에서는 위 ①과 ②에 따른 세율이 모두 10%이다. 따라서 이 경우 **원칙적으로 중국 내 법인은 지급하는 이자 금액의 10%에 해당하는 금액을 원천징수하여 중국 관할 세무서에 납부하여야 한다**(대광, 208면, 906면; 한중조세조약 제11조 제2항). **다만** 한중조세조약에 따르면 예외가 있다. 만일 ① **한국의 채권자(대주)가 한국의 지방자치단체를 포함한 정부·중앙은행 또는 정부 성격의 기능을 수행하는 금융기관(예컨대 한국은행, 한국산업은행, 한국수출입은행, 한국투자공사, 한국수출보험공사 등을 들 수 있다)이거나** ② **이자 발생 원인이 되는 채권이 한국의 지방자치단체를 포함한 정부·중앙은행 또는 정부 성격의 기능을 수행하는 금융기관에 의하여 보증되거나 간접적으로 제공된 경우에는, 그 지급 이자에 대하여 중국 내 과세가 면제된다**(한국 중국 간 조세조약 제11조 제3항).

3) 한편 한국 투자자가 홍콩에 설립한 자회사로 하여금 중국 내 법인에게 대출을 하도록 하는 경우도 실무에서는 자주 눈에 띈다. 예컨대, 한국 본사가 홍콩에 중간지주회사를 설립하고, 홍콩 중간지주회사가 다시 중국에 자신의 자회사(한국 본사의 손회사)를 설립한 후, 홍콩 중간지주회사가 중국 내 자회사에게 주주대출(shareholder's loan)을 제공하는 것이다. 이때 중국 내 자회사가 홍콩 중간지주회사에게 이자를 지급할 경우에는 위 2)에서 본 검토과정에 따라서 ① 중국 세법에 따르면 이자 금액의 10%를 원천징수하여야 하지만, ② 중국과 홍콩 간에 체결된 조세조약(이중과세방지협정)에서 원천징수세율을 7%로 제한하고 있는데, 이 규정이 우선적용되기 때문에, 결국 7%만 원천징수된다. 요컨대 채권자(대주) 입장에서는 한국

본사보다 홍콩 자회사에서 대출을 해 줄 때, 수령하는 이자에 적용되는 중국 내 원천징수 세율이 절감되는 효과를 거둘 수 있다(다만 홍콩 자회사가 수령한 이자소득을 다시 이익배당이나 이자지급 혹은 사용료 지급 등의 형태로 한국 본사에게 귀속시키고자 한다면, 경우에 따라서는 이것이 한국 본사가 직접 대출을 하고 이자를 수령하는 것과 세무효과 측면에서 어떠한 차이가 있는지 살펴보아야 할 수도 있다).

4) 위에서 살펴본 바에 따르면 **한국 채권자(대주)가 한국산업은행 등의 국책은행인 경우를 제외하고는 중국 내 채무자(차주)로부터 지급받는 이자에 대하여 중국 내에서 원천징수되기 때문에, 대출계약상 Tax Gross-Up 조항이 실제로 작동하게 된다**. 한국의 시중 은행들이 한국 내 법인에게 대출을 해 줄 때에는 지급 이자에 대하여 원천징수가 없기 때문에(위 1) ② 설명 참조), 금융기관인 대주와 차주 법인 모두 이 조항을 소홀히 하는 측면이 있다. 그러나 한국의 시중은행이 중국 내 법인에게 대출을 해 줄 경우에는 이 조항이 지급이자에 실제로 적용되므로, 그 구체적인 문구에 대해서 (Tax Credit 관련 문구[대주의 법인세 외국납부세액 공제에 관련 문구]를 포함하여) 신경을 쓸 필요가 있다.

제3절 담보부 대출투자 거래구조의 설계

이 절은 제2절에서 설명한 내용의 응용편 내지 실전편이다. 여기에서는 실무에서 중국에의 담보부 대출투자 거래구조를 설계할 때 유의하여야 할 사항들을 살펴본다. 이 절에서 소개하는 생각의 틀은 중국 이외의 외국에 담보부 대출투자를 할 때에도 일종의 체크리스트로서 도움을 줄 것이다.

Ⅰ. 중국 채무자에게 대출할 경우 담보물의 물색 순위

실무에서는 이미 한국의 금융기관들이 ① 중국 내 기업 혹은 ② 중국에 계열사를 두고 있는 홍콩이나 한국 내 기업에게 대출을 해 주는 사례가 흔하다. 이 경우 대출을 해 주는 한국의 금융기관들은 예외 없이 장래 대출원리금 상환을 확보하기 위한 담보(인적 담보인 보증 내지는 물적 담보인 부동산 저당권이나 주식·지분질권 등)를 취득하고자 한다. 그런데 많은 대주들은 ① 중국 내 자산에 대해서만 저당권·질권을 취득하거나 ② 중국 내 거주자로부터 보증을 받는 것 이외에는, 달리 특별한 고려를 하지 않는 경향이 있다. 그러나 원칙적으로는 다음과 같은 순서에 따라서 담보물을 물색해 보는 것이 대주들의 이익을 보호하는 데 도움이 될 것이다.

1. 1순위: 한국 내 자산

차주인 중국 기업(중국 내에 설립되어 있을 수도 있고 한국이나 홍콩 등지에 설립되어 있을 수도 있다) 혹은 (물상)보증인이 될 수 있는 그 계열사가 한국에 부동산이나 코스피·코스닥 상장사의 주식을 소유하고 있는 경우를 생각해 보자, 이런 경우라면 굳이 차주의 중국 내 자산에 번거로운 절차를 거치면서 담보로서의 실효성도 떨어지는 중국법상 각종 담보물권부터 취득할 필요는 없을 것이다. 즉 **언제나 1순위로, 채무자 혹은 그 계열사가 한국 내에 담보로 제공할 만한 자산이 있는지 확인해 볼 필요가 있다. 있다면 한국법에 따라서 각종 저당권, 질권, 양도담보, 동산·채권담보권, 보증 등의 담보를 제공받는 것을 시도**해 보아야 할 것이다.

2. 2순위: 법제도가 정비된 제3국/지역 내 자산

해외에서 활동하는 중국 기업들은 케이맨, 홍콩, 싱가포르 등지에 자회사를 설립한 후 그 자회사를 통하여 최종 투자목적지국에 사업을 영위하는 법인을 신설하거나 인수하는 경우가 많다. 또한 차주인 중국 기업이 **미국이나 영국, 독일, 프랑**

스, 일본 등 (**특히 보증 및 담보물권에 관한**) **법체계가 잘 정비된 국가에** 계열사나 물적 자산을 가지고 있을 수 있다. 따라서 2순위로는 이들 국가나 지역에 차주인 중국 회사나 그 계열사가 **담보로 제공할 만한 자산이 있는지 확인해 보고, 있다면 현지법에 따라서** Guarantee, Mortgage, Pledge, Charge, **저당권, 질권, 보증 등을 제공받는 것을 시도**해 보아야 할 것이다,

3. 3순위: 중국 내 현금 혹은 예금

1) 차주인 중국 기업이나 그 계열사가 담보로 제공할 만한 자산이 **중국 내**에만 있는 경우, 첫 번째로 고려할 자산 종류는 **현금 혹은** (**그 현금이 입금되어 있는**) **은행 예금**이다.

2) 차주나 계열사가 중국 내 은행에 정기예금을 가지고 있는 경우 중국법에 따라서 예금질권을 설정할 수 있지만, 한국의 예금질권에 비하면 담보로서의 실효성이 떨어짐은 앞에서 이미 살펴보았다. 이 때문에 **실무에서는 오래전부터 Standby Letter of Credit 구조를 이용해 왔다.** 중국 북경에 본사를 두고 있는 중국 기업 A가 한국에 자회사 B를 두고 있는데, B가 한국 기업 C로부터 차입을 하는 과정에서 A가 담보를 제공하는 경우를 생각해 보자. 이 거래에서 A가 Standby Letter of Credit을 이용하여 채권자인 C에게 담보를 제공할 경우 아래와 같은 방식을 취한다.

1. A는 신한은행 북경 지점에 계좌를 개설한 후 현금담보 명목으로 해당 계좌에 B의 차입원리금 상당액을 입금한다.
2. 신한은행 북경지점은 입금받은 후 그 사실을 신한은행 명동지점에 통지한다.
3. 신한은행 명동지점은 채권자 C에게 Standby Letter of Credit를 발행해 준다. 이 Standby Letter of Credit의 발행신청인(Applicant)은 A, 발행인(Issuer)은 신한은행 명동지점, 수익자(Beneficiary)는 C가 된다.
4. 장래 채무자 B가 채권자 C에게 원리금을 제때에 지급하지 않아 채무불이행이 발생할 경우, C는 Standby Letter of Credit를 신한은행 명동지점에 제시하여

원리금을 수취하고(즉 신한은행이 원리금을 대지급하고), 신한은행 북경지점은 보증인 A로부터 받아 놓고 있던 예금담보를 실행하는 방식으로(즉 현금담보 계좌에 입금되어 있는 예금액에서 대지급한 금액만큼 공제하여) 구상권을 행사한다.

이러한 Standby Letter of Credit 방식은 지금도 중국 내 자산에 대하여 담보를 설정할 때 가장 먼저 고려되는 방식이다. 이유는 중국 외 채권자가 중국 내 자산에 대하여 저당권·질권을 취득하거나 중국 내 거주자로부터 보증을 제공받는 경우와 달리, (i) 중국법상 별도의 외국환거래 관련 신고나 등기가 필요하지 않고(Standby Letter of Credit를 발행해 주는 은행은 연간 발행한도액에 관하여 밟아야 하는 중국 내 외국환 거래 관련 절차가 있으나, 채권자·채무자·보증인에게는 없다), (ii) 그 실행도 중국 내 인민법원이나 기타 정부기관의 관여 없이 용이하게 그리고 즉시 이루어질 수 있기 때문이다.

4. 마지막 고려대상: 중국 내 비현금성 자산

1) 위에서 본 순서에 따라서 살펴보았음에도 마땅한 혹은 충분한 담보를 확보하지 못한 경우, 마지막으로 고려하는 담보가 ① 중국 내에 있는 채무자 혹은 물상보증인 소유의 비현금성 자산 혹은 ② 중국 내 보증인의 (인적) 보증 제공이다. 중국 내에 있는 비현금성 자산의 유형별 담보설정방법은 앞에서 살펴보았다.

2) 다시 한 번 강조하지만 **중국에서 담보물권을 설정할 때에는 단순히 법규정의 내용만 가지고 그 가부나 절차를 확인하는 것은 금물이고, 반드시 담보물 관할 지역의 현지 법률사무소를 통하여 실무상 장애물은 없는지 확인해 보아야 한다**. 특히 채권자인 한국 투자자가 중국 내에 별도의 법인(중국 내 자회사)으로서 설립되어 있고, 나아가 중국법상 금융업무허가증을 발급받은 은행이나 증권사 등이 아니라면 더욱 주의하여야 한다.

3) 앞에서 이미 보았듯이 **중국법상 담보물권은 그 실행의 용이성이 한국에 비하여 떨어진다**. 특히 다음 사항을 다시 한 번 강조하고 싶다. 중국에서는 우리와 달리 담보물권자도 관할 인민법원에서 집행권원(1차적으로는 결정[중국법 용어는 裁定(재정)], 2차적으로는 판결)을 받아 강제집행을 하여야 한다. 그런데 담보물권자가 관할 인

민법원에 강제집행을 인용하는 결정을 신청하더라도, 채무자나 물상보증인이 실체법상 이의를 제기하면(만기 미도래, 동시이행 항변권 존재, 착오나 사기, 담보물권 등기의 부정확으로 인한 무효 등), 법원은 결정 신청을 기각함과 동시에 신청인에게 "정식의 재판를 개시하여(즉 본안의 소를 제기하여) 판결을 받도록 시도하라"고 통지할 가능성이 있다. 그 결과, 담보물권자는 일반 무담보채권자와 마찬가지로 정식재판을 통해 확정판결을 받은 후 그 확정판결을 집행권원으로 삼아서 강제집행을 할 수 있을 뿐이다. 요컨대, 한국에서는 담보물권 말소등기, 담보물권 말소명령 확정판결, 담보물권자의 포기확약서 등과 같은 강한 증명이 현출되어야 비로소 담보물권 실행절차가 정지되는 것과 비교할 때, 중국은 한국에 비하여 상당히 채무자에게 유리한(debtor-friendly) 담보물권 제도를 가지고 있음을 알 수 있다. 따라서, **한국의 담보물권에 익숙한 한국 실무가 입장에서는, 중국법상 담보물권을 취득하더라도 장래 다시 본안의 소를 제기하여 확정판결까지 받아야 할 수도 있는 번거로운 상태에 있다고 이해하는 게 안전하고 신중한 접근방식**일 것이다.

그런데 중국 내 은행·증권사들에게는 이 불편함을 해소할 수 있는 길이 있다. 이들은 대출과 함께 부동산 저당권, 지분 질권, 특허권상의 질권 등을 취득하면서 "장래 채무불이행 시 법원의 판단(담보권에 기한 강제집행을 인용하는 결정이나 판결)을 받지 않고 곧바로 강제집행에 착수하는" 내용으로 공증을 받는다. 이후 장래 채무불이행이 발생하면 애초 공증을 해 주었던 공증사무소로부터 집행증서(중국법 용어도 동일하게 执行证书이다)를 받고, 이 집행증서를 집행권원(중국법 용어: 执行依据집행의거)으로 삼아서 곧바로 법원에 강제집행을 신청한다. 이 방식을 취하면 "채무자나 물상보증인이 실체법상 이의를 하면 본안소송을 거쳐 확정판결을 받아야 할 수도 있는 위험"을 제거할 수 있다는 장점이 있어서, 중국 내 금융기관들 사이에서는 보편적인 실무로 정착되어 있다. 그러나 이 방안에도 여러 가지 제약과 장애물이 있기 때문에(지역별·공증사무소별 요건의 차이, 공증비 부담, 유질·유저당약정의 금지, 채권자가 중국 내 금융업무허가증을 가진 금융기관이어야 함, 채무자 기업이 파산한 경우 취소·부인될 위험 등을 생각해 볼 수 있다), 채권자인 한국 투자자는 사전에 현지 법률사무소를 통하여 이러한 공증을 받는 것이 가능한지, 가능하더라도 과한 비용이 발생하지는 않는지, 그 외에 예상하지 못한 법적 장애물은 없는지 확인해 볼 필요가 있다. 특히 이 공증을 받을 수 있는 채권자를 중국 내 금융업무허가증을 보유하고 있는 금융기관으로 한정하고 있는 제약은 한국 채권자 입장에서 상당히 큰 어려움으로 다가온다(앞의 제2절 II. 3. (4) 저당권 실행 관련 설명도 함께 참조).

II. 거래구조 유형별 중국의 외국환규제

실무에서 한국 투자자들이 중국 기업(설립등기지는 중국 내일 수도 있고 중국 외일 수도 있다)에게 담보부대출(Secured Loan)을 하는 거래를 살펴보면 크게 4가지 유형으로 구분할 수 있다. 각 유형별로 중국법상 외국환 규제를 살펴보면 다음과 같다. **한국 투자자 입장에서는 이 4가지 유형으로 구분하여 중국 내 외국환 규제를 파악해 둔 후, 장래 실제 거래를 진행할 때 현지 법률사무소를 통하여 (그동안 규제에 변화가 없었는지) double check해 보면, 시간과 비용을 줄일 수 있을 것이다.**

참고로, 이 4가지 거래 모두 한국 채권자 입장에서는 ① 해외 채무자에 대한 채권·담보물권 취득 혹은 ② 해외 (물상)보증인으로부터의 보증·담보물권 취득과 관련되어, 한국 외국환거래법상 신고 등의 절차를 밟아야 한다. 보다 구체적인 내용은 한국은행 홈페이지나 한국 외국환규제를 소개하고 있는 별도의 서적을 참고하기 바란다.

1. 중국 내 채무자 겸 담보제공자

예를 들어서, 한국 채권자가 중국 내 기업에게 대출을 해 주고 그 담보로 채무자가 소유하고 있는 건물에 중국 물권법에 기한 저당권을 취득하는 거래를 생각해 보자. 이를 그림으로 표시하면 아래와 같다.

거래 유형 1.

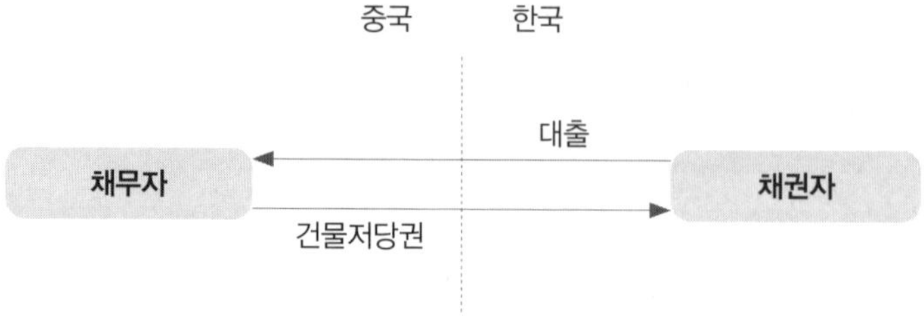

(1) **대출에 관한 외국환 규제**

채무자 입장에서 이 대출은 외채이다. 따라서 외채 차입 한도액에 관하여 투주차 방식 혹은 순자산기초 방식에 의한 제한을 받게 되는데, 투주차 방식과 순자산기초 방식의 구체적인 내용은 앞에서 살펴보았다(제4장 제2절 제3관 IV. 3. 참조).

1) 채무자가 외채 차입 한도액에 관하여 투주차 방식을 취한 경우(외상투자기업만이 투주차 방식을 취할 수 있다)

1 채무자는 이 대출계약서 체결 후 15일 이내에 관할 외환관리부서에 외채등기를 신청하고, 외채등기가 경료되면 관할 외환관리부서는 경내기구외채계약체결정황표(境内机构外债签约情况表) 및 계약처리증빙서류(协议办理凭证)를 발급하여 준다.

2 외채등기가 완료되면, 채무자는 자신이 소재한 지역 내의 외국환 거래은행(이하 "거래은행")에 가서 자기 명의로 "외채전용계좌(外债专用账户)"를 개설한다.

3 외채전용계좌가 개설되면 채권자는 비로소 대출계약에 따른 대출금(통상 미달러화로 지급한다)을 외채전용계좌에 입금하는 방식으로 대출금을 채무자에게 지급하게 된다. 이와 다른 방식으로 대출금을 지급하는 것은 중국 외환관리규제상 허용되지 않는다.

4 채무자는 외채전용계좌에 입금된 미달러화 표시 금원을 인민폐로 환전하여 대출계약서상 약정된 용도로 사용한다.

5 위 설명에서 짐작할 수 있듯이, 채무자는 물론 채권자 입장에 서는 한국 투자

자도 특히 다음 사항에 유념하여야 한다. 채무자가 투주차 방식에 기초하여 외채를 차입하는 경우 **채무자는 외채등기를 신청할 때 반드시 (외채 발생 원인이 되는) 대출계약서의 서명본을 관할 외환관리부서에 제출하여야 한다. 이는 실무에서 대출 실행 절차의 원활한 진행에 어려움을 안겨 줄 수 있다.** 실무에서는 많은 경우에 채무자가 대출계약서에 서명한 후 서둘러 차입금을 지급받고자 하는데(대출계약서 서명 후 1주일 이내에 차입금을 지급받고자 하는 경우도 흔하다), 중국에서는 투주차 방식에 기초한 외채 차입의 경우 대출계약서에 서명한 후에야 비로소 외채등기를 신청할 수 있고, 그 신청일로부터 외채등기 완료후 외채전용계좌 개설일까지 2주일 혹은 그 이상이 소요되어 신속한 대출실행을 장담하기 힘든 경우가 생긴다.

이러한 사정 때문에 채권자(주로 한국의 금융기관) 입장에서는 대출계약서 초안이 작성되는 단계에서부터 선제적으로 채무자에게 "우선 이 대출계약서 초안을 중문으로 번역(혹은 중요부분을 발췌 번역)하여 관할 외환관리부서에 보여주고 외채등기를 위한 협의를 빨리 시작해 달라. 그래서 대출계약서에 서명하기 전에 외환관리부서가 요구하는 별첨 서류를 빠짐 없이 준비해 달라. 이후 양 당사자가 대출계약서에 서명하면 즉시(늦어도 그다음 영업일 아침 9시에) 외환관리부서에 외채등기 신청을 해 달라." 라고 제안하는 것도 고려해 봄 직하다. 이렇게 사전에 조치를 취하면 대출계약서 서명일로부터 현실적으로 가장 이른 시간 내에 채무자가 차입금을 지급받을 수 있을 것이다. 채권자와 채무자 모두 이 부분을 간과하고 채무자의 자금 소요일로부터 1주일 정도 전에 대출계약서에 서명하게 되면, 채무자가 필요한 자금을 적시에 차입하지 못하는 곤란한 상황이 발생할 수도 있다.

이러한 사정을 고려할 때, 이 거래구조하에서는 협상 초기에 채무자가 실제로 자금을 필요로 하는 날의 deadline을 확인한 후 그로부터 최소한 1개월(약 20거래일) 이전의 일자로 대출계약서의 서명일(Signing Date)을 예정해 놓는 것이 신중한 업무처리 방식일 것이다.

2) 채무자가 외채 차입 한도액에 관하여 순자산기초 방식을 취한 경우

1 채무자는 이 대출계약서가 체결된 후 실제 차입을 하는 날(영문 대출계약서에서는 Utilisation Date, Borrowing Date, Drawdown Date 등으로 표현된다)로부터 3영업일 이전에 국가외환관리국의 자본항목정보시스템(资本项目信息系统)을 통하여 그 계약서의 주요 내용을 신고(중국법 용어: 备案. 영어로는 Filing이라고 번역한다)하여야 한다(신고의 법적 명칭은 跨境融资情况签约备案[국경간융자계약체결정황신고]이다).

2 이 신고를 마친 후 채무자는 자신이 소재한 지역 내의 외국환 거래은행(이하 "거래은행")에 가서 자기 명의로 "외채전용계좌"를 개설한다. 외채전용계좌가 개설된 외국환 거래은행은 인민은행의 인민폐국경간지급정보관리시스템(人民币跨境收付信息管理系统)을 통하여 차주 기업의 융자정보, 계좌정보, 인민폐국경간수지정보 등을 보고(중국법 용어: 报送. 영어로는 Report라고 번역한다)하여야 한다.

3 외채전용계좌가 개설되면 채권자는 비로소 대출계약에 따른 대출금(통상 미달러화로 지급한다)을 외채전용계좌에 입금하는 방식으로 대출금을 채무자에게 지급하게 된다. 이와 다른 방식으로 대출금을 지급하는 것은 중국 외환관리규제상 허용되지 않는다.

4 채무자는 외채전용계좌에 입금된 미달러화 표시 금원을 인민폐로 환전하여 대출계약서상 약정된 용도로 사용한다.

5 채무자가 순자산기초 방식을 취할 경우에도 대출계약서 서명 후에야 비로소 외환규제 절차를 밟을 수 있기는 하지만, 실제 차입일로부터 3영업일 전까지 신고만 하면 족하다는 점에서 위 1) 5에서와 같은 실무상 어려움이 발생할 소지는 적다고 볼 수 있다. 단 이 경우에도 대출계약서 서명후 최소한 3영업일이 지나야 외환신고 및 외채전용계좌 개설이 가능하다. 또한 신고할 내용에 관해서도 대출계약서 서명 전에 미리 관할 외환관리부서에 접촉하여 수정·보완해야 할 사항은 없는지 문의해 둘 필요가 있다. 따라서 거래당사자는, ① 채무자가 실제로 자금을 필요로 하는 날의 deadline을 확인한 후 그로부터 최소한 1주일(약 5거래일) 이전의 일자로 대출계약서의 서명일(Signing Date)을 예정

해 놓고, ② 신고할 내용에 관해서도 대출계약서 서명본 확정 전에 문제는 없는지 관할 외환관리부서의 확인을 받아 두는 것이 신중한 업무처리 방식일 것이다.

(2) 건물 저당권 설정에 관한 외국환 규제

건물 저당권 취득에 관하여 중국 내에서의 저당권 등기는 필요하지만 이와 별개의 외환 등기 신고 등의 절차는 더 이상 필요 없다(과거에는 대외담보 등기라는 별개의 외환등기를 요하였고 이 등기를 경료하지 않으면 설사 중국 내에서 저당권 설정등기를 하여도 무효였지만, 지금은 폐지되었다).

2. 중국 내 채무자/중국 내 (물상)보증인

위 1.에서 살펴본 구조의 변용으로서 중국 내 채무자가 아닌 제3자가 보증을 제공하거나 물상보증인으로서 자신이 소유하는 건물에 저당권을 제공하는 경우를 생각해 보자. 이를 그림으로 표시하면 아래와 같다.

거래 유형 2.

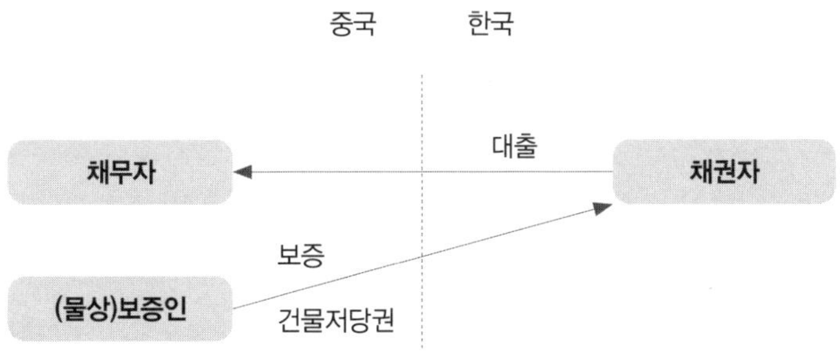

(1) 대출에 관한 외국환 규제

이 경우 대출에 관한 중국 내 외국환 규제는 위 1.(1)에서 설명한 내용과 동일하다.

(2) 보증, 건물 저당권 제공에 관한 외국환 규제

이 경우 보증 제공 혹은 건물 저당권 제공에 관한 중국 내 외국환 규제에 관해서는 앞에서 이미 설명하였다. 즉, 이 거래는 내보외대(内保外贷) 거래에 해당하지 않고, 외보내대(外保内贷) 거래에도 해당하지 않아서, 중국 내에서는 특별한 외국환 규제가 없다. 다만 저자의 실무 경험에 따르면, 채권자가 중국 내에 자회사나 지점을 두고 그 자회사나 지점이 금융업무허가증을 가지고 있지 않은 경우에는 저당권 등기가 어려울 수 있으므로, 사전에 현지 법률전문가를 통하여 그 가부를 확인해 보는 게 좋다.

3. 홍콩 중간지주회사인 채무자/중국 자회사인 (물상)보증인

한국 기업이 홍콩에 중간지주회사를 설립한 후 이를 통하여 중국에 자회사를 설립한 경우를 생각해 보자. 이때 중간지주회사가 한국의 은행으로부터 미달러화 차입을 할 경우, 중간지주회사는 paper company로서 마땅한 담보자산이 없다. 이에 한국 본사가 모회사 보증을 제공하기도 하지만(이 부분은 한국 외국환거래법령이 적용되는데, 외국환은행이나 한국은행에의 신고를 요하는 경우가 많다), 경우에 따라서는 중국 내 자회사가 자신의 모회사인 홍콩 중간지주회사를 위하여 채권자에게 보증을 제공하거나 자신이 소유하고 있는 중국 내 건물에 저당권을 제공할 수도 있다. 이를 그림으로 표시하면 아래와 같다.

거래 유형 3.

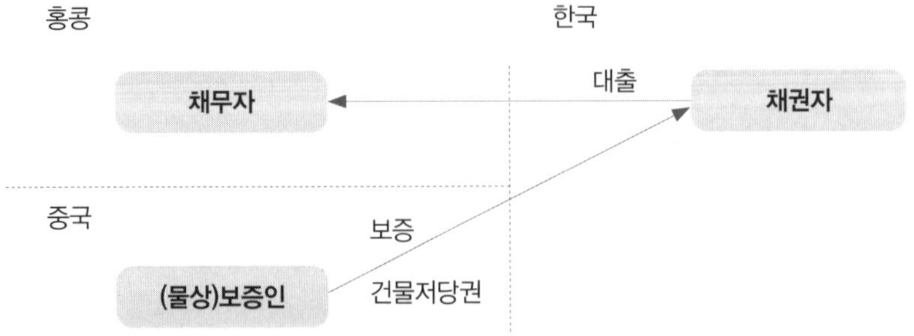

⑴ 대출에 관한 외국환 규제

이 경우 대출거래의 당사자가 모두 중국 외 거주자이고 대출금의 이동 역시 중국 외에서만 이루어지기 때문에, 중국법상 외환규제는 적용되지 않는다. 즉 중국 내 외환관리부서의 심사허가를 받거나 그 부서에 등기·신고 등을 할 필요가 없다.

⑵ 보증, 건물 저당권 제공에 관한 외국환 규제

이 경우 보증 제공 혹은 건물 저당권 제공에 관한 중국 내 외국환 규제에 관해서는 앞에서 이미 설명하였다. 즉, 이 거래는 내보외대(内保外贷) 거래에 해당하기 때문에, 관할 외환관리부서에 내보외대 등기를 하여야 한다. 과거에는 이러한 Upstream Guarantee가 허용되지 않았기 때문에, 지금도 간혹 중국 기업 중에는 이 규제가 폐지된 사실을 모르고 이러한 보증 제공 혹은 건물 저당권 제공이 중국법상 허용되지 않는다고 한국 채권자에게 이야기하는 경우가 있다.

⑶ 채무자의 직접 담보제공

한 가지 부연하면, 이 거래에서는 채무자인 홍콩 중간지주회사가 자신이 소유하는 자산에 담보를 설정해 주기도 한다(예를 들어 홍콩 은행에 개설되어 있는 자기 명의의 예금계좌에 홍콩법에 따른 담보물권[홍콩법 용어: Charge]을 설정해 주는 경우). 이때에도 담보물권 설정의 당사자와 담보물의 소재지 모두 중국 외에 있기 때문에, 중국 외환관련 법령상 특별한 규제는 없다. 홍콩 중간지주회사가 자신이 보유하고 있는 중국 내 자회사의 지분에 질권을 설정해 줄 경우, 중국 회사법·물권법 등에 따라서 지분질권을 설정해 주어야 하지만, 이 경우에도 중국 외환관리법령상 규제는 없다.

4. 중국 모회사인 (물상)보증인/홍콩 자회사인 회사채 발행인

간혹 국내 신문에서 중국의 모 국영기업이 미달러화 표시 외채를 조달하였다거나 중국기업들의 미달러화 외채가 과도해서 어려움이 예상된다는 기사가 나오기도 한다. 그런데 실제 그 외채 조달 구조를 보면, 해당 중국 기업이 중국 내에서 직접 미달러화 표시 회사채를 발행하기보다는 **홍콩에 설립한 paper company 형태의 자회사가 중국 모회사의 보증 하에 미달러화 회사채를 발행하는 경우**가 많다. 이 경우 과거에는 한국의 금융기관이 해당 회사채 인수에 참여하기도 하였으나, 지금은 실무상 Risk때문에 자제하고 있다. 이를 그림으로 표시하면 아래와 같다.

거래 유형 4.

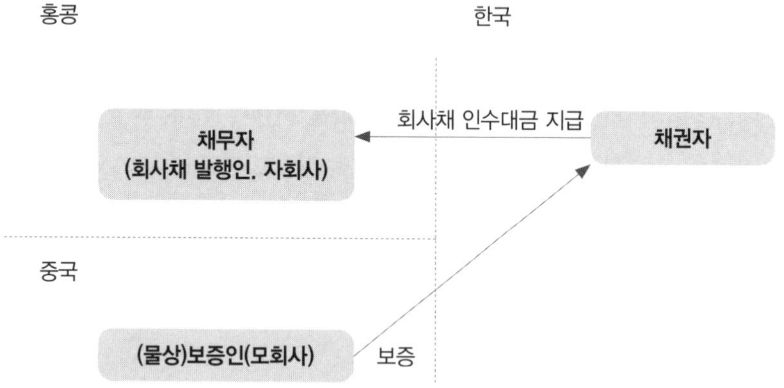

⑴ 대출에 관한 외국환 규제

위 3.⑴의 설명 참조.

⑵ 보증, 건물 저당권 제공에 관한 외국환 규제

이 경우 보증 제공에 관한 중국 내 외국환 규제에 관해서는 앞에서 이미 설명하였다. 즉, 이 거래는 내보외대(内保外贷) 거래에 해당하기 때문에, 허용되는 내보외대 거래일 경우에 한하여 관할 외환관리부서에 내보외대 등기를 하게 된다(제6장 제2절 Ⅲ. 4. ⑴ 참조).

Ⅲ. 내보외대 미등기의 실무상 위험

1) **위 II.에서 살펴본 3번째와 4번째 유형의 거래구조하에서 중국 모회사의 보증이나 담보물권 제공에 관하여 내보외대 등기를 경료하지 않을 경우 채권자 입장에서 사전에 파악하기 힘든 위험이 있다.** 여기에서는 **4번째 유형의 거래구조**(중국 모회사 보증하에 홍콩 자회사가 회사채를 발행하고 이를 한국 채권자들이 인수하는 거래)**에서 보증인**(중국 모회사)**이 내보외대 등기를 경료하지 않은 경우 한국 채권자가 떠안을 수 있는 위험에 관하여 조금 깊이 있게 살펴본다**(한국의 일부 금융기관들은 이미 이 위험에 노출되어 있는 상태이다).

2) 이 위험을 이해하기 위해서는 아래 3가지 사항을 파악하고 있어야 한다.

1. 앞에서 설명하였듯이, 내보외대 등기를 경료하기 위해서는 관련 보증계약 체결 후 15영업일 이내에 소재지 관할 외환관리부서에 내보외대 등기 신청을 하여야 한다. 즉 **내보외대 등기 신청 시 보증계약서의 서명본을 제출하여야 한다.**
2. **이 거래구조하에서는 내보외대 등기가 없더라도 한국 채권자가 홍콩의 채무자에게 회사채 인수대금을 지급해 줄 수 있다. 이는 위 II.에서 살펴본 1번째와 2번째 거래구조와는 확연히 구분되는 특징이다.** 1번째 및 2번째 거래구조하에서는 관련되는 중국의 외국환 등기나 신고를 경료하지 않으면 (중국 내에 있는) 채무자가 채권자에게서 돈을 받을 수 있는 은행계좌를 중국 안에 개설할 수 없어서, 채권자가 대출금을 채무자에게 송금해 줄 수 없게 된다. 그 결과, 채무자는 자신이 차입금을 채권자에게서 지급받기 위해서라도 적극적으로 관련 외국환 등기나 신고를 신속히 경료하기 위한 노력을 기울이게 되고, 채무발생의 원인계약(실무상 명칭은 Loan Agreement, Credit Facility Agreement, Credit Agreement 등 다양하다)에서도 관련 외국환 등기나 신고를 대출실행의 선행조건(Condition Precedent to Utilisation/Borrowing/Drawdown)으로 약정한다.

   반면 이 거래구조하에서는 채권자와 채무자가 모두 중국 외에 있고(중국 외국환 규제법령상 홍콩은 "중국 외"로 간주됨을 기억하자), 자금(회사채 인수대금 명목의 금원)의 이

동 역시 중국 밖에서(한국에서 홍콩으로) 이루어지기 때문에, 중국 법령상 요구되는 내보외대 등기를 경료하지 않아도 그 송금이 가능하게 된다. 이러한 사정 때문에, **자회사인 채무자와 모회사인 보증인 모두 가능하면 내보외대 등기를 회사채 인수의 후행조건**(Condition Subsequent to Closing)**으로 하면서 최대한 유예기간을 많이 받고자 하는 경향이 있다**.

3 일단 내보외대 등기를 경료하면, 장래 보증인이 보증채무를 이행하여야 할 경우에 더 이상 관할 외환관리부서를 찾아갈 필요가 없고, 내보외대 등기 경료 필증을 외국환은행에 제출한 후 곧바로 보증채무 이행 명목으로 한국 채권자 명의로 개설되어 있는 한국 내 은행계좌에 송금할 수 있다. 반대로 **내보외대 등기를 경료하지 않은 상태에서는, 보증인이 자금을 중국 외로 송금할 증빙서류를 구비하지 못하였기 때문에 은행에서 이러한 송금에 협조해 주지 않는다**. 즉 현실적으로 보증채무를 이행할 수 있는 길이 막히게 된다. 요컨대 **보증 계약서를 체결하면 보증채무가 발생하지만, 실무상 내보외대등기의 경료가 보증채무 이행의 요건으로 작동하기 때문에**(이를 법적 요건으로 볼 것인지 단순히 은행 실무에서 요구하는 사실상 요건으로 볼 것인지에 관해서는 추가적인 연구가 필요해 보이지만, 한국 채권자 입장에서 결론에는 차이가 없다)**, 내보외대등기의 경료가 없는 보증채무는 보증인이 이행하고 싶어도 이행할 수가 없는 상태에 있는 것이다**(위법한 환치기나 중국법상 허용되는 한도 내에서 많은 중국 내 인원들이 각자 약간의 금원을 소지하고 출국하여 현금으로 전달하는 방식은 논외로 한다. 은행간 송금이체의 방식을 취할 수는 없다는 의미이다).

4 위 3가지 사항을 결합해 보면, 한국 채권자에게 다음과 같은 위험이 발생함을 알 수 있다. **한국 채권자가 홍콩 자회사와 회사채 인수계약을 체결하면서 그 중국 모회사와도 보증계약을 체결할 경우, 한국 채권자는 자신이 보증부 회사채를 취득하였다고 생각하기 쉽다. 그러나 보증인이 중국 내에서 내보외대 등기를 경료하지 않은 상태라면 그 보증채무는 사실상 이행불능 상태에 있기 때문에, 결과적으로는 무보증 회사채를 보유하고 있다고 보아야 한다**. 그런데 실무에서는 보증인이 회사채 인수계약 및 보증계약을 체결한 이후에도 상당

기간 동안 내보외대 등기를 하지 않겠다고 요구하고, 한국 채권자는 그에 따른 위험(자신이 상당한 기간 동안 무보증 채권자가 된다는 사실)을 간과하고 그 요구를 수락하는 경우가 보인다.

3) 관련 법규정의 문구만 놓고 보면, 내보외대 등기는 보증계약서의 서명시점 이후에 경료되어야 하지만(위 2) ② 참조), 그렇다고 반드시 주채무의 발생시점(이 거래구조하에서는 한국 채권자가 홍콩의 채무자 즉 회사채 발행인에게 회사채 인수대금을 지급하는 시점) 이후에 경료되어야 하는 것은 것은 아니다. 즉 **내보외대 등기를 회사채 인수대금 지급의 선행조건으로 하는 것이 법규상 금지되는 것은 아니다. 그런데 실무에서 중국 기업인 채무자와 보증인은 거의 예외 없이 "내보외대 등기를 신청하여 경료받는 데에는 상당한 기간이 소요되고 그 기간을 사전에 어느 정도 예측하는 것조차 힘들기 때문에, 내보외대 등기를 회사채 인수대금 지급의 후행조건으로 하고 그 유예기간도 3개월 혹은 그 이상을 달라"고 요구한다.**

그러나 한국 채권자 입장에서는 채무자·보증인의 이러한 주장이 그 시점, 그 지역에서의 중국 외국환실무에 비추어 볼 때 객관적인 신빙성이 있는지 검증해 볼 필요가 있다. 중국 내보외대 등기 관련 규정에서는 **보증인이 관할 외환관리부서가 요구하는 서류들을 모두 갖추어 내보외대 등기를 신청하면 해당 부서는 20거래일 이내에 그 등기를 경료하여야 한다**고 규정하고 있기 때문이다. 즉 **내보외대 등기에 그들이 주장하는 것처럼 3개월 이상이 소요된다면, 1차적으로는 신청인인 보증인이 신청에 필요한 서류의 준비나 관할 외환관리부서와의 의사소통을 소홀히 하고 있는 것은 아닌지 의구심을 가져 보는 것이 적절할 것이다.** 중국 내 기업이 한국 채권자로부터 직접 차입하는 경우와 달리, 이 거래구조하에서는 중국 측 당사자들이 굳이 적극적으로 중국 내 관련 외국환 등기를 서둘러야 할 실익이 없다는 사정을 음미해 보기 바란다.

4) 따라서 **한국 채권자(회사채 인수인) 입장에서는 1차적으로 다음과 같은 조치를 강구해 볼 필요가 있다.** 즉 회사채 인수 계약서와 보증 계약서 초안이 작성되는 단계에서부터 선제적으로 보증인에게 "우선 이 이 계약서들의 초안을 중문으로 번역(혹은 중요부분을 발췌 번역)하여 관할 외환관리부서에 보여주고 협의를 시작해라.

그래서 이 계약서들의 서명 전에 외환관리부서가 요구하는 별첨 서류를 빠짐 없이 준비해 달라. 이후 회사채 인수계약서와 보증 계약서가 체결되면(양자는 통상 같은 날 동시에 서명될 것이다), 보증인은 즉시(늦어도 그다음 영업일 아침 9시에) 외환관리부서에 내보외대등기 신청을 해 달라. 그러면 특별한 사정이 없는 한 회사채 인수계약서 및 보증 계약서의 서명일로부터 대략 20영업일(약 1개월) 이내에는 내보외대 등기를 받을 것이고, 우리는 내보외대 등기가 경료된 이후에 Closing(회사채 인수대금의 지급)을 해 줄 것이다. 왜냐하면, 내보외대 등기가 경료되지 않으면 중국법상 보증인이 보증채무를 이행할 수 없어서, 실질적으로는 우리가 무보증상태에 놓이기 때문이다."라고 이야기하는 것을 고려해 볼 수 있다. 그리고 채무자와 보증인이 이 제안을 받아들이는 것을 전제로, 회사채 인수계약서와 보증 계약서는 채무자가 실제로 자금을 필요로 하는 날(정확하게는 반드시 자금을 지급받아야 하는 deadline date)로부터 최소한 1개월(약 20거래일) 이전에 서명이 이루어지도록 일정을 예정해 놓는 것이 신중한 업무처리방식일 것이다.

특히 내보외대 등기가 항상 허용되는 것이 아니라는 점을 고려하면(앞의 내보외대 등기의 실체적 요건 중 회사채 발행 부분 참조), **이러한 조치는 한국 채권자 입장에서 빠트리지 말아야 할 것이다**. 자칫하면 장래에 채무자가 이미 회사채 대금을 받은 상태에서 보증인이 "지금 와서 보니 우리가 내보외대 등기를 하고 싶어도 관할 외환관리부서에서 허용해 주지 않는다"고 하면서, 이것이 중국법상 불가항력에 해당하여 자신이 면책된다는 식의 주장을 하고 나올 수도 있다(앞에서도 설명하였지만 중국 당사자들은 계약상 불가항력 조항을 두면서 그 범위에 정부의 정책 변화와 같은 모호한 문구를 넣는 것을 선호한다).

5) 실무에서는 한국 채권자의 협상력의 열세로 위 4)에서 언급한 제안이 거부당하고 그럼에도 회사채 인수계약 및 보증 계약을 체결하여야 하는 상황이 올 수도 있다. 이러한 경우 **한국 채권자는 계약서에 내보외대 등기가 회사채 인수계약 체결일로부터 일정 기간 내에 경료되지 않는 것을 Event of Default(우리 대법원의 표현에 따르면 "형성권적 기한의 이익 상실 특약")로 규정하는 정도로 자신의 권리를 보호하고자 한다.**

하지만 현실에서 한국 채권자가 중국 내 거주자인 (연대)보증인을 상대로 ① 중국 내 자산을 가압류하고, ② 중국 내 혹은 외에서 소송이나 중재를 진행하여 승소 확정판결 내지 중재 판정을 받은 후, ③ 중국 내에서 강제집행을 진행하는 것이 쉬운 일이 아니다. 뒤의 "계약형 투자"에서 다시 살펴보겠지만, ① 중국 내에서 가압류를 받는 요건은 우리보다 까다롭고 받은 후에는 늦어도 30일 안에 본안의 소를 제기하여야 한다. ② 한국 법원의 판결은 중국 내에서 강제집행이 어렵고, 중국 내에서의 소송이나 중재는 객관적 예측가능성이 떨어진다. 또한 홍콩·싱가포르에서의 중재는 비용 측면에서 부담이 있다. 그래서 가장 좋기는 한국에서의 중재인데, 이는 중재 합의 단계에서 중국 측의 반대로 실현되기가 어렵다. ③ 중국에는 "집행난(执行难)"이라는 표현이 공공연하에 사용될 정도로 강제집행 단계에서 객관적 예측가능성이 떨어진다. 이에 더하여 ④ 이 거래구조 하에서와 같이 내보외대 등기를 경료하지 않은 보증인을 상대로 할 경우에는, 강제집행을 통하여 확보한 금원을 중국 외로 송금할 때 내보외대 등기필증 대신 집행권원을 외국환 은행에 제시하면 해외송금이 가능한지에 대해서도 확인이 필요할 것이다(특히 장래 취득할 집행권원이 중국 인민법원의 확정판결이나 중국 내 중재기관의 중재판정이 아닐 경우에는 사전 확인의 필요성이 더 커진다). 요약하면, **단순히 계약서에 Event of Default로 약정하는 것만으로는 한국 채권자가 충분히 보호받을 수 있다고 말하기는 어렵다**고 할 것이다.

6) 사견이지만, 이 경우 추가로 다음과 같은 조치를 취하는 것도 고려해 볼 수 있을 것이다. 아래 언급하는 조치의 핵심은 **내보외대 등기의 경료를 약정 해제조건으로 삼아 채무자와 보증인에게 추가적인 경제적 부담을 법적으로 지움으로써 그들에게 가급적 서둘러 내보외대 등기 절차를 진행하도록 할 유인을 제공하는 것이다**.

1 계약서 서명일로부터 내보외대 등기 경료일까지는 사실상 한국 채권자들이 무보증 상태로 채권을 가지고 있는 셈이므로, 계약서에서 이자율 기타 조건들을 이분화할 필요가 있다. 즉 내보외대 등기 경료일까지는 무보증 채권으로서 애초 생각했던 보증부 채권보다 이자율을 높게 정하고, 기타 채무자의 계약상 의무도 보다 엄격하게 정해 두는 것이다. 그리고 이렇게 가중된 부담에

대해서는 장래 내보외대 등기의 경료를 해제조건으로 설정할 수도 있을 것이다. 다만, 이 정도 조치만으로는 보증인에게 부과되는 추가적인 부담이 없어서, 여전히 한국 채권자 보호에는 부족함이 있다.

2 계약서 서명일로부터 내보외대 등기 경료일까지의 무담보 상태를 해소하기 위하여 이 기간 중에는 보증인 혹은 다른 제3자(예컨대 다른 계열사)로 하여금 별도의 물적 담보를 제공하도록 하는 방안도 고려해 볼 수 있다. 또는 중국 내·외의 보험사를 통한 보증보험 제출이 가능한지도 확인해 볼 필요가 있을 것이다.

3 계약서 서명과 동시에 혹은 그 이전에 보증인이나 다른 제3자(예컨대 다른 계열사)로부터 물적 담보를 제공받는 데 필요한 모든 서류를 받아 둔 후, 약정된 기한(예컨대 서명일로부터 3개월) 내에 내보외대 등기가 경료되지 않으면 한국 채권자 단독으로 그 물적 담보를 설정하는 방식도 고려해 볼 수 있다. 단 이 조치 한 가지 만으로는 여전히 한국 채권자의 보호에 부족함이 있다.

7) 정리하면 ① **한국 채권자가 단순히 중국 내 거주자의 보증만에 의지하여 대출이나 회사채를 인수할 경우 한국에서의 보증부 대출보다는 법적·실무적 장애물이 많다.** ② **나아가 중국 내 보증인이 내보외대 등기마저도 경료해 놓지 않았다면, 한국 채권자 입장에서 그 위험이 상당히 의미 있는 정도로 증가한다.** 비록 내보외대 등기가 보증채무 성립의 법적 요건은 아니지만, 실무상 그 보증채무 이행의 조건이 되기 때문이다. 내보외대 등기가 없는 보증인으로부터 변제받기 위해서는 중국 관할 인민법원의 확정판결과 같은 집행권원이 필요한데, 이는 한국에서와 비교할 때 많은 시간과 비용의 부담이 요구되고, 객관적 예측가능성도 떨어진다. ③ **협상과정에서 중국 측이 내보외대 등기에 3개월 혹은 그 이상이 소요된다고 주장할 경우, 위에서 본 바와 같은 근거를 대며 협상에 임해 보기 바란다. 만일 그럼에도 무작정 안 된다고 한다면, 그들에게 숨은 의도는 없는지 의심해 보는 것이 합리적이다.**

Ⅳ. 채권양도·계약인수에 관한 고찰

1. 개 관

1) **아래 설명은 한국 변호사들이 한국의 금융기관들을 채권자로 하는 영문 대출계약서(Loan Agreement, Credit Agreement, Facility Agreement 등 다양하게 불리운다)를 작성하는 경우에 특히 관심을 기울일 내용이다**. 다만, 이 분야의 업무를 많이 다루어 본 실무가와 변호사들이 아니면 다소 이해하기 어려울 수 있다. 그 이유는 내용이 어려워서가 아니라, 이 분야에서만 통용되는 다소 복잡하지만 일관된 계약 구조와 그 계약구조의 바탕이 되는 거래구조가 있어서 우선 그것부터 이해해야 하기 때문이다. 그런데 국내에는 아직 이 계약구조와 거래구조를 기초부터 충실하게 설명해 놓은 문헌이 없고, 논문들은 몇 편 있지만 그것만으로는 전반적인 이해를 하기에 여전히 부족하다. 따라서 **아래의 내용은 이 분야의 업무를 주로 하고 있는 실무가와 법률가들이 아니면 이슈가 무엇인지 정도만 알고 넘어가도 좋다**.

영문 대출계약서에 관한 전반적인 이해를 원하는 독자는 영미권에서 출판된 책들을 참고하기 바란다(기본적인 설명으로는 Philip R Wood, International Loans, Bonds, Guarantees, Legal Opinions(Sweet & Maxwell, 2007), LMA[및 APLMA] 서식에 관해서는 Sue Wright, The Handbook of International Loan Documentation(Palgrave, 2014), LSTA 서식에 관해서는 Richard Wight, The LSTA's Complete Credit Agreement Guide(McGraw-Hill, 2009) 참조). 참고로, 아래 설명에서 실제 계약서 문구들을 함께 소개하면 이해에 도움이 되겠지만, LMA와 LSTA, 두 협회의 저작권(copyright)을 침해할 우려가 있어서 하지 않았다.

2) 이미 한국에서는 다수의 금융기관들(Lenders)이 대주단(Syndicate)을 형성하여 특정 기업(Borrower)에게 다액의 자금을 함께 대출해 주는 신디케이티드 론(Syndicated Loan) 방식의 대출이 거래계에서 더 이상 낯설지 않다. 그러나 그 역사를 살펴보면 의외로 짧고, 금융기관의 실무자들은 물론 그 관련 계약서들을 작성하는 변호사들도 그 계약서의 구조와 조항에 대해서 모든 법률 쟁점들을 명쾌하게 정리하지 못하고 있는 것이 현실이다. 또한 학계에서도 이 부분에 대한 연구는 아직 본격적

으로 시작되지 않고 있다. 사견이지만, 이처럼 국내 금융시장에서 이미 일반화된 신디케이티드 론이 아직 이론적으로는 충분하게 정리되지 못하고 있는 이유는 다음과 같은 사정에 기인한 것으로 추측된다.

[1] 1997년 IMF 외환위기 이전만 해도 신디케이티드 론은 우리 금융계에서는 여전히 낯선 거래방식이었다. 그러다가 외환위기 이후부터 외국 금융기관들의 주도하에 그들이 사용해 오던 계약서 형태로 신디케이티드 론이 사용되기 시작하였다. 즉 우리 내부적으로 충분한 연구와 검토 후 자생적으로 형성된 것이 아니라, 어떻게 보면 외부의 상황에 휩쓸려 부득이하게 본격적으로 사용되기 시작하였다고 볼 수 있다. 당시 외국계 금융기관들은 국제대출시장에서 표준적으로 사용되는 복잡한 계약서 서식을 사용할 것을 요구하였다. ① 하나는 런던시에 소재하는 Loan Market Association(약칭: LMA)이 만든 서식이고(이는 주로 영국계 로펌들에 의하여 주도되었다) ② 다른 하나는 뉴욕시에 소재하는 Loan Syndications and Trading Association(약칭: LSTA)이 권장하는 서식이었다(이는 주로 미국계 로펌들에 의하여 주도되었다). 한데 LMA 서식의 계약서는 그 준거법이 원래 English law(England와 Wales의 법)이고, LSTA 서식의 계약서는 그 준거법이 New York law(뉴욕주의 법)이었다. 이에 외국계 금융기관들은 차주가 한국 내 기업이고 담보물권 역시 한국 내 소재하는 자산에 대하여 한국 민법에 의하여 설정됨을 고려하여, 이들 서식에 의한 영문 계약서의 준거법만을 Korean law로 변경한 후 "이 계약서의 내용 중 한국의 강행법규에 위반하는 부분이 있는가? 있다면 어느 부분을 어떻게 수정해야 하는가?"를 한국 변호사들에게 문의하였다. 그에 따라 당시 그러한 거래에 관여하였던 한국 변호사들에 의하여 조금씩 그 계약서의 내용과 구조가 한국법에 맞추어 변형되기 시작하였다(저자도 2005년까지는 그러한 작업에 적극적으로 동참하였다). 그러나 그 계약서의 일부 조항들은 준거법으로 사용된 외국법에 대한 전문적인 지식 없이는 그 배경과 의도를 이해하기 힘들었기 때문에, 그 부분에 대해서 한국 변호사들로서는 그 계약서 문구의 표면적 의미에 근거하여 해석을 할 수밖에 없었다. 그 결과 현재 국내에서 사용되고 있는 신디케이티드 론 계약서의 원형이라고 할

수 있는 LMA와 LSTA의 표준서식에 대해서는 지금까지도 근본적인 측면에서의 연구(한국법에 비추어 어느 부분을 어떻게 수정하는 것이 적절한지에 대한 연구)가 본격적으로 이루어지지는 않고 있다.

2 신디케이티드 론은 증권의 공모발행과 달리 그 내용을 공시할 이유가 없다. 또한 관련 거래에 참여한 변호사들은 비밀유지의무(Confidentiality Obligation)를 부담하기 때문에 그 내용을 공론화하여 토론하기도 쉽지 않았다. 무엇보다도 이 두 서식에서 사용되는 계약서 문구에 대해서는 그 서식을 만든 두 협회에서 저작권을 가지고 있어서, 실무에서는 한국 법률사무소들도 소정의 대가를 지불하면서 그 계약서 서식을 사용하고 있다. 따라서 일부 변호사들을 제외하고는 그 연구대상에 접근하는 것 자체가 쉽지 않고, 이를 공개 토론의 장에 옮기기도 쉽지 않다. 지금도 학계에서 이 부분에 대한 연구가 본격화되지 않고 있는 이유 중 하나가 여기에 있지 않나 추측된다.

3 처음에는 외국계 금융기관들의 주도하에 영문으로 작성되던 관련 계약서들이 점차 국내 금융기관들의 독자적 수요에 부응하여 한글로 번역되어 사용되기 시작하였다. 그 과정에서 국내 금융시장의 특수한 사정에 기인하여 일부 조항들은 생략되거나 변경되기 시작하였고, 그 결과 지금 국내에서는 다양한 형태의 한글 대출계약서들이 존재하게 되었다. 따라서 단순히 국내 금융시장에서 사용되는 한글본 계약서들만 검토하여서는 각 조항의 정확한 연원과 배경을 파악하기가 힘들고, 이들 한글본 계약서들만 대상으로 삼아서는 충분한 연구가 이루어지기 어렵다고 볼 수 있다.

한글 대출계약서와 관련하여 한 가지 부연하면, 간혹 같은 한국 변호사들 사이에서도 한글 대출계약서에는 무익적 기재사항(한국법을 준거법으로 할 경우 굳이 기재해지 않아도 동일한 결론에 도달하는 사항을 명시적으로 기재한 조항)이 유별나게 많다는 코멘트가 나오기도 한다. 그런데 그러한 조항들은 애초 위 두 서식에 포함되어 있던 영문 조항을 한글로 번역한 것이어서, 실무자들 입장에서는 이를 굳이 삭제하는 데 시간과 비용을 들일 필요가 없었다. 이를 삭제하고자 할 경우 그 조항들이 왜 한국법하에서는 필요가 없는지 외국 금융기관들에게 영어로 설명하여야 하는데, 그 과정에서 한국 법률사무소에 다액의 자문료를 지급할 필요가 있었다. 또한 설사 그렇게 설명을 하더라도 외국 금융기관들은 굳이 한국에서만 특정한 조항들을 생략하고 계약서를 만들어야 하는 이유를 다시 내부 Compliance 팀과 상의하면서 논의하여야 하였다. 이러한 사정 때문에, 실무적인 관점에서는 굳이 시간과 비용을 들여서 그렇게 할 필요를 느끼지 못했던 것이다. 그러다 보니, 이 한글 대출계약서를 처음 보는 한국 법률가들 시각에서는 계약서가 지나치게 장황하면서, 어떤 부분들은 한국법에 정확히 들어맞게 약정된 것인지 의문이 생길 수 있다.

3) 저자는 실무에서 준거법을 한국법으로 한 LMA 혹은 LSTA 서식의 영문 대출계약서를 검토하게 되면, 가장 먼저 보는 조항이 대출채권 양도에 관한 조항이다. 이유는 저자의 경험상 이 부분에서 한국법에 기한 수정이 필요한 경우가 가장 흔하게 발생하기 때문이다. 더욱이 대출채권의 양도는 실무에서도 아주 흔하게 이루어지기 때문에, 결코 소홀히 할 수 없는 조항이기도 하다. 아래에서는 그중 두 가지 쟁점만 간단히 소개한다. 실무에서는 아래 2가지 사항 외에도 구체적인 계약서 문구에 수정이 필요한 경우가 많으므로(대출채권뿐만 아니라 그에 부가된 담보물권과 보증도 함께 이전하여야 하는 경우에는 더욱 그러하다), 가능하면 이 분야에 경험이 풍부한 한국 변호사의 자문을 받아 보는 게 좋다.

저자의 개인적인 바람이지만, 앞으로 LSTA 및 LMA 서식에 기한 영문 대출계약서를 한국법의 관점에서 분석하는 작업이 한국 법률가들 사이에서 활발하게 이루어졌으면 한다.

2. 계약인수의 방식

1) 한국의 어느 은행이 한국 내 기업에게 대출을 해 주고 그 기업 소유의 건물에 저당권을 취득하는 단순한 형태의 담보부대출 거래를 생각해 보자, 이때 체결되는 대출계약은 한국 민법상 금전소비대차계약이다. 그런데 이 계약 체결후 채권자인 은행이 자신의 대출채권을 다른 제3의 은행에게 매각하기를 원한다고 가정

해 보자. 이 경우 실무적으로는 보통 2가지 방법 중 하나가 고려될 것이다. ① 하나는 민법 제3편 제1장 제4절에 근거한 **지명채권의 양도**이고, ② 다른 하나는 이 계약상 채권자의 권리·의무를 모두 이전하는 **계약인수**이다(당연한 이야기이지만, 어느 경우든 **매매에 관한 민법 조항도 함께 적용**된다).

2) **LSTA의 계약서 서식을 보면** 대출채권의 양도와 관련하여 이 2가지 방식을 모두 규정하고 있고, **우리의 계약인수를 "Assignment"라고 정의한 후 그 요건과 효과를 구체적으로 기재하고 있어서, 그 계약서의 준거법을 한국법으로 하더라도 이 부분에서는 특별히 문제될 게 없다**.

3) 반면 LMA의 계약서 서식에서는 "Change to Parties(당사자의 교체)"라는 조항에서, 우리 민법상 법률용어로 표현하면 경개의 방식을 통한 계약인수(Transfer by Novation)를 주된 채권양도 방식으로 규정하고 있다. 그런데 그 규정 방식과 문구를 살펴보면, 한국법과 자연스럽게 조화를 이룬다고 보기 애매한 부분이 있다.

1 영국법(English Law)을 준거법으로 하는 대출채권의 양도에서 경개방식을 통한 계약인수를 취하는 주된 이유 중 하나는 영국법상 인지세(Stamp Duty)를 면할 수 있기 때문이다(박훤일, 395-396면). 따라서 한국법하에서라면 굳이 이 방식을 취할 큰 이유가 없어진다.

2 우리 민법상 계약인수의 형태는 ① 본래의 계약당사자와 양수인의 3면 계약 혹은 ② 인적 요소가 특별히 문제되지 않는 경우(대출계약 실무에서는 양수인의 자격을 제한하는 경우가 많으므로 인적 요소가 문제될 수도 있음을 기억하자) 양도인·양수인의 합의와 남은 당사자의 동의 또는 승낙이다(송덕수(채총), 402면). 즉 경개 방식을 사용한 계약인수는 현재 국내 학계와 실무계에서 특별한 논의가 없는 형편이다.

3 영국법하에서도 우리의 계약인수에 상응하는 계약형식이 있다. 즉 "Transfer by Novation"이 아니라 "Assignment and Assumption"이 우리 민법상 계약인수에 상응하는 계약방식이다(참고로, 위에서 보았듯이 뉴욕주법하에서는 우리의 계약인수에 상응하는 계약형식을 "Assignment"라 칭하고 있다. Sue Wright, International Loan Documentation(Palgrave, 206), 190면 각주 4. 설명 참조).

4) 정리하면, **한국법을 준거법으로 하면서 LMA 계약서 서식을 사용할 경우 대출채권의 양도와 관련하여서는, 기존에 있는 경개를 통한 계약인수**(Transfer by Novation) **조항의 내용을 우리 민법상 통상적인 계약인수로 교체하는 것을 고려할 필요가 있다**. 구체적인 영어 문구의 작성과 관련하여서는, 필요하면 영국법상 Assignment and Assumption이나 뉴욕주법상 Assignment에 관한 조항을 참고할 수 있을 것이다. 다만 현재 실무에서는 거의 대부분의 경우에 이러한 교체 작업은 없는 것으로 보인다. 추측컨대, 역시 시간과 비용의 부담에 비해 현실적으로 커다란 실익은 없다고 보는 것 같다. 그러나 국내에서 계약인수를 경개의 방식으로 하는 경우에 관해서는 특별한 논의가 없기 때문에, 저자는 실무에서 장래의 잠재적 위험(불확실성)을 미연에 방지하는 차원에서 여전히 그 교체를 권하는 입장을 취한다.

만일 **한국의 금융기관이 중국 내 기업을 채무자로 하여 LMA 서식의 영문 대출계약서를 사용하면서 준거법을 한국법으로 한다면**(실무에서 흔히 보인다), **위에서 본 논의는 그대로 적용된다**.

3. 채권양도의 제3자에 대한 대항요건

(1) 채권양도의 대항요건 개관

1) **한국법하에서** 지명채권의 양도는 양도인과 양수인 사이의 합의만으로 효력을 발생한다. 다만 이와는 별개로, **양수인이 ① 채무자에게 자신이 채권자임을 주장하기 위해서는 양도인의 통지 혹은 채무자의 승낙이 필요하고**(채무자에 대한 대항요건), **② 양도대상 채권을 이중으로 양수 혹은 (가)압류하거나 양도대상 채권에 질권을 취득한 제3자(들)보다 우선하여 채권을 행사하기 위해서는 그 통지나 승낙을 확정일자 있는 증서로 하여야 한다**(채무자 외의 제3자에 대한 대항요건).

2) 실무에서 양도인이 확정일자 있는 증서로 통지할 때에는 흔히 내용증명 우편을 발송하는 방식을 취한다. 내용증명 우편발송을 할 경우, 우체국에서 원본 3부(혹은 원본 1부 및 사본 2부, 특별한 사정이 있으면 사본 3부)에 내용증명을 표시한 후, 원본은 채무자에게 발송하고, 나머지 1부는 우체국이 보관하며, 그리고 남은 마지막 1부

는 발송인에게 교부해 준다. 이후 3년 동안은 내용증명 등본을 우체국에서 발급받을 수 있다. 다만 내용증명 우편은 수취인인 채무자가 한국 내에 주소지가 있을 경우에만 가능하다. 따라서 만일 채무자가 한국 외에 주소를 두고 있다면 채무자의 대리 수령인(process agent)을 한국 내에 둘 필요가 있을 것이다. 내용증명 우편 발송 외에도 실무에서는 공증인사무소에서 통지서나 승낙서에 일자 있는 인장을 날인하는 방식을 취하는 경우도 많다.

3) 그리고 다수의 견해에 따르면 위 ①의 요건은 채무자를 보호하기 위한 임의규정이어서 채무자가 채권자와의 특약으로 채권양도의 통지를 받거나 그 승낙을 할 이익을 미리 포기할 수 있지만(대법원도 같은 입장이다. 대판 1987. 3. 24. 86다카908판결 참조), **위 ②의 요건은 거래의 안전을 보호하기 위한 강행규정이어서 당사자 간 특약으로도 이를 배제하지 못한다**(지원림(강), 1263-1264면, 송덕수(강), 920면).

(2) 제3자에 대한 대항요건의 준수

1) 위 (1)에서 살펴본 제3자에 대한 대항요건과 관련하여 실무에서는 기억해 둘 점이 있다. 제3자에 대한 대항요건은 채권양수인이 이중양수인 등에 우선하여 채권을 행사하기 위한 요건인데, 이에 관하여 확정일자 있는 증서에 기한 통지나 승낙을 요하는 한국(그리고 일본)의 입법은 다른 국가와 비교할 때 독특하다고 볼 수 있다. ① **프랑스, 미국의 일부 주와 영국의 법제하에서는 채무자에 대한 통지의 도달시점의 선후에 의하여 그 우열이 결정된다. 한국 및 일본과 기본적으로 동일하나, 확정일자인이 요구되지 않는다는 차이가 있다**. 그런데 ② **독일, 스위스, 오스트리아, 대만 그리고 미국 뉴욕주의 법제하에서는 우리와 달리 채권양도의 합의 외에 달리 추가되는 요건이 없다. 그 결과 채권의 이중양도 시 각 채권양도의 합의시점의 선후에 의하여 양수인들 사이의 우열이 결정된다**(국내 문헌에서는 찾기 어려우나, 중국에서는 이에 관한 외국 입법례를 조사하여 소개한 문헌이 있다: 王利明(合, 11), 235-238면). 예를 들어 양도인 a가 먼저 b에게 자신의 채권을 양도하는 계약을 체결한 후 다시 동일채권을 c에게 양도하는 계약을 체결한 경우를 생각해 보자. 뉴욕주법하에서는, 이때 설사 a가 c에 대한 채권양도만을 채무자에게 통지하거나 혹은 b에 대한 채권양도

보다 먼저 c에 대한 채권양도를 통지하더라도, b와 c 사이에서는 b가 채권자로서 우선하는 권리를 가지게 된다(따라서 c는 a에게 계약위반에 따른 손해배상청구권을 가질 수 있고, 채무자가 과실 없이 c에게 변제하면 b는 c에게 부당이득반환청구권을 행사할 수 있는 등, 우리 민법에서는 논의되지 않는 경우의 수들이 발생할 수 있다).

2) 그런데 채무자가 한국 외의 국가에 주소지를 둔 경우, 만일 해당 외국에서 제3자에 대한 대항요건(채권 이중양도시 우열기준)에 관하여 한국과는 다른 내용의 강행법규를 두고 있다면, 설사 채권발생의 원인계약이나 채권양도계약의 준거법이 한국법일지라도, 추가적으로 해당 외국의 강행법규에 위반되는 사항은 없는지 확인이 필요할 것이다. 장래 양수인이 채무자를 상대로 채무자 주소지국의 관할 법원에서 본안의 소를 제기하거나 강제집행을 신청하였을 때, 그 강행법규 위반을 이유로 해당 관할 법원이 원고패소판결을 내리거나 강제집행을 불허하는 등의 방법으로 양수인의 권리실행을 막을 우려가 있기 때문이다. 위 (1) 3)에서 보았듯이 우리가 채권 이중양도 등의 상황에서 우열을 정하는 기준에 관한 입법을 강행규정으로 보고 있으므로, 다른 국가/지역에서도 그렇게 판단할 여지는 충분히 있을 것이다. 따라서 **예컨대 채무자가 독일, 스위스, 오스트리아, 대만, 뉴욕주에 주소지를 두고 있다면, 설사 약정된 준거법이 한국법일지라도, 한국법에 기초하여 위** (1) 1) **②의 요건을 구비하는 외에, 해당 국가/지역의 입법이 요구하고 있는 채권양도 합의의 우선이라는 요건도 갖출 수 있도록 실무적으로 잘 대비해야 할 것이다.**

3) 참고로, 중국 계약법 제80조 제1항에서는 단순히 채권양도는 채무자에게 통지하여야 채무자에게 효력이 생긴다는 취지로 규정하고 있다(债权人转让权利的, 应当通知债务人。未经通知, 该转让对债务人不发生效力。[번역: 채권자가 권리를 양도하면 채무자에게 통지하여야 한다. 통지를 하지 않으면, 그 양도는 채무자에 대하여 효력이 발생하지 않는다]). 이처럼 제3자에 대한 대항요건에 관해서는 법규정에서 아무런 언급이 없기 때문에, **중국 학자들 사이에서는 채권의 이중양도 시 우열의 기준에 관하여 합의시점의 선후라는 입장**(대표적으로 崔建远, 218-220면)**과 채무자에게의 통지 도달시점의 선후라는 입장**(대표적으로 王利明(合, II), 238면)**이 혼재**하고 있는 것으로 보인다. **따라서 채무자가 중국에 주소지를 두고 있을 경우, 만일의 모든 사태에 대비하여야 하는 실무자 입장에**

서는 양도합의 시점과 채무자에게의 통지도달 시점 모두 이중양수인 등의 제3자보다 우선할 수 있도록 준비하는 게 적절해 보인다(사견이지만, 합의시점의 선후가 기준이라는 입장에서 다양한 경우의 수들을 설명하고 있는 전자의 견해가 더 설득력이 있어 보인다. 법 규정에서 채무자 이외의 제3자에 대한 대항요건으로 특별히 요구되는 사항이 없다면, 문언에 충실하게 채권양도의 합의만으로 제3자에 대해서는 아무런 제약 없이 채권양도의 효력이 발생한다고 보는 것이 합리적이라 생각되기 때문이다. 보다 구체적인 설명은 崔建远, 218-220면; 韩世远, 428-432면 참조).

(3) 실무상 특칙의 유효성 검토

1) 그런데 국내 신디케이티드 론의 실무를 살펴보면, LMA 서식을 취하든 LSTA 서식을 취하든 그 계약 준거법을 한국법으로 하였을 때, 채권양도의 대항요건에 관하여 다소 독특한 방식을 취하고 있다. 설명의 편의를 위하여 아래와 같은 단순한 거래를 가정해 보자.

1. 국내 은행 b, c, d가 국내 기업 a에게 신디케이티드 론 방식으로 공동대출을 해 주었다. b, c, d는 각각 30억 원씩 대출해 주었다
2. 그 후 b는 자신의 대출계약상 지위를 e에게 계약인수방식으로 양도하였다.

이 경우 한국법상 계약인수 거래의 당사자인 b와 e외에 그 기초가 되는 대출계약의 다른 당사자들인 a(채무자)와 c, d(다른 대출채권자들)의 동의가 필요하다. 그런데 대출계약에서는 이 경우 a와 d의 동의 권한을 미리 c에게 위임하도록 특약을 둔다(채권자 중 1인이 자신의 채권이나 계약상 지위를 양도할 경우, 그에 관하여 요구되는 채무자나 다른 채권자의 동의권한을 모두 c에게 위임·수권한다는 취지로 약정한다). 그에 기하여 c는 자신의 동의권을 직접 행사함과 동시에 a, d의 동의권도 대리행사하여, 현실에서는 계약인수 계약서에 b, e와 c, 3자만 서명날인하는 방식을 취한다.

한편 이 계약인수에 의하여 b가 대출계약상 가지고 있던 모든 권리 특히 대출채권도 함께 e에게 양도되므로, 한국법상 채무자 및 제3자에 대한 대항요건을 갖출 필요가 있다. 이에 실무에서는 대항요건을 구비하는 방식 중 "채무자가 확정일자 있는 증서에 기하여 승낙"하는 방법을 택하여, 계약인수 계약서에 공증인가 합동법률사무소의 확정일자인을 받는 방식을 취한다. 이 계약서에는 채권자 중 1인

인 c가 채무자 a를 대리하여 채권양도(및 계약인수)를 승낙하였기 때문에, 이렇게 확정일자인을 받는 것으로 충분하다고 보는 것이다.

2) 이처럼 채권양도에 관한 채무자의 승낙권한을 채권자(채권자가 복수인 경우 그중 1인)에게 위임하는 것이 한국법상 유효한지에 대해서는 국내 학계에서 별다른 논의가 없는 것으로 보인다. 채권양도 시 양도인의 통지권한을 양수인에게 위임하는 경우에 관한 논의는 있지만, 채무자가 자신이 가지는 통지수령권한이나 승낙권한을 채권자(채권자가 복수인 경우 그중 1인)에게 위임할 수 있는지에 관해서는 별다른 논의를 찾아보기 어렵다.

사견으로는, 국내 학자들이 예외 없이 제3자에 대한 대항요건으로 민법이 요구하고 있는 "확정일자 있는 증서에 기한 채무자에게의 통지 혹은 채무자의 승낙"을 거래의 안전을 보호하기 위한 강행규정으로 보는 상황에서, 실무에서 흔히 사용되고 있는 이러한 특약은 장래 제3자로부터 효력이 없다는 강한 도전을 받을 우려가 있다고 본다. 예를 들어, 위 사례에 아래 2가지 상황을 추가해 보자.

1 b에 대한 채권을 가지고 있는 f가 b의 a의 대한 대출채권을 가압류하였다.

2 b, e, c 사이에서 체결된 계약인수 계약서에는 2020. 5. 10.에 확정일자인을 받았는데, 그 가압류 결정문이 채무자 a에게 도달한 날은 2020. 5. 11.이라고 가정하자.

이때 ① 채권양수인 e는 "채무자가 2020. 5. 10.에 계약인수 및 그에 포함된 채권양도를 승낙하였고, 그 날짜로 확정일자인을 받았다. 따라서 그다음날에 결정문이 채무자에게 도달한 채권가압류보다 채권양도의 효력이 우선하여, 내가 f에 우선하는 진정한 채권자이다."라고 주장할 것이다. ② 이에 대하여 가압류채권자 f는 "채권양수인 e가 나보다 우선하기 위해서는 통지를 받거나 승낙을 하는 주체가 채무자이어야 한다. 그리고 이를 요구하는 민법 규정은 거래의 안전을 보호하기 위한 강행규정이어서, 당사자 간 특약으로 배제할 수 없다고 보는 데 학계에서 이론이 없다. 따라서 채권양수인 e는 아직 제3자에 대한 민법상 대항요건을 유효하게 갖추지 못하였고, 그 결과 내가 유일하게 진정한 채권자이다."라고 주장할 것이다. 만일 e와 f의 분쟁이 법원의 판단을 받을 경우 어떠한 결론이 나올까?

사견으로는, ① 법원에서 가압류채권자 f의 주장이 인용될 가능성이 충분히 있다고 본다. 앞서 본 학계의 입장에 더하여, 기존의 대법원 판례 중 "채권이 이중으로 양도된 경우의 양수인 상호간의 우열은 … 채권양도에 대한 채무자의 인식, … 의 선후에 의하여 결정하여야 할 것이고, …"라고 설시한 부분이 있음을 고려할 때(대판(전원) 1994. 4. 26. 93다24223 판결), 채무자가 아닌 제3자의 인식을 기준으로 통지도달이나 승낙 시점을 결정하려는 당사자 간 특약은 법원에서 상당히 신중하게 그 유효성을 검토할 것이라 보여지기 때문이다. 더욱이 그 제3자가 (예를 들어 채무자의 동거가족이나 같은 회사 내 직원처럼 사회통념상 채무자의 일상생활 범위 내에 있는 제3자가 아니라) 채권자 중 1인이라면 더욱 그러할 것이다. ② 실사 장래 법원에서 채권양수인 e의 손을 들어준다고 하더라도, 실무에서 거래계약서를 작성하는 변호사(transaction lawyer)라면 장래 분쟁이 발생할 위험이 있는 상황에서 그 위험을 제거하는 데 큰 비용과 시간이 들지 않도록 계약서를 구성하는 것(즉 한국 민법상 규정대로 약정하는 것)을 권하지 않을 이유가 없을 것이다.

3) 참고로, (뉴욕주법에 근거한) LSTA 서식에서는 채무자에게의 통지를 요하는 조항이 아예 없는 경우가 많고(앞서 보았듯이 그러한 통지를 요구하는 법규 자체가 없기 때문일 것이다), (영국법에 근거한) LMA 서식에서는 채무자가 자신이 통지받거나 승낙할 권한을 포기하거나 채권자 중 1인(Agent Bank로 지정된 대주)에게 위임하도록 약정되어 있다. 또한 실무에서는 매번 대출채권 양도를 할 때마다 건건이 차주(채무자)의 승낙을 받는 것이 번거롭기도 하다. 이에 LMA 서식에서 그 준거법을 한국법으로 변경할 경우에는, 기존의 서식에 큰 변경을 가하지 않으면서 확정일자인을 받는 것만 추가하는 정도로 계약 내용을 변경하는 경우가 흔히 있다(이제는 어느 정도 시장관행이 되었다고 볼 수도 있다). 그러나 앞에서 살펴본 바와 같은 이유로, 저자는 고객들에게 1차적으로는 번거롭더라도 채무자 본인의 서명동의·승낙을 받으라고(즉 채무자로 하여금 직접 채권양도 계약서나 계약인수 계약서에 서명날인하도록 하라고) 권하는 입장이다.

4) 그렇다면, **대출계약서 및 계약인수계약서(혹은 대출채권양도계약서)의 준거법이 한국법인데 채무자의 주소지가 중국 내인 경우, 위에서 살펴본 논의는 어떻게 적용될 것인가**? ① 중국 계약법은 채무자에게의 통지가 채무자에게의 효력발생요

건이라고만 규정하고 있어서, 채무자에 대한 대항요건이라는 부분에 한해서는 위에서 본 특약(채무자가 채권양도의 통지를 받을 권한을 포기하는 특약)이 중국법하에서도 일응 유효하다고 인정받을 가능성이 더 커 보인다. 중국법하에서도 우리와 마찬가지로 채무자에 대한 대항요건을 정하는 법규정은 임의규정으로 해석할 여지가 더 크다고 보이기 때문이다. ② 쟁점은 채무자 외의 제3자에 대한 대항요건 즉 채권 이중양도 시(혹은 채권양도와 채권가압류의 경합 시) 우열의 기준에 관한 부분일 것이다. 중국법하에서 그 우열의 기준이 채권양도 합의의 선후라는 학설에 따르든, 채무자에게의 통지도달시점의 선후라는 학설에 따르든, 위 특약은 자칫 중국에서 강행법규 위반으로 무효로 인정될 위험(즉 대출계약상으로는 사전에 권한을 위임받은 채권자의 확정일자인 있는 승낙시점이 이중양도 시 우열기준이라고 약정되어 있지만, 그에 불구하고 채권양도합의의 선후 혹은 채무자에게의 통지도달시점의 선후가 기준으로 인정될 위험)이 있어 보인다. 이 부분에 관해서는 장래 추가적인 검토와 연구가 중국 법률가들 사이에서 이루어지기를 희망한다.

V. 홍콩 중간지주회사에 대한 담보부대출 구조

1) 한국 투자자가 중국 내에 펀드를 설립하여 중국 내 기업(이하 "투자대상회사"라 칭한다)에게 투자를 하려고 하면, 그 펀드는 투자대상회사의 주식·지분에 100% 자기자본으로만 투자할 수 있을 뿐이다. 따라서 투자대상회사에 대출을 해 줄 수 없고, 투자금을 조달하기 위하여 중국 내에서 차입을 하기도 어렵다(제2장 제4절 투자성 외상투자기업에 관한 설명 부분 참조). 이러한 사정 때문에 **한국 투자자는 중국 외(주로 홍콩)에 펀드를 설립한 후 그 펀드가 차입을 하고(중국 외에 소재하므로 펀드의 차입을 금하는 중국법의 적용을 피할 수 있다), 투자대상회사의 지분·주식에 투자하면서 (중국법상 규제되는 투자대상회사의 외채한도 내에서) 대출도 해 준다**. 한편, **한국 투자자가 홍콩에 중간지주회사를 설립하고, 중간지주회사로 하여금 중국 내에 새로이 회사를 설립하거나 기존의 중국 내 회사의 지분·주식을 인수하도록 하는 경우에도, 마찬가지로 중간지**

주회사는 홍콩에서 차입을 하고 신설회사나 인수한 회사(이하 역시 "투자대상회사"라 칭한다)**에 대출을 해 준다.**

이때 홍콩에 있는 펀드나 중간지주회사에 대출을 해 주는 채권자(주로 한국 혹은 홍콩에 소재하는 은행이나 증권사)**로서는 그 대출채권의 상환을 확보하기 위하여 담보물권을 어떻게 확보할지 고민하게 된다.**

2) 홍콩에 설립된 펀드·중간지주회사는 실제로는 아무런 물적 자산이 없는 paper company이다. 이 때문에 채권자는 1차적으로 홍콩 소재 펀드·중간지주회사의 자회사 내지 종속회사에 해당하는 투자대상회사의 중국 내 자산에 대하여 중국 물권법에 기한 담보물권을 취득하는 것을 고민하게 된다. 예를 들면 투자대상회사가 소유하고 있는 중국 내 건물이나 재고자산, 투자대상회사 명의로 중국 내 은행에 개설되어 있는 각종 예금, 보험과 지적재산권 등이다. 그리고 투자대상회사가 소유하는 자산은 아니나, 채무자인 홍콩 소재 펀드·중간지주회사가 보유하고 있는 투자대상회사의 발행주식·지분에 대해서도 중국 물권법에 기한 질권을 취득하는 것을 고려한다.

1 **그런데 중국법에 기한 담보물권은 외국 채권자가 보기에 그 실효성이 상당히 미흡하다는 문제가 있다.** 중국에도 "저당권(抵押权[중국법 용어는 저압권])", "질권(质权)"이라는 명칭을 가진 담보물권이 있지만, 그 실질에 있어서는 한국의 저당권·질권과 뚜렷한 차이가 있다. 한국의 채권자(특히 금융기관)는 한국에서 담보물권을 취득할 때 크게 2가지를 기대한다. ① 채무자(혹은 물상보증인)의 특정 재산에 담보물권을 취득하면 이후 그 재산에 대해서는 원칙적으로 배당 1순위의 우선변제권을 확보한다는 점(물론 담보물권에 우선하여 배당받을 수 있는 각종 법정 권리들이 있지만, 이는 감수한다), 그리고 ② 장래 채무불이행 사태가 오면, 채무자나 물상보증인의 여하한 협조 없이 신속하게 담보물권을 실행하는 임의환가나 경매절차에 돌입할 수 있다는 점이다. 이 2가지는 그 자체로도 의미가 크지만, 더 나아가 채무자가 채무를 불이행하여 채권자가 채무재조정, 경영감독 방안 수립 등을 위한 협상을 할 때 위 ①, ②를 협상 레버리지로 삼아서 채무자를 효율적으로 압박할 수 있다는 점에서도 중요한 의의를 가진다. 하지만

앞에서 이미 보았듯이, 중국의 담보물권에 대해서는 실무상 위 ①만을 기대할 수 있을 뿐이고, 그 결과 채무를 불이행한 채무자와 채무조정 등의 협상을 할 때에도 채권자가 한국에서만큼 우월한 협상력을 가지기 어렵다. 채권자가 채무자에게 "협상과정에서 나의 요청이 받아들여지지 않으면 그 즉시 담보물권을 실행하여 채무자의 주요 재산을 제3자에게 매각해 버리겠다(혹은 채무자의 보유지분을 처분하여 투자대상회사에 대한 경영권을 박탈하겠다)"는 무언의 압박을 줄 수 없기 때문이다. 중국 내 담보물권에 대하여 위 ②까지 기대하기 위해서는 중국 내에서 대출계약서 및 담보권설정계약서에 강제집행력을 부여하는 공증을 받아야 하는데 중국 외 채권자는 이러한 공증을 받기 어렵다(관련 법령상 중국 내 설립등기를 하고 중국법상 금융업무허가증까지 발급받은 금융기관이 아니면 이러한 공증을 받기가 어렵다).

요컨대 **한국 채권자가 중국 내 재산에 대하여 저당권이나 질권을 취득하여도 1순위의 우선변제권을 확보할 수는 있지만, 많은 경우에 저당권이나 질권을 실행하는 단계에서 다시 본안의 소를 제기하여 승소확정판결을 받은 후 이를 집행권원으로 삼아 강제집행을 하여야 하기 때문에(그리고 그 본안소송과 강제집행 과정에서의 예측가능성이 한국에 비해 떨어지기 때문에), 한국에서 익숙하게 생각해 오던 담보물권은 취득할 길이 없다는 점을 기억해야 한다.** 이는 중국 법제 자체가 한국보다 채무자 친화적(debtor-friendly)인 데 기인하는 것이어서, 한국 채권자들이 실무에서 극복할 방법은 없다.

2 이 외에도 지금은 없어졌지만, 과거 오랜 기간 동안 중국의 외환관리법령은 중국 내 자회사나 종속회사가 중국 외의 모회사를 위하여 (물상)보증을 하는 소위 Upstream Guarantee를 금지하는 태도를 취해 왔다. 비록 지금은 내보외대 등기를 경료하면 가능하게 되었지만, 앞에서 살펴본 바와 같이 여전히 **외국 채권자 입장에서는 내보외대 등기의 시기적절한 경료가 어려워서 그 (물상)보증이 사실상 이행불능 상태로 놓일 위험이 있다.**

3) **이러한 사정을 종합적으로 고려하여, 실무에서 한국을 비롯한 외국의 채권자들은 홍콩 소재 펀드·중간지주회사에 담보부대출을 해 줄 경우 통상적으로는 아**

래와 같은 거래구조를 논의의 시발점으로 삼고 있다. 아래에서는 한국의 모기업이 홍콩 소재 중간지주회사를 통하여 중국 내 자회사를 두고 있는 상황에서 한국의 금융기관들이 홍콩 중간지주회사에게 담보부대출을 하는 경우를 가정한다. 중간지주회사의 소재지가 홍콩이 아닌 싱가포르 기타 제3의 국가/지역이거나, 중간지주회사 대신에 펀드를 둔 경우에도, 그 기본 구조는 동일하게 생각해 볼 수 있다.

홍콩 중간지주회사에 대한 담보부대출 구조

※ 아래 도표에서 아라비아 숫자는 통상적인 현금흐름(cash-flow)의 순서를 표시한다.

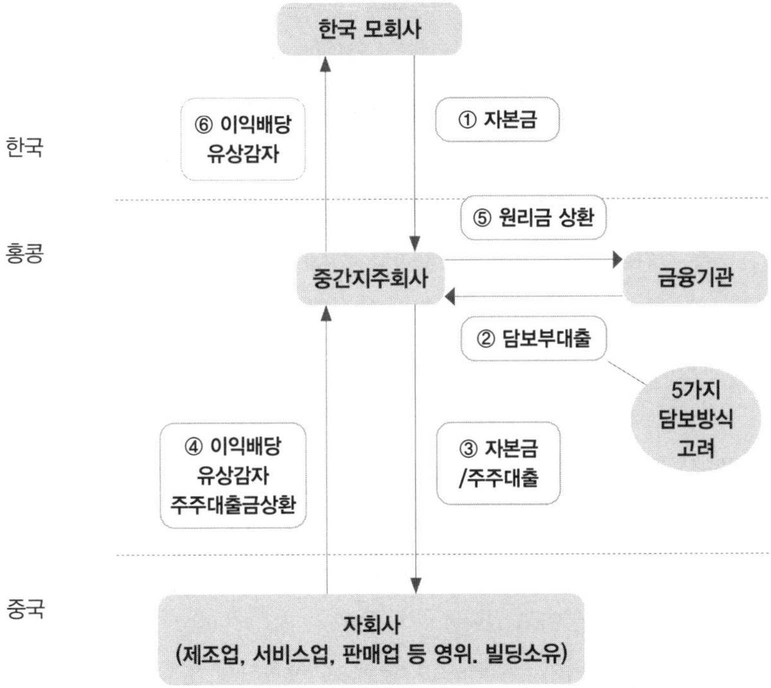

[1] 앞에서 본 바와 같이 **중국 내 법규제가 엄격하기 때문에, 실무에서는 오히려 구체적인 거래유형에 상관없이 단순하면서 어떻게 보면 솔직담백한** (straightforward) **구조를 짠다**. 간혹 중국법상 규제를 회피하기 위하여 복잡한 구조를 시도해 보고자 하는 거래당사자가 있는데, 중국 정부기관은 철저하게

실질우선의 원칙(Substance Over Form Principle)에 따라서 자국법 위반 여부를 따지기 때문에, 그러한 회피구조는 어떠한 경우에도 위법의 위험을 100% 제거할 수는 없다. 이는 곧 그러한 회피구조를 시도할 경우 법률사무소로부터 만족할 만한 거래종결 법률의견서(Closing Legal Opinion)을 받기 어려움을 뜻한다.

2 홍콩 중간지주회사에 홍콩법이나 한국법을 준거법으로 하여 대출을 해 주고, 중간지주회사는 그 차입금으로 중국 내 자회사에게 자본금 납입(equity injection) 혹은 주주대출(shareholder loan)의 형식으로 자금을 조달해 준다. 이는 실무에서 흔히 보이는 방식이다.

3 이때 홍콩 중간지주회사에의 대출에 대한 담보로는 통상적으로 아래 방식들을 고려한다(이 중 ①만 준거법이 중국법으로 강제된다).

① 중국 내 자회사 발행지분에 대한 질권(질권설정자는 홍콩 중간지주회사가 된다).

② 주주대출에 대한 양도담보권(assignment of shareholder loan by way of security).

③ 홍콩 중간지주회사 발행주식에 대한 질권(질권설정자는 한국 모회사가 된다).

④ 홍콩 중간지주회사 계좌(특히 중국 내 자회사가 송금하는 이익배당금, 주주대출상환금이 입금되는 홍콩 내 은행계좌)에 대한 질권 혹은 계좌의 공동관리.

⑤ 한국 모회사의 보증 혹은 자금보충약정(채무자인 홍콩 중간지주회사가 대출원리금 상환에 필요한 자금이 부족하면 이를 증자나 주주대출 등의 방식으로 보충해 주겠다는 한국 모회사의 약속이 담긴 약정).

4 단, 이 구조의 경우 채권자 입장에서는 어쩔 수 없이 아래와 같은 약점들이 존재한다. 실무에서는 이러한 약점들을 알면서도 현실에서 더 나은 대안을 찾기 힘들어서 받아들이고 있다.

1] 대출의 상환능력이 궁극적으로 중국 내 자회사의 영업능력에 의존함에도 불구하고 중국 내 자회사의 자산에 대하여 (중국 내 자회사의 발행지분을 제외하면) 직접적으로 담보권을 설정하지 못하는 점.

2] 중국 내 자회사에 대한 지분 질권이 한국에서보다 그 실행이 쉽지 않은 점(구체적인 문제는 앞에서 이미 살펴보았다).

3] 채권자의 대출채권이 중국 내 자회사에 대한 채권자들의 채권보다 구조적

후순위(structural subordination)에 놓인다는 점. 이를 조금 풀어서 설명하면 다음과 같다. 이 구조에서 채권자는 비록 명목상으로는 홍콩 중간지주회사를 채무자로 두지만, 그 채권상환의 재원을 조달하는 주체가 중국 내 자회사이어서 실질적으로는 중국 내 자회사를 채무자로 생각할 수 있다. 즉 법적인 관점이 아니라 경제적·실질적 관점에서 보았을 때 채권자는 중국 내 자회사에 직접 대출을 해 준 다른 채권자(이하 설명의 편의상 "직접 채권자"라 한다)들과 채권 경합의 관계에 있다고 볼 수 있다. 그런데 채권자는 홍콩중간지주회사가 이익배당이나 유상감자를 통하여 중국 내 자회사로부터 송금받은 금원이 있는 경우에 그 금원의 한도 내에서만 변제를 받을 수 있다. 또한 직접 채권자들은 중국 내 자회사에 대하여 담보물권을 취득함으로써 홍콩 중간지주회사에 대한 채권자들보다 용이하게 먼저 변제를 받을 수 있다. 이러한 현상을 두고 실무에서는 홍콩 중간지주회사에 대한 채권자가 직접 채권자들보다 구조적 후순위에 놓인다고 표현한다.

참고로, 실무에서는 동일한 채무자(간혹 복수의 채무자들)에 대하여 채권을 가지고 있는 다수의 채권자들이 채무자(들)와 함께 모여서 채권의 변제순서를 정하는 약정을 하기도 한다. 이때 그 변제순서가 뒤로 밀리는 채권을 계약상 후순위(contractual subordination)에 놓인다고 표현한다.

4] 중국 내 자회사가 마련한 대출원리금 상환자금이 홍콩 중간지주회사로 송금되는 과정에서 국제조세 및 중국 외국환거래법규상 규제가 있다는 점 등.

5 위 4에서 살펴본 구조적 문제들이 안고 있는 risk를 완화하기 위해서, 홍콩 중간지주회사의 채권자는 중국 내 자회사의 business를 여러 측면에서 통제하는 약정을 대출계약서에 넣고자 시도하기도 한다. 예를 들면,

1] 중국 내 자회사의 차입비율, 중요 자산에 대한 담보설정을 일정한도, 기준에 따라서 제한한다.

2] 중국 내 자회사의 중요자산의 처분, 영업 양도를 제한한다.

3] 중국 내 자회사에 배당가능이익이 발생할 경우 일정비율의 이익배당을 반

드시 하도록 의무를 부과한다.

4] 자신의 채권이 구조적 후순위에 놓이는 위험을 제거하기 위하여 홍콩 중간 지주회사, 중국 내 자회사 및 직접 채권자들과 변제순서, 변제비율을 정한 채권자 간 계약서(Intercreditor Agreement)의 체결을 시도한다.

Ⅵ. 담보대리인을 이용한 저당권 준공유의 회피

아래 내용은 중국 내 기업을 채무자나 물상보증인으로 하면서 한국의 복수의 금융기관들을 채권자로 하는 저당권(혹은 최고액저당권) 설정계약서를 작성하는 경우에 문제된다. 이 분야의 업무를 하지 않는 실무자나 법률가라면 이러한 쟁점이 있다는 정도만 이해하고 넘어가도 좋다.

1) 한국의 은행 b, c, d가 중국 내 채무자 a에게 각각 미화 100만 불씩 총 300만 불을 대출해 준 후, a가 소유하고 있는 중국 내 오피스 빌딩에 1순위의 저당권을 취득하고자 하는 경우를 생각해 보자. 중국 물권법과 관련 법령을 문리적으로 해석하고 유추해 보면, 중국 역시 우리와 마찬가지로 채권자 b, c, d가 1순위의 저당권을 자신의 채권액 비율에 따라서 1/3씩 준공유하면 될 것처럼 보인다. 그런데, 중국 실무를 보면 거의 예외 없이 등기 담당 공무원들이 이러한 저당권의 준공유 등기 신청을 거부하면서, "1개의 저당권에는 1명의 저당권자만 허용된다. 그러니, b, c, d는 자기들의 대리인을 지정한 후 그 대리인 단독 명의로 등기신청을 하라"고 요구한다. 이에 b, c, d는 (예컨대) 자신의 대리인으로 b를 지정한 후(신디케이티디드 대출거래에서는 통상 이러한 대리인을 "담보대리인[Security Agent 혹은 Collateral Agent]"이라고 한다), b만을 저당권자로 등기한다. 그리고 등기부상에는 "저당권자 b, 주채권액 미화 300만 불(혹은 인민폐로 환산한 인민폐 표시금액)"라는 취지로 기재된다. 이렇게 등기를 하면 b, c, d는 각자 중국법상 유효하고 적법하게, 자신의 채권 미화 100만 불에 대하여 저당권을 취득하는가?

2) 사실 이 이슈는 2000년대 초반에 한국에서도 실무상 쟁점이 된 적이 있는데,

지금은 이 방식이 한국법상 허용되지 않는 것으로 정리가 되어 있다. 만일 한국에서 이렇게 등기를 하면 ① b는 자신의 채권액이 미화 100만 불인데 등기부상 300만 불이라고 기재되어 있는 것이어서, 100만 불의 한도 내에서만 유효한 저당권 등기가 되고(판례이자 다수의 견해로 보인다. 송덕수(물), 150면), ② c와 d는 애초에 저당권자로 등기된 사실 자체가 없어서(저당권 효력발생요건인 등기 경료의 미비) 유효한 저당권을 취득하지 못한다. 결국 이렇게 등기를 하면 b만이 자신의 채권 미화 100만 불에 대해서 저당권을 취득할 수 있을 뿐이다. 한국법하에서 이 방식이 유효하기 위해서 생각해 볼 수 있는 방법은 c의 채권과 d의 채권 각각에 대하여 b가 연대채권을 취득하는 방안 정도일 것인데(우리와 같은 대륙법계 국가인 독일 등지에서는 "Parallel Debt[병행부채]"라는 이름으로 이와 유사한 거래구조를 취하기도 한다), 연대채권 제도는 한국 변호사들에게도 상당히 낯선 개념이다(저자는 아직 실무에서 접해 본 경험은 없다).

3) 그러면 중국에서는 우리와 달리 이러한 방식에 의하여 b, c, d가 모두 유효하게 저당권을 취득할 수 있는 법적 근거가 있을까?

중국의 학계에서는 아직 이 문제에 관하여 별다른 논의가 없는 것으로 보인다. 중국 법률사무소에서는 대부분 이 방식이 중국 등기부서의 요구 때문에 부득이하다는 점을 들어서 중국법상 문제가 없다는 법률의견을 주고 있다. 그리고 간혹 이 방식의 문제점을 인지하는 곳에서는 "피담보채권의 준거법(예컨대 신디케이티드론 계약서의 약정 준거법이 한국법이면 한국법)에 의할 때 b가 미화 300만 불 전액에 대하여 채권을 유효·적법하게 보유하고 있다면, 이 방식이 중국법상 유효·적법하다"고 단서(실무에서는 흔히 "qualification"이라고 한다)를 달아서 법률의견(legal opinion)을 서면발급해 주고 있다.

4) 사견으로는, 이 방식은 중국법상으로도 유효, 적법하지 않다고 본다. 그 이유를 비교사법적 측면에서 풀어서 설명하면 아래와 같다.

[1] 사실 이 방식은 애초 영국법을 준거법으로 하는 담보부 신디케이티드 론 거래(secured syndicated loan transaction)를 할 때 이용되는 담보신탁(Security Trust) 제도에서 유래한 것이다. 영국법을 준거법으로 하는 담보부대출거래(secured loan transaction)나 담보부회사채발행거래(secured bond transaction), 자산유동화(asset

securitization)를 비롯한 구조화금융거래(structured finance transaction)를 할 때, 거래 당사자들은 국내 신탁법 학계와 실무에서 보기에는 생소한 다음과 같은 거래 방식을 취하고 있다(비록 Security Trust를 "담보신탁"이라고 번역하였으나, 아래에서 보듯이 국내 신탁 실무에서 흔히 말하는 담보신탁과는 구조가 다르다. 우리의 담보신탁과 같은 거래구조는 미국 캘리포니아주 등지에서 "Deed of Trust"라는 명칭으로 사용되고는 있다. 다만, Deed of Trust에서는 우리의 담보신탁과 달리 "신탁재산의 위탁자 고유재산으로부터의 도산절연"이 인정되지 않는다[함대영, 78면]).

위의 각종 거래에서 다수의 당사자들이 채권을 취득함과 동시에 채무자나 물상보증인의 특정 재산에 대하여 동순위로 담보물권을 취득하기를 원할 경우,

1] 채무자, 물상보증인 및 애초 담보부채권을 취득하기 원했던 자들이 아닌 제3자(혹은 애초 담보부채권을 취득하기를 원했던 자들 중 1인. 주로 은행이 이 역할을 담당하는데, 관련 계약서인 Trust Deed에서는 이 은행을 "Security Trustee[담보수탁자]"라 칭한다)가 채무자로부터 채권 전부를 취득하고, 이를 담보하기 위하여 채무자나 물상보증인으로부터 각종 담보물권(mortgage, pledge, charge 등)을 취득한다. 즉 **담보수탁자로 지정된 제3자가 유일한 담보부채권자가 된다**.

2] 담보수탁자인 제3자는 신탁선언(Declaration of Trust)를 통하여 자신이 취득한 채권 및 담보물권을 자신의 고유재산과 분리된 신탁재산으로 만든다. 이러한 자기신탁 제도는 아직 국내에서 생소하기는 하나, 한국 신탁법도 2012년 개정을 통하여 도입하였다(신탁법 제3조 제1항 제3호. 법무부(신), 30-35면; 광장(신), 34-37 면 참조).

3] 그 제3자가 수탁자로서 채권 및 담보물권으로 구성된 신탁재산에 대한 수익권을 애초 담보부채권자가 되기를 원했던 자들에게 일정한 금원을 지급받고 그 대가로 부여한다. 이때 각 수익권자가 담보수탁자에게 지급하는 금원은 담보수탁자가 채무자에게 빌려주는 채권금액의 재원이 된다. 그 결과 **애초 담보부채권자가 되기를 원했던 자들은 담보부채권 대신 담보부채권에 대한 신탁법상 수익권을 취득**하게 된다. 사실 한국 밖의 국제금융시장에서 이루어지는 다양한 구조화금융거래를 살펴보면, 신탁선언을 통한 권

리(담보부채권이나 주식, 회사채에 대한 소유권)의 수익권화는 매우 광범위하면서도 유용하게 활용되고 있다.

4] 이 구조를 위 1)에서 상정한 사례에 대입하면 다음과 같은 거래구조가 된다. ① 채무자 a와 채권자 b, c, d는 제3자의 은행인 e를 담보수탁자로 지정한다. ② e는 단독으로 a에게 미화 300만 불을 대출해 주고 a가 소유하고 있는 부동산에 단독으로 1순위 저당권을 취득한다. ③ e는 신탁선언을 통하여 미화 300만 불의 채권과 그 담보물권인 저당권을 자신의 고유재산과 분리된 신탁재산으로 만든다. ④ e는 b, c, d에게 각각 미화 100만 불의 채권에 해당하는 수익권을 부여해 주고, b, c, d는 그 대가로 애초 자신이 빌려주기로 한 미화 100만 불을 e에게 지급한다.

2 한국에서는 과거 신탁선언을 이용한 자기신탁제도가 허용되지 않았고, 채권이나 이를 담보하는 담보물권을 신탁재산으로 만들 수 있는지에 관해서 부정적인 견해가 주류를 이루었다. 하지만 2012년 신탁법을 개정하면서 자기신탁제도를 도입하였기 때문에, 이론상으로는 위 1의 거래구조를 이용하는 것이 불가능하지 않게 되었다(위탁자와 수탁자가 별개의 법인격 귀속자로 분리되는 전통적인 신탁거래에서 위탁자가 수탁자에게 채권이나 담보물권을 신탁할 수 있는지에 대해서, 명확한 논의를 찾기 어려우나 종래에는 부정적인 입장이 더 많았던 것으로 보인다[함대영, 76~77면]. 또한 채권이나 담보물권을 자기신탁을 통해 신탁재산으로 만들 수 있는지에 대해서도 활발한 논의는 없어 보인다. 그러나 저자는 이론상으로는 이를 부정할 이유가 없고, 현행 한국 신탁법 조문에서도 이를 부인할 만한 근거는 찾기 어렵다고 생각한다).

하지만 실무에서는 여전히 이 거래구조가 국내에서 이용되지 않고 있다. 여러 가지 사정과 배경이 있겠지만, 그중 하나로 추측해 볼 만한 사정은 있다. 국내 신탁법에서는 수익권의 법적 성질을 채권으로 보는 견해가 다수이어서, 대출을 해 주는 금융기관 입장에서는 이 구조를 취할 경우 종래 자신이 가지고 있던 저당권 같은 담보물권이 채권(수익권)으로 전환된다는 현상 자체에 강한 거부감이 있을 것이다. 반면, 영미법계 신탁법하에서는 전통적으로 수익권을 물권(Property Right)으로 이해하기 때문에, 이러한 거부감이 덜할 것이다.

하지만, 채권자 입장에서는 자신이 취득하는 권리가 물권이냐 채권이냐는 형식적인 논리보다는 자신의 권리가 제3자에 우선하는 배타적·독점적 권리이냐는 실직적인 논리가 현실에서 더 결정적인데, 영국법하에서와 마찬가지로 한국법 하에서도 "신탁재산의 수탁자 고유재산으로부터의 독립과 도산절연(Bankruptcy Remoteness)"이 인정된다는 점에서, 수익권을 물권으로 보느냐 채권으로 보느냐는 수익권의 배타성·독점성을 판단하는 데 별 의미가 없을 것이다. 다만, 현재 국내 신탁 시장의 확고한 관행을 고려할 때 앞으로도 국내에서는 이 거래구조가 활발하게 이용되기란 쉽지 않아 보인다.

3 한편, 중국의 물권법 규정들을 살펴보면, 우리 민법과 마찬가지로 ① 담보물권에는 부종성과 수반성이 있어서 저당권의 귀속자가 피담보채권의 귀속자와 분리될 수 없고(중국 물권법 제172조 및 제192조; 申卫星, 326-327면), ② 저당권 설정등기는 저당권 성립의 유효요건인데 그 등기에는 공시의 원칙은 물론 (우리에게는 없는) 공신의 원칙까지 적용되고 있다(중국 물권법 제16조 및 제106조; 申卫星, 140-143면). 따라서 위 1)의 사례에서 "저당권자 b, 피담보채권액 미화 300만 불"이라는 취지로 등기된 중국 내에서의 저당권 등기는 단지 b의 채권 미화 100만 불을 한도로 하여 유효할 수 있을 뿐이라고 생각된다.

참고로, 중국 신탁법의 내용을 살펴 보면, 2012년 개정 전의 한국 신탁법과 마찬가지로 신탁선언을 인정하지 않고 있어서, 중국 신탁법을 준거법으로 하여 신탁선언제도를 활용할 수는 없다. 그렇다면 또 한 가지 생각해 볼 수 있는 방식은 위 사례에서 b, c, d가 e에게 자신의 채권을 신탁한 후, e가 단독으로 수탁재산인 채권을 담보하는 저당권을 취득하는 것이다. 그런데 중국에서도 위탁자가 수탁자에게 자신이 가지고 있는 소유권이 아니라 채권이나 담보물권을 신탁할 수 있다고 보는 견해가 통설적인 입장에 있는 것은 아니다. 중국 내 문헌들을 살펴보면, 우리와 마찬가지로 중국에서도 이 문제에 관해서는 활발한 논의가 없는 것으로 보인다. 오히려 중국에서는 거꾸로, "중국 신탁법상 위탁자는 수탁자에게 단순히 일정한 업무를 위임하는 것에 불과하여, 소유권의 이전조차 발생하지 않는다"고 보는 견해도 주장되고 있다(이 견해를 취하는 학자들은 중국 신탁법상 신탁은 영미법계 신탁과는 다른 중국 고유의 신탁제도라고 설명한다. 흥미로운 점은 이에 따르면 중국 내에서 이루어지는 모든 신탁형 자산유동화거래는 자산유동화거래에서 필수적으로 요구되는 "기초자산의 양도인[의 고유재산]으로부터 도산절연"이 부인되는데, 정작 이 부분에 대한 논의는 많지 않아 보인다). 따라서 중국 신탁법을 준거법으로 하여 이 구조를 유효하게 만들 수 있는 방법은 없다고 생각된다.

5) 문제는 중국 내 실무에서 위 1)과 같은 저당권설정등기 방식이 광범위하면서도 상당히 확고한 관행으로 자리잡고 있어서, 한국의 은행들로서는 이를 거부하기가 어렵다는 점이다. 저자의 사견이지만, 이 현상은 중국에서 자주 보이는 "거래실무가 입법을 앞서 가는 현상"의 하나로 보인다. 즉, 실정법상 영국 신탁법계의 자기신탁이 도입되지 않았음에도, 국제금융거래의 관행에 따라서 일단 그 거래구조를 차용한 것이 아닌가 추측된다. 따라서 지금으로서는 일정한 위험을 안고 위 1)의 거래구조를 이용하든지, 아니면 다른 대안을 찾아보아야 할 것이다. **만일 위 2)의 신탁선언을 이용한 구조를 이용하기 어렵다면 또 한 가지 생각해 볼 수 있는 거래 구조는 Fronting Bank-Participant 거래 방식이다**. 이 거래 방식 역시 국제금융거래에서는 흔히 사용되는 것인데, 이에 대한 소개까지 하는 것은 이 책의 주된 논의 범위를 지나치게 벗어나는 것으로 보여서 생략한다. 실무에서 필요한 경우 신디케이티드 대출 업무에 풍부한 경험을 가지고 있는 전문 변호사의 자문을 받아볼 것을 권한다.

제7장 계약형 투자

Ⅰ. 개 론

저자가 한국 투자자로부터 중국 내 기업과 체결할 각종 계약서 초안의 사전 검토를 의뢰받는 경우, 습관적으로 확인하는 첫 번째 일은 그 계약서의 준거법, 분쟁해결, 언어 조항을 살펴보는 것이다. 그동안의 경험에 의하면, 한국 투자자는 계약 상대방이 중국 내 기업인 경우, 위 세 조항을 검토하는 과정에서 (그 상대방이 영미권에 근거지를 둔 기업인 경우보다) 상당히 큰 부담감을 가져야 마땅하다. 그 이유는 한국 기업들이 종래 익숙하게 대해 온 미국의 주법이나 영국법(잉글랜드와 웨일즈의 법), 일본이나 서유럽 국가들의 법과 비교할 때, 중국법의 예측가능성이 상당히 떨어지기 때문이다. 사실 2001년 WTO 가입 이후 단기간에 많은 수의 현대적인 입법작업을 급속도로 추진해 온 중국에서 이러한 현상은 앞으로도 오랫동안 피하기 힘들 것이다. 하지만 그렇다고 해서 한국 투자자들 입장에서 굳이 피할 수 있는 불이익을 특별한 고민도 해 보지 않은 채 감수할 필요는 없을 것이다.

그런데 아쉽게도 한국 투자자인 기업들의 상당수 실무자들은 이러한 부담감을 그다지 느끼지 않는 듯하다. 이러한 사정을 고려하여 아래에서는 한국 기업이 중국 기업과 각종 상업계약(business contract)을 체결할 때, 준거법, 분쟁해결, 언어 조항을 어떻게 다루어야 할지에 관해서 살펴본다. **한국 투자자는 중국뿐 아니라 다른 국가에 투자할 때에도 아래에서 점검하는 순서와 방식에 따라서 체결하고자 하는 계약서의 준거법, 분쟁해결, 언어 조항을 점검해 볼 필요가 있다.** 그리고 **실제 협상 과정에서는 항상 이 세 조항을 하나의 단위로 묶어서 협상할 것을 권한다. 각 조항이 서로 긴밀한 연관을 맺으면서 하나의 협상지위를 형성하기 때문이다.** 예를 들어 계약서의 준거법을 한국법으로 했지만, 중문본이 정본이고 중국의 법원에서 소송을 하도록 약정해 둔다면, 애초 준거법을 한국법으로 해 둔 취지는 거의 사라진다고 보아도 무방할 것이다.

II. 준거법의 결정

1. 개 론

1) 준거법 조항은 아래의 순서로 점검해 보는 게 좋다. 그 구체적인 내용은 아래 2.항 내지 4.항에서 살펴본다.

1 **중국에서는 일정한 경우 계약의 준거법을 반드시 중국법으로 할 것을 강제하고 있으므로, 한국 투자자는 먼저 자신이 체결하고자 하는 계약의 준거법을 중국법 이외의 법으로 하는 것이 허용되는지부터 확인하여야 한다.**

2 **만일 중국법상 허용되고 충분한 협상력이 있다면, 한국 투자자로서는 중국법 이외의 법을 준거법으로 하는 것을 1차적으로 고려하여야 한다.**

3 **만일 중국법상 허용되지 않거나, 협상력의 열세로 중국법을 준거법으로 하여야 할 경우에는 중국법과 한국법을 비교, 분석하면서 계약서 문구를 검토하여야 한다.**

2) 중국법이 강제하든 계약당사자들이 임의로 선택하든 상관 없이, 계약서의 준거법이 중국법이 되면, 한국법과 중국법을 비교하면서 분석할 수 있는 법률 사무소의 조언을 받을 것을 권한다. 한국 기업들의 무의식 중에는 계약 관계에 관하여 통상 한국법에 기초한 예측 시나리오가 있는데, 중국법을 준거법으로 하는 순간 그 예측 시나리오를 원점에서 재검토할 필요가 생긴다. 그런데 중국법만을 아는 법률전문가들은 중국법의 시각에서는 너무도 당연하지만 한국법의 입장에서는 전혀 그렇지 않은 부분들을 간과할 수 있다. 한 가지 예로, 간혹 중국법과 한국법이 당사자 간 특약이 없는 상황에서의 권리의무를 반대로 규정하는 경우가 있는데,

이를 모르고 지나치면 나중에 곤란한 상황에 처할 수 있다(그 몇 가지 사례들은 이 책에서도 다루었다). 중국법과 한국법의 이러한 차이를 모르는 당사자는 협상 과정에서 이 차이를 아는 상대방 당사자가 교묘하게 자신에게 유리한 쪽으로 계약서 문구를 유도하고 있음을 모를 수도 있다

2. 중국법 적용의 회피

1) 한국 투자자 입장에서 자신에게 익숙한 한국법의 적용을 받는 것이 "장래 분쟁발생 시 예측가능성의 확보"라는 측면에서 당연히 유리할 것이다. 더 나아가 중국법의 적용을 가급적 피해야 할 사정이 더 있다.

중국은 1979년 개혁개방 이후, 특히 2001년 WTO 가입 이후 매우 빠른 속도로 법률 제도를 개선하고 있지만, 외국 투자자의 시선으로 볼 때에는 아직도 미비하거나 불명확한 점이 많다. 몇 가지 예를 들면, ① 외국 투자자가 중국 내에 설립할 수 있는 기업에 관하여 중국은 그때그때 필요에 따라서 단행법을 제정하는 바람에 그 법 규율에 통일성이 없어서, 외국 투자자들은 오랜 기간 동안 혼란을 겪어왔다. 비록 2020년부터 소위 "외자3법"을 폐지하는 등 그 단행법들을 대폭 간소화하였으나 여전히 그 혼란은 남아 있다. ② 중국은 사법 체계에서 중추적 역할을 하는 민법에 대해서도 그때그때 필요에 따라서 단행법들을 제정해 오다가 2021년부터 비로소 통일 민법전을 시행하게 되었다. ③ 중국 민사소송법의 법리를 살펴보면, "법원이 사인 간의 모든 법률분쟁에 관할권(중국법 용어: 主管[주관])을 가지는 것은 아니다"라는 관념이 존재하고, 우리는 당연하게 여기는 법원의 독립이나 확정판결의 기판력이 실정법상 제도적으로 부인되거나 크게 손상되어 있다. 이처럼 중국의 입법 현대화 작업은 아직도 진행중이어서, 한국 투자자가 중국법의 내용을 확인하는 과정에서 명확한 답을 얻을 수 없는 경우도 많이 존재한다.

또한 중국 입법의 큰 특징 중 하나는 상당수 법률이 전체적인 체계만을 규정하고 있고, 외국 투자자의 관점에서 보면 당연히 법률에 규정되어야 할 사항들의 상당수를 하위규범에 위임하고 있다는 점이다. 예컨대 중국 회사법의 조문은 218

개, 반독점법의 조문은 57개, 기업파산법은 134개에 불과하다(개인파산에 관해서는 아직 입법이 없다). 또한 그 하위규범 역시 내용이 불명확하여 현실에서 어떻게 집행될지 여부가 불확실한 경우가 많다. 또한 특정 지역에서만 시행되는 시범적 규정들이 제정되는 경우도 있다. 그 외에도 법규 및 판결의 지역적인 불통일성, 종종 발견되는 상하위 법규 간의 충돌, 그리고 법 규율의 급격한 변화속도까지 고려하면, 한국투자자 입장에서는 중국법을 준거법으로 하는 것은 가급적 피하는 게 바람직하다.

2) 사실 이 문제에 관해서 대부분의 중국 법률사무소에서는 별다른 언급을 하지 않는다(중국법을 준거법으로 하지 않을 수 있는 상황에서 별다른 경고를 하지 않고, 간혹 묵시적으로 중국법을 준거법으로 할 것을 권하기도 한다), 하지만 **한국 투자자 입장에서 원론적으로는 중국법의 적용을 피할 수 있으면 피한다는 보수적인 입장을 취하는 게 유리하다**고 본다. **다만 중국 내에 기업을 설립하고 투자활동을 하는 경우 아래 4.항에서 살펴보는 바와 같은 이유로 중국법의 적용이 강제되는 경우가 대부분이다**.

3. 중국법 적용을 피할 수 있는 경우

중국법상 특정 계약의 준거법을 중국법 이외의 법으로 하기 위해서는 원칙적으로 당해 계약에 "섭외적 요소"가 있어야 한다. 이에 관하여 중국 최고인민법원(우리의 대법원에 해당한다)은 아래의 경우에 섭외적 요소가 있다고 판단하고 있다.

1) **계약 당사자들 중 일방이 외국인인 경우**: 실무상 대부분은 이 경우에 근거하여 섭외적 요소를 인정받는다. ① 해당 외국인이 법인인 경우 그 설립지를 기준으로 국적을 판단한다. (ⅰ) 계약서에 서명하는 한국기업이 한국 내에 설립된 본사라면 계약 당사자 중 일방이 외국인이라는 기준을 충족하므로 섭외적 요소가 인정된다. (ⅱ) 만일 서명을 그 한국 본사가 중국 내에 설립한 자회사가 한다면? 이 경우 자회사는 중국법에 의하여 설립된 기업, 즉 중국인이기 때문에, 섭외적 요소를 인정받을 수 없다. (ⅲ) 한데 만일 그 자회사가 홍콩에 설립되어 있다면? 홍콩, 마카오, 대만은 이 경우 "중국 외"로 간주되기 때문에, 섭외적 요소를 인정받을 수 있다. ② 해당 외국인이 자연인이라면 거주지가 아니라 국적을 기준으로 판단한다(역시

홍콩, 마카오, 대만 시민권자는 외국인으로 취급된다).

2) **계약의 목적물이 중국 외에 있는 경우**: 예컨대 한국이나 홍콩에 소재하는 건물을 매매하는 경우는 섭외적 요소가 인정된다.

3) **권리의무의 발생, 변경, 소멸의 기초가 되는 법률사실이 중국 외에서 발생한 경우**: 계약당사자 간 권리의무 발생의 기초가 되는 법률사실은 계약서의 서명이므로, 일응 계약서의 서명을 중국 외에서 하기만 하면 항상 섭외적 요소를 인정받을 수 있을 것 같지만, 실제 사안에서 중국 인민법원은 중국 외에서 서명할 만한 적법하고 합리적인 이유가 있을 것을 요구하면서 그 존부를 case by case로 판단한다.

실무 Tip

중국 변호사가 작성하는 계약서에 체결지가 기재되는 이유

중국 법률사무소에서 계약서를 작성할 경우 거의 예외 없이 계약서 서두에 체결장소를 중국의 특정지역으로 하는 문구를 기재한다. 반면 한국 로펌이나 영미 로펌에서 작성하는 계약서에는 체결지까지 명시하는 경우가 거의 없다. 이는 단순히 계약서 작성방식에서의 관행의 차이라고 볼 것은 아니며, 위 3)의 내용과 관련된다고 본다. 즉 중국법상 섭외적 요소로 인정받을 수 있는 한 가지 요소인 "계약서 서명지가 중국 외라는 점"을 확실하게 배제하기 위한 의도로서 엄연히 법적 의미가 있다고 보는 게 옳다. 다만, 한국 투자자가 한국 본사나 홍콩, 싱가폴 등의 자회사를 계약당사자로 내세울 경우 어차피 위 1)에서 설명한 사항에 근거하여 섭외적 요소가 충분히 인정되므로, 굳이 체결장소 문구의 삭제를 중국 투자자에게 요구할 필요는 없을 것이다.

4. 중국법 적용을 피할 수 없는 경우

중국 최고인민법원은 준거법을 반드시 중국법으로 하여야 하는 일련의 계약유형들을 공표하고 있는데, 그중 특히 유의하여야 할 유형은 아래와 같다. **아래 유**

형에 해당하면 설사 당해 계약에 섭외적 요소가 있더라도 준거법을 중국법으로 하도록 강제된다(일응 그렇게 하는 데 합리성이 인정되는 유형들이다).

1) **외국 투자자가 중국 내에서 중국인과 joint venture 기업을 설립하기 위하여 체결하는 joint venture 계약:** 따라서 중국인의 참여 없이 한국 기업들끼리 joint venture로 중국 내에 기업(예컨대 **외자기업**)을 설립하는 과정에서 체결하는 joint venture 계약은 한국법을 준거법으로 해도 무방하다. 단 이 경우에도 그 계약서의 내용 중 장래 설립될 joint venture 기업의 정관에 반영되는 부분은 중국 회사법상 관련 규정들이 실질적으로는 적용될 것이다. 따라서 한국 투자자로서는 설사 한국법을 준거법으로 하더라도 해당 계약서의 내용 중 중국법에 위배되는 부분은 없는지 점검하는 작업이 필요하다.

2) **외국인이 중국인과 합작으로 중국 내 자연자원을 탐사, 개발하기로 하는 계약.**

3) **지분의 전부 혹은 일부를 외국인이 보유하고 있는 중국 내 설립기업(예컨대 중외합자경영기업, 중외합작경영기업, 외자기업, 2020년 이후 중국 투자자와 외국 투자자가 공동출자하여 중국 내에 설립한 유한책임공사)에 관하여 그 지분을 양도하는 내용의 계약.**

4) **지분 전부를 중국인이 보유하고 있는 중국 내 설립기업에 관하여 외국인이 그 지분을 양수하거나 증자에 참여하거나 그 자산을 양수하는 내용의 계약.**

5) **외국인이 중국 내 설립된 중국인과 외국인 간 joint venture 기업으로부터 포괄적으로 경영관리를 위탁받는 계약.**

6) **기타 중국법상 중국법의 적용이 강제되는 계약.**

7) **중국의 강행법규나 공서양속, 사회의 공공이익에 위배되는 계약:** 중국법 이외의 법을 계약의 준거법으로 한 경우에 그 내용 중 중국의 강행법규나 공서양속, 혹은 사회의 공공이익에 위배되는 부분에 대해서는 중국법이 적용된다. 또한 그로 인하여 계약의 본래 목적을 달성할 수 없다면 계약 전체가 무효가 될 것이다. 그런데 어떠한 법규가 강행법규(그중에서도 위반 시 무효가 되는 효력규정)인지에 관하여, 최고인민법원은 그 최종적인 판단을 당해 규정을 제정한 행정관청에 양보하는 듯한 태도를 취하고 있다. 또한 "공서양속"이나 "사회의 공공이익"이 구체적으로 어떠한 의미를 가지는지에 관해서도 아직 판례의 축적이 충분하게 이루어지지는 않은 것

으로 보인다. 한편, 중국법은 계약당사자가 중국법을 준거법으로 하는 것을 회피하기 위하여 고의적으로 섭외적 요소를 만드는 경우에도 중국법을 강제적으로 적용하도록 하고 있다.

5. 중국법 적용회피가 중국법에 위반할 경우

정리하면, **중국법상 섭외적 요소가 없거나, 섭외적 요소가 있지만 중국법상 강제되는 경우에는 반드시 계약 준거법을 중국법으로 하여야 한다**. 그런데 간혹 이를 무시하고 한국법을 계약 준거법으로 할 경우 현실에서 어떠한 불이익이 있는지 묻는 한국 투자자가 있다.

중국법상 이러한 요구를 무시하고 중국법 이외의 법을 계약의 준거법으로 하면, **최소한 중국 내의 주무 관청이나 법원은 이를 인정해 주지 않고 중국법을 적용한다.** 그 결과 ① **중국 관련 법규상 당해 계약을 중국 정부기관에 제출하여 심사허가를 받거나 등기, 신고를 하여야 할 경우 그 절차가 제대로 경료되지 못할 것이다. ② 장래 계약 당사자 간 분쟁이 발생한 경우** (i) **분쟁해결기관이 중국 내 인민법원이나 중재기관이면 분쟁을 심리하는 과정에서 중국법을 적용하여 판단할 것이고,** (ii) **설사 분쟁해결기관이 중국 외 법원이나 중재기관이어서 중국법을 고려하지 않고 판단을 내리더라도 장래 중국 내에서 집행하기 위하여 중국 법원을 찾아갈 경우** (**중국 민사소송법상 이 경우 집행을 승인해 주는 관할 중급인민법원의 결정[중국법 용어:** 裁定{**재정**}]**이 필요하다**) **중국 강행규정에 위반하였다는 이유로 집행 승인을 거부당할 위험이 클 것이다**.

이러한 사정을 고려할 때, ① **중국 투자자의 채무불이행 시 강제집행할 충분한 재산이 중국 외에 있고, ② 그 재산 소재지 법원이 중국법 이외의 법을 계약 준거법으로 삼은 데 대하여 문제를 삼지 않을 것이라는 확신이 서지 않는다면, 그러한 발상에는 상당한 법적 위험이 따른다**고 볼 수 있다.

6. 준거법 자체를 약정하지 않은 경우

1) 간혹 중국 투자자와 계약을 체결하는 단계에서 내부적으로나 외부적으로 충분한 법적 검토를 받지 않아서 해당 계약서에 준거법에 관한 약정 자체가 없는 경우도 있다. 이런 상황에서 **중국 투자자가 계약상 의무를 이행하지 않고, 그 손해배상책임을 담보할 중국 투자자의 재산이 중국 내에만 소재하고 있는 경우에는, 중국의 계약상 준거법 결정에 관한 섭외사법 규정들을 참조하여야 한다.** 어차피 중국 내 강제집행 단계에서 이를 관할하는 중국 인민법원이 중국법에 기초하여 준거법을 결정하고 그 준거법에 기해 집행 허부를 판단할 것이기 때문이다.

2) 최고인민법원은 17가지 유형의 계약에 관해서 별도로 준거법 결정의 기준을 나열하고 있는데, 그중 몇 가지를 소개하면 아래와 같다.

1 매매계약: 매도인 주소지법. 단 협상 및 계약체결지가 매수인 주소지이거나, 매도인이 매수인 주소지에서 자신의 의무를 이행할 경우에는 매수인 주소지법.

2 부동산 매매, 임대차, 저당권 설정계약: 부동산 소재지법.

3 대출(금전소비대차)계약: 대출인(채권자) 주소지법.

4 보험계약: 보험회사 소재지법.

5 보증계약: 보증인 주소지법 (따라서 한국 투자자가 중국 내 자연인이나 기업으로부터 보증을 받을 경우 한국법을 준거법으로 하는 명시적 약정을 두는 게 좋다. 단 이렇게 하더라도 중국에는 보증인을 보호하는 편면적 강행규정들이 있음을 잊어서는 안 된다).

7. 계약서 준거법을 중국법으로 할 경우 주의사항

계약서의 준거법을 중국법으로 약정할 경우, 공통적으로 아래 몇 가지 사항은 한국법에서와 차이가 있음을 기억해 두기 바란다.

1 **손해배상에서의 엄격책임주의**: 한국 민법에서 계약상 채무불이행에 기한 손해배상책임(중국법하에서는 "위약책임"이라 한다)은 과실책임주의를 기초로 한다.

즉 불이행한 채무자에게 고의나 과실이 있을 것을 요한다(단 금전채무 불이행에 대하여 지연이자를 청구하는 경우에는 무과실책임주의를 취한다). 반면 중국 계약법은 UN 국제거래법위원회(UNCITRAL)가 1980년에 제정한 「국제물품매매계약에 관한 UN 협약(약칭, CISG 혹은 비엔나 협약)」과 같은 입장에서 무과실책임주의(엄격책임주의)를 취하여 원칙적으로는 채무자의 고의나 과실을 요건으로 삼지 않는다. 다만 중국에서도 실정법상 예외를 두어 과실책임주의를 취하는 경우도 있다.

2 **"예견가능성"에 기한 손해배상 범위의 결정:** 한국 민법에서 계약상 채무불이행에 기한 손해배상의 범위는 상당인과관계 이론에 의하여 결정되는 반면(단 특별한 사정으로 인한 손해에 대해서는 그 특별한 사정에 대한 예견가능성이 있을 것을 요구한다), 중국 계약법하에서는 역시 비엔나 협약과 같은 입장에서 계약체결 시 예견가능한 손해로 그 범위가 제한된다. 중국 계약법상 "예견가능성"은 비엔나 협약 내지는 그 모태가 된 영미법상 예견가능성 이론을 기초로 이해되어야 할 것인데, 아직까지는 중국 내 관련 판례에 대한 조사·연구가 충분하지 않아서 한국에서와 같은 정도로 손해배상의 범위를 미리 예측하기가 쉽지 않다. 국내에서는 한국 민법상 과실책임주의 및 상당인과관계론에 기한 손해배상의 인정범위와 영미법상 무과실책임주의 및 예견가능성에 기한 손해배상의 인정범위에 큰 차이가 없다고 보는 학자들도 있으나, 구체적인 사실관계를 두고 예리하면서도 정교하게 비교분석한 문헌은 찾기 어렵다.

3 **불가항력 조항의 중요성**: 요컨대 **중국 계약법하에서는 원칙적으로 불이행한 채무자가 무과실책임을 부담하되 계약체결 시 예견가능성이 없었던 손해에 대해서만 면책**되는데, 예견가능성이라는 판단기준 자체가 모호하므로, 그 외의 추가적인 면책조항의 설정이 중요하다. 그 대표적인 조항이 불가항력 조항이고, 실제로 중국에서 사용되는 계약서에는 예외 없이 이 조항이 들어간다. **한국에서 사용되는 계약서에는 없는 경우도 많아서 한국 투자자들은 불가항력 조항을 소홀히 하는 경우가 많으나, 준거법이 중국법일 경우에는 채무불이행 책임을 면하기 위한 1차적인 근거조항이므로, 그 문구나 인정범위에 관하**

여 면밀하게 따져 보아야 한다. 특히 중국 투자자들은 불가항력 조항에 "주무 관청의 해석이나 내부지침의 변경"까지 포함시키려고 애쓰는데, 이 문구는 사실상 중국 투자자들에게 유리하게 활용되는 경우가 많다. 참고로 한국에서는 금전채무 불이행 시 예외적으로 인정되는 무과실책임이 불가항력하에서도 유지되는지에 관해서 학자들 사이에 견해의 대립이 있지만(송덕수(채총), 80면), 중국에서는 실정법에서 불가항력이 무과실책임을 배제함을 명시적으로 규정하고 있다(중국 계약법 제117조).

4 **무과실 면책 특약의 고려:** 같은 이유로 계약서에 "각 당사자는 자신의 계약상 채무불이행에 과실이 없는 경우에는 채무불이행 책임을 부담하지 않는다"는 특약을 넣어서 한국 민법과 동일하게 과실책임주의로 만드는 방법도 고려해 볼 수 있다. **중국에서는 이러한 무과실 면책특약은 물론 경과실 면책특약(무과실은 물론 경과실이 있는 경우에도 면책된다는 특약)까지도 유효하다**는 견해가 우세하다. **반면 고의나 중과실이 있는 경우에도 면책된다는 특약은 그 효력이 없다고 본다.**

5 **위약금 조항:** 위에서 본 바와 같이 중국법상 실제 손해배상을 받을 수 있는 범위를 예측하기가 쉽지 않기 때문에, 대부분의 경우 손해배상책임 조항과는 별도로 위약금 조항을 두고 있다. **통상은 위약벌이 아니라 "손해배상액의 예정"으로서 위약금 조항을 두는데, 감액조정만 하는 한국법원과 달리 중국법원은 감액은 물론 증액조정도 한다.** 그러나 **일반적으로 위약금 조항이 실제 손해보다 30% 이상 과다한 경우에만 감액 조정을 하므로, 장래 중국 투자자의 채무불이행 가능성이 일방적으로 높은 경우(예컨대 계약체결 시 혹은 직후에 한국 투자자의 이행을 모두 완료되고 이후에는 중국 투자자의 미이행부분만 남는 경우)에는 다소 과다한 위약금 약정 조항을 넣는 것도 고려해 볼 수 있다.** 위약금 조항에 관한 구체적인 분석은 제4장 양해각서에서의 관련 설명을 참고하기 바란다.

Ⅲ. 분쟁해결 방식의 선택

1. 협상과 선택의 순서

(1) 개 론

1) 선진국들과 비교할 때 중국 내 법원이나 중재기관에서의 분쟁해결은 그 판단의 정확성과 신뢰성이 아직도 떨어짐을 부인하기 어렵다. 반면 이를 피하기 위하여 중국 외에서의 법원이나 중재기관에 의한 분쟁해결 방식을 취할 경우, 중국 내에서의 집행 가능성 및 관련 비용의 상승 가능성을 고려하여야 한다. 이러한 사정 때문에 한국 투자자 입장에서는 다음과 같은 딜레마가 생긴다.

[1] 중국 내에서의 분쟁해결 절차를 택하면, 관련 비용(변호사 비용 포함)은 일반적으로 절감할 수 있으나 결과에 대한 위험은 상승한다(그렇다고 이 위험을 줄이기 위하여 중국 내 지명도 있는 부티크 로펌이나 대형 로펌을 택할 경우 변호사 비용은 오히려 한국에서 분쟁해결을 할 때보다 많아질 수 있다).

[2] 한국에서의 해결절차를 택하면, 대부분 중국 투자자들의 강한 반발에 부딪힌다.

[3] 중립적 대안으로서 제3국에서의 해결절차를 택하면 보다 객관적인 결과를 기대할 수 있으나 관련 비용은 일반적으로 상승한다.

2) 이론상 완벽한 해결책에는 못 미치나, 현실에서 이 문제를 풀어 나가는 방안으로서, 한국 투자자는 일응 다음과 같은 순서로 분쟁해결 방식을 선택하는 것을 고려해 볼 수 있다.

(2) 대한상사중재원에서의 중재

대한상사중재원의 중재판정은 중국 내에서 집행이 가능하고, 관련 비용도 다른 옵션에 비하여 상대적으로 저렴한 편이다. 무엇보다도 한국 투자자 입장에서 (향후 진행될 절차나 결과에 대하여) 예측 가능성을 가장 잘 확보할 수 있다. 그러나 중국 측에서는 대부분 극력 이를 꺼리기 때문에, 이 옵션은 한국 기업에게 강한 협상력이 있을 경우에만 가능하다.

⑶ 제3국에서의 중재: 홍콩에서의 ICC 중재 혹은 HKIAC 중재, 싱가포르에서의 ICC 중재 혹은 SIAC 중재

이들의 중재판정 역시 중국 내에서 집행이 가능하다. 다만 비용이 다른 경우보다 많이 들어서, 중국 기업은 물론 한국 기업도 꺼릴 수 있다.

⑷ 중국 내에서의 중재: 중국 중재기관(주로 CIETAC)의 중재

중국 기업이 일반적으로 가장 선호하는 옵션이고, 상당수 한국 투자자들도 특별한 고려 없이 받아들이는 경우가 많다. 단 **이 방식을 택할 경우 한국 투자자로서는 반드시 체크해야 할 법적 위험이 있다.** 또한 계약서에 "당사자 간 분쟁 발생 시 중국에서의 중재를 통하여 해결한다"라는 식으로 간단히 한 줄만 써서 약정하는 경우가 있는데, 한국 투자자는 일단 이를 거부하고 보다 자세한 문구를 제시해야 한다. 그러지 않을 경우 장래 실제로 중재가 진행되는 과정에서 약정 당시 예상 못한 불이익을 입을 수 있다.

⑸ 소송은 피할 것: 단 한국에서의 소송은 필요한 경우가 있다

1) **원칙적으로 법원에서의 소송은 고려하지 않는 것이 바람직하다**. 현재까지는 한국과 중국 간에 판결의 상호승인과 그에 기한 강제집행이 인정되지 않기 때문이다(일부 국내 문헌은 달리 설명하고 있는데, 최소한 중국 법원은 현재까지 부정적이라고 이해하는 게 신중한 접근방식이다).

2) 중국에서의 소송은 집행할 수 있는 중국 투자자 측(중국 투자자 본인 혹은 보증인이나 물상보증인. 이하 같은 의미)의 재산이 중국 내에 있을 경우에만 의미가 있는데, 베이징 직할시, 상하이 직할시 정도로 외국 투자자에 익숙한 대도시가 아니면 중국 법원은 언제나 고려 대상이 아니다(소도시나 향급 이하의 인민법원이면 외국 투자자의 상식이 무너질 가능성도 여전히 있다). **중국 기업마저도 통상적으로 중국 내에서는 소송보다 위 ⑷에서 언급한 중재 방식을 더 선호한다**.

3) **한국에서의 소송은 중국 투자자 측의 재산이 한국 내에 있을 경우에만 의미가 있는**데, 중국에서의 소송과 달리 적극적으로 고려하여야 한다.

4) 아래에서는 먼저 분쟁해결 방식으로 소송을 선택하는 것이 왜 바람직하지 않은지부터 설명한 후에, 그 대안으로 중재를 선택할 경우 유의해야 할 사항들을 차례로 설명한다.

2. 중국에서의 소송: 피할 것

1) 분쟁해결 조항에서는 기본적으로 ① 판단의 공정성 및 예측가능성과 ② 그 판단의 집행가능성을 동시에 확보하는 것이 필요하다. 이 중 집행가능성에 관하여 살펴보면, 중국에서의 집행 제도 역시 한국과 유사하게 크게는 보전소송(한국에서는 가압류, 가처분이 있다)과 민사집행(한국에서는 대표적으로 부동산 강제경매, 저당권실행 경매를 들 수 있다)으로 나눌 수 있지만, 중국에서 가압류나 가처분, 담보권 실행 경매 등의 각론으로 들어가면 한국과 많은 차이가 있고 특히 예측가능성이 많이 떨어진다. 그런데, **장래 집행해야 할 중국 투자자의 재산이 중국 내에 소재한다면 그 재산에 대한 집행가능성의 확보는 언제나 중국 인민법원에 의존할 수밖에 없어서, 이는 한국 투자자들이 주어진 제약조건으로 받아들여야 한다**(**따라서 한국 투자자는 언제나 거래 상대방인 중국 투자자가 중국 외{홍콩, 한국, 일본, 싱가포르, 미국, 서유럽, 케이맨이나 모리셔스 등}에 자신의 재산이나 보증인 혹은 물상보증인으로 내세울 만한 계열회사를 두고 있는지 체크해 볼 필요가 있다**).

2) 반면 **판단의 공정성 및 예측가능성에 관해서는** 한국 투자자에게 어느 정도 선택의 여지가 있다. 저자는 실무에서 **가능하면 중국 인민법원으로부터 판단을 받는 과정은 피할 것을 권하는데, 대부분의 경우 중국 투자자들조차도 중국 내 인민법원보다는 중국 내 중재기관의 판단을 받는 것을 더 선호한다. 단, 아래에서 보듯이 한국 투자자는 그 전에 중국 외 중재기관의 판단을 받는 것부터 시도해 보아야 한다.**

실무 Tip **중국 모회사 보증 거래의 위험성**

한국의 금융기관들(은행, 증권회사 등)은 중국 외에 소재하는 중국계 회사에게 대출을 제공하거나 그 중국계 회사가 발행한 회사채를 인수하면서 중국 내에 소재하는 모회사를 보증인으로 제공받는 경우가 흔하다. 이는 미국계나 서유럽계 회사 혹은 해외에 소재하는 한국계 회사에게 여신을 제공할 때 본국의 모회사로부터 보증을 받는 것이 관행화되어 있어서 달리 비판적인 검토 없이 따라가고 있는 것으로 보인다. 그러나 앞서 본 바와 같이, 중국의 법률 인프라하에서의 판결의 공정성과 예측가능성 및 집행가능성을 미국, 서유럽, 일본과 동일시할 수는 없기 때문에, **1차적으로는 오히려 중국이 아니라 미국, 서유럽, 일본, 싱가포르, 대만, 홍콩 등에 소재하면서 충분한 재산을 가지고 있는 계열회사를 보증인이나 물상보증인으로 제공받을 수 있는지부터 검토**하는 게 맞을 것이다. **중국 내 재산이나 기업을 상대로 강제집행이나 담보권을 실행하는 것을 충분한 신용보강 조치로 생각하는 것은 언제나 상당한 위험성을 동반하는데, 정작 한국 투자자나 이를 자문하는 대부분의 한국 변호사들은 그 위험을 소홀히 하는 경향이 있다.**

3. 한국에서의 소송: 예외적으로만 고려

1) 법원에서의 소송을 분쟁해결방식으로 할 경우, 통상 양국의 양 당사자 소재지 관할 법원에게 모두 관할권을 부여한다. 원고 입장에서는 원고 소재지국 법원에서 소를 제기할 경우 소장 부본 기타 소송 서류를 다른 나라에 있는 피고에게까지 송달하는 과정에서 기간과 비용의 손실이 많이 발생하여 자신의 권리를 신속하고 효율적으로 구제받기가 어려워진다. 따라서 원고가 되는 계약의 일방 당사자는 피고 소재지국의 피고 주소지 관할 법원에서 소를 제기하는 것을 선호하기 때문에, 통상은 이러한 방식으로 약정하게 된다.

2) 그러나 한국 투자자 입장에서 계약 상대방이 중국인일 경우에는 이러한 통상적인 방식이 적용되지 않는다. **중국 법원의 실무를 보면 현재까지는 중국 정부가**

판결의 상호승인 및 집행에 관한 조약을 체결한 국가에 대해서만 그 소재지 법원의 판결에 대해서 집행을 승인해 주고 있는데, 한국은 아직 이 조약을 체결하지 않았기 때문이다(최근 산동성에서 한국 법원 판결에 집행력을 승인해 준 사례가 있지만, 양쪽 당사자 모두 한국인이라는 특수한 사정이 있어서, 아직은 큰 의미를 부여하기 어렵다고 본다). **현재까지 이 조약을 체결한 국가는 총 32개국**인데, 선진국에서 개도국에 이르기까지 다양하게 분포되어 있다. 그 명단은 다음과 같다. : **프랑스, 이태리, 스페인, 폴란드, 그리스, 불가리아, 헝가리, 루마니아, 이집트, 모로코, 튀니지, 알제리, 러시아, 우크라이나, 카자흐스탄, 리투아니아, 키르기스스탄, 타지키스탄, 우즈베키스탄, 터키, 쿠바, 벨라루스, 아르헨티나, 브라질, 페루, 아랍에미리트, 쿠웨이트, 사이프러스, 몽골, 베트남, 라오스, 그리고 북한**. 참고로, 중국이 한국 법원 판결의 집행력은 인정해 주지 않는 반면 북한 법원 판결의 집행력은 조약에 의하여 승인해 주고 있다는 설명을 듣는 한국 투자자들은 대부분 놀라움을 표한다. 단순하게 생각하면 중국 인민법원이 북한의 사법체제를 한국보다 더 신뢰한다고 볼 수도 있지만, 이는 지나치게 겉만 보는 시각이다. 오히려 이는 중국에서 "사법심사에 대한 행정심사의 우월적 지위"를 보여 주는 또 하나의 예라고 이해하는 게 맞을 것이다. 즉 중국의 인민법원은 어느 외국 법원의 판결을 중국 내에서 집행해 줄 것인지에 관해서 원칙적으로 행정부의 판단에 따르겠다는 입장을 취하고 있는 것으로 이해된다(우리와 달리 중국에서 사법부의 독립은 인정되지 않고, 법원은 행정부 소속의 조직일 뿐이라는 점을 생각하면, 일응 이해가 된다).

3) **다만, 중국 투자자 측의 재산이 한국 내에 있을 경우에는 한국에서의 소송이 의미를 가질 수 있다.** 특히, 예컨대 **거래 상대방인 중국 투자자가 ① 한국에 건물을 가지고 있거나 지점 사무실을 임차하여 임차보증금 반환청구권을 가지고 있는 경우, ② 한국에 자회사를 두고 있어서 그 자회사가 보증인 혹은 물상보증인으로 나선 경우**에는, 장래 **한국에서**(즉 한국의 관할 법원에 신청이나 소를 제기하는 방식으로) **그 건물이나 보증금반환청구권, 보증인의 재산에 대하여 보전소송**(가압류나 가처분)**을 제기하거나 강제집행을 하는 상황, 보증인에 대하여 본안소송을 제기하는 상황, 물상보증인이 담보로 제공한 재산에 담보권을 실행하는 상황을 염두에 둘 수 있을 것**이

다. **다만, 현실에서는 복잡한 경우의 수가 발생할 수 있으므로, 장래 이를 실제 추진하고자 할 경우 외부 법률사무소의 자문을 받아 볼 것을 권한다.**

4) 한편, 위 32개국의 면면을 살펴보면, 다음과 같은 아이디어도 참고할 수 있다. 예를 들어, ① 프랑스에 소재하는 한국계 회사가 중국 내 기업과 계약을 체결할 경우에는 프랑스 법원을 분쟁해결기구로 약정하는 것을 고려해 볼 수 있을 것이다. ② 반면 미국, 영국, 일본, 싱가포르에 소재하는 한국계 회사라면 해당 국가의 법원을 분쟁해결기구로 약정하는 것 역시 원칙적으로 피해야 한다(해당 국가에 집행할 만한 중국 투자자의 재산이나 보증인, 물상보증인이 있는 경우는 예외이나, 외부 법률전문가의 별도 자문을 받아 보아야 할 것이다). 이처럼, 분쟁해결기구로 법원을 약정해 둘 수 있는지에 관해서는 구체적인 상황에 따라서 다양한 변수를 고려해야 한다.

5) 한국 투자자들은 중국에 투자할 때 우선 홍콩에 자회사를 설립한 후, 그 자회사를 통하여 중국에 투자하는 경우가 많다. 이때 홍콩 자회사와 중국 투자자가 체결하는 계약에서 홍콩의 법원을 분쟁해결기구로 약정하는 것은 어떤가? 홍콩은 중국과는 별개로 영국 법제의 영향을 받았고, 그 법원 역시 중국 내 법원보다는 신뢰성이 있다고 보는 게 일반적인 인식이다. 그러나 **홍콩 법원의 판결 역시 중국 내 집행가능성을 인정받기 위한 요건과 효과 면에서 모두 제약을 받기 때문에, 이를 위해서는 반드시 사전에 홍콩 법률사무소의 자문을 받아 보아야 한다.**

4. 중재: 많은 유의사항들

1) 중국은 한국과 마찬가지로 뉴욕협약(외국 중재판정의 승인 및 집행에 관한 UN협약)에 가입하고 있어서, 중국 인민법원은 대한상사중재원의 상사중재판정에 대하여 승인 및 집행판결을 내려 주고 있다. 특히 **중국 인민법원의 하급심이 그 승인 및 집행판결을 거부하고자 할 경우에는 내부적으로 최고인민법원에까지 심사·승인을 받도록 하여 하급심 법원의 자의적인 집행 승인 거절을 방지하는 시스템이 있다**는 점도 외국 투자자에게 신뢰를 더해 주는 요소이다. 따라서 **한국 투자자에게 최선의 방안은 대한상사중재원의 중재절차를 통해 분쟁을 해결하는 것이다. 다만,**

이 경우에도 그 집행에 보통은 1년 혹은 그 이상이라는 오랜 기간이 소요됨은 염두에 두어야 한다(이미 설명한 바와 같이 이는 집행할 책임재산이 중국 내에 있는 경우 피할 수 없는 제약 조건이다). 대한상사중재원을 분쟁해결기구로 할 경우 중재합의문구를 어떻게 작성할지에 관해서 1차적으로는 대한상사중재원 홈페이지의 관련 자료를 참고할 수 있다(홈페이지 관련 주소: http://www.kcab.or.kr/jsp/kcab_kor/arbitration/arbi_03_02.jsp?sNum=2&dNum=2&pageNum=1&subNum=3&mi_code=arbi_03_02).

2) 만일 중국 투자자의 강력한 반발로 대한상사중재원을 분쟁해결기구로 삼기 어려울 경우에는 **2차적으로 제3국을 중재지로 한 기관중재를 고려해 보아야 한다.** 중재합의를 할 경우 ① 기관중재(중재를 감독하는 국제중재기관의 감독하에 행하는 중재. 대한상사중재원 역시 그러한 중재기관이고, 대표적으로 국제상공회의소(ICC) 중재법원이 있다)를 할 것인지 ② 임의중재(분쟁 당사자들이 상설되어 있는 국제중재기관을 사용하지 않고 자신들의 합의하에 임의의 중재절차를 마련하여 행하는 중재. 대표적으로 UNCITRAL 중재규칙에 의한 임의중재가 있다)를 할 것인지부터 정해야 하는데, 실무상 임의중재는 흔하지 않고 대부분 기관중재를 선호한다. 기관중재를 한다면 ① **중재기관(및 중재절차에 적용될 중재규칙)**을 정해야 하고, 이를 기초로 ② **중재지**, ③ **중재인의 수 및 선임방식**, ④ **중재 언어**, ⑤ **중재합의에 적용될 준거법**에 관하여 합의하여야 한다. 그런데 실제로는 상당수의 계약서들에서 (심지어는 외부 법률사무소의 검토를 받은 경우에도) 중재합의의 문구가 불명확한 경우가 발견된다. 따라서 가능하다면 국제중재에 전문적인 지식과 경험을 가진 외부 법률사무소의 검토를 따로 받을 것을 권한다. 아래에서는 각 사항에 관하여 실무상 기억해 둘 사항들을 간단히 살펴본다.

1 **어느 중재기관의 감독하에 어떠한 중재규칙에 따라서 중재를 할 것인지 명시하여야 한다.** 한국과 중국의 지리적 위치를 고려한다면, 한국과 중국의 중재기관이 아닌 제3의 중재기관으로 ICC(International Court of Arbitration of the International Chamber of Commerce), SIAC(Singapore International Arbitration Centre), HKIAC(Hong Kong International Arbitration Centre) 정도를 고려해 볼 수 있을 것이다. ① **중재기관의 명칭을 정확하게 기재하지 않아 계약해석상 어느 중재기관을 지정한 것인지 명확하지 않다는 결론이 나오면 중재합의 전체가 무효가 될 우려**

도 있으니 주의해야 한다. ② 중재규칙은 선택한 중재기관의 규칙을 사용한다. 만일 선택한 중재기관이 아닌 다른 중재기관의 중재규칙을 적용받고 싶다면 사전에 그 가부를 외부 전문가에게 확인받아야 한다. 중재기관과 중재규칙의 정확한 명칭은 각 중재기관의 홈페이지에서 확인할 수 있다.

[2] 중재지 관할 법원은 중재지 소속국의 법에 근거하여 중재에 관여할 여지가 있고, 중재지 소속국이 뉴욕협약에 가입하고 있어야 중국 및 한국에서 그 중재판정의 승인 및 집행이 가능하므로, 중재지의 선정 역시 신중해야 한다. 한국과 중국의 지리적 위치를 고려한다면, 한국도 중국도 아닌 지역으로는 홍콩과 싱가포르 정도가 고려될 수 있을 것이다(싱가포르는 뉴욕 협약 가입국이고, 홍콩은 중국과 별도로 뉴욕 협약에 가입한 것은 아니나, 중국과 뉴욕 협약에 유사한 별도 협정이 있다). 위 [1]과 함께 고려하면, **결국 홍콩에서의 ICC 중재나 HKIAC 중재, 혹은 싱가포르에서의 ICC중재나 SIAC 중재가 고려 대상이 된다.** 참고로 홍콩에서의 HKIAC 중재가 중국 투자자를 설득하기가 그나마 가장 쉬운 옵션이라고 볼 수 있고, 비용도 HKIAC 중재가 나머지 두 중재보다는 저렴한 경우가 많다(다만 중국 투자자들이 중국 외에서의 중재 중에서 홍콩 HKIAC 중재를 가장 선호하는 이유가 무엇일지는 한국 투자자들도 한 번 생각해 볼 필요가 있을 것이다).

[3] 중재인의 선정은 중재 합의에서 핵심적인 요소인데, 이에 관해서는 중국에서의 중재를 설명할 때 별도로 살펴본다(아래 5. 참조).

[4] 중재 언어에 관해서도 중국에서의 중재를 설명할 때 별도로 살펴본다(아래 5. 참조).

[5] **중재합의 조항만을 따로 떼어서 그 준거법을 별도로 명시(내지는 재확인)해 주는 것이 좋다.** 그러지 않을 경우 중재합의 조항의 효력에 관해서 전체 계약의 준거법이 아닌 법(특히 중재지의 법)이 준거법으로 작용할 여지가 생기므로 주의를 요한다.

3) 이상의 사항에 더하여 주의할 점이 2가지 있다.

[1] **중국 법원은 당해 분쟁에 섭외적 요소가 없음에도 불구하고 그 분쟁해결이 중국 외 기관(법원이나 중재기관)에서 이루어진 경우 그 판단의 중국 내에서의 집행**

을 거부하는 경우가 많다. 따라서 분쟁당사자 간에 앞에서 살펴본 섭외적 요소가 없을 경우 부득이 중국 내에서의 중재를 택해야 할 것이다.

② **중국 외 중재기구(단 홍콩은 제외된다)에서 중재를 할 경우 중국 내 소재하는 중국 투자자의 재산에 대하여 보전소송(가압류, 가처분)을 수행하기가 어렵다.** 그동안 중국 인민법원은 중재가 아래 5.에 해당하는 경우에만 보전소송을 받아 주었기 때문이다. 다만 이 부분에 관해서는 향후 중국이 태도의 변화를 보일 가능성이 충분히 있으므로, 장차 실무에서 중국 외 중재기구를 분쟁해결 수단으로 삼고자 하는 한국 투자자는 사전에 중국 현지 법률사무소의 확인을 다시 한번 받아 보는 것도 고려해 봄 직하다.

5. 중국 중재: 합의문구의 작성

1) 분쟁당사자 간에 앞에서 살펴본 섭외적 요소가 없거나 한국 투자자의 협상력이 계약 상대방인 중국 투자자를 설득하기에 부족할 경우, 부득이 중국 내에서의 중재를 택해야 할 것이다. 실무에서는 중국 당사자들이 준거법과 분쟁해결에 관하여 매우 완강한 태도를 취하거나 중국법상 섭외적 요소가 인정되지 않아서, 많은 경우에 중국에서의 중재를 택하게 된다.

2) 앞에서 살펴본 바와 같이 중재합의 작성 시 합의해야 할 주요 사항은 5가지인데, **특히 중국 내 중재기관을 통한 기관중재를 선택할 경우 문구 작성 과정에서 주의해야 할 강도가 더욱 커진다.** 중국의 관련 중재규칙이 다른 국가의 중재규칙에 비하여 자국민에게 유리한 조항(외국 투자자 입장에서는 독소조항이라 부를 만하다)을 두고 있는데, 그 대부분은 임의조항이어서 중재합의에서 별도 약정을 하여 그 적용을 배제할 수 있기 때문이다. 따라서 **중국 중재규칙상 외국투자자에게 특별히 불리한 임의규정이 무엇인지 파악하고 이를 배제하기 위하여 어떻게 특약 문구를 기재해야 하는지 이해하는 게 중요하다(다만, 당연한 이야기이지만 협상력에서 중국 투자자에게 열위에 있다면, 이러한 특약 문구를 넣기 어렵다).** 아래에서 그 내용을 살펴본다. 한 가지 유의할 점은 저자의 경험상 중국 법률사무소에서 국제 중재에 관하여 많은 경험을 가진

변호사들도 이 부분에 관한 자문은 소홀히 하는 경향이 있다는 점이다. 아무래도 자국법의 태도를 일응의 기준으로 삼는 것이 무의식 중에 자리잡고 있어서일 것이다. 따라서 이 부분에 관해서 한국 투자자는 한국 법률사무소, 그중에서도 국제 중재에 전문성을 가진 변호사를 찾아가 보다 구체적인 자문을 받아 보는 게 좋다.

1 **중재기관 및 중재규칙 결정:** 중국 내 중재기관으로는 1순위로 **중국국제경제무역중재위원회**(**The China International Economic and Trade Arbitration Commission, 약칭 CIETAC('시에텍'이라고 발음함)**), 2순위로 북경중재위원회(Beijing Arbitration Commission, 약칭 BAC)를 고려하여 **해당 중재위원회의 중재규칙**에 따를 것을 권한다. 이들 중재위원회가 국제상사계약에 관한 분쟁을 다뤄 본 경험이 중국 내에서는 가장 풍부하기 때문이다. 참고로, 이 경우 중재지만 중국 내로 하고 중재기관은 ICC 같은 중국 외 국제중재기관이나 UNCITRAL 규칙에 의한 임의중재(ad hoc arbitration)하는 것은 피해야 한다. 중국법원이 이러한 방식에 따른 중재판정에 대해서 원칙적으로는 강제집행을 승인해 주지 않고 있기 때문이다

2 **중재지 결정:** 북경중재위원회를 택할 경우 중재지는 북경직할시가 된다. CIETAC을 택할 경우 여러 지역을 선택할 수 있지만, 역시 **북경직할시를 선택할 것을 권한다.** 과거에는 상해직할시를 선택하는 경우도 많았으나, 2012년 CIETAC 산하 상해위원회가 독립을 선언하면서 CIETAC 북경 본사와 분란이 생긴 이후로는 중재합의 효력이나 중재판정의 승인에 관하여 혼란이 생길 우려 때문에 이전보다는 선호도가 감소한 것으로 보인다.

3 **중재인 수 및 선임방식:** 중재인은 1인 혹은 3인으로 구성되는데, **통상 3인**으로 약정한다. 한국 투자자들이 자주 간과하는 것이, **CIETAC이나 북경중재위원회에서 중재를 할 경우 당해 위원회의 중재인 명부에 포함되어 있지 않은 전문가(예컨대 대한상사중재원 소속 중재위원)를 중재인으로 선임할 수 있다는 것이다. 단 이를 위해서는 별도로 이에 관한 특약문구를 기재하여야 한다.** 이것이 중요한 이유는 CIETAC이나 북경중재위원회의 중재인 명부에서는 한국 투자자 입장에서 만족할 만한 중재위원의 수가 많지 않기 때문이다.

또한 중국 중재기관들의 그간의 실무 관행에 비추어 보면, **의장 중재인을 반**

드시 제3국 국적자로 할 것도 특약해 두는 것이 안전하다. ICC 등 다른 국제중개기구와 달리 CIETAC이나 북경중재위원회는 중재위원이 3인으로 구성될 때 의장중재인을 제3국 국적자가 아니라 중국 국적자로 선임하는 경향이 있기 때문이다.

④ **중재언어:** 별도의 약정이 없으면 중재언어는 중국어가 되어서, 한국 투자자 입장에서는 중재위원 역시 중국어 구사가 원활한 사람으로 한정되는 불리함이 발생한다. 따라서 중재 언어 역시 중국어와 한국어(만일 관련되는 계약서나 협상 과정에서 사용된 언어가 영어라면 중국어와 영어)로 약정하고 제출되는 모든 서류는 두 언어본이 모두 준비되도록 함이 좋다.

⑤ **중재합의에 관한 별도의 준거법 약정:** 중재합의의 효력에 관한 준거법을 중국법이 아닌 법으로 하고자 할 경우 별도로 약정해 둘 필요가 있다. 다만, 중국의 법원이 그럼에도 불구하고 중재합의의 효력을 독자적으로 중국법에 기하여 판단할 가능성은 배제하기 어렵다고 본다.

3) 참고로, 중국에서의 중재를 선택할 경우 중국 중재법 역시 한국과 마찬가지로 **가족법상 권리의무에 관한 분쟁이나 행정소송으로 가야 할 분쟁은 중재로 갈 수 없고 반드시 관할 중국법원의 판단을 받아야** 한다.

Ⅳ. 계약서 언어의 선택

1) 준거법이 중국법이 아닐 경우, 한글본(차선책으로 영어본)을 계약서의 정본으로 하고 중문본은 번역본으로 약정하는 것이 바람직하다. **준거법이 중국법일 경우에도 최소한 한글본을 중문본과 동등한 효력을 가지는 공동정본으로 약정할 필요가 있다**. 그런데 양국의 법리와 언어의 차이로 인하여, 계약서의 한글본과 중문본의 의미가 100% 정확하게 호환되도록 번역하려면 많은 시간과 노력이 든다. 하지만 현실에서는 시간의 촉박함과 번역 비용의 과다함 때문에 이를 소홀히 하는 경우가 많다. 따라서 한글본과 중문본을 공동정본으로 약정하는 것 역시 완전한 해

결책이라고 보기 어렵다. 두 언어본의 의미가 100% 일치하지 않는 부분이 사후에 발견되면, 두 언어본 계약서의 효력이 동등하다는 명제가 그 부분에 한해서는 무의미해지기 때문이다.

2) 이를 고려할 때 **한국 투자자로서는 계약서 정본이 설사 중문본이라 하더라도, 초안을 먼저 한글로 작성한 후 이를 최대한 정확하게 중문으로 번역하여 상대방인 중국기업에게 제시하는 방식을 취하는 게 더 바람직하다**. 중국 기업이 먼저 작성한 중문본을 보다 보면, 중국 실무에서는 흔히 사용되나 한국법은 물론 중국법의 시각에서도 모호한, 그리고 막상 중국 법률가들도 구체적으로 따져 물어보면 명확히 대답하지 못하는 용어와 표현이 섞여 있기 때문이다. 몇 가지 예를 들면 다음과 같다. ① 한국법상 계약의 '해제(소급효가 있음)'와 '해지(소급효가 없음)'는 중국어로 모두 "해제"로 번역된다. 따라서 중문으로는 "소급효가 있는 해제", "소급효가 없는 해제"라고 풀어서 번역하는 게 좋다. ② 한국법상 불법한 원인에 기한 것은 '손해'이며(적법한 원인에 기한 것은 '손실'이다), 손해는 '배상'한다(손실은 '보상'한다). 한데 중국에서는 한국의 '손해 배상'을 "손실 배상"이라고 표현한다. ③ 중국어 문장으로는 "A, B이고 C이면 D이다"라고 서술되지만, 이를 한국어의 뉘앙스에 맞추어 보면 'A이지만 B인 경우에는 C라 하더라도 D이다'라고 번역해야 하는 경우도 있다. 이는 A, B, C, D의 상호 논리적인 관계를 파악한 후 그때그때 적절한 한글 어미를 붙여 줄 수밖에 없다.

3) 계약서의 언어에 관해서는, 4장 제2절 제2관 IV. 4 (2) 4)의 내용도 함께 참고하기 바란다.

실무 Tip

실제 분쟁에서 공동정본인 한글본과 중문본의 의미가 상이한 경우

위에서 살펴본 이유, 특히 정확한 번역에 소요되는 시간과 비용을 감당하기 어려운 현실적인 사정 때문에, 실제에서는 많은 계약서들에서 한글본과 중문본 사이에 일부 의미의 차이가 발생한다. 이처럼 두 언어본의 의미에 차이가 있는 부분을 둘러싸고 분쟁이 발생하여 소송이나 중재로 비화된 경우, 분쟁해결기구는 어느 언어본을 기준으로 계약을 해석할 것인지가 문제된다. 현실에서 **중국의 법원이나 중재기관은 거의 예외 없이 중문본만을 가지고 해당 문구를 해석**하고 있다. **이론상으로도 만일 협상 과정에서 중국 투자자측에서는 한국어 통역이 없는 반면 한국 투자자 측에서는 중국어 통역을 두었고, 이메일 기타 서신 교환도 모두 중국어로만 이루어진 사정이 있다면, 한국 법원이나 대한상사중재원하의 중재판정부에서도 "이 계약서에서 의욕한 당사자 간의 의사 합치는 실제로는 중국어라는 언어로만 이루어졌다고 봄이 타당하다"는 판단을 내릴 가능성이 커질 것이다.** 그런데 실무에서 이루어지는 협상 과정을 보면 많은 경우에 한국 투자자들이 통역을 둔 후 중국어로 중국 투자자와 협상을 한다. 경우에 따라서는 이러한 사정도 장래 계약서의 언어본과 관련한 분쟁에서 한국 투자자에게 불리한 정황증거(간접증거)로 작용할 수 있음도 참고로 기억해 두기 바란다.

제8장 나머지 투자 유형

제1장에서 중국 투자를 4가지 유형으로 나누어 볼 수 있다고 설명하였는데, 이후 제7장까지 기업형 투자와 계약형 투자에 관하여 살펴보았다. 나머지 2가지인 연락사무소형 투자와 지점형 투자는 설립 시 현지 법률사무소나 설립 대행사의 도움을 받으면 관련 중국법규의 확인은 그다지 어렵지 않다. 기본적으로는, 관할 시장감독관리부서에의 설립등기와 관할 상무부서에의 신고가 절차의 기본 뼈대라고 생각하면 된다. 다만 실제 설립을 진행하다 보면 외국인 투자자가 한국에 지점이나 연락사무소를 설립할 때보다 상당히 오랜 시간이 소요된다는 정도만 기억해 두자.

제9장 기업형투자의 회수

1) 앞에서 살펴본 **기업설립형 투자나 기업인수형 투자를 한 후 그 투자 수익이나 원금을 다시 한국으로 회수할 때 실무에서 가장 많이 사용되는 방식은 이익배당과 지분양도**이다. 이 중 ① 중국투자 후 전면적 철수의 방식으로 가장 많이 사용되는 지분양도에 관해서는 앞에서 살펴보았다(제5장 참조. 단 제5장을 이해하는 데 필요한 많은 기초지식이 제1장 내지 제4장에 소개되어 있다) ② 이익배당의 요건(배당가능이익의 존재)과 방식(이사회의 이익배당안 작성후 사원총회의 승인)은 우리 상법상 이익배당과 비슷하다, 다만, 배당가능이익 금액의 구체적인 산정방식이나 절차에 있어서는 우리와 차이가 존재하므로(김/정, 210-214면), 현지 법률사무소의 자문을 받아 행할 것을 권한다. 참고로 우리와 달리 상장회사를 제외하고는 중간배당이 허용되지 않지만, 이익배당금을 1회계연도(중국 회사법상 매년 1월 1일부터 12월 31일이다) 동안 수회에 걸쳐서(예를 들면 4월과 10월에) 분할 지급할 수는 있다. 따라서 운영의 묘를 살린다면, 실제로는 한국에서 중간배당을 하는 것과 비슷한 효과를 거둘 수 있을 것이다.

2) 중국투자 후 전면적 철수를 한다고 할 때, 흔히 가장 먼저 떠올리는 방식은 중국 내 기업(외상투자기업)의 **해산 및 청산**이다. 해산 및 청산의 절차를 살펴보면 그 기본적인 흐름은 아래에서 보듯이 우리와 큰 차이가 없다. 다만, 실제로 진행해 보면, **관할 세무당국(그동안 법인세를 누락한 것은 없는지, 혹은 그동안 부여해 주었던 각종 세제 혜택으로 인한 이익 중 도로 환수하여야 할 부분은 없는지 점검한다)과 노무당국(그동안 근로자에게 제대로 지급하지 않은 급여 기타 복지혜택은 없는지 조사한다)의 관여로 인하여 6개월, 길게는 1년 이상 소요**되기도 한다. 이러한 사정 때문에, 한국 투자자는 중국에서의 전면 철수를 고려할 때 제3자에게 매각하고 나오는 것을 가장 선호하고, 중국 내 자회사나 합작회사를 해산·청산하는 것을 **마지막 수단으로 생각한다**.

외국 투자자가 자신이 지분을 보유하고 있는 중국 유한책임공사를 해산·청산하는 경우 거치는 절차를 간단히 살펴보면 아래와 같다.

1 **해산사유의 발생**: 중국 회사법 제180조는 그 사유를 다음과 같이 규정하고 있다. ① 회사 정관에 규정된 영업기간의 만료나 회사 정관에 규정된 기타 해산사유의 발생, ② **사원총회의 해산결의**(특별결의), ③ 회사의 합병이나 분할, ④ 관할 시장감독관리부서로부터 회사의 영업허가증(중국법 용어: 营业执照[영업집조])를 말소당하거나, 회사가 폐쇄명령을 받거나 회사등기 취소 처분을 받은 경우, ⑤ 회사의 경영관리에 심각한 곤란이 발생하여 회사가 계속 존속할 경우 사원의 이익에 중대한 손해가 발생할 우려가 있고 다른 방법으로는 이를 해결할 수 없다고 판단되어 10% 이상의 지분을 보유한 사원(들)이 인민법원에 회사의 해산을 청구하였는데, 인민법원이 이를 인용하는 판결을 내린 경우. 따라서 (i) **자발적으로 중국에서의 철수를 결정한 한국 투자자라면 최소한 위 ②의 방법을 통해서는 언제나 해산사유를 만들 수 있다. 다만, 2024년까지 존속할 수 있는 중외합자기업에서는 사원총회가 없기 때문에 이사회의 특별결의(이사 전원의 찬성결의)를 요한다**. 그리고 (ii) 한국 투자자가 중국 투자자와 합작으로 설립한 회사에서는 **교착상태로 인하여 해산을 원하는 경우**도 생길 수 있다. 이때에는 **위 ⑤항 소정의 인민법원의 해산판결을 구하는 방식이 최후의 수단으로 고려될 수 있다**(교착상태의 처리방식에 관해서는 제4장 사원 간 계약서에서의 관련 설명 참조).

2 **청산조 구성 및 등기**: 합병이나 분할의 경우를 제외하고 해산사유가 발생하면 그 사유발생일로부터 15일 이내에 청산조(중외합자기업에서는 그 명칭이 청산위원회이다)를 구성하여야 한다. 청산조는 사원으로 구성되고, 그 구성일로부터 10일 내에 구성원의 명칭 등을 관할 시장감독관리부서에 신고(중국법 용어: 备案[비안])하여야 한다. 사원들 간의 분쟁으로 인하여 해산절차를 개시한 경우(예를 들어 한국 투자자와 중국 투자자 사이에 교착상태가 발생한 경우) 청산조의 구성이 지연될 수도 있다. 이때에는 회사 채권자가 인민법원에 청산조의 구성을 청구할 수 있고, 인민법원에서 청산조를 구성한다(중국 회사법 제183조). 청산조의 구성원이 고의나 중대한 관실로 회사나 회사 채권자에게 손해를 입히면 그 배상책임을

부담한다(중국 회사법 제189조).

3 **재산상태 조사후 청산계획 작성:** 청산조는 회사 재산을 결산·정리하고, 대차대조표와 재산명세서를 작성한 후 이를 기초로 청산방안을 작성하여 사원총회의 확인을 받아야 한다(중국 회사법 제186조). 대차대조표와 재산명세서를 작성하는 과정에서 회사재산으로 회사채무를 완제할 수 없음을 발견한 경우, 청산조는 즉시 관할 인민법원에 파산을 신청하여야 한다. 인민법원이 파산 결정을 내리면 청산조는 자신의 청산업무를 해당 법원에 이관하여야 한다(중국 회사법 제187조).

4 **채권자에게의 통지 및 공고:** 청산조는 회사의 해산 및 청산 사항을 ① 알고 있는 채권자에게는 그 성립일로부터 10일 내에 통지하고, ② 이와 별도로 모르는 채권자에게 알리는 목적으로 그 성립일로부터 60일 내에 신문에 공고하여야 한다(중국 회사법 제185조, 최고인민법원 회사법 규정(2) 제11조). 비록 관련 규정에서는 단순히 "회사의 해산 및 청산사항(公司解散清算事宜)"이라고 규정하고 있으나, 우리와 마찬가지로 그 통지 및 공고에는 아래에서 보는 채권 신고를 최고하는 내용이 포함되어야 할 것이다. 청산조가 이 규정에 위반하여 통지 및 공고의무를 이행하지 아니하고 그로 인하여 회사 채권자가 적시에 채권을 신고하지 못하여 변제를 받지 못하게 된 경우 청산조 구성원들이 그 손해를 배상할 책임을 부담한다(최고인민법원 회사법 규정(2) 제11조).

5 **채권 신고:** 회사 채권자가 ① 위 3항 소정의 통지를 받은 경우에는 그 통지를 수령한 날로부터 30일 이내에, ② 그 통지를 받지 못한 경우에는 신문 공고일로부터 45일 이내에, 청산조에 자신의 채권을 신고하여야 한다. 우리와 마찬가지로 채권신고기간 중에는 청산조가 어느 회사채권자에게도 변제하지 못한다. 청산조는 그 채권을 등기한다(중국 회사법 제185조). 한국의 주식회사에 채권 신고를 하지 아니하여 청산에서 제외된 회사 채권자는 분배되지 아니한 잔여재산에 대해서만 변제를 청구할 수 있는데, 이는 중국에서도 마찬가지이다. 다만, 그 요건과 절차를 관련 법규에서 우리보다 더 상세하게 규정하고 있음은 주목할 만하다(최고인민법원 회사법 규정(2) 제13조, 제14조).

⑥ **변제 및 잔여재산 분배:** 청산조는 먼저 회사 채무, 구체적으로 청산비용, 근로자의 급여, 회사가 부담하는 근로자의 사회보험비용, 경제보상금, 법인세, 각종 상거래 및 금융채무 등을 변제하여야 한다. 우리와 마찬가지로 변제기가 아직 도래하지 않은 채무는 중간이자를 공제하고 변제할 수 있고, 장래 발생이나 존속이 불확정적인 채권도 적절한 감정평가를 거쳐 변제하여야 할 것이다. **실무에서는 이 단계에서 미지급 급여의 존부**(예컨대 일부 근로자가 적시에 지급받지 않은 초과근무수당이 있다고 주장할 수 있다), **경제보상금의 정확한 액수 산정 및 위로금 지급여부**(외상투자기업이 해산할 경우 법적 근거는 없으나 근로자들이 위로금 명목으로 추가 보상금을 요구하는 경우도 있다), **미납 법인세의 존부**(예컨대 과거에 받았던 법인세 감면혜택을 취소하고 추가로 세금을 납부할 것인지 여부) **등을 둘러싸고 관할 정부기관과 소통하는 데 많은 시간과 노력이 소요될 수도 있음을 염두에 두어야 한다**. 회사채무 변제후 남는 재산은 각 사원의 지분비율에 따라 분배한다(중국 회사법 제186조). 한국 투자자에게는 애초 회사 설립 시 자본금을 송금받았던 외국환은행을 통하여 역으로 환전·송금해 나가는 절차를 거치게 된다.

⑦ **청산보고서 작성 및 말소등기:** 위 ⑥항까지의 업무가 완료되면, 청산조는 청산보고서를 작성하여 사원총회의 확인을 받고, 회사의 말소등기를 신청하면서 회사의 종료사실을 공고한다(중국 회사법 제187조). 회사의 말소등기는 위 ⑥항까지의 업무를 완료한 날로부터 30일 이내에 설립을 관장하였던 시장감독관리부서에 신청하여야 한다. 회사의 말소등기가 경료되면 회사의 영업집조도 함께 취소된다(회사등기 관리조례 제42조, 제44조). 우리는 주식회사 해산 시 해산등기를 하고, 청산업무 종결 시 청산종결등기를 하는 반면, 중국 유한회사는 해산 시 별도의 등기는 없고, 청산업무 종결 시에 회사 말소등기를 하게 된다. 우리는 청산종결등기를 경료하더라도 청산이 사실상 종결되지 않으면 법인격이 소멸되지 않지만(장덕조(회), 제61면), 중국에서는 회사 말소등기와 함께 회사는 종료된다(법인격이 소멸한다는 의미로 이해된다)고 관련 법규에서 명시하고 있다(회사등기 관리조례 제44조).

3) 또 한 가지 고려할 수 있는 전면적 철수의 방식은 파산이다. 그러나 실제로

한국 투자자가 파산절차를 통하여 철수하기란 쉽지 않은 것이 현실이다. 중국에서 기업 파산은 아직도 법원, 변호사, 기업가 모두들에게 많이 생소한 분야이다. 2007년「중화인민공화국 기업파산법」시행 이후에야 비로소 파산에 대한 본격적인 인식이 보급되었으나, 그 후에도 실제 파산이 이루어진 사례는 중국 전체를 놓고 보면 극히 적다고 할 수 있다. 참고로, 중국에서는 과거 공산주의 체제하에서 있었던 "모든 기업은 국가의 것이므로, 기업은 국가가 망하지 않는 한 망할래야 망할 수가 없다"라는 인식이 지금도 강하게 남아 있다. 특히 국유기업과 외상투자기업이 파산신청을 하는 것에 대해서는 법원이 그다지 곱지 않은 눈길을 보내고 있는 것이 현실이다. 예를 들어 **외상투자기업이 파산을 신청하면 법원이 아니라 관할 상무부서와 시장감독관리부서에서 나서서 외국 투자자(사원)가 증자를 해서라도 파산이 아니라 정상적인 해산·청산 절차를 밟도록 유도하는 경우가 아직도 많다**. 실제로 저자의 업무 경험 중에는 법원이 파산신청서의 접수를 사실상 거부하면서(접수 창구에서 서류를 받아 주지 않고), 해당 기업을 관할하는 상무부서와 시장감독관리부서의 의견을 들으려고 하였던 사례도 있다. 이러한 사정을 감안하여 이 책에서는 파산에 관하여 별도의 설명은 생략한다. 어차피 실무에서 사용하기 어렵고, 그럼에도 굳이 시도한다면 구체적인 상황과 지역에 따라 많은 변수가 있어서 현지 법률사무소로부터 많은 시간과 비용을 들여서 자문을 받아야 할 것으로 본다.

4) 중국법상 회사의 해산 및 파산에 관한 법규정들에 관해서는 이미 국내에 많은 문헌과 자료들이 소개되어 있고, 그 내용도 충실하다. 보다 자세한 내용은 그 문헌들을 참고하기 바란다(김성균, 중국기업파산－제도와 법규(경북대학교 출판부, 2012); 이택곤, 안완진, 중국철수전략(비케이씨 컨설팅, 2017) 등 참조).

申报编号(신고번호) :

经营者集中反垄断审查申报表
경영자집중반독점심사신고표

填报时间(신고일자) : 年(년) 月(월) 日(일)

□ 保密版 비밀유지본 □ 非保密版 공개본[1](选择请用☑ 替换□ 선택 시 □ 를 ☑ 로 대체해 주시기를 바람)

申报人应确保申报书、申报书的附件以及申报人在申报过程中提供的所有信息在其所知范围内是真实、完整和准确的、复印件与原件完全一致、不得提供任何虚假材料和误导性信息。申报人隐瞒重要情况、提供虚假材料或误导性信息的、应当承担相应的法律责任。 신고인은 신고서, 신고서의 별지 및 신고 과정에서 제공한 모든 정보가 자신이 아는 범위 내에서 진실하고, 완전하며, 정확하도록 하여야 하고, 사본은 원본과 완전히 일치하도록 하여야 하며, 어떠한 허위의 자료나 오해를 야기할 수 있는 정보를 제공하여서는 아니 됩니다. 신고인은 중요한 정보를 숨기거나 허위 자료 또는 오해를 야기할 수 있는 정보를 제공하는 경우, 상응하는 법적 책임을 부담하여야 합니다.
1. 交易名称(거래명칭)
2. 交易性质[可多选](거래성격[복수선택가능])

□ **新设合并(신설합병)**
□ **吸收合并(흡수합병)**
□ **股权收购(지분인수)**
  □ 现金收购(현금인수)
  □ 公开要约收购(공개 청약매수)
    □ 未获目标公司董事会或管理层支持的要约收购
    (목표회사 이사회 또는 관리층 지지를 얻지 못한 청약매수)
  □ 换股(주식교환)
  □ 其他(기타) [具体说明(구체적 설명) : ______]
□ 资产收购(자산인수)
□ **合营企业(JV 기업)**
□ **通过合同等方式取得控制权或者能够施加决定性影响(계약 등 방식으로 통제권을 취득하거나 결정적 영향을 줄 수 있게 됨.)**
  [具体说明(구체적 설명) : ______]

<table>
<tr><td colspan="5">3. 申报依据(신고 근거)</td></tr>
<tr><td colspan="5">□ 达到《国务院关于经营者集中申报标准的规定》规定的申报标准
〈국무원의 경영자집중신고기준에 관한 규정〉에서 규정한 신고 기준에 도달함.
□ 参与集中的所有经营者上一会计年度在全球范围内营业额合计超过100亿元人民币、并且其中至少两个经
营者上一会计年度在中国境内的营业额均超过4亿元人民币
경영자집중에 참여한 모든 경영자의 직전 회계연도 전 세계 영업액이 100억 위안을 초과하고, 또한 그중 2개 이상 경영자의 직전 회계연도 중국 내 영업액이 각 4억 위안을 초과함

□ 参与集中的所有经营者上一会计年度在中国境内的营业额合计超过20亿元人民币、并且其中至少两个经营
者上一会计年度在中国境内的营业额均超过4亿元人民币
경영자집중에 참여한 모든 경영자의 직전 회계연도 중국 내 영업액이 20억 위안을 초과하고, 또한 그중 2개 이상 경영자의 직전 회계연도 중국 역내 영업액이 각 4억 위안을 초과함
□ 未达申报标准自愿申报 신고 기준에 도달하지 못하지만 자원해서 신고함</td></tr>
<tr><td colspan="5">4. 参与集中的经营者(집중 참여 경영자)[2]</td></tr>
<tr><td colspan="5">包括(포함) : 1、 2、 (3、)[请列举、详细情况在下栏填写(열거해 주시고 구체적 정황을 다음 칸에서 작성해 주시기를 바랍니다.)]</td></tr>
<tr><td colspan="5">4.1 [请填写参与集中的经营者名称/姓名(집중 참여 경영자의 명칭, 성명)]</td></tr>
<tr><td>4.1.1 是否是申报人(신고인인지 여부)[3]</td><td colspan="4">□ 是(예) (身份证明或注册登记证明、公证认证文件等、见附件[ ] 신분증명 또는 등록증명, 공증 · 인증 문서 등. 별첨 [ ] 참조)
□ 否(아님)</td></tr>
<tr><td rowspan="2">4.1.2 联系地址(연락주소)</td><td>地址(주소)</td><td colspan="3"></td></tr>
<tr><td>邮编(우편번호)</td><td></td><td>网址(사이트 주소)</td><td></td></tr>
<tr><td rowspan="3">4.1.3 经营者内部的联系人(경영자 내부 연락담당자)</td><td>姓名(성명)</td><td></td><td>部门(부서)</td><td></td></tr>
<tr><td>职务(직무)</td><td></td><td>电子邮件(E-mail)</td><td></td></tr>
<tr><td>手机及固定电话号码(휴대폰 및 전화 번호)</td><td></td><td>传真号码(fax 번호)</td><td></td></tr>
<tr><td rowspan="3">4.1.4 代理人[或代理律师](대리인[또는 대리 변호사])</td><td colspan="4">□ 有(있음) □ 无(없음)</td></tr>
<tr><td>姓名(성명)</td><td></td><td>单位(기관)</td><td></td></tr>
<tr><td>职务(직무)</td><td></td><td>联系地址(연락주소)</td><td></td></tr>
</table>

<table>
<tr><td rowspan="2"></td><td>手机及固定电话号码
(휴대폰 및 전화 번호)</td><td></td><td>电子邮件
(E-mail)</td><td></td></tr>
<tr><td>传真号码
(fax 번호)</td><td></td><td>授权委托书原件
(수권 위탁서 원본)</td><td>见附件[ ]。
별첨 [ ] 참조</td></tr>
<tr><td>4.1.5 在交易中的地位[可多选](거래에서의 지위[복수선택가능])</td><td colspan="4">□ 合并方(합병 당사자)
□ 收购方(인수인)
□ 被收购方(피인수인)
□ 股权出让方(지분 양도인)
□ 被收购方的原有股东[股权出让方除外](피인수인의 기존 주주[지분 양도인 제외])
□ 合营方 JV 당사자
□ 其他 기타[具体说明 구체적 설명 : ______________]</td></tr>
<tr><td>4.1.6 设立时间
(설립 일자)</td><td colspan="4"></td></tr>
<tr><td>4.1.7 注册地/住所
(등록 지역/주소)</td><td>注册地/国籍
[自然人]
(등록 지역/국적
[자연인])</td><td></td><td>地址(주소)</td><td></td></tr>
<tr><td>4.1.8 组织形式
(조직 형식)</td><td colspan="4">□ 有限责任公司(유한책임공사)
□ 股份有限公司(고분유한공사)[非上市公司(비상장회사)]
□ 上市公司(상장회사)[上市时间、交易所、股票代码(상장시기, 거래소, 주식코드) : ______________]
  □ 股份有限公司(고분유한공사)
  □ 其他(기타)[具体说明(구체적 설명) : ______________]
□ 合伙企业(합화기업)
□ 自然人(자연인)[4]
□ 其他(기타)[具体说明(구체적 설명) : ______________]</td></tr>
<tr><td rowspan="2">4.1.9 上一会计年度营业额(직전 회계 연도 영업액)[5]</td><td>年度(연도)</td><td colspan="3">[ ]年度([ ] 연도)
□ 日历年度(태양력 연도) □ 财务年度(회계연도)[起止日期(개시일과 말일) : ______________]</td></tr>
<tr><td>中国境内
(중국 역내)</td><td colspan="3">人民币[ ]亿元(인민폐[ ]억 위안)
原计价币种及金额 : [ ]亿元[币种]
(기존 가격계산 화폐종류 및 금액: [ ]억 원[화폐종류])
[汇率(환율)[6] : ______________]</td></tr>
</table>

<table>
<tr><td rowspan="1"></td><td>全球(전세계)</td><td colspan="3">人民币[ ]亿元(인민폐[ ]억 위안)
原计价币种及金额 : [ ]亿元[币种]
(기존 가격계산 화폐종류 및 금액: [ ]억 원[화폐종류])
[汇率 환율 : ________________]</td></tr>
<tr><td>4.1.10 设立和重要变更的历史情况(설립과 중요 변경에 관한 연혁정황)</td><td colspan="4"></td></tr>
<tr><td rowspan="2">4.1.11 主要业务(주요 업무)[7]</td><td>全球范围(전세계 범위)</td><td colspan="3"></td></tr>
<tr><td>中国境内(중국 역내)</td><td colspan="3"></td></tr>
<tr><td rowspan="3">4.1.12 股权结构(지분 구조)</td><td>股东名称及持股比例(주주 명칭 및 지분보유 비율)[8]</td><td colspan="3"></td></tr>
<tr><td>股权结构图(지분 구조도)</td><td colspan="3">见附件[ ]。(별첨[ ] 참조.)</td></tr>
<tr><td>是否有最终控制人(최종 통제인의 존재유무)</td><td colspan="3">□ 有(있음) □ 无(없음)[9]</td></tr>
<tr><td rowspan="4">4.1.13 最终控制人[如有](최종 통제인[있는 경우])</td><td>名称/姓名(명칭/성명)</td><td colspan="3"></td></tr>
<tr><td>成立时间(설립일자)[10]</td><td colspan="3"></td></tr>
<tr><td>注册地/国籍[自然人](등록지/국적[자연인])</td><td></td><td>住所(주소)</td><td></td></tr>
<tr><td>组织形式(조직형식)</td><td colspan="3">□ 有限责任公司(유한책임공사)
□ 股份有限公司[非上市公司](고분유한공사[비상장회사])
□ 上市公司[上市时间、交易所、股票代码 : ___________]
(상장회사[상장시기, 거래소, 주식코드: __________])
□ 股份有限公司(고분유한공사)
□ 其他[具体说明 : _____](기타[구체적 설명 : _____])
□ 合伙企业(합화기업)</td></tr>
</table>

<table>
<tr><td rowspan="4"></td><td></td><td colspan="2">□ 自然人(자연인)
□ 其他[具体说明：______](기타[구체적 설명] : ______])</td></tr>
<tr><td>主要业务
[包括整个集团]
(주요 업무[모든 기업집단 포함])</td><td colspan="2"></td></tr>
<tr><td>与参与集中的经营者之间的关系
(집중 참여 경영자와의 관계)</td><td colspan="2"></td></tr>
<tr><td>股权结构图
(지분 구조도)</td><td colspan="2">见附件[ ]。(별첨[ ] 참조.)</td></tr>
<tr><td rowspan="4">4.1.14 关联实体
(관련 실체)[11]</td><td rowspan="2">境外关联实体
(역외 관련 실체)[12]</td><td colspan="2">名称及股权结构见附件(명칭과 지분 구조는 별첨[ ]참조)[13]</td></tr>
<tr><td>从事与本项集中相关业务的关联企业详细介绍
(본건 집중 관련 업무에 종사하는 관련 기업의 상세한 소개)[14]</td><td></td></tr>
<tr><td rowspan="2">中国境内
关联实体
(중국 역내 관련 실체)</td><td colspan="2">基本信息[名称、注册地、主要业务、股权结构]见附件[ ]
기본 정보[명칭, 등록지역, 주요업무, 지분구조]는 별첨[ ]참조[15]
营业执照、外商投资企业批准证书复印件见附件[ ]。
사업자 등록증, 외상투자기업 비준 증서의 복사본은 별첨 [ ] 참조</td></tr>
<tr><td>从事与本项集中相关业务的关联企业详细介绍
(본건 집중 관련 업무에 종사하는 관련 기업의 상세한 소개)[16]</td><td></td></tr>
<tr><td>4.1.15 经营者及关联实体过去三年在相关市场的经营者集中情况
(과거 3년 동안 관련 시장에서 경영자와 관련 실체의 경영자 집중 정황)</td><td colspan="3"></td></tr>
</table>

<table>
<tr><td rowspan="5">4.1.16 相关文件
(관련 문서)</td><td>上一会计年度经审计的财务报表
(직전 회계연도 회계감사를 거친 재무제표)</td><td colspan="3">见附件[ ]。(별첨[ ] 참조.)</td></tr>
<tr><td>上一会计年度年报
(직전 회계 연도 보고)[17]</td><td colspan="3">□ 有[见附件[ ]](있음[별첨[ ] 참조])
□ 无(없음)</td></tr>
<tr><td rowspan="3">* 研究、
分析和报告
(연구, 분석 및 보고)</td><td>交易方内部编制的研究、分析和报告
(거래측 내부에서 작성한 연구, 분석, 보고)[18]</td><td colspan="2">□ 有[见附件[ ]](있음[별첨[ ] 참조])
□ 无(없음)</td></tr>
<tr><td rowspan="2">第三方编制的研究、分析和报告
(제3자가 작성한 연구, 분석, 보고)</td><td>专为本交易
(오로지 본건 거래를 위해 작성)[19]</td><td>□ 有[见附件[ ]](있음[별첨[ ] 참조])
□ 无(없음)</td></tr>
<tr><td>非专为本交易
(오로지 본건 거래를 위해 작성한 것은 아님)[20]</td><td>□ 有[见附件[ ]](있음[별첨[ ] 참조])
□ 无(없음)</td></tr>
</table>

<table>
<tr><td colspan="5">5. 参与交易的其他经营者(거래에 참여한 기타 경영자)[21]</td></tr>
<tr><td colspan="5">包括：1、 (2、)[请列举、详细情况在下栏填写]
(포함: 1、 (2、)[열거해 주시고 상세한 정황을 다음 칸에서 작성해 주십시오.])</td></tr>
<tr><td colspan="5">5.1 [请填写参与交易的其他经营者的名称/姓名]
[거래에 참여한 기타 경영자의 명칭, 성명을 기재해 주시기를 바람]</td></tr>
<tr><td rowspan="2">5.1.1 联系地址(연락주소)</td><td>地址(주소)</td><td colspan="3"></td></tr>
<tr><td>邮编(우편번호)</td><td></td><td>网址(사이트 주소)</td><td></td></tr>
<tr><td rowspan="3">5.1.2 联系人(연락담당자)</td><td>姓名(성명)</td><td></td><td>单位(기관)</td><td></td></tr>
<tr><td>职务(직무)</td><td></td><td>电子邮件
(E-mail)</td><td></td></tr>
<tr><td>电话(전화)</td><td></td><td>传真(fax)</td><td></td></tr>
<tr><td>5.1.3 在交易中的地位(거래에서의 지위)</td><td colspan="4">□ 股权出让方(지분 양도인)
□ 资产出让方(자산 양도인)
□ 被收购方(피인수인)
□ 无控制权或决定性影响的合营方(통제권 또는 결정적 영향력이 없는 JV당사자)
□ 其他[具体说明：__________](기타[구체적 설명：__________])</td></tr>
</table>

<table>
<tr><td rowspan="3">5.1.4 基本信息
(기본 정보)</td><td>成立时间
(설립일자)[22]</td><td colspan="3"></td></tr>
<tr><td>注册地/国籍
[自然人]
(등록지역/국적
[자연인])</td><td></td><td>住所(주소)</td><td></td></tr>
<tr><td>组织形式
(조직형식)</td><td colspan="3">□ 有限责任公司(유한책임공사)
□ 股份有限公司[非上市公司](고분유한공사[비상장회사])
□ 上市公司[上市时间、交易所、股票代码：__________]
(상장회사[상장시기, 거래소, 주식코드: __________])
□ 股份有限公司(고분유한공사)
□ 其他[具体说明：_____](기타[구체적 설명: _____])
□ 合伙企业(합화기업)
□ 自然人(자연인)
□ 其他[具体说明：______](기타[구체적 설명: ______])</td></tr>
<tr><td>5.1.5 主要业务
(주요 업무)</td><td colspan="4"></td></tr>
<tr><td colspan="5">6. 集中交易概况(집중거래 개황)</td></tr>
<tr><td rowspan="4">6.1 集中协议(집중협의)</td><td>形式(형식)[23]</td><td colspan="3">□ 正式协议/合同/公司章程(정식 협의/계약/회사 정관)
□ 公开要约(공개 청약)
□ 非正式或初步协议[如正式协议、合同或公司章程的草案/框架协议/备忘录/意向书等、在下栏说明不能提供正式协议的理由]
(비공식 또는 초보적 협의[정식 협의, 계약 또는 회사 정관의 초안/거래 구조 협의/비망록/의향서 등. 다음 칸에서 정식 협의를 제공하지 못한 이유를 설명해 주시기를 바람])
□ 无交易文件[在下栏说明不能提供集中协议的理由]
(거래 문서가 없음[다음 칸에서 집중 협의를 제공하지 못한 이유를 설명해 주시기를 바람])</td></tr>
<tr><td>理由(이유)</td><td colspan="3"></td></tr>
<tr><td>名称(명칭)[24]</td><td></td><td>签署时间
(체결일자)[25]</td><td></td></tr>
<tr><td>协议方(협의인)[26]</td><td></td><td>文本(문본)[27]</td><td>见附件[ ]。(별첨 [ ] 참조.)</td></tr>
</table>

<table>
<tr><td rowspan="5">6.2 交易金额(거래금액)[28]</td><td>现金(현금)</td><td></td><td rowspan="4">折合人民币(인민폐 환산)</td><td></td></tr>
<tr><td>股份数目及估值(주식의 수와 가격평가)</td><td></td><td></td></tr>
<tr><td>资产类别及估值(자산 유형과 가격평가)</td><td></td><td></td></tr>
<tr><td>其他权益及估值(기타 권익과 가격평가)</td><td></td><td></td></tr>
<tr><td>汇率(환율)</td><td></td><td>合计(합계)</td><td></td></tr>
<tr><td>6.3 交易的描述(거래의 설명)[29]</td><td colspan="4"></td></tr>
<tr><td>6.4 交易前后股权和控制权结构(거래 전후의 지분과 통제권 구조)[30]</td><td colspan="4">交易前后的股权结构图见附件[ ]。
(거래 전후의 지분 구조도는 별첨 [ ] 참조)</td></tr>
<tr><td>6.5 预计交割时间及特殊时限要求(如有、并解释)예정 거래종결시기 및 특수한 시한 요구(있으면 보충 설명해 주시기를 바람)</td><td colspan="4"></td></tr>
<tr><td>6.6 交易的背景、动机、经济合理性(거래의 배경, 동기, 경제 합리성)</td><td colspan="4"></td></tr>
<tr><td>6.7 市场发展计划(시장 발전 계획)</td><td colspan="4"></td></tr>
<tr><td rowspan="2">6.8 合营企业(JV기업)[31]</td><td>名称(명칭)[32]</td><td colspan="3"></td></tr>
<tr><td>注册地/住所(등록지역/주소)</td><td colspan="3">□ 境内(역내) □ 境外(역외)[具体 구체적 정보 : ________]</td></tr>
</table>

	合营各方拟/已投入的资金、资产和业务等资源 (JV 각 당사자가 투입하고자 하거나 이미 투입한 자금, 자산, 업무 등 자원)[33]			
	合营各方持有合营企业的主要权利和权益 (JV 각 당사자가 갖고 있 JV기업의 주요 권리와 권익)			
	合营企业主营业务、运作方式、经营区域、与合营各方及其关联方的业务关系 (JV기업의 주경영활동, 경영 방식, 경영지역, JV 각 당사자 및 관련자와의 업무 관계)			
	合营各方及关联方之间的其他协议或安排 (JV 각 당사자와 관련자 간의 기타 협의 또는 arrangement)			
7. 集中对相关市场竞争状况的影响(관련 시장 경쟁 상황에 대한 집중의 영향)				
7.1 集中各方的业务关系(집중 각 당사자의 업무 관계)	横向重叠 (횡적 중첩)	□ 有(있음) □ 无(없음)		
		中国国家统计局代码 (중국국가 통계국 코드)[34]	产品或服务描述 (제품 또는 서비스의 기술)[35]	经营者 (경영자)[36]
	纵向关系 (종적 관계)	□ 有(있음) □ 无(없음)		
		중국국가 통계국 코드	产品或服务描述 (제품 또는 서비스의 기술)	经营者 (경영자)
	相邻市场 (인접시장)[37]	□ 有(있음) □ 无(없음)		
		中国国家统计局代码 (중국국가 통계국 코드)	产品或服务描述 (제품 또는 서비스의 기술)	经营者 (경영자)

<table>
<tr><td rowspan="2">7.2 相关市场界定及理由(관련 시장 획정과 이유)[38]</td><td>产品市场
(제품 시장)</td><td>理由
(이유)</td><td>地域市场
(지역 시장)</td><td>理由
(이유)</td></tr>
<tr><td>1、</td><td></td><td></td><td></td></tr>
<tr><td rowspan="2">7.3 集中对市场竞争的影响(시장 경쟁에 대한 집중의 영향)[39]</td><td>集中各方及主要竞争者市场份额
(집중 각 당사자 및 주요 경쟁자의 시장 점유율)</td><td colspan="3"></td></tr>
<tr><td>具体分析
(구체적 분석)</td><td colspan="3">市场评估的依据及相关文件见附件[ ]。
(시장 평가의 근거와 관련 문서는 별첨 [ ] 참조)</td></tr>
<tr><td>7.4 主要竞争者相关信息(주요 경쟁자의 관련 정보)[40]</td><td colspan="4">见附件[ ]。(별첨[ ] 참조.)</td></tr>
</table>

<table>
<tr><td colspan="11">8. 相关市场的供应和需求结构(관련 시장의 공급과 수요 구조)</td></tr>
<tr><td rowspan="4">* 8.1 供应结构
(공급 구조)</td><td rowspan="3">集中各方在每一相关市场的主要供应商
(각 관련 시장에서 집중 각 당사자의 주요 공급업자)[41]</td><td colspan="9">[ ]市场([ ]시장)
[参与集中的经营者名称]的主要供应商:([집중 참여 경영자의 명칭]의 주요 공급업자:)</td></tr>
<tr><td>排名
(순위)</td><td>供应商名称
(공급업자의 명칭)</td><td>采购的产品名称
(구매 제품 명칭)</td><td>采购数量
(구매 수량)</td><td>采购数量占比
(구매 수량의 점유율)</td><td>采购金额
(구매 금액)</td><td>采购金额占比
(구매 금액 점유율)</td><td>联系人
(연락 담당자)</td><td>联系方式
(연락처)</td></tr>
<tr><td></td><td></td><td></td><td></td><td></td><td></td><td></td><td></td><td></td></tr>
<tr><td>相关市场的供应结构
(관련 시장의 공급 구조)</td><td colspan="9"></td></tr>
<tr><td rowspan="3">8.2 需求结构(수요 구조)</td><td rowspan="3">集中各方在每一相关市场的主要客户
(각 관련 시장에서 집중 각 당사자의 주요 고객)[42]</td><td colspan="9">[ ]市场([ ]시장)
[参与集中的经营者名称]的主要客戶:([집중 참여 경영자의 명칭]의 주요 고객:)</td></tr>
<tr><td>排名
(순위)</td><td>客户名称
(고객 명칭)</td><td>* 销量
(판매량)</td><td>* 销量占比
(판매 점유율)</td><td>* 销售金额
(판매 금액)</td><td>* 销售金额占比
(판매 금액 점유율)</td><td>联系人
(연락 담당자)</td><td colspan="2">联系方式
(연락처)</td></tr>
<tr><td></td><td></td><td></td><td></td><td></td><td></td><td></td><td colspan="2"></td></tr>
</table>

<table>
<tr><td></td><td>相关市场的
需求结构
(관련 시장의
수요 구조)</td><td colspan="4"></td></tr>
<tr><td colspan="6">* 9. 市场进入(시장 진입)</td></tr>
<tr><td rowspan="4">* 9.1 过去五年的市场进入情况(과거 5년 동안의 시장 진입 정황)[43]</td><td colspan="5">□ 有(있음) □ 无(없음)</td></tr>
<tr><td colspan="5">详细信息:(상세한 정보:)</td></tr>
<tr><td>名称(명칭)</td><td>进入时间
(진입 시간)</td><td>市场份额
(시장 점유율)</td><td>联系人
(연락 담당자)</td><td>联系方式
(연락처)</td></tr>
<tr><td></td><td></td><td></td><td></td><td></td></tr>
<tr><td rowspan="4">* 9.2 潜在的进入者(잠재적 진입자)[44]</td><td colspan="5">□ 有(있음) □ 无(없음)</td></tr>
<tr><td colspan="5">详细信息:(상세한 정보:)</td></tr>
<tr><td>名称(명칭)</td><td>联系人
(연락 담당자)</td><td>联系方式
(연락처)</td><td>可能的进入时间
(진입 가능 시기)</td><td>理由
(이유)</td></tr>
<tr><td></td><td></td><td></td><td></td><td></td></tr>
<tr><td rowspan="5">* 9.3 进入市场的难易程度(시장 진입의 난이도)</td><td>进入的总成本
(진입 총원가)[45]</td><td colspan="4"></td></tr>
<tr><td>法律或政策
上的限制
(법률상 또는
정책상의 제한)</td><td colspan="4"></td></tr>
<tr><td>因知识产权而产
生的限制
(지적재산권으로
인한 제한)</td><td colspan="4"></td></tr>
<tr><td>产品生产和
经销的规模
经济的重要性
(제품 생산과
중개 판매의 규모
경제의 중요성)</td><td colspan="4"></td></tr>
<tr><td>原材料和基础设
施等可用性
(원재료와 기초
시설 등의 가용성)</td><td colspan="4"></td></tr>
</table>

* 10. 横向或纵向合作协议(횡적 또는 종적 협력 협의)[46]						
□ 有(있음)　□ 无(없음) 详细信息:(상세한 정보:)						
* 11. 集中可能产生的效率(집중으로 인한 가능한 효율)						
* 12. 集中是否涉及破产企业或濒临破产企业(집중이 파산 기업 또는 파산 임박 기업과 관련되는지 여부)						
□ 是 예(详细说明 구체적 설명 : ________________] □ 否 아니오						
13. 相关市场行业协会信息(관련 시장 업종 협회의 정보)						
编号(번호)	名称(명칭)	地址(주소)	联系人(연락 담당자)	电话号码(전화번호)	传真号码(fax번호)	网址(사이트 주소)
14. 交易是否需要中国政府其他部门[包括商务部其他司局]审批(거래에 대하여 중국정부 기타 부서[상무부 기타 기관 포함]의 심사 · 비준을 받을 필요가 있는지 여부)						
□ 是 예(详细说明 상세한 설명[47] : ________________] □ 否 아니오						
* 15. 有关方面对本次集中的意见(본건 집중에 대한 관련 당사자의 의견)[48]						
□ 有(있음)　□ 无(없음)　□ 不了解(자세하게 알지 못함) 详细信息(구체적 정보): 有关方面的意见见附件[　]。(관련 당사자의 의견은 별첨 [　] 참조)						
16. 本项交易的合规性及集中各方在中国境内的合规性(본건 거래의 합법성과 중국 역내에서 집중 각 당사자의 준법)[49]						
16.1 本项交易的合规性(본 거래의 합법성)						
16.2 集中各方主体资格及业务的合规性(집중 각 당사자의 주체 자격과 업무의 합법성)						

17. 交易是否需要在其他国家/地区申报(거래에 대하여 기타 국가/지역에서 신고할 필요가 있는지 여부)
□ 是(예)[说明需要申报的司法辖区、已申报/拟申报时间及审查进度等:(신고가 필요한 사법관할 구역, 신고/신고예정시기 및 심사단계 등에 대하여 설명해 주시기 바람)] □ 否(아니오)
18. 其他需要说明的情况(기타 설명할 필요가 있는 정황)
□ 有(있음) □ 无(없음) 详细信息(상세한 정보):
19. 申报人承诺(신고인의 승낙)[50]
申报人在此承诺、就其所知、本申报书、申报书的附件以及申报人在申报过程中提供的任何文件和信息都是真实、完整和准确的、复印件与原件一致、不存在任何虚假陈述或误导性信息。申报人承担违反上述承诺的相关法律责任。 신고인은 자신이 아는 바에 의하여 본 신청 보고, 신청 보고의 별첨 및 신청 과정에서 제공한 모든 정보의 진실성, 완전성, 정확성, 복사본과 원본의 일치를 보증하고 어떠한 허위 서술과 오도 정보가 없음을 확인합니다. 신고인은 위의 승낙에 위반하는 경우에 관련 법적 책임을 부담합니다. 申报人(신고인)[盖章(날인)]: 姓名(성명)[签字(서명)]: 职位(직책):

附件目录(별첨 목록)

编号(번호)	附件名称(별첨 명칭)	所属条目(소속 항목)

주석

1 非保密版应当提供的信息包括但不限于：参与集中经营者的中文名称、注册地/自然人国籍、成立时间、上市情况(包括是否上市及上市时间和地点)、主要业务、全球及中国境内营业额、在中国境内的关联实体情况；参与集中经营者的最终控制人的上述信息；交易概况、包括交易名称、交易类型、交易过程、交易金额、交易所涉及的行业、产品和地域等；本项交易在其他司法辖区的申报情况、进展情况；交易动机和经济合理性；相关产品和地域市场界定的原因及结论；相关市场竞争情况说明、参与集中的经营者及主要竞争者在相关市场内的市场份额；市场进入情况。上述信息中、营业额、交易金额和市场份额等数据可以区间形式提供、其中营业额和交易金额的区间幅度不应超过10%、市场份额的区间幅度不应超过5%。

공개본에서 제공해야 할 정보는 다음과 같은 내용을 포함하되 이에 한하지 않습니다: －집중 참여 경영자의 중문 명칭, 등록 주소/자연인 국적, 설립일자, 상장정황(상장 여부 및 상장 일시와 장소 포함), 주요 업무, 전 세계와 중국 내에서의 영업액, 중국 내 관련 실체의 정황. 집중 참여 경영자의 최종 통제인에 관한 상술한 정보;

－거래명칭, 거래유형, 거래과정, 거래금액, 거래와 관련된 업종, 제품과 지역 등이 포함된 거래 개황;

－본건 거래에 관한 기타 사법관할구역에서의 신고 정황, 진행 경과 정황;

－거래 동기와 경제 합리성;

－관련 제품과 관련 지역 시장획정의 근거와 결론;

－관련 시장 경쟁 정황의 설명, 관련 시장에서 집중 참여 경영자와 주요 경쟁자의 시장 점유율;

－시장 진입 정황.

상술한 정보 중, 영업액, 거래금액과 시장 점유율 등 데이터는 구간 형식으로 제공될 수 있으며 영업액과 거래금액의 구간 폭은 10%를 초과하여서는 안 되고 시장 점유의 구간 폭은 5%를 초과하여서는 안 됩니다.

2 需根据经营者集中的具体情形界定参与集中的经营者。

一般而言、在经营者合并的情况下、无论是吸收合并还是新设合并、合并各方均为参与集中的经营者；在经营者通过取得股权或者资产的方式取得对其他经营者的控制权的情况下、取得控制权的经营者和目标经营者为参与集中的经营者；在经营者通过合同等方式取得对其他经营者的控制权或者能够对其他经营者施加决定性影响的情况下、取得控制权或能够施加决定性影响的经营者和目标经营者为参与集中的经营者。如集中后两个以上经营者对目标经营者有控制权或者能够施加决定性影响、 则上述两个以上经营者均为参与集中的经营者。

경영자 집중의 구체적 정황에 따라 집중 참여 경영자의 범위를 획정하여야 합니다.

일반적으로,

–경영자 합병의 경우, 흡수합병이든 신설합병이든 불문하고 합병 각 당사자는 모두 집중 참여 경영자에 해당합니다;
–경영자가 지분이나 자산을 취득하는 방식을 통하여 기타 경영자의 통제권을 취득한 경우, 통제권을 취득한 경영자와 목표 경영자가 집중 참여 경영자입니다;
–계약 방식으로 기타 경영자의 통제권을 취득하거나 기타 경영자에게 결정적 영향을 미칠 수 있게 되는 경우, 통제권을 취득하거나 결정적 영향을 미칠 수 있게 된 경영자와 목표 경영자가 집중에 참여한 경영자입니다. 만일 집중 후 둘 이상의 경영자가 모두 목표 경영자에 대하여 지배권을 소지하거나 결정적 영향을 줄 수 있게 된다면 상술한 둘 이상의 경영자는 모두 집중 참여 경영자입니다.

尽管有上述说明、在新设合营企业的情况下、合营企业的共同控制方均为参与集中的经营者、合营企业本身不是参与集中的经营者。在既存企业的基础上通过交易形成合营企业的、如既存企业本身为合营企业、既存企业和交易后所有对其有控制权或者能够施加决定性影响的经营者均为参与集中的经营者。如既存企业在交易前由一个经营者单独控制、交易后所有有控制权或者能够施加决定性影响的经营者为参与集中的经营者；如交易前的单独控制方交易后仍拥有控制权或者能够施加决定性影响、既存企业不是参与集中的经营者；交易前单独控制方交易后不再拥有控制权或者能够施加决定性影响的、既存企业是参与集中的经营者。
상술한 설명에도 불구하고, JV기업을 신설하는 경우, JV기업의 공동 통제인은 모두 집중 참여 경영자이고, JV기업 자체는 집중 참여 경영자가 아닙니다. 기존 기업에 기초하여 어떠한 거래를 통하여 JV기업이 형성되는 경우, 그 기존 기업 자체도 JV기업이면 기존 기업과 거래 후 기존 기업에 대하여 통제권을 취득하거나 또는 결정적 영향을 줄 수 있게 된 경영자는 모두 집중 참여 경영자입니다; 거래 전에 기존 기업이 유일한 경영자에게 통제되었다면 거래 후에 통제권을 취득하거나 또는 결정적 영향을 줄 수 있게 된 경영자는 모두 집중 참여 경영자입니다; 거래 전의 유일한 통제인이 거래 후에 여전히 통제권을 갖고 있거나 결정적 영향을 줄 수 있다면 기존 기업은 집중 참여 경영자가 아닙니다; 거래 전의 유일한 통제인이 거래 후에 통제권 또는 결정적 영향을 갖지 못하는 경우에 기존 기업은 집중 참여 경영자입니다.

3 通过合并方式实施的经营者集中、由参与合并的各方经营者申报；其他方式的经营者集中、由取得控制权或能够施加决定性影响的经营者申报、其他经营者予以配合。申报义务人未进行集中申报的、其他参与集中的经营者可以提出申报。直接参与交易的经营者是收购或投资工具的、不宜作为申报人。
합병방식을 통하여 실시된 경영자 집중에 대하여는 합병에 참여한 각 경영자가 신고합니다; 기타 방식의 경영자 집중에 대하여는 통제권을 취득하거나 결정적 영향을 줄 수 있게 된 경영자는 신고하고 기타 경영자는 신고에 협조합니다. 신고 의무자가 집중 신고를 하지 않은 경우에 기타 집중 참여 경영자가 신고할 수 있습니다. 거래에 직접적으로 참여한 경영자가 인수 또는 투자의 도관(vehicle)인 경우에는 신고인이 될 수 없습니다.

4 如选择本项、则不填写第4.1.6、4.1.10、4.1.12、4.1.13项。
본 항을 선택하면 4.1.6, 4.1.10, 4.1.12, 4.1.13항을 기재하지 않습니다.

5　如申报时上一会计年度的财务报表尚未完成审计、请提供上一会计年度未经审计的营业额、最近会计年度经审计的营业额及经审计的财务报表、并请在申报后及时提供上一会计年度经审计的财务报表。
신고시 직전 회계연도의 재무제표에 대한 회계감사가 완료되지 못한 경우, 직전 회계연도의 회계감사를 거치지 않은 영업액, 회계감사를 거친 최근 회계연도의 영업액과 재무제표를 제공해 주시고, 신고 후에 회계감사를 거친 직전 회계연도의 재무제표를 적시에 제공해 주시기 바랍니다.

6　请注明适用的汇率及汇率的来源和计算方法。通常情况下、将以外币计算的营业额换算为人民币时宜适用中国人民银行公布的相应会计年度的汇率中间价平均值。下同。
적용 환율 및 환율의 출처와 계산 방법을 명기해 주십시오. 통상적으로 외국 화폐로 계산된 매출액을 영업액을 인민폐로 환산할 경우, 중국인민은행에서 공포한 당시 회계연도의 환율 중간가격 평균치를 적용합니다. 이하 동일합니다.

7　请详细介绍参与集中的经营者与本项集中相关的业务、并概要介绍该经营者的其他主要业务。
집중 참여 경영자와 본건 집중의 관련 업무에 대하여 상세하게 소개해 주시고 해당 경영자의 기타 주요 업무에 대하여 개략적으로 소개해 주십시오.

8　如经营者股权结构非常分散、请提供主要股东及持股比例、并说明选择理由。非有限责任公司或股份有限公司的、提供经营者权益持有者名称及持有权益的比例、安排或约定。
경영자 지분 구조가 매우 분산되는 경우, 주요 주주와 지분 소지 비율을 제공해 주시고 선택 이유를 설명해 주십시오. 유한책임공사 또는 고분유한공사가 아닌 경우, 경영자 권익 소지자의 명칭과 권익 소지의 비율, 배정 또는 약정을 제공해 주십시오.

9　若答案为否、则不填写第4.1.13项。
답이 부정이라면 4.1.13항을 기입하지 마십시오.

10　最终控制人属于自然人的、不填此项。
최종 통제인이 자연인이라면 해당 항을 기입하지 마십시오.

11　一个经营者的关联实体包括该经营者直接或间接控制的所有经营者、该经营者的最终控制人以及最终控制人直接或间接控制的所有经营者等。
한 경영자의 관련 실체는 해당 경영자가 직접적 또는 간접적으로 통제한 모든 경영자, 해당 경영자의 최종 통제인, 최종 통제인이 직접적 또는 간접적으로 통제한 모든 경영자 등이 포함됩니다.

12　对于境外关联实体、请至少提供以下两种实体的名称和基本信息：一是与参与集中的经营者有共同或单独控制关系的实体、包括直接和间接的；二是在本项集中的相关市场从事经营的实体。
역외의 관련 실체에 대하여 적어도 다음과 같은 두 가지 실체의 명칭과 기본 정보를 제공해 주십

시오: 첫째, 집중에 참여한 경영자와 공동으로 또는 단독으로 통제 관계가 있는 실체로서, 그 관계는 직접적 또는 간접적 관계가 모두 포함됩니다. 둘째, 본건 집중의 관련 시장에서 경영에 종사하는 실체입니다.

13 请以表格形式提供。표 형식으로 제공해 주십시오.

14 对于关联企业中从事与本项交易相同或相关业务的企业、请着重对其产品和服务进行详细描述。
관련 기업 중 본건 거래와 동일하거나 유사한 업무에 종사하는 기업에 대하여 그 기업의 제품과 서비스를 중점적으로 상세하게 서술하십시오.

15 请以表格形式提供。표 형식으로 제공해 주십시오.

16 对于关联企业中从事与本项交易相关业务的企业、请着重对其产品和服务进行详细描述。
관련 기업 중 본 항 거래와 관련된 업무에 종사하는 기업에 대하여 그의 제품과 서비스를 중점적으로 자세하게 서술하십시오.

17 如年度报告为外文、请同时报送中文译本或主要部分中文摘要(如无现成的中文译本)。
연도 보고가 외국어로 작성되면 중문 번역본 또는 주요 부분의 중문 요약(기존의 중문 번역본이 없는 경우)을 함께 보내 주십시오.

18 请提供由交易方及其最终控制人的董事、监事和高管(或行使类似职能的机构或个人)提供或为其提供的、评估或者分析本次集中的所有研究、分析或报告、包括市场份额、竞争条件、实际或潜在的竞争对手、集中的合理性、销售增长或者扩展进入其他产品或地域市场的潜力、总体市场状况、集中带来的协同效应和效率等。此类文件包括但不限于董事会会议记录、公司发展战略等。请注明此类文件的制作时间、制作人姓名、单位、职务及联系方式(原文件中如没有注明)。
거래 당사자와 그의 최종 통제인의 이사, 감사, 고위 경영자(또는 유사한 직능을 담당하는 기관 또는 개인)가 제공한 본 집중을 평가하거나 분석하는 모든 연구, 분석 또는 보고를 제공해 주십시오. 이러한 연구, 분석 또는 보고에는 시장 점유율, 경쟁 조건, 실제적 또는 잠재적 경쟁자, 집중의 합리성, 판매 확대 혹은 기타 제품 또는 지역 시장에 진입을 확대하는 잠재력, 총체적 시장 상황, 집중이 가져온 협동 효과와 효율 등이 포함됩니다. 그리고 이러한 서류에는 이사회 회의 기록, 회사 발전 전략 등이 포함되지만 이에 한하지 않습니다. 이 서류들의 제작 시간, 제작자의 성명, 부서, 직책 및 연락처를 명기해 주십시오(원문서에 명기되어 있지 않은 경우).

19 请提供第三方为评估或分析本次集中而制作的相关文件。
제3자가 본 집중을 평가하거나 분석하기 위하여 제작한 관련 문서를 제공해 주십시오.

20 请提供第三方并非为本次集中专门制作但与本次集中所涉及行业或市场相关的文件、

如行业发展研究报告等。
제3자가 본 집중을 위하여 전문적으로 제작한 것이 아니지만 본건 집중과 관련된 업종 또는 시장에 관한 문서를 제공해 주십시오. 업종발전 연구보고 등을 예로 들 수 있습니다.

21 本项填写参与交易但不属于参与集中经营者的相关方信息。
본 항에서는 거래에 참여하지만 집중 참여 경영자에 속하지 않는 관련 당사자의 정보를 기재합니다.

22 参与交易的其他经营者是自然人的、可不填写此项。
거래에 참여한 기타 경영자가 자연인인 경우에 본 항을 기입하지 않아도 됩니다.

23 经营者申报时应提供经正式签署的集中协议；经营者能够提供充分证据证明因交易的特殊安排、其他法律法规规章或政策的强制性要求、其他司法辖区的强制性规定或其他合理的理由、申报时无法提供经正式签署的集中协议、或者在集中协议签署后申报将无法遵守《反垄断法》第二十五条、二十六条关于审查期限的规定的、可以在集中协议签署前向商务部申报、但应当提供相关材料如备忘录或框架协议、集中协议草稿、公开要约等、同时提供交易的主要条款和条件、以确保交易的确定性。上述材料应包括经营者集中审查所需的信息。无论审查是否结束、一旦签署集中协议、申报方都应不加拖延向商务部提供集中协议、并说明集中协议与原申报材料的异同；如果申报后经营者集中的内容发生足以影响商务部审查和决定的重大变化的、申报人应及时通知商务部、并更新申报内容或重新申报。
경영자는 신고 시 정식으로 체결한 집중계약을 제공하여야 합니다; 경영자는 거래의 특수한 arrangement, 기타 법률 · 법규 · 규정의 강제적 요구, 기타 사법 관할 구역의 강행 규정 또는 기타 합리적 이유로 신고 시 정식으로 체결한 집중계약을 제공하지 못하거나, 집중계약을 체결한 후에 〈반독점법〉 제25조, 26조의 심사 기한에 관한 규정을 준수하지 못함을 신고하는 경우에는 집중계약을 체결하기 전에 상무부에 신고할 수 있습니다. 단, 거래의 확정성을 확보하기 위하여 Memorandum, 거래구조 전반에 관한 계약, 집중계약 초안, 공개청약 등과 같은 관련 자료, 거래의 주요 조항과 조건을 제공하여야 합니다. 상술한 자료는 경영자 집중 심사 때 필요한 정보가 포함되어야 합니다. 심사 종결여부와 상관없이 집중계약이 체결되면 신고인은 지체 없이 상무부에 집중계약서를 제출하고 집중계약과 원신고자료의 차이를 설명하여야 합니다; 신고 후 경영자 집중의 내용에 있어서 상무부 심사와 결정에 영향을 미칠 수 있는 중대한 변화가 일어나는 경우, 신고인은 적시에 상무부에 통보하고 신고 내용을 갱신하거나 다시 신고하여야 합니다.

24 如有多份文件、请分别填写。
문서가 여러 건이라면 각각 기입해 주십시오.

25 如为要约收购、则填写发出正式要约的时间。
청약매수라면 정식 청약서를 제출하는 시기를 기재하십시오.

26 如为要约收购、则填写要约方的名称。
청약매수라면 청약 당사자의 명칭을 기재하십시오.

27 请同时提供目标公司/合营企业经签署的股东协议、章程(如有)、以及交易各方之间及与目标公司/合营企业间的非竞争协议或条款等(如有)。如为要约收购、则提供要约文件。
목표회사/JV기업이 체결한 주주간 계약, 정관(존재하는 경우), 거래 각 당사자 간, 목표회사/JV기업 간의 비경쟁계약 또는 조항 등(존재하는 경우)을 함께 제공해 주십시오. 청약매수라면 청약 문서를 제공해 주시기 바랍니다.

28 请提供交易总价值、包括现金、股权、资产和其他对价。以非现金作为对价的、请提供其评估价值。以其他币种计价的、请列明币种、汇率并转换为人民币。
현금, 지분, 자산과 기타 대가가 포함된 거래 총가치를 제공해 주십시오. 현금으로 대가를 지급하지 않는 경우에 그 평가 가치를 제공해 주십시오. 기타 화폐 종류로 가격을 계산하는 경우, 화폐 종류, 환율을 명기하고 인민폐로 환전해 주십시오.

29 请描述交易、包括交易架构、交易各方的名称、交易标的和交易各方的对价、交易各关键步骤及时间点、交易进展情况和预计完成时间等。
거래에 대하여 기술하십시오. 기술 내용에는 거래 구조, 거래 각 당사자의 명칭, 거래대상, 거래 각 당사자의 대가, 거래의 각 결정적 절차 및 시간, 거래의 진도, 예정 완성 시간 등이 포함됩니다.

30 请对交易前后的股权结构进行描述、并对交易前后的控制权结构、控制权变化进行说明并分析。并请以附件的形式提供交易前后的股权结构图。
거래 전후의 지분 구조에 대하여 기술하며 거래 전후의 통제권 구조, 통제권 변화에 대하여 설명하고 분석하십시오. 별첨으로 거래 전후의 지분 구조도를 제공해 주십시오.

31 如果交易导致形成合营企业(包括新设合营企业及在既存企业基础上通过交易形成合营企业)、请填写此项。
거래로 인하여 JV기업이 형성되면(신설 JV기업, 그리고 기존 기업에 기초하여 거래를 통하여 형성된 JV기업이 포함됨), 해당 항에 기입하십시오.

32 如为新设合营企业、在此填写拟使用的名称。
신설 JV기업이라면 여기에 예정 사용 명칭을 기재하십시오.

33 请详细说明各合营方投入或承诺的投资资本。如涉及投入资产和业务、请说明其具体范围、内容、价值和上一会计年度的营业额、并说明集中后合营各方是否将继续从事上述业务。涉及不同合营方的、请分别列明。
각 JV 당사자가 투입한 투자 자본 또는 약속한 투자 자본을 상세하게 설명해 주십시오. 투입 자산과 업무에 관해서는 그 구체적 범위, 내용, 가치와 직전 회계연도의 영업액을 설명하고 집중 후에 JV 각 당사자가 계속해서 상술한 업무에 종사하는지를 설명해 주십시오. 동일하지 않은 JV당사자가 언급되는 경우 각각 구분하여 설명해 주십시오.

34 请填写中国国家统计局公布的产品所属最细分类的代码。网址:

www.stats.gov.cn/tjbz/tjycpflml。
중국국가통계국에서 공포한 제품 소속의 가장 세분화된 분류의 코드를 기재해 주십시오. 사이트 주소는 www.stats.gov.cn/tjbz/tjycpflml입니다.

35 请描述相关产品或服务并简介经营者从事相关业务情况、包括具体经营主体、客户范围和业务模式等。请按中国国家统计局产品分类代码逐项填写、不同经营者分别填写。
관련 제품 또는 서비스를 기술하고 경영자가 관련 업무에 종사하는 정황을 간략히 소개해 주십시오. 소개 내용은 구체적 경영 주체, 고객 범위와 업무 모델 등이 포함됩니다. 중국국가통계국 제품 분류 코드에 따라 한 항목 한 항목씩 기재하십시오. 서로 다른 경영자에 대하여는 각각 기재하십시오.

36 请注明从事相关业务的参与集中的经营者。
관련 업무에 종사하는 집중 참여 경영자를 명기하십시오.

37 指具有互补性、或者具有相同客户群和相同最终用途的一系列产品。
보완성, 또는 동일한 거래자집단과 동일한 최종 용도를 가지고 있는 일련의 제품을 가리킵니다.

38 请按照《国务院反垄断委员会关于相关市场界定的指南》的规定、从需求替代和供给替代两个方面界定相关产品市场和地域市场、并说明详细理由(请尽量以数据和事实作为支持、并注明所引用数据和事实的来源、如数据系申报人估算、请注明计算的方法和依据)。
〈국무원반독점위원회에서 관련 시장 정의에 관한 지침〉의 규정에 의하여 수요 대체와 공급 대체의 두 가지 측면에서 관련 제품 시장과 지역 시장을 정의하고 상세한 이유를 설명해 주십시오(가급적 데이터와 사실을 바탕으로 하고 인용된 데이터와 사실의 출처를 명기하십시오. 데이터가 신고인에 의하여 추계되는 경우에 계산 방법과 근거를 명기해 주십시오).

39 包括但不限于: 根据销售量和销售额计算的市场总体规模、市场发展现状、集中各方及主要竞争对手的销售额、销售量、市场份额、交易前后的HHI/CRn指数及二者的差额(即交易后HHI/CRn指数的增量)。并请说明集中对市场结构、行业发展、竞争者、上下游经营者、消费者、技术进步、经济发展和公共利益的影响。如申报人无法提供HHI指数、请说明理由。请注明每一项数据的来源、计算方法和依据、以附件形式提供能够证明数据来源的文件、并在本栏中注明附件的编号。
다음과 같은 항목들이 포함되지만 이들에만 국한되지 않습니다:
판매량과 판매액에 의하여 계산된 시장 총체 규모, 시장 발전 현황, 집중 각 당사자 및 주요 경쟁자의 판매액, 판매량, 시장 점유율, 거래 전후의 HHI/CRn 및 양자의 차액(즉, 거래 후 HHI/CRn 지수의 증가치).
시장구조, 업종 발전, 경쟁자, 상하방 경영자, 소비자, 기술 진보, 경제 발전, 공공이익에 대한 집중의 영향을 설명해 주십시오. 신고인이 HHI지수를 제공하지 못하는 경우에 그 이유에 대하여 설명해 주십시오. 각 데이터의 출처, 계산 방법, 근거를 명기하며 별첨 형식으로 데이터 출처를 증명할 수 있는 문서를 제공하고, 본 칸에 별첨의 번호를 명기하십시오.

40 请以表格形式提供。包括名称、联系人、联系方式(地址、电话、传真)、如主要竞争者为外国企业、请同时提供其中国分支机构的联系方式(如有)。
표 형식으로 제공하십시오. 제공 내용은 명칭, 연락담당자, 연락처(주소, 전화, fax)이 포함됩니다. 주요 경쟁자가 외국 기업인 경우에 그의 중국 지사 기구의 연락처를 함께 제공해 주십시오(있는 경우).

41 请就本交易涉及的每一相关市场、以表格的形式分别提供集中各方主要供应商(通常指前五家主要供应商)的信息、包括排名、供应商名称、采购的产品种类和名称、采购数量、采购数量占比、采购金额、采购金额占比、联系人、联系方式等。请提供独立供应商(即与该经营者没有关联关系的供应商)的上述信息。
본건 거래와 관련된 각 시장에 대하여 표 형식으로 집중 각 당사자의 주요 공급업자(통상적으로 가장 앞순서에 배치되어 있는 주요 공급업자를 가리킴)의 정보를 제공해 주십시오. 제공 정보는 서열, 공급업자 명칭, 구매 제품의 종류와 명칭, 구매 수량, 구매 수량 점유율, 구매금액, 구매금액 점유율, 연락담당자, 연락처 등이 포함됩니다. 독립 공급업자(즉, 해당 경영자와 관련 관계가 없는 공급업자)에 관한 상술한 정보를 제공해 주십시오.

42 请就本交易涉及的每一相关市场、以表格的形式分别提供集中各方主要客户(通常指前五家主要客户)的信息、包括排名、客户名称、销售数量、销售数量占比、销售金额、销售金额占比、联系人、联系方式等。请提供独立客户(即与该经营者没有关联关系的客户)的上述信息。
본건거래와 관련된 각 시장에 대하여 표 형식으로 집중 각 당사자의 주요 고객(통상적으로 가장 앞순서에 배치되어 있는 주요 고객을 가리킴)의 정보를 제공해 주십시오. 제공 정보는 서열, 고객 명칭, 판매 수량, 판매 수량 점유율, 판매금액, 판매금액 점유율, 연락담당자, 연락처 등이 포함됩니다. 독립 고객(즉, 해당 경영자와 관련 관계가 없는 고객)에 관한 상술한 정보를 제공해 주십시오.

43 请说明过去五年中是否有经营者明显已经进入了相关市场。如有、请提供在此期间内进入市场的经营者名称、进入时间、市场份额、联系人及联系方式。如没有、请分析原因。如集中的任何一方在此期间内进入相关市场、请分析其遇到的市场壁垒。如五年以上或不到五年为更有意义的时间区间、可采用并说明理由。
과거 5년 동안에 관련 시장에 이미 분명히 진입한 기업이 존재하는지 여부를 설명해 주십시오. 존재하는 경우에 그동안 시장에 진입한 경영자의 명칭, 진입 시기, 시장 점유율, 연락담당자, 연락처를 제공해 주십시오. 존재하지 않는 경우에 그 원인을 분석하십시오. 집중의 어느 한 당사자가 그 동안에 관련 시장에 진입하였다면 해당 당사자가 직면하였을 시장 장벽을 분석하십시오. 5년 이상 또는 5년 미만의 시간이 더 의미가 있는 시간 단위라면 그 시간 단위를 채택할 수 있고 그 이유에 대하여 설명해 주십시오.

44 请说明是否存在可能进入相关市场的潜在进入者。如有、请提供潜在进入者的名称、联系人、联系方式、并分析可能的进入时间、说明可能发生此种进入的理由。
관련 시장에 진입한 잠재적 진입자가 존재하는지 여부를 설명해 주십시오. 존재하는 경우에 잠재적 진입자의 명칭, 연락담당자, 연락처를 제공해 주십시오. 그리고 해당 진입의 가능 시간을 분석하고 해당 진입의 발생 이유를 설명해 주십시오.

45 包括但不限于研发、生产、建立经销系统、推销、广告宣传、服务等所需的时间和费用成本。
연구 · 개발, 생산, 중개판매 시스템의 설립, 판촉, 광고 홍보, 서비스 등 필요한 시간과 비용 원가가 포함되지만 이들에만 국한되지 않습니다.

46 请提供参与集中的经营者在相关市场内参与的主要横向或纵向合作协议、例如研发、许可协议、联合生产、分销、长期供应以及信息交换等方面的协议。并请说明上述协议在全球范围内被调查的情况。并可以以附件形式提供相关的协议文本或证明材料等。
관련 시장에서 집중 참여 경영자가 참여한 주요 횡적 또는 종적 협력협의를 제공해 주십시오. 연구 · 개발, 허가 협의, 연합 생산, 소매, 장기적 공급 및 정보 교환 등 방면의 협의를 예로 들 수 있습니다. 전 세계 범위에서 상술한 협의를 조사받은 정황을 설명해 주십시오. 별첨으로 관련 협의 문서 또는 증명 자료 등을 제공해 주십시오.

47 请说明需要经过哪些审批、目前的报批/审批进度、并以附件形式提供相关部门的审批意见(如有)。
어떠한 심사 · 비준을 거쳐야 하는지, 현재의 인가 · 신청/심사 · 비준 진도를 설명하고 별첨으로 관련 부서의 심사 의견을 제공해 주십시오(소지하고 있는 경우).

48 请介绍有关方面(包括但不限于主管部门、地方政府、行业协会、竞争者、上游企业、客户、媒体、公众等)对本项交易的意见。
본건 거래에 대한 관련 당사자(주관 부문, 지방 정부, 업종 협회, 경쟁자, 상방기업, 고객, 매체, 대중 등이 포함되며 이에 한정되지 않음)의 의견을 소개해 주십시오.

49 请说明本项交易是否符合中国法律、法规、规章及相关规定、政策。并请确认集中各方及其关联企业在中国是否存在既往的涉及实体设立、经营管理、外资审批和行业准入监管等方面的未决问题和合规性问题。
본건 거래가 중국 법률, 법규, 규약 및 관련 규정, 정책에 부합되는지를 설명해 주십시오. 집중 각 당사자와 관련 기업이 중국에서 실체 설립, 경영 관리, 외자 심사 · 비준, 업종 진입허가 규제 등에 있어 미해결 문제와 준법 문제가 존재하는지를 확인하십시오.

50 另有承诺或声明的、可以附件形式提供。如申报人以附件形式另行提供承诺函、其承诺的范围和强度实质上不应弱于第19项的申报人承诺格式文本。
승낙 또는 성명이 별도로 있는 경우에 별첨으로 제공할 수 있습니다. 신고인이 별첨으로 승낙서를 제공하면 승낙의 범위와 강도는 실제로 제19항의 신고인 승낙 격식 문본에 못지않습니다.

찾아보기